中南财经政法大学 2023 年度重大基础理论研究专项 (后期资助) 项目 (项目编号 2722023DJ001)资助

赵德馨

经济史学论文选续编

赵德馨 著

上

长江出版传媒 ‖ 崇文书局

图书在版编目（CIP）数据

赵德馨经济史学论文选续编 / 赵德馨著. -- 武汉 ：
崇文书局， 2024.4
ISBN 978-7-5403-7595-9

Ⅰ．①赵… Ⅱ．①赵… Ⅲ．①中国经济史－研究
Ⅳ．① F129.7

中国国家版本馆 CIP 数据核字（2024）第 037379 号

选题策划：胡心婷
责任编辑：何　丹
封面设计：杨　艳
责任校对：陈　燕
责任印刷：李佳超

赵德馨经济史学论文选续编
ZHAODEXIN JINGJISHIXUE LUNWENXUAN XUBIAN

出版发行：长江出版传媒｜崇文书局
地　　址：武汉市雄楚大街 268 号 C 座 11 层
电　　话：(027)87677133　　邮政编码：430070
印　　刷：湖北新华印务有限公司
开　　本：787mm×1092mm　　1/16
印　　张：48.75
字　　数：765 千字
版　　次：2024 年 4 月第 1 版
印　　次：2024 年 4 月第 1 次印刷
定　　价：168.00 元（全二册）

（如发现印装质量问题，影响阅读，由本社负责调换）

编辑说明

赵德馨教授已出版两部文选。一部是 2002 年出版的《赵德馨经济史学论文选》，萃选了 2002 年之前的代表性成果。另一部是 2019 年出版的《跟随历史前进——赵德馨与中华人民共和国经济史学》，瑰集了他在建设中华人民共和国经济史学科过程中的思考与实践成果。

本书选自上述两部文选未收录的著述，且重在收录近二十年来的代表性成果。书中文献依照内在逻辑关系和时空特征被编组为 11 个专题，以呈现赵德馨教授的经济史学研究理念与研究特色。

目　　录

第一部分　经济史论

第二部分　经济史学理论

第三部分　经济史学史

第四部分　中国经济通史

第五部分　中国古代经济史

第六部分　中国近代经济史

第七部分　太平天国财政经济史

第八部分　中华人民共和国经济史

第九部分　湖北省经济史

第十部分　方志学研究

第十一部分　张之洞研究

第 一 部 分
经济史论

　　20 世纪 80 年代以来，赵德馨教授思考经济史学科体系的构成与分类问题，先后五次公开表达相关的认识。当下，他将经济史的学科体系划分为多个层次。第一层次包括经济史学与经济史学理论两个分支。经济史学进而分为经济史实与经济史论两个分支，是为第二层次。其中，经济史学理论又称经济史学概论，以经济史学为研究对象。经济史论又称经济史理论，是基于经济史实概括和抽象出的理论。

　　赵德馨教授的经济史论研究成果，分为专论型和通论型两类。本书收录的是前一类。他的"五主"社会经济形态论属后一类，已收入其多次再版的《中国近现代经济史》一书，故未收入本书。

中国历史上城与市的关系

摘要：在游猎采集为生阶段，无城无市。进入农业定居阶段的氏族社会，城兴，有城无市。家族社会里，市随商品货币关系的产生而兴起，城中有市，市被垣围住。地主经济形态下，商品经济的发展使市破垣而出，散布全城，城区即市区。市场经济兴起后，市破城墙而出，市比城大，城在市中。城成为市发展的障碍，相继被拆除；新兴之市不再修城，于是有市无城。城与市关系的演进过程显示：市场的力量可以突破市垣与城墙的限制，并最终摧毁市垣与城墙，自行前进。中国市场经济是几千年历史客观进程的必然产物，它是内生的，而不是从国外搬来的或主观设定的。

关键词：城市的历史；城市；城与市的关系

在中国的历史上，城与市的关系经历了5个演变阶段：有城无市，城中有市，城区即市区，城在市中和有市无城。

一、有城无市

人类在游猎采集阶段，不能定居，没有城，也没有市。进入农业生产阶段后，开始定居。出于防御的需要，氏族在聚落四周用土（或木，或石）建起障碍性建筑物，这是最初的城。防御的对象来自社会与自然两个方面。自然方面是防御野兽的袭击和洪水的流入。社会方面是防御其他氏族为了抢夺本氏族的财富与资源而实行的攻击。防御是城的基本职能。《墨子·七患》："城者，所以自守也。"自守的办法先是沿聚居地四周挖出难以逾越的壕沟，将挖沟取出的土堆在沟边，成为沿沟的垣。有的在垣上树以竹、木，成为栏栅。随着战斗的需要与技术的进步，垣越来越高，土由堆积变成夯筑，成为墙体。这是最早的城墙。墙是城的实体。从此之后，无墙不成城。

这种因防御而兴起的城，与人类的生产力水平、生存条件及财富状况有着密切的关系。城是取土、运土工具和夯筑技术得到初步发展后的产物。1991年考古发现（后续发掘至 2002 年）的湖南澧县车溪乡南岳村城头山古城，据测定，其建成年代距今 4600—4700 年（另有资料说，该城先后修建 4 次。第一次距今 6000 年），属于新石器时代晚期的建筑。城内面积 0.076 平方公里，墙体厚实。从设计到施工看，筑城技术已比较成熟。据此推测，城起源于此前的若干年。果然，时隔不久，在河南省郑州市西山发现了新石器中期偏晚的古城墙遗址，城内面积 0.03 平方公里。其建成年代距今 4800—5300 年。在城头山古城出现之后，进入了大批筑城的阶段。现在已经发现新石器时代后期的古城遗址多个①。其时为早期父系氏族社会阶段（酋邦阶段）。

此时城内的生产基本上是农业（上述澧县古城址内有稻田）②，也有生产陶、木、石器具的手工业（澧县古城中心位置上有 8 座陶窑）。城内住着单一的氏族（或氏族部落，下同）。氏族是社会的基本经济单位，所有财产为氏族公有，共同生产，共同消费。这样，氏族内部不会有产品交换。氏族间可能发生某种产品进行的互换，但那是个别的、偶然的、间歇性的，不可能形成市。

在氏族社会后期，产生了剩余产品；加上人口增多，氏族演变为家族，家族中出现没有独立生产与财产的"家庭"。于是产品部分统一消费，部分分配（取平均分配原则）给"家庭"，由各家自主消费。由于所有财产和产品归家族公有，归各家自主消费的产品彼此完全相同和仅够自身需要，既没有剩余物，也没有同一家族内其他"家庭"所无之物。在这种生产与分配结构中，住在同一城中的家族成员，没有交换产品的可能和必要。远古城址中都没有发现市的痕迹。此时只有城，还没有市。城的兴起与市没有关系。这种有城无市的城只能称为"城"，不能称为"城市"。

---

①至 2008 年，仅长江中游就已发现 16 座新石器时代的城址。这些早期城址全都在距今 5000 年左右兴起，又在距今 4300 年左右消失。

②这种情形到处都一样。英国《焦点》月刊 2005 年 2 月号上的文章《城市》：在狩猎时代，人们为寻找食物到处游动。农业的发展使人类得以安定下来，先是耕种，然后形成聚落。大约在公元前 3500 年，美索不达米亚开始出现聚落，其周围是森严的高墙，墙内是人们赖以生存的灌溉农田。这便是当地最早的城。

二、城中有市

"市"萌芽于龙山文化至夏朝。夏朝的起讫年份现在还讲不确切,根据多种信息作出的估计,大约是公元前2070年至公元前1600年。这是由石器时代向青铜时代转变的时期,由氏族社会向家族社会转变的时期,是家庭、私有财产、贫富分化、阶级和国家形成的时期。在家族成为社会经济基本组织的条件下,家族中各个家庭有了半独立或半自主的生产。在家庭消费的生活资料中,来源于公共分配的部分所占的比重趋于减小,由家庭自己生产的部分则越来越大,家庭对自己生产的物品有支配权。家族和家庭可以成为交换主体。不同家族与家庭生产的和占有的物品出现差异,一个家族、家庭多余之物,或许是另一个家族、家庭所缺少的。这使得它们之间通过交换调剂有无成为可能,且有必要。不同主体之间的交换由此产生。

最早的交换是有无互补。常见的是"抱布贸丝"式的物物交换①。这是产品的交换。交换的地点与时间是约定俗成的:各家成员经常相遇的地点与时间。在许多地方,城中居民聚居区(闾、里、坊)几乎都有水井(故有"闾井"一词。北京等地的"胡同",是蒙古语中"井"的发音),各户都从井中取水,且取水都有生活习惯所形成的固定时间。井旁便成为居民经常见面的地方,也自然成为交换物品之地。各户到井中取水的时间自然成为交换物品的时间。《史记·平准书》"而山川园池市井租税之入"句,张守节正义:"古人未有市,若朝聚井汲水,便将货物于井边货卖,故言市井也。"市与井便联系在一起。"市井""闾肆"诸词反映了城中"市"的出现与形成过程。

随着经济的进一步发展和家庭私有权的扩大,家族、家庭间交换的次数,交换物品的种类与数量,以及交换的对象,都在不断地增加和扩展,交换的形式变得复杂多样,交换过程中人和物的中介应运而生。人的中介就是物品交换的中间人。物的中介就是等价物。最初的中间人都是兼业。最初的等价物由当地大多数家庭需要,因而能随时交换出去的一般商品充当。随着交换的发展,中间人逐渐蜕变为独立的商人。等价物逐渐固定到几种物品上,如本地多数家庭使用的生产工具(如纺轮、镞、刀等)与生活用品(如刀、布帛,产于遥

---

① 《诗·卫风·氓》:"氓之蚩蚩,抱布贸丝。"

远的南海、经过多个氏族辗转交换才到达长江与黄河地区的、作装饰品用的货贝等)。通过无数次交换,它们被人们在实践中选择为一般等价物,从一般商品蜕变为特殊的商品,即货币。商人和货币产生之后,产品交换进入商品交换阶段,产生了商业这个产业和商人这个阶层。这个产业的载体和这个阶层固定的活动地方便是"市",也就是市区与市场。

上述事实表明,"城"与"市"是产生于不同历史阶段的两个不同的事物。它们的职能不同,内涵不同。《说文》:"城,以盛民地。""市,买卖之所也。"自城中有了市区,盛民之地与买卖之所结合为一,成为城市。城市由此诞生。"城市"是由"城"与"市"这两个事物、两个功能要素结合为一的产物。"城"与"市"这两个分别使用的单词连用为"城市"这个复合词,从现存的文献看,首先出现在战国时期。《韩非子·爱臣》:"是故大臣之禄虽大,不得藉威城市。"语言中的词落后于现实。文字中的词又落后于语言。据此推测,城市的出现当在战国之前。事实正是这样。

市出现在距今 4100 年前后[①],晚于城的出现约 1000 年。[②] 从社会形态发

---

①关于市的兴起,因为至今尚未发现商代以前的文字记载,故无商以前的文献可查,但古代文献中有关于市的传说。《太平御览》卷一九二引《世本》:"祝融作市。"(参见秦嘉谟辑《世本》卷九《作篇》)《管子·揆度》谓尧舜时以邑粟和财物"市虎豹之皮"。关于祝融,《庄子·胠箧》说到在中原地区活动的诸家族姓氏中有祝融氏。因所说诸姓氏中与《帝王世纪》所记伏羲氏系统中诸姓名称全同的有 4 个,写法或称呼稍异的有 2 个,可知《庄子》中的祝融氏当属活动在今河南省东部和山东省西南部的伏羲氏系统。祝融为帝喾(号高辛氏)的火官。《吕氏春秋·孟夏》:"其神祝融。"高诱注:"祝融,颛顼氏后,老童之子,吴回也。为高辛氏火正,死为火官之神。"帝喾有四妻四子:简狄生契,是商族的祖先;姜嫄生弃(即后稷),是周族的祖先;庆都生尧;常仪生帝挚。尧之后为舜,舜之后为禹,祝融与禹仅隔 3 代人的时间。从祝融氏的祖先与后世看,他活动于父系氏族公社末期,为父系氏族转为家族社会之时,即由贫富分化到阶级分化、私有制和商品交换产生的时代。(参见徐扬杰《中国家族制度史》,人民出版社 1992年版,第 53—62 页。)恩斯特·卡西尔在《语言与神话》(于晓等译,生活·读书·新知三联书店 1988 年版)一书中认为:"神话绝不仅仅是想象的产物。……它是对宇宙之谜作出的最初解答。"神话中寓含初民的朴素认识。"祝融作市"的传说,当是反映先民的实际作为。

②在国外,最早的村落与城出土于巴勒斯坦死海流域的杰里科绿洲。新石器时代早期村落是在公元前 8000 年以后发展起来的。1000 年以后,即在公元前 7000 年左右,村落周围出现一道石墙(墙高 6英尺 6 英寸,在某些地方高达 12 英尺),石墙的内侧有一个圆塔,高约 30 英尺。(Kathleen Mary Kenyon: *Archaeology in the holy Land*, Ernest Benn Limited, London, 1960, p. 44. 也见氏著《答布赖伍德教授》,《古代》1957 年第 31 期,第 82—84 页;凯尼恩:《早期的杰里科》,《古代》1959 年第 33 期,第 9页。)城市的出现则又更晚一些。在安纳托利亚高原的哈吉拉尔发现了一个新石器时代的遗址,其时间为公元前 7000 年左右。大约 500 年后,在恰塔尔许于克,一个比较大的属于新石器时代的城市正处在繁荣时期。(梅尔莱阿特:《恰塔尔许于克》,伦敦 1967 年版,第 15—66 页。)国外的历史事实也是城晚于村落,城市晚于城。

展进程言,城形成于氏族社会阶段,市出现于家族社会阶段。它们是两个不同历史阶段、两种不同社会形态的产物。许多人不了解"城""市""城市"的区别,或将城的出现误为城市的出现,或将市与城市混为一谈,弄出了不少的错误。上海世博会中国馆将城头山古城称为"中国最早的城市",即是一例。

随着城与市的结合,城市逐渐作为一种固定的模式而流传下来,并逐渐制度化。这一过程从夏代开始,至汉代中期结束。这个时期城市制度的内涵与特点主要是:

1. 为了交换的方便和便于管理,执政者划出一块地盘作为交换商品的地方,并在这个地方的四周修筑墙垣,将它围起来,以便与普通居民的住所(闾、坊)隔绝。这块特殊地方被称为"市"(市区)。① "市有垣",从而有门供交易者出入。门有开关的时间,并设定相应的开市制度(如一日一市、一日二市、一日三市等)和禁市(含夜禁)制度②。这就是说,用一个大的墙垣围起来的区域叫"城"。这个大墙垣将城与乡分隔开。在城里,又筑一个小的墙垣将商品交易的区域围起来,这就是"市"。就有独立的墙垣而言,它是城中之城。在功能和空间上,这个小墙垣(市垣)将交易区与非交易区隔开,或者说,它将城隔成市区与非市区两个部分。非市区又分为行政区与居民区两个部分。这样,城市实际上分为三个部分:行政(官府)区。包括政府部门(含军队)所在地,有关人员(国王、诸侯、卿大夫等)的居住地与祭祀地("祖"与"社",宗庙与朝寝)。在

---

① 因为城是人们聚居的场所,市的产生与城有关,这是不成问题的。需要进一步探索的问题是:最早的市是在城之内,还是在城之外。因为考古发掘的手工业遗址,有在城内的,也有在城外的,而工商业又总是相联的。河南偃师二里头遗址没有发现城墙,但有大型宫殿基址以及居住遗址、手工业遗址、墓葬。距二里头不远的河南偃师尸乡沟商城遗址内发现了大型建筑基址、道路等。该城建于商代早期。郑州商城规模大,城内发现有大型建筑基址,城外有手工业遗址和墓葬。湖北黄陂盘龙城较小,城内也有建筑基址,城外也有居住遗址、手工业遗址和墓葬。这些遗址中"城"与"市"在空间上是怎样配置的:是市在城内,还是市在城外? 在经济结构上,王城岗遗址中东西两小城是怎样的关系,边线王遗址中内外两城是怎样的关系,至今尚不明确。这个问题的解决,需要更多的考古发现和对考古成果作进一步的研究。周代,市在城中。春秋早期,处于西部和经济发展水平滞后的秦,其城市规划中也有市的区域。《史记·秦本纪》载:"德公元年,初居雍城大郑宫。……(献公)二年,城栎阳。"从德公元年(前677)"初居雍城大郑宫",至献公二年(前383)城栎阳,共294年的时间,雍城一直是秦国政治、军事、经济、文化的中心,是秦早期使用时间最久、规模最大的都城。从史料和考古发掘的雍城遗址中可知,在雍城遗址中部,东侧是姚家岗宫殿遗址,西侧是马家庄宗庙遗址,市场遗址位于雍城遗址北部,雍城的主体布局大体符合《周礼·考工记》中"匠人营国……左祖右社,面朝后市"的礼制原则。

② 《说文·门部》:"市,买卖之所也。市有垣,从门,从乀。乀,古文及,象物相及也。"战国时期的市有门。大市有多门。《史记·商君列传》:商鞅颁布变法令之前,"令既具,未布,恐民之不信,已乃立三丈之木于国都市南门,募民有能徙置北门者,予十金"。从这则记载中可知,咸阳之市至少有两个门。

职能上,这是城的主体。生产与生活区(坊、闾、里)。生产事业包括农业和手工业。城市居民中主要是农民和手工业者。在空间上,这个城区占城的大部分①。商品交换区,曰市。简言之,官府是行政区,坊是生产与生活区,市是交换区。此时城市的主要功能是国家进行统治的行政据点与军事据点。"市"只是城中的一个用墙垣围起来的(与其他部分隔绝开来的)、专用于交换商品的区域,它是为"城"的主体部分服务的,是城的次要部分或附属物。《周礼·考工记》记载的西周都城丰镐是"前朝后市",后来成了都城设计的圭臬。

2.政府设立专门管理市的"司市"("市之长")②。《周礼·司市》记载,都城这类大城中,一日三市,各有主要入市者:"大市,日昃而市,百族为主。朝市,朝时而市,商贾为主。夕市,夕时而市,贩夫贩妇为主。"司市管理市场担负"平市""均市""止讼""去盗""除诈"等职能。商人在市里经商要向市场管理机构申报市籍。有市籍的人被称为"市人"或"市民"③。"市人"是专门从事市场活动的人,他们从事的行业被称为商业,实际上包含商业和为市场生产商品且在市场内活动的手工业。这种"大商业"概念带来"大商人"概念:"商人"一词实际上包含商业经营者和手工业者。"市"由此成为工商业和工商业者活动场所的代名词。

3.城市居民的主体是国王(皇帝)、王(皇)室、诸侯、贵族、官僚、军将,以及附属于他们的人口(如吏役、士兵、奴婢等等)。此外,大量的是平民。平民按职业分为士、农、工、商(四民)。他们在城市社会中的作用与地位不同。当时是等级制度社会,士居四民之首,在城市生活中占重要地位。商居四民之末,

---

①古代的城里有农业,这既是农业与城发展的沿革使然,也是城实现基本功能的需要。在战争中,一些城被围数月至经年而能坚守者,原因之一是城内有蔬菜与粮食生产。及至宋代,汴京城中仍多园圃,有农业。直到近代,有些城市仍如此。如南京,至19世纪五六十年代,城中有菜地与粮田,时人对此有很详细的记载。笔者亲眼所见20世纪50年代初期,武昌城中有不少菜地,也有种麦者。一些历史学家将城的出现称为"城市革命"。事实上,当第一批城出现后,它们给社会带来了某些变化,但并没有改变社会的基本经济特征。社会从根本上说仍是农业社会,城以及后来的城市的出现,仅仅是使农业更为复杂。城和城市是农业社会中的一个组成部分。它们是农产品的交换中心。市场上活动的人物,通常是农地或农产品的所有者(家族主、奴婢主、庄主、地主)和农产品的生产者(自耕农、庄客、佃农)。

②《礼记·王制》:"大乐正、大司寇、市三官以其成。"郑玄注:"市,司市也。"同书:"命市纳贾。"郑玄注:"市,典市者。"《周礼·地官司徒》:"司市下大夫二人。"郑玄注:"司市,市官之长。"此处之"市"或司市即市长。

③先秦两汉文献里有"市人"和"市民"的称谓。《左传·文公十八年》:"市人皆哭。"《后汉书·王霸传》:"市人皆大笑。"汉荀悦《申鉴·时事》:"山民樸,市民玩,处也。"

市人社会地位低下。

4. 自"城"中有了"市",城市便不仅是战争防御工程和行政中心,具有军事和政治的功能;而且成了商品交换与商品生产集中之地,具有经济的功能;随之而来的是成了教育与文化活动的中心,具有文化的功能。因此,城中产业门类多于农村,谋生机会也多于农村。加上城中有城墙作防御物,又有国家机构,居民有安全感,于是人们(主要是士和丧失土地的农民)向城市迁移,开始了"城市化"进程。其结果是出现以人口多为特征的大城市。①

5. 由于城市造成新的职业,城里居民从事的职业比农村复杂,群体、阶层、利益与观念由此多元;由于城市里产生新的社会力量,各类社会精英集中于此,且接触与交流频繁;由于城市造成新的交往方式,新的技术,新的观念、语言和新的需要,新的社会风尚,新的价值观念几乎都是在城市中诞生的,城市从而成为制度创新的主角,城市的文明因此领先于农村,并逐渐将文明辐射到农村。城市,特别是国都所在的城市,往往成为一个时代文明的标志。这样,在技术上、文化上,城市带动乡村。

6. 大凡以农业为主要生产事业的家族,在其聚居地都有城。一个家族(或家族部落、家族联盟,下同)即一国。《说文》:"国,邦也。从口,从或。"口即围字,为有疆界的地区。口象形城墙。或即域字,封疆之界谓之域。"国"即城邑。② 由于城是家族基本的防御工事,当一个家族战胜另一个家族之后,为了削弱战败家族的防御能力,便毁其城。其后果有二:一是产生有城的家族(胜利者、统治者)和无城的家族(失败者、臣服者)。前者住在城(大邑)内,称为"国人""市人"。③ 后者住在没有城的地方(小邑),称郊或野。④ 住在郊、野的人,被国人称为"郊人""野人"。⑤《孟子·万章下》:"在国曰市井之臣,在野曰草莽之臣。"于是有了城与乡、国与野的区别,城墙成了区分人群的分界物。二是被毁城的家族聚居地内原有的交易场所(市),因居民生活需要,得以保留下来。这就是最初的乡市。在城市制度化与统一化的过程中,有城才有市,无城便无市。

---

①世界古代史上的大国都有这种情况。如罗马,在公元 100 年左右拥有约 100 万人口。

②《国语·周语中》:"国有班事,县有序民。"韦昭注:"国,城邑也。"

③《周礼·地官·泉府》:"国人郊人从其有司。"贾公彦疏:"国人者,谓住在国城之内,即六乡之民也。"

④《诗·邶风·燕燕》:"之子于归,远送于野。"毛传:"郊外曰野。"

⑤"市人"与"野人"的称谓,至宋仍在沿用,苏东坡《东坡诗》:"雨洗东坡月色清,市人行尽野人行。莫嫌荦确坡头路,自爱铿然曳杖声。"

而县治、郡治、国都才筑城，县以下不筑城。故县以下没有市的设置。但县以下有商品交换和经常进行商品交换的场所——市场。县以下的这种市场与城中之市不同的是：没有市垣，没有开市时间，没有市长管理。于是市有了城市与乡市的区别，同时也就有了城市与乡市之间的商品交流，即城乡贸易。

7. 随着人口增加和城区的扩大，城的形制发生变化，从一层发展为里外两层，里层的叫城，外层的叫郭。① 行政区(在都城包括宫殿区)、行政者和士在城区。农民和在"市"区活动的工商业者在郭城。无论是在空间(地理位置)上，还是在社会生活中的地位，市和市人处于城市的边缘地带。

西周末年以后，家族制度趋于瓦解，家庭(个体)经济取而代之，阶层分化很快，奴婢主势力增长。在奴婢主社会经济形态下，部分人的人身和大量物品成为商品。因此，商品交换的规模越来越大，贵重的地方特产四海流通，奢侈品交易越来越多，城市(特别是在大城市)之间出现了远距离贩运贸易。秦统一中国，使这种贸易获得空前的发展。

与此同时，秦始皇于始皇三十二年(前215)下令毁天下城郭。刘邦建立汉朝后，看到无城墙可守是秦军失败的原因之一，于高祖六年(前201)下令"天下县邑城"②。县以上的治所一般均须筑城。(这次一毁一修，说明在那个历史阶段，城是不能没有的。)秦以前的修城是在诸侯林立、各自为政的情况下进行的，难以统一。汉初的这次修城是在全国统一后的第一次修城，可以贯彻统一的规制，规制的主要特征就是以官府区、坊、市三区分置。坊市制不仅模式化了，而且全国统一化。

夏、商、周时期市与城市的出现，是交换形态由产品(实物)交换阶段进入商品交换或商品货币关系阶段的标志。春秋战国秦汉坊市制的形成，则是商品货币关系制度化的标志。

三、城区即市区，独立市区的消失

从东汉后期起到唐代中叶，城中的坊市制没有根本性的变化，变化较大的

---

① "城"字单用时，一般多包含城与郭。如《史记·仲尼弟子列传》载："城高以厚，地广以深。"《商君书·徕民》载："野战不胜，守城必拔。"如果城、郭对举，则只指城。如《孟子·公孙丑下》载："三里之城，七里之郭，环而攻之而不胜。"

②《汉书》卷一《高帝纪》。

是城外之市。引起变化的根源是社会经济形态由奴主制演变到庄主制。庄主与庄客之间存在严格的人身依附关系,每一个田庄(庄园)内部自给倾向增强,大的田庄"闭门为市"①。除了田庄内的市,还有田庄之间的乡市。

随着土地私有化进程加速和佃农经济的壮大,南北朝时期出现契约租佃关系。至唐代中叶,它发展成为主导的经济形式。社会经济形态由庄主制演变为地主制。此时,私人对自己的土地不仅有实际上的占有权、使用权和收益权,而且不再受法权观念上国有("普天之下,莫非王土")的束缚,私人对自己的土地有完全的处置权,无论买卖多少,在照章纳税的条件下,国家不予干涉。这使绝大部分耕地在法律上具有完整的所有权,成为可以自由(这里说的"自由"是就法权观念而言,不包括族规乡约等民间习俗在内)买卖的商品。耕地这个主要生产要素由此成为价值最大的商品。

私有土地中的一部分为地主所有。地主所有耕地中的一部分通过契约形式租给佃农。签订契约的双方在社会身份上是平等的。佃农身份的提高基于他们有了比较完备的生产工具,可以独立完成农业生产经营活动和参与市场的活动,从而成为市场的主体。佃农向地主交纳的地租多数是实物。地主得到地租后,需要出售其中的一部分,换取货币,以便向政府交纳货币形态的赋税和购买粮食以外的必需品。故地主经济的发展必然伴随着商业的发展,并使商业发生很大的变化。这主要表现在:在商人经营的商品中,占主要地位的不再是奢侈品,而是日常生产与生活用品;市场上流通的商品越来越多地来自小商品生产和商品性生产。这种生产本是为了市场。相应地,不是为市场生产却被商业卷入市场成为商品的,在商品总量中占的比重越来越小;出现了多种专业商品市场、专业商人和商业资本;诞生了为商业资本流转服务的金融组织。以这些表现为特征的商品经济的发展,导致城与市发生了四大结构性的变化。

1. 在城市里,商品交易的空间由原来的市区扩大到整个城区,坊市制因此演变为散市制。由于商业发展和城市人口大量增加,设有墙垣和限时开启的市区,对居民随时购买日用品(柴、米、油、盐、菜等)和日常的饮食很不方便,原来的市区及相应的制度已不能满足居民和商业发展的要求。于是出现以下情

---

① 葛洪《抱朴子·吴失篇》:(吴国大族的田庄里)"僮仆成军,闭门为市"。

况：城中的市区或增多，或扩大①。这样，在城区内，市区占的面积越来越大；一些商业活动在市区之外进行。首先出现送货上门和服务上门以方便居民生活的走街串巷的小商贩。随后，他们在街坊设立临时的商摊。接着这些商摊变为临街的商铺。由政府机构（含各地驻首都的"办事处"）经营一些商业和为商业服务的金融活动（如唐中期出现的飞钱，其经营形式多为官办），这些机构及其经营活动多不在市区内。于是，市场的活动不再局限于市区。政府已没有能力再约束和管制这种"市"的扩散，原先的坊市制被突破，散市制开始出现并盛行起来。散市制的特点是有居民聚居的地方就有商品买卖，就有商店，就有市场活动。散市制代替坊市制，使工商业从城中的一个特定区域（"市"区）扩散到全城区。② 于是，在空间上，市过去只是城的一个部分，现在却与城区相一致：城有多大，市（区）就有多大。这导致原来的"市"（被墙垣围起来的市区）和市垣（市区四周的墙垣）的消失。"市"与"城"交融为一了。"城市"的结构与功能发生一次根本性变革。这是交换形态由商品货币关系阶段发展至商品经济阶段的结果。散市制的形成是商品经济形成的一个重要标志。

2. 随着商品经济的发展和交易从市区扩大到全城，城市人口的数量、身份、结构、分布、主体人群，以及他们在城市社会中的作用和影响，随之发生重大变化。在坊市制下，商人的商业活动被限制在"市"区之内。散市制的形成使商人的活动地盘不再受"市"（区）及其制度的限制，商业和商人由此得到了空间上的解放。随之而来的是商人的经济实力与社会地位的提升，商人与士、与官的界限不再那么森严。这种变化在入明以后甚为突出。明初，朝廷颁布法令，对商人在服饰、住房、交往、子女参加科举等方面仍有限制。随着商人经济力量的发展，这些等级限制一个一个地被冲破。带头的是那些市最发达的城和势力雄厚的大商人。如以扬州为中心的盐商，建起一座座大宅第、大园林。他们用钱捐纳、捐输，买官爵、官衔、官职，增加本地学额，出入官场，直至与皇帝交往，官商合流。贾而儒，儒而贾，士商合一。到清代中期，明初那种对商人的种种限制，在扬州一带已难觅其踪迹。

散市制使商人与一般城市居民混居。于是，以"市"字命名的人群，也从

①早在汉代，大中型城市就有多个市区。西汉长安城有东西两个市区，共9个市，另有专业市场槐市。东汉洛阳城中至少有3个市。参见赵德馨主编《中国经济通史·第二卷》第12章《城市、乡市与军市》，湖南人民出版社2002年版，第778—781页。

②《清明上河图》形象地展示了宋代开封市街结合的景观，从中看不出坊市制度的痕迹。

"市区"活动者扩展到全城居民。"市民"一词的使用越来越普遍。直到明代前期,"市人"的称呼仍被频繁地使用,中叶以后逐渐减少,"市民"逐渐成为城市居民的泛称①。至清中期,"市人"的称谓在当时的文献中也难觅其踪迹,"市民"已成为普遍的称呼。这标志城市共同体的形成②。

也是从唐代中叶开始,市民因有自由身份,可以组织社团,可以通过多种渠道和形式(直到"罢市")表达自己的意志。他们对社会活动的参与意识、参与程度和对公共舆论的影响力日益增强。城市社会的力量愈来愈依靠市民,活动的内容自然愈来愈多地围绕市民开展。这使他们成为城市社会的主体人群③,也标志着市民阶层正在形成。城市已处于从士人社会到市民社会的转型过程之中。

随着散市制代替坊市制和城市社会转型,原来管理"市"及"市人"的体制已不能适应新的情况,于是新的机构与人员出现。随着城中工商业的发展,管理城中工商业的组织——行会应运而生。

3. 城市发展的重心从内城转移到外郭。从先秦到两汉,城市的重心在内城。外郭是百姓的居住区。魏晋以后,众多的外来人口和工商业者多住在外郭。《洛阳伽蓝记》记载的洛阳,主要商业区(大市、小市)和居民区都设在外郭,官署、寺院、官邸、民宅混杂,行政区、居民区和商业区的区划已不规范。城市社会建设和管理的重心仍在内城。唐代中叶以后,随着商品经济的发展,科举制和铨选制的实行,人身依附关系的松弛,进一步促使农村人口(主要是读书人、经商者、手工业者、艺人、破产农民和有钱的地主)向城镇迁移,特别是向首都集中。"人不土著,萃处京畿。"首都长安城中"浮寄流寓不可胜计"。外来人口的增多,这些"长(安)漂(客)"们多集中在外郭的坊市中。估计长安人中的五成以上是普通百姓,他们在人口数量上占了优势;七成以上住在外郭。外

---

①《旧唐书》卷一百二《郭子仪传》载:代宗永泰元年(765),"天子以禁军屯苑内。京城壮丁,并令团结。城二门塞其一。鱼朝恩括士庶私马,重兵捉城门,市民由窦穴而遁去,人情危迫"。这里的"市民"显然是包括市区和坊区的工商业户和一般居民。在中唐以后的文献里,除"市民"称谓外,还用"士女""士民""士庶"等称呼城市居民。后唐末帝清泰元年(934)的一通诏文中有"士民""士庶""市民"诸词,它们都是对城市居民的称呼。

②中国和美国学者对明清城市市民的研究证明,马克斯·韦伯所谓的"中国没有形成成熟的城市共同体"的论断,是对中国城市状况的一种误解。

③自唐代出现罢市之后,市民为维护自身利益而与政府抗争的活动增多。明代万历年间(1573—1620)多个城市的反抗矿监矿使的抗税斗争,有互相影响与呼应之势,导致全国性的民变。由明至清,在商人罢市增多的同时,又出现工匠的"齐行叫歇",即有组织的罢工。这是市民活动中的新态势。

郭成为城市发展最快的区域。这推动城市里城郭结构、人口结构和社会结构变动，也使城市管理的重心开始从内城移至外郭。

4. 在特定的城中城与市结构性变化演进的同时，一个城与另一些城之间的市场联系，城之市与乡之市的联系，以及乡市本身，也发生了质的变化。其中最为重要的是部分乡市的形态由草市发展为市镇。绝大多数市镇的规模不大，其辐射的功能止于周边村落，属于农村基层市场。镇是区域市场网络中的初级中心。市镇，一般都是无城墙的，即无城之市。明代中叶以后，一些镇（如江西的景德镇、湖北的汉口镇、河南的朱仙镇、广东的佛山镇等）的商业和人口规模超过县城，甚至超过府城。因其商品行销全国甚至海外，它们的影响力已在一般县城、府城之上。市镇处于县城之市与农村集（墟、场）市之间。它们的普遍出现，使市场形成一个城乡联接的、有多个层次的网络体系，它将全国各个地区、各个部门的生产者与消费者，都网罗其中。在商品经济的形成进程中，这是标志性的历史现象①。

四、城在市中

清代中叶以后社会经济中发生的如下变化，影响城与市关系的演变：现代化武器代替传统的冷兵器，极大地削弱了城墙的防御作用；出现了使用机器的工厂、矿山等现代生产企业，火车、轮船、汽车、飞机等现代交通运输工具，百货公司、货栈等现代商业组织，银行等现代金融机构。工厂多数集中在城市。银行、百货公司几乎全在城市。飞机、轮船、汽车、火车等也是以城市为依托。这些新式的工商企业占地较广，城墙内的面积已不能容纳它们的全部；这些新式工商业实行企业制与雇主制，人们之间的经济关系进一步契约化；在使用机器和采取企业制、雇主制为特征的大商品生产基础上，市场在资源配置方面的作用日益增长，进入 20 世纪后已起基础作用，商品经济演变为市场经济。

这些变化使"城"（墙）在战时所起的防御作用越来越小，在平时却成了交通与市场活动的障碍。于是出现了下述情况：大多数城市的城墙被拆毁，成为有市无城的"城市"。毁城（墙）的行动始于天津（1901 年）和汉口（1906 年）。随后在 1912 年至 1936 年和 1950 年至 1966 年形成两次高潮。第一次以上海

---

① 关于这个时期的市场层次、市场网络及其在从指令经济到市场经济过渡进程中的地位与作用，参见赵德馨《中国近现代经济史 1842—1949》，河南人民出版社 2003 年版，第 46—49 页。

拆城墙为标志,第二次以拆北京城墙为标志。元至元二十九年(1292)设立上海县,当时没有建城。明代中期,由于倭寇的侵扰,嘉靖三十二年(1553)筑上海县城。城墙在1914年被拆除。随着城墙的拆除,上海"城"已不复存在,上海成了有市无城的"城市"。再以武昌为例,三国时期吴国孙权在此修筑城墙。唐代改建与扩大。明代洪武四年(1371)重建城垣。1927年开拆城墙,在十个城门中仅留中和门(起义门)作纪念。武昌也成了有市无城的"城市";少数城市的城(墙)被保留(省会级的如江苏的南京,地区级的如湖北的荆州,县级的如山西的平遥)。这些被保留下来的城(墙),从职能上言,已从防御工程转变为供人观光游览与怀古的文物。

这些变化使城市的主要职能从"城"转移到"市","市"从城市的边缘变成了城市的中心,继而变成城市的全部。在这个过程中,"城"与"市"的关系在空间层面上发生了颠倒性的变化。市突破城墙的框框,扩展到城之外,且不断地向外延伸,以至"城"被"市"包围。一般地讲,在清代中叶以前,市在城中,城比市大,讲一个城市的大小,是以城墙内的面积为标准的。城墙四周有多长,城市就有多大。民国以后,情况不同了,很多城市的市区比城区面积大,城在市中,讲一个城市的大小,是以市的面积为标准的。市区(工商业区)有多大,城市就有多大。

五、有市无城

清政府与太平天国作战期间,少数没有城墙的城镇,轻易地被太平军攻占,为此少数市镇新筑城墙,一些省城、县城修补城墙。自太平天国失败之后,冷兵器在战争中的作用越来越小,新兴起的市镇不再修建城墙。其中有后来发展为地区级行政中心的(如湖南省的株洲)、副省级的(如广东省的深圳)和省会的(如河北省的石家庄)。它们都是没有城(墙)的"城市",即有市无城的"城市"。今后兴起的城市都将如此。从19世纪70年代起,中国进入兴市不修城,即有市无城的阶段。传统的城市以有城(墙)为标志。新兴的城市以无城为特征。现在,对此种有市无城地域(包括新兴起的从未有过城的市区和原来有过城但已被拆毁的市区),虽仍沿用"城市"这个词,但其实在内涵上是专指"市",与"城"已无关联。将无城之市称为"城市",名不副实。在当代,"城市"一词已经成了或者说只是一个习惯用语,实际上成了"市"的代名词。中国历史也踏上了无城的进程。在中国的历史上，"城"已成为历史的遗迹与文物，进了"历史博物馆"。无城之市的兴起和发展，有城之市的城被拆除，这个过程与市场经济的兴起和发展同步。市场经济越发展，新兴起的无城之市便越多，原来有城之市城墙被拆的也越多。于是，无城之市成了中国市场经济成长阶段的标志物。现在被人们称为"城市化"的过程，就城与市的关系而言，是市的扩大与城的消亡过程，在中国话语里说，这是市（场）化和无城（墙）化或去城化过程。这个去城化过程被称为城市化，是当代中国话语中的悖逆现象之一。在一些本来就无城的"城市"里，将其中的一块地方称为"城中村"，是这种悖逆现象的典型形态。

无城之市越来越多，"市"成了"城市"一词的全部内涵，这种变化给社会生活，特别是对城与市的关系，带来多重影响。举其要者而言有二。

1. 引起城市功能的改变，导致现代的"城市"与传统的城市性质根本不同。传统城市以政治（行政）功能为主，现代城市主要是经济功能。在古代，城市的诸多职能中，政治是第一位的。一个城的政治地位，决定它的市（场）的地位，政治带动市场。在政治上，郡（或州，或省）城的地位比县城高，郡城市（场）的规模也会比县城市大。国家的首都设在 A 城，A 城的市便会成为全国最大的市（在这个意义上，也可以说是全国的经济中心）。如果首都迁移到了 B 城，全国最大的市也会移到 B 城。经济中心跟着政治中心迁移。那时，没有出现过政治中心与经济中心分离的事实。16 世纪以后，情况发生了变化。第一，行政级别低的城镇，其市的规模和影响力，可能大于行政级别高的。19 世纪中叶以后，这种情况愈来愈明显。如 1862 年至 1899 年设夏口厅的几十年间，汉口镇的经济实力和影响力，大于它所隶属的汉阳县城，也大于湖北省城武昌。第二，市场的发展形成自身的各级地区的中心与全国的中心。这个形成过程是经济的自发机制，是独立的。结果是：一些市场中心与原有的行政中心所在地不一致。以地区级而言，荆州城是荆州地区（府、地区级）的行政中心，新形成的该地区的市场中心则在沙市。以省而言，河南省的省级行政中心（省会）是开封城，新形成的该省区的市场中心则在郑州，后来省会便从开封迁至郑州。河北省的保定与石家庄，吉林省的吉林与长春，亦复如此。从全国来说，无论首都是在北京还是南京，上海始终是全国市场的中心，于是，上海从江苏省中脱离出来，升格为省级直辖市。天津、重庆亦如此。第三，在城市里，过去是行政机构处在显要地区，行政区是城市的中心。现在，市场成了城市的中心，行政机构被边缘化了。

2.使"市"成为国家行政系统的一级和区域的单位,政权机构和居民"市化"。自国家产生以后,夏、商、周的行政体制是以血缘关系为基础,分国王、诸侯、大夫诸级。此时的城是国王、诸侯、大夫行政的治所。自秦开始,行政体制以地域关系为基础,分中央、郡、县三级,后演变为中央、省、府、县制。此时的城是中央、郡(州、郡或省、府)、县行政的治所。由于市在城中,城的管理者即市的管理者,他们设市令(市长)对城中之市实行行政管理,但市不是行政管理体制中的一级。自市突破城区之后,管城者无法管理市的全部,于是市从府、县中分离出来,形成国家行政管理中的一级,由中央或省管辖,有独立的区划和行政、议事、立法机构,形成现代市制。1921年,民国政府公布《市自治制》。同年,广州从番禺县、南海县独立出来,成立独立于府县之外的、由广东省管的市政府。随后,汕头、佛山、南京、上海、杭州、武汉、重庆等相继建市。这些市因各自的规模与作用不同,其行政地位或为县级,或为府级,或为省级。1979年以后,随着市场经济的发展,或县改市,或地改市,或增加省级市。于是,以市为行政单位的增多,级别高的市增多。以湖北省为例,1949年到1958年,地级市只有两个。1958年到1977年增加1个(共3个)。1978年至2009年增加9个(共12个)。1977年以后,县级市增加21个(共24个),县的数量减少了36个(从74个减至38个)。政权机构"市化"进程明显提速。市与中国人生活的关系日益密切。1978年,属于(城)市的人口2亿多,到2010年增加到6亿多,居民"(城)市化"比例达47%,每分钟"(城)市化"30人。从20世纪中叶起,无论是经济层面的"市",还是行政层面的"市",都与"城"脱钩了。1958年实行城乡分离的二元户籍制度、粮食供给制度、城市福利制度之后,"城市"与"农村"的划分只是一种政策的后果。谁是城里人,谁是农村人,已与居住地有"城"无"城"无关。此时"市长"的管辖范围与职能,与战国秦汉时期的市长已经根本不同了。如果说,在战国秦汉时期,市长是为"城"服务的话,那么,现在的市长则是为"市"服务的。

六、结论

1.在历史上,城与市是产生于不同历史阶段的两种事物。这两种事物既曾结合在一起,融为一物(城市);也曾互相独立,或为无市之城,或为无城之市。"城"与"市"是反映不同事物的两个概念。将"市"或"城"和"城市"视为同一事物,同一概念,甚为不妥。由这种混同导致的将"原始聚落"与"城"对立,更是失察①。

2. 城与市关系演变的过程与形态,是社会关系演变过程与形态的一个方面,特别是其中的交换关系演变的集中表现。在氏族社会的早期和中期,既无城,更无市。到了后期,在距今 7000 年前后,修城之初,城墙内没有商品交换活动,没有市场。当社会组织由氏族变为家族,开始有了产品交换、商品交易和相关场所——市。此事发生在距今 5000 年前后。当国王在市的四周修筑墙垣,将商业和商人的活动限定在这个称为"市"的小区域内活动时,这标志着市场交换关系的产生。奴婢主生产方式促使商品货币关系迅速发展,城市制度化和全国统一化。庄主经济使早已存在的、无城的乡村市场兴盛。地主制与商品经济相伴而行,城里的市场活动跨过市垣,扩散到全城,市垣被市场淹没了,丧失了它原有的功能,市垣和被它围起的那种"市"成了历史遗迹。当商业和商人的活动突破这个被称为"市"的围墙,扩大到全城各个角落,在空间上城与市同大时,这标志着市场交换关系进入了中级发展阶段,即商品经济阶段。随着企业制与雇佣制的兴起,城里市场活动的范围又跨越城墙,扩散到全社会,那种原初的"城"也成了历史遗迹。当商业和商人的活动地区扩大到城墙之外,在空间上市比城大,甚至可以有市无城时,这标志市场交换关系进入高级阶段,即市场经济阶段。笔者用"商品货币关系"(也可称为"交换经济")、"商品经济"、"市场经济"这三个术语分别表达市场交换关系这三个阶段的特征。② 大体说来,无城无市和有城无市是原始自然经济的标志;城中有特定的"市"(区)是商品货币关系的产物;城区即市区是商品经济的产物;城在市中和有市无城是市场经济的产物。

---

①某些学者往往疏忽了这一点。李学勤在《中国古代文明十讲》(复旦大学出版社 2003 年版,第 44 页)一书中写道:"按照马克思主义历史观,原始城市的产生,是古代文明进步的一个重大标志,因此,学术界普遍重视城市的产生问题。但什么是城市,原始聚落同城市如何区别,仍是探讨中的问题。学者间的多数趋向于认为,城市的主要标志是反映出阶级的社会结构。城市不一定有城墙,例如中国商代后期的殷墟,经过多年的发掘,只在宫殿基址外围发现防御性的水沟,并未找到城墙(最近发现的洹北商城,时代似早于盘庚迁殷)。另外人口的规模可以作为城市的参考标志,例如丹尼尔便主张城市应容纳至少 5000 人。"

②参见赵德馨《中国市场经济的由来——市场关系发展的三个阶段》,《中南财经政法大学学报》2010 年第 2 期。

3. 城与市的兴起，以及城与市关系的变化，是交换方式发展的结果。随着交换的发展，城中之市从无到有，市在城中的作用从小到大，其地位从低到高，所占的空间，先是在一个被市垣围起来的范围之内，继而跳出市垣跑遍全城，又跳过城墙跑到城外，把城包围起来。市从蜷缩在城的边缘到位于城的中心，由城的附属物变成城的主体。在城与市关系的演变过程中，厚厚的市垣没能挡住市场自我扩散的力量，高高的城墙也没能挡住市场自我扩散的力量。市的自我扩散力量是人建筑的坚固市垣和高矗城墙挡不住的，也是人制定的政策（如太平天国的城市政策）和制度（如计划经济制度）挡不住的。① 市场依靠自身的力量开辟前进的道路，直至成为调配资源的基础。如果把历史比喻成一条长河，那么市场就是河中之水，它自然地流淌着，冲垮一切障碍，水到渠成。中国的市场经济，既不是如某学者说的从外国学来的②，也不是如另一些学者说的是某个人设计出来的，它是几千年来市场力量自我发展的结果。③ 中国的市场经济植根于中国历史之中④。

原载《中国经济史研究》2011 年第 4 期。

---

① 参见赵德馨《论太平天国的城市政策》，简本载《历史研究》1993 年第 2 期，全文载王承仁主编《太平天国研究文集》，武汉大学出版社 1994 年版；《市场化和工业化：经济现代化的两个层次》，《中国经济史研究》2001 年第 1 期。

② 持这种观点的学者甚多。以邹进文教授的大著为例，他和严清华教授认为："民国时期中国市场经济体制的变迁是一种典型的移植性变迁。它是在学习、借鉴西方成熟经验的基础上，将西方先进制度移植、引进到中国来的。"（邹进文：《民国财政思想史研究》，武汉大学出版社 2008 年版，总序第 4 页。）

③ 对于中国社会主义市场经济的诞生，向国外学习和对经济体制改革目标的设计，都起了催生药和助产婆式的重要作用。但如果孕妇肚里没有胎儿，最好的催生药和最高明的助产婆也是催生不出婴儿来的。

④ 韦森在《站在人类文明发展的转折点——马克斯·韦伯〈经济通史〉新中文版序》中写道："按照诺思新经济史学的建构主义历史观，是国家统治者设计了并构建了市场的博弈规则（如产权安排），然后才导致了西方世界的兴起。读过韦伯的这部经济通史，读者们也许会发现，近现代世界经济史的历史事实并非如此。恰恰相反，韦伯的世界经济史的叙述基本上印证了亚当·斯密（Adam Smith）——卡尔·门格尔（Carl Menger）——哈耶克的产权自发生成观：市场运行中产权制度安排本身是市场发展演化的一个自发生成结果。当然，这种自发制度生成论的理论程式，并没否认政府主权者（the sovereign）或立法者在市场经济体系内部确立产权制度安排时的立法作用，并且也不排除近现代西方世界市场体系内部最先型构而成刚性产权结构与西方文化传统密切相关这一点。概言之，从整体上来看，虽然韦伯把世界的现代化视作一种'理性化'或言'合理化'（rationalizaion）过程，但从韦伯那捭阖纵横、洞鉴古今式的经济史解说中，显然是解读不出来人类社会经济秩序和种种制度安排是任何个人理性设计的结果这一建构主义的理论结构的。因此，如果在哈耶克的自发社会秩序生成论和诺思的产权设计建构论的知识背景中进一步阅读韦伯的这部《经济通史》，对把握当代中国社会以及其内部市场秩序发展和演化的未来走向，显然是有着某些理论和现实意义的。"（［德］马克斯·韦伯著，姚曾廙译，韦森校订：《经济通史》，上海三联书店 2006 年版，第 5—6 页。）

中国前近代史的奥秘

——对日本中村哲教授
《中国前近代史理论的重构——序说》的评论

编者按:此文为 1996 年 4 月 28 日在中国前近代史理论国际学术讨论会大会上的发言稿。中村哲,日本京都大学名誉教授,日本中国史研究会会长。此文作者关于中国前近代史奥秘的见解颇有新意。它还有另一层意义。在国际学术讨论会上,当外国学者在文章或发言中,公开提出中国应走资本主义道路等论点时,中国学者该怎么办? 赵德馨教授采取的态度(明确地阐述自己的观点)和方法(以学术研讨的方式,即说理的方式,说明他们错在何处,并引用该国另一些学者的论证予以回答),我们认为有可资借鉴之处。

能亲聆中村哲先生的这个学术报告,很是高兴。被主席指定担当这个学术报告——这次大会的第一个学术报告——的评论人,深感荣幸!

中村先生的大作是从中国当前大变动的现实提出问题的:"中国在今后,势必要走上现代化的道路。而在这一过程中也会有很多的困难。那么,中国的国家体制和政治结构究竟会发生怎样的变化呢? 这种市场经济①又将循着何种轨道运行呢?"从为了认识中国当前发展趋势来研究中国的历史,表现出中村先生不仅对中国的过去,而且对中国的现在与前途,都很关心。对于中村先生的这种友好态度,作为中国学者的我,表示热忱的欢迎。

中村先生的这篇宏论,视野开阔,勇于创新,在与日本、欧洲的比较中,探索中国历史发展的特色,重构了一个关于中国前近代史的理论框架,其中包括

---

①指社会主义市场经济。

了许多论点。因为中村先生致力于研究马克思、恩格斯的学说,使我们有一种共同的语言,并对许多问题有共识。例如,在史学理论方面,关于亚洲停滞论——西欧中心史观和世界史的单线发展论的不可取,中国现代化若模仿欧美则不能成功,中国现代化要尽可能避免欧美现代化过程有弊病的一面,等等,我们所见略同。

在史学方法论上,中村先生从历史与现实的关联来把握历史并保持历史学独立性的方法,与我主张的面向现实、反思历史的态度很接近。我曾就这个问题写过一篇短文,即《发扬面向现实、反思历史的优良传统》①。相形之下,中村先生在表达现实与历史的关系方面,文字简练,意思却更深刻。对于中村先生的学术功力,深表钦佩。在对具体史实的判断方面,例如关于汉代牛耕这种高水平生产力和手工耕作低水平生产力的并存,又如"汉代的私人大土地所有制,似多为奴隶制经营",等等,我们的见解不谋而合。在提交本次会议的拙文中,将前者概括为汉代农业生产力的两个层次,将后者称为大型奴隶制生产。我为在这些事实的判断上得到中村先生的支持而增强了坚持这些论点的信心。

在这里,我想特别强调中村先生大作中关于"社会团体、社会集团"的部分。在与日本历史、欧洲历史的对比中,论述中国历史上社会团体、社会集团的特点,给我留下深刻的印象。我在研究中国经济史时,过去对这方面注意得很不够。听了中村先生的报告,得到了启发。

中村先生报告中的有些论点颇为新颖,发人深思,但却不敢苟同。这特别表现在中村先生所重构的理论框架上。中村先生的报告以重构中国前近代史理论框架为目标,采用的基本方法是将对现实的认识与对中国历史的认识结合起来。而在这两个方面,我的认识与中村先生不同,愿借此良机提出来,以就教于中村先生及与会诸位先生。

一、首先谈谈对现实的认识

中村先生认为:"目前,20 世纪的资本主义正在向 21 世纪的资本主义过渡,中国的体制也发生了巨大的转变,当此之际,必须建立一个新的理论框架,

---

① 载《中国经济史研究》1990 年第 1 期。

把对这样一种现实的认识纳入其中,应当是理所当然的。我们的共同研究也正是为这一目标而作的努力。""从历史的角度来把握现代世界和其中的中国的状况、变化,结合这一点研究中国史。""现在世界急剧变化的原始动力之一,是东亚资本主义的兴盛。中国作出转向开放政策的决定,主要原因之一也是日本、亚洲新兴工业区域尤其是东亚国家联盟诸国资本主义经济的急速发展,在当前,这又成为中国经济的市场经济化和世界市场的接轨进展比较顺利的主要原因。而世界体制向 21 世纪资本主义转轨的一个主要侧面,即是东亚资本主义的发展,这也是其中的中国政治经济体制应有的方向。"

这最后的一句话,集中表达了中村先生对世界与中国现实的认识。在中村先生看来,中国政治经济体制应有的方向就是向资本主义方向发展。如果我的理解不错,那么,中村先生大作中的"中国现代化",其实际含义就是"中国走向资本主义"。

据我所知,在日本,对中国现实的认识持有这种观点的学者并非中村先生一人。当然,在日本的学者中,也并非只有这一种认识。例如,前天,我从《光明日报》①的一则报道中,知道日本东京大学伊藤诚教授在最近举行的"社会主义讨论会"上发言,"论证了社会主义和市场经济结合的必要性、可能性及其条件性,以此展望了在 21 世纪社会主义将以新的形式复兴的现实可能性",为此而"认真研究和概括正在不断取得成功的中国改革经验的重要性"。在对社会主义和中国前途的认识这个问题上,在中村先生与伊藤先生这两位日本教授的观点之间,我赞同后者。我认为世界体制的变化是:20 世纪的资本主义在走向 21 世纪的资本主义,20 世纪的社会主义在走向 21 世纪的社会主义。只看到前一个方面,只说第一句,是不全面的。因为还有后一个方面。到 21 世纪,资本主义制度将以新的面貌出现,社会主义制度也将以新的面貌出现。只有看到这两个方面,只有说这两句话,才是全面的。当前,占世界人口 1/4 以上的几个国家,在坚持社会主义制度和社会主义道路。其中主要是中国。中国近 20 年的实践表明,在坚持社会主义制度的前提下实行改革开放政策,经济发展的速度并不比日本、韩国等东亚国家慢,这是有目共睹的事实。与日本、韩国等国家一样,中国是根据本国经济发展的历史和历史形成的特定条件与环境,选择自己应走的道路。中国正在走自己的路。本人研究过中国近代与

---

① 1996 年 4 月 25 日。

当代经济发展过程与社会发展道路,近 20 年来,研究的重心是中国当代经济史,又生活在中国,深知中国人民选择自己的社会发展道路——建设有中国特色的社会主义道路——的经历和正确性,以及对走这条道路的信心。在实现现代化过程中,中国人民可以向日本人民、韩国人民学习许多东西,但是,中国的政治经济体制既不需要,也不可能以日本、韩国为方向。

对于中国社会当前的发展道路,国外的部分学者将这条道路说成是走向资本主义,主要是出于对中国经济中出现的两个事实的误解。一个是市场经济,一个是私营经济。实际上,新中国建立之初,就是市场经济。那时的私营经济——私人资本主义经济,在国民经济中占的比重比现阶段大得多,并在 1951 年至 1952 年间有所发展。中国经济史说明,在中国的政治经济体制下,市场经济不等于资本主义经济,资本主义经济的存在并有一定程度的发展,既不决定,也不会改变社会政治经济制度的性质与发展方向,原因在于资本主义经济处于被领导的地位,它是可控制的。

二、对中国前近代史实际的认识,我与中村先生分歧之处就更多

关于商品货币关系①的基础,中村先生认为是财政,我认为是生产结构。这在提交本次会议的拙文中已有详尽的论证。拙文提出了公元 1 世纪前后约 400 年中国社会生产与流通结构的横断面与变动的概貌,其中涉及土地所有制和国家与农民的关系问题。正是在这两个问题上,我认为中村先生的认识与中国历史的实际相距甚远。

自春秋战国以后,中国的农业②用地,即作为生产要素的土地,其主体部分由国有和私有两个部分构成③。这两部分相对比重的变化趋势是私有土地部分占的比重在波动中加大,国有土地部分占的比重在波动中缩小。至迟在东汉时期,私有土地已成为主要的所有制形式。与此同时,私有权的内涵逐步扩大,法权关系逐步明确。国家在法律上承认私人对他所有土地的所有权、占有权、处置权、收益权,并在此基础上向土地所有者征收财产④税,即田税(赋),私

---

①商品经济。

②大农业,包括畜牧业、林业、渔业。

③除这两个部分外,还有各类共同体、社会团体等所有,如族田、寺庙田、公益田等等。

④土地如同房产、商业资本等财产一样。

人可将自己的土地出卖、出租、抵押、捐献和作为遗产由子女继承。私人如果不犯法律上该被没收家产的大罪，国家不能干预土地私有者的上述各项权利，不能任意处置私人所有的土地。在前近代，这是最发达、最典型的土地私有制。在国家的立法中，私有土地与国有土地的区别是很清楚的。中村先生也认为中国前近代存在私人土地所有。在这种情况下，很难理解中村先生所说这种私人土地所有"是国家的土地所有①之下的土地占有，或事实上的土地所有②"的真实含义。顺便说一句，这无论是在文字上还是在逻辑上，都是令人费解的。出现这种情况，看来是由于要把中国前近代土地制度的实际纳入中村先生的国家奴隶制与国家农奴制理论框架之中。因为，如果没有国家土地所有制，所谓国家奴隶制和国家农奴制也就没有存在的基础。

　　中村先生为了使中国前近代史符合自己的理论框架，在把私人大土地所有说成国家土地所有，即误解了国家与土地关系的同时，也必然误解国家与劳动者的关系。中国前近代史中，属于私人所有的土地，主要掌握在两种人手里。一种是剥削者，另一种是劳动者。剥削者所有土地上的耕种者为奴隶、私属、田客、佃户、佣客等等。且不说奴隶、私属、田客与土地主人的关系，从身份名称上已可一目了然，就是佃户，从最易观察的产品分配上，即"佃户交租，业主交粮③""粮从租出，租出于佃"也可以知道这些耕种者与土地所有者的关系和与国家的关系。剥削者通常握有耕地的多数，他们既是私有土地部分的主体，也是整个土地制度和农业生产关系中的主体。中国前近代史中存在过国有土地上的奴隶制和农奴制，但却不占主体地位，因而，就中国前近代史的整体或其中的主体而言，不应称为国家奴隶制和国家农奴制。

　　私有土地中的另一部分④为劳动者所有。他们私有土地的来源，或是继承遗产，或是通过购买，或是开垦荒地后为政府承认。这些劳动者包括自耕农和部分佃农，其典型代表是自耕农。自耕农因私有土地要向国家交土地税⑤。他们因生产条件比佃农好，在生产上比佃农经济更有活力。但自耕农经济本身

---

①即领有。
②下级所有。
③田赋、土地税。
④通常只是小部分。
⑤田赋。

很脆弱,在赋役加重的情况下容易破产。自耕农的状况如何①,是中国经济发展与社会稳定与否的指示器。不了解中国前近代史上的自耕农,便难以知道中国农业生产发展的动力,便难以知道中国社会阶层结构及各阶层成员上下对流的中介,便难以找到社会安定与动乱的根源。要了解中国前近代史上自耕农的特点,首先就要了解土地私有制。正是因为有了土地私有制,才有中国式的自耕农。当然,土地私有制还有更广泛的意义,例如,正是因为有了这种私有制,才有中国式的主奴关系、主客关系、主佃关系,才有中国式的土地买卖制度和遗产诸子均分制度,才有中国式的农业家庭经营,才有中国式的经济结构与运行机制,才有中国式的社会阶层结构与变动机制。土地私有制与自耕农是中国前近代史中所有奥秘的基础,也是中国前近代史给中国近代史、当代史遗留的最重要的制约条件或历史条件②。中村先生的国家奴隶制与国家农奴制的理论框架,既否定了土地私有制的存在,也"消灭"了私有土地的自耕农阶层。这种理论框架不符合中国历史的实际,因而也不能作为揭示中国前近代史奥秘的工具。

中村先生赖以重构中国前近代史理论框架的两块基石——对中国和世界现实的认识与对中国前近代史实际的认识,都有不符合实际之处。由于基石未完全落在实处,我因此为中村先生建立在此基石上的理论框架的稳固性而担心。

以上见解,未必允当,切盼中村先生指正。

原载《中南财经政法大学学报》1996年第4期。

---

①绝对量是在增加还是减少,在农户总数中占的比重是在上升还是下降,生活状况是在改善还是恶化,等等。

②如中国共产党土地改革政策中没收对象从"一切土地"到"地主土地"变化的原因,土地改革后的土地从归国家所有到为农民私有变化的原因,1953年限制土地买卖到1956年消灭土地私有的影响,无一不与这些历史条件相关。

中国社会主义经济历史前提的特殊性

——对中国半殖民地半封建经济形态特点的分析

20世纪中叶的中国,为什么在革命胜利之日建立起一个新民主主义社会,开始了中国从新民主主义到社会主义的过渡? 为什么在过渡到社会主义社会以后,是处于社会主义初级阶段? 为什么在进入社会主义初级阶段之后要大力发展商品经济? ……要深刻理解这些问题,必须认清我国原来是一个半殖民地半封建的大国,我们的社会主义是脱胎于半殖民地半封建社会。不了解我们的出发点,便弄不清我们前进的方向与我们选择的前进道路的正确性。要认识中国半殖民地半封建社会,应从了解这个社会的经济入手。经济是这个社会的基础。同时,我们当前的中心任务是经济建设,就是要改变半殖民地半封建社会留下的经济面貌。为此,本文分析中国半殖民地半封建经济形态的基本特征,便是很有现实意义的了。

一、社会生产力的多层次结构与发展水平的落后性

在近代,中国社会的生产力发生了重大变化。从19世纪中叶开始,进入了从使用手工工具生产到使用机器生产的过渡。在中国几千年的生产力发展史上,这是一个新飞跃的开始。这种飞跃首先并主要出现在工业和交通运输业部门。因此,这也是中国工业近代化的开端。近代化的进展缓慢。近代生产力在整个社会生产力中占的比重一直很小。因此,在各个生产部门和各个地区生产力的状况,便出现了手工劳动与机器生产的各种衔接形式,社会生产力表现为多层次的结构。在某些边远地区和山区,使用木棍、鱼叉、弓箭、陶石纺轮等工具从事耕作、渔猎、捻线。这是原始社会或奴隶社会早期出现的生产工具与生产技术。在部分山区,存在着奴隶社会早期出现的刀耕火种的耕作

方式。在新疆、青海、西藏等地牧区的游牧生产方式,与奴隶社会的牧业没有很大区别。最广泛的是手工劳动的家庭农业与手工业的结合。这是中国奴隶社会便已普遍存在、封建社会时期成为典型的生产方式。在少数城市与矿区,使用机器生产或半机械生产。在同一时间里,在不同地区、不同生产部门中,并存着从原始工具到近代机器的各个层次的生产工具与生产技术。在同一地区、同一城市,或同一生产部门中,生产力的结构也是多层次的。即使在先进的部门或工厂里,也并存着从手工劳动到机器生产的多个层次。

在生产力的多层次结构中,比重最大的层次是手工劳动。在工农业总产值中,手工劳动创造的产值所占的比重,1936 年是 89.2%,1949 年是 76.8%。以手工工具进行劳动的部门,主要是农业。农业中机器生产占的比重微乎其微。而农业总产值,在 1933 年占国民生产净值的 62%~65%。在 1936 年占工农业总产值的 65.08%。1949 年农村人口占人口总数的 89.4%;农村劳动者占社会劳动者人数的 91.5%,占工农业劳动者总数的 94% 以上;农业总产值在社会总产值中占 58.5%,在工农业总产值中占 70%。中国是个手工劳动的农业国。在工业总产值中,手工业总产值占的比重,1936 年为 68.96%,1949 年为 43.58%,个体手工业总产值占 41.38%。在全国运输总量中,木帆船、畜力车、人力车和肩挑背驮运载的占 70% 以上。古老的、中世纪的生产力占统治地位,是近代社会生产力的基本特征。

在近代工业中,重工业的比重很小。据估算,在工业总产值中,重工业产值 1936 年占 23% 左右,1949 年为 28.2%。在重工业中,大多是在华外资的机械修理厂与为外国提供原料和半成品的矿山、工厂。1949 年以前,钢铁产量的最高年份是 1943 年,生铁 180 万吨,钢 92.3 万吨。其中在日本占领下的东北生产生铁 170 万吨,钢 84 万吨。在国民政府统治区,生铁产量只有 20 万吨左右,钢为 4 万多吨。重工业的生产技术很落后。铁矿石、生铁和钢锭要运到日本去加工。这是附属于日本工业系统的殖民地式的工业。这种状况的重工业,无力为轻工业和农业以及自身提供近代化的装备,不能成为工业独立发展的基础。

在产品产量方面,1936 年,工业的几种主要产品的人均占有量,与世界上一些国家对比,情况如下:电力,苏联 219.3 千瓦/时,美国 1144.5 千瓦/时,英国 514.9 千瓦/时,中国 7.9 千瓦/时。钢,苏联 95.3 公斤,美国 376.3 公斤,英国 253.2 公斤,中国 0.9 公斤。棉布,苏联 20.28 米,美国 61.42 米,英国

70.38 米，中国 7.34 米（包括个体手工业者生产的）。1949—1950 年主要产品的人均占有量，中国与印度相比，印度为中国的倍数是：电力，1.7 倍；钢，13 倍；布，2.75 倍。① 中国的生产力比长期是殖民地的印度还要落后。

在农业方面，1949 年，粮食总产量 11318 万吨，单产每亩 68.5 公斤。棉花总产量 44.4 万吨，单产每亩 10.5 公斤；人均占有粮食 209 公斤，棉花 0.8 公斤。这样的单产和人均占有量的状况，决定了农业中可以用于积累的部分是很小的，决定了人口中的大多数只能去生产粮食、棉花，抽不出更多的劳动力与资金去经营农业的其他部门。所以，农业结构基本上是单一的种植业。全国 70% 左右的劳动力忙于生产粮食、棉花，同时，还要进口粮、棉。尽管如此，大多数劳动者依然是食不果腹，衣不蔽体。

概括地说，近代中国是以手工劳动为基础、个体经济为特征的农业国。个体经济在生产单位中占绝大多数。这种经济的主体部分是具有自我供给的封闭性特点的农民经济，次要部分是个体手工业经济。它们是近代中国的基本生产形式。这种形式是社会生产力落后的表现。不改变这种形式，社会生产力和商品经济难以发展。可是，要破坏这种结构却是很不容易的。

社会生产力水平低，人均国民收入必然少。据学者们对 1933 年的国民收入与人口的估算，该年人均国民收入为 46 元～60 元，按当年汇率计算，为 12.11 美元～15.80 美元。1936 年，按人均 57.10 元计算，折合 16.84 美元。据 1920—1929 年国际劳工局调查，每个工人家庭的人均收入，美国是 31.80 美元，捷克是 15.32 美元，德国是 14.43 美元，日本是 10.56 美元，中国仅为 2.24 美元。1949 年人均国民收入，据联合国的地区组织"亚洲及太平洋和社会委员会"统计，美国是 1453 美元，西欧是 473 美元，日本是 100 美元，印度是 57 美元，中国是 27 美元，在亚洲是倒数第一。

正确认识中国社会生产力以手工劳动为主的多层次结构的这个特点，有重要意义。只看到手工劳动为主这个方面，忽视或轻视了多层次中的近代部分，是认为中国缺乏建立社会主义经济制度物质技术基础的认识根源，谁犯了这种认识上的错误，"谁就要犯右倾机会主义的错误"②。如果忽视或轻视了多

---

① 中国是 1949 年的数据，印度是 1950 年的数据。

② 毛泽东：《在中国共产党第七届中央委员会第二次全体会议上的报告》，《毛泽东著作选读》下册，人民出版社 1986 年版，第 659 页。

层次这个特点,忽视或轻视了多层次中手工劳动为主的这个方面,是认为中国在进入社会主义初级阶段时,在经济关系上可以建立单一的社会主义所有制,即盲目求纯和经济建设上急于求成的认识根源。谁犯了这种认识上的错误,"谁就要犯'左'倾机会主义的错误"①。从手工劳动为主转变到使用机器生产为主,是中国工业化的过程。这不是可以一蹴而就的。

二、商品经济发展的不充分与畸形

从 19 世纪中叶开始的中国近代化过程,在经济领域内,主要表现在两个层次上:以卷入世界市场为特征的商品交换的发展和以使用机器为特征的资本主义生产的发展。前者是后者的基础,后者为前者的进一步发展创造条件。中国经济在近代的主要变化之一,是商品经济较以前有了发展,但很不充分;发展的程度在城市和农村差距很大。

1842 年至 19 世纪末,资本主义国家通过战争,强迫中国在沿海、边疆、沿江及主要陆路干道上,向它们开放了 85 个商埠。1898—1930 年,中国政府又主动开放 20 多个口岸。这些地方成了中外商品交换的基地。随着外国商人到这些城市经商和投资设厂、办银行,带来了股份公司等形式。19 世纪末,中国自己也办起了银行,后来又创立各种交易所。到了 20 世纪 30 年代,在上海等少数城市中,已出现消费品市场、生产资料市场、房地产市场、资金市场、劳动力市场,形成一整套市场体系。银行、各种交易所、证券买卖相当发达。资本主义国家商品经济发展的各类经济组织与工具,在这些城市中已是应有尽有,只不过规模和程度不同罢了。城市与城市之间,通过近代化的通信手段与交通运输工具,各种经济联系颇为密切。法定的全国统一的度量衡与货币制度在逐步推行。各地区有层次不同的地区中心市场。上海则成为全国的商业中心。全国性的统一市场已初具规模。

20 世纪 30 年代大量的地区调查资料说明,除了上海、无锡、苏州、嘉兴、湖州、杭州一带的农村和广州、天津的近郊,在广大乡村,农户产品的商品率,从总体上说,是低下的。农民在经济上与市场的联系日益密切,这是一种发展趋势。实际的进展情况很慢。原因在于:只有极少数的农户可以看成是农业小

---

① 毛泽东:《在中国共产党第七届中央委员会第二次全体会议上的报告》,《毛泽东著作选读》下册,人民出版社 1986 年版,第 658 页。

商品生产者,即他们的大多数产品是为市场生产的,同时大部分的生活资料和生产资料是从市场上购买的。绝大多数的农户仍是男耕女织的生产结构,产品的主要部分是供自己直接消费,偶尔出售部分产品,主要是因为需要购买物品及缴纳租税而需要货币。因此,农户产品的商品率各地不同,同一地区内各户不同,但自给自足的生产结构却基本相同。从全国来说,缺乏可以直接说明商品经济发展程度的综合统计数据。下列数字仅间接说明这个问题。20 世纪30 年代,对外贸易总值只占国民总产值的 6%~7%。据 1936 年 40 个海关货运单统计,国内埠际轮船运载的贸易额为 11.85 亿元,占当年工农业总产值的4.1%,占当年国民收入的 4.6%。有人估计全部埠际贸易额为上述轮船运载数的 4 倍,即 47.40 亿元,上述百分比相应为 16.3%和 18.6%。这说明商品经济的发展是很不充分的。必须提到的是,在 1937 年以后,由于战争造成的生产力受破坏,地区分割,城乡交流阻塞,原有的商品流转路线中断,对外贸易不畅,田赋由征收货币转为征收实物,恶性通货膨胀使一些地区实行以实物、黄金、银元为交换的一般等价物,商品经济由向前发展转为后退。到 1948—1949 年,商品流转额在工农业总产值和国民收入中占的比重,粗略估计,在10%~12%。中国近代的经济处于由自然经济向商品经济过渡的阶段,因而是一种半自然经济。

三、所有制结构的复杂性

中国的半殖民地半封建经济形态包括 7 种所有制:1. 原始共产所有制;2. 奴隶主所有制;3. 封建主义所有制;4. 私人资本主义所有制;5. 国家资本主义所有制(后期为国家垄断资本主义所有制);6. 在华外国资本主义所有制,即帝国主义所有制;7. 劳动者个体所有制,或称小资产阶级所有制。前两种所有制只存在于部分人口稀少的少数民族地区。后 5 种存在于广大地区,在国民经济中影响大。在民主革命中,主要是消灭封建主义所有制、国家垄断资本主义所有制和帝国主义所有制。在社会主义革命中,主要是要改造私人资本主义所有制和劳动者个体所有制。

中国半殖民地半封建经济形态之所以有多种所有制,首先,是由于社会生产力多层次结构状态。这是决定性的因素。其次,是由于长期形成的各民族地区经济发展不平衡状况。最后,是由于中国从封建社会步入近代社会的国际环境与转机。中国由封建经济形态转变为半殖民地半封建经济形态的起步,不是内部革命促成的,而是外来的侵略势力,即一系列资本帝国主义的侵华战争造成的。资本帝国主义势力所到之处,必将按照自己的面貌与需要,来改造和影响中国经济。这在客观上加速了中国资本主义生产方式的产生和发展。它们为了自己的利益,需要利用和维护原来的经济结构,决不会使落后的中国变成强大的资本主义中国,变成它们的竞争对手。这样,新的资本主义所有制产生了,旧的所有制却并未消灭,形成了新旧所有制并存的复杂结构。

在半殖民地半封建经济形态中的各种所有制,与其他经济形态中的同类所有制,既有相同之处,又有差异;而各种所有制之间的相互关系,更为复杂,更具特点。

(一)1842年以后,封建主义所有制起了重要变化。部分官田转化成了民田。土地买卖向近代的自由买卖发展。旧式地主经济衰落,出现了经营地主。地主中兼营工商业的比重加大。永佃制的比重在波动中逐渐缩小,佃仆制在没落,押租制盛行,地主与农民间的人身依附关系进一步松弛。实物地租中的对分制进一步为定额租制所代替;折租制扩展较快;少数地区出现了货币定额租制。产生了半封建性的富农。城市中的封建主义所有制比农村变化得早一些,快一些。封建主义生产关系仅以残余的形态存在。从整个国民经济结构看,已不是完整的封建经济了。以封建主义所有制为基础的生产关系,在农村仍占统治地位。在封建生产关系下生产出来的产品,在工农业总产值中占的比重越来越小。封建经济逐渐丧失了在国民经济中起主导作用的地位,变成帝国主义和国家垄断资本主义剥削农民的基础。封建主义所有制是一种走向没落的、严重阻碍生产力发展的所有制。

(二)劳动者个体所有制,包括生产领域的小生产者(主要是自耕农、半自耕农和手工业者)和流通领域的小商小贩。在近代,这种所有制发生重要变化。个体农民的家庭农业与家庭手工业逐步分离,产品中进入市场的部分日益增多。农民经济由原来的完全依附于封建经济,变成部分依附于封建经济,部分依附于资本主义主宰的市场经济,受世界市场上垄断资本主义的支配。城镇中个体手工业者的产品,有很大一部分在市场上受到机器制品的排挤,有一小部分进入国际市场。前者衰落,后者发展。这一切加速小生产者的分化,极少数中农变成了富农,极少数手工业者变成了产业资本家,极少数小商人变成了商业资本家。正是由于有上述这些变化,近代的劳动者个体所有制也可称为小资产阶级所有制。

(三)在华外国资本主义所有制,即帝国主义所有制。帝国主义国家及其资本家,依仗不平等条约中规定的特权,在中国办工厂、矿山、银行、商店、铁路等等,渗入中国国民经济的各个部门,在国民经济中形成了一种成分,直接或间接控制中国经济命脉。抗日战争前,在中国近代工业和运输业中,外国资本占70%以上。与殖民地经济形态相比,半殖民地半封建经济形态中帝国主义所有制的特征,在于不是由一个帝国主义国家独占,而是属于多个帝国主义国家。全世界所有的帝国主义国家都对中国进行过经济侵略,都在中国有过投资。它们在中国的势力互相斗争,依其国力及在华的力量大小而发生变化。在华的帝国主义所有制,既利用又破坏原有的封建经济组织;培养了一批为它服务的代理人——买办和买办资本,掠夺中国的财富,破坏中国的自然资源,既诱发中国资本主义所有制的产生,又压制中国资本主义所有制的发展;是阻碍中国生产力与民族经济发展的经济成分。

(四)私人资本主义所有制是一种新生的所有制。它以新的生产力为物质基础,带来新的阶级即资产阶级和工人阶级,是国民经济中的进步因素。作为国民经济中的一种成分或一种独立的所有制,私人资本主义出现于19世纪六七十年代,以后波浪式地向前发展。其力量是微弱的。1948年,全国私人资本主义12.3万户,职工人数1643.8万人,资产净值(折合1956年人民币)20.8亿元,总产值68.28亿元。私人资本主义具有两重性。一方面,它是封建经济的对立面,是抵抗帝国主义经济侵略的力量,是反对国家垄断资本主义垄断行为的力量,是中国近代社会的新的生产关系。另一方面,在剥削劳动者方面,它与帝国主义、封建主义、国家垄断资本主义或多或少有利益一致的一面。部分资本家同时又是地主,资金在资本主义与封建主义两种生产方式之间融通。由于私人资本的微弱和民族资产阶级在政治上的无权,私人资本企业在资金、设备、原料、材料、技术、运输等方面要依赖帝国主义和国家垄断资本主义,与它们发生千丝万缕的联系。

(五)国家资本主义所有制在1927年后发展为国家垄断资本主义所有制。后者的通俗称呼为"官僚资本主义",简称"官僚资本"。它是南京国民政府建立后,凭借政权力量建立起来的,是半殖民地半封建性质的国家所有,在国民经济中占垄断地位的经济成分。"这个垄断资本主义,同外国帝国主义、本国地主阶级和旧式富农密切地结合着,成为买办的封建的国家垄断资本主义。"①抗日战争胜利后,国民政府接收了日本在华财产和汉奸企业,国有经济迅速膨胀。中华人民共和国成立前夕,国家资本控制了全国银行的70%,纺锭的40%,纺布机的60%。国民政府控制工业的主要机构是"资源委员会"。它掌握了全国钢产量的90%,煤产量的33%,电力的67%,糖产量的90%,以及全部石油和有色金属。在全国产业资本中,国家资本占80%以上。在交通运输方面,它控制全部铁路、公路、航空运输和43%以上的轮船吨位。在流通领域,它掌握十几个具有垄断性质的大贸易公司。中国国家垄断资本主义不是在生产力高度发展,生产集中带来资本集中的基础上产生的。但它同样是进入社会主义经济的台阶。

在上述五种所有制中,外国资本主义、国家垄断资本主义和私人资本主义三种所有制都是资本主义性质的,受资本主义经济规律的支配;都集中在城市,集中在近代工矿业、交通运输业、金融业和商业、对外贸易等部门,与近代生产力、近代经营管理方式相联系;企业规模大,活动范围广,影响力强。封建主义所有制和劳动者个体所有制主要存在于农村,存在于农业与手工业中,与传统的手工劳动与经营管理方式相联系,规模小,活动范围窄,影响力弱。就与之有关的人数、地区及产值来说,后两种所有制占多数。就在国民经济中的作用及前三种所有制与后两种所有制的相互影响来说,前三种所有制处于主导的地位。忽视后两种所有制占多数,是企图跃过民主革命,直接实行社会主义革命,或"毕其功于一役"的认识根源。忽视前三种所有制占主导地位,是不承认中国可以经过新民主主义社会过渡到社会主义社会,或认为不经过资本主义社会便不能走上社会主义道路的认识根源。

四、对帝国主义经济及帝国主义控制的世界市场的依附性

鸦片战争之前,清政府实行严格限制对外贸易的政策。资本主义国家经过几次侵华战争,轰开了清政府的大门。从此,中国政府被迫实行开放政策,中国经济逐渐地被卷入世界范围的经济联系之中,中国市场变成世界市场的一部分。这个过程是被动的。这种经济变化,是以中国经济丧失独立性、变成

①毛泽东:《目前形势和我们的任务》,《毛泽东著作选读》下册,人民出版社1986年版,第635页。

依附性为前提,又与丧失独立性、增加依附性的程度相伴随,成正比。

半殖民地性质在经济上的主要表现,就是中国经济在对外关系方面,在资本主义的世界经济体系中,处于依附的地位,其实质是依附于资本帝国主义经济及其控制的世界市场;在内部关系方面,帝国主义经济侵入中国经济内部,成为中国经济结构的组成部分,成为处于控制地位的经济成分。工矿业、交通运输业、对外贸易、国内商业、金融业、关税及财政,都由帝国主义控制。各个部门的依附程度、表现形式与发生时间,不尽相同。从总体上说,是从流通领域到生产领域。变化的部门首先是在对外贸易、关税、金融和商业。变化的地区首先是辟为通商口岸的城市。总之,变化首先发生在市场上,中国市场变成世界市场的一个依附的部分。市场的变化影响生产的变化。首先是传统的农业、手工业的产品与世界市场发生关系。处在这种关系下的农民和手工业者,其命运便逐渐地由世界市场摆布,即操纵在国际垄断资本主义手里。在工业方面,首先是机器、设备、技术依附外国;一些工矿的资金要靠在华的外国银行调剂,部分工业原料、材料、燃料要从外国进口。其次,在工业结构与部门方面,那些为资本帝国主义在中国进行侵略与掠夺活动服务的行业先得到发展,如船舶修理业、出口商品加工业、打包业、运输业、矿砂开采业等。在地区上,工业主要集中在上海、天津等口岸城市。这些城市里有租界,有外资的电力公司,有工厂进行生产所必需的公共设施,融通资金与获取机器、设备、技术、原料、材料、燃料、动力都较为方便。一些资本家办工厂时,邀请外资入股,或在外国驻华领事馆注册,以对付中国政府的阻难。中国金融业的依附性也很严重。在很长一个时期里,汇率是以英资汇丰银行的挂牌为准。中国的货币,愈到后期,依附色彩愈浓。法币是典型的半殖民地性质货币,币值与外汇挂钩,通过外汇比值钉结在英、美两国的货币上。经济上的不独立性首先是由于政治上只有形式上的独立,实质上是不独立所决定的。不先取得政治上的独立,便不可能有独立的民族经济。

五、国民经济发展的极端不平衡性

鸦片战争前,中国经济发展一直是不平衡的。鸦片战争后,不平衡带有新的性质与特征。这种不平衡,除上文已述者外,还突出地表现在以下几个方面:

第一,地区之间发展不平衡。这主要是由外国侵入这个因素决定的。

外国的侵略是从边境进来的,凡属于外国影响引起的变化,总是从通商口岸开始,然后波及周围地区,浸及内地。至19世纪末20世纪初,中国边境的东南西北,都开了通商口岸。外国的经济侵略活动,除沙俄的一部分是从北方进来以外,其余大多是从沿海地区向内地推进的。这造成了沿海地区商品经济、资本主义经济、近代工矿交通生产力的发展水平、人均收入以及半殖民地经济特征的演进程度,都高于内地的状况。从东向西波及内地,形成了从东向西的梯形地区经济结构。到了20世纪30年代,面积约占全国总面积12%的沿海一带,近代工业净产值占全国净产值的70%;占全国面积的88%的其余地区的工业净产值,却只占30%。这30%又主要集中在武汉、重庆等几个城市。抗日战争时期,大后方工业有所发展;日本在东北建立一些重工业。到1949年,沿海地区集中了60%~70%的工业产值,重工业集中在辽宁。工业生产力的分布,是沿着海岸线与长江航线,恰似一个横放着的"T"字形。在占国土面积60%左右的少数民族地区,人口稀少,几乎没有近代工业。如1949年新疆近代工业产品只有11种,产值只占当地工业(包括手工业)总产值的2.9%。

第二,城乡之间发展不平衡。少数城市畸形发展,呈现繁荣景象。广大农村生产萎缩,资金枯竭,破产流亡者不计其数,一片凄凉,农村经济陷入慢性危机之中。特别是少数民族居住的牧区和山区,生产工具落后,耕作方法原始,人口锐减。近代化城市生活与中世纪农村生活相对立。商品经济发达的城市与自给经济和半自然经济的农村相对立。用机器生产的城市工业与用手工劳动的农村农业相对立。以资本主义经济为基础的城市经济与以封建主义经济为基础的农村经济相对立。外国侵略者、城市居住的大地主、大高利贷者、银行家、工商业资本家、政府机关和官僚们所在的城市,与贫苦农民聚住的农村相对立。作为利润、利息、地租、赋税主要集中地的城市,与作为赋税、地租、利息、利润主要来源地的农村相对立。这些都是城乡经济发展不平衡的表现。少数大城市的畸形发展,是以广大农村的衰败为基础、为代价的。这种不平衡的实质是城市掠夺农村。城乡之间是对抗性质的矛盾。

第三,部门之间发展不平衡。1842年之前,手工业、农业和交通运输业三个产业部门都是以手工劳动为基础,以人力、畜力为基本动力。19世纪60年代以后,工业与交通运输业日益增多地使用机器,资本主义关系随之发展;农业生产的基本方面却依然如故。工业、农业之间生产力水平与生产关系发展的这种不平衡日益严重。由于半殖民地半封建经济的特殊结构与运行规律,商业与金融业超越生产事业,得到畸形发展。资本主义的工业、交通运输业、商业、金融业与封建主义的农业是难以协调的。在同一部门内,各部类各行业的发展也是不平衡的。例如,在农业内部,某些经济作物有所发展,粮食产量没有多少增加。在工业内部,生产资料和消费资料的生产严重不平衡,生产资料生产的部门特别薄弱,得到一定程度发展的是消费资料生产部门。在重工业内部,冶金业和金属加工业发展不平衡。在冶金业中,采矿业又和冶炼业不平衡。在冶炼业中,炼铁能力又与炼钢能力增长不平衡。炼钢能力又与轧钢能力增长不平衡。这些不平衡,大都是由国民经济的半殖民地性质造成的。

认清半殖民地半封建经济形态的不平衡特点,是很重要的。如果只看到占国土百分之十几的沿海地区,而忽视广大西部地区的情况;如果只看到占人口总数 10% 左右人口居住的城市,而忽视了广大农村的情况;如果只看到占工农业总产值 20% 左右的机器生产的部分,而忽视了占泰半之数的手工劳动的情况,便会高估中国经济发展的水平,便会高估经济可能的发展速度,便会产生中国可以在很短时间内赶上发达国家的错觉,从而导致制定脱离实际的、急于求成的经济发展战略。

六、历史地位的过渡性

在人类历史上,半殖民地半封建经济是一种特殊的经济形态。其特殊之处在于它的过渡性质。过渡性质表现在半殖民地半封建经济形态的历史地位和半殖民地半封建经济结构的不稳定性两个方面。

什么是半殖民地半封建经济形态?"半殖民地"概念首先是由列宁提出来的。他认为半殖民地是帝国主义时代的产物。列宁把帝国主义时代世界上的国家分成三大类型。第一类是宗主国,即统治或控制其他国家的国家。第二类是依附国,即政治上、经济上受宗主国控制的国家。第三类是介于这两种国家之间的,既不控制别国,也不依附于他国。对于第二类国家,列宁认为有三种情况。一种是在军事上被打败了、签订过不平等条约、政治上独立而财政和外交上不独立的国家。一种是在政治上也丧失了独立的殖民地。还有一种是介于两者之间的,如土耳其、伊朗、中国,列宁称之为"半殖民地国家"。他认为这类国家是自然界和社会各方面常见的过渡形式的例子,是典型的中间形式。① 半殖民地中"半"字的含义,是指"过渡形式""中间形式",指一种国家形式及其经济的过渡性质。"半封建"或"半封建社会"概念要比"半殖民地"概念出现早一些。马克思、恩格斯都曾使用这个概念,用来表述在封建经济形态向资本主义经济形态演变过程中的经济状况。这里"半封建"中"半"字的含义也是指过渡状况。列宁继承了马克思、恩格斯的这个观点,用"半封建"这个概念表述封建自然经济向资本主义演变过程中间的一种经济状况,或处于这种经济状况的国家或社会性质。在列宁看来,半封建国家和封建国家的主要区别在于有无资本主义经济存在和发展。从"半殖民地""半封建"这两个概念的提出可以看出,"半殖民地"是指一个国家与其他国家关系的状况及其过渡性质,"半封建"则是指一个国家内部的经济、政治结构的状况及其过渡性质。

半殖民地半封建经济结构的不稳定性是其过渡性的根源。半殖民地半封建经济结构的不稳定性,在于没有相应的半殖民地半封建生产方式。在人类历史上,确实存在一种半殖民地半封建经济形态,却未曾有过也不可能出现半殖民地半封建的生产方式。半殖民地半封建经济形态是由多种生产方式构成的。由于半殖民地半封建经济只是一种经济形态,不是一种独立的生产方式,它就不能是稳定的,而只能是不断变化的,过渡的,过渡到以一种独立的生产方式为基础的经济形态,才能相对稳定。在中国半殖民地半封建经济的发展过程中,旧的所有制在变化,又产生新的所有制。经济变化是异常剧烈的。

半殖民地半封建社会及其经济形态过渡到哪里去,或者说,其发展前途是什么? 对这个问题,列宁在不同时期讲过三种可能性。第一种是过渡为殖民地社会或殖民地经济形态。第二种是过渡到资本主义社会或资本主义经济形态。第三种是列宁在十月革命前夕,即 1916 年提出的一个伟大的战略设想。他认为当帝国主义国家的工人阶级夺取政权以后,可以帮助殖民地国家的人民"实行民主和社会主义",②即半殖民地国家有可能经过一些过渡阶段走上社会主义道路。进入 20 世纪 20 年代以后,中国的社会状况和国际环境,使中国的发展前途并存着上述三种可能性。三者之间展开了激烈的斗争。斗争的胜负,直接取决于有关发展道路赞成者的力量对比与斗争策略是否正确,实质上取决

①《列宁选集》第 2 卷,人民出版社 1972 年版,第 801—802 页。
②《列宁选集》第 23 卷,人民出版社 1958 年版,第 62 页。

于哪一种前途最有利于中国社会生产力的发展和大多数中国人的利益。

在中国整个半殖民地半封建社会历史过程中，都有人想走西方国家的道路，即资本主义道路。1859年太平天国的领导人洪仁玕作《资政新篇》，其基本内容是按照他所了解的西方国家的制度，依样画葫芦。在当时环境里，他的方案不可能付诸实践。几乎同时，清政府中的一批封疆大吏，主张引进西方的机器生产。他们这种做法被后人称为"洋务运动"，其主观目的是巩固清政府的统治，客观后果是导致第一批大型资本主义企业的产生。"洋务运动"搞了几十年，以破产告终。19世纪末，"维新运动"兴起。维新派是自觉地公开地全面地想在中国推行资本主义制度，但不足百天而夭折。紧接着的是以孙中山为首的资产阶级革命派。孙中山提出三民主义，从经济方面而言，三民主义实际上即资本主义。孙中山领导辛亥革命成功，但执政也不过百日左右，无法推行他的三民主义。1927年蒋介石建立国民政府，说的是要实现孙中山的三民主义，实质上是想搞资本主义。搞了20多年，并没有改变中国半殖民地半封建社会的经济特征。

在中国走向半殖民地的过程中，帝国主义在中国一小部分地区实行过殖民统治，如香港、台湾等割让地里，澳门、香港新界等租借地里，在通商口岸城市的租界里，以及1931年后日本军队占领的东北及关内广大地区。对于中国人民是否愿意接受使整个中国变成殖民地和殖民地经济形态前途这个问题，是无须讨论的。在整个近代，中国人民前仆后继，流血牺牲，就是为了反对这种可能的前途，以求国家独立，民族生存。至1945年，除香港、澳门外，中国领土上的各种类型的殖民统治下的经济形态都被消灭了。

从19世纪末至20世纪20年代，中国面临着被列强瓜分、亡国亡种的民族危机，连保持半殖民地地位也不可能；戊戌变法、义和团运动、辛亥革命相继失败，走资本主义道路实属无望，变成殖民地则是全民族都不愿意的，真是到了走投无路的境地。正在此时，国内资本主义获得了较快的发展，带来了大生产及相关的物质技术基础，产业工人队伍迅速壮大。与中国毗邻的俄国发生了工人阶级领导的十月革命。以马克思主义为指导思想的中国共产党应运而生，不久后即提出并实践着由民主革命到社会主义革命的道路，中国共产党领导的新民主主义革命胜利了。中国共产党领导中国人民终于走上了社会主义的发展道路。

原载《社会主义在中国》，中国财政经济出版社1988年版。

关于中国近代经济史中心线索的二三事

——学习汪敬虞先生论著笔记

一、忝列门墙

1961 年 9 月至 1964 年 9 月，《中国近代经济史》编写组借中共中央党校南苑为工作之地，3 年中在此常住者有：严中平、汪敬虞、李文治、魏金玉、经君健、王方中和我。后 4 位 30 岁左右的年轻人对德高望重的前 3 位先生以及参加编写组而未常住党校的彭泽益、彭雨新、郑友揆等先生皆尊称为"公"。对诸公，我以师事之。自那之后，承汪公垂爱，每有大著皆赐予学习。我有幸既长期当面聆听汪公的教诲，又系统读汪公之书，受益良多。不揣冒昧，我自以为居汪公受业弟子与私淑弟子之间。

近 5 年间，先后收到汪公寄来的巨著 4 本：(1)《中国近代经济史 1895—1927》(2000)；(2)《汪敬虞集》(2001)；(3)《中国资本主义的发展和不发展——中国近代经济史中心线索问题研究》(2002)；(4)《近代中国资本主义的总体考察和个案辨析》(2004)。(2)(3)(4)为汪公独撰，合计 105.3 万字。(1)是汪公主编的，他写了其中的导言、第二章、第四章第一节，约 30 万字。4 本书汪公写的合计约 135 万字，年均出版 27 万字，让我们这些后学敬佩之余，亦深感汗颜。在 4 本著作中，汪公关注的主要是近代资本主义经济，特别是中国资本主义的发展与不发展——中国近代经济史中心线索问题。现以此为题，谈一点我的学习体会和记忆中的二三事，成此小文，为汪公寿，并请汪公赐教。

二、主线的性质：糖葫芦棍与葡萄藤

经济史学的理论著作，往往使读者感到枯燥。汪公大作则否，生动活泼。

细加分析,发现其妙处在于能将抽象性的理论问题形象化,达到深入浅出的目的。他论证主线的巧喻,便是一例。汪公在1990年的一篇大作中写道:

> 在我的心目中,中心线索就像一支糖葫芦棍,是贯穿事物整体的一条主线。通过这条主线能更紧密地联结主体的各个部分,更好地认识主体。一部历史,通史也好,专史也好,有没有中心线索,形象地说,就看它是像一串糖葫芦,还是一口袋土豆。

> 一部具有比较理想的中心线索的历史,不但是一部正确的历史,而且是一部丰富的历史。它不仅像一串糖葫芦,而且更像一根藤上的葡萄串。说它像葡萄串,指的是:葡萄串上的葡萄,大小不同,色泽各异,疏密有间,错落有致。如果说糖葫芦串上的葫芦是机械排列,那么葡萄串的葡萄,就是有机的构架。①

糖葫芦棍和葡萄藤,多么具体! 多么形象! 我拟借汪公的巧喻作点发挥。在糖葫芦棍与葡萄藤中,后者是自然生长的,它的上面结几颗葡萄,葡萄之间如何排列等等,均属天成,而不以人的主观意志为转移;前者则不同,它是人造的,用什么材料,制成多大多长,串几个山楂,均由人的主观意志决定。一句话,二者的性质不同:一个属客观事物,一个属主观范畴。

主线是客观事物还是属主观范畴? 我以为属主观范畴,但它是客观事物的反映。

基于这种理解,我对主线作如下的解释:经济史著作中的主线(或称主要线索、中心线索、基本线索),从客观事物说,是特定空间、特定时间内特定经济(部门、领域、现象)发展的趋势。从作者来说,就是观察这种趋势的视角和反映。经济发展的趋势有多个方面。人们观察经济趋势可以有不同的视角,会得到不同的反映。因而不同的作者对同一时期、同一地域的同一经济的描述会有不同的主线。主线一旦被确定,它便成为贯穿论著的中心思想,将研究对象的各个部分紧密地联结在一起,使之成为一个体系,从而使读者认识该空间与时间内该经济变动的本质。主线实际上是一种分析范式。没有主线的书,即使每一部分都很精彩,也如同一盘散珠,成不了漂亮的项链。②

①汪敬虞:《汪敬虞集》,中国社会科学出版社2001年版,第214、217页。
②参见赵德馨《中国近现代经济史1949—1991》,河南人民出版社2003年版,导言第9页。将主线比喻为串珍珠项链的线,这种方法是从汪公那里学来的。

将主线认定为一种视角,即一种主观范畴性质的东西,我想严公和汪公都会同意的。因为他们提出和赞同把资本主义的发展和不发展作为中国近代经济史的中心线索,同时也以此作为一个考察中国近代经济史的视角。汪公写道:"严先生为主持《中国近代经济史》的编写而撰拟提纲时,从生产方式的嬗递这一角度,把它(引者按:'资本主义的发展与不发展')提高到中国近代经济史的中心线索的地位,⋯⋯这才真正挑开了我的思考,引起了我对它的重视。"①

明确了主线的性质是论著作者观察事物的视角,属于主观范畴,对讨论主线问题便有了正确的和一致的前提。

三、中国近代经济史基本线索的提出与《中国近代国民经济史讲义》

1956 年 9 月,我和周秀鸾承担中南财经学院函授本科生中国近代经济史课程的教学任务,为此编写了一本适合他们需要的讲义。在着手编写时,我们遇到一个矛盾:一方面,中国近代经济史的对象是中国近代时期中国人民经济生活的演变过程,它属于国民经济史。国民经济史是一个整体,它包括部门经济史和各地区经济史,但又不是各个部门经济史和地区经济史的简单相加。要认识一国的国民经济,除分析各部门经济和地区经济外,还要从整体上分析各部门经济之间、各地区经济之间,以及各部门经济和各地区经济之间及之外的关系,诸如一国的经济体制、运行机制等等。因此,中国近代经济史的内涵很丰富。要详尽表达如此丰富复杂的内容需要很大的篇幅才能做得到。另一方面,学校规定这门课程讲授的时间为 40 小时(每次 4 小时,分 10 次讲完,所以该讲义分为 10 讲),讲义的篇幅有限(自学者能在 80 小时内看完)。怎么解决这个矛盾? 我们想出的办法是,研究出一条反映中国近代国民经济各个方面本质联系和国民经济整体发展趋势的主线,把这条主线写出来,讲出来,就能使学生对这 100 多年中国国民经济发展的总体趋势和本质特征有一个清晰的了解。在这个意义上,突出主线就是突出教学内容的重点问题。据此,教材框架的设计采取主线明晰的原则,与主线关系不大的次要地区、次要部门、次要问题或略或删。经过一番思考,我们选择了以经济形态的演变为主线。编

---

① 汪敬虞:《中国资本主义的发展和不发展——中国近代经济史中心线索问题研究》,中国财政经济出版社 2002 年版,前言第 2—3 页。

写出来的这本教材名为《中国近代国民经济史讲义》（下文简称《讲义》）[①]。为了便于学生学习，我在"前言"中简要地叙述了 1842 年至 1949 年中国半殖民地半封建经济形态基本形成、性质加深和崩溃的过程之后写道："我们编写这份讲义，就是企图按照上述中国近百年来经济发展变化的基本线索进行初步探讨：中国怎样从封建经济一步一步地变成半殖民地半封建经济的？半殖民地半封建社会经济性质又如何加深和走上崩溃的？各阶段社会经济发展变化有什么特点？伴随着经济变化而来的阶级斗争又怎样？"[②]这里所说的"基本线索"与"中心线索""主线"同义。

这大概是在中国第一次提出中国近代经济史基本线索概念，并用这个线索写成的第一本以 1840 年为上限、1949 年为下限的中国近代国民经济史书籍。

该书出版后，为了便于读者理解其中的基本线索，我写了《关于中国近代国民经济史的分期》一文，将书中叙述的半殖民地半封建社会经济形成、发展与崩溃这条基本线索的演变过程予以简要的概括，并在理论上作出说明。依据中国近代经济史的基本线索，我将 1840 年至 1949 年的经济演变过程分为三个阶段：半殖民地半封建经济形态基本特征形成阶段（1840—1895），半殖民地半封建经济形态基本特征加深（发展）阶段（1895—1927），半殖民地半封建经济形态崩溃阶段（1927—1949）。在每个阶段中叙述了该时期的经济变化[③]，也就是介绍我们是怎样用这条基本线索将各个时期的"糖葫芦"（各个时期的经济现象和经济变化）串起来的，或者说，描绘出那些"葡萄"在"葡萄藤"上是怎样排列的。

四、第一次讨论与《中国近代经济史 1840—1894》

中国近代经济史主线问题的讨论，确如汪公所述，首先是在上述编写组内

---

① 1957 年修订一次。1958 年上半年第二次修订，武汉大学彭雨新教授负责修改其中的第二讲。同年 8 月，高等教育部在所办全国高校教材展览会上，选定它为推荐教材。张郁兰讲师在文字上作了统编工作，由我定稿。12 月，高等教育出版社出版。这本书的主要缺点，见我写的《中国近代国民经济史教程·后记》。

②《中国近代国民经济史讲义》前言第 XI—XII 页。

③《学术月刊》1960 年第 4 期。

展开的。汪公说:"讨论的气氛是热烈的,但比较空洞。"①由于我迟到,未能赶上热烈的讨论场面。我到达编写组后,王方中学长向我介绍,正在讨论提纲,严公等人提出以资本主义的发展与不发展为主线,他感到这个提法很新鲜。另一种意见是以半殖民地半封建经济形态的形成、发展和崩溃为主线。我参加讨论时,已有打印的分章分节提纲初稿。我只就这个提纲提过一些补充性意见,未就主线问题发过言。

一天晚上,严公叼着烟斗,端着茶杯,踱步到我住的房间,在闲聊中,他提起书的主线问题,谈了他的观点,征求我的意见。我告诉他已看过教育部为此次编写教材所发的文件,其中规定实行主编负责制。据我的理解,这意味着,在学术问题上,编写组成员若与主编观点有分歧,当由主编定夺取舍。我既来参加此书的编写工作,就是作了遵守主编负责制的思想准备。我负责的太平天国财政经济部分与资本主义经济发展不发展关系不大。因为其时资本主义经济尚未产生。我说这些,算是个表态。我向他介绍了《讲义》中关于基本线索的观点,同时谈了我对资本主义发展与不发展这个提法的看法。我认为这个提法的依据是毛泽东等人在《中国革命与中国共产党》中的论断:中国封建社会内商品经济的发展已经孕育着资本主义萌芽。外国资本主义的入侵,促进了这种发展,为中国资本主义生产的发展造成了某些客观的条件和可能。中国的资本主义经济在 19 世纪下半叶开始产生,在 19 世纪末 20 世纪初开始了初步的发展,在第一次世界大战时期得到进一步的发展。这一资本主义的发生和发展,只是帝国主义侵入中国以来所发生的变化的一个方面,另一方面是帝国主义勾结中国封建势力压迫中国资本主义的发展,使资本主义没有成为中国社会经济的主要形式。后者也就是资本主义没有得到充分发展。但是,毛泽东等人是将这作为论述中国近代半殖民地半封建社会形成过程与特点中的一部分,而不是全部或整体。就近代中国社会整体而言,毛泽东等人强调的是帝国主义和中华民族的矛盾,封建主义和人民大众的矛盾。他们认为这是近代中国社会的主要矛盾。毛泽东在《矛盾论》等著作中则说这是基本矛盾。在毛泽东的理论中,中国近代社会之后出现新民主主义社会是合乎逻辑的。如果以资本主义的发展与不发展为主线,它有两个问题要深入研究:其

---

①汪敬虞:《中国资本主义的发展和不发展——中国近代经济史中心线索问题研究》,中国财政经济出版社 2002 年版,前言第 3 页。

一，与中国近代社会中主要矛盾的关系；其二，与中国近代社会出路或前途的逻辑关系。

对我的意见，严公当时没有说什么，以后也没有说什么。在我的记忆中，在编写组以后近3年的活动中，他再没提过主线问题了。20多年后，严公在给汪公的信中写道："回想在六十年代初，当我接受编写高等院校政治经济学系中国近代经济史教材的任务时，我也曾提出过同一个命题（按：指'中国资本主义的发展与不发展'）。但当时，我对中心红线应该具有什么性质，它在中国近代经济发展史上应该发挥什么作用等问题，并未深究，只不过人云亦云，鹦鹉学舌而已。"[1]严公说他当年对此问题"并未深究"，可能是真实情况，而非自谦之辞。

在编写组中，正如严公在他主编的《中国近代经济史 1840—1894》的"后记"中写的："因为意见分歧，编写全书的提纲始终未能统一成定稿。"

1990年春，《中国经济史研究》主编魏金玉研究员给我邮来了严公主编的这本书。另寄一函，嘱作书评。我复信表示愿意试试。通读全书之后，却犯难了。就各章各节而言，除了个别章，资料翔实，分析严密，新意迭出，都是上乘作品。就全书来说，则缺陷明显。其中重大者，严公本人已在"编辑说明"中指出：第一，"作为通史所应该处理的问题，如生产力问题、人口问题、商业问题、少数民族地区的问题等等"，有的未能着力研究，有的完全没有涉及。第二，"全书结构比较松散，各章节篇幅也不一致"。第三，"在观点方面，由各章节执笔人各抒己见"[2]。对于这样一本缺了一些重要方面、结构比较松散、各章节执笔人各抒己见、然各章节又写得极为精彩的书，我读后的印象是：一盘大小不一、色彩各异、互不相连的珍珠（这是我在谈什么是主线时，没有沿用糖葫芦或葡萄而改用珍珠为喻的原因）。为什么会这样？我认为，问题在于缺了一根把珍珠串起来的线（在这本书里，没有出现严公曾经强调过的"红线"一类的词，不是偶然的）。对于这样一本书，教我如何下笔来评论呢？不说出我的认识吧，非我的性格。如实说出来吧，于心不忍，怕高龄体弱的严公受不了。我知道，严公主编此书，从1961年开始到1989年出版，历时近30年，费了半辈子

---

[1]《关于中国近代经济史中心线索问题的通讯·严中平致汪敬虞》，《中国经济史研究》1990年第4期。

[2]严中平主编：《中国近代经济史 1840—1894》，人民出版社1989年版，编辑说明第1页。

的心血。在此书开始时,他在为《红旗》杂志写的一篇文章中认为:"现在还没有一本科学形态的中国近代经济史著作。"①其时,他为自己主编的书定下很高的目标,这就是在上引"编辑说明"中写的:"本书原想写成体系完整、内容全面、结构严密的通史型专门著作。"20 世纪 80 年代,我 3 次看望他,他都为此书没有达到理想境界而伤心。在这样的情况下,我又何忍再说三道四呢! 我因此没有履行写书评的承诺。

从严公主编此书近 30 年的经历中可以得到启示,要想用一条主线贯穿于一书的始终,实非易事。

五、第二次讨论与《中国近代经济史 1895—1927》《中国近代国民经济史教程》

《中国近代经济史 1840—1894》一书缺少主线,作为主编的严公,心中是明白的。在他致汪公的信中坦率地承认:"我着手编写《中国近代经济史 1840—1894》卷时,也未曾自觉地贯彻什么中心红线,只不过从实际出发,根据材料所体现的问题,叙述历史的具体发展过程而已。"从 1961 年严公开始主编《中国近代经济史》教材,到后来严公主编《中国近代经济史 1840—1894》一书,汪公是全程参与者,对于此书缺少主线这个致命伤,汪公心知肚明。所以在 20 世纪 80 年代后期他主编《中国近代经济史 1895—1927》卷时,启动工作之一就是抓中心线索问题。如果说严公在主编《中国近代经济史 1840—1894》卷时"未曾自觉地贯彻什么中心红线",那么在接着主编《中国近代经济史 1895—1927》卷时,汪公是自觉地论证中心线索对写书的重要性。如果说严公曾经提出资本主义发展与不发展作为中国近代经济史主线这个命题,后来因为意见分歧而放弃,那么,汪公却拾起这个命题而予以发挥。1988 年他发表《近代中国资本主义的发展和不发展》一文,文中明确提出:"如果把和帝国主义、国内封建主义、官僚资本主义处于对立地位的民族资本主义看作是中国资本主义,那么中国近代历史的一条主线,或者说基本线索,就是中国资本主义的发展与不发展。"②次年又发表《论中国近代经济史的中心线索》一文③,将论题从中国近代

①严中平:《关于发现问题和分析研究》,《红旗》1963 年第 19 期。
②《历史研究》1988 年第 5 期;《汪敬虞集》,中国社会科学出版社 2001 年版,第 169 页。
③《中国经济史研究》1989 年第 2 期,此文后收入《汪敬虞集》。

史基本线索深入到中国近代经济史中心线索。通过这两篇文章，汪公对这个命题作了全新的论证，以至使它成为汪公专有的命题。而最初提出这个命题的严公则明确地放弃了这一主张，认为"我们还是需要回到毛泽东矛盾论的理论原则上去"，"至于民族资本主义，它虽有了某些发展，但它没有成为中国社会经济的主要形式，不能对其它矛盾发挥领导的决定的作用，不能成为中国近代史的中心红线"。"你撇开半殖民地半封建这两个主要矛盾，另立中国资本主义的发展和不发展作为近百年历史的中心红线……我以为不足取。"①严公主张以半殖民地半封建这两个主要矛盾，特别是其中的"帝国主义和中华民族的矛盾乃是我们所要'捉住'的最主要矛盾，乃是中国近代史的中心红线"。读到他这些话，使我回想起1961年他和我的那次闲聊。看来，那次闲聊似乎对他在这个问题的认识上有所影响。

汪公不为批评意见所动，坚持自己的观点。在实践上，用这个中心线索主编了《中国近代经济史1895—1927》卷。该书的导言即以"中国资本主义的发展和不发展——中国近代经济史的中心线索"为题②，观点鲜明。再则，在此基础上，又以它为课题进行专题研究，出版以此为书名的专著③，对自己的主张在理论上作了系统的阐述。为汪公主编的这本书作鉴定结论的专家，或认为"这符合历史唯物主义和辩证思维原理，并且有现实意义"，或认为"有其内在逻辑性"。④为汪公这本专著作评审的三位学者一致认为："这一思想具有鲜明的理论意义，为中国近代经济史研究提供了一条新思路。"⑤这些意见是中肯的，我完全同意，并想强调指出，这是汪公为中国经济史学作出的一项理论创新，更为重要的是，为他怎样进行这种创新作出了示范，其影响将是深远的。

在赞成汪公理论者中，王方中教授可谓最为坚决，且在理论上有所补充。在历史方向问题上，他在《贯彻始终的中心线索——资本主义的发展和不发

①《关于中国近代经济史中心线索问题的通讯·严中平致汪敬虞》，《中国经济史研究》1990年第4期。

②汪敬虞主编：《中国近代经济史1895—1927》上册，人民出版社2000年版，第1—117页。

③汪敬虞：《中国资本主义的发展和不发展——中国近代经济史中心线索问题研究》，中国财政经济出版社2002年版。

④汪敬虞主编：《中国近代经济史1895—1927》下册，人民出版社2000年版，第2353、2354页。

⑤汪敬虞：《中国资本主义的发展和不发展——中国近代经济史中心线索问题研究》，中国财政经济出版社2002年版，第453页。

展》一文中比汪公说得更明确、更彻底①。他是汪公上述专著三位评审者之一。在专家推荐意见中，他写了如下几句话："对中国资本主义的发展和不发展，此书作了极其深刻、精彩的研究，但对于中国资本主义的发展和不发展作为中心线索如何带动和影响资本主义以外的经济成分，如何带动和影响整个中国近代经济史，则论述得似嫌不足。套用作者的十分形象的比喻，对糖葫芦棍作了精彩的研究，但对糖葫芦棍如何把糖葫芦串起来的研究似嫌不够。"王方中教授提的两个"如何带动和影响"问题，是横向关系，是存在糖葫芦棍（资本主义的发展与不发展）情况下如何用它去串糖葫芦问题。除此之外，还有一个纵向问题。关于纵向问题，也是王方中教授在前引文章中首先提出来的："还有一个问题需要讨论。1927 年以后中国共产党领导的革命根据地诞生了。根据地内已经有了社会主义性质的国营经济，而且根据地经济发展前途是社会主义。在这种条件下还可否以资本主义的发展与不发展作为中国近代经济史的中心线索呢？我觉得，至少在 1927—1937 年间，还是可以的。"对 1937 年至 1949 年可不可以，王方中教授没有提及，汪公在有关中心线索的论著中亦未曾涉及。

我读完汪公的这本专著之后，与王方中教授的感受相同。除此之外，我认为还有一个前向问题。在汪公的大作中可以看出，他认为中国资本主义现代企业"出现在 19 世纪 70 年代"②；从 19 世纪 70 年代至 90 年代是中国（民族）资本主义经济成分的产生时期；中国近代经济史始于 1840 年。我们即或把一个或几个（民族）资本主义现代企业出现之时作为（民族）资本主义经济成分形成之日，从 1840 年到 19 世纪 70 年代的 30 年或 30 多年里，是没有资本主义经济成分的时段。如果把资本主义的发展与不发展这条中心线索比喻为糖葫芦棍，那么，这个时段还没有这根棍。这样，在有糖葫芦棍的时段中，对 19 世纪 70 年代至 1937 年，对糖葫芦棍可把糖葫芦串起来的研究似嫌不够；对 1937—1949 年可不可以串起来，还没有人研究；对 1840 年至 19 世纪 70 年代还没有糖葫芦棍的时段，便存在用什么去串的问题。这些"似嫌不足"之处使汪公这本著作留下了些许遗憾，亦让我们这些后学读之有意犹未尽之感。

按照资本主义的发展与不发展这一主线（也就是他所创新的范式），汪公

①载《中国经济史研究》1989 年第 3 期。
②《汪敬虞集》，中国社会科学出版社 2001 年版，第 86 页。

主编了《中国近代经济史 1895—1927》。这本著作出自多人之手,不足之感便更浓厚些。在这本书中,在某些章中甚至觉察不出资本主义的发展与不发展这条主线如何"带动和影响"其他经济成分,或者说,从中看不出这条中心线索。换言之,这条主线并未将全书紧密地连接成一个整体。同时,主线应该是划分历史时期的标准①。按资本主义的发展与不发展作为主线来分析中国近代经济史时,理应按这一主线来划分中国近代经济史的发展阶段。汪公主编的这本书以 1895 年为上限,以 1927 年为下限,然在书中却没有说明这两个年份在资本主义发展不发展上究竟有何特殊意义,它们何以成为分期断限的标志。汪公和我们都知道,1840—1894、1895—1927、1928—1949 年是严公主编中国近代经济史时,按照两个主要矛盾为主线而划分的三个阶段。他是自成其说的。

1989 年春,《中国经济史研究》主编魏金玉研究员写信给我,言该刊于 1988 年第 2 期发表了吴承明先生的《中国近代经济史若干问题的思考》,近期将发表汪敬虞先生《论中国近代经济史的中心线索》一文。鉴于该问题的重要性,拟组织一次笔谈,约我"参战"。我在回信中说,这个问题很重要,有展开讨论的必要,我对它颇感兴趣。我主编的《中国近代国民经济史教程》刚出版,它是以经济近代化为基本线索。但对经济近代化中的一些问题,我还没有完全想清楚,所以书中提得也不明确。因为自己还不甚明白,文章一定写不好,这次还是"免战"了吧。

《中国近代国民经济史教程》1988 年 10 月出版。在该书第一章小序中,我把中国近代经济演变的基本内涵概括为:"中国经济逐渐地由独立经济向依附经济,由封建经济向半封建经济,由自然经济向商品经济,由古代经济向近代经济演变。"②由于对经济近代化的内涵、经济近代化与国民经济各部门变化的关系、中国经济近代化与近代中西关系等一些重大问题还没有完全想清楚,所以对主线的表达颇为含蓄,没有像 30 年前出版的《中国近代国民经济史讲义》那样,明确地使用"基本线索""中心线索"一类的词。这是第一。第二,这句话里所说的演变包括 4 个主要方面,在文字上并列着。其中的哪个方面是主要

---

①我主编《中国近代国民经济史讲义》(1958 年)提出的主线是社会经济形态的变化,我就是按社会经济形态来分期的。当我写《中国近现代经济史》时(2002 年),我是以经济现代化为主线,也就是按经济现代化来分期的。

②该书第 16 页,第一章为张俊华教授撰写。这个小序是我在定稿时加上去的。

的,未明说。上述这种状况与我对经济近代化的认识有关,也与当时的学术环境有关。但是,这句话落脚于"由古代经济向近代经济演变","由古代经济向近代经济演变"是"经济近代化"的同义语(在拙著中,"近代化"与"现代化"同义),"由古代经济向近代经济演变"的内涵包括国民经济的各个方面。我想表达的是,这本书采取的是经济近代化的视角。事实上,该书是以经济近代化为主线的,只要读了全书,特别是各章小序和结语(在几个章的结语中,我明确地使用了"经济近代化"一词),就会看出这一点。

这本书的主线,为什么不沿用《中国近代国民经济史讲义》中的半殖民地半封建经济形态的演变,也不采用曾经讨论过的资本主义的发展与不发展,而要用经济近代化呢?在我的认识中,用经济形态的演变或资本主义经济成分的发展与不发展作主线并没有不妥之处,我之所以改用经济近代化作主线,是想换一个视角观察中国近代经济史。这是因为,无论用经济形态作主线,抑或用经济成分作主线,都限于生产关系方面,没有包括生产力,经济近代化的内涵则包括这两个方面,因而用经济近代化作主线,与对中国近代经济作经济形态分析和经济成分分析并不矛盾,前者并不排斥后者。用经济近代化作主线的原因之一是为了突出生产力。

我想在国民经济史论著中突出生产力的想法,在我主编的《中华人民共和国经济史》(与《中国近代国民经济史教程》同时写作,同年出版)的导言里,表达得更为明白:中华人民共和国经济史"是一部新旧经济形态交替史,一部社会主义经济形态建立和巩固史,一部社会主义经济建设的创业史"。这就是注重了生产关系与生产力的两个方面。其中,特别强调了后者。"一切经济工作,一切经济变革,是否必要,是否成功,要从对社会生产力起何作用判定。发展社会生产力,是贯彻本书始终的基本观点。书中的各章各节,或是直接分析生产力问题,或是围绕社会生产力展开的。"[①]这本书也是以经济现代化为主线的,但我仍然没有在书中将这条主线明白地说出来。这也是因为上述有关经济近代化的几个问题没有想清楚。

从20世纪80年代到2001年的20多年间,我围绕以下4个问题进行学习和研究:第一,经济现代化的内涵及其表现,这包括经济现代化与国民经济各

---

① 赵德馨主编:《中华人民共和国经济史 1949—1966》,河南人民出版社 1988 年版,导言第 2、15 页。

部门之间的关系。第二,1842 年至 1949 年中国经济现代化进程与 1842 年以前中国经济进程之间的联系。第三,1842 年至 1949 年中国经济现代化进程与 1949 年以后经济现代化进程的关系。第四,中国经济现代化与 1842 年以后中外经济关系之间的关系。通过学习与研究,我自以为对它们有了较为明晰的认识。至此,我在《中国近现代经济史》一书中才明确提出以经济现代化为主线,并阐明其理由:

本书研究的对象是 1842 年至 1991 年的中国经济。在此期间,就政权而言,经历清朝、中华民国及中华人民共和国 3 个时期;就社会经济形态而言,主体地区先后经历封建社会经济形态、半殖民地半封建社会经济形态、新民主主义社会经济形态、社会主义初级阶段社会经济形态。在这几种经济形态及其中的经济成分(如封建经济、资本主义经济、社会主义经济等等)中,哪一种也没有贯穿 1842—1991 年这个历史时期始终。因此,不能用某一种经济形态或经济成分作为贯穿这个历史时期的基本线索。中国近现代经济史是一个经济现代化不断前进的过程。在这一个半世纪的经济演变过程中,只有"经济现代化"贯穿了全过程。经济现代化为上述 3 个历史时期和各种经济形态所共有。经济现代化体现出中国这一个半世纪经济发展区别于以往经济(古代经济)发展的时代特征。现代化是这个阶段经济变化的实质,是区别于古代经济史的主要标志。以它为主线,能将 3 个历史时期和 6 种经济形态下的经济变化过程串起来,既能与 1842 年以前的经济变化的本质相区别,又能与 1842 年以前、1949 年及 1991 年以后中国经济和世界经济相衔接。1842 年之前,中国已有经济现代化因素萌生和滋长。中国经济现代化过程,在 1949 年及 1991 年之后仍在延续。经济现代化既是中国过去一个半世纪经济生活演变的基本趋势,又是当前的中心任务,更是今后很长一个时期的中心任务。在这个时期里,经济现代化是世界各国的共同趋势。用经济现代化作主线可以从整个世界经济现代化历程的视角观察中国经济的演变,有利于进行国际比较与借鉴他国经验,有利于深刻认识中国经济发展中的问题。

如前所述,对中国近代经济史,我在 20 世纪 50 年代采用经济形态的演变作主线,80 年代以后采用经济现代化作主线。我自认为这两个视角都不错,但有时代特征。中国近代经济史是半殖民地半封建社会经济形态史。在中国近代经济史上确实存在半殖民地半封建经济形态形成、性质加深和崩溃的事实。就中国近代经济史的社会性质而言,这个见解并无不妥之处。

中华人民共和国成立初期经济史学的任务之一,是要阐述新民主主义经济形态代替半殖民地半封建经济形态的合理性。采用半殖民地半封建形态从形成到被新民主主义经济形态代替的视角,既符合历史事实,又符合当时社会需要。这种视角被不少中国近代经济史研究者接受,成为 20 世纪 50 年代以后阐释中国近代经济史演变的模式之一。80 年代以后仍在使用①。20世纪 80 年代,即我主编《中国近代国民经济史教程》《中华人民共和国经济史》和撰写《中国近现代经济史》等书时,中国人民以实现经济现代化为中心任务。以经济现代化为中国近代经济史和现代经济史的主线,是受到这个中心任务的启示。这条主线既反映中国经济现代化的历史事实,也是时代中心任务,当然没有错。我预测,它有可能成为今后阐释中国近代经济史和现代经济史的模式之一。

六、多线互补全面审视

一个事物有多个侧面,每个侧面都有它的发展趋势,人们从不同的角度、不同的侧面去观察一个事物,所以会得出不同的主线。在国民经济史主线问题上,我主张多线互补。国民经济本身是个多面体,它的演变有多种趋势。对它的观察也就可以有和应该有多种视角。研究者从某个视角出发,就是采用一种主线。不同的研究者可以采用不同的视角和主线,同一研究者也可以采取不同的视角和主线。从多个视角出发,采用多条主线,就可以从多个方面分析经济演变的多种趋势,从而得出较为全面的认识。多条主线对认识客体有利,单一主线容易导致片面。我认为,学者们已提出的几种中国近代经济史主线都可以使用,没有必要花力气争论出一个"只有我的主张是对的""只有一种主线是对的"一类结论。重要的和应花大力气做的事是:第一,从理论上阐述清楚为什么要采用这条主线;第二,更重要的是,用自己主张的主线去实践,写出一部经济史著作来,如同汪公做的那样。

我常常设想,假若有一种以资本主义的发展与不发展为主线的中国近

①刘克祥、陈争平:《中国近代经济史简编》,浙江人民出版社 1999 年版。该书按半殖民地半封建经济形态的形成、发展与崩溃,将全书分为三编,即上编《中国半殖民地半封建社会经济初步形成及资本主义的产生(1840—1894 年)》、中编《中国半殖民地半封建社会经济的深化及资本主义的发展(1895—1927 年)》、下编《中国半殖民地半封建社会经济的崩溃及新民主主义经济的产生与成长(1927—1949 年)》。此即例证之一。该书比我们的那本《讲义》,在叙述上准确得多。

代经济史,有一种以近代化为主线的中国近代经济史,有一种以两个主要矛盾或帝国主义和中华民族的矛盾为主线的中国近代经济史,有一种以外国资本的入侵为主线的中国近代经济史,有一种以半殖民地半封建经济形态演变过程为主线的中国近代经济史,有一种……从各个视角阐述中国近代经济演变过程,百花齐放,彼此竞妍,中国近代经济史学园地便会繁荣似锦,那该多好!

　　原载陈锋主编《中国经济与社会史评论》,中国社会科学出版社 2010 年版。

如何正确认识中国民族资本主义的特点

《芜湖纺织厂史》是中共安徽省委党校政治经济学教研室编辑的一本厂史,已于 1960 年 4 月由安徽人民出版社出版。

《芜湖纺织厂史》有它突出的特色和优点,但也反映出目前各地编写厂史工作中和已出版的几本厂史著作中存在的一些共同问题。因此,值得我们介绍和提出来讨论。

这本书突出的优点和特点,在于它较好地把对芜湖纺织厂经济活动历史过程的科学分析和对工人阶级革命斗争的历史过程的叙述结合起来,而且行文通俗易懂,既为中国经济史的研究提供了经过分析并提出初步观点的个别企业的材料,又能起到对人民特别是青年工人进行革命传统教育的作用。

在目前出版的厂史著作中,大致有两种类型。一种是根据真实的历史事实而以文艺体裁写成的,这类往往偏重于对工人的革命斗争和建设工作的叙述,这是向人民进行思想教育的很好的教材。但是,它一般不负有分析企业发展历史,特别是分析经济发展过程的任务。另一种是以提供科学研究史料作为科学研究成果出版的。它们提供了经济活动过程的详细材料,也叙述了工人阶级斗争的史实。但是一般对工人们的斗争叙述得不详尽、不生动,或者不具体;有的对资本家的活动写得多,对工人的活动写得少。《芜湖纺织厂史》属于后一种类型,但它同时又生动详细地叙述了工人阶级的斗争历史,是一本对工人进行阶级教育的好教材。正是在这个意义上说,这本书为编写后一类型厂史树立了一个榜样。马克思主义社会科学著作本来就是要求高度的革命性和严格的科学性相结合的。这本书在实现这一要求上是比较成功的。

但是,作为一本研究中国民族资本主义企业的科学著作来说,在实现编者所提出的目的方面来说,则尚存在一些值得商讨的问题。

编者在"序言"中一开始就说:"我们编写这部厂史,一方面试图从经济理论上探述中国民族资本主义的特点及其发生、发展和改造的运动规律,作为研究中国资本主义生产方式的初步尝试,为科学研究和教学工作提供有益的材料;另一方面,具体阐述和了解中国民族资本主义的两面性,使在实践上多少有助于干部体会和执行党对民族资产阶级实行团结、教育和改造的政策,充分发挥民族资本主义积极的一面,加速改造其消极的一面。"(评介者按:这种提法是不妥的,此书完成于 1960 年,即实现全行业公私合营以后四年,民族资本主义作为一种经济成分早已被消灭了,民族资本主义经济成分的积极性早已丧失;正因此,资产阶级的政治立场也成为反动的了。看不到这一点,是错误的。)但是,看来编者的意图并没有完全贯彻到全书的内容中去。

编写一个中国资本主义工厂的产生、发展和灭亡的历史,必须以马克思列宁主义为指导,首先是以毛泽东同志关于中国社会经济发展历史的学说、关于中国民主革命和社会主义革命的学说、关于中国社会主义建设的学说为指导,必须以具体生动的历史事实说明毛泽东同志的论断和党的政策的正确性。在这一方面,此书存在着几个较大的问题。

1. 关于中国民族资产阶级的两面性问题。毛泽东同志早就指出,中国民族资产阶级具有参加民主革命和妥协的两面性。一本资本主义工厂的历史应该对该厂的民族资本家的两面性有全面的揭露和分析。此书的前四章,编者在叙述裕中纱厂在旧中国的发展过程中,揭露了民族资本家和帝国主义、封建主义、官僚资本主义的联系和勾结,一起镇压工人的事实,这是正确的。但是,在这些章节里却看不到资本家与帝国主义、封建主义和官僚资本主义的矛盾,以及资本家在工人阶级的领导和推动下,参加反对帝国主义、北洋军阀和蒋介石反动集团的斗争的事实。这样一来,裕中纱厂资本家——中国民族资产阶级中的成员——的特性和毛泽东同志分析的中国民族资产阶级的共性就根本不同了。毛泽东同志在《关于正确处理人民内部矛盾的问题》中指出:我国民族资产阶级"在资产阶级民主革命时期,它有革命性的一面,又有妥协性的一面。在社会主义革命时期,它有剥削工人阶级取得利润的一面,又有拥护宪法、愿意接受社会主义改造的一面"。可见,我国民族资产阶级在中华人民共和国成立以后也有其两面性。但是,此书在叙述中华人民共和国成立前后一段时期内,使人只能看到民族资本家的消极面。中华人民共和国成立前夕只见投机活动和抽逃资金,中华人民共和国成立后则是消极经营,"千方百计地拖延开工时期,盗卖机器,抽逃资金,和反革命分子不择手段地进行破坏活动"

等等(参见此书第四、第五章),看不到资本家的另外一面。而当分析到该厂1954年公私合营的过程时,使人又只能看到资本家的积极性,而看不见斗争了(见第106—111页)。好像公私合营和资本家交出机器是完全风平浪静与自觉自愿的了。

可见此书在分析该厂在中华人民共和国成立前后的活动时,都没能正确、全面地分析民族资本家的两面性,虽然,这种两面性在不同资本家身上,以至同一资本家在不同时期里,具体表现可能是不相同的,但都不可能只有一面性。在这里,实际上牵涉三个重大问题:一是如何理解中国民族资产阶级两面性的表现的问题,特别是两面性在各个时期的变化问题,两面性在政治上、经济上具体表现的关系问题。二是如何理解中国民族资产阶级的共性和各个民族资本家的特性的相互关系问题。三是中国民族资产阶级接受公私合营,交出生产资料,是完全自愿的还是不太情愿的? 是阶级斗争的过程和结果,还是阶级合作的过程与结果? 这些问题也都关系到我们正确认识和掌握中国民族资产阶级和各个民族资本家的性格,关系到我们在实践中正确执行党的政策,关系到马克思主义的基本原理的问题。

2.关于中华人民共和国成立前工人阶级斗争的主要对象和斗争的性质问题。毛泽东同志曾经指出,中国工人阶级在中华人民共和国成立前遭受帝国主义、封建主义和官僚资本主义三大敌人的压迫和剥削,在民族资本主义企业里,也受到民族资产阶级的压迫和剥削,所以在民族资本的工厂里,工人不仅进行反对三大敌人的革命斗争,而且也进行反对资本家无理压迫和残酷剥削的斗争。在当时,工人阶级和三大敌人的矛盾是主要的,和民族资本家的矛盾实际上处于次要地位。工人阶级和民族资产阶级还有共同反对三大敌人的一面,这正是两者在民主革命过程中能够建立统一战线的客观基础。在当时,工人阶级领导全国人民反对三大敌人的斗争,集中于夺取政权,即主要是政治斗争;工人反对本厂民族资本家的斗争,集中于改善劳动条件、反对减少工资、争取缩短劳动时间等方面,主要是经济斗争。编写民族资本主义企业的历史、叙述工人群众的斗争时,必须正确反映这一情况。此书详细地揭露了资本家对工人的残酷剥削和工人反对资本家无理压迫和残酷剥削的斗争,这是很好的;但是,当我们读完全书后,在整体上有这样一个突出的印象,似乎旧中国工人阶级斗争的主要对象,不是帝国主义、地主阶级和官僚资产阶级,而是本厂的资本家(见第81、84页等)。这样,就使读者易于得到一个错误的结论,即中国工人阶级进行斗争的对象主要是民族资产阶级，斗争的主要任务是集中力量反对民族资产阶级，而不是主要反对帝国主义、地主阶级和官僚资产阶级了。并会使读者认为工人群众的斗争仅仅是为了争取切身利益的经济斗争。而政治斗争在工人阶级的全部斗争中只占很不重要的地位。显然，这些都是无助于读者正确理解中国民主革命的性质和党的民主革命的总路线的。应当指出，这个问题的产生与前述编者对中国民族资产阶级的特性的认识和处理是有直接关系的。

还有一个与此有关的问题，即编者在分析 1922 年以后，裕中纱厂经营日益恶化和衰败的原因时，除了正确地指出外国资本和本国封建势力的压迫是根本原因，还认为工人阶级的斗争也是促使裕中纱厂失败的一个重要原因（见第 15—17 页）。我们认为这是错误的。大家知道，在旧中国，民族资本主义经济是一种进步的生产方式，是一种新的经济成分，它的发展是有利于社会生产力的发展的。毛泽东同志指出，"中国自从发生了资本主义经济以来，中国社会就逐渐改变了性质"，"这种资本主义经济，对于封建经济说来，它是新经济。同这种资本主义新经济同时发生和发展着的新政治力量，就是资产阶级、小资产阶级和无产阶级的政治力量"。"新的政治力量，新的经济力量，新的文化力量，都是中国的革命力量，它们是反对旧政治旧经济旧文化的。"[1]工人阶级在旧中国的斗争若是阻碍中国资本主义的发展，这就歪曲了工人阶级斗争的性质和历史作用，从根本上否定了工人阶级是革命的阶级。中国工人阶级之所以是最进步的阶级，成为革命的领导者，根本原因就在于："工业无产阶级人数虽不多，却是中国新的生产力的代表者……"[2]事实上，在旧中国，正是依靠工人阶级的劳动和工人农民的革命斗争，中国民族资本主义经济才得到某些发展。诸如，正是由于工人阶级领导或积极参加的反对帝国主义、封建主义和官僚资本主义的斗争，对这三大敌人给予沉重的打击，才使民族资本主义得到某些发展的机会。抵制日货运动的斗争就是明显的例证之一。正因为如此，中国民族资产阶级既害怕工人和农民的群众运动的高涨，又不得不依靠工人、农民的这种革命斗争来获得发展，从而在革命群众运动中显出很大的动摇性。即使是企业内部的斗争，也应当看到，由于中国民族资本工厂内严重地残存着封建压迫和剥削制度，这是对工人极为不利的，工人们的斗争锋芒首先是反对

[1]《毛泽东选集》第 2 卷，人民出版社 1991 年版，第 695 页。
[2]《毛泽东选集》第 1 卷，人民出版社 1991 年版，第 8 页。

这种落后的制度和势力。由于保持落后的封建制度的残余,对资本家加强对工人的剥削是有利的,所以工人反对封建制度残余的斗争,必然表现为工人和资本家之间的斗争。但是,我们不能把工人反对封建制度残余和反对资本主义剥削的不同性质的斗争混为一谈。这种斗争,在客观效果上,也正是有利于民族资本企业的发展的。我们认为,编者在这里,一方面把工人反对封建势力和制度的斗争与工人反对资本家的斗争混为一谈;另一方面,只看到工人斗争的暂时影响(如工人起来进行罢工斗争时,会使工厂停工或减少劳动时间等),而未从长远和整体上(整个工人阶级的斗争)来看,只看到工人的经济斗争对民族资本主义企业的影响,而未看到工人的政治斗争对民族工业经济的影响,从而也就不能说明工人阶级的斗争是促进民族资本主义经济发展的动力,是有利于中国社会生产力的发展的。

我们认为此书编者在处理工人阶级和资产阶级关系上一个总的特点,就是没有将这两个阶级的关系放在半殖民地半封建的中国社会阶级矛盾的总体中去分析,即撇开了帝国主义、地主阶级和官僚资产阶级的压迫,孤立地分析工人阶级和资产阶级的矛盾,结果就看不出半殖民地半封建的中国社会中资产阶级和工人阶级关系的特殊性,从而不能使人了解党的政策的正确性。诸如:中国工人阶级的特点之一是身受三重压迫,工人阶级当时最主要的敌人是帝国主义、封建主义和官僚资本主义;工人阶级当时生活日益恶化,主要也是由于帝国主义、封建主义和官僚资本主义压迫和剥削的加重。中国的民族资产阶级和世界上一切资产阶级一样,是剥削工人阶级的;但是,它又受到帝国主义、封建主义和官僚资本主义的压迫和损害。民族资产阶级的这种地位,使它在遭受帝国主义、封建主义和官僚资本主义压迫和损害加重时,就千方百计地用各种方式将所受到的这些损失转嫁给工人阶级,并利用这种机会加强对工人的剥削,来扩大利润,积累资本,以加强自己的地位,从而导致工人阶级和资产阶级矛盾的尖锐化。毛泽东同志早在 1930 年就精辟地分析了中国社会阶级矛盾的相互关系。他说:"……伴随着帝国主义和中国民族工业的矛盾而来的,是中国民族工业得不到帝国主义的让步的事实,这就发展了中国资产阶级和中国工人阶级之间的矛盾,中国资本家从拼命压榨工人找出路,中国工人则给以抵抗。"[1]因此,在深刻揭露资本家对工人的剥削和压迫时,应该集中力

①《毛泽东选集》第 1 卷,人民出版社 1991 年版,第 101 页。

量揭露帝国主义、封建主义、官僚资本主义的统治和压迫给工人阶级带来的痛苦，从而使工人阶级的斗争应该集中在反对这三大敌人的统治和压迫上。此书则认为工人阶级生活每况愈下，只是由资本家经营不善、亏损过多因而对工人剥削加强所造成的（如第 18 页，"裕中纱厂由于经营不善，连年亏损——实际上连年亏损的主要原因并非本身经营不善，而是由于帝国主义、官僚资本主义、封建主义的压迫——资本家对工人的压迫和剥削就越来越残酷，工人的生活状况也就越来越恶化"）。因此认为工人阶级斗争的主要对象是资本家而不是帝国主义、封建主义和官僚资本主义，这样，必然只看到工人日常的和资本家的经济斗争，而看不到更为重要的工人反对帝国主义、封建主义和官僚资本主义的统治和压迫的政治斗争了。

3. 关于民族资本主义工厂发展和衰败的原因问题。这是探讨中国资本主义生产方式发展规律与特点时必然碰到的一个极为重要的问题。而这个问题，又必须全面地从企业与外部的各方面的联系和企业内部的各种关系中去分析，必须从中国社会性质以及每个时期阶级斗争的形势出发，才能得出正确的结论。在这方面，此书头两章中做得比较成功，以后各章则往往忽视从整体出发，忽视了全面分析，从而得出了不正确的结论。例如：（1）前已说过，在分析 1922 年后裕中纱厂衰败原因时，不是认定企业内存在的封建势力和制度是引起企业经营落后和阻碍生产发展的原因，相反地，却把工人反对封建势力的斗争作为企业衰败的原因，并认为是"致命伤"（见第 16—17 页）。（2）在说明申新公司从实业银行承买裕中纱厂后，生产一度发展时，编者认为"这除了经营管理方面的改善和生产技术的改进，以及他们是经营纱厂的老手，有一套生意经外，还依靠了他们的投机活动：买空卖空，贱价收购棉花，高价出售棉纱和乞求'美援棉'等等"（第 63 页）。诚然，这些都是事实。但未指出，此时裕中纱厂的经营能比实业银行经营时有起色，根本原因是民族资本主义的生产关系和官僚资本主义不同，它还有促进生产力发展的作用；同时，是由于申新公司在民族资本的纺织业中，力量大，具有地域的垄断倾向，又和外国资本、官僚资本有勾结等等。不在这些方面分析，就找不出裕中纱厂转入申新公司手中后能发展的深刻原因。（3）在分析裕中纱厂在 1948 年后生产下降时，编者认为"裕中纱厂自 1948 年上半年起，生产慢慢减少，下半年生产急剧下降，到 1949 年几乎完全停工，这就是因为资本家生怕他们的资金和利润全部断送，所以不仅不设法改善经营管理、革新技术、发展生产，反而破坏生产"（第 63 页）。资本家当时害怕革命胜利,抽逃资金是事实,是民族资本家消极一面的集中表现,是企业生产下降的重要原因之一;但是,把当时民族资本的裕中纱厂生产的下降完全归于民族资本家的这种消极态度则是不够全面的。事实上,当时民族资本纱厂生产下降的主要原因,是在美帝国主义的侵略和蒋介石卖国、独裁、内战政策下所造成的半殖民地半封建社会经济的总崩溃,这使资本主义企业正常再生产的条件被破坏了。也就是说,民族工业企业的停工减产,正是半殖民地半封建社会经济总崩溃的现象之一,是由这个社会制度造成的。编者在第四章"抗战胜利后的裕中纱厂"中,不管是分析 1946 年下半年至 1947 年的生产发展阶段,或者是分析 1948 年至 1949 年上半年的生产下降阶段,都没有讲到这个时期民族工业所遇到的困难。事实上,蒋介石反动政府在面临崩溃的前夕,进一步与美帝国主义勾结,加紧剥削,掠夺与压迫全国人民,在这时,民族资本企业遇到了各种困难,也曾采取各种办法(包括投机囤积、买空卖空)来挣扎,最后还是不得不被迫停工减产。所以当时民族资本家也有等待解放的一面,企图在新中国寻找发展的机会。不指出这一方面,也是不妥当的。

此外,此书中还提出了一些值得研究的理论问题。如在半殖民地半封建的中国社会里,产业资本家的买空卖空等投机活动,主要是为了加速产业资本的周转呢,还是直接谋取商业投机利润,即过去一般所谓的"以商代工""以商养工"或"名工实商"呢?是利用商业资本家和银行资本家的钱来进行投机活动呢,还是将产业资本移作商业投机资本之用呢(第 64 页)? 这些问题都是值得深入研究和讨论的。

此文署名赵禾,与周秀鸾合作,原载《光明日报》1961 年 5 月 1 日。

发展战略与体制的历史互动

经济发展战略与经济体制模式是一个关乎经济社会发展的重要问题。西南财经大学马克思主义学院任志江教授新近出版的《新中国成立以来经济发展战略与经济体制模式的历史互动与历史启示》一书,对这二者的演变及其关系的变迁进行了较为系统深入的专门研究。

1978 年以来,无论对我国经济发展战略的研究,还是对经济体制模式的研究,现有成果大多是就这两个问题分别进行论述的,将二者结合起来的研究成果还不多见。根据对已有研究成果的收集整理,目前学术界尚无专门对新中国成立以来经济发展战略与经济体制模式的历史变迁和历史互动进行系统梳理和深入研究的成果。在全面建成小康和实现中华民族伟大复兴的背景下,系统分析研究关系国民经济发展全局的经济发展战略与经济体制模式之间的互动关系,为当前和今后的中国特色社会主义建设提供可资借鉴的经验教训,具有不言而喻的意义和价值。

该书对改革开放前的经济发展战略进行了较为深入细致的剖析。改革开放以来,学术界逐渐兴起对我国经济发展战略的研究热潮,其成果不断涌现,但已有成果多是对 1978 年以后相关问题的分析探讨,对此前问题的研究虽然也取得不小的成就,但总体看仍显得较为笼统。该专著在前人研究的基础上,将重工业优先发展战略细化为"一五"、"大跃进"、备战、"急起追补"四个形态各异的具体战略,深化了对这一问题的研究。

该书当然还存在一些缺憾,如对一些重要概念和称谓的历史考证不足,对1978 年以后经济发展战略与经济体制模式之间互动关系的研究有待继续深入。尽管如此,能运用历史学与经济学的理论方法将经济发展战略与经济体制模式整合起来进行专门细致的梳理研究,并在此基础上总结、归纳、提炼出不少有见地和价值的结论与启示,是值得肯定和鼓励的。

原载《中国教育报》2019 年 5 月 16 日第 5 版。

中国共产党领导制定实施经济发展战略的历史变迁研究

摘要:中华人民共和国成立以来,中国共产党先后领导制定实施了过渡时期经济发展战略、社会主义建设时期经济发展战略、改革开放以来经济发展战略三个不同的经济发展战略。其中,过渡时期经济发展战略实质上是一个兼具历史局限性与客观必然性的全面学习苏联工业化模式的重工业优先发展战略。社会主义建设时期经济发展战略是试图把过渡时期"拿来主义"的做法,修改为将苏联工业化模式的核心和精髓与中国资源优势和实际需要相结合的理想状态,其实质是苏联工业化模式的中国化。改革开放以来经济发展战略的实质,是努力将我国现代化的实现过程与一般经济发展规律和世界文明发展方向进行契合对接,从而确保在与人类共同价值目标融合的过程中实现中华民族伟大复兴的中国梦。

关键词:中国共产党;经济发展战略;重工业优先发展;资源禀赋比较优势

中华人民共和国成立以来,中国共产党先后领导制定实施了过渡时期经济发展战略、社会主义建设时期经济发展战略、改革开放以来经济发展战略三个不同的经济发展战略(见下表)。这三个战略分别以过渡时期总路线、社会主义建设总路线、社会主义初级阶段基本路线为指导,形成了风格各异的内涵和特点,并对当时和其后的经济社会发展造成重大而深远的影响。在全面小康建设刚刚收官和建党一百周年之际,系统回顾和总结中国共产党领导制定实施经济发展战略中的利弊得失,对即将开始的"三步走"战略第三步的第二阶段——基本现代化与第三阶段——全面现代化建设,具有不言而喻的意义和价值。

中华人民共和国成立以来的经济发展战略

构成与特征	战略名称		
	过渡时期 经济发展战略	社会主义建设时期 经济发展战略	改革开放以来 经济发展战略
1.战略时限	1949—1956年	1957—1978年	1979—2020年
2.战略思想	过渡时期总路线	社会主义建设总路线	社会主义初级阶段基本路线
3.战略目标	"由农业国变工业国"	由三个现代化升级为四个现代化	现代化
4.战略载体	"一五"计划	由"大跃进"先后变为备战计划、"洋跃进"	由温饱先后升级为总体小康、全面小康
5.理论依据	生产资料优先增长学说基础上的"综合平衡"理论	生产资料优先增长学说基础上的"积极平衡"理论	资源禀赋比较优势理论
6.战略重点	重工业整体	由"以钢为纲"先后变为国防军工、基础工业	由劳动密集型先后升级为资本密集型、技术密集型产业
7.战略路径	中央大中型企业扩张	一系列并举的"两条腿走路"方针	"两个大局"发展思路
8.体制依托	由新民主主义经济体制向计划经济体制的集权模式过渡	计划经济体制的分权模式	社会主义市场经济体制
9.经济成分	由多种所有制并存向单一公有制过渡	单一公有制	多种所有制并存
10.资源配置	由"市场经济加计划"向"计划经济加市场"过渡	"计划经济加市场"	"市场经济加计划"
11.战略动力	由"四面八方"到"三大改造"	拔高生产关系和进行阶级斗争	市场化改革
12.对外关系	"一边倒"	"反两霸"	由政策性开放走向制度性开放
13.资源特色	苏联援助	通过群众运动进行劳动力替代	由自力更生基础上的引进吸收走向自主创新

（续表）

构成与特征	战略名称		
	过渡时期经济发展战略	社会主义建设时期经济发展战略	改革开放以来经济发展战略
14.推进方式	外延粗放型	外延粗放型	由外延粗放型向内涵集约型转变
15.产业结构	比较协调	严重不协调	比较协调
16.区域发展	均衡发展	均衡发展	由非均衡向均衡发展转变
17.战略增速	快速增长	相对慢速增长	快速增长
18.经济波动	高位/平缓	低位/大起大落	高位/平缓
19.生活改善	快	慢	快
20.实施质量	高	低	高

一、经济发展战略的内涵

"战略"一词的本意是指基于对战争全局的分析研究而作出的筹划和部署,被引入到各个领域后泛指其发展的长期性、整体性、全局性总体安排。除这一词外,规划和计划也是现实中常被用来表示对未来发展进行筹划和部署的两个名词。在这三者中战略居于最高层次[①],其立足点是发展的长期性、整体性、全局性,而非中期、短期和片面、局部。规划是根据战略的阶段性要求,对其在中长期内的任务进行初步分解和大致安排,以确保战略部署的有效衔接和顺利实施。计划则是根据战略与规划的阶段性要求,对其在中短期内的任务进行具体分解和详细安排,从而使战略与规划得到有效落实和认真执行。不难看出,战略指导规定着规划与计划的制定实施,规划与计划是战略的阶段性载体;而规划是计划的基础,是战略转化为计划的桥梁和中介;计划则是战略与规划的具体化与行动化,是战略与规划转化为实践行动的末端桥梁和中介。显然,只有制定出好的战略,才可能编制出好的规划,继而也才可能有好的计划。

20 世纪 50 年代随着发展经济学的兴起,战略一词被引入经济领域,并逐

---

①王枳业:《发展战略、长期规划、五年计划的区分和衔接》,《经济纵横》1990 年第 12 期。

渐从泛指一切国家经济发展的长期性、整体性、全局性筹划和部署,演变为特指发展中国家从贫困落后走向市场化、城市化、工业化的总体安排。改革开放之初,我国一些学者开始引入"经济发展战略"这一名词,并在不断深化对其研究的基础上开始广泛使用这一概念。

综合学界诸种观点,所谓经济发展战略就是指一个经济系统或经济实体在长时间内经济发展所要达到的主要目标,以及为实现这些目标而采取的一整套措施。这就不难理解,经济发展战略可以有不同的层次和范围,上至一个国家、地区,下至一个部门、企业,都可以有自己的经济发展战略。而下一层次或较小范围的战略,则是上一层次或较大范围战略的组成部分。显然,其中最重要的就是全国性经济发展战略。一般来说,经济发展战略包含以下三点内容:第一,制定战略的现实依据和理论依据。这主要是根据国际国内的历史与现状,以及建立在这种世情国情基础上的理论依据与指导思想,其中主要是国际环境、基本国情和客观规律。第二,经济发展战略的目标。具体可分解为:对一定时期内经济发展目标的确定、对实现发展目标的条件与可行性的分析、对所确定目标的不断调整等。第三,实现上述目标的途径、措施和保障办法等。其中包括为实现这一目标所划分的阶段和步骤、不同阶段所确定的战略重点、为实现发展所需要的体制条件、为推进战略所需要的配套政策等①。

二、过渡时期经济发展战略

从一定意义上说,我国近代以来的所有革命都是为了实现国家工业化。虽然在中华人民共和国成立之前和之初,中共中央对选择何种工业化道路尚未形成明确一致的看法,但无论党的七届二中全会决议和《共同纲领》规定,还是随后的七届三中全会部署和"三年准备、十年建设"方针,都不仅明确了由"农业国变工业国"的战略目标,还确认了通过"新民主主义建设阶段"来实现工业化的设计方案。然而,随着国民经济恢复和进行工业化建设条件的具备,中央根据现实情况和实际需要对此前的设想进行了修改,转而提出过渡时期

---

① 参见[美]赫希曼著,曹征海等译《经济发展战略》,经济科学出版社1991年版;刘国光主编《中国经济发展战略问题研究》,上海人民出版社1984年版;李成勋《经济发展战略学》,北京出版社1999年版;魏礼群等《经济发展战略》,学习出版社2014年版;刘瑞《中国经济发展战略与规划的演变和创新》,中国人民大学出版社2016年版。

总路线,并据此制定实施了我国第一个经济发展战略。

特殊的时代背景和运行机理,使这一战略呈现出如下具有内在逻辑联系的 20 点内容:(1)在战略时限上,由预计的恢复时期加 3 个五年计划共约 18 年,变为实际上的 7 年时间;(2)在战略思想上,过渡时期总路线发挥着指导作用;(3)在战略目标上,努力"由农业国变工业国";(4)在战略载体上,由预计的 3 个五年计划变为实际仅"一五"计划;(5)在理论依据上,以生产资料优先增长学说基础上的"综合平衡"理论为依据;(6)在战略重点上,效仿苏联优先发展重工业的做法,比较注重重工业内部的平衡协调;(7)在战略路径上,学习苏联通过中央大中型企业扩张来实现工业化①;(8)在体制依托上,为进行"社会主义资本原始积累",由新民主主义经济体制向计划经济体制的集权模式——苏联式中央高度集权型体制过渡②;(9)在经济成分上,由多种所有制并存向单一公有制过渡;(10)在资源配置上,由"市场经济加计划"向"计划经济加市场"过渡;(11)在战略动力上,由"四面八方"变为"三大改造",否则"工业化的最终目的"就"无法达到"③;(12)在对外关系上,开始走上"一边倒"的道路;(13)在资源特色上,得到了苏联的技术资金援助,并由此起到"奠定我国工业化初步基础的重大作用"④;(14)在推进方式上,总体呈现出外延粗放型特征;(15)在产业结构上,虽然农轻重等比例失衡的问题开始显露,但保持了大体协调;(16)在区域发展上,针对长期以来的问题和现实需要,实行了均衡发展政策;(17)在战略增速上,实现了快速增长的意图;(18)在经济波动上,呈现出"高位/平缓"的特征;(19)在生活改善上,提升较快;(20)在实施质量上,效果较好、质量较高⑤。

这一时期经济发展战略包含两个阶段:第一,战略准备阶段——国民经济恢复时期。经过 1949 年至 1952 年的恢复,我国经济发生重大变化,随着半殖民地半封建经济形态转变为新民主主义经济形态,主要工农业产品产量恢复

---

① 苏少之、任志江:《1949—1978 年中国经济发展战略研究》,《中南财经政法大学学报》2006 年第 1 期。

② 任志江:《新中国成立以来经济发展战略与经济体制模式的历史互动与历史启示》,人民出版社 2018 年版,第 8 页。

③《建国以来重要文献选编》第 4 册,中央文献出版社 1993 年版,第 701—702 页。

④ 薄一波:《若干重大决策与事件的回顾》(上卷),人民出版社 1991 年版,第 306 页。

⑤ 赵德馨:《中国经济 50 年发展的路径、阶段与基本经验》,《当代中国史研究》1999 年第 5、6 期合刊。

到历史最高水平,从而使 16 世纪后我国 GDP 占世界 GDP 比重的变动趋势,由在波动中下降开始变为在波动中上升。这不仅为工业化建设的启动创造了条件,也使我国经济在世界经济中的地位开始发生根本性变化。第二,战略实施阶段——"一五"计划时期。鉴于我国重工业严重落后极大地制约了实现工业化的宿愿;同时近代以来惨痛屈辱的历史教训和中华人民共和国成立伊始朝鲜战争的爆发,都证明建立强大国防的必要和紧迫;加之,在两大阵营尖锐对立和我国尚无大规模经济建设经验,而苏联模式备受世界瞩目和对华友好的背景下,走苏联工业化道路自然成为当时的不二选择。因此,从 1953 年开始的"一五"计划实际上就是以苏联工业化道路为蓝本的经济发展战略的载体。到 1956 年底,这一计划的主要指标提前完成。

除前述内容外,对这一经济发展战略还应注意以下几点:

第一,对重工业优先发展型苏联工业化道路的选择,必然引致计划经济体制的集权模式和以实现这二者为主要内容的过渡时期总路线。重工业投资规模大、技术要求高、周转时间长等特征,与我国当时劳动力丰裕、资本技术稀缺的基本国情之间产生了尖锐的矛盾。为此,中央不得不模仿苏联的做法,通过经济体制变革来营造适合这一工业化道路的资源配置制度、宏观政策环境和微观经营机制①,于是就使新民主主义经济体制经由"三大改造"逐步过渡到计划经济体制的集权模式——苏联式中央高度集权型体制。正是基于这一逻辑,毛泽东在国民经济恢复前后就放弃了新民主主义社会理论,转而学习苏联提出了过渡时期总路线。

第二,过渡时期总路线所蕴含的一些内在矛盾对这一时期的经济发展战略产生了重大影响。首先,过渡时期的起点存在矛盾。一方面,根据总路线的表述,过渡时期的起点是"中华人民共和国的成立"②,这就意味着中华人民共和国是从此前半殖民地半封建社会的生产力水平上向社会主义社会进行过渡,但以毛泽东为代表的中国共产党人过去却长期认为"要想在殖民地半殖民

①此处借鉴了林毅夫教授等把计划经济体制分解为资源配置制度、宏观政策环境和微观经营机制的分析方法。具体参见林毅夫等《中国的奇迹:发展战略与经济改革》,上海三联书店、上海人民出版社1999 年版,第 28—30 页。

②《中国人民政治协商会议全国委员会:庆祝中华人民共和国成立四周年的口号》,《人民日报》1953 年 9 月 25 日。

地半封建的废墟上建立起社会主义社会来,那只是完全的空想"①。所以,如果上述这种直接过渡的新认识能成立的话,那中国革命分两步走的理论就是有问题的。另一方面,根据1953年年底中央批转的《关于党在过渡时期总路线的学习和宣传提纲》中引用列宁关于"从资本主义过渡到社会主义"的提法②和毛泽东此后多次提到"中国实现了从资本主义到社会主义的转变",均意味着过渡时期的起点是资本主义。然而我国历史上并没有建立过资本主义社会,不存在从资本主义社会过渡到社会主义社会的可能。事实证明,这种仅从列宁等经典作家的阶段性、特色型探索成果中寻找经验,而未能从其完整全面的论述中提炼总结其思想精髓和精神实质,并在此基础上放弃自己已有正确理论成果的做法,是造成总路线蕴含着内在矛盾和这一时期经济发展战略存在隐患的深层原因。其次,"主体"与"两翼"之间存在矛盾。毛泽东将总路线中的"一化三改"任务比喻为鸟的主体和两翼,希望通过变革生产关系来推动生产力发展。但古今中外的历史和马克思主义基本原理一再证明,生产力发展有其自身规律,滞后的生产关系会阻碍其发展,超前的生产关系同样会阻碍其发展,经济建设只能在现有基础上循序渐进,否则将欲速不达。我国经济工作中后来长期存在的试图利用生产关系和上层建筑的变革来推动经济发展的思想,就是从这一时期开始萌发的。事实上,这也是提出"总路线也可以说就是解决所有制的问题"③这一论断的根本原因。其结果,不仅出现1953年和1956年两次急躁冒进问题,也导致出现"两翼先飞、主体滞后"的错位局面。再次,市场化与工业化之间存在矛盾。经济现代化包括多个层次,其中主要是市场化和工业化。这二者间有着密切的正相关关系,即市场化是工业化的前提和基础:当市场化与工业化同向前进时,经济现代化的成效就好;反之,当市场化与工业化逆向而行时,则经济现代化一定受挫,并最终会回到以市场化为基础的工业化轨道上来④。不难看出,总路线中"一化三改"总任务恰恰造成市场化与工业化逆向而行的局面。这是造成这一时期经济发展战略实施效果此后逐渐衰减的重要原因。

第三,对生产资料优先增长学说的错误理解,是造成这一时期"综合平衡"

---

① 《毛泽东选集》第3卷,人民出版社1991年版,第1060页。

② 《建国以来重要文献选编》第4册,中央文献出版社1993年版,第698页。

③ 《毛泽东文集》第6卷,人民出版社1999年版,第301页。

④ 赵德馨:《市场化与工业化:经济现代化的两个主要层次》,《中国经济史研究》2001年第1期。

理论勉力维持和经济发展战略问题不断增多的根本原因。在马克思社会再生产理论的基础上，列宁将科技不断进步和资本有机构成不断提高等因素纳入研究视野，得出制造生产资料的部门"必然比制造消费品的那个部门增长得快"的结论①。这就意味着，在扩大再生产中不仅生产资料的增长要比消费资料的增长更快，而且这种增长也必须与两个部门所需增加的生产资料保持适当的比例。然而，斯大林却曲解了经典的原意，将这一学说概括为"在扩大再生产下生产资料的增长占优先地位的原理"②，并进而将其发展为"生产资料的优先增长是扩大再生产的经济规律"。显然，这就忽视了科技进步的前提条件，致使将优先发展生产资料生产看作是"包括发达社会主义在内的整个社会主义时期工业发展的规律"③。这样就会造成一种绝对化的认识，即生产资料生产的优先增长可以不受科技水平和两大部类比例关系的制约。事实上，这是导致以苏联为代表的传统社会主义阵营和1978年前我国长期以重工业优先发展观为指导的深层理论原因。需要指出的是，虽然在"一五"计划实施中我国将"综合平衡"理论作为直接理论依据，并在农业与工业、轻工业与重工业、重工业各部门之间、工业发展与铁路运输等四大方面努力做到按比例发展④，但由于其是建立在生产资料优先增长学说基础上，也就是说这种综合平衡是在确保重工业优先发展的基础和前提下，使各部门之间的衔接和经济发展链条不至断裂，所以这就注定了这种综合平衡必定是勉强和脆弱的。正因如此，"一五"计划从一开始就受到农业、轻工业等发展滞后的影响，并在实施中变得日渐严峻。⑤　实际上，这是致使中央此后重新探索经济发展战略的主要原因。

第四，由于在资源配置方式过渡中市场作用衰减的渐进性，加之负责经济工作的领导人重视经济关系与产业结构的基本协调，所以这一战略能够在重工业优先发展的情况下得到较好的实施。过渡时期的资源配置方式经历了从"市场经济加计划"到"双轨制"、再到"计划经济加市场"的演变过程，因此市场

---

①《列宁全集》第2卷，人民出版社1984年版，第126页。

②斯大林：《苏联社会主义经济问题》，人民出版社1961年版，第64页。

③《经济研究》编辑部：《建国以来社会主义经济理论问题争鸣（1949—1984）》（下），中国财政经济出版社1985年版，第596页。

④中共中央文献研究室：《陈云传》（下），中央文献出版社2005年版，第899页。

⑤参见中共中央办公厅编《中国共产党第八次全国代表大会文献》，人民出版社1957年版，第207—293、668—741页。

作用的衰减不仅在程度上有一个由强到弱的变化过程,而且在范围上也经历了从证券市场到金融市场,再到土地市场,然后到劳动力和生产资料市场,最后到商品市场的退出过程。与之相适应,这一时期的计划管理也是"粗线条的",不但对不同的经济成分使用不同的资源配置方法,而且在直接计划和间接计划的使用范围与松紧搭配上也都各不相同。所以,在"三大改造"完成之前,市场机制的衰微和计划作用的增强是一个渐进的过程。此外,这一时期负责经济工作的周恩来、陈云等人重视经济规律和基本国情,一再强调和矫正失调的经济关系与产业结构。如1954年6月,陈云即指出"一五"计划的编制遵循了四大比例、三大平衡,并重申"按比例发展的法则是必须遵守的"。正因如此,"一五"时期我国重工业中的采掘工业、原材料工业、制造业年均分别增长21.5%、23.4%、28.6%[①],保持了大体的平衡和协调。在此期间,农业、工业总产值年均分别增长4.5%和18%,而轻工业、重工业在1952年至1956年间的年均增长分别为12.9%和25.4%[②]。不难看出,农、轻的增长虽慢,但尚可勉力维持。

综上所述,由于在主客观多种因素的作用下选择了重工业优先发展型苏联工业化道路,所以这不仅意味着中央放弃了原本可以在新民主主义经济体制下通过先发展农业轻工业、后发展重工业来实现工业化的一般经济发展道路,也意味着我国必须仿效苏联建立起计划经济体制的集权模式。这正是中央主动放弃自己创造的、在革命时期和中华人民共和国成立之初发挥过积极作用的新民主主义经济理论,转而在过渡时期总路线指导下通过"三大改造"建立起苏联式中央高度集权型体制的主要原因。不难看出,过渡时期经济发展战略实质上是一个兼具历史局限性与客观必然性的全面学习苏联工业化模式的重工业优先发展战略。

三、社会主义建设时期经济发展战略

如何在社会主义初级阶段更好地推进工业化和现代化建设,是中国共产

---

① 国家统计局工业交通物资统计司:《中国工业的发展(1949—1984)》,中国统计出版社 1985 年版,第 66 页。

② 国家统计局工业交通物资统计司:《中国工业经济统计资料(1949—1984)》,中国统计出版社 1985 年版,第 19 页。

党人在"三大改造"完成后面临的首要问题。在国际国内主客观多种复杂因素的综合作用下,中央探索出苏联模式中国化的理论成果和总体思路——社会主义建设总路线,并在其指导下形成初级阶段的第一个经济发展战略——社会主义建设时期经济发展战略。

复杂的历史背景和特定的思维习惯,使这一战略具有如下 20 点内涵独特、彼此关联的具体内容:(1)在战略时限上,涵盖了 1957 年至 1978 年间的 22 年;(2)在战略思想上,社会主义建设总路线的核心要素始终发挥着指导作用;(3)在战略目标上,由开始时的三个现代化逐步升级为四个现代化;(4)在战略载体上,由"大跃进"先后变为备战计划、"洋跃进";(5)在理论依据上,以生产资料优先增长学说基础上的"积极平衡"理论为依据;(6)在战略重点上,由"以钢为纲"先后变为国防军工、基础工业;(7)在战略路径上,尝试了"两条腿走路"方针;(8)在体制依托上,提出并两次实践了计划经济体制的分权模式——毛泽东的"虚君共和"经济体制构想[1];(9)在经济成分上,除调整时期外,总体坚持了单一公有制;(10)在资源配置上,总体坚持了"计划经济加市场"的方式;(11)在战略动力上,总体延续了拔高生产关系和进行阶级斗争的方法;(12)在对外关系上,总体呈现出"反两霸"的特征;(13)在资源特色上,试图通过群众运动进行劳动力替代;(14)在推进方式上,呈现出显著的外延粗放型特征;(15)在产业结构上,总体呈现出严重不协调的特征;(16)在区域发展上,延续了此前均衡发展的方针;(17)在战略增速上,在横向和纵向对比中都属相对慢速增长;(18)在经济波动上,呈现出"低位/大起大落"的特征;(19)在生活改善上,提升很慢;(20)在实施质量上,效果较差、质量较低[2]。

这一时期经济发展战略的实施经历了如下 4 个阶段:第一,初始的极端化阶段——"大跃进"时期。在加速农业改造、发动反右运动、批判"反冒进"的过程中,毛泽东逐渐找到利用地方发展经济的积极性和主动性,通过群众运动运用一系列并举的"两条腿走路"的方法来快速实现工业化和现代化的路径,并在此基础上实现了由过渡时期经济发展战略向社会主义建设时期经济发展战略的转轨。由于历史的局限,在重视重工业发展的基础上,当时我国把钢铁工

---

[1] 任志江:《新中国成立后毛泽东"虚君共和"经济体制构想的渊源和实质研究》,《科学社会主义》2009 年第 6 期。

[2] 赵德馨:《"之"字路及其理论结晶——中国经济 50 年发展的路径、阶段与基本经验》,《中南财经大学学报》1999 年第 6 期。

业发展摆在尤为突出的位置,试图通过"以钢为纲"的"一马当先",实现"万马奔腾"的全面跃进,从而把优先发展重工业扭曲为优先发展钢铁工业,这就进入这一战略初始的极端化实施阶段——"大跃进"时期。由于对这一战略深层次问题的认识尚不到位,加之这一时期的诸多偏激做法,最终使国民经济发生严重困难。第二,被迫暂停与局部纠偏阶段——调整时期。面对国民经济的严峻形势,中央不得不按下"大跃进"的暂停键,被迫对国民经济进行调整。虽然在中央一线领导的推动下,经过三个阶段的调整后,国民经济不仅全面好转,还在反思和探索中形成"三自一包"、"吃穿用"计划、"四化"目标等成果,但上述成果都是在中央高层始终存在对形势的不同认识和"重新跃进"的呼声下艰难取得的,也就是说这种探索和矫正是在充分肯定总路线这个"三面红旗"的灵魂的前提下,对以"大跃进"为载体的经济发展战略的相关内涵所作的局部纠偏。也正因如此,随着形势的发展和备战问题的突出,上述探索成果只能根据其与这一时期经济发展战略内涵的冲突程度来决定命运,即要么像"三自一包"那样被批判逆转,要么像"吃穿用"计划那样虽未被批判但以其他方式被终结,要么像"四化"目标那样因符合经济发展战略的实际需要而在备战结束后得以重提。第三,特殊实施阶段——备战时期。鉴于国际形势的重大变化,我国从"三五"计划开始大规模进行以国防军工为重点的大小三线建设。后来的"四五"计划延续并强化了以备战为中心的经济建设。1971年后,随着中美、中苏关系的逐步缓和,备战之弦开始有所松动。1975年重提"四化"和《发展国民经济十年规划纲要(草案)》的形成,标志着十余年备战建设的基本结束和战略重点即将再次转移。第四,调试改进阶段——"洋跃进"时期。由于当时主要领导人的特殊经历和特定思维习惯,备战和"文革"结束后在对国民经济进行调整恢复的同时,中央急切地试图以国民经济"新跃进"的方式实现以往的诸多经济规划和目标。为有效推进新阶段的"全面跃进",这一时期中央试图通过大量引进国外资金、技术、设备来实现对此前战略实施中资源投入和配比欠缺等问题的改进。虽然这一尝试仅仅开了个头便结束了,但仍对这两年和此后的国民经济造成不小的影响。

需要指出的是,除上述内容外,对这一战略还应注意以下几点:

第一,虽然这一时期经济发展战略的实施经历了若干阶段和不同载体,但除调整这个特殊阶段外都贯穿和体现了社会主义建设总路线的内涵、结构、实质、灵魂、方法等核心要素的主旨特征。从总路线的内涵看,"鼓足干劲"就是要发挥人的主观能动性;"力争上游"是指要努力走在世界前列;"多快好省"则体现了数量与质量、速度与效益的统一。从结构看,"鼓足干劲"和"力争上游"是手段;"多快好省"是要求;"建设社会主义"是目标①。从实质看,总路线既体现了党全心全意为人民服务的宗旨,也反映了社会主义的本质和目的。从灵魂看,"速度是总路线的灵魂"②。从方法看,工业与农业、中央工业与地方工业、大型企业与中小型企业同时并举的方针,就是试图利用地方发展经济的积极性和主动性,通过群众运动和一整套"两条腿走路"的办法来释放我国经济发展潜力,从而加速实现工业化和现代化。虽然"大跃进"是总路线最直接、最极端的表现形式,但其核心要素却贯穿于1978年前除调整这个特殊阶段外的整个社会主义建设时期,无论是后来的备战还是"洋跃进",都体现了上述主旨特征。

第二,这一总路线内生的逻辑矛盾,深深地影响着这一时期经济发展战略在每一阶段的实施效果。首先,主要矛盾与根本任务之间存在矛盾。一般来说,一个时期的社会主要矛盾决定着党和国家的根本任务。虽然毛泽东在1957年党的八届三中全会上将八大确定的主要矛盾修改为两个阶级、两条道路的矛盾,但他却将实现工业化和现代化作为这一时期的根本任务,并为此制定了相关的总路线和具体的经济发展战略。这种主要矛盾与根本任务不一致的情况,导致此后党和国家的中心工作不断受到阶级斗争的干扰并最终从经济建设转移到阶级斗争上。其次,主观意愿与客观规律之间存在矛盾。为在一穷二白的基础上"力争上游",这一总路线将"鼓足干劲"作为方法,为此试图在拔高生产关系和进行阶级斗争的推动下,通过超常规地发挥主观能动性,运用群众路线和"两条腿走路"来实现工业化和现代化。但正如恩格斯所说:虽然"我们自己创造着我们的历史","但是第一,我们是在十分确定的前提和条件下进行创造的","其中经济的前提和条件归根到底是决定性的"③。显然,上述主观意愿不仅违背了客观经济发展规律,也违背了马克思主义基本原理,以为人多和干劲是"世界上最伟大的创造力量","有了这个力量","就能够做到

---

① 张作云:《我国经济社会发展观的历史性飞跃——从社会主义建设总路线到科学发展观》,《合肥工业大学学报(社会科学版)》2008年第1期。

② 《力争高速度》,《人民日报》1958年6月21日。

③ 《马克思恩格斯选集》第4卷,人民出版社1995年版,第477—478页。

人类所能够做到的一切"。① 这一时期经济发展战略中"人有多大胆,地有多大产"和"我们是劳动人民,我们的力量无敌"等口号,就是这种主观唯心主义认识的体现,其结果自然是众所周知的。再次,"多、快"与"好、省"之间存在矛盾。"多快好省"的并列相提,虽然试图体现数量与质量、速度与效益的统一,但问题在于这几个方面的地位和作用其实并不相同。对此,当年《人民日报》社论明确指出:"用最高的速度来发展我国的社会生产力","是总路线的基本精神,它像一根红线,贯穿在总路线的各个方面"。社论特别指出:"快,这是多快好省的中心环节","如果不要求高速度,当然没有什么多快好省的问题";"那样,也就不需要鼓足干劲,也就无所谓力争上游了"。② 这就是为什么不仅"大跃进"中出现那么多不可思议的高速度、高指标、浮夸风等现象,而且在备战和"洋跃进"中也始终贯穿着急于求成、追求高速度和高指标等问题,甚至在调整时期也始终存在着形势好转、重新跃进的呼声。

第三,生产函数中资源投入配比的硬约束与边际技术替代率递减规律,是造成"积极平衡"理论的根本错误和社会主义建设总路线存在严重问题,以及"大跃进"、备战、"洋跃进"的实施效果无法与"一五"计划相提并论的理论原因。为将上述总路线的原则和要求有效落实到这一时期经济发展战略的具体实施中,毛泽东用"积极平衡"理论取代了此前的"综合平衡"理论。对此,他指出:"平衡是暂时的,相对的","不平衡是经常的,绝对的",所以"不平衡是普遍的客观规律"。③《人民日报》为此专门解释说:要"向先进的定额看齐","不断地提高落后的指标和定额","这是积极的平衡";相反,"总是企图压低先进的指标和定额","使它迁就落后的指标","这是消极的平衡"。④ 不难看出,这里所批评的"消极的平衡"就是以往"综合平衡"理论所要求的从短缺要素出发进行平衡,而所谓"积极的平衡"就是要从"过剩"要素出发进行平衡,以突破资源限制,实现超越国情国力的跃进发展。为此,毛泽东主张以地方为单位来组织群众,用我国丰富的劳动力替代稀缺的资本和技术,以期弥补短缺要素的缺口。如他指出:"只有外行才能领导内行",所以"很多工人和农民"要"振奋敢

---

① 《把总路线的红旗插遍全国》,《人民日报》1958 年 5 月 29 日。
② 《力争高速度》,《人民日报》1958 年 6 月 21 日。
③ 《建国以来毛泽东文稿》第 7 册,中央文献出版社 1992 年版,第 54 页。
④ 《打破旧的平衡,建立新的平衡》,《人民日报》1958 年 2 月 28 日。

想敢说敢做的大无畏创造精神","砍去妄自菲薄,破除迷信"。① 但铁的事实证明,任何生产函数中的资源投入量都存在一定的配比关系,这是由当时的科技水平决定的。虽然生产要素之间存在一定的替代关系,但在既定的科技水平下,这种替代比例是有限度的,这即是边际技术替代率递减规律。事实上,"积极平衡"理论只看到劳动力可以对资本、技术等进行替代,但没看到这种替代的有限性。这是造成"积极平衡"理论的根本错误和社会主义建设总路线存在严重问题,以及"大跃进"、备战、"洋跃进"的实施效果无法与"一五"计划相提并论的理论原因。

第四,这一时期经济发展战略实施中始终伴随着生产力与生产关系和阶级斗争的历史互动。囿于主客观多种原因,1978 年前我国长期将拔高生产关系和进行阶级斗争当作推动经济发展战略实施和促进生产力发展的动力,这也是这一时期"大跃进"与人民公社化运动、备战与"抓革命、促生产"、"洋跃进"与"抓纲治国"相生相伴、两两相随的根本原因。因此,当 1958 年提出这一总路线的基本点时,虽然指出要"在继续完成经济战线、政治战线、思想战线上的社会主义革命的同时","逐步实现技术革命和文化革命"②,但在这五种革命中实际的重点却是政治革命与思想革命,并且还强调要用"四大"的方法来激发人们的干劲。这就是后来伴随着"大跃进"、备战和"洋跃进"的进行,同时掀起人民公社化运动、要求"抓革命、促生产"和提出"抓纲治国"的主要原因。

第五,时代和历史的局限,使调整时期探索出的以"三自一包"、"吃穿用"计划、"四化"目标等为代表的经济发展成果,从一开始就因难以动摇以社会主义建设总路线为指导的既有经济发展战略,而注定了其不同的命运。从实质看,调整本身就是对前一阶段的总路线和其指导的经济发展战略在一定程度上的否定,所以当"大跃进"造成的严重困难和陈云等中央一线领导对"积极平衡"理论的否定,从事实上和理论上证明以这一总路线为指导的经济发展战略失败后,不管当时人们是否意识到,我国已经在呼唤新的经济发展理论和实践了③。因此,第三阶段调整方针的确立,使其一方面担负着继续调整的任务,另一方面也具有在总结教训的基础上重新探索经济发展道路的任务。如国家计

---

①《建国以来毛泽东文稿》第 7 册,中央文献出版社 1992 年版,第 236 页。

②《建国以来重要文献选编》第 11 册,中央文献出版社 1995 年版,第 303 页。

③任志江:《1949—1978 年中央与地方关系变迁——经济发展战略和国民经济政策角度的研究》,中共中央党校出版社 2012 年版,第 84 页。

委在 1964 年提交的《第三个五年计划的初步设想》,就对先前的设想作了修正,将"三五"计划调整为按照农、轻、重的顺序进行安排①,即"吃穿用"计划。这一设想在指导思想、建设重点、实施路径等方面与此前的两个经济发展战略存在重大差别,说明一种全新的经济发展思路已经萌生。但应指出,上述成果并未对以"大跃进"为载体的原有经济发展战略产生根本动摇,也就是说,已有的反思和探索还没有对这一总路线和优先发展重工业的发展观进行根本否定。事实上,在整个调整过程中,毛泽东等领导人在对经济形势、问题根源、解决路径等问题的认识上,始终与中央一线领导存在分歧。如在 1962 年初的七千人大会上,当有人谈及所犯错误时,他的插话不仅多持保留态度,甚至表示了反感:错误就是那么一点,有什么了不得②。"文革"时刘少奇也曾对调整时期的工作检讨说:毛主席是"根本不赞同我们对当时的形势估计和某些做法的"③。这种认识就是,"大跃进"失败造成的困难并不严重,其原因也只是具体工作中某些做法的失误,而非经济发展战略本身的错误,并且经过一段时间的纠偏,困难已经解决,错误已经改正,剩下的事情应该是总结经验教训后开始重新跃进。显然,这就是调整工作自始至终阻力重重的主要原因。从后来毛泽东将与刘少奇等中央一线领导在"怎样建设社会主义"等问题上的分歧上升到政治斗争的高度和备战高潮结束后他对经济政策调整的结果来看,他在全局上始终坚守和捍卫着以这一总路线为指导的既有经济发展战略。特别是在认识主体具有特殊地位和党内生活非正常化的情况下,上述探索成果只能根据其与这一时期经济发展战略内涵的冲突程度来决定命运,即要么像"三自一包"那样被批判逆转,要么像"吃穿用"计划那样虽未被批判但以其他方式被终结,要么像"四化"目标那样因符合实际需要而在备战结束后得以重提。

综上所述,社会主义建设时期经济发展战略试图把过渡时期"拿来主义"的做法,修改为将苏联工业化模式的核心和精髓与中国资源优势和实际需要相结合的理想状态,其实质是苏联工业化模式的中国化。但这种始终以优先发展重工业为核心和精髓的做法,必然因重工业资本密集且在战略布局中具有优先性而造成产业失衡和比例失调,从而最终使各种努力都难遂人愿。

①国家计委党组:《第三个五年计划的基本任务》,《党的文献》1996 年第 3 期。
②郑谦、韩钢:《毛泽东之路·晚年岁月》,中国青年出版社 1993 年版,第 189 页。
③李向前:《一九六二年的经济调整与意见分歧》,《中共党史研究》1988 年第 6 期。

四、改革开放以来经济发展战略

1978 年以来,在中国特色社会主义理论体系的指导下,中央逐步形成了社会主义初级阶段理论及其基本路线,并在此基础上不仅探索出现代化建设分"三步走"的经济发展战略,还先后顺利完成了其第一步目标温饱、第二步目标总体小康、第三步第一阶段目标全面小康的建设任务,从而为今后顺利实现基本现代化、全面现代化和中华民族伟大复兴的中国梦,创造了良好条件。

在新时期时代特征和发展理念等综合作用下,这一时期经济发展战略具有如下彼此相关的 20 点内容:(1)在战略时限上,纵跨了 1979 年至 2020 年间的 42 年;(2)在战略思想上,社会主义初级阶段基本路线发挥着指导作用;(3)在战略目标上,最终明确为现代化;(4)在战略载体上,由温饱先后升级为总体小康、全面小康;(5)在理论依据上,开始顺应和符合资源禀赋比较优势理论这一经济发展一般规律的要求;(6)在战略重点上,由劳动密集型先后升级为资本密集型、技术密集型产业;(7)在战略路径上,提出并践行"两个大局"的发展思路;(8)在体制依托上,逐步建立并不断完善社会主义市场经济体制;(9)在经济成分上,确立了公有制为主体、多种所有制经济共同发展的基本经济制度;(10)在资源配置上,确立并保持了"市场经济加计划"的方式;(11)在战略动力上,不断深化市场化改革;(12)在对外关系上,由政策性开放走向制度性开放;(13)在资源特色上,由自力更生基础上的引进吸收走向自主创新;(14)在推进方式上,由外延粗放型向内涵集约型转变;(15)在产业结构上,逐步走向比较协调;(16)在区域发展上,由非均衡向均衡发展转变;(17)在战略增速上,呈现出快速增长的特征;(18)在经济波动上,呈现出"高位/平缓"的特征;(19)在生活改善上,提升较快;(20)在实施质量上,效果较好、质量较高[①]。

这一时期经济发展战略的实施已经历了如下 3 个阶段:第一,"三步走"战略的第一步——解决温饱时期。这一时期,中央一方面通过实施"新八字方针",开始优先发展轻工业和农业,轻工、纺织、食品等逐渐成为主导产业;另一方面开启了市场化改革的大门,"双轨制"运行特征日益显著;同时还拉开了对外开放的大幕,从而使"两个大局"中第一个大局的思路和非均衡发展的构想

[①]参见赵德馨《中国近现代经济史 1949—1991》,厦门大学出版社 2017 年版,第 396—399 页。

开始实践。值得一提的是,因为解决温饱是实现现代化的前提基础和逻辑起点,其本身并非现代化的阶段和范畴,所以这是邓小平在构思新时期经济发展战略时曾一度略过这一阶段,而直接从小康这一现代化的最低层次算起的主要原因。如1985年4月他就指出:在新时期实现现代化,就要"第一步,到本世纪末翻两番,达到小康水平"①。不难看出,他把对新时期经济发展战略的设计重心放在了现代化的目标、层次、标准等问题上②。第二,"三步走"战略的第二步——解决总体小康时期。温饱任务提前完成后,虽然我国遭遇到价格"闯关"失败③和治理整顿等的影响,但20世纪80年代末90年代初的市场化改革和对外开放还是在徘徊中有所前进。在1992年南方谈话和党的十四大的带动下,20世纪90年代掀起新一轮改革发展大潮。在此期间我国不仅建立起宏观调控体系框架,于1996年前后成功实现了国民经济"软着陆",还正式结束了长期以来的短缺经济,整体上进入买方市场阶段,"三步走"战略的实施和总体小康问题的解决取得重大阶段性成果。此后,中央一方面强调要优化经济结构和转变经济增长方式,另一方面则强调通过扩大内需、保持汇率稳定等来应对东南亚金融危机,并通过所有制理论和分配理论的重大突破使国企改革取得前所未有的进展。在上述政策措施的推动下,到世纪之交时我国不仅初步建立了市场经济体制,还在总体上实现了小康④。第三,"三步走"战略第三步的第一阶段——解决全面小康时期。为有效应对新世纪以来风云变幻的国际形势和复杂艰巨的战略任务,这一时期我国迎来了以"三个代表"重要思想、科学发展观和习近平新时代中国特色社会主义思想为代表的一系列理论创新。在实际工作中,一方面伴随着资源禀赋比较优势的升级,主导产业由前一阶段的建材、电子、新一代家电等逐渐向汽车、房地产、IT产业等过渡;另一方面,随着加入WTO,我国进入全方位的制度性开放阶段,特别是2012年以来的"一带一路"建设将国家间的顶层合作推进到一个新阶段。此外,为有效落实第二个大局的要求,中央相继实施了西部大开发战略、振兴东北老工业基地战略、中部崛起战略等。虽然2008年后遭到国际金融危机冲击、"三期叠加"、

---

① 《邓小平文选》第3卷,人民出版社1993年版,第117页。
② 任志江、汤希:《"三步走"总战略中"温饱"分战略特征分析》,《人民论坛》2015年第36期。
③ 于秀娥、任志江:《1988年价格闯关失败的思考与启示》,《中共中央党校学报》2011年第3期。
④ 任志江、侯悦:《邓小平"总体小康"思想基本特征探讨》,《重庆理工大学学报(社会科学)》2016年第1期。

中美贸易纠纷、新冠疫情等的影响,但通过新时代以来的深化供给侧结构性改革、加快建设创新型国家和实施乡村振兴战略等措施,我国努力实现了由高速增长向高质量发展阶段的转变,从而确保了全面小康任务的圆满完成。

除上述内容外,对这一战略还应注意以下几点:

第一,社会主义初级阶段基本路线不仅规定了改革开放以来的总任务,而且贯穿和指导着"三步走"战略实施的每一阶段。基本路线是执政党根据一国的历史方位和主要矛盾而提出的总揽全局的行动纲领①,其功能和作用相当于此前的过渡时期总路线和社会主义建设总路线,具有相对稳定性。1978 年以来形成的这一基本路线,以社会主义初级阶段理论为依据,以"一个中心、两个基本点"为核心,以富强、民主、文明、和谐、美丽的现代化国家为目标,概述了党在初级阶段的总路线和总任务。事实上,正是因为初级阶段理论的科学性,才确保了基本路线的正确性,对此无须赘述。需要指出的是,这一路线贯穿和指导着"三步走"战略实施的每一阶段,并因此使新时期的经济发展战略也具有了科学性。如虽然基本路线在 1987 年党的十三大前后才被明确,但自从1978 年底党和国家的工作重心转移到经济建设并作出改革开放决策,以及随后四项基本原则被提出,就不仅意味着这一路线的核心要义已经形成,而且开始在解决温饱问题中发挥指导作用。此后,随着解决总体小康和全面小康工作的推进,基本路线在充实完善中继续贯穿和指导着经济发展战略的实施。如 1992 年党的十四大首次将其写入党章,并强调这一路线要管一百年;2007年党的十七大不仅强调基本路线是党和国家的生命线,指出"以经济建设为中心是兴国之要"②,还将"和谐"增列为现代化目标;2017 年党的十九大不仅强调要"牢牢坚持党的基本路线这个党和国家的生命线、人民的幸福线"③,还进一步将"美丽"增列为现代化目标。不言而喻,这不仅意味着基本路线的充实完善,也意味着在这一路线指导下"三步走"战略的任务和目标也同样在不断地被充实完善,从而确保了这一时期经济发展战略的科学性。

第二,新时期经济发展战略不仅在内涵上开始契合人类社会的共同价值,而且其实施的几个阶段都呈现出历史性与发展性的统一。与此前的经济发展

---

①杜玉华:《论新时代党的基本理论、基本路线、基本方略的内在统一》,《探索》2019 年第 1 期。

②《十七大以来重要文献选编》(上),中央文献出版社 2009 年版,第 13 页。

③习近平:《决胜全面建成小康社会　夺取新时代中国特色社会主义伟大胜利——在中国共产党第十九次全国代表大会上的报告》,人民出版社 2017 年版,第 12 页。

战略相比,"三步走"战略最突出的特征就是不仅注重强国,还尤为强调富民。不难看出,温饱、小康、现代化,不仅是以一种生活水平状态来形象地表达发展层次和战略目标,而且强调重点经历了从经济增长到经济发展,再到经济、社会、人与生态等的协调发展,从而与国际上经济发展战略的一般演进轨迹趋于一致。事实上,"三步走"战略的每一步都以富民强国为其出发点和落脚点,这就使其在内涵上开始契合人类社会的共同价值。不仅如此,这一战略已实施的三个阶段都是在特定的历史背景和经济条件下形成并推进的,都被打上了如前所述的历史烙印。此外,它们还都具有与时俱进的发展性。如温饱的目标在党的十二大时是"打好基础,积蓄力量,创造条件";到"七五"计划时变为"使 1990 年工农业总产值和国民生产总值比 1980 年翻一番或者更多一些"①;1987 年又调整为"以 1980 年为基数","翻一番,达到五百美元"②。又如,总体小康的目标一开始是"国民生产总值人均 1000 美元";考虑到人口增长的影响,随后很快便修正为"人均 800 美元";后来鉴于经济发展较快,多用"人均 800 到 1000 美元"的说法;根据战略推进情况,1995 年又适时调整为"2000 年,在我国人口将比 1980 年增长 3 亿左右的情况下","实现人均国民生产总值比 1980 年翻两番"③。再如,全面小康的目标在党的十七大时是要"实现人均 GDP 总值到 2020 年比 2000 年翻两番";十八大时变为"实现 GDP 和城乡居民人均收入比 2010 年翻一番"④。十九大虽然未提具体指标,但这其实是为了更好地贯彻落实新发展理念,准备通过质量、效率、动力的变革来实现全面小康。需指出的是,上述历史性和发展性还呈现出高度统一的特点。如解决温饱问题时产生了经济增长与经济发展脱节的问题,解决总体小康问题时试图解决这一问题,但又产生出经济发展与社会发展脱节的问题,解决全面小康问题时则试图解决这一新问题。实际上,"三步走"战略各个阶段的递进承接,呈现出中国特色社会主义的奋斗目标和中华民族伟大复兴的崛起目标,同一般经济发展规律、世界文明发展方向和人类共同价值目标逐渐契合的趋向,体现着历史性和发展性相统一的特征。

---

①《十二大以来重要文献选编》(中),人民出版社 1986 年版,第 800 页。

②《邓小平文选》第 3 卷,人民出版社 1993 年版,第 226 页。

③《十四大以来重要文献选编》(中),人民出版社 1997 年版,第 1480 页。

④胡锦涛:《坚定不移沿着中国特色社会主义道路前进　为全面建成小康社会而奋斗——在中国共产党第十八次全国代表大会上的报告》,人民出版社 2012 年版,第 17 页。

　　第三,总体顺应和符合了资源禀赋比较优势理论的要求,是这一时期经济发展战略得以顺利推进的理论原因。经济学上的资源禀赋比较优势理论指出,如果一国劳动力丰裕而资本、技术稀缺,就应着重发展劳动密集型产业,反之亦然。根据我国人多地少、一穷二白的基本国情,自然应重点发展劳动密集型产业。正因如此,1978年后"三步走"战略的形成和解决温饱问题的提出,显然就在实际上符合了我国劳动力丰裕而资本、技术稀缺的资源禀赋特点。事实上,在解决温饱问题的几个阶段中,中央不仅优先发展农业、轻工业,还要求重工业更多地为轻纺、食品等劳动密集型产业服务。正是在此基础上,我国不仅提前解决了温饱问题,还在解决总体小康和全面小康问题的过程中先后两次实现资源禀赋优势的升级,从而在静态比较优势转化为动态比较优势的过程中实现了产业结构升级和主导产业更替①。如20世纪90年代中后期随着短缺经济结束和人民生活水平向总体小康迈进,一些地区对轻纺、食品和一般加工工业的劳动密集型产品的需求接近饱和,而建材、电子、新一代家电和与之相关的装备制造业等资本、技术密集型产业,则迎来快速发展并逐渐成为一些地区的主导产业②。与此同时,我国资本的需求与供给也正发生历史性转变。如1997年国内人民币存款余额为82392.8亿元,而贷款余额为74914.1亿元③,并且存贷款利率还在继续走低。在此基础上,新世纪以来随着全面小康建设的推进,我国资源禀赋比较优势升级呈现出加速态势。如2000年我国外汇储备为1655.74亿美元,人民币存款余额为123804.4亿元,贷款余额为99371.1亿元;到2005年时分别增加为8188.72亿美元、287163.0亿元、194690.4亿元;到2012年时剧增到33116亿美元、91.8万亿元、63.0万亿元;到2018年时进一步变为30727亿美元、177.5万亿元、136.3万亿元。④ 与上述资本供给和需求之间差距不断扩大相伴随,是这些年来"用工荒"的出现蔓延和资源禀赋比较优势升级的加速。新世纪以来以汽车、房地产、IT产业为龙头的大发展,其实就意味着我国主导产业已由劳动密集型向资本和技术密集型升级过渡。事实上,这种升级过渡对"三步走"战略的顺利实施和温饱、

---

①这方面情况,可参见林毅夫等《中国的奇迹:发展战略与经济改革》,上海三联书店、上海人民出版社1999年版,第116页。
②武力、温锐:《1949年以来中国工业化的"轻、重"之辨》,《经济研究》2006年第9期。
③国家统计局:《中国统计摘要2010》,中国统计出版社2010年版,第81页。
④数据来自国家统计局网站历年统计公报。

总体小康、全面小康主要指标的提前完成,起了至关重要的作用。

第四,以各级官员的政绩考核机制和权力监督制约机制为核心的相关改革长期不到位,是新时期经济发展战略实施中各种矛盾日渐增多和转变经济发展方式、推进供给侧结构性改革等难以有效深入的深层原因。比方说,转变经济发展方式其实并非新问题,早在 1981 年五届全国人大四次会议就提出以提高经济效益为中心的十条方针;1987 年党的十三大又提出要实现"从粗放经营为主逐步转上集约经营为主的轨道";1995 年党的十四届五中全会提出两个关键性转变之一,即是"经济增长方式从粗放型向集约型转变";2005 年党的十六届五中全会更将转变经济增长方式作为这一时期的战略重点;2007 年党的十七大在将经济增长方式转变为经济发展方式的同时,进一步强调"加快转变经济发展方式,推动产业结构优化升级","是关系国民经济全局紧迫而重大的战略任务";随后在国际金融危机的冲击下,2009 年中央经济工作会后,实现经济发展方式转变和优化经济结构已成为经济工作中最突出的任务;在 2010 年省部级领导干部研讨班上,胡锦涛在郑重指出转变经济发展方式已"刻不容缓"的同时,竟连用五十次"加快"来强调问题的紧迫性。此后,党的十八大和十九大分别再次强调要"加快转变经济发展方式"和"我国经济……正处在转变发展方式……的攻关期"。造成这么长时间都未能解决这一问题的原因很多,但深层原因则是以各级官员的政绩考核机制和权力监督制约机制为核心的相关改革长期滞后,使各级党政部门多年来一直充当着经济活动的主角,严重干扰了市场在资源配置中决定性作用的发挥。不难想见,外延式、粗放型的发展方式,最有利于在短期内实现经济的快速增长和 GDP 的最大化,而通过科技进步等来提高经济增长质量效益和提高 GDP 的方式,则既费力又费时。这样一来,各级党政官员自然就习惯于通过外延式、粗放型的方式来实现经济的快速增长,从而使转变经济发展方式的任务变得难上加难[1]。虽然党的十八大以来通过高压反腐、从严治党、全面深改、依法治国等措施取得了一些成效,但还未构建起科学完善、卓有成效的政绩考核机制和权力监督制约机制。其实,这正是 2012 年以来供给侧结构性改革与转方式、调结构等问题仍未能有效深入的深层原因。

综上所述,"三步走"战略不仅强调富民强国,而且在其已完成的温饱、总

---

[1] 张卓元:《转变经济增长方式:政府改革是关键》,《宏观经济管理》2006 年第 10 期。

体小康、全面小康每一阶段所强调的重点,经历了从经济增长到经济发展,再到经济、社会、人与生态等的协调发展,从而使之与国际上经济发展战略的一般演进轨迹趋于一致。这就说明,改革开放以来经济发展战略的实质,是努力将我国现代化的实现过程与一般经济发展规律和世界文明发展方向进行契合对接,从而确保在与人类共同价值目标融合的过程中实现中华民族伟大复兴的中国梦。

五、结语

第一,在 70 余年的历史变迁中,3 个不同阶段的经济发展战略都始终贯穿着一个不变的初心使命和共同的价值追求。虽然在时代背景、内涵特征、实施情况等方面存在着诸多差别,但从前文不难看出中华人民共和国成立以来的每一经济发展战略都贯穿着一个不变的初心使命和共同的价值追求,即都是为了实现我国的工业化、现代化和中华民族伟大复兴的中国梦。不难理解,无论过渡时期经济发展战略,还是社会主义建设时期经济发展战略,抑或是改革开放以来经济发展战略,都是在不同历史阶段和经济水平下对人民富裕、国家富强与民族复兴的诉求。可以预见,无论今后"三步走"战略第三步的第二阶段——基本现代化和第三阶段——全面现代化在实施中遇到什么情况,这一初心使命和价值追求都是不会变的。

第二,这 3 个时期经济发展战略的实施,呈现出明显的否定之否定和螺旋式上升的"之"字形变迁轨迹。这突出表现在经济发展战略实施的效果上。如在经济增长速度上,3 个时期的年均增速分别为 16.8％、6.36％、9.5％,呈现出快速增长—相对慢速增长—快速增长的"之"字形变化;在经济波动上,从周期短、幅度小、波位高,到周期短、幅度大、波位低,再到周期长、幅度小、波位高,呈现出高位/平缓—低位/大起大落—高位/平缓的"之"字形变化;在人民生活改善上,从快速提高到徘徊停滞,再到快速提高,走了一条快—慢—快的"之"字形路;在实施质量上,从效益较好到效率低下,再到效益较好,经历了一条高—低—高的"之"字形路。造成这种情况的直接原因是经济结构经历了"之"字形的变迁。如在代表经济成分的所有制结构变化上,就经历了多种所有制并存—单一公有制—多种所有制并存的"之"字形变化;在体制结构变化上,也经历了市场经济加计划—计划经济加市场—市场经济加计划的"之"字形变化;在产业结构变化上,同样经历了比较协调—严重不协调—比较协调的"之"字形变化过程①。应该指出,致使经济结构发生上述变化的原因是不同时期经济发展战略的历史特点和运行逻辑,而这些战略又是党在不同时期经济工作指导思想的体现。所以,形成上述诸多否定之否定和螺旋式上升的"之"字形变迁轨迹的根本原因,就在于党在每一时期的经济工作指导思想也同样经历了正确—错误—正确的"之"字形变迁过程。

第三,能否从实际情况出发,按照经济发展的一般规律发挥我国资源禀赋比较优势,不仅是上述经济发展战略"之"字形变迁的理论原因,也直接关系到基本现代化、全面现代化和中华民族伟大复兴中国梦能否顺利实现。正确的经济工作指导思想来源于马克思主义与我国经济实际的结合。如中华人民共和国成立之初的新民主主义经济理论,即是中国共产党在20多年革命和局部执政实践中将马克思主义与根据地和解放区建设实际相结合的产物,是新民主主义经济工作中最重要的理论创新成果。正是在这一理论的指导下,中华人民共和国成立之初国民经济才得到迅速恢复和发展。并且由于新民主主义经济体制向计划经济体制集权模式过渡的渐进性,所以过渡时期经济发展战略才能在重工业优先发展原则下得到较好的实施。但如前所述,1978年前经济发展战略中的问题实质上是重工业优先发展观与生俱来的问题,因而决定了社会主义建设时期每一战略载体的运行绩效和变迁结果。与之相反的是,1978年后新经济发展道路的探索和"三步走"战略的形成实施,使我国经济社会发展面貌焕然一新。事实证明,能否在立足国情的基础上充分发挥我国资源禀赋比较优势,不仅是上述经济发展战略"之"字形变迁的理论原因,也直接关系到基本现代化、全面现代化和中华民族伟大复兴中国梦能否顺利实现。

第四,在使市场在资源配置中起决定性作用的基础上,更好地发挥政府的作用,是正确处理政府与市场这一经济体制变革核心问题的唯一正确选择。1978年以前,我国长期把市场作用与资本主义混为一谈,想方设法限制商品经济,削弱市场机制,排斥价值规律,把行政指令性计划当作资源配置的唯一方式和手段,结果造成了非常不利的后果。从70余年来3个经济发展战略的实施情况可以看出,哪个战略下的市场机制作用发挥得好,这个战略中的比例关系就会协调、经济发展就会比较快、战略的执行也就比较好,反之亦然。这是

①赵德馨:《中国经济50年发展的路径、阶段与基本经验》,《中国经济史研究》2000年第1期。

因为，市场机制的指示调节作用，会使政府获得来自行政计划之外的正确信息和参照，避免由于长官意志和凭空设想而使行政计划不切实际，同时还可以使企业因受到外部的制约机制和信息而有效避免预算"软约束"。过渡时期经济发展战略能较好地完成，就与因由"市场经济加计划"体制向"计划经济加市场"体制过渡的渐进性，而使资源配置方式尚有多样性有重要的关系。相反，社会主义建设时期经济发展战略实施中屡屡出现的结构失衡、投资失控、战线过长、指标过高、强迫命令、企业陷入"一统就死，一放就乱"的恶性循环等问题，都与排斥市场机制密切相关。同理，1978年后"三步走"战略中温饱、总体小康、全面小康等阶段性目标的顺利实现，都与市场机制在资源配置中作用的一步步增大，并先后确立了其在资源配置中的基础性和决定性作用有直接关系。当然，事物都是一分为二的，市场也有其自发性、盲目性、滞后性等不足，需要政府这只"看得见的手"来及时弥补和纠偏。特别是在经历了40余年改革开放和有效推进全面深化改革各项部署的今天，我国既存在"缺位市场化"问题，也存在不少"过度市场化"问题，尤其是教育、医疗、养老等领域的市场化已导致众多社会问题。不难看出，盲目推进市场化与全面否定市场化，同样不可取，都对改革有百害而无一利。因此，在使市场在资源配置中起决定性作用的基础上，更好地发挥政府的作用，是正确处理政府与市场这一经济体制变革核心问题的唯一正确选择，也是有效实现新时代我国的各项战略目标的必要条件。

第五，前30年两个经济发展战略的实施，为后40余年及以后经济发展战略的实施既提供了不可或缺的物质基础，也提供了难得的正反两方面经验。虽然基于主客观方面的复杂原因，在1978年前两个经济发展战略的实施中出现不少失误和挫折，但仍为我国在诸多方面取得了斐然成就。如"一五"计划通过鞍钢、一汽、沈飞等重点项目，建立起我国工业化的初步基础；"大跃进"在造成巨大破坏的同时，也在钢铁、尖端科学、农田水利等方面取得一些成就；备战计划通过二汽、攀钢、成昆铁路等重点建设，不仅为我国抵御战争威胁打下坚实基础，也初步改变了长期以来内地工业薄弱、交通落后的状况；"洋跃进"不仅取得了一些建设成果，而且迈出了对外开放的步伐，为随后的改革开放打下了基础。不难看出，这一时期最重要的成就是在一穷二白、积贫积弱的基础上建立起我国独立的、比较完整的工业体系和国民经济体系，从而为1978年后"三步走"战略的实施提供了不可或缺的物质基础。不仅如此，1978年前两个经济发展战略的实施也为此后经济发展战略的实施提供了正反两方面经验。仅以计划经济体制的分权模式——毛泽东的"虚君共和"构想体制为例。一方面,虽然这一体制的两次实践带来不少问题,但解构了计划经济体制的集权模式——苏联式中央高度集权型体制,初步形成中央与地方分权管理的模式和地方大力发展工业的局面,从而为1978年以来的体制外市场化增量改革创造了条件,避免了"休克疗法"的灾难式改革路径。另一方面,这一体制两次实践失败的教训说明,在不动摇单一公有制和指令性计划的前提下,试图只通过权力收放来解决传统计划经济体制的弊病是不可能的,从而为新时期的市场化改革提供了反面经验。如为打破以往权力下放后的困局,邓小平曾在1978年11月的中央工作会议上根据以往的经验教训说:"权力下放,自主权与国家计划的矛盾,主要从价值法则、供求关系来调节。"在此基础上,次年他进一步指出:"市场经济不能说只是资本主义的","社会主义也可以搞市场经济","这是社会主义利用这种方法来发展社会生产力"。① 不难理解,中央领导人在这里首次提出社会主义市场经济一词,显然是总结过去正反两方面经验后自然延伸的结果。事实上,这也是2013年1月习近平提出"前后两个三十年不能相互否定"论断的重要原因。

第六,生产关系、上层建筑等方面的变革效果,最终应以实践标准、生产力标准和更为具体的"三个有利于"标准来衡量与检验。马克思主义认为,生产力与生产关系、经济基础与上层建筑的矛盾是人类社会的基本矛盾,决定着其他社会矛盾的存在与发展。其中,一方面,虽然生产力决定生产关系,但生产关系可以反作用于生产力,对生产力的发展起促进或阻碍作用;另一方面,虽然经济基础决定上层建筑,但上层建筑也可以反作用于经济基础,对经济基础的发展起促进或阻碍作用。正是基于这一认识,为充分发挥生产关系和上层建筑对生产力与经济基础的促进作用,1978年前我国一方面仓促地通过"三大改造"、轻率地通过人民公社化运动等,向单一公有制的基本经济制度和排斥市场机制的资源配置方式过渡;另一方面,又先后提出"抓革命、促生产"和"抓纲治国"等口号,试图通过阶级斗争和人的思想革命化,推进战略实施和经济发展。然而,这种超越我国基本国情和违背经济发展规律的做法,结果只能事与愿违、欲速不达。与之相反,1978年后的改革开放则根据我国一穷二白的国

---

① 《邓小平文选》第2卷,人民出版社1993年版,第236页。

情和经济发展一般规律,一方面通过市场化改革调整生产关系中不适应生产力的诸多环节,解放和促进生产力发展;另一方面,通过对党和国家的指导思想、文化理念、相关制度和各类组织的创新发展,促进经济基础与生产力的健康发展。马克思主义基本原理和中外经济史的事实都一再证明,一方面通过变革生产关系和上层建筑中不适应生产力与经济基础的方面,的确可以解放和促进生产力与经济基础的发展;另一方面,生产关系和上层建筑的变革并不完全取决于人们的主观愿望和主观能动性,人们只能在尊重客观经济规律的基础上,去做在规律允许范围内经过努力可以达到的事情,而不能随意用生产关系和上层建筑的变革来推动经济发展。正因如此,邓小平才于新时期在实践标准的基础上提出生产力标准,并进而将其具体化为"三个有利于"标准。事实证明,实践标准、生产力标准和"三个有利于"标准是比意识形态、阶级关系、制度属性等更为根本的判断准则,是科学认识一切社会问题和历史问题的根本视角,不仅应成为衡量与检验生产关系、上层建筑等方面变革效果的标准,也应成为衡量检验经济发展战略实施效果和中国特色社会主义的根本标准。

第七,通过"顶层设计",切实推进以各级官员的政绩考核机制和权力监督制约机制为核心的相关政体改革,是化解当前经济社会中诸多难题和顺利实现基本现代化、全面现代化与中华民族伟大复兴中国梦的深层枢纽。如前所述,新世纪以来处于"发展机遇期"和"矛盾凸显期"的阶段性特点,使因相关政体改革长期滞后而本已困难重重的诸多改革和发展问题,变得更为复杂。事实上,切实推进相关改革来破解这一难题,已成为化解当前经济社会发展中的诸多难题和实现基本现代化、全面现代化与中华民族伟大复兴中国梦的深层枢纽。多年来的实践证明,由于未来改革的高度关联性和配套性,中央需要高屋建瓴地制定具有全局性、系统性、前瞻性和战略性的一揽子改革方案。更为重要和现实的是,这一改革涉及更大利益和更深层次的调整,如果不能"顶层设计",则必然会因缺少推进改革的勇气与决心和冲破相关利益集团抵制阻挠的权威与力量,而使这一改革陷于缓滞状态。希望在党的十八大和十九大以来所取得成就的基础上,中央领导集体能够在今后进一步推进这一改革,为如期实现第二个百年奋斗目标创造最重要的条件和环境。

此文与任志江合作,原载《社会科学》2021年第2期。

论商兴国兴

摘要：本文将中国商业自产生之时至当代的 2800 多年间，分为 5 个阶段，依次考察它的兴衰与国家兴衰的关系。发现商业发展水平上升时期，国家经济实力上升，中国经济实力在世界各国中所处的地位上升；商业发展水平下降时期，国家经济实力下降，中国经济实力在世界各国中所处的地位下降。商业兴衰路径与国家兴衰路径成平行状；商业兴衰先于国家兴衰。商兴带来国兴、商衰带来国衰的历史现象中，蕴含着丰富的经济工作经验教训与众多的需要经济学和历史学去解释的问题。

关键词：商兴；国兴；关系

一、概念界定

"商兴国兴"包括两层含义："商品交换兴起促进国家兴起"与"商业兴旺促进国家兴旺"。关于商品交换促进国家兴起，即商品交换在国家兴起过程中的作用，将在另文中分析，本文叙述商业兴旺促进国家兴旺的事实。"商兴国兴"的对应面是"商衰国衰"。作为一个命题，"商兴国兴"自然包含"商衰国衰"之义在内。有比较才有说服力。

本文所说的商业，包括境（国）内外商业。"商兴"，是指商业的发展水平，包括商业经营的商品之种类、数量与性质，交易的频率、规模与距离，交易所用货币的数量与性质，商业资本的大小，市场发育与组织程度，等等。"国兴"，包括经济、政治、军事、文化等多个方面的兴旺。其中经济是基础。不是以经济兴旺作基础的军事、政治、文化的兴旺，只能是短暂的。本文所述"国兴"，主要是指国家经济兴旺，其内涵是由经济发展水平所决定的经济国力。本文选用 GDP 作为衡量国家经济实力的主要指标，人均 GDP 说明一个国家经济发展水平。商业与国家的兴旺或衰落,是个相对的概念,是比较而言。与谁比? 一是与自身前后时期比(纵比)。二是与同时代的别国比(横比)。横比的意义更为重要。纵比与横比的结论有时一致,有时不一致。例如,有的时期,从自身比,GDP 绝对量比以前增加,但增长的速度比别国慢,在世界 GDP 中占的百分比下降,这种情况不能算兴旺。

本文讨论的是商业兴旺与国家兴旺的关系,兴衰是就长期发展趋势而言的。在"兴"的阶段,有基于政治军事原因造成的短期的或局部地区的衰落,但恢复之后继续发展;在"衰"的阶段,有基于政治原因造成的恢复或局部地区的发展,但总体水平低下,在发展水平上不可与"兴"的阶段相比拟。对于商业发展的大势大略,可以从两个方面作出概括:在性质上,经历传统商业与现代商业两个阶段;在数量上或发展水平上,无论是传统商业还是现代商业都经历低→高→低→高的路径。

二、公元前 8 世纪至公元前 1 世纪,商业兴旺,国家经济发展水平与经济力量从后进上升到世界数一数二的地位

从西周后期(公元前 800 年以后)直到西汉,除秦末战乱时期外,商业发展水平由低到高,不断上升,西汉武帝、昭帝、宣帝时(公元前 140 年—公元前 49 年)达到高峰[①]。

在这 800 年间,春秋战国时期(公元前 770 年—公元前 221 年)是战乱连绵的年代,接着又是秦末的全国大战乱。在此期间,一些国家实行抑商业、贱商人政策。在这样的环境中,商业不断向前发展,说明这种发展是战乱止不住、政策压不住的经济发展大趋势。春秋战国、秦汉期间,市场上交换的商品,主要是不同地区因自然条件不同而产生的地方特产。其中,以奢侈品占有重要地位为特色。奢侈品体轻,价贵,利润大,便于长距离贩运。总体看来,这时的商业主要限于行政性城市内及城市间的贩运,农村商业薄弱。商品的买者主要是皇室、贵族、政府机构和军队、政府的官吏衙役、军队的官兵等等。他们用于购买商品的钱,不是生产所得,不是在市场上出售商品所得,而是国家的财政开支。因此,市场的有效需求以货币形态的赋税为基础。卖商品的,很大

---

①关于两汉商业与市场发展水平,见《两汉的商品生产和商业》,载《赵德馨经济史学论文选》,中国财政经济出版社 2002 年版。

一部分是政府机构,它们出售国家控制单位生产的产品和国家以赋税形式从私人那里征收的实物。这种商业,就其基本部分而言,是以国家财政作基础,而不是以商品生产为基础。私人经济中有钱在市场上购买商品和有剩余产品提供市场作商品的,主要是奴隶主经济。奴隶主经济基本上是自给性的,只是其中的一部分带有为市场生产的性质。自耕农经济也是自给性生产,其剩余产品大部分以赋税形式交给国家。自耕农拿到市场上出售的,本不是为市场生产的,而是因为要购买食盐、铁器等自己不能生产的必需品和要交纳货币赋税而需要货币,必须出售自己的产品。城市及其郊区,存在少量的为市场生产的手工业者和个体农民。他们的产品在市场商品总量中占的比重很小。

上述情况说明,商人经营的商品,基本部分不是商品生产者生产的,而是因为商业的存在,一些自给性产品和自然物品被已存在的商业卷入市场而变成了商品。这种商业不是商品生产过程的延续与内在要求。这是奴隶主经济形态商业的特征。

从春秋时期到西汉,国家从分散到统一,经济发生很多变化。其中意义重大者有二:从分散的诸侯国经济到统一的帝国经济;从世界上相对落后的经济到先进的经济。这两点使国家经济强大,国家兴旺。春秋战国时期商业的发展,促进交通的发达和各地区(国家)经济文化的联系,生产工具、技术与产品的交流,货币制度与度量衡制度的衔接,经济生活与文化生活一致面的增强。与商业同时兴起的大商人周游各地。诸侯割据与因此而带来的战争,货币制度、度量衡制度等等的不同,是他们进行商业活动的障碍。统一与因此而来的和平,是他们的迫切要求。这使国家统一成为一种客观要求,并为统一准备了一些物质条件与社会力量。在一定意义上,秦汉统一帝国的形成是几百年商业发展的结果。

中国经济在世界经济中的地位,是指经济发展水平的高低,以及与此有关的经济国力、经济总量的大小。中国第一产业的起源,略晚于西亚。第二产业开始的物质技术标志——铜冶炼技术的发明,中国比埃及、伊朗、巴基斯坦、高加索、印度晚一些。铁冶炼技术的发明和铁器的使用,中国始于西周后期,也晚于埃及等国。西周后期春秋时期正是商业形成时期,由于商业这个新产业的出现,从春秋时期开始,中国经济发展速度加快,逐渐地赶上先进国家。据安格斯·麦迪森估计,公元50年(东汉光武帝建武二十六年,罗马克劳狄乌斯即位后10年),中国与欧洲人均GDP相等,为450美元(1990年相等购买力国际货币,下同);中国的人口 4000 万,欧洲 3400 万;中国的 GDP 是欧洲的 118%[1]。梁柏力认为,麦迪森"低估了中国或高估了欧洲"的人均 GDP[2]。我要补充的是:公元 2 年(西汉平帝元始二年),西汉帝国有户 1223.3 万,人口 5959.5 万,比麦迪森估计的公元 50 年中国人口数多 1/3。其时,人均 GDP 也比公元 50 年高。因此,该年中国的 GDP 比欧洲高出 80% 左右。就国别而论,这时世界上强大的国家是西汉和罗马。东汉帝国(公元 25 年—公元 220 年)与罗马帝国前期(公元前 30 年—公元 284 年)的经济发展水平大体相当。罗马帝国版图内欧洲部分之人均产值可能与汉帝国相当,埃及部分可能高于汉帝国。但中国的人口比罗马多。中国的经济发展水平处于世界第二,经济总量或经济国力为世界第一。

三、1—6 世纪,从商品货币关系到商品经济的转折时期,境内商业衰落,中国经济从世界前列退居后进地位

早在 20 世纪 40 年代,全汉升论证中国经济进入"中古自然经济"时代,历时 500 多年[3]。后之学者都认为这个时期商业衰落,自然经济增强。我补充两点:一、实物通货兴起,铜铸币减少,贵金属货币几乎消失的现象,不是始于汉末战乱之后,而是始于战乱之前的 100 多年(转折时期在章帝、和帝之间)。引起衰落的根本原因不是战乱,而是生产结构的变化。二、交换中介物的变化只是商品货币关系衰落的一个侧面。实际上,商业发展水平在该时期全面下降[4]。

1 世纪以后,采矿与炼铁技术,铁犁与纺车等工具的设计,发生革命性变革。在农业生产中,先进的翻地方法,从多人拉一犁或三人两牛一犁,变为一人一牛(或二牛)一犁。使用先进技术、效率高、成本低的规模经济,由大中型奴隶主经济变为小型家庭经济。于是奴隶主经济衰落,小型家庭经济发展。进行家庭生产者,一部分是生产资料可以自给的自耕农、手工业者,更多的是

①Angus Maddison(安格斯·麦迪森),*Chinese Economic Performance in the Long Run*,OECD Development Centre,Paris,1998。

②梁柏力:《汉朝至二十一世纪中国和西方经济发展的比较——评麦迪臣的估计》,《信报·财经月刊》第 23 卷第 6 期。

③全汉升:《中古自然经济》,《国立中央研究院历史语言研究所集刊》第十本第三部分,1943 年版。

④《商品货币关系发展水平与生产结构的关系》,载《赵德馨经济史学论文选》,中国财政经济出版社 2002 年版。

从奴隶、流亡者演变而来的、生产资料不全的贱民（奴客、徒附、部曲、佃客等）。这些贱民虽有家庭经济并可以家庭为单位进行生产，但由于或缺耕地，或缺种子，或缺工具，或缺耕畜，不能独立生产，不得不依附能给他们提供这些生产资料的富户。在这种情况下，这些贫困户依附于富户。富户在此基础上采取田庄经营形式。富户成为庄主，贫困户成为庄客。庄主组织庄客生产庄内人口生产生活所需的各种物品，庄内自给自足的程度极高。这种庄主经济和奴隶主经济不同：奴隶主经济生产单位规模大，有较多的剩余产品提供给市场，产品的商品率较高；需要购买的商品较多（包括铁器、奴隶及奴隶消费的部分生活必需品）。庄主经济中的生产单位规模小，产量少，庄客可以拿到市场上出售的剩余产品少，到市场购物的能力低。庄主需要到市场上去购买的商品，也比奴隶主少。庄主经济代替奴隶主经济，商品交换必然由多到少，商业发展水平必然由高变低。商业发展水平低是庄主经济形态的特征之一。

　　1—6 世纪间，国家兴衰方面有 3 个显著事实。第一，国家由长期统一走向长时期分裂。经济由统一的帝国经济变成小国各据一方的地方经济。商业从1 世纪开始衰落，国家从 3 世纪开始从统一走向分裂。分裂局面到 6 世纪末年才结束。第二，经济总量减少。至今没有关于这个时期 GDP 的统计或估计数据，但有可供比较的人口统计。应劭《汉官仪》引伏无忌的数据，从公元 57 年（东汉光武帝建武中元二年）到公元 144 年（东汉顺帝汉安三年），户数由 428万增加到 991 万，口数由 2100 万增加到 4973 万。《晋书·地理志》记公元 157年（东汉桓帝永寿三年）户数 1068 万，口数 5649 万。《宋书·州郡志》载公元464 年（宋孝武帝大明八年），宋境内户数 90 万，口数 517 万。文献中所载南朝（南部中国）以后的户口数，均低于此数。北朝（北部中国）公元 579 年（北周静帝大象元年）的户数为 689 万，口数 2900 余万。这是东汉以后北方户口的最高数字。南北朝合计最高数字为户数 780 万，口数 3400 余万。与公元 157 年相比，户数减少 27％，口数减少 40％。考虑到隐匿户口及统计空间（地域范围）不及东汉等因素，减少之比例或许比这小一些，但 5—6 世纪的户口比 2 世纪少，则是肯定的。超过 1 个世纪之久的长时期的人口数，反映了这个时期经济的负担能力。据此，可以认为，3—6 世纪若不是经济衰退时期，也是经济基本停滞时期①。第三，由于中国经济长时期处于基本停滞状态，中国经济在世

---

①这是就总体而言，某些领域、部门、地区有发展。麦迪森估计，中国人均 GDP，公元 50 年和公元 960年都是 450 美元，意即这 900 多年间，中国经济处于停滞状态。笔者以为，他估计的停滞时期过长。

界经济中的地位下降。这个时期,欧洲经济处于衰败阶段。麦迪森估计,从公元 50 年到公元 960 年,欧洲人口由 3400 万增加到 4000 万,人均 GDP 却由 450 美元降至 400 美元,GDP 由 150 亿美元增至 160 亿美元。而公元 960 年,中国人均 GDP 为 450 美元,GDP 为 250 亿美元,比欧洲多。按国别比较,至 6 世纪,就经济发展水平而言,东罗马帝国、希腊、意大利高于中国。就经济总量而言,波斯、印度超过中国。中国经济从数一数二的位置上掉了下来。无论是纵比还是横比,这个时期的中国处于"衰"的状态。

四、7—14 世纪,商业发展水平上升,中国经济由后进跃居世界第一

从 5 世纪后期起,境内商业发展水平从下降转为上升。作为一种经济发展的长期历史趋势,一直持续到现在。但是,境外商业情况与境内商业变动趋势有所不同,此其一。其二,无论是境内商业还是境外商业,从性质上讲,19 世纪中叶前后有传统商业与现代商业之分。其三,从横比看,呈现明显的两个阶段:宋元以前快,明至清代前期慢。

7—14 世纪,商业发展迅速,达到前所未有的高度。7 世纪以后,商人经营的商品中,日用必需品占的比重加大。其中,主要是日常消费品和生产资料。粮食商品率和棉布的商品量成了反映商业发育程度的重要指标。由于农民之间日用必需品交换增多,故农村集市兴起。唐代中期以后,集市增多,分布的密度加大;集市开集的日期加密。到宋元时,已出现稀疏的农村集市网。在此基础上,集镇商业(与集市不同的是,集镇上有较多数量的定居工商业户,他们整天营业,并成为集市上日常经营的主体)与城市商业发展。这时的城市商业与战国、秦汉时期的大不相同。商业的繁荣使货币有较大积累的可能,专业大商人应时兴起。他们经营的商品既有远距离贩运的奢侈品,更主要的是盐、茶、布、木材等日常用品。商人积累起巨额资本后,开始生产某些他们所经营的商品,或市场上容易出售并能盈利的商品。唐代定州何明远,"资财巨万,家有织机五百张"。商人资本的运用,出现投资于生产、支配生产的现象。

这个时期商业的发展,引起商业交易中介物(货币)发生六大变化。第一,主要通货由布、粟变为铜铸币。第二,铜铸币由纪重币演变为纪年币。公元前 118 年(汉武帝元狩五年)始铸币文为"五铢"的铜钱。铢是重量单位。它的重

量与币文相符。这是称量货币的残痕。五铢钱从汉代用到唐代前期,计700多年。公元621年(唐高祖武德四年)铸"开元通宝"钱,将铜钱称"宝",币文不再纪重。后在"宝"之前冠以年号,此种币制沿用到20世纪20年代,计1300多年。第三,贵金属起货币作用。白银流通数量增多,从此开始了货币由贱金属为主转为贵金属为主的历程。第四,使用纸币。此事始于北宋,比西方国家早600多年。第五,货币的数量(价值总量)增加。以主要通货铜钱而言,公元1078—1085年(宋神宗元丰年间)铸造量达500万贯,为唐代的20倍,年流通总量达1亿贯以上。第六,随着境外商业的发展,铜钱大量流向邻近各国。11—12世纪海南诸国多用宋钱。宋钱流通地域是世界经济史上第一个跨国货币区。

自5世纪后期至7世纪前期,北部地区几次实行均田制,一批无地农民通过开垦国有荒地成为占有土地的自耕农,一批富户将国有土地占为己有。国有土地迅速私有化。土地私有制占统治地位。从宋代起,"田制不立","不抑兼并"。庄主制下的依附农民家庭经济不断充实,实力增长,独立性加强。在土地私有与农民经济充实、身份独立性提高的基础上,从唐代中叶开始,契约租佃制发展。与此同时,劳役地租转变为实物地租,实物地租中定额制比重加大。随着契约租佃制度、定额租制和农业生产力的发展,农民收获量与地主的地租收入增加。大部分地主所得地租实物超过其家庭消费能力,必须将实物地租中的一部分放到市场上出售,并用所得货币在市场上购买所缺的物品。地租在社会剩余产品中占的比重日益扩大。至宋代,地租在有效需求中占的地位超过赋税。个体经济实力的增长与地租的增长,使私人的购买力超过财政支出所形成的购买力。农民经济实力增强与独立性提高,使他们也成为市场的主体。农民自给经济中出现为市场生产商品的部分(商业性生产),或由自给生产者转变为农业与手工业的小商品生产者。地主中出现经营地主,他们生产市场需要的部分商品。这种情况的发展,导致商业性农业和以商品生产为基础的商品经济出现,商业再度繁荣。地主制经济形态的发展必然带来商品经济的发展。

从唐代开始,中国经济发展速度再次加快。至宋代,中国成为世界上经济、文化最先进和最强大的国家。公元960年(宋太祖建隆元年,中国处于唐宋之交;在欧洲,处于黑暗时代与中世纪之交),中国的GDP比公元50年增长38.89%。同期,欧洲的GDP增长6.67%;中国的GDP是欧洲的1.56倍,人口是 1.38 倍,人均 GDP 是 1.13 倍。这是麦迪森的估计。梁柏力认为,中国与欧洲人均 GDP 的差距,比麦氏估计的还要大一些。这样,中国的 GDP 比欧洲还要多一些。

从公元 960 年到公元 1280 年(元世祖至元十七年,宋元之交),中国和欧洲的经济都在发展。中国人均 GDP 由 450 美元增加到 600 美元,增加 33.33%(中国人均 GDP 年均增长率为 0.09%,是 14 世纪以前世界最高增长率)。欧洲由 400 美元增加到 500 美元,增加 25%。中国比欧洲快。中国人口由 5500 万增加到 10000 万,增加 82%。欧洲人口由 4000 万增加到 6800 万,增加 70%。中国人口比欧洲多,增长速度也比欧洲快。宋以前,中国人口在世界人口占的比重,一般在 20% 左右。经历宋代,这个比重加大了。至公元 1280 年,世界人口约 2.65 亿,中国人口近 7000 万,占世界人口总数的 26.42%。公元 1280 年,中国 GDP 为 600 亿美元,欧洲为 340 亿美元。中国 GDP 比公元 960 年增长 140%,欧洲 GDP 增长 113%。中国 GDP 是欧洲的 1.77 倍,人口是 1.47 倍,人均 GDP 是 1.2 倍。中国是这个时期世界上第一经济强国,中国的经济、文化与科学技术居世界最高水平。中国古代四大发明中的火药、活版印刷是在此时出现的。其时,欧洲正处于"黑暗中世纪"的中期。此时,马可·波罗从欧洲最富裕的城市之一——威尼斯——来到中国,惊羡中国的富裕,是可以理解的。

五、15—19 世纪中叶,境内商业发展迅速,境外商业发展缓慢,中国从世界最先进的国家变为落后国家

春秋时期至元朝,境内境外商业的发展基本同步。明至清代前期(14 世纪后期至 19 世纪前期),商业发展的特征之一是这两者不同步:国外商业比国内商业发展慢。这个时期中国的境外贸易,就绝对量而言,不仅在增长,而且增长的速度比以往历史时期快。说这个时期境外商业发展慢,不仅是相对于国内商业而言,更是相对于世界贸易和欧洲一些国家而言。

在这个时期,境外商业发展慢,给中国在世界经济中的地位带来严重的后果。在人类经济史上,15 世纪是从传统经济向现代经济转变的开端时期(16 世纪迎来现代的曙光)。这次转变的主要内容是从国别经济、区域经济到国际经济、世界经济。在这个转变过程中,各国的境外贸易带动境内贸易、交通、工

业、城市增长,境外贸易成为经济增长的发动机,是 15 世纪至 17 世纪中叶"大航海时代"世界经济变化的主要特征之一。

15 世纪以前,各国经济是自给的。国与国之间的经济交往很少。这种交往主要限于边界接壤地区和通过陆上交通。因受山川阻隔与交通工具的限制,交往的范围小,只形成一些区域经济。从区域经济到世界经济的转折,关键是海上交通的发展。海上交通发展将各大洲联系在一起,成为一种世界经济。发展海上交通,发现新的陆地与交往国家,是 15 世纪的大趋势。正是在这个世纪,东方和西方的经济发达国家,都开始致力于制造海船和远洋航行。在这个世纪之初的公元 1405 年,中国郑和船队首先揭开这一页。至公元 1423 年,他 7 次远航,在中国的东南方向,到达今印尼、马来西亚、新加坡、斯里兰卡诸地;在西南方向,到达今阿曼、也门、肯尼亚等地。西班牙人哥伦布,公元 1492—1500 年间先后发现加勒比海岛屿、北美新大陆及南美洲。葡萄牙人达·伽马,在公元 1497—1499 年绕过非洲好望角到达印度。葡萄牙人麦哲伦的船队在公元 1520 年完成环绕地球一周,并发现连接太平洋和大西洋的麦哲伦海峡。

从 15 世纪开始,哪个国家海上航运发达,该国的对外商业就发达,国内商业就随之发达。这是一个境外商业拉动境内商业的时代。葡萄牙、西班牙、荷兰、英国等先后在海上称霸,控制海上航运。这些国家的境内境外商业先后居世界前列。中国基于国内政治军事原因,于 15 世纪 20 年代放弃远洋航运的探索,放弃海上航运的领先地位,转而实行限制境外商业的政策①。从此时起,到 19 世纪中叶,400 余年间,由于国内生产力及世界经济的发展,境外商业与境内商业的绝对量仍有增长,但相对于欧洲国家来说,则大为落后。其中,首先是境外商业落后。这种落后导致经济发展水平的落后,国家经济实力的下降。欧洲国家境外商业的发展,把它们带进了现代化的时代。中国境外商业的滞后,使它仍停留在传统经济的时代。

15 世纪是一个分水岭,是中国与欧洲经济发展速度的转换时期。在公元 1400 年时,欧洲国家在技术上落后于中国约 200 年。麦迪森提供的数据是:公元 1400 年,中国的 GDP 比欧洲多 59%,人均 GDP 多 20%。公元 1500 年,中国的 GDP 只比欧洲多 38%;而人均 GDP 中国少于欧洲(中国 600 美元,欧洲

---

① 参见赵德馨《对外开放与封闭:历史的过程与经验》,《中南财经大学学报》1994 年第 6 期。

601 美元)。公元 1400—1500 年间,欧洲经济发展速度超过中国。公元 1500 年以后,欧洲经济发展速度进一步加快,中国经济则处于停滞状态(麦迪森由此假定,公元 1400—1820 年,中国人均 GDP 一直是 600 美元)。公元 1500—1820 年,中国人口由 10300 万增加到 38100 万,GDP 由 620 亿美元增加到 2290 亿美元;欧洲人均 GDP 由 610 美元增加到 1129 美元(年平均增长率为 0.18%),人口由 7200 万增加到 16700 万,GDP 由 450 亿美元增加到 1890 亿美元①。就人均 GDP 而言,中国已是经济落后国家。从 GDP 而言,中国一直比欧洲多,但差距迅速缩小。中国与欧洲之比,公元 1500 年是 100∶73,公元 1820 年为 100∶82。中国仍是经济大国,同时也是经济落后国家。从 15 世纪到 19 世纪,中国从世界第一的位置掉到落后国家。国家的地位衰落了。

六、19 世纪中叶至 21 世纪初,商业进入现代阶段,发展水平经历低—高—低—高过程,国家经济实力的起伏与之呈平行状

唐代中叶以后,传统商业中逐渐萌生现代化因素。19 世纪中叶以后,传统商业快速向现代商业转变。20 世纪 20 年代至 30 年代,现代商业已在商业中居主导地位。

从 19 世纪中叶到 20 世纪 30 年代,商业发展水平由低到高。20 世纪 30 年代至 40 年代,先是日本侵华战争,接着是国内战争,使商业发展水平降低。1950—1952 年,恢复国民经济的措施,使 1952 年的商业大体上恢复到抗日战争前的发展水平。1952 年的"五反",1953 年批判"四大自由",以及从此时开始的将市场经济体制改造为计划经济体制、消灭私营商业的政策,美国等国家对中国的经济封锁,中国对外国实行不开放政策,使境内境外商业发展水平同时下滑。"文化大革命"期间,一些国家领导人认为商业是产生资本主义和资本家阶级的土壤,实行抑商政策,商业发展水平降至谷底,粮食商品率掉到 20 世纪 30 年代水平,集镇商业远不及 20 世纪初繁荣。1979 年以后,实行以市场经济为目标的经济体制改革,商业发展水平快速提高。至 21 世纪初,已达到历史上的最高水平。可见,在 1842—2001 年的 160 年间,中间经历 40 年(1937—1976)的 W 形衰退期。现代商业发展水平呈现低—高—低—高的

---

①公元 1500 年和公元 1600 年的数字,是梁柏力根据麦迪森公元 1280 年和公元 1700 年的估计数字推算出来的。见前引梁柏力文。

态势。

现代商业是大生产的产物,并与雇主制(在这里,作为经济法人的雇主,其实体可以是国家的单位、经济组织和个人)经济形态相联系。它是现代经济的一个组成部分。其特征之一是发展速度快。1842年以后,中国商业发展的速度快于历史上的任何时期。在商业中,境外商业增长速度快于境内商业。中国进入境外商业带动境内商业的年代(就进入的时间而言,比欧洲一些国家晚400多年)。1937—1976年间W形短期衰退,与1—5世纪商业长期衰退的原因根本不同。这次衰退与生产结构和经济发展规律无关(确切地说,是违背现代生产结构内在要求与经济发展规律的),而是人们的主观行为造成的。1937—1949年是战争行为。1953—1976年是抑商行为。1953年开始的商业衰退与1世纪东汉章帝、和帝之间开始的商业衰退有一点是相同的:都是在和平时期,国家统一时期,国家政治军事力量强大时期发生的。

19世纪中叶至21世纪初,中国经济总量及人均GDP发展态势与商业发展水平呈平行状。麦迪森估计,1820—1929年人均GDP增长48.95%,GDP增长90.48%。这是由低到高。1950年人均GDP比1929年下降21.18%,GDP下降11.59%。这是由高到低。1952年人均GDP比1950年增长22.48%,GDP增长27.45%。这是由低到高。1952年以后,GDP在波动中增长。其中,1952—1956年速度快,1957—1978年基本停滞(其中包括几年的负增长),1979年以后速度快①,人均GDP增长率与GDP总量由高到低,再由低到高。以上是与自身比。若与世界其他国家比,则发展速度慢,特别是发展水平低,中国商业与中国经济实力自16世纪以来与先现代化国家差距拉大的趋势仍在继续。但各个阶段的速度不同。中国GDP在世界GDP中占的比重,1820年为28.67%,1870年为16.6%,1929年为10.3%。1820—1870年的50年间下降12.07个百分点,1870—1929年的59年间下降6.3个百分点。1950年为6.25%,降至谷底。1952年为7.1%,1956年为7.5%,逐步升高。1966年为6.6%,1970年为6.47%,1976年为6.42%,逐步降低。1977年以后转为上升,1978年为6.8%,1992年为12.9%,再次升高。中国人均GDP与世界人均GDP之比,其趋势与此一致。1820年,中国人均GDP为世界人均GDP的80%,1870年、1929年分别为58%、43%。1820—1870年的50年间

①赵德馨:《中国经济50年发展的路径、阶段与基本经验》,《中国经济史研究》2000年第1期。

下降 22 个百分点。1870—1929 年的 59 年间下降 15 个百分点。1950 年为 29％,降至谷底。1952 年、1956 年逐步升至 33％ 和 34％。1966 年、1970 年、1976 年分别为 30％、29％ 和 24％,逐步下降。1977 年以后转为上升,1978 年、1992 年分别为 30％ 和 60％。[①] 麦迪森关于 1820—1992 年中国 GDP 在世界 GDP 中所占比重的绝对数有待商榷,但他的数据所反映的趋势,与国内学者研究的结论基本一致。

七、结论与问题

自西周后期商业产生到西汉,境内境外商业发展水平从低到高。在此期间,国家从分裂走向统一,经济发展水平从后进迈入世界前列。1 世纪以后,商业发展水平下降,随后出现国家长期分裂和经济停滞。从 5 世纪后期开始,商业又转为上升,到宋代达到高峰。在这个时期,出现统一帝国以及中国的经济发展水平居世界第一位。15 世纪以后,境内商业发展快而境外商业发展慢,中国经济发展速度慢于欧美的一些国家,中国的经济发展水平从先进地位跌落下来,成为后进国家。这是文献中历历可考的历史事实。我们这代人亲身经历的当代历史事实是:20 世纪 50 年代初,实行鼓励商业的政策,商业和国民经济上升快,人民生活好过;1957—1976 年商衰,国民经济徘徊,人民生活艰难;1979—2001 年商兴,经济繁荣,中国经济总量从世界第九上升到第六,人民生活改善。商业发展水平上升时期,国家经济实力上升,中国经济实力在世界各国中所处的地位上升;商业发展水平下降时期,国家经济实力下降,中国经济实力在世界各国中所处的地位下降。商业兴衰路径与国家兴衰路径呈平行状,商业兴衰先于国家兴衰。传统商业时期如此,现代商业时期亦如此。这就是商兴国兴的关系。

在此需要强调的是:商业兴衰与国家兴衰之间存在一种互动的关系;影响国家兴衰的因素很多,商业兴衰仅仅是原因之一,而不是唯一的原因。

商兴带来国兴、商衰带来国衰的历史现象中,蕴含着丰富的经济工作经验教训与众多的需要经济学和历史学去解释的问题。诸如:明清抑制境外商业,使中国在世界经济中的地位从先进转为落后。在中国经济史上,有没有其他

---

① 本段中的百分比,是根据麦迪森《世界经济二百年回顾》中译本,改革出版社 1997 年版,第 131—133、142—144、158—159 页的数据计算的。

的经济政策带来比这还大的影响？这是不是中国历朝历代经济工作中最严重的教训？诸如：商兴国兴、商衰国衰的历史事实是如此明白而又多次反复，为什么国家的执政者，从先秦的商鞅，汉初的刘邦、吕后，直至 20 世纪 60 年代至 70 年代的毛泽东，却反复实行抑商、轻商政策，具有轻商的思想？为什么轻商思想在中国历史上连绵不断，成为中国经济思想史与文化史的特色之一？中国几千年经济工作中最大的教训出在商业政策上，是否是一种必然？诸如：为什么商业兴旺时期国家兴旺，国家统一？为什么商业衰落时期国家衰落，国家分裂？商业对国家兴旺与国家统一起着什么作用，多大的作用，是如何起作用的？商业在人类社会演进过程中的作用，是否需要重新予以审视？

原载《中国经济史研究》2003 年第 3 期。

1949—2002 年：走向共同富裕的
两条思路及其实践经验

摘要：1949 年中国共产党执政以后，在领导中国人民奔向共同富裕目标的进程中，经历了 1978 年之前和之后的两个阶段。两个阶段都成功地解决了特定历史阶段面临的主要任务，也都留下了新问题。实践表明：在解决共同富裕的模式问题上，指导思想起决定作用；平均主义是共同富裕的对立物，两极分化也是共同富裕的对立物；找到既有效率又富公平的分配方式，是一个社会主义难题。正确地总结正面与反面的经验，有助于解决这个难题，并将实践推向新阶段。

关键词：1949—2002 年；共同富裕；思路；经验

在 1949—2002 年期间，中国大陆地区在走向共同富裕的道路上，经历过两种不同思路指导下的路径与阶段，产生两种不同的后果，呈现为两种模式。

1949—1978 年：从贫富悬殊到高度平均

新中国成立以来，按照贫富差距演变的态势，1978 年之前与之后呈现为两个阶段：从贫富悬殊到高度平均；从高度平均到贫富悬殊。

(一)起点：穷国中居民贫富悬殊

中华人民共和国成立之前，中国贫富状况的基本特征是：穷国中居民贫富悬殊。国穷源于生产力的落后与长期战争的破坏。贫富悬殊源自两种剥削制度(封建制度与资本主义制度)以及相应的两对对立的阶级(地主阶级与佃农阶级、资本家阶级与工人阶级）。此时的贫富是按阶级区分的。地主阶级与资本家阶级属于富者，佃农阶级与工人阶级属于贫者。在农村，在地主与佃农之间，有多种财产状况与职业生活不同的乡村居民，如富农、自耕农、小土地出租者、商贩、手工业者、自由职业者等等。此外还有工人，即雇农和手工业工人。在城市，在资本家与工人之间，有多种财产状况与各种各样职业生活的城市居民，情形比乡村复杂得多，如政府工作人员（其中的贪鄙大官富有程度不在一般资本家之下）、资本家代理人、外商代理人、中小工商业者、手工业者以及作家、教授、律师、医生等自由职业者。大富户，包括大地主在内，几乎都住在城里。城里的富户比农村富户富有得多，城市的贫者比农村的贫者更贫穷。农村里佃农、雇农与地主贫富差距的程度，无论是从绝对量还是从相对比例来说，远不如城中工人与资本家大，城市的基尼系数①大于农村。由于市场经济的作用，城乡内部、城乡之间以及地区之间贫富差别演变的趋势不断扩大。这是 1949 年中国共产党在全国执政时面临的贫富关系的状况，也是改变贫富关系工作的对象与起点，提出共同富裕目标的历史背景。

(二)共同富裕是中国共产党人追求的目标

自人类社会产生家庭、私有制和商品交换后，便出现了贫富差别以及由此而来的人剥削人、人压迫人的现象。几千年来，消除贫富差别、过共同富裕的生活，成为历代哲人与千千万万人的追求。在中国，儒家著作《礼记·礼运》中描述的由政教清明、人民富裕安乐的小康社会，进而达到的大同社会，是一种"天下为公"的境界："货恶其弃于地也，不必藏于己。力恶其不出于身也，不必为己。"②宋代农民起义领袖王小波提出"均贫富"口号。近代时期的洪秀全、康有为、谭嗣同、孙中山等人都受过大同思想的影响。洪秀全等制定了"有田同耕，有饭同食，有衣同穿，有钱同使，无处不均匀，无人不饱暖"的《天朝田亩制

---

①基尼系数是意大利经济学家基尼于 1922 年提出的定量测定收入分配差异程度，用来描述收入整体差距程度的指标。它的经济含义是：在全部居民收入中用于不平均分配的百分比。基尼系数最小等于 0，表示绝对平均；最大等于 1，表示收入分配绝对不平均。实际的基尼系数介于 0 和 1 之间。联合国计划开发署规定：若低于 0.2，表示收入高度平均；0.2～0.3，表示收入比较平均；0.3～0.4，表示收入相对合理；0.4～0.5，表示收入差距较大；0.5 以上，表示收入差距悬殊。

②阮元校刻：《十三经注疏》，中华书局 1980 年版，第 1414 页。

度》,描述了贫苦群众想象中的共同富裕社会。康有为的《大同书》和孙中山的民生主义设计的也是一种共同富裕社会。

中国共产党创始者陈独秀、李大钊、毛泽东等人,无一不是先读儒家之书,继承中国传统思想之精华,而后接受马克思主义学说。马克思设想的各尽所能、各取所需的共产主义社会,也是一种共同富裕社会,所以追求共同富裕成为中国共产党人一致的目标。中国共产党成立之初,即以建立没有剥削的共产主义的富裕社会为奋斗目标。经历 1921 年以后 28 个年头改革土地制度、办各类劳动互助组织和合作社的实践及相关经验的总结,看到苏联完成农业集体化与宣布建成社会主义社会的事实,认为已找到一条在中国到达以共同富裕为特征的大同社会之路。1949 年,中共中央主席毛泽东在《论人民民主专政》一文中写道:"康有为写了《大同书》,他没有也不可能找到一条到达大同的路。…… 唯一的路是经过工人阶级领导的人民共和国。""经过人民共和国到达社会主义和共产主义,到达阶级的消灭和世界的大同。"[1]在这个过程中,以毛泽东为代表的中共第一代领导人设计的到达共同富裕的路径基本形成。

(三)毛泽东设计的达到共同富裕境界的路径

从毛泽东一生中有关的理论及其指导的政策和实践来看,他设想的达到共同富裕路径的要点是:(1)建立共产党,发动工农穷苦大众闹革命,夺取政权。1921 年以后,通过 28 年的浴血奋斗,1949 年中华人民共和国成立,完成了第一步。此后,中国共产党按既定方略行事,并随时总结实践经验,补充新的内容。(2)在农村实行土地改革,没收地主的土地、房屋、农具、浮财和征用富农出租的土地,按人口平分给无地少地的农民,使农村中实现大体上的均富,初步解决农村贫富悬殊问题。(3)通过合作社使以农民为主体的,包括手工业者、个体商贩等在内的个体劳动者的私有生产资料变成集体所有,实现这几个领域的生产资料集体所有制,以此进一步消除农村中的贫富差距,并为防止小私有者的两极分化奠定基础。毛泽东特别重视合作社在到达共同富裕目标中的作用。正是在 1955 年有关农业合作化的两次讲话中,他明确地提出

---

[1]《毛泽东选集》第 4 卷,人民出版社 1991 年版,第 1471 页。

"共同富裕"这个概念①。(4)接收国民政府的财产,通过赎买使工商业资本家把生产资料交给国家,由此实现工商业生产资料的国有化——国家所有制(全民所有制),解决资本家与工人在生产资料所有制方面的贫富悬殊。(5)将市场经济改造为计划经济,国家通过计划经济体制配置资源,实现以工业化为核心的经济现代化,为共同富裕提供物质基础。(6)通过在全民所有制领域的等级工资制和集体所有制领域的等级工分制,实现按劳分配。在此基础上,实现削弱和消灭"资产阶级法权",不断缩小实际生活水平的差别,实现社会主义公平与共同富裕。(7)进一步发展生产力,将集体所有制改为全民所有制,建立单一的全民所有制,实现各取所需式的共产主义公平与共同富裕。

(四)1949—1956 年:通过消灭私有制与剥削制度消除贫富悬殊

从消除贫富差别工作的内涵来说,1949—1978 年这 30 年包含两个时期:1949—1956 年,1957—1978 年。

1949—1956 年间贫富差距的重大变化是:通过两次性质不同却紧密衔接的生产资料所有制改革,消灭了因剥削制度带来的阶级间的贫富悬殊;贫富差距演变的趋势由扩大转向缩小;差距程度由悬殊转向平均。在这七年中,实现了性质不同的两次改革:1949—1952 年的民主改革,1953—1956 年的社会主义改造。

1. 1949—1952 年的民主改革消灭封建剥削制度带来的贫富悬殊

土地改革使农户的财产与生活状况都在平均线上下,差别很小。土地改革后农村贫富状况变化的基本趋势是中农化;在少数农户间出现了贫富分化,如无劳力的残疾、孤老及遭天灾、人祸者出卖分得的土地、借债等等。买地者、出借者都是农民。富者(富农、富裕中农)的财产一般不超过贫者(贫农)的一倍。这种情形不属于两极分化性质。

自秦汉以来,"富者田连阡陌,贫者无立锥之地"之类的记载不绝于史书。

---

① 中共中央文献研究室编《毛泽东著作专题摘编》上,中央文献出版社 2003 年版,第 837 页(毛泽东说,巩固工农联盟,有待于"实行农业合作化,在农村中消灭富农经济制度和个体经济制度,使全体农村人民共同富裕起来"。这是在 1955 年 7 月)。顺带说一句,在笔者看过的有关共同富裕的论著中,都说"共同富裕"这个概念是邓小平提出的。经济科学出版社 2006 年出版的李炳炎著《共同富裕经济学》是一本关于共同富裕的专著,介绍了共同富裕思想的渊源与发展,从欧洲的柏拉图、亚里士多德、圣西门、欧文、傅立叶、马克思、恩格斯、列宁、斯大林,到中国的老子、孔子、孟子、荀子、董仲舒、孙中山、邓小平,唯独没有提到毛泽东。不提毛泽东是笔者所见过的有关共同富裕论著的共同现象。

土地改革使中国农村贫富状况发生两千多年来的一次大变局：地权由集中到分散，由悬殊到平均。它的影响巨大，其中重要的是两个方面：第一，促进农业生产快速恢复与发展。由于消灭了地主对佃农的剥削制度；由于耕地、农具与耕者结合为一，耕者可以自由支配生产资料；由于田地上的收获物除缴纳土地税外，全归耕者所有，亦由耕者自由支配，耕者生活状况改善：这些变化使绝大多数农业生产者积极性高涨。农业生产与农民收入因此快速增长。1950—1953 年，农业总产值依次比上年增长 17.8%、9.4%、9.8% 和 10.6%，农业收入依次比上年增长 17.1%、10.1%、7.6% 和 10%。这使农村购买力提高，工业品销路扩大，工业原料增多，从而导致工业生产利润提高，工业产量迅速增长；工农产品交流带动商业与运输业；各项产业全面增长，使 1950—1953 年社会总产值依次比上年增长 22.6%、20.1%、23.8% 和 22.3%，连续四年增长率都在 20% 以上。① 这种连年高速度增长虽含有恢复性质，但在第二次世界大战后同类情况国家中却是罕见的。中国创造了第二次世界大战后经济恢复的奇迹。第二，过去无法生存因而采取各种形式进行反抗斗争的农村穷人，现在有了安家立命的土地，且有了劳动致富的机遇与条件，他们兴高采烈地闹生产。19 世纪以来一直处于不断动乱状态的中国农村从此转入稳定。

1949—1952 年贫富差距变动大的地区是农村。在此期间，城市也进行了民主改革，任务是扫清封建残余势力，没有大面积触动私人财产。富者中的一部分（大中工商业者、原国民政府的官僚等等）向港澳台地区和外国迁移或转移资产。与此同时，工人收入增加，贫困户得到就业机会或救济，贫富差距比 1949 年前也有所缩小。

2.1953—1956 年对生产资料私有制的社会主义改造，使城乡贫富关系发生全面的重大的变化

在农村，社会主义改造是通过合作化的办法，将个体农户私有的生产资料变成合作社社员集体所有。合作化完成后，以往的贫农、中农、富裕中农、富农和地主都成了合作社的成员，都没有私有的生产资料，都凭劳动工分从合作社的收入中分得自己应得的一份。农村中的"中农化"由此演进为"社员化"，各户之间的财富、收入与生活水平差距进一步缩小，也就是进一步均平化。在城市，国家通过国家资本主义经济形式，用赎买政策的办法，使资本家将所有的

---

① 据《中国统计年鉴》1985 年卷第 33 页、1987 年卷第 36 页的数据计算得出。均为当年价格。

资本交给国家,国家在一定期限内按资本家交出的资本额付给一定的利息(称为"定息")。资本家从有资本的富户变成无资本但吃定息的富户,其中多数以一定方式参加劳动,成为自食其力的劳动者。与资本家们一起交出生产资料和经营资本并拿定息的,还有城市里稍有财产、在经营中有轻微剥削的小商人、手工业作坊主,以及财产很少、在经营中无剥削行为的部分商贩和手工业者。① 另一部分商贩与手工业者通过合作组织等形式变成集体所有者,他们按技术或效益(类似于农业合作社的工分)从合作组织领取工资。这样,城市里拥有私有生产资料的人都交出了自己的生产资料;城市里的所有家庭都从国家或集体经济组织获取收入(其形式或为工资或为定息),这使贫富差距大大地缩小。

中国共产党实施将全部生产资料由私有转为公有,不仅缩小了既存的贫富差距,也不仅为防止贫富差距扩大奠定了基础,更重要的是想解除生产资料私有制对生产力的束缚,解放生产力,将所有资源都掌握在国家手里,由国家有计划地集中使用,使生产力迅速发展,为人民共同富裕创造物质条件。为此,在对生产资料私有制进行社会主义改造的同时,又将市场经济体制改造为计划经济体制,并实行重工业优先的工业化战略。

(五)1957—1978 年:在提高公有化程度和缩小收入差距过程中,中国成为世界上贫富差距最小的国家之一

1.提高生产资料所有制的公有化程度

1956 年建立的社会主义公有制有两种形式:国家(全民)所有制与合作社集体所有制。前者主要分布在城市,因其公有的范围大,被认为是社会主义公有制的高级形式;后者主要在农村,因其公有的范围小,被认为是低级形式。1957 年以后,不断提高生产资料所有制公有程度。特别是在农村,扩大农业生产合作社的规模,使公有的范围扩大。先是将小社并为大社,接着将合作社变为农村人民公社。合并前各合作社本来贫富不同,现在都成了同一个人民公社的所有者了。土地改革使地主与贫农的财富大致相等,富农与富裕中农的财富大致相等。农业合作化使富裕中农、富农在生产资料所有权上与收入分

---

①1956 年拿定息者有 86 万多户。1979—1980 年,确定其中的 70 余万户属于小商小贩和手工业者,其余的 16 万余户为资本家或资本家代理人。1949 年前后,资本家是中国最富有的群体;1956 年后,在他们拿定息的年代里仍是最富有的群体。

配权上与其他农户完全相同。人民公社化使富社的社员与穷社的社员在生产资料所有权上与收入分配权上几乎完全一样。后来实行"三级所有,队为基础",这种状况有所改善。

2. 居民间收入差距进一步缩小

1957—1978 年,居民的收入分配制度与生产资料所有制相适应,分为两类:一类与全民所有制相联系,他们中的主体部分住在城市;另一类与集体所有制相联系,他们中的大多数住在农村。在前一类人中实行等级工资制。1956 年下半年实行全国工资改革,国家机关人员分 30 级,工资从 20 元到 560 元(地区有差别,下同);国营工厂工人的工资分为 8 级,从 30 元左右到 100 元左右(各行业不同);职员(包括管理和技术人员)分为 10 多级,工资额从 40 多元到 200 多元;教师、科研人员、工程技术人员、卫生技术人员、文艺工作者等等各有级别。除国家机关工作人员外,各类劳动者的工资级别都不多;各类工资的级差都比较小,最低级与最高级工资之比都不大,这本已带有一定程度的平均主义倾向。1957 年以后又采取各种措施,缩小高收入者与低收入者的差距,以消灭"资产阶级法权"。如对高级干部,在几次提工资时,或不提级,或降低工资额;对名演员,降低演出报酬……这些措施或使高收入人群减少,或使他们工资外收入的来源断绝。后来,对工人中的收入差别也采取缩小措施:一是 1966 年取消计件工资制;二是 1967 年取消奖金制,将奖金改为临时附加工资,平均发放,人人有份;三是长期不提工资级别。这些措施强化了货币分配中的平均主义倾向。在实物方面,所有城镇居民都吃国家定量供应的粮食、蔬菜、肉、鱼、蛋,用国家定量供应的布料。后一类人从合作社或生产队(组)的分配中获得收入。故富社、富队与穷社、穷队的社员的收入有差别。同一社或同一队内的社员在实行劳动定额制时,因为劳动力有强弱之分、技术有高低之分、态度有勤懒之分,其劳动工分及凭工分分得的收入也有差别。由于整体收入水平低,粮食、食油等实物按人口分配。这些实物的价值占社(或队)总收入的比例一般为 40%～60%,穷社、穷队高达 80%以上。一些社员户按工分计算的收入,不足以抵偿其所分得实物的价值,他们成为社(或队)的债户(往往多年如此,债额累积越来越多)。另一些社员户,应得的收入因为领不到现金,成了债主,他们多劳多得的部分仅仅是社(或队)里账上的一个数字,是空的。故社员实际生活水平差别很小。这已经是严重的平均主义了。从 20 世纪 60 年代后期开始到 70 年代后期"农业学大寨"期间,将按劳动定额记工分改为大寨式的评工分。实行后的实际情况是按性别和年龄定工分,如壮年男社员(男全劳动力)出工一天得 10 分,老弱男社员(男半劳动力)7 分;壮年女社员(女全劳动力)8 分,老弱女社员(女半劳动力)5 分。如此等等。社员的生产技术、劳动态度、劳动绩效全都不计。社员戏称这种大寨式工分为"大概工"。这使平均主义倾向更严重。

这个时期,人们的收入单一化:一部分人只有工分收入,另一部分人只有工资收入。于是城乡居民收入虽有不同,但差距甚小,且日趋缩小;1978 年的基尼系数,据国家统计局的数据,农村居民为 0.21,城市居民是 0.16,全国是0.3023。[①] 按照国际标准,城市属于高度平均,农村和全国在比较平均之列。此时的中国是世界上居民收入最平均、贫富差距最小的几个国家之一。中国有文字记载的历史中,这是收入最平均的时期。这是一种有等级因而有差别的生活水平大体平均的社会。

这一时期虽然在经济建设方面取得了一些成就,但居民生活水平提高缓慢。由于在分配上的平均主义倾向,一部分人吃国家的"大锅饭",另一部分人吃社队(合作社、公社、生产队)的"大锅饭"。劳动者干好干坏收入一个样(或差不多),严重打击了劳动者劳动的积极性,人们出工不出力,"大锅饭,养懒汉"。个人为了得到一份糊口的收入而完成下达的指标,求数量不计质量;集体为完成计划指标中规定的产品数量,不计投入,不计成本,效益很低。所以在 1958—1978 年的 20 年中,GDP 年均增长率颇高(6%),但物资严重短缺。1957—1978 年人民生活水平提高的状况,从价值量方面分析,全国居民消费水平年均增长 1.7%。在实物量方面,这个时期体现人民生活水平的是衣(温)食(饱)两个方面。有关食的实物主要是粮、油、肉、蛋、水产品等。人均食物消费年均增加量为:粮食 —0.3619 公斤、食用植物油 —0.03905 公斤、猪肉0.123333 公斤、牛羊肉 —0.0171 公斤、家禽 —0.00286 公斤、鲜蛋 0.03381 公斤、水产品 —0.04 公斤。有关衣的实物是各种布(包括棉布、混纺布和化纤布)、呢绒和绸缎。人均衣料消费年均增加量为各种布 0.057619 米、呢绒0.003333 米、绸缎 0.008571 米。可见,从价值量和实物量来看,人民生活改善

---

① 见国家统计局《从基尼系数看贫富差距》,《中国国情国力》2001 年第 1 期;沈坤荣、庄海燕:《中国居民收入差距影响因素分析》,孔泾源主编《中国居民收入分配:理论与政策》,中国计划出版社 2005 年版,第 147 页。另一种估计,城市在 0.2 以下,农村在 0.21~0.24。(赵人伟、李实:《中国居民收入差距的扩大及其原因》,《经济研究》1997 年第 9 期。)

甚微。因此,邓小平认为:"从一九五八年到一九七八年整整二十年里,农民和工人的收入增加很少,生活水平很低,生产力没有多大发展"①,"实际上处于停滞和徘徊的状态,国家的经济和人民的生活没有得到多大的发展和提高"②。我们自己"耽误了二十年"③。"过去搞平均主义,吃'大锅饭',实际上是共同落后,共同贫穷,我们就是吃了这个亏"④。这是一种高增长、慢发展、物资短缺、人民生活水平停滞却颇均平的经济发展模式。

1979—2002 年:从高度平均到贫富悬殊

(一)邓小平共同富裕理论的要点

1978 年以后的邓小平与 1949 年以后的毛泽东一样,也以共同富裕为追求目标。1949—1966 年,在达到共同富裕路径的构思上,邓小平与毛泽东并无大的差异,或者说,对于毛泽东的思路,邓小平是基本同意的。1967—1973 年,邓小平对 1949 年以后的经验教训进行了研究分析,思路上发生了很大的变化。加上主政以后面临的情况与毛泽东迥异(毛泽东在 1949 年面临的是以私有制为基础的剥削制度,邓小平在 1978 年面临的是以公有制为基础的社会主义制度),这使他在达到共同富裕目标的路径设计上与毛泽东既有所同又有所不同。

邓小平的共同富裕理论有以下几个要点:(1)社会富裕是个人共同富裕的前提。要使社会富裕必须发展生产。"如果说我们建国以后有缺点,那就是对发展生产力有某种忽略。社会主义要消灭贫穷。贫穷不是社会主义。"⑤发展经济是社会主义建设的中心任务。(2)共同富裕是社会主义的根本原则和本质。"在改革中,我们始终坚持两条根本原则,一是以社会主义公有制经济为主体,一是共同富裕。"⑥"社会主义的本质,是解放生产力,发展生产力,消灭剥

①《邓小平文选》第 3 卷,人民出版社 1993 年版,第 115 页。
②《邓小平文选》第 3 卷,人民出版社 1993 年版,第 237 页。
③《邓小平文选》第 3 卷,人民出版社 1993 年版,第 383 页。
④《邓小平文选》第 3 卷,人民出版社 1993 年版,第 155 页。
⑤《邓小平文选》第 3 卷,人民出版社 1993 年版,第 63—64 页。
⑥《邓小平文选》第 3 卷,人民出版社 1993 年版,第 142 页。

削,消除两极分化,最终达到共同富裕。"①这就是要在社会富裕的前提下全国人民共同享有发展的成果。(3)实行物质利益原则,承认人们有通过劳动获得自己物质利益的权利,政府保护个人的物质利益。人们通过诚实劳动或合法经营追求富裕是件好事,应予鼓励,而不应批评为个人主义或修正主义。必须批判平均主义,打破"吃大锅饭"式的分配制度。(4)实行非均衡发展战略。鼓励一部分地区、一些人先富起来,先富带后富,先富帮后富,最终达到共同富裕。与毛泽东把共同富裕作为现实目标或当前目标不同,邓小平将共同富裕作为最终目标或将来目标。毛泽东的共同富裕是"现在进行时",在现阶段就要实现共同富裕,邓小平的则是"将来进行时"。为了将来达到共同富裕,在现阶段允许并鼓励一部分地区、一部分人先富起来,允许存在贫富差距。他把这一战略称为一项"大原则"。这样,在中国人民走向共同富裕的道路上,邓小平将毛泽东设计的横列队军令式齐步走改为纵列队自由竞赛式跑步走。(5)与毛泽东一样,邓小平将两极分化作为共同富裕的对立面,认为必须防止。不同的是:邓小平将贫富分化与两极分化区分开来。在邓小平设想的"最终"达到共同富裕的进程中,可以允许一部分地区、一部分人先富起来。这样,在每一个历史阶段里,都存在先富者和后富者。相对于先富者而言,后富者是贫者。贫富分化因而始终存在。但贫富分化不会发展到两极分化。因为这是大家都在走向富裕,而两极分化演进的路径是"富的愈来愈富,穷的愈来愈穷"②。两极分化的结果与标志是"产生了……新的资产阶级"③。(6)"社会主义制度就应该而且能够避免两极分化"。就地区而言,就是发达地区"通过多交利税和技术转让等方式大力支持不发达地区"④;对个人而言,"对一部分先富裕起来的个人,也要有一些限制,例如,征收所得税。还有,提倡有的人富裕起来以后,自愿拿出钱来办教育、修路"⑤。先富者带动后富者(贫者),国家扶助贫者,与对先富者实行限制,构成邓小平的"限富扶贫"论。(7)实行改革开放政策,将计划经济体制改革为市场经济体制,解决发展的动力机制问题。为此,在新的前提下恢复和培养个体经济、私营工商业等多种经济成分,开辟人们收入多元化渠道,

①《邓小平文选》第3卷,人民出版社1993年版,第373页。
②《邓小平文选》第3卷,人民出版社1993年版,第374页。
③《邓小平文选》第3卷,人民出版社1993年版,第111页。
④《邓小平文选》第3卷,人民出版社1993年版,第374页。
⑤《邓小平文选》第3卷,人民出版社1993年版,第111页。

除工资外,有利润、利息、房租、股票投资等等收入。收入不仅可以用于改善生活,还可当作赚钱的资本。这为致富提供了强大的动力。

(二)新的绩效

依据邓小平提出的这些理论,中国共产党制订了新的关于解决贫富关系的政策。这些政策很快引起社会经济状况的大变化,取得了与1978年以前不同的新绩效。其中主要的方面是:

第一,全社会成员致富的积极性高涨。在市场经济条件下,国民经济因此高速发展,国家迅速变富。1979—2002年,中国GDP年均增长率为9.5%。2003—2005年,增速上升到10%以上。在世界上还没有过在如此人口众多(13亿人口)的大国,如此长久的时间内,如此快速地增长。这是当代世界经济史中的一个奇迹。

第二,大多数家庭、个人收入增加,走上由穷变富之路。根据抽样调查资料,农村居民家庭人均纯收入,1957年为72元,1978年为134元,2002年为2476元。1957—1978年年均增长率为2.9%,1978—2002年为12.9%。城镇居民家庭人均可支配收入,1957年为254元,1978年为343元,2002年为7703元,1957—1978年年均增长率为1.5%,1978—2002年为13.8%。[①] 特别值得指出的是,低收入者的绝对收入增加,贫困人口数下降。农村极端贫困人口,1978年有2.5亿人,贫困发生率为30.7%;2002年为2820万人,减少2.2亿多人。

第三,居民收入增加使购买力提高,物质生活状况改善,生活水平大幅度提高。1978年以后的20多年,是中国人生活水平提高最快的历史时期。虽然10多亿人在消费,消费物资成倍增加,但由于生产增长更快,日常用品供应充足,由多年的卖方市场转变为买方市场,店铺商品琳琅满目,物价基本稳定。

第四,在大多数居民收入快速增长的基础上,居民收入差距迅猛扩大。对

[①]根据《中国统计年鉴》1983年卷第492和499页、2003年卷第341页的数据计算得出,均为现价绝对数。城镇居民人均可支配收入仅是工资收入,不包括有关福利与补贴,更不包括非正常收入与非法收入。农村居民家庭纯收入也有少数漏掉的项目。以2002年为例,中国社科院经济研究所"中国居民收入分配与公共政策"课题组调查的数据是:城镇人均收入为8038元,比国家统计局数字多335元;农村人均为2588元,比国家统计局数字多112元。(见孔泾源主编《中国居民收入分配:理论与政策》,中国计划出版社2005年版,第100页。)

中国1978年以后的基尼系数,国内外有多种研究成果。由于计算方法不同,所得数据各异。以2002年为例,以货币收入为依据,不计实物收入和补贴收入的系数小(0.4左右);加入实物收入和补贴收入的系数比前者大(0.45以上);加入非正常收入与非法收入的,系数更大(0.5以上)。当然,最后一种比较全面地反映了实际情况。但无论用哪种方法计算得出,有3点是一致的:(1)呈扩大趋势;(2)扩大的速度很快,从全面改革开始的1985年的0.252到2000年的0.4090[1],15年间升高0.1439,平均每年升高0.096,这种速度在世界经济史上甚为罕见;(3)达到或超过国际警戒线[2],城乡居民收入差距之大在世界亦属罕见[3]。

1979年后,中国GDP增长速度是世界最快的,贫富差距扩大的速度也是世界最快的。这是一种高增长、快发展、物资丰富、人民生活水平快速提高和收入差距迅猛扩大的模式。

经验与理论

(一)"之"字形路径说明指导思想作用大

50多年来,在中国共产党领导下,中国人民在走向共同富裕的进程中,贫富差距状态的演进先是由收入差距悬殊到高度平均和比较平均,然后又由高度平均和比较平均到差距悬殊。这是一个否定之否定过程,呈现出一条"之"

---

[1] 此数据来自前引沈坤荣、庄海燕的《中国居民收入差距影响因素分析》一文。参见钱敏泽《中国现行统计方法基尼系数的推算及结果》,《经济理论与经济管理》2002年第11期。

[2] 2002年的基尼系数,国家统计局的数据为0.4左右。中国社科院经济研究所"中国居民收入分配与公共政策"课题组根据城乡入户调查数据,估算为0.454;1995年为0.437。(李实、岳希明:《中国个人收入差距的最新变化》,孔泾源主编《中国居民收入分配:理论与政策》,中国计划出版社2005年版,第100页。)南开大学经济研究所的调查,1995年达到0.517。(陈宗胜、周云波:《非法非正常收入对居民收入差别的影响及其经济学解释》,《经济研究》2001年第4期。)世界银行《2002年世界发展报告》中,1988年就达到0.403,1998年提高到0.46。联合国计划开发署《2004年人类发展报告》(该报告反映的是2002年及以前的情况)中是0.45~0.53。2004年,中国人民大学和香港科技大学联合调查的结果是0.53;国家发改委经济研究所杨宜勇研究员计算的结果为0.465。

[3] 1978年城乡居民收入比,以农村居民收入为1,城市居民收入则为2.57,即2.57:1(另一数据为2.36:1)。2001年为2.9:1,达历史最高点。2002年进一步升高。2003年升至3.23:1。加上城市居民享有而农村居民没有的福利,实际收入比在4:1左右。世界上多数国家这种比率为1.5:1,超过2.5:1的极为罕见(参见前引赵人伟、李实、岳希明文。孔泾源主编《中国居民收入分配:理论与政策》,中国计划出版社2005年版,第49、51、52、62页)。

字形轨迹。出现这种情况的主要原因,是这两个时期经济工作的指导思想不同,在本文讨论的问题上,表现为解决贫富关系、达到共同富裕的思路不同。两条思路带来两种不同的后果,形成走向共同富裕道路上的两个阶段。

共同富裕是社会主义本质的内涵之一。在什么是社会主义和怎样建设社会主义问题中,它处于核心地位。两条思路与两个阶段实践绩效和经验的对比,为深入认识中国国情,认识什么是社会主义,探索在中国找到抵达共同富裕目标的正确道路,提供了可以借鉴的思路与经验。"之"字形路径表明历史进程是有自身规律的,违背规律的跨越最终是要退回来的。

(二)平均主义是共同富裕的对立面

按照毛泽东的思路,用平分地主土地的办法消灭地主土地所有制。此时,平均主义是反对封建主义的利剑。继后,又用合作社与赎买的办法消灭了各种私有制。总共只用了七年的时间,基本上解决了中国历史上几千年来的贫富悬殊问题,使居民财富占有与生活水平大体均平。1978 年,中国社会基本上实现了"均贫富"和"无处不均匀"。"无处不均匀",在伦理上或许是一种美境,却不利于经济发展。因为:第一,此时的平均主义面对的已不是封建大地产和小农经济,而是社会主义公有制与现代大工业。在新的形势下,平均主义的性质与作用发生了根本的变化。第二,它使人不勤快,效益低下,经济因此停滞。这是一种平均却缺乏效率的模式,中国因此一直停留在世界上的穷国之列。平均主义导致的不是均富,而是均穷。

(三)两极分化也是共同富裕的对立面

按照邓小平的思路,中国成为 1979 年以来世界上经济发展最快的国家,国家在变富,人民也在变富。与此同时,中国也是世界上贫富差距扩大速度最快的国家和贫富差距最大的国家之一。由此带来贫富阶层的分野。部分富者骄奢淫逸,不事生产工作。部分贫者找不到工作,生活困难。贫困不仅是一种物质状态,也是一种心理状态。贫富悬殊使部分居民心理失衡,不和谐因素和社会稳定隐忧与 GDP 一起迅速增长。此为有效率而欠公平的模式。

毛泽东和邓小平在走向共同富裕路径的设计上有区别,但他们都认为两极分化是共同富裕的对立面。邓小平认为:"社会主义的目的就是要全国人民共同富裕,不是两极分化。如果我们的政策导致两极分化,我们就失败了;如果产生了什么新的资产阶级,那我们就真是走了邪路了。"①社会主义的本质是共同富裕,两极分化是和社会主义的本质不相容的。两极分化是共同富裕的对立面,也是社会主义的对立面,社会主义不容许出现两极分化。正是不允许出现两极分化,使解决贫富关系问题成为社会主义难题。

(四)破解社会主义难题,走共同富裕之路

50多年的历史证明:上述两条思路的实践后果都解决了特定历史阶段上的突出问题,也都存在特有的弊端。前一条思路导致平均主义,动力机制缺位,效率低下,达到"共同"却不"富裕";后一条思路导致贫富悬殊,欠缺公平,达到"富裕"却不"共同"。平均主义不是社会主义,两极分化也不是社会主义。缺乏动力不好,缺乏公平也不好。这些我们都不能要。怎么办? 能不能找到一条既不出现平均主义又不出现两极分化、效率既高又很公平的道路? 这是我们当前要着力研究和解决的难题。解决这个难题的主要办法是不断总结自己实践的经验,同时从历史遗产中找智慧,以别国的做法为借鉴。

怎样解决贫富关系问题是一个"千年难题"。因为在历史上,人类自进入私有制社会后,几千年来就有贫富关系和解决贫富关系的各种主张,或患寡,或患不均,争论不断,实践不断,留下了丰富的思想资料。

怎样解决贫富关系问题又是一个当代的"世界性难题"。因为世界各国都存在这个问题,都在为破题而进行理论探索,或主公平,或主效率。实践着各种模式(北欧式、美国式、日本式等等),因而积累了丰富的经验。问题在于:一是所有这些模式和所有这些国家没有一个解决了贫富关系问题。二是所有这些模式都允许两极分化,都允许资本家阶级的存在,都是资本主义社会模式,不合中国社会主义社会的要求。中国现阶段要解决这个问题,必须按照社会主义本质的要求另辟蹊径,创造性地予以解决问题。它由此成为社会主义国家独有的难题。这个难题的核心是如何处理市场经济与两极分化的关系。毛泽东用单一公有制基础上的计划经济取代私有制基础上的市场经济,消除了既存的两极分化;在他有生之年,没有出现两极分化的局面。就此而言,他是成功的。但他消灭市场经济的办法带来动力机制缺失,导致经济失去活力。为了解决这个动力机制问题,邓小平设计了在以公有制为主体、多种所有制并

---

①《邓小平文选》第3卷,人民出版社1993年版,第110—111页。

存基础上的市场经济方案。这个方案的施行，带来了经济的高速增长，也带来了贫富差距的高速增长。

如果说，在毛泽东的思路中难题的焦点是如何找到动力机制问题，那么，在邓小平的思路中这个焦点便是如何防止两极分化问题。如同"大锅饭"与"懒汉"是一对孪生兄弟一样，市场经济与两极分化也是一对孪生姐妹。这是因为，在没有政府干预、完全由市场调节，任凭市场经济中的价值规律、按劳分配规律、资本积累规律"起作用的情形下，收入分配的差距会不断扩大，必然产生两极分化"①。对此，邓小平有清醒的认识。他指出："十二亿人口怎样实现富裕，富裕起来以后财富怎样分配，这都是大问题。题目已经出来了，解决这个问题比解决发展起来的问题还困难。分配的问题大得很。我们讲要防止两极分化，实际上两极分化自然出现。"②"还困难"，说出了问题的难度。"自然出现"，点出了这个困难问题的难点所在。正因为这样他把共同富裕列为"最终"目标，他在提出市场经济作为经济体制改革目标的同时，反复强调共同富裕与公有制是两个根本原则，反复提醒要注意防止两极分化。出现两极分化是他最担心的后果。他提出了防止这种后果之策，这就是前文提到的限富扶贫。

贫富差距主要表现在三个方面：城乡之间、地区之间、居民之间。从 20 世纪末西部大开发的决策，到近几年振兴东北、中部崛起的决策，都是为了解决地区间的贫富差距。中共中央从 2004 年起将"三农"工作摆在"重中之重"的地位上，2005 年制定"十一五"规划时将建设新农村放在各项任务之首，并作出"工业反哺农业，城市支持农村"的决策，努力提高农民收入。这必将导致城乡贫富差距的缩小。2006 年 5 月 26 日，中共中央政治局会议研究改革收入分配制度和规范收入分配秩序问题，决定在经济发展的基础上更加注重社会公平，着力提高低收入者收入水平，扩大中等收入者比重，有效调节过高收入，取缔非法收入，努力缓解地区之间和部分社会成员收入分配差距扩大的趋势。10月 8—10 日，中共十六届六中全会通过的《中共中央关于构建社会主义和谐社会若干重大问题的决定》中明确指出，我们要构建的社会主义和谐社会，是在中国特色社会主义道路上，中国共产党领导全体人民共同建设、共同享有的和

---

① 杨圣明、郝梅瑞：《关于构建和谐分配关系问题》，《当代中国史研究》2006 年第 2 期。
② 《邓小平年谱(1975—1997)》，中央文献出版社 2004 年版，第 1364 页。

谐社会。为此,将"走共同富裕道路"列入构建和谐社会的指导思想之中。可以预料,以上决定的施行,将使中国贫富差距演进的进程进入新阶段。邓小平曾经指出:"共同致富,我们从改革一开始就讲,将来总有一天要成为中心课题。"①

原载《当代中国史研究》2007 年第 2 期。

---

① 《邓小平文选》第 3 卷,人民出版社 1993 年版,第 364 页。

消除贫富分化的可贵历史遗产

——孙中山"节富助贫"思想评述

进入私有制社会以后,贫富对立问题一直困扰人类。如何解决这个问题,历史上的思路是劫富济贫,即把富者的财产分给贫者,短期内实现现有财富的平均。孙中山提出了另一条思路,其内容是不动富者既有财富,却节制其增长,同时通过发展经济,使贫者致富,达到"将来共产",将来共同富裕。这在经济思想史上是一个重要的突破。对他的构想,我们概括为"节富助贫"。孙中山的构想突破了没收富者财产给贫者,以解决贫富悬殊对立的传统思路,不仅具有重大的理论创新意义,而且有较强的现实借鉴意义。

(一)

19世纪70年代以后,欧美各国开始了电气化为主要标志的第二次工业革命,生产力发展日新月异,社会财富成倍增长。此时,西方各国继续奉行古典自由主义的经济政策,自由放任的市场竞争支配一切。伴随着社会财富的空前积累,社会贫富分化也空前激化,工潮迭起,危机四伏。自由竞争的资本主义不仅在经济运行机制上面临新的突破,而且在社会贫富分化造成的社会矛盾的积累方面也达到极致,亟待救世良方。

孙中山正是在这种国际背景下开始了他漫长的欧美游历生涯。急于从欧美寻找救国救民方案的孙中山,在目睹异国经济高度繁荣的同时,也看到了西方贫富不均埋下的隐忧。早在1903年,孙中山在写给友人的一封信中,就对欧美贫富分化的社会问题有所警觉:"欧美今日之不平均,他时必有大冲突,以趋剂于平均,可断言也。"①1912年,孙中山在上海中国社会党支部的演说中认

---

① 《复某友人函》,《孙中山全集》第1卷,中华书局1981年版,第228页。

为,西方社会"生产既多而社会反致贫困"的原因,"实由于生产分配之不适应",由于贫富阶级"相差甚远,遂酿成社会革命,有不革不了之势"。①

像近代许多主张学习西方的学者、政治家一样,孙中山把追欧揩美看得很容易,认为用不了多少年的时间。他说:"夫以中国之地位,中国之富源,处今日之时会,倘吾国人民能举国一致,欢迎外资,欢迎外才,以发展我之生产事业,则十年之内吾实业之发达必能并驾欧美矣。"②看来,孙中山最担心的不是中国能否实现现代化,而是伴随着现代化而来的社会贫富严重分化的弊端。所以,孙中山还在进行民主革命时,就考虑到要设法预防革命成功后中国走上西方"善果被富人享尽,贫民反食恶果"的贫富阶级对立故道。为此,他在同盟会成立时即提出了"举政治革命、社会革命毕其功于一役"的主张。

孙中山之所以提出防微杜渐以弭贫富战争之祸和毕其功于一役的主张,这与他对中国当时贫富分化状况的分析有关。孙中山认为,中国有贫有富,富者与贫者之间存在剥削与被剥削的关系,地主出租土地,向佃农收取高额地租,是很不合理的,需要改革。但是,由于中西社会生产力发展处于不同水平,因而中西贫富分化的状况也迥异。与西方国家相比,中国普遍地穷,他认为:"中国的顶大资本家,和外国资本家比较,不过是一个小贫,其他的穷人都可说是大贫。中国的大资本家在世界上既然是不过一个贫人,可见中国人通通是贫,并没有大富,只有大贫小贫的分别。"③正因为中国当时贫富分化不严重,所以贫富分化积累的矛盾也较小。孙中山认为,从贫富分化尚不严重、社会冲突尚未全面爆发这个角度看,中国的社会经济的不发达未尝不是福倚于祸。"中国近代进步虽迟,似有不幸。然若能取鉴于欧美之工业革命、经济发达所生出种种流弊而预为设法以杜绝之,则后来居上,亦未始非一大幸也。"④

中英鸦片战争后,中国经济发展的不平衡性出现了新的状况。通商口岸与内地乡村的二元发展趋势越来越强,由此造成了中国部分地区的严重贫富分化,孙中山对这种贫富分化的蔓延之势深表忧虑。他认为"中国今日虽无大资本家,然其见端固已有之","中国实业发达以后,资本家之以资本能力压制

---

① 《在上海中国社会党的演说》,《孙中山全集》第2卷,中华书局1982年版,第509页。
② 《孙文学说——行易知难》,《孙中山全集》第6卷,中华书局1985年版,第227页。
③ 《三民主义·民生主义》,《孙中山全集》第9卷,中华书局1986年版,第381—382页。
④ 《三民主义》,《孙中山全集》第5卷,中华书局1985年版,第193页。

人民,固必然之势,若不预防,则必踏英、美之覆辙也"。①

(二)

如何防微杜渐,把中国的贫富分化消除在不严重状态呢?孙中山针对当时中国农村和城市的状况,提出了他的方案。这个方案的核心内容是众所周知的"平均地权"和"节制资本"。

先看"平均地权"。

孙中山对中国农村土地所有权高度集中和封建租佃关系的不合理性是有所注意的。他认为近代部分人致富是由于工业发展及其所带来的地价上升:"工业革命之后,资本膨胀,而地价亦因而大增……而地主多有承先人之遗业,不耕不织,无思无维,而陡成巨富者,是地主以地增价而成资本家,资本家以工业获利而成大地主。"②所以,受近代文明影响大的地区贫富差别也大。故孙中山把解决中国农村贫富不均的重点放在受近代文明影响甚巨、地价上涨幅度较大的通商口岸和现代交通线附近的农村:"象上海黄浦滩的地价,比较八十年前的地价相差又是有多少呢?大概可说相差一万倍","我们国民党对于中国这种地价的影响,思患预防,所以要想方法来解决"。③ 孙中山认为地主尽享地价上涨之利是没有道理的,因为地价的上涨是"社会改良和工商业进步"的结果,故这种改良和进步之后所涨高的地价,"不应该归之私人所有"。孙中山主张趁中国地价尚未全面上涨时,及早解决地价上涨带来的少数人暴富的问题。

但是,在解决农村土地占有不均问题上,孙中山不赞成没收地主土地给无地农民的"快刀斩乱麻"的办法。他说:"我们所主张的共产,是共将来,不是共现在。这种将来的共产,是很公道的办法。以前有了产业的人决不至吃亏;和欧美所谓收归国有,把人民已有了的产业都抢去政府里头,是大不相同。"④孙中山反对"夺富人之田为己有"的暴力剥夺方式,主张核定全国地价,按地价征收地税;社会改良以后土地增价部分全部归国家所有。同时,孙中山反对中国"照面积纳税"的旧制,主张按地价征收土地税以节制富者。他认为这种办法能解

---

①《在桂林对滇赣粤军的演说》,《孙中山全集》第6卷,中华书局1985年版,第27—28页。

②《三民主义》,《孙中山全集》第5卷,中华书局1985年版,第192页。

③《三民主义·民生主义》,《孙中山全集》第9卷,中华书局1986年版,第382页。

④《三民主义·民生主义》,《孙中山全集》第9卷,中华书局1986年版,第390页。

决"黄浦滩一亩税数元,乡中农民一亩地亦纳数元"的"最不平等"的现象。

如何核定地价呢? 在土地国有化运动中,英国采取官定地价的办法,结果民间屡屡兴讼涉官而不堪其扰,官方手续繁琐而不胜其烦。孙中山总结这一教训,设计了一套周密的、操作性很强的办法:由地主自己报价,并在地契中载明国家需要时,可按地主报价收买土地。孙中山认为此法可约束地主按实际地价报价。"如人民料国家将买此地,故高其价,然使国家竟不买之,年年须纳最高之税,则已负累不堪,必不敢。即欲故低其价以求少税,则又恐国家从而买收,亦必不敢。所以有此两法互相表里,则不必定价而价自定矣。"①在这里,孙中山规定国家可按地价收买的办法使国家取得了解决土地问题的主动权,即约束地主报价,又为国家财力充裕时收买土地埋下了伏笔。

再看"节制资本"。

用什么具体办法来克服私人资本发达造成的贫富分化呢? 孙中山认为必须采取节制私人资本、发达国家资本的办法。孙中山在《中国国民党第一次全国代表大会宣言》中指出:"凡本国人及外国人之企业,或有独占的性质,或规模过大为私人之力所不能办者,如银行、铁道、航路之属,由国家经营管理之,使私有资本制度不能操纵国民之生计,此则节制资本之要旨也。"

中国现代型的国有企业创办于洋务运动时期,创办以后弊端丛生,迄 19 世纪末,国有企业纷纷转换经营机制,向官督商办、商办转化。许多企业家和学者主张发展民营企业,呼吁国家少干预企业经营。孙中山和他们不同,又主张以国营为主。应该说,孙中山也看到了国营企业因缺乏竞争而效率不高的问题。在公平与效率的两难抉择中,孙中山选择了公平优先。他认为"那种少数人的富,是假富;多数人的富,才是真富"。

孙中山对于私营企业的较高效率是有较充分的认识的。与国营经济相比,私营经济由于中间环节少,周转灵活,有其独特的长处。"私人之经营,往往并日兼程,昼之不足,继之以夜。官之经营,则往往刻时计日;六时办事,至七时则认为劳,一日可完,分作两日而犹不足"。因而"有官办之十年不成,私办三五年可就者"。正是考虑到了私营企业的高效率,所以孙中山在设计中国未来经济发展的所有制结构方面,是国营与私营并举的"混合经济"。孙中山认为,凡是可以委诸个人且较国家经营为适宜的非垄断的竞争性行业,"应任

---

① 《在南京同盟会会员饯别会的演说》,《孙中山全集》第 2 卷,中华书局 1982 年版,第 321 页。

个人为之,由国家奖励,而以法律保护之"。他认为促进私营企业的发展,应废止"自杀的税制",改良"紊乱之货币",排去"各种官吏的障碍",同时还必须"辅之以利便交通"。

(三)

一个理想的发达国家,不仅要有稳定的高速的经济发展,还要有较为平均的收入分配。在资本主义制度框架内,通过改良而不是暴力剥夺私有产权的方式,能否实现社会相对均富? 这个问题至今仍聚讼纷纭,莫衷一是。中国大陆学术界虽然肯定了孙中山节富助贫的民生主义方案反映了被压迫阶级摆脱贫困状况的愿望,但几乎一致认为孙中山的方案具有空想性,根本不可能实现。在国际上,一些著名的经济学家也认为发展中国家在经济成长阶段不可能兼顾公平与效率。如 1971 年诺贝尔经济学奖得主、美国经济学家西蒙·库兹涅茨认为,在经济发展初期,经济发展会带来收入分配的恶化,经济发展与收入分配的平均化是不能同时并举的,社会的均富只有当社会经济发展到一定程度时才能实现。

20 世纪 40 年代以后,在欧亚两大洲继苏联之后出现了一批社会主义国家。这些国家通过剥夺私有产权(土地和资本)的方式建立了公有制,实现了财富分配的平均化,但由此损害了效率,使社会成员出现"均贫"。从 80 年代起,这些国家通过引入市场机制,重构产权结构,实现了经济快速增长,但同时也带来社会财富分配的严重两极分化。总之,迄今为止,社会主义的实践还没有找到一条公平与效率兼得的发展道路。

资本主义国家和地区是否存在公平与效率兼得的成功范例呢? 以瑞典为代表的斯堪的纳维亚国家 70 年代后一度被誉为福利国家的典型。这些国家经济发展启动周期长,且人口稀少,资源丰富,经济增长的速度不快。进入 80 年代中期以来,经济效率不高的问题愈来愈严重。创造过经济增长奇迹的新加坡、韩国两国和中国的香港、台湾两个地区中,新加坡、韩国和香港地区,在经济持续高涨中,社会财富占有的两极分化相当严重。如新加坡,1990 年人口中最富有的 20% 的家庭收入与最贫穷的 20% 的家庭收入之比为 9.6:1;[①]有

---

① 易纲、许小年主编:《台湾经验与大陆经济改革》,中国经济出版社 1994 年版,第 135 页。

"东方明珠"之誉的香港地区贫富更加悬殊,据统计,1964年,香港地区最富有的20%的家庭收入与最贫穷的20%的家庭收入之比为12.6:1,1974年这个比例虽有下降,但仍高达11.5:1;[①]至于韩国,1980年基尼系数达到0.39(同年台湾地区基尼系数为0.28)。[②]到目前为止,台湾是世界上唯一的一个在经济成长阶段保持经济持续高速增长和社会充分就业、财富占有相对均平的地区。据世界银行90年代初一项对32个国家和地区的公平与再分配的分析,台湾地区、香港地区和韩国、新加坡的增长率列世界前茅,而台湾地区收入不平等却处最低之列,不仅低于香港地区、许多发展中国家和韩国、新加坡等新兴工业国,而且低于实行社会主义的中国大陆。[③]台湾地区人口中最富有的20%的收入与最贫困的20%的收入之比在70年代和80年代处于5:1之下。[④]另一项统计表明,从60年代到80年代初,台湾地区的收入分配差距不断缩小,经济增长与收入差距的缩小同时并存。从1953年到1980年,台湾地区的基尼系数不断下降:1953年为0.558,1961年为0.461,1972年为0.301,1980年为0.28。[⑤]台湾地区在推动经济发展时,不仅保持经济的快速发展,而且同时使收入差距迅速缩小,在国际上被誉为经济发展的奇迹。

台湾地区在经济发展中之所以能兼顾公平与效率,与台湾当局的经济发展政策有关。台湾当局制定经济发展政策的指导思想源于孙中山的民生主义,强调收入分配的平等,"均富"被写入在台湾执政的中国国民党党纲,台湾当局花了不少力气贯彻执行这一原则。

在土地改革方面,为实现孙中山提出的"耕者有其田",台湾改革土地制度的政策是将土地从地主手中买出来,割成小片分给众多的农民,从而抑制了农村土地占有的集中,而地主以出售土地所得换取公司的股票,进入工业领域,推动了工业化的进程,保证了公平与效率的兼顾。正如一位台湾学者所言:"(台湾)土地改革理所当然归功于孙中山先生这位民国创建之父","他的学说考虑到财产私有制,因为它提供和导致了极大部分的驱动力去积累财富。这

---

① 周永新:《富裕城市中的贫穷》,(香港)天地图书有限公司1982年版,第6页。

② 基尼系数是判定收入分配平均程度的指标,在0~1之间,系数越高,表明收入越不平均,系数越低,则表明收入越接近于平均。参见《台湾经验与大陆经济改革》,中国经济出版社1994年版,第44页。

③ 参见世界银行《1991年世界发展报告》,中国财政经济出版社1991年版,第137页。

④ 易纲、许小年主编:《台湾经验与大陆经济改革》,中国经济出版社1994年版,第135页。

⑤ 参见《现代经济常识百科全书》,台湾长河出版社1980年版,第31页。

个驱动力鼓励把人的精力用于有益的事情上,而不是用于有害的事情上"。①

在工业方面,台湾当局采取节制私人资本政策,促成小企业的发展。"这项原则倾向于利用资本主义的长处,即个人奖励和通过价格进行市场经济的分配;避免资本主义的短处,即财富和收入的不公平分配和过多的垄断性权力。"②节制私人垄断资本的政策使台湾地区形成了与日、韩不同的工业结构,产业的集中度很低。如韩国前十名最大的企业集团的产出占国民生产总值的75%。③ 而台湾地区1980年最大的八家企业集团的年销售额仅占当年台湾国民生产总值的15.3%。④ 分散的工业结构有利于创造就业机会和收入平均化。

从历史发展的经验看,采取农民起义以暴力方式劫富济贫的办法,只能暂时填平贫富的鸿沟,不能消除贫富分化的深层根源。以暴力没收部分人的私产给另一部分人,后者可以无偿获得别人的私产,这种产权的非正常变更,不能激发社会成员创造财富、积累财富的积极性,影响效率,同时也不能消除社会周期动荡。以暴力方式剥夺资本家的私有产权建立社会主义的公有制同样避免不了社会的动荡,也影响效率。目前虽有种种关于在社会主义体制内实现公平与效率兼顾的方案,但尚未有成功的实例。自由放任式的资本主义市场经济发展到19世纪下半叶已弊端百出,不能保证社会公平。这些国家从20世纪中期起纷纷借鉴社会主义的某些理论进行逐步改良,以缓和因贫富不均带来的社会危机。孙中山从19世纪末20世纪初中西社会、经济发展的现状出发,高屋建瓴地提出了他融合中国古代大同思想、西方市场经济和马克思主义因素的节富助贫方案,这不仅在当时是"先知先觉",独树一帜,即使在今天仍有现实借鉴意义。在推进中国的现代化过程中,我们仍可从孙中山节富助贫思想中汲取丰富的养料。

此文与邹进文合作,原载《湖北社会科学》1997年第1期。

---

①李国晟:《台湾经济发展背后的政策演变》,东南大学出版社1993年版,第69页。

②李国晟:《台湾经济发展背后的政策演变》,东南大学出版社1993年版,第103页。

③*A Comparative Study of Economic Growth in South Korea and Taiwan*,Edited by Lawrence Lau,1988,第14页。

④周添城:《台湾产业组织论》,21世纪基金会,台湾1991年出版,第42页。

创立中国的经济学

中国在经济学方面,如果说 20 世纪的特征是从国外引进、消化、借鉴的话,那么,21 世纪将是以创立中国的经济学为特征。

20 世纪的引进、消化、借鉴是必要的,是不可避免的,因为中国过去没有国外从 16 世纪以来形成的、以研究大生产为基础的市场经济为主要内容的现代经济学。这种引进、消化与借鉴也取得了巨大的成就,使中国的经济学从传统的经济理论阶段进入了现代经济学阶段,中国人运用这种现代经济学理论指导经济政策的制订和企业的运行,推动了中国经济的发展与改造。在这个过程中,形成了一批经济学家。

现在,即 20 世纪之末,特别是进入 21 世纪之后,我们需要引进、研究、借鉴国外经济学中的最新成果,但仅仅停留于此,已不能适应中国经济发展的需要。中国经济的进一步发展迫切需要创立中国的经济学。中国经济学发展到现阶段,已经有可能创立中国的经济学。

中国经济的进一步发展迫切需要建立中国的经济学。20 世纪,中国在经济学方面之所以以引进、消化和借鉴为特征,一是因为中国当时没有现代经济学,二是因为中国在 20 世纪的绝大部分时间里,经济的发展是以国外的某种经济模式为目标,因而需要引进该模式的经济理论作为借鉴。20 世纪的前半期,中国是半殖民地半封建经济形态,经济发展的基本趋势是封建经济和自然经济的解体,资本主义经济和商品经济、市场经济的发展。政府的经济政策,就其本质而言,是以西方资本主义市场经济模式为榜样,为目标。因此,那时引进西方的资本主义市场经济理论,大体上是适用的。1949 年中华人民共和国成立以后,中国共产党以建立社会主义计划经济模式为目标。当时世界上已经建成社会主义计划经济制度的唯有苏联。所以那时从苏联引进社会主义计划经济模式的理论,是可以理解的。总之,在 20 世纪到前不久中国宣布要以建立社会主义市场经济为目标为止,历届政府所追求的经济模式,都是在国外早已存在的,因而可以从国外引进相关的经济理论。现在和今后,中国要建立社会主义市场经济。这种经济模式国外没有过,无从引进。形势逼着我们要创立中国的经济学,从中国社会主义市场经济建立过程中抽象出来的,能够指导中国社会主义市场经济发展的经济学。

认真分析 20 世纪经济工作的经验教训,使我们对创立中国的经济学的迫切性、重要性有更深刻的认识。20 世纪中已经过去的 95 年的历史证明,凡是用从中国经济实际状况与经济工作实践经验中抽象出来的经济理论(如新民主主义经济理论等等)作指导,经济发展就顺利,经济改革就成功。反之,凡是引进外国经济理论直接指导工作,经济发展就不顺利。中国在建立起苏联式社会主义计划经济体制的 20 年间,经济停滞不前,就是例证。中国当前和今后的改革,需要研究和借鉴国外各种经济学成果,但如果以为仅从国外搬东西进来,就可以解决中国经济面临的问题,实践已证明此路不通。出路在于总结自己的经验,创立中国的经济学。

中国经济学发展到现阶段,已经有可能创立中国的经济学。这是因为条件已经基本上具备了。第一,中国经济发展的丰富性与特殊性。150 多年来,中国从封建经济形态到半殖民地半封建经济形态(一部分地区是殖民统治下的经济形态),到新民主主义经济形态,到社会主义初级阶段经济形态,从自然经济到半殖民地商品经济、市场经济(一部分地区是殖民统治下的资本主义性质市场经济),到社会主义计划经济,到社会主义市场经济。这种经济演变道路是其他国家未经历过,经济的丰富性或多样性是其他国家所未有的。这为中国经济学的产生准备了肥沃的土壤。第二,中国已有了一批经济学家,具有很高的素质和责任感。从中国的经济实际中抽象出中国的经济学,中国经济学家可以承担此责,而且责无旁贷。外国学者未亲身生活在中国经济环境之中,对中国经济的了解总有隔膜,难以揭示其奥秘。第三,中国经济学家已在中国经济的理论分析、中国经济史和中国经济思想(理论)史方面做了大量的工作,为创立中国的经济学奠定了初步的基础。中国经济史与中国经济思想史是中国经济学赖以建立的两块基石。正是在这两块基石方面,中国学者的成果是深厚的、扎实的。这些成果,无论是研究的对象,还是研究的主体,都是纯中国的。在经济理论分析方面,毛泽东的经济思想和邓小平的经济思想是一个时代的精华与镜子。

从研究包括毛泽东、邓小平等人的经济思想在内的 20 世纪中国经济思想史和以中华人民共和国经济史为重点的 20 世纪中国经济史入手,首先建立中国经济发展学,然后逐步进入经济理论的高深层次,是创立中国的经济学的科学之路。

我们迎接 21 世纪的来临,迎接中国的经济学的诞生,迎接中国经济学的新阶段。

原载《经济学情报》1996 年第 4 期。

建立中国经济发展学刍议

中国是一个发展中的社会主义大国。借鉴已有的各种经济发展理论，从经济发展的角度对中国经济问题进行研究，总结中国经济发展的特点和规律，对于推动中国经济的发展和发展经济学的进步都是必要的。中国需要一门中国经济发展学。

一、发展经济学研究的国别化倾向

建立中国经济发展学，并不是要创立一门独立于一般经济发展理论之外的特殊学科。本文所说的中国经济发展学，属于发展经济学中的"个案"研究。

第二次世界大战后兴起的发展经济学，以发展中国家的经济发展为研究对象，探寻发展中国家贫穷落后的原因，研究经济发展的各种条件，探索经济发展的战略对策。这门学科之于发展中国家的价值，可以说是不言自明的。

然而，现实状况却不能让人满意。在经济发展理论研究方面首先起步并始终居于主导地位的西方经济学界，发展经济学在经历了50至60年代兴旺发达的情景之后，不仅未能随着实践的发展而走向成熟，反而出现了停滞的趋势。西方发展经济学之所以陷入困境，一个重要的原因，在于西方发展经济学家的理论模式，只是从相对狭窄的区域的实践经验中提炼出来的，而他们往往从这种理论模式出发，去建立一套旨在说明经济问题的一般理论。这种理论在更大的范围内加以运用时，必然会遇到许多难以解决的问题。

发展中国家的经济发展，既有某些共同处，又有各自的特点。各类发展中国家经济发展过程和特征的某些相似性，意味着一般经济发展理论的存在。以国情特殊而否定一般发展理论的存在是不妥的。但是，普遍性寓于特殊性之中。各个发展中国家的具体环境极不相同，其历史传统、社会性质、发展阶段、经济体制、资源条件等，存在着极大的差异。在对个别的各种类型的发展中国家缺乏系统深入研究的情况下,是很难建立起能反映所有发展中国家经济发展规律的一般理论的。恩格斯在 1877 年写《反杜林论》中的政治经济学部分时指出:"人们在生产和交换时所处的条件,各个国家各不相同,而且在每一个国家里,各个世代又各不相同。因此,政治经济学不可能对一切国家和一切历史时代都是一样的。……政治经济学本质上是一门历史的科学。它所涉及的是历史性的即经常变化的材料;它首先研究生产和交换的每一个发展阶段的特殊规律,而且只有在完成这种研究以后,它才能确立为数不多的、适合于一切生产和交换的、最普遍的规律。"①恩格斯的这个观点,对发展经济学也是适用的,只是范围限于发展中国家罢了。事实证明,半个世纪以来,尽管许多发展经济学家企图找到适合于所有发展中国家的一般理论,但这些理论尚未能概括不同类型的发展中国家的差异。

发展经济学的命运取决于其社会功用。在建立一般理论模式的条件尚不成熟的情况下,有必要就不同的发展中国家,尤其是具有典型意义的两大类发展中大国开展研究,给发展经济学奠定扎实的基础与增添新的活力。80 年代以来,西方发展经济学的最新走势之一,是从一般理论研究转向"类型学"研究,即放弃普遍规律的探讨,转而注重对不同类型的发展中国家作分组或国别的研究。不过,就目前来说,西方发展经济学家的这种研究还处于初期阶段。这突出地表现在:对资本主义制度和社会主义制度两大类发展中国家,他们只研究了一类即前者,而将另一类即后者舍弃在视野之外;在后一类中,又对其中最大的一个国家即中国的经济发展过程不甚了解。

二、建立中国经济发展学是实践和理论发展的需要

中国地域辽阔,人口众多,历史悠久,长期独立发展,具有典型的大国特征。中华人民共和国成立后,中国的经济建设虽取得了很大成就,但至今还没有摆脱贫穷落后的状况,仍处于由传统经济向现代经济转化的过程之中。中国是一个发展中国家,中国又是一个社会主义国家,是两大类发展中国家中一类的典型代表。建立中国经济发展学,系统地研究中国经济发展的特点和规律,不仅能直接服务于中国的改革和经济建设,而且有助于发展经济学的发展

①《马克思恩格斯选集》第 3 卷,人民出版社 1972 年版,第 186—187 页。

和完善。

中国同其他发展中国家同处于经济发展的过程之中，又是在相似的国际环境中谋求经济发展。因此，对于发展中国家的经验教训，以及在此基础上形成的各种经济发展理论，必须予以高度重视。但是，我们在借鉴这些理论时，必须从中国的实际出发，重新予以审视。而且，如前所说，目前的各种经济发展理论，只是在相对狭窄的实践基础上提炼出来的，一般来说并不带有普遍意义；这些理论的概括范围，并不包括社会主义中国。这就要求我们在借鉴国外各种经济发展理论的同时，必须着力研究中国经济的发展过程，建立以中国经济发展的特点和规律为研究对象的中国经济发展学。只有这样的理论体系，才能解释和说明我国所面临的各种经济问题，才能用于直接指导我国的经济建设，才能推动中国经济的健康发展。

建立中国经济发展学，还能通过中国的经验事实检验各种经济发展理论的得失，使之走向完善。发展经济学是一门密切联系实际的理论学科，其具体内容来源于实践，又要接受实践的检验。中国是一个发展中的大国，又有长期经济发展的历史，用中国的经验事实对各种流派的经济发展理论进行检验，可以看出，这些理论虽各有可取之处，但又存在着各自的缺陷。

按照一般的看法，发展经济学中存在着结构主义、新古典主义和激进主义三个理论流派。中国经济发展的实际过程及其中积累的经验教训表明，结构主义经济发展理论对发展中国家社会经济结构的特殊性作了较为深刻的概括和描述，但其理论模式和政策建议，却存在着过于强调依靠计划、国有化、资本积累和进口替代以开展工业化建设，而忽视市场机制、农业进步、人力培训和对外贸易的作用的严重缺陷。新古典主义经济发展理论把价格机制视为经济发展的重要机制，强调市场在资源配置中的重要作用，赞赏自由竞争而批评垄断控制，主张发展中国家政府的作用应限制在提供必不可少的服务方面。从中国改革前后经济发展的实践来看，这个流派在这些问题上的一些论述是颇为深刻的，对考虑中国经济体制改革的方向具有启发作用。但是，这个流派对发展中国家经济结构和组织制度上的特殊性却重视不够，没有注意到发展中国家的体制和环境往往导致"市场失效"，也没有对关系到市场经济发展的制度因素作必要的分析。激进主义经济发展理论强调穷国和富国之间的不平等地位和利害冲突，提出了发达国家与发展中国家的"支配—依附"关系。这些思想虽有许多可取之处，但这个流派对制约经济发展的国内因素和发展对外经济关系的问题,却缺乏足够的重视。中国经济发展中积累的丰富材料,对激进主义经济发展理论的长处和短处同样能给予很好的说明。总之,用中国经济发展的事实对各种经济发展理论进行检验,有助于发展经济学的发展和完善,也能使我们正确地掌握和运用各种理论成果。不过,对发展经济学中的各种理论模式进行细致的检验,有待于对中国的经济发展问题作深入系统的研究,有待于中国经济发展学的建立和发展。

建立中国经济发展学,还可以从中国的经济发展实践中抽象出理论模式,从而丰富发展经济学的内容。中国在长期经济发展中遇到的许多问题,如政府在经济发展中的作用,制度因素对经济发展的影响,企业组织形式与经济发展的关系,农村家庭经营方式与农业资源、商品市场发展的关系,自力更生与对外开放的关系,等等,在发展经济学的研究中都具有十分重要的理论价值。对这些问题在较高的理论层次上加以概括和抽象,可以加深我们对经济发展规律的认识。迄今为止,发展经济学界对发展中的大国,特别是发展中的社会主义大国,还缺乏系统深入的研究①,只有对中国这样具有典型意义的发展中的社会主义大国的经济发展进行研究,抽象出其特殊的发展规律和起飞条件,才有可能克服发展经济学中视野狭窄和理论不全面的缺陷,推动发展经济学的发展和完善。

三、中国经济发展史与中国经济发展学

研究中国经济发展问题,不能从固有的概念和理论模式出发,而应从中国经济发展的实际出发,从研究中国经济发展的过程和状况出发。这样,经济史作为研究经济发展理论的基础学科,也就显示出其重要的地位。

经济史学与经济理论学在新的基础上的有机结合,是 20 世纪 30 年代以来经济学发展的重要趋势之一。在新的条件下,经济理论学家力图从全部经济史中寻求新的经济观念,并给经济史实以新的解释;经济史学家则力图将经济史实的研究成果升华为理论,并建立或重构新的经济理论。这种结合促使经济学中产生一些新的理论、学派和分支学科。从这个角度考察,发展经济学是一个特定的领域——发展中国家经济——中这种结合的结晶,或者说,发展

---

① 参阅张培刚《发展经济学往何处去——建立新型发展经济学刍议》,《经济研究》1989 年第 6 期,第 14—15 页。

经济学是研究发展中国家经济史的理论结晶。顺便指出,中国的一些经济学者,如刘大钧、王亚南等在 30 年代至 40 年代研究中国近代经济历史变迁过程中,就得出过关于工业化、都市化、城乡关系、劳动就业、国民收入、资金流向等一系列有见地的理论观点,对后来的发展经济学的建立作出了中国学者特有的贡献。

值得注意的是,发展经济学作为一门研究经济发展的学科虽形成于第二次世界大战以后,但经济发展作为一个过程,却远非只有半个世纪的历史。经济发展,就其狭义或发展经济学上的含义而言,可以说是一个以机器大生产为基础的现代经济取代以手工生产为基础的传统经济的过程。19 世纪中期,已经或接近完成工业革命的西方列强侵入中国,使中国由一个独立的封建社会逐步沦为半殖民地半封建社会。中国人民在反对西方国家侵略的斗争和向西方先进事物学习的过程中,建立了机器生产这种现代化的生产形式。19 世纪 60 年代以后,清政府举办了一系列现代军工、民用企业,私人资本也逐渐涉足现代化企业的经营活动,由此开始了中国经济发展的历程。中国经济现代化虽起步较早,但其步伐却很缓慢。到 1949 年,中国的机器工业产值在工农业总产值中仅占 17%,加上工场手工业,也只有 23.2%。1949 年中华人民共和国的成立,意味着中国的经济发展出现了重要转折,但从本质上说,在此以后中国的经济仍处于经济发展的过程之中。一部中国近现代经济史,实际上正是一部经济发展,即由传统经济向现代经济转化的历史。我们认为,研究中国经济发展学,必须从整个中国经济发展的历史中吸取材料,而不应将经济发展的时限仅仅局限于中华人民共和国成立以后。也只有这样,才能使我们全面地了解中国的经济发展过程,加深我们对中国经济发展的规律和特点的认识。

研究中国近现代经济史,了解中国经济发展的过程,对于中国经济发展学的建立具有奠基的意义。

首先,了解中国经济发展的历史,是进行中国经济发展问题理论研究的基础,是中国经济发展学建立与发展的首要条件。反映中国经济发展规律的理论模式,只能从中国经济发展的实践经验中抽象出来。包括我国张培刚教授在内的发展经济学的奠基者与发展者,他们提出的并为经济发展证实的正确理论或观点,无一不是从经济发展历史实际中抽象出来的。在发展经济学的历史上,大概没有不研究经济史而能在发展经济学理论上有所建树的发展经济学家。同样,如果不研究中国经济发展的历史,也不可能揭示中国经济发展的规律,不可能建立起中国经济发展学。

其次,研究中国经济发展史,有助于弄清中国经济发展中经济因素和非经济因素的关系。经济发展是一个错综复杂的过程,影响经济发展的,既有经济方面的因素,又有各种非经济因素。中国近现代经济史在研究中国的经济发展过程时,为了说明各种经济现象,必然要考察上层建筑、意识形态、历史传统、战争等在经济发展中的作用,它提供了一个极好的方法与图像,使我们了解到经济因素和非经济因素是怎样相互作用、相互影响的。可以说,不掌握历史事实,不了解历史经验,就难以提出有效的理论观点和政策主张。

再次,只有研究中国经济发展史,才能在较深的层次上认清制约中国经济发展的各种重要因素,从而为制定正确的经济发展战略和政策奠定基础。中国近现代经济发展的历史,向我们展现了一幅中国经济有所发展而又发展不快的图景,显示了许多制约中国经济发展的因素。例如,中国近代历届政府在经济方面的一些举措,如以国家资本压制私人资本的方针政策,强调机船矿路而忽视轻工业和农业的发展战略,以及重视国富而轻视民富的思想观念等,导致中国丧失了几次现代化的机会。当代中国经济发展中也有一系列相关的经验教训。中国经济史学科对这些问题已作过不少研究,取得了一些成果。在建立中国经济发展学的过程中,应很好地吸收这方面的研究成果。只有深入研究制约中国经济发展的各种因素,才能真正从中国的实际出发,寻找适合国情的经济发展战略对策。

中国经济的发展问题,可以从其他发展中国家的经济实践及相关的理论研究中得到启示,但根本的途径却是从本国经济实践的历史中寻求答案,在建立中国经济发展学的过程中,应充分重视对中国近现代经济史的研究。只有这样,才有可能使中国经济发展问题的理论研究少走弯路,健康地发展。

四、中国经济发展学的理论指导和主要内容

科学研究中的任何一种系统的方法,本身就是一种理论。马克思、恩格斯多次说过,他们的理论不是教条,而是一种研究方法。研究中国经济发展学,应当以马克思主义、毛泽东思想作指导,即以马克思主义、毛泽东思想的立场、观点、方法分析中国经济发展的特点和规律。

应当看到,西方一些形成了完整体系的经济学理论,对于分析中国的经济

发展问题也有重要的作用。如新古典主义理论从人与物的关系的角度,着重研究了资源的配置问题。这种理论便于精确地分析各种市场经济变量之间的相互关系和市场机制的运行规律,其中所运用的概念和方法,有助于分析中国经济发展中的许多问题。但是,这种理论把经济活动的社会方面(如经济关系、经济制度等)视为给定的背景条件,并不研究这些背景条件变化的原因、过程及其相互关系,这又使它难以解释经济发展中的一系列重要问题。凯恩斯主义理论的总量分析,在基本的研究方法上也是如此。相形之下,马克思主义经济理论强调在生产力与生产关系的相互作用中研究经济问题,并着重考察了人与人之间的经济关系及其对经济活动的影响。新古典主义理论和凯恩斯主义理论中被视为外主变量的各种背景条件,在马克思主义经济理论中是作为内主变量而存在的。我们认为,研究中国经济发展学,必须从马克思主义理论的精神实质出发,考察生产力与生产关系的矛盾运动过程,分析社会经济关系、经济利益矛盾及其对经济活动的影响,并在此基础上运用其他各种理论成果。只有这样,才能有效地解释和说明中国经济发展中所面临的各种问题。

以毛泽东为主要代表的中国马克思主义者,运用马克思主义的普遍原理,结合中国的实际,解决了中国革命和建设中的一系列问题,并在此过程中形成了一些重要的经济发展思想。毛泽东关于从半殖民地半封建经济形态转变为新民主主义经济形态、从新民主主义经济形态转变为社会主义经济形态的学说,关于实现国家工业化和农业现代化的思想,以及关于经济建设中重工业和轻工业、农业的关系,沿海工业和内地工业的关系,经济建设和国防建设的关系,中央和地方的关系等问题的论述,都对中国的经济发展产生过重大影响,有些至今仍具有指导意义。十一届三中全会以后,中国共产党人对中国经济发展问题的认识取得了重大突破。10多年来,邓小平对中国经济的发展环境、发展道路、发展动力、发展机制、发展战略等问题,作了新的阐述,提出了建设有中国特色的社会主义、建立社会主义市场经济体制、改革是发展生产力的必由之路、对外开放是改革和建设的必不可少的条件,以及消除两极分化,最终达到共同富裕等一系列重要命题。这些思想,是马克思主义与中国经济发展实际在新的历史条件下相结合的产物,是研究中国经济发展学的重要依据。

中国经济发展学以揭示中国经济发展的特点和规律为核心,其主要内容包括以下几个方面。

1.中国经济发展的总体过程和基本特点。

2.分析中国经济发展的历史过程,是探索中国经济发展中诸问题的必备前提,也是中国经济发展学中的一项重要内容。中国经济发展的特点,是在长期的发展过程中形成的,也是长期起作用的。只有从对它长期形成过程的分析中,才能深刻地认识和把握它。在这方面,应分析中国传统社会的经济特点,考察中国经济发展的历史起点和演进过程,以及制约中国经济发展的长期因素。应从战略的高度加以探讨。

3.中国经济发展模式、发展速度、发展动力,以及经济发展与改革、社会其他各个方面的协调关系等等,都是中国经济发展学研究的内容。

研究中国经济发展学是一项大有可为的工作。只要我们实事求是,艰苦探索,这种研究一定能取得成效,促进我国的改革和经济建设事业。

此文与周军合作,原载张培刚、谭崇台、夏振坤主编《发展经济学与中国经济发展》,经济科学出版社 1996 年版。

开设"中国经济发展学"课程刍议

一、开设"中国经济发展学"课程的必要性

在高等财经院校开设"中国经济发展学"课程,让学生获得有关中国经济发展的系统知识,认识中国经济发展的特点和规律,以适应中国经济发展和现代化建设的需要很有必要。这种必要性基于以下两种情况:

第一,新中国成立后,中国的经济建设取得了伟大成就,但至今还没有摆脱贫穷落后的状况,仍处于经济发展即由传统经济向现代经济转化的过程之中,谋求经济发展是我国当前和今后很长一个时期的中心任务。高等财经院校的学生是中国经济建设的一支重要后备力量,肩负着重大的历史使命。对于他们来说,必须认识和了解中国今天面临的任务和今后发展的前景,必须具备有关中国经济发展的比较系统的基础知识。

第二,我们在研究生入学面试中及其他许多场合,向高校毕业生提过有关中国经济会怎样、应怎样发展等问题,能回答出的为数不多,能说出个所以然的则极少,一部分人说"不知道"。总体说来,他们缺乏比较系统的有关中国经济发展的基础知识,这不能不说是当代大学生知识结构中的一个缺陷。

之所以出现这种情况,与财经类高等院校基础课的设置有关。目前财经院校开设的基础课中,涉及中国经济发展问题的主要研究生产关系及其发展规模的政治经济学,它是在阐述某个范畴、某种理论中联系经济现实,阐明经济现象,而不是以中国经济发展为对象的学科。近些年来,这门学科虽然重视了中国社会主义经济问题的研究,但由于它主要是从经济关系而不是从经济发展的角度研究中国经济问题,因而对于中国经济发展中的一些问题,如人力资源的开发、物质资本的形成、人口的部门流动、技术进步、工业化与农业进步等,基本未曾涉及。

发展经济学是第二次世界大战后兴起的新兴学科。这门学科以发展中国家的经济发展为研究对象,分析发展中国家贫穷落后的原因,研究经济发展的各种条件,探索经济发展的战略对策,对于中国的经济发展具有重要的借鉴意义。近年财经院校虽开设了这门课程,但目前仍存在不足,不能有效地说明中国的经济发展问题。其一,发展经济学尚未揭示经济发展的一般规律。发展经济学中的理论模式,大多是从相对狭窄的区域的实践经验中提炼出来的,一般不带有普遍意义,在更大的范围内运用时必然会遇到许多难以解决的问题。半个世纪以来,尽管许多发展经济学家企图找到适合于所有发展中国家的一般理论,但由于条件尚不成熟,未能概括不同类型的发展中国家的共同规律。其二,发展经济学一般忽视了对中国经济发展问题的分析。20 世纪 80 年代以来,发展经济学开始注重对不同类型的发展中国家作分类或国别的研究,但这种研究主要集中于走资本主义道路的发展中国家,对走社会主义道路的发展中国家则重视不够,对中国的经济发展问题也缺乏系统深入的研究。可见,我们在借鉴发展经济学的理论时,必须从中国的实际出发,重新予以审视。

更为重要的是,为使中国经济得到快速健康发展,为使学生获得可以致用的知识,必须建立和讲授从中国自身实际出发的、以中国经济发展的特点和规律为研究对象的中国经济发展学。在这个问题上,我们有不少经验和教训。在较长一段时间内,我们较多地从国外搬来理论,或者从"东方"的社会主义国家引进经济理论,或者从"西方"某些国家搬来它们现成的经济学说。无论是东方国家的经济理论,还是西方国家的经济理论,其中包含着这些国家经济工作的经验教训与经济发展规律的理论抽象,有不少科学的内容,其中的一些概念、观点和方法,是可资借鉴的。但是,从本质上说,它们都是别国经济运行过程的抽象和经济工作的总结,其研究的对象与中国经济有很大的差异,因而不可能对中国经济建设中的一系列问题提供答案。40 多年来的实践证明,搬用别国的经济理论,难以有效地解决中国经济建设的问题,因而造成了不小的损失。中国经济建设的成就,是在从中国经济实际现象抽象出来的理论(诸如新民主主义经济理论、社会主义初级阶段经济理论)指导下取得的。可以看出,只有在借鉴国外有关理论的同时,着力研究中国经济的发展过程,建立起以中国经济发展的特点和规律为研究对象的中国经济发展学,才能解释和说明我国所面临的各种经济问题,才能用于指导我国的经济建设,才能加速中国经济发展的进程。

由此可见,现在开设的涉及经济发展的基础课,都不能承担起系统地说明中国经济发展中诸问题的任务。要使财经类高校学生认识中国经济发展的特点和规律,必须开设"中国经济发展学"这门课程。

二、"中国经济发展学"课程的主要内容

"中国经济发展学"这门课程以讲授中国经济发展的特点和规律为核心,其内容主要包括以下几个方面:

第一,马克思主义的经济发展观。研究和讲授中国经济发展学,应以马克思主义、毛泽东思想和邓小平理论为指导。以毛泽东为主要代表的中国马克思主义者,运用马克思主义的普遍原理,结合中国的实际,解决了中国革命和建设中的一系列问题,并在此过程中形成了一些重要的经济发展思想,其中有些至今仍有指导意义。中共十一届三中全会以后,中国共产党人对中国经济发展问题的认识取得了重大突破。十多年来,邓小平对中国经济的发展环境、发展道路、发展目标、发展动力、发展机制、发展速度、发展战略等问题,作了系统的阐述,提出了一系列重要的命题。这些思想是马克思主义与中国经济发展实际在新的条件下相结合的产物,是中国经济发展学的重要依据。

第二,中国经济发展的基本特点。学习中国经济发展学这门课程,必须首先弄清中国的国情。认识国情有两种基本方法:一种是解剖横断面的方法,或称静态分析法,如调查有多少耕地、人口,等等;另一种是解剖纵向发展过程的方法,或称动态分析法,从运动过程中认识各种因素的变化及其相互关系。相对而言,前一种方法简单、容易,后一种方法复杂、难度大。从中国当前对国情研究的情况来看,大多使用前一种方法,使用后一种方法的少。实际上,中国经济发展的特点,是在长期的发展过程中形成的,也是长期起作用的。只有从对它长期形成过程的分析中,才能深刻地认识和把握它。分析中国经济发展的过程和现状,是中国经济发展学的一项重要内容。在这方面,应分析中国传统社会的经济特点,考察中国经济发展的历史起点与演进过程,以及制约中国经济发展的长期因素。

第三,中国经济发展的国内条件。对于经济发展的国内条件,西方发展经济学界作过大量研究,取得了许多成果。他们的研究主要是从生产力的要素,如自然资源、资本形成、人力资源、科学技术等方面进行的,对于生产关系方面

的问题则重视不够，甚至完全忽视。"中国经济发展学"在阐述中国经济发展的国内条件时，一方面应利用国外有关成果，联系中国实际，分析中国的资本形成、人力资源开发、技术进步、自然资源利用、环境保护等问题，另一方面要分析中国产权结构和分配关系的状况和问题，并提出解决办法。

第四，中国经济发展的国际条件。开展对外贸易，利用外部资源，是中国经济发展的重要条件。对外贸易在经济发展中究竟起什么作用？传统的外贸理论是否适用？国外资源应如何有效地加以利用？对于这些问题，学术界长期存在分歧。"中国经济发展学"在此方面既要介绍国外的有关成果，更要分析中国的实际情况。只有这样，才能对这些问题在理论上给予正确的回答。中国在对外经济交往中有过许多经验教训，对这些经验教训作系统的总结，并传授给学生，是一项很有意义的工作。

第五，中国经济发展中的结构转换。自刘易斯 1954 年提出二元经济理论以来，西方的结构转换理论取得了重大发展，但仍存在一些缺陷，如：把传统经济等同于传统农业，忽视传统经济中非农业部门的存在；否定传统农业中资源重新配置的作用；等等。中国的工业化如何开展？农业进步如何实现？农村剩余劳动力如何转移？应从中国的实际条件出发，借鉴国外有关成果，进行系统的探讨。

第六，中国经济发展的动力。中国的经济发展，在很大程度上受到传统体制的束缚。只有通过改革，才能推动生产力的解放和发展。在社会主义制度下，为什么改革构成了经济发展的动力？什么样的改革才能推动经济的发展？改革的困难和阻力是什么？这些都是"中国经济发展学"的课程所要回答的问题。

第七，中国经济发展的调节机制。如何将政府与市场的力量有效地结合起来，是中国经济发展中仍须深入探讨的问题，关键是正确地发挥政府的经济作用。100 多年来，中国经济发展在这方面有丰富的包括正反两个方面的经验，应进行认真总结并在教材中反映出来。

第八，中国经济的发展战略。"中国经济发展学"不仅要阐述各种理论问题，而且要探讨适合国情的经济发展战略，对于中国经济的发展道路、部门和地区发展的优先顺序、进口替代与出口鼓励的关系，以及财政、金融、人口、教育等方面的问题，都应从战略高度加以分析。

除此以外，中国经济发展的环境、中国经济发展的速度、中国经济发展的模式、经济发展与社会其他方面的协调关系等等,都是"中国经济发展学"课程所应包括的内容。

财经院校学生学习包括上述内容的"中国经济发展学"课程,对他们投身于中国的现代化建设事业具有重要的意义。其一,了解中国百余年经济从传统到现代发展的过程和现状,有助于学生从中国实际出发建设有中国特色的社会主义。其二,他们掌握中国经济发展中的经验教训,认识中国经济发展的规律,有助于学生领会邓小平理论的正确性,从而在工作中少走弯路,取得更大的成绩。其三,比较系统地认识中国经济发展所需的各种条件,以及经济发展的战略步骤与对策,有助于学生增强抓住机遇的意识,正确理解和贯彻执行党的路线、方针、政策。其四,明确中国经济发展的长期性和艰巨性,有助于学生认清自己的历史重任,树立远大理想,努力成为有用之才。

此文与周军、陶良虎合作,原载《云南财贸学院学报》1998 年第 4 期。

第 二 部 分
经济史学理论

　　赵德馨教授对经济史学理论的研究成果,集中体现在其主持完成的 2015 年度国家社科基金重点项目"中国经济史学的理论与历史研究"中。该项目结项成果获评优秀等级,以《经济史学:历史与理论》为名由社会科学文献出版社出版。这里收录的是有关经济史学理论的论文。

《中国近代国民经济史教程》导言

中国近代国民经济史的研究对象

"中国近代国民经济史"，简称"中国近代经济史"，是研究 1842—1949 年中国社会经济演变过程及其规律的经济学科。

中国近代经济史的上限是 1842 年，标志是《南京条约》的签订。1840 年英国发动侵略中国的鸦片战争。在战争期间，中国国民经济没有发生新的变化。只是在签订了第一个不平等条约之后，中国经济与世界经济的关系，中国经济在世界经济中的地位，才发生了种种变化；中国经济也由此进入与往昔根本不同的演变过程。所以，1842 年是中国近代经济史的起点。1949 年是其下限，1949 年 10 月 1 日中华人民共和国的成立，标志着中国近代社会经济演变过程基本结束，新的社会经济演变过程开始。

国民经济是一国领土上的整个经济。通常的情况是，在一定时期内，一国的国民经济是一种经济形态。在特殊的时期内，在不同的地区内存在着不同的经济形态。中国近代属于这种特殊的历史时期。1842—1949 年，在不同地区内，曾先后出现半殖民地半封建经济形态，殖民统治下的经济形态，新民主主义经济形态等 3 种经济形态。它们曾在一个时期里并存。中国近代经济发展过程，包括从封建经济形态变成半殖民地半封建经济形态、殖民统治下的经济形态的过程和新民主主义经济形态产生、发展并取代前两种经济形态的过程。

上述 3 种经济形态，从生产资料所有制或经济成分的角度分析，各自包含着多种经济成分。从空间及地区的角度分析，包括城市与乡村等各类经济地区。从经济部门的角度来说，包含着工业、农业、交通、商业、金融、财政等多个经济部门。从社会再生产这个角度来说，包括生产、分配、交换、消费等各个环节。或者说,经济形态是由多种经济成分、多个经济地区、多个经济部门、多个经济运行环节构成的。所谓构成,不是简单相加的总和。不通过分析各种经济成分、各个经济地区、各个经济部门与经济运行环节的变化,不可能阐明经济形态或国民经济的发展过程。如果仅仅叙述各种经济成分、各个经济地区、各个经济部门与各个经济运行环节的发展过程,不分析它们彼此间的相互关系,那么,充其量只是几种经济成分史、几个地区经济史、几个部门经济史。而国民经济史则在分析各经济成分、各经济部门、各地区经济和各经济运行环节发展过程的基础上,研究它们的相互关系及由此构成的经济形态或国民经济运行的过程与规律。

由于中国近代经济发展的特殊性,本书将上述 3 种经济形态作为分析对象的第一层次。各经济形态内部的经济成分、经济地区、经济部门、经济运行环节作为分析对象的第二层次。分析的重点放在第一层次上。一种经济成分存在于多个经济部门中;一个经济部门中可能存在多种经济成分。为了能较好地叙述社会生产力与国民经济运动过程,也为了避免重复,本书在一般情况下,采取按经济部门为主,兼及经济成分、经济地区的叙述方法。一般附属国经济,半殖民地半封建经济形态贯穿 1842—1949 年演变过程的始终。为此,本书将大部分篇幅用于分析半殖民地半封建经济形态。殖民统治下的经济形态与新民主主义经济形态则辟有专章。以往在中国近代经济史著作与教学中,对中国近代经济史开始时即已出现、中国近代经济史终止时还未完全结束的殖民统治下的经济形态重视不够。特别是对百余年来的香港地区、澳门地区和历时 50 年的台湾地区殖民统治下的经济历史,完全忽略。本书力图弥补这个缺陷。

中国是由 56 个民族组成的统一的多民族国家。在近代,各民族都遭受到外国侵入与封建统治的痛苦,经济演变的方向也是一致的。本书各章除尽力从全国角度出发,阐述各民族共同的问题外,还设专章论述各自不同的少数民族地区经济的基本特征与趋势。

中国近代经济发展的阶段性与历史分期

从 1842 年到 1949 年,是中国经济剧烈变动的年代。在此期间,无论是生产力还是生产关系都有变化,既有量变,也有部分的质变。这些变化使经济发展呈现阶段性。根据这种阶段性划分历史时期,有利于阐明经济发展在不同阶段的表现、性质和特点,从而揭示其变化与发展规律。根据中国近代经济发展的阶段性与国民经济变化的重要表现,我们将1842—1949年的经济发展,划分为3个时期。

(一)从中英鸦片战争结束之年(1842年)到中日甲午战争开始之年(1894年)为第1个时期。这是中国经济由独立的、封闭的封建经济,逐步变成半封建的一般附属国经济的时期。英、法、俄、美等资本主义国家,用发动侵略战争、武力威胁等手段,强迫清政府同它们签订不平等条约,破坏中国主权与领土完整;在"割让"地区与租借地区内建立殖民统治下的经济;强迫清政府开放通商口岸;夺取中国的关税主权。外国侵略者,首先是英国,凭借不平等条约和其他手段夺取的特权,倚恃先进的生产力、强大的经济实力、近代的经济组织(银行、洋行、公司等)与近代的管理技能,控制中国的海关、航运、对外贸易与国际汇兑,把工业品输入中国市场,从中国运走农副产品与工业原料,劫掠与贩卖苦力,在中国境内设立为输出/入商品服务的企业和银行。中国经济从与世界经济隔绝的状况,变为与之联系日益密切,并日益受其影响和支配,从而逐步成为世界资本主义经济体系与世界市场的依附部分。就部门来说,首先受到影响的是流通领域的商业与金融。就经济成分来说,首先受其影响的是私商、小商品生产者经济与资本主义萌芽。就地区来说,首先受到影响的是通商口岸城市以及交通方便的沿海沿江大中城市。在这些城市的周围地区,自然经济结构趋向瓦解。外国侵略者勾结封建统治者对人民的压迫和剥削,激起阶级矛盾的尖锐化,突出表现为太平天国等农民起义和少数民族起义。起义队伍所到之处,特别是占领时间较长的地区,原有的地主经济受到不同程度的打击,有的世族在经济上衰落了,一批军功地主兴起。清政府与私人投资于使用机器的近代企业,兴建工厂、矿山,购买轮船,修筑铁路,开办电报,标志着中国社会生产力一次巨变过程,即从几千年的使用手工工具生产的阶段向使用机器生产的阶段跃进的开始。中国的资本主义经济成分,以及中国工人阶级和资产阶级产生了。在这个时期内,19世纪60年代前后又有显著的区别,主要表现在有无本国的近代工交事业及资本主义经济成分。还表现在对资本主义世界市场有无实际的依附性。还有土地所有权集中程度、社会资金流向的不同等等。

(二)从中日甲午战争结束之年(1895年)到第一次国内革命战争失败之年

(1927 年)是第 2 个时期,是半殖民地半封建经济基本特征形成的时期。半殖民地是帝国主义时代的产物。在这个时期,中国经济由欧美资本主义国家的一般附属国经济变成欧美帝国主义国家的半殖民地经济。中国资本主义经济的发展使国民经济结构具有半封建经济的典型特征。殖民统治下的经济地区扩大了:台湾被日本强占,变成日本殖民统治下的经济性质;香港的新界地区等租借地和一些通商口岸新设的租界等地区内的经济,也是殖民统治下的经济性质;列强获得在中国境内投资设厂的特权,在华外资的数额迅猛增加。尤其是列强通过向清政府与北洋政府贷款、掌握中国海关收入、监督中国盐税等手段,控制了中国的财政。欧美列强通过在华投资设银行、办工厂、开矿山、修铁路,通过资本雄厚的外资银行贷款给中国工商企业,通过掌握工业生产的动力、原材料与设备,通过建立商业网等办法,在前一时期控制海关、对外贸易、国际汇兑与航运的基础上,进而控制了中国财政经济的主要命脉。外国资本主义成为中国国民经济内部的一种占支配地位的成分。由于俄、德、美、法、日等帝国主义国家加强对中国的侵略,中国成为多个帝国主义共同支配的半殖民地国家。中国的铁路、航运、工业、商业有了初步的发展。中国资本的银行产生了,并迅速增加。农业生产中出现了有不同程度资本主义色彩的富农经济、经营地主和农垦公司。在沿海、沿长江、沿铁路等地区,商品经济在发展。原始资本积累在本时期有了新的规模。积累原始资本的手段增多了。资本主义经济成为在国民经济中有显著作用的成分。这些经济变化及其带来的社会阶级结构的变化,为由旧式的民主革命转变为新式的民主革命准备了物质基础和前提条件。

(三)从中国共产党建立工农武装割据地区并开始土地改革,在此基础上建立新型的经济形态之时(1927 年),到中华人民共和国成立前夕(1949 年 9 月),是第 3 个时期。这个时期的特点之一是,经济是在国内战争与对外战争相互交替的情况下变化的。特别是 1937—1946 年,中国国民党统治区、日本占领区、中国共产党领导的抗日根据地等 3 种经济地区,都处于战时经济状态。这个时期的另一个特点是,3 种经济形态并存,新民主主义经济形态逐步取代殖民统治下的经济形态和半殖民地半封建经济形态。这是旧经济形态从发展到崩溃、被消灭,新经济形态从产生到胜利的时期,即新旧经济形态交替时期。3 种经济形态的地区是不固定的,彼此消长,变动剧烈。在 1931 年以后,随着侵华日军占领地区的扩大,殖民统治下的经济地区相应扩大,其顶峰时期,几乎囊括中国经济发达地区。抗日战争胜利时,收复了包括台湾在内的被日本占领的全部土地,收回了除香港、澳门以外的租借地与租界地区的主权。殖民统治下的经济只存在于香港、澳门这两小块土地上。从总体上说,新中国经济直接取代的是半殖民地半封建经济。在这个时期,半殖民地半封建经济地区的变化,首先是在财政与金融领域开始的。南京国民政府建立后,继承了北洋政府对军事工业和部分交通命脉的垄断。执政者利用政权,在财政领域里采取了一系列的聚财措施。在金融市场已经形成,银行有了发展,并在国民经济中占重要地位与作用的条件下,统治集团运用政权力量和财政手段,干预并控制金融,首先在金融领域建立国家垄断的机构。抗日战争时期,这种垄断的领城扩及民用工业、对外贸易和国内商业。垄断程度提高了。抗日战争胜利时,由于接收日伪财产,国家垄断资本主义经济的资产突然膨胀,成为一种垄断国民经济命脉的经济体系。随着新民主主义经济的发展,这种国家垄断资本主义经济的资产,成为社会主义国营经济赖以建立的物质基础。

几项具体的建议

时代在前进,中国人民的中心任务在变化。中国近代经济史的内容也在不断地丰富,教学经验在积累。在当前阶段,讲授中国近代经济史应该:

(一)处理好纵横关系,抓住主要问题。所谓纵,即国民经济的发展过程或时序先后的关系。所谓横,即国民经济各个因素之间的关系,如工业、农业、商业等各个部门之间的关系,生产、交换、流通、消费等各个环节之间的关系,各个地区的关系,城市与农村之间的关系,中国经济与世界经济之间的关系,各种经济成分之间的关系,各个阶级、阶层和集团之间的经济关系,等等。如何处理好纵横关系,一直是国民经济史研究与教学中的一个难题。本书采取的方法是,按照国民经济整体发展的阶段性划分历史时期,以时序为经,经济事实为纬,经纬结合,纵贯横分。对不同时期共有的重要经济现象与问题,相对地集中在该现象特征表现最显著或该问题最突出的时期分析,兼顾前后不同时期。这种办法,可能是既利于叙述国民经济发展过程,又利于对主要问题进行深入的分析。具体地说,从第 1 章至第 17 章,基本上是以时序为经,阐述半殖民地半封建经济发展过程。第 18 章至第 20 章是分析几个特殊地区经济发展过程。结束语是对半殖民地半封建经济进行横断面的解剖。全书的写法,总地说来,是以纵为主,纵横结合。所谓主要问题,是那些贯串整个中国近代经济史的始终,也就是说,是各个历史时期共有的,但在不同时期有不同的变化与表现。这些经济现象与问题,有的是涉及多个经济部门,影响各个地区或大多数地区的经济,制约其他经济现象的变化。其中最主要的是:1.中国同外国(主要是同资本帝国主义国家)经济关系的变化及其对中国经济发展的影响。2.封建主义经济及其自然经济基础的变化。其中,主要是土地制度及自然经济结构的变化。3.中国资本主义(包括国家资本主义)经济的变化。上述3种现象以及它们之间的相互关系的变化,构成了中国近代经济变化的主要线索。在讲授和学习本课程时是要很好把握住的。

(二)处理好经济与政治的关系,是研究好与教好经济史课程的一个关键。在研究与讲授中国近代经济史时,尤其要注意这一点。中国经济之走上一般附属国经济——半殖民地半封建经济发展道路,外国资本帝国主义的入侵是起主导作用的。外国势力侵入,改变和影响了中国近代经济的发展方向和速度。这种影响作用是以侵略战争、不平等条约、直接的暴力掠夺为前提的。因此,对许多经济现象和经济变化,用常规的经济分析法,即分析独立国家和平时期经济的方法,是不能予以说明的。没有帝国主义的入侵,中国的经济不会走上半殖民地半封建的发展道路。没有帝国主义对一些地区的直接占领,这些地区的经济就不会变成殖民统治下的经济。另外,近代中国经济之所以没有完全沦为殖民地经济,中国经济之所以还能有所发展,并且最后终止了半殖民地半封建的道路,成为独立的新民主主义经济,是由于中国人民此起彼伏的斗争,特别是中国共产党领导的新民主主义革命的胜利。有鉴于此,本书注意分析每个时期经济是在怎样的政治形势下变化的。中国近代经济史是一门经济学科,理应运用经济原理去分析经济现象,揭示中国近代经济运行的规律,但又绝不能只作纯经济的分析。要经常提醒读者注意中国经济演变的政治大前提,以及各个时期政权及其政策的阶级属性和对经济发展的影响。

(三)经济史学在研究方法与叙述方法上的特点之一是论从史出。理论、结论是在叙述与分析事实过程后得出的。这种理论、结论扎实,可靠可信。我们认为,这也应该是经济史课程教学方法上的特点之一。对于喜欢纯概念推理,逻辑推理,或不善于从分析事实中得出结论的青年,这门学科对他们养成科学的思想方法很有益处。过去,我们编写经济史论著与教材,为了体现这一特点,大量引用历史资料,并详细注明资料出处。通过多年的实践,现在看来,这种认识与做法的本身并没有什么错误。问题在于：第一，叙述方法可以与分析方法不同。论从史出，是指从分析历史事实中得出的。分析问题时必须占有丰富的、经过整理研究的资料。在写论著或教材时，可以用当时人的记载文字反映历史，也可以用作者自己的语言叙述历史事实，不是非引用史料原文不可。第二，要根据读者的文化水平、教学时数与教材篇幅来处理，如果读者古汉语基础好，读书的时间多，多引证资料并注明出处，对他们是有好处的。考虑到这一代青年中，多数人阅读古汉语有困难，他们希望用较少的时间获得较多的知识，希望提供给他们的知识是经过浓缩的；考虑到本课程教学的基本要求、教学改革的需要和教材的特点，为了便于读者阅读和理解，在有限的时间里掌握本学科的基本内容：本书改变了引用大段资料与语录并详细注明出处的写法。为了便于教师备课与有的学生进一步学习的需要，我们将编一本与本书章节体系一致的《中国近代经济史教学参考资料选辑》供他们阅读。

（四）与古代经济对比，中国近代经济同世界经济的关系更为密切。中国市场的开放是世界市场最后形成的标志之一。因此，要深入了解中国近代经济，必须把它放在世界经济之中去观察，分析世界经济的变化对中国经济的影响，中国经济变化对世界经济的影响；同时把中国经济同有关国家的经济进行比较，找出中国经济发展的特点与问题。本书在这方面做了一些工作。限于篇幅，在许多地方只写了分析后得出的结论。教师讲授时，可以补充实例与过程，做更具体更深入的分析。

此文原为《中国近代国民经济史教程》（赵德馨主编，高等教育出版社 1988 年版）的导言，经些微修改后收录于《中国近代经济史研究资料（9）》，上海社会科学院出版社 1989 年版。

地方经济史本地化的优势与陷阱

摘要:中国经济史学者研究地方经济史始于 20 世纪 30 年代。50 年代之后,研究本地特色经济史已逐渐形成一股热潮。在当前阶段,经济史中的同地研究已占主要地位,成为研究的主流。这种现象可以称之为地方经济史研究的本土化或本地化,有利于研究者发挥优势,有利于中国经济史学科的深入发展,有利于发挥经济史学的社会功能。地方经济史研究的本地化,既是中国经济史学发展到当前阶段的必然结果,也是它进一步发展的要求与动力。地方经济史研究本地化的发展为中国经济史学科的建设奠定了坚实基础,促进经济史学研究的内容更加丰富和学风更趋朴实,但在研究中也要避免由乡土情感带来的感情和理智平衡问题造成的陷阱。

关键词:地方经济史;本地化;原因;优势;陷阱

一、地方经济史研究本地化趋势的发展

中国经济史学者研究地方经济史始于 20 世纪 30 年代。其时,研究者大都从全国范围内选择研究对象,故研究工作所在地之事的少,研究外地之事的多。随着经济史研究队伍的扩大与经济史研究的深入,这种情况有了变化:前者由少变多,后者则相反。50—60 年代前期,一批学者致力于工作所在地特色经济史的研究,诸如:在中国资本主义萌芽问题的讨论中,在北京工作的邓拓,收集并研究明清时期北京门头沟煤矿的契约;吉林大学孔经纬对东北土地制度史的研究;上海社会科学院张仲礼、丁日初、姜铎等对上海企业史、行业史的研究;南开大学熊性美、郭士浩等对开滦煤矿、启新洋灰公司的研究;中南财经学院周秀鸾、谭佩玉和笔者对武汉市面粉工业史的研究。此种事例甚多,不胜枚举。研究者研究本地经济史中的特色事物逐渐在中国经济史学领域里形成

一种新趋势,给中国经济史学科带来勃勃生机。可惜这种方兴未艾的势头因"文化大革命"而中断。

"文化大革命"以后直至当前,由于出现下列新情况,局面为之大变。1. 各省(含自治区、直辖市,下同)以及省会城市社会科学院相继设立,它们以研究本地问题为基本任务。2. 各省及省会城市提出社会科学研究课题并提供相关的课题资助,鼓励本省本市工作者研究本地问题。3. 高等学校成倍增长,它们强调为当地建设服务,引导教师研究当地的问题。4. 各省和高等学校的出版社与社会科学学术刊物数量增加的速度比高校数量增长的速度更快,它们特别欢迎本地研究者研究本地问题的成果。5.《当代中国》丛书中设立地方卷,每省一卷,当代经济史是其中的重要部分。6. 各省、市、县修纂地方志,年限上起1840年(有的追溯到更远的年代),下迄1985年(有的下延至20世纪90年代或21世纪初年),近现代经济史是其中的重要内容。《当代中国》丛书地方卷与地方志都由本地人员编写。编修工作历时几年、十多年甚至二十多年。每省参与工作的,少则千余人,多则数千人。这两项工作既对各地近现代经济史资料进行了一次空前规模的大收集、大发掘、大整理,又培养了一批对本地经济史有兴趣的研究者。7. 发表经济史论文的全国性学术刊物在数量上翻了几番。除《历史研究》《经济研究》等先后复刊外,新办刊物有数十种之多,其中《中国经济史研究》设"区域经济史"专栏,《当代中国史研究》设"地方史志研究"专栏,对经济史研究本地化起了倡导和促进作用。8. 一些省成立了研究本省经济史的研究中心或学会,如山西省有研究晋商的中心和研究所;广东省有明清经济史研究会;湖北省有经济史学会、商业史研究会、茶叶研究会等学术组织。9. 专业经济史学工作者研究本地经济史中特色现象的自觉性进一步提高,成果丰厚。如天津社会科学院胡光明、宋美云等对天津商会史资料,南开大学赵津对永久黄集团资料,武汉大学尹进、代鲁对汉冶萍公司史料,四川大学凌耀伦、熊甫等对民生公司史料,厦门大学林金枝对福建、广东华侨资本资料,安徽师范大学张海鹏对徽商资料,山西省社会科学院张正明、山西财经大学孔祥毅、山西大学刘建生等对晋商资料,复旦大学吴景平等对近代以来上海金融史资料的整理与研究,等等。在地方特色经济史研究取得成果的基础上,产生一批地方经济史著作。研究省以下的地区,如范金民等的《苏州地区社会经济史(明清卷)》和蒋兆成的《明清杭嘉湖社会经济史研究》;省级的,如刘建生等的《山西近代经济史》和苑书义主编的《河北经济史》;跨地区的,如孔经纬主编的《清代东北地区经济史》和王致中等的《中国西北社会经济史研究》。此类成果为数众多,难以罗列。

值得强调的是:20世纪50年代之后,经济史学同行朝着研究本地特色经济史方向前进,已逐渐形成一股热潮。在近20年来发表和出版的经济史论著中,同地研究的成果约占泰半之数。这种状况表明,在当前阶段,经济史中的同地研究已占主要地位,成为研究的主流。我将这种现象称为地方经济史研究的本土化或本地化。

值得注意的是,这种情况的出现不是由政府行为促成的,不是由学术研究团体组织的,也不是由市场这只"看不见的手"操纵的,而是由经济史研究者个人选题都朝这个方向努力促成的。就此而言,它是自发行为的结果。这种个人自发的、分散的行为之所以会不约而同地集中到同一个方向,从中国经济史学科近百年的发展进程来看,是这门学科发展到当前阶段的内在要求,因而是合乎规律的。

二、有利于研究者发挥优势

地方经济史研究本地化之所以蓬勃发展,原因之一在于,对研究者来说同地研究具有许多优势。其中重要的是以下4个方面:

从选题来说,研究者熟悉地情,知道本地经济史中哪些事物最有特色,以及它们在本地区和在全国经济史中具有的地位,哪些事物是当地人民和政府最为关心的,能准确判断这些事物中的要害所在和最有现实意义的部分,在选题上做到独具慧眼,从而能找出既有学术意义又有现实意义的课题。此种随自身所处环境而就近选题,在学术界被称为"近身之学"。

从资料来说,当地人研究当地事,可以就地取材,收集资料的条件最好。因为有关当地事物的资料,诸如地方政府档案,地方报刊,私人的书稿、函牍、笔记、日记,方志,碑刻,契约,谱牒,账簿,戏曲唱本等古今文献,当地储藏最丰富,此其一。其二,本地人搜集本地的资料,较研究外地问题到外地去搜集资料要方便得多。其三,对当地事物,当地知情人最多,他们知道得最具体、最详细。当地研究者与这些知情人往往比较熟悉,访问他们较为容易。

从分析来说,任何一种经济事物的产生与相关文献的形成过程,都与所在地区的自然环境和社会变迁有关,从而带有地方特色。长期在一个地方工作的人,特别是土生土长的研究者,了解本地的现实,熟悉本地的民情、风俗、习惯和语言,能妥当地将事物与文献置于本地历史情境之中,理解相关文献中词语(特别是一些反映特色经济特征的方言)的语境及其含义,并给予准确、鲜活的释读,不致因隔膜而导致误解。我写《黄奕住传》,传主是福建南安人,1919年后定居厦门。我4次从武汉到该地调查,因闽南话难懂,语言交流已是一大困难,准确理解并用现代汉语来表达当地文献与语言中特有的词汇与术语,有的比将外文翻译成中文还难。更为困难的是对习俗的理解,如几百年来为适应海上贸易风险大而逐渐形成的收养儿子的传统,如华侨的"两头妻"风俗,等等。本地研究者则无此类困难。

从绩效来说,研究地方经济史的成果,记载与分析的是本地人创造的成果和精神面貌,具体生动,有血有肉,与当地人心灵相通,情感契合,为当地人喜爱,此其一。其二,解剖地方经济的特色,能为地方经济决策提供依据和经验借鉴,成果的运用有强烈的针对性,研究工作容易得到当地政府、群众和所在单位的大力支持。因此,比较容易申请到课题和得到资金的支持,研究成果也比较容易发表或出版。

总之,地方经济史研究本地化有"地利人和之便"。

我想强调指出,同地研究有优势,可以取得优秀的成果。当然,异地研究也取得了优秀的成果,中国经济史学近百年的历史证明,这两种研究总是同时并存的,并互为补充。

三、有利于中国经济史学科的深入与发展

地方经济史研究的本地化,既是中国经济史学发展到当前阶段的必然结果,也是它进一步发展的要求与动力。

(一)地方经济史研究本地化的发展为中国经济史学科的建设奠定坚实基础

经济史学的对象包含时间、空间和经济三要素。就经济要素言,中国经济史学的结构包含宏观、中观和微观三个层次。宏观经济史是一国的经济史(国民经济史)。微观经济史是基层经济单元的历史(家庭史、企业史等)。介于两者之间的是中观经济史,如地方经济史和部门经济史。地方经济史是按地域分别研究的,呈块状,可称"块块经济史"。部门经济史是按部门分别研究的,

成条状,可称"条条经济史"。国民经济史是由这些"块块"和"条条"交织而成的。因此,地方经济史与部门经济史是推动国民经济史前进的两个轮子。

就部门经济史与地方经济史的关系而言,后者又是前者的基础。这个道理甚为简明。以中国商业史为例,它是由中国各地的商业史组成的。把各地的商业史弄清楚了,也就为研究全国商业史打下了基础。山西学者着力研究的晋商,资本雄厚,经营项目多,从业人数众,实力强,活动时间长,足迹所到之处广,影响大。对这样一个在经济生活中占有重要地位并富有特色的商业群体进行深入的研究,不仅可以弄清 16—20 世纪上半叶山西省的商业情况,还从一个方面反映出这个时期中国商业与市场的发展水平及其兴衰波动,有助于揭示中国商业发展的路径与模式,有助于总结传统商业的经营文化,为现代商业运营提供有益借鉴。如若其他省的学者也对这个时期本省的商业与商帮进行这种研究,并将这些成果放在一起,那么,这 300 多年的商业发展史不仅清楚了,而且生动活泼。同样,每个地方的手工业史、农业史、财政史弄清楚了,全国的手工业史、农业史、财政史也就有了基础。对地方特色经济史的研究,必然推动中国部门经济史深入发展。

人的认识规律是从局部到整体。对局部的考察是认识整体的依托。只有认识了各地的具体情况,才有可能概括出全国的总体情况。同样,只有认识了各地的部门经济史,才有可能概括出全国的部门经济史。据此,一国经济史学的发展应该是先有地方经济史,而后有部门经济史和国民经济史。英国、德国等一些欧洲国家的经济史学就是沿着这条道路前进的。在中国,现代形态的中国经济史学是 20 世纪初从国外引进的,其时,许多国家已有成熟的国民经济史可资引进。引进是为了实用。对实用来说(诸如要了解这些国家的经济发展情况,诸如要在大学讲授外国经济史或欧洲经济史课程),国民经济史已能满足要求,且最为方便。可能是基于这个原因,在建立中国经济史时,也是从国民经济史开始的。事实是,最初的中国经济史论著多属断代的国民经济史和断代的部门经济史,随后出现地方经济史论著。这样,中国经济史学发展的实际是国民经济史出现在地方经济史之前。这就带来一个问题:国民经济史不仅在初期,而且在很长时期内没有地方经济史作基础,因而存在着不够全面、不够具体、大而化之、空疏不实的缺点,这就需要补上地方经济史这一"课",为已搭起来的架子垫上基础,填充内容。事实就是这样的:当地方特色经济史兴起之后,国民经济史的状况便大为改观。当中国经济史学者从写大而化之的国民经济史著作转向研究地方经济史时,也就开始了对中国经济史从地方经济史到全国经济史,即从局部到整体的认识过程。中国经济史学近百年来经历了由国民经济史—地方经济史—国民经济史的"之"字形路径。后一种国民经济史由于有了地方经济史作基础,由于是循着人类认识的一般规律前进的产物,与前一种国民经济史比,本质不同了,它是一种内容更加丰富的、科学性更强的、新形态的国民经济史。只要读一读 20 世纪三四十年代与近期出版的国民经济史著作,对这种区别便会了然于胸。

(二)促进经济史学研究的内容更加丰富和学风更趋朴实

地方经济史研究的主要对象是"只此一家,别无分店"的特色事物,目的是揭示地方经济的特色。没有地方特色经济的地方经济史,其存在的意义不大。每一地方的经济都有它的特色。地方经济史将各个地方的特色一一揭明,这不仅把中国经济特色具体化,还使人认识到中国经济史的丰富多彩。地方经济史研究的展开,把中国经济史学科的研究引向局部,引向细致和具体,引向深入。

揭示地方特色经济为区域经济史研究打下基础。某个地区的经济之所以被认为是一个区域经济,是因为有与其他地区不同的特色。如若一个地区没有自己的特色经济,就不可能形成与其他地区有区别的区域经济。地方特色经济是划分区域经济的依据。地方经济史研究的勃兴必将带来区域经济史研究的高潮。

地方经济史研究本地化的灵魂是揭示本地有而外地无的事物,即揭示那些极具个性的、只有一而无二的事物。这些事物是没有重复的。研究这些事物,空谈不行,使用其他地区的史料也不行,就是想仿制也不可能,必须依靠有关本地的资料和对它们进行"独立核算"的分析。正是基于这个原因,地方经济史研究的兴起带动了经济史研究者实地调查之风,发掘出大量的一手资料,并使对具体问题进行具体分析的方法论得到普及。

地方经济史本地化带来中国经济史的特色化和具体化,从而带来中国经济史学科的繁荣与深入。当经济史学工作者认识到地方经济史研究本地化既有利于发挥研究者的优势又有利于学科的发展时,便会自觉地行动,于是出现上面所呈述的不约而同的局面。这是经济史研究本地化兴盛的又一个原因。

四、有利于发挥经济史学的社会功能

地方经济史本土化蓬勃发展的第三个原因,是中国的具体情况使地方经济史具有特别重要的社会功能。

中国地域辽阔,各个地区自然环境、物质资源千姿百态;民族众多,他们的生产方式、生活方式与历史迥异;各地和各民族开发有先有后,人口、风俗习惯、社会心理、价值观念、社会组织等等千差万别,经济发展很不平衡,农作物、工业产品与经济结构各有优势或特长。由于这种状况,在历史上,无论是在分裂时期还是统一时期,统治者大都强调从各地区的实际出发,因地制宜地制定经济政策。中国共产党执政以后,特别是十一届三中全会以来,强调发挥中央和地方两个积极性,允许各地从本地情况出发,创造性地提出适合本地情况的特殊政策或措施,致使各地产生各自特有的经济现象。例如,在古代,同为商帮,晋商与徽商各有特色。在近代,以现代化来说,江苏省有张謇的南通模式,湖北省有张之洞的湖北模式。在现代,以发展地方经济来说,江苏省有苏南模式,浙江省有温州模式;以集体建设用地流转来说,广东省有南海模式,江苏省有昆山模式。各地经济各有特色。在此情况下,只有地区性研究才能揭示各地区经济发展道路的多样性、发展模式的丰富性和发展水平的不平衡性。

首先,地方经济史研究本地化能深入揭示本土特色,有助于人们从各地的特色中看到地区差异,发现地方经济的特殊性,认识地情与民情。

其次,地方经济史研究的本地化,能具体地揭示出地区之间不同时期不平衡发展到何种程度,这种不平衡是怎样形成的,又是怎样转换的(从先进到落后,或从落后到先进,等等),这种转换是由哪些因素促成的,以及历史上的不平衡对现实经济的影响,从中可以抽象出大量可资借鉴的经济学与历史学理论。

再次,地方经济史研究本地化揭示出各地的特色与地区间的不平衡,使人们看到,中国经济地图是由各种颜色构成的,绚丽多姿。这有助于人们认识全国经济的多样性。有了多样性才会有比较的对象,才会有鉴别,才能看出什么叫作从具体情况出发;才能看出,由于各地情况不同,不应简单地肯定哪种做法是对的,哪种做法是错的,一切要从实践的效果去判断。如此,才能总结出真正的经验。多样性为反对常见的"一刀切"提供丰富的无可辩驳的历史依据,为发挥地方政府创造性提供生动的先例。

最后,每种地方特色的形成,包括生产关系、生产力的各个方面,都是先辈认识和利用自然资源发展生产力、改善自身生活条件的劳动结晶,是千万次成功与失败之遗迹,其中包含不少真理性的东西。地方经济史研究本地化所揭示的地方特色事物,包含当地人特有的性格与民情,地区特有的优势与劣势,特有的历史传统与历史经验。故地方经济史研究本地化所解剖本地经济特色、经济发展规律与经济工作经验以及它们对当代社会的影响,能为地方政府经济决策提供有益的依据和经验借鉴。

地方经济史研究的上述社会功能使研究成果的运用有强烈的针对性,研究工作因此容易得到当地政府、群众和所在单位的支持。山西省学者研究晋商的成果表明,晋商店铺遍及全国商业都会,足迹留在邻近诸国,积资亿万,在一个很长时期内居中国诸商帮之首,独领风骚,是因为山西商人不畏艰难、辛苦创业,不守成制、敢于创新,义中取利、明理诚信,同舟共济、精于管理。中共山西省委认为,这些研究成果有利于当前山西省的现代化建设,遂以省委文件下发,让县、团级以上干部学习。经济史学的研究成果能被中共省委作为文件下发,作为中高层干部的学习资料,可谓把这个学科的社会功能发挥到了极致,把这门学问做到了家。而这正是本地化研究优势的体现。

建设中国特色社会主义是引导我们前进的旗帜。整体是由局部组成的。没有各地的特色,也就不会有中国的特色。只有通过认识一个地区、一个地区的特殊性,才有可能认识整个中国经济发展的具体进程与特色。据此,可以预期,在当前及今后阶段,党和政府对地方特色经济史研究工作的支持力度将会进一步加大。

五、谨防陷阱

事物总有其多面性。地方经济史研究的本土化有没有值得注意防止的倾向?我以为是有的。例如由乡土情感带来的感情和理智平衡问题便是一个值得注意的问题。

人的感情有多个方面,诸如血缘(家庭的、家族的、种族的、民族的等等)情感、地缘情感、业缘情感、教缘情感等等。事实表明,这种情感容易使一个人对所属血缘、地区、行业、宗教的历史,喜欢其好的一面,忌讳其差的一面。这是人之常情。地缘情感突出表现在"谁不说俺家乡好",更为严重的是,谁要是揭露了家乡的丑事,往往为家乡人和在外的同乡人所不容。于是美化家乡的人、事、山水、物产、历史,成为常见之事。历史研究中还有一种常见的现象:研究什么,研究者便自觉或不自觉地偏爱什么(我将这称为"对象情感")。地方经济史研究中不少本地化项目,由本地党政机关出题、出资金,或直接出人研究,或委托学校、地方科研单位进行,有很强的功利目的,包括宣传政绩、宣传本地优势等等。乡土情感、对象情感与功能目的这三者结合起来,致使研究本地史的人容易对研究对象的成功、业绩与经验浓墨重彩,夸大成就,拔高经验,甚至作炫耀式的宣传;对失败与教训则节省笔墨,一笔带过,淡化处理,甚至讳莫如深,予以隐瞒。于是出现被一些学者称之为"孤立化"和"自夸化"的倾向①。在我接触到的本地化经济史著作中,有相当一部分确实存在此类情况。这可能是地方经济史研究本地化的一个陷阱。

避开这个陷阱并不难。办法有两个。第一,解决认识问题。其中包括处理好感情与理智的关系。研究历史的人,谁也避不开与研究对象的感情,或爱或恨,或好或恶。然而,研究经济史不是写抒情诗文,而是一项科学活动。科学的结论是理性思维的结果。在科学研究中,感情必须服从于理性和理智。在理性思维下,对许多关系都会有正确的态度。例如对事物的美与丑、经验与教训等等。历史事物本是有多个方面的。美与丑并存,经验与教训同存。科学要求全面性。今人借鉴历史,既要知其经验,也要知其教训,教训有时比经验更为重要。这就是说,从学术上讲,对历史事物,只有既说清其何以兴,何以盛,又说清何以衰,何以败,才是完整的。从现实需要上讲,总结历史事物兴盛的经验,剖析其衰败的教训,对提高经济工作者的素质都重要。第二,解决方法问题。其中包括比较法。纵向比较,将本地某个时段的特色事物放到全时段中去考察,将静态与动态结合起来,可知其源与流,知其历史的变化及规律,准确地判断其历史方位和对当代的影响,不至于夸大或缩小其重要性与意义。横向比较,将本地特色事物放到更大的地域甚至全国、全世界的范围去考察,将局部与整体联系起来,与其他地方的同类事物相比较,找出同异,可以准确地判断是否确实是特色事物及其地位,既能发现同一性质的经济现象在不同地区的表现形态,揭示经济发展的多种形态与复杂性,凸显本地特色的意义

①可参阅叶茂《中国古代经济史研究综述》,《中国经济史研究》1996—1997年联合增刊,第16页。

（多大地域内的特色，如地区的、全国的、世界的），又可避免将本是共性的东西说成特殊之物。当然，要做到这一点，要求研究者具备通识的素养与眼界。

经济史包括时间、空间、经济三个要素。经济史学的所谓通，是指时间上通古今，空间上通全国、全世界，经济上通经济整体（包括各个部门、各种要素）。这三者，也可称之为纵通、横通和内通，概言之为"三通"。具备"三通"的素养，可以使人在地方特色经济史研究中对所研究的对象看得更全面、更准确一些。假设某省某个时期（20 年或 30 年）经济发展的状况是：(1)总产值平均每年增长 10%，绝对量是 100 亿元；(2)投入平均每年增长 11%，绝对量也是100 亿元，因而人民生活水平没有什么改善；(3)由于其他省经济增长率更高，该省的经济总量在全国经济总量中所占的比重下降（如从 4%降到 3%），在各省经济总量的排序中位置后移（如从第 6 位移至第 8 位）。写该省经济史的甲，看经济只看产出，故只写了(1)，结论是该省经济发展得很快。乙看经济，不仅看产出，还看投入，不仅看速度，还看效益，所以写了(1)与(2)，结论是处于停滞状态。丙看经济，不仅看到本省的投入产出，还看到了全国各省的情况，写了(1)(2)(3)，除了同意乙的判断，还认为该省拖了全国经济发展速度的后腿。这三种情形哪种对社会更有益？甲写的有根有据，没有说假话，本省人读后可能会因此而感到自豪，感到当地领导人的工作做得好，今后还可以沿着这条路子走下去。读了乙和丙写的，则会认识到，本省人的劳动成果都已记录在案，但这段时期的经济工作有不足之处，值得改进。这种认识既符合历史事实，也更有利于经济的发展。一个地方的经济史是全国经济史的一个部分，受全国经济史的制约。研究全国经济史要以地方经济史为基础，研究地方经济史必须放眼于全国经济史，把地方经济史放到全国经济史中去考察，才能避免孤立研究地方经济史带来的囿于一隅之见，以致坐井观天，夜郎自大，得出与历史真实相去甚远，又不利改进工作的认识。可见，通识和比较有助于避开陷阱。

绕过了陷阱，前面便是直达经济史乐园的康庄大道。

此文与王玲合作，原载《当代中国史研究》2008 年第 4 期。

一本以经济现代化为主线的
根据地经济史学著作
——《晋绥边区经济发展史(1937—1949)》序

1997 年,我提出:"研究中国经济发展问题,不能从固有的概念和理论模式出发,而应从中国经济发展的实际出发,从研究中国经济发展的过程和状况出发。这样,经济史学作为研究经济发展理论的基础学科,也就显示出其重要的地位。"经济史即人类经济实践活动的历史过程,是经济理论的源泉。只有研究中国经济发展史,才能在最基层的层次上认清制约中国经济发展的各种因素,从而揭示中国经济发展的特点和规律。了解中国经济发展的历史是进行中国经济发展问题理论研究的基础。中国共产党领导的革命是从新民主主义革命转变到社会主义革命,中国共产党领导的经济是从新民主主义经济形态过渡到社会主义经济形态,这是中国社会主义经济形态产生途径的特色。这个特色像阳光一样普照到经济形态的各个方面。可以说,不了解这个特色,就很难认识中国社会主义经济的其他特色。新民主主义革命时期中国共产党领导下的根据地经济发展史,是构建中国特色社会主义政治经济学理论体系的重要基础。考察新民主主义革命时期根据地经济发展史,分析根据地经济发展过程,揭示根据地经济发展的特点和规律,对于当前构建中国特色社会主义政治经济学理论体系具有奠基意义。

2008 年,张晓玲来到中南财经政法大学,在苏少之教授指导下攻读经济史专业博士学位。在读博期间,曾担任我的助手,成为我的学友。苏少之教授以研究中国新民主主义经济闻名于经济史学界。张晓玲的博士学位论文以新中国成立前后的中农为研究对象。这属于新民主主义经济的范畴,其特点是打通了 1949 年的界线,在专题研究内遵循了"通"的要求。张晓玲的研究成果被评为 2012 年湖北省优秀博士学位论文(2020 年获批国家社科基金后期资助项目)。2012 年,她到内蒙古财经大学工作后,曾就她此后的研究工作方向征求意见。我认为应该根据工作单位及其所在地区的具体情况,发挥自己的优势。诸如:可否继续从新民主主义经济范畴内找方向,即从博士学位论文选题向四周延展,发挥已有基础的优势;可否从地区经济史范畴内找方向,这容易获得内蒙古自治区政府的支持,列入内蒙古自治区社会科学发展规划。2015 年,她告诉我拟以"晋绥边区经济发展史"为题申报国家社科基金项目。我称赞这个题选得好,选得聪明。"绥"指原绥远省,所辖在今内蒙古自治区中部、南部地区。"晋"是山西省。张晓玲是山西人,从小学到大学本科、硕士学位,都是在山西读的,熟悉当地风俗习惯和语言,知情人多,搜集资料或访问较为方便,研究晋绥边区经济史能发挥其自身特有的优势。课题顺利获得批准。历时 5年,如期结项,被评为优秀。其后,又精益求精,修改补充,成此近 40 万字的《晋绥边区经济发展史(1937—1949)》书稿,并于 2022 年 5 月邮寄给我。我怀着高兴的心情读了一遍,认为它有两个鲜明的优点。

第一,用经济现代化作为全书的主线。对此,我有遇到知音之感,极为欣赏。20 世纪 80 年代,我主编的《中国近代国民经济史教程》《中华人民共和国经济史》和 2003 年我写的《中国近现代经济史》等书,都以经济现代化为主线。我认为,从社会经济演变的角度观察,中国近现代经济演变是一个经济现代化的过程,包括半殖民地半封建社会经济形态下的经济现代化、新民主主义社会经济形态下的经济现代化和社会主义社会经济形态下的经济现代化三个阶段。以经济现代化作为中国近现代经济史的主线,能够使人们深刻地认识中国近现代经济演变进程的本质以及中国近代经济史和现代经济史的继承与区别,深刻地理解中国共产党 100 年来经济工作的一贯追求,使历史研究与当代中心任务紧密衔接。此书把中国共产党领导下的晋绥边区经济发展史置于中国经济现代化的背景下,从实证研究和理论分析两个层面展开,详细阐述了1937—1949 年中国共产党在晋绥边区探索经济现代化的历程,并通过此案例,阐述了中国共产党于 1937—1949 年,在新民主主义经济形态下促进中国经济现代化的历程。

一本学术著作,有了与研究对象发展趋势一致的主线,便能将全书的各个部分串联成一个有机的整体,像把珍珠串联成瑰丽的项链一样。若没有这样的主线,书的各个部分即便都像珍珠,也是散落的,不成器件。在这个意义上,主线决定论著的质量,也决定分析框架。作者在书中对贯彻她设定的主线作了细致的安排。第一章对中国共产党选择新民主主义经济形态的经济现代化路径作了较为细致的论述,作为全书的纲。此后各章分别对经济各领域的现代化历程作了阐释。在农业方面研究了农业经济的增长、制度变迁和生产技术的改进,提出边区农业经济增长主要是通过互助合作、精耕细作以及传统农业技术改进等途径实现的,既有量的增长,也有新的质的萌芽。在工业方面研究了手工业、工矿业的发展,指出传统手工业有了向工业化发展的趋势,表现出传统与现代并存、互补、共同发展的特点。在交通邮政方面研究了交通邮政的建立及经营状况,指出交通邮政领域亦体现了从传统到现代演进、传统与现代并存的特征。在商业贸易方面分析了商业的新构成、边区集市贸易及境外贸易的发展,阐释了在流通领域向现代化的缓慢迈进。在金融业方面论述了金融机构、货币发行及流通、货币斗争、通货膨胀等,指出金融业的发展是边区经济从传统向现代迈进的重要方面。在财政税收方面分析了财政收入、支出及结构,工商税收结构、政策及运行,审计监督制度,揭示了财政由传统向现代演进。这样一来,全书对晋绥边区经济各个领域的现代化进程都作了分析,达到了全面和横通的境地,探索了晋绥边区经济发展演变的基本趋势,总结了中国共产党领导晋绥边区经济建设的成就与经验,不仅深化了中国近代经济史研究,也拓展了中共党史研究的领域。

我读的书有限,就目光之所及,已经出版的根据地经济史学著作为数不少,提出过写书有主线,特别是明确提出以经济现代化为主线的,张晓玲的此书是第一本。

第二,运用经济史学方法分析晋绥边区经济史。经济史学科是一门独立的学科,它有自己特有的结构、研究对象、研究方法、功能、理论和历史,因而不是任何其他学科的附属物或分支学科。经济史学科的内涵与其他所有学科有不同层次的关系,因而成为多学科交流的平台。这决定了经济史学科特有的研究方法不同于其他学科的研究方法,又包含多个学科研究方法中的某些要素,融这些学科(诸如经济学、历史学、社会学、统计学、考古学、生态学等等)研究方法中的要素为一体,成为一种多层次的、含多学科研究方法要素的新方法。居于第一层次的是经济学、历史学、地理学、社会学等学科。其中,经济学是首要的。这是因为经济史学的研究对象是经济演变过程,研究的目标是认识经济发展轨迹、机制和规律,只有用经济学方法才能揭示其奥秘。这里说的经济学方法和经济史学方法，指的都是特定学科特有的方法。它是特定学科思维方式的表现。这种思维方式是在特定学科专业理论、知识、技巧训练中养成的。一个研究者的这种学科思维方式，大体上是在读大学本科的年龄段形成的。在中国，由于在本科层次没有设置经济史学专业，以致从事经济史学研究者的本科学历，或是历史学专业，或是经济学专业，极少数人是其他专业。经济史学的硕士和博士学位，或设在历史学院（所、系），或设在经济学院（所、系）。这强化了历史学思维方式与经济学思维方式的分野。由于思维方式不同，他们写出的论著有明显的区别。《中国经济史研究》杂志的一位资深编辑告诉我，对收到的文稿，他只要看一遍，便能判断作者是历史学出身的还是经济学出身的。我的体验也是这样的。在我读过的、已经出版的根据地经济史著作中，几乎全是用历史学方法写作的。我推测，所有读了张晓玲这本书的人，都会与我同感，即它是用经济史学方法写成的。因为一眼便可看出，全书使用了融经济学与历史学方法为一体的方法，在第一至七章使用了经济学量化分析方法，82个统计图表体现了所运用的统计学方法，在农业章用制度经济学方法分析农业制度的变迁，在工业、交通邮政、商业贸易、金融等章，用发展经济学方法分析传统经济与现代经济的关系，在土地改革等章节中采用了社会学、社会心理学等学科方法。这使本书具有浓浓的"经济史学方法"味道。

能够这样地运用经济史学方法与作者的学术素养有关。张晓玲在山西大学经济与工商管理学院读的本科和经济史专业硕士，在中南财经政法大学经济学院读经济史专业博士，在上海财经大学理论经济学博士后流动站进行合作研究，在贵州财经大学经济学院、内蒙古财经大学经济学院和南京审计大学经济学院担任经济史学和理论经济学的教学与研究工作，这使她经历过长期的经济学和经济史学的专业训练，养成了经济学和经济史学的思维方式，掌握了经济史学方法，在写作经济史学的论著时，使用这种方法便得心应手，成为一种自然而然的事。

《晋绥边区经济发展史（1937—1949）》是第一本用经济现代化为主线分析中国共产党领导的根据地经济史著作，也可能是第一本用经济史学方法研究根据地经济史的著作，这是它的特殊性，也是它在根据地经济史研究中的学术价值和历史地位。

2022年7月15日

第 三 部 分
经济史学史

高度学科自觉使赵德馨教授非常重视经济史学史研究。矢志经济史研究70年的学术历程、转益多位经济史名家的学术机缘和宽广的学术领域，又使他成为中国近代经济史学史的所"闻"者和中国现代经济史学史的所"见"者。故此部分不仅收录了他关于中国经济史学史的专论，亦有若干具有经济史学史内涵或价值的回忆、信函、序跋、发言等文字。

《史记》与中国经济史学的开端

——世界第一部国家视野经济史

摘要：中国经济史学是研究中国社会经济生活演变过程的学科。2000 多年来，它经历了传统和现代两个阶段，呈现为传统型和现代型两种类型。《史记》是第一部研究中国经济演变过程的宏著，其中包括第一部财政史、货币史、水利史等部门经济史，第一部区域经济史和工商人物活动史，同时也是第一部具有经济史理论、经济史学理论内涵的著作，因而是传统型中国经济史学的开端之作。本文以经济史学结构理论为分析框架，从经济史实、经济史理论和经济史学理论三个方面阐述《史记》作为中国经济史学著作的开端性贡献、中国经济史学优良传统的渊源，以及在世界经济史学上的开创性地位。

关键词：《史记》；经济史学史；传统型中国经济史；开端

一、关于中国经济史学开端的不同观点

关于中国经济史学的开端，学术界主要有三种观点。其一是先秦说，代表是罗仲言。他指出"中国古代经济史之研究滥觞于先秦"[①]。他从经济史论和经济史实两个角度进行考察。经济史实方面，罗仲言认为中国古代从先秦开始即有了经济史实的记载，而欧洲则从十七世纪才出现。"中国古代经济史之研究滥觞于先秦（如九邱、禹贡），史记有货殖传，周礼有职方氏，汉书以次诸史书有食货志，更后则有九通之食货、田赋、钱币等部门之书。在欧洲十七世纪时有韦尔敦哈根（Werdenhagen）著中古经济史性质之书，叙述当代商业、租

[①]罗仲言：《经济史学原论》，经济新潮社 1947 年版，第 34 页。

税、货币等事,是为欧洲比较完整之经济史书。以后续有数种商业史出版。"①
经济史论方面,科学的经济史研究虽然起源于欧洲,但是中国古代也有自己的
史论,"中国的历史学自汉迄清独立发展,自具系统,原有卓越之成就"。东西
方开放之后,中国史学不足以济斯变,有人开始"主张直接搬运欧洲之史学以
为研究中国经济史之蓝本者"②。而且这种论调在当时极具影响力,以至于"出
版界经济史论之著作,有如凤毛麟角"③。学术界放弃了中国传统的经济史论,
同时也放弃了继续探究、发展原有的经济史论。

其二是 20 世纪初说,这是近年来比较流行的观点,其代表有吴承明、李根
蟠、李伯重等。吴承明指出历代的食货志之类都偏重于典章制度,未能成系统
的经济史,系统的经济史是 20 世纪早期学习西方建立起来的。④ 李根蟠指出,
现代经济史学,是用现代社会科学理论剖析历史上的经济现象和经济过程的
学科。因此,现代经济史学意义上的中国经济史学,是在西方近代历史学、社
会学、经济学、经济史等社会科学理论特别是马克思主义唯物史观传入中国以
后形成的。其开端是,19 世纪末 20 世纪初梁启超等人倡导史学革命,史家开
始研究社会经济,一些零星的经济史论著问世。俄国十月革命后,马克思主义
唯物史观传入中国,极大地推动了现代中国经济史学的形成和发展。研究经
济史的学术刊物、学术机构和学术团体相继出现,产生了一批内容涉及社会经
济结构和社会经济生活各个方面的经济史论著。这标志着中国经济史学的形
成。⑤ 李伯重认为,中国很早就出现了关于经济实践的系统记述,而且这种工
作延绵不断,形成了中国特有的"食货之学"。这种"食货之学"是中国经济史
学的源头之一。"食货之学"不能作为中国经济史学的开端,其重要原因在于,
"食货之学"是传统史学的一个部分,而传统史学在方法论上的主要特征是偏
重描述而非研究。传统的"食货之学"所关注的主要是经济制度的内容和具体
事件的经过,而非一般现象,因此很少需要理论,也无须特别的方法。同时,其
时尚无社会科学出现,当然也就无法从社会科学中引入理论和方法。因此,食
货志作为对历代经济制度和经济现象的系统记载和描述,可以被认为是一种

---

①罗仲言:《经济史学原论》,经济新潮社 1947 年版,第 34 页。
②罗仲言:《经济史学原论》,经济新潮社 1947 年版,第 107 页。
③罗仲言:《经济史学原论》,经济新潮社 1947 年版,第 108 页。
④吴承明:《经济史:历史观与方法论》,《中国经济史研究》2001 年第 3 期。
⑤李根蟠:《中国经济史学发展概览》,《人民日报》2009 年 10 月 30 日。

史学。这种史学尚不能被称为严格意义上的经济史学,却可被视为经济史学的前身。①

其三是认为中国经济史学分为传统型和现代型,传统型中国经济史学的开端是《史记》,其代表是赵德馨、周军、叶坦等。赵德馨认为中国经济史是研究中国经济发展过程及规律的独立学科,该学科从萌生到独立有一个发展过程。他在1984年撰写的《〈经济史学概论〉教学大纲》中,首次提出了关于中国经济史学发展史研究课题,认为中国经济史学史包括萌生和独立两个阶段。萌生中的经济史学不是独立学科,包含在历史学之中;随着古典经济学理论的形成,经济史学从经济学和历史学中独立出来,形成一门独立的学科。同年他发表论文《关于经济史学历史问题的一点补充意见》,认为中国有重视研究经济史的传统,保存了其他国家无法比拟的丰富的经济史料。而且同国外同期的经济史文献相比,总结财政经济政策得失的居多,综合分析的较多,因而处于较高的发展形态,但是还不具备独立的经济史学科的形态。② 赵德馨教授的学生周军认为中国古代经济史学萌发于西汉,其标志是司马迁《史记》中《平准书》《河渠书》《货殖列传》的问世。司马迁堪称中国古代经济史学的奠基人。中国人不仅很早就开始记载经济方面的活动,而且注意到各种经济现象之间的联系,形成了一些经济思想和经济理论。先秦时期的思想家较为丰富的经济思想,例如《管子》的轻重论、价格理论、消费理论等,是经济史学产生的基础。司马迁在《史记》的《平准书》《河渠书》《货殖列传》中既记载了经济发展过程,也通过史实的叙述表明自己的看法和主张,总结了经验教训,并归纳出经济理论。经济史学的出现,是当时经济现实的需要和时代的产物。③ 随着研究的深入,赵德馨在1989年和1990年提出中国经济史学分为传统型和现代型两个阶段的观点。④ 传统形态的中国经济史学,即从《史记》开始,直至20世纪初的中国经济史学。具体而言,传统形态的中国经济史学始于《史记》,成型于《汉书》,发展于隋唐,完备于明清。此时,既有经济史实,也有经济史论;既有经济史学的专用术语、概念,又有经济史学的专用体裁与叙述方法,"食货之

---

①李伯重:《回顾与展望:中国社会经济史学百年沧桑》,《文史哲》2008年第1期。

②赵德馨:《关于经济史学历史问题的一点补充意见》,《中央电大经济》1984年第1期。

③周军:《中国经济史学源流初探》,《云南财贸学院学报》1993年第1期。

④赵德馨:《汤象龙:中国经济史学科的主要奠基人》,《经济史学概论文稿》,经济科学出版社2009年版,第207—213页。

学"已成为一门"学"问。这些术语、概念、体裁与方法,又被后来兴起的现代型经济史学所继承或在继承基础上予以革新。传统型中国经济史学与现代型中国经济史学在时间上和内容上是紧密衔接的。写一部中国经济史学史必须从2000多年前的《史记》写起,才是完整的学科发展史。这如同中国文学史、中国农业史等学科都要从先秦写起一样。传统型中国经济史学这个概念是由他先前提出的"萌生阶段"概念发展而来,只不过更为准确,更便于与现代型中国经济史学概念相衔接。现代型的中国经济史学从19世纪末20世纪初开始,中国传统型的经济史学与西方经济理论相结合,转型成现代型的经济史学,其标志是梁启超《中国国债史》、魏声和《中国实业界进化史》以及沈同芳《中国渔业历史》等书于1904年以后相继出版。①

随后,李根蟠也使用中国传统经济史学的概念。他认为"中国不但很早就出现关于经济史的记述,而且形成了延绵不断的传统,这在世界上是罕见的,我们可以称之为中国传统经济史学。但传统经济史学并非现代意义的经济史学"②。他认为传统经济史学的缺陷在于以记述政治军事活动为中心、以帝王将相为主角,而历代食货志所记述的则主要是国家管理经济的典章制度和有关的经济主张,对整个社会和全体人民经济生活所反映的广度和深度都是远远不够的。因此这不是现代意义上的中国经济史学。③ 叶坦提出,"中国经济史学具有传统和现代两种形态。前者不具有现代分科或研究范式,但与庞大国家的经济发展伴随始终,经历了漫长的演进过程。自'二十四史'之首《史记》中的《货殖列传》到历代《食货志》,再到卷帙浩繁的'政书''经世文编'等中的经济类文献,采用较为定型的编撰体例和大抵衔接的记述方式,汇聚而成传统经济史学的千载流脉。之后伴随西学东渐和中国现代化进程,其逐步转型成为现代中国经济史学,其典型标志就是现代学科的形成"④。

陈锋提出:"我不太同意这样的笼统说法:'历代的《食货志》之类都偏重于典章制度,未能成系统的经济史。系统的经济史是20世纪早期学习西方建立

---

① 赵德馨:《方志学与经济史学》,《湖北方志》1989年第1期,第5—13页。《发扬面向现实、反思历史的优良传统》,《中国经济史研究》1990年第1期。

② 李根蟠:《中国经济史学形成和发展三题》,侯建新主编《经济—社会史:历史研究的新方向》,商务印书馆2002年版,第86—106页。

③ 李根蟠:《二十世纪的中国古代经济史研究》,《历史研究》1999年第3期。

④ 叶坦:《中国经济史学的演进与走向》,《人民日报》2015年12月6日。

起来的。'如所周知,《史记》中的《平准书》和《货殖列传》是经济发展史的专论,有关财政经济、社会经济的记述已经相当全面。班固的《汉书》在《史记·平准书》的基础上创立了《食货志》。……《食货志》是叙述经济事项的专篇。《汉书·食货志》从上古写到西汉,实际上在当时具有经济通史性质。……加上《史记》的《平准书》《货殖列传》和《汉书》的《食货志》《货殖列传》,整个二十六史中专门记载经济事项的门类则有 17 种。已经构成较为完整的经济史资料系列。'十通'中的经济史资料非常丰富,尤以'通考'系列的内容最为丰富……对历朝历代的经济史也有较为系统的记述或论述。……上述经济史文献,不能单纯地看作是经济史资料,其中也有很多重要的识见。……以上主要在于说明二点:第一,中国传统的经济史在传统的意义上是比较成熟的,到了晚清,又有新的发展。不能忽视中国本土经济史的研究传统,研究中国经济史,也应该本着中学为体,西学为用的原则。第二,传统的实证研究,讲究义理、考证、词章三原则,已经有其理论、方法和表现形式,在借鉴运用经济学理论与方法的时候,不可偏废。"①

　　综上所述,学者们对于现代型中国经济史学的产生看法一致,分歧点在于,中国现代形态的经济史学科是否有本国的源泉,是否有本国的历史和由此而来的传统和特点,它与 20 世纪之前的"食货之学"是否有继承关系和学理上的紧密衔接,中国经济史学史是从 20 世纪写起还是从汉代写起,这是研究中国经济史学史的一个重大问题。

二、《史记》之前的《九邱》《禹贡》《管子》一类文献不属于经济史学著作

　　上文提到传统型中国经济史学始于《史记》,而不是前引罗仲言所说的《九邱》或《禹贡》。因为《九邱》根本上不存在。② 而《禹贡》以自然地理实体(山脉、河流等)为标志,将全国划分为九个州,并对每个州的地域、山脉、河流、植被、土壤、物产、贡赋、少数民族、交通等自然和人文地理现象,做了简要的资料性的描述或者说是一种古人的理想。事实上,不仅《九邱》和《禹贡》,《史记》之前

---

①陈锋:《"理论经济史"与"实证经济史"的开拓与发展——纪念吴承明先生、汪敬虞先生百年诞辰》,《中国经济史评论》2017 年第 1 期。

②《九邱》,亦作《九丘》,传说中我国最古的书籍,无法确定其是否存在过,更无法知道其具体内容。

的所有记载（包括记事和叙事）了经济事实的相关文献都不是传统型中国经济史学文献。经济史学是研究人类社会经济生活演进过程的学科。① 其含义的关键点是经济演变过程，这是判断一部书或一种文献是否属于经济史学的标准。基于这个标准，古代的有关经济记载的文献可以分为两大类：一类本身是经济史学性质的，另一类是与经济史学有关的资料。两者的区别在于是否记载了经济生活的变化或过程，即是不是史。如果只是记载一些经济现象，就只是经济史资料，而不是经济史学著作或文献。例如，《诗经》就整体而言，是周王朝社会生活面貌的形象反映，其中有先祖创业的乐章，有贵族之间的宴饮交往，有百姓劳逸不均的怨愤，更有反映劳动、恋爱、婚姻、社会习俗等方面的内容。《诗经》记载了很多当时人们的生产与生活状况，以及田制等经济制度，但是《诗经》没有记载过去人类社会经济生活（包括经济现象、经济政策、经济制度）的发展、变化过程，因此《诗经》可以看作有重大经济史史料利用价值的古代歌谣总集，而不是经济史学著作。

对于这些西汉以前的经济史史料文献，后学利用其中关于经济发展水平和经济制度等的零星记载，结合其他材料，进行史料整理、重新架构，可以得到较为系统的中国经济发展的历史。例如，郭沫若在1930年出版的《中国古代社会研究》一书，就是通过研究《易》《诗》《书》三本主体非经济史学的文献，以及出土的甲骨文和彝铭，描绘出了一幅过去现实生活的图景，包括原始社会、奴隶制度及封建社会的产生、过渡过程，当时人们的生产生活情况，以及重要的经济制度如井田制等。接着，他于1945年出版的《十批判书》和《青铜时代》中，对前期观点进行了发展，并修正了部分论点，明确地提出了"西周奴隶社会说"。这两本书也多引证《诗经》。1952年出版的《奴隶制时代》，书中许多篇章也论及《诗经》，尤其是其中的《关于周代社会的商讨》，对《诗经》的史料价值做出了全面的评价。但《易》《诗》《书》本身不是经济史学著作。先秦的另外一些著作中也有关于经济的论述，其中有的篇章是专门论述经济的。《管子》成书于战国时期（有学者认为下至秦汉），是管仲及其门人所著。《管子》中的《侈靡》《治国》等篇讨论齐国称霸的经济政策，《轻重》等篇对生产、分配、交易、消费、财政、货币等均有论述，另外全书不少地方提及经济管理方法和经济思想。

①赵德馨：《学科与学派：中国经济史学的两种分类——从梁方仲的学术地位说起》，《中国社会经济史研究》2009年第3期。

《管子》是研究先秦经济和经济思想的珍贵资料。王仲荦于 1998 年出版的《金泥玉屑丛考》①，专门考证了先秦到两宋物价，最早的史料就是来自《管子·轻重》等篇。《管子》有经济方面的论述，但缺乏对经济变化或过程的"史"性质的记载。

按照同样的标准，再来看看《史记》，情况就大不相同了。《史记》是西汉司马迁（公元前 145—？）②撰写的一部史书，成书于公元前 90 年前后。它记载了上至传说中的黄帝时代，下至汉武帝，共 3000 年左右的历史，是第一部将经济史纳入史书撰写的著作。其中有三篇专门记述重大经济事件、重要人物以及重要经济制度、政策的渊源及影响，进而研究经济制度演变过程，分别是《河渠书》《平准书》《货殖列传》，它们是三篇经济专史，分别是水利部门经济史、国家财政史和货币专题史以及重要工商业者活动史。《河渠书》和《货殖列传》记载的事件不限于一个朝代，属通史性质；《平准书》是西汉断代史（截至该篇写作时期）。《史记》关于上述内容的记载不是资料性的，而是记载了经济政策的由来或行业发展变迁，并进行评价，总结经验教训，具有经济史学性质。它们都是专门的经济史著作，是经济史学文献。《史记》的撰写为后世经济史学的撰写创立了一个先例。同时由于《史记》纪传体"互见"的特征，在本纪、世家以及其他部分也可以找到很多关于经济政策内涵、演变过程、实施效果等的描述，从而形成了完备的经济史记载。因此《史记》本身就是一部经济史学著作，中国的经济史学是从《史记》开始的。

赵德馨在多篇文章中论证过经济史学科的结构，认为经济史学科包括两个分学科，即经济史学与经济史学理论。经济史学是经济史学科的主体，它又由两个分支学科构成，即经济史实与经济史理论。③ 本文以经济史学科结构理论为分析框架，从经济史实、经济史理论和经济史学理论三个方面，探讨《史记》对中国经济史学的开创性贡献。

三、《史记》中记载的经济史实

经济史实研究是以经济生活演变过程为对象，着重揭示它是怎样演变和

①王仲荦：《金泥玉屑丛考》，中华书局 1998 年版。

②关于司马迁的生卒年份，众说纷纭没有统一的观点，这里不作详论，仅选用王国维关于生年的观点。

③赵德馨：《经济史学概论文稿》，经济科学出版社 2009 年版，第 81 页。

引起这种变化的具体因素。①《史记》中有三个专篇专论经济史实,现分别予以介绍。

(一)《河渠书》——第一部部门经济通史

《河渠书》是中国史书中第一部中国水利经济通史。司马迁言明"水之为利害也",他观察到水给经济、社会带来的利与害,因此开始研究对水的利用、防范与治理,总结其中的经验教训。这是他写该书的原因。《河渠书》记载的时间段从大禹治水开始,延续到西汉太初元年(前 104)前后。主要记载这个时期内黄河等河流重大水灾治理及其方法的变迁,开渠引灌等重大农田水利、漕运项目建设的具体过程及其影响。

三次黄河水灾治理工程:大禹历时 13 载的黄河治理;汉文帝十二年(前168),黄河在酸枣县决口后的治理;汉武帝元光三年(前 132),黄河在瓠子决口,持续 20 多年的堵塞、决堤治理。《河渠书》在记载黄河决口的地点、程度以及水患对人们生活和农业生产的影响的同时,还细致地从技术上总结了治理黄河水患的经验:既要堵缺口,更重要的是解决决口的后患,即因势利导,疏通河道。如大禹时代"禹疏九江",从而"九川既疏,九泽既洒,诸夏艾安,功施于三代"。汉武帝在堵决口的同时,也修建了两条水渠,引黄河河水北行,"而道河北行二渠,复禹旧迹,而梁、楚之地复宁,无水灾"。

在漕运水利方面,按照时间顺序,《河渠书》首先记载战国以来著名的三项水利工程的负责人员、地点、流域、工程内容、功效等,分别是蜀郡守李冰主持的离堆工程、魏国西门豹引漳水灌溉邺郡和韩国人郑国在秦国修建的郑国渠。这些工程的经济效益首先是用于农业灌溉,例如离堆工程使成都平原"水旱从人,不知饥馑,时无荒年,谓之天府"②。其中有的也用于漕运。如汉武帝时期大司农郑当时主持的,由水利专家徐伯测量,发动人工数万人,历经三年,建成一条长达 300 余里的漕渠,"引渭穿渠起长安,并南山下"。此渠打通到黄河的直道,使运粮时间由 6 个月缩减至 3 个月,同时沿途万顷田地得以灌溉,"益肥关中之地,得谷"。

汉武帝亲自指挥的最大黄河水利工程——宣房工程成功之后,西汉掀起

---

①赵德馨:《经济史学科的分类与研究方法》,《中国经济史研究》1999 第 1 期。

②常璩辑撰,唐春生等译:《华阳国志》,重庆出版社 2008 年版,第 313 页。

"用事者争言水利"的热潮。朔方、西河、河西、酒泉等地引黄河以及川谷中的水灌溉农田；而关中的辅渠、灵轵渠是引诸川中的水；汝南、九江地区引淮河水；东海郡引钜定泽水；泰山周围地区引汶水，建成了各种水利工程。各自所开之渠都能灌溉农田万余顷。围绕这些渠道，人们开挖的引水灌溉的小渠沟不计其数，农业增产，民众受益。

司马迁记载了他所处时代水利设施工程成功的事例，也如实记载了部分失败的事例。部分成功的工程例子，如庄熊罴主持的意图开发洛河水利的龙首渠，修了十几年，对农田灌溉的作用不是很大，却因修建地下渠道，掌握了后世用于新疆的坎儿井建造的井渠法。失败的工程，例如河东守番系主持修建的"穿渠引汾溉皮氏、汾阴下，引河溉汾阴、蒲坂下"，试图引水建河东渠田的工程，几年之后因黄河改道而失败；张汤儿子张卬，主持修建的试图打通巴蜀通关中的褒斜道方便漕运的工程，其结果是"道果便近，而水湍石，不可漕"。司马迁这种全面反映真实情况的实事求是的态度，为后之史者做出了榜样，也值得今人学习。

(二)《平准书》——第一部断代货币专题史和财政部门经济史

司马迁在《太史公自序》中说明了撰写《平准书》的原因："维币之行，以通农商；其极则玩巧，并兼兹殖，争于机利，去本趋末。作平准书以观事变。"从字面意义上看，该篇关注货币变迁及其对经济的影响，因而是一部货币史。"平准"即平抑价格的机制，是汉初所创一种意在稳定物价的经济政策。作者首要关心的是物价问题，物价是通过货币表现的，故而该篇也是一部货币史。在实践中，"平准"是通过"均输"的方式达到的。制定平准均输制度源于政府财政压力，因此《平准书》的具体内容除了记载货币的变迁以及平准均输制度的来源及它的后续影响，还着力按时间顺序概述汉武帝时期财政收支面临的问题以及应对的政策，因而又是一部财政史。《平准书》是第一部关于西汉初期货币变迁的专题经济史和第一部财政部门经济史。与《河渠书》属于通史的性质不同，《平准书》是断代史。

1. 第一部断代货币专题史

司马迁试图通过介绍货币变迁的过程及其影响"以观事变"，因此在书中按时间顺序从货币种类、货币价值和铸币管理权等三个方面记载货币的变迁，进而探讨了货币的作用以及如何利用货币来稳定和发展经济。

货币种类（包括各货币的名称、大小、形状等）的演变。汉初至汉武帝元鼎四年（前113），从用秦半两钱，到铸荚钱，铸四铢钱，铸三铢钱，发行皮币、白金三品，铸五铢钱，铸赤侧五铢，再到铸三官五铢钱，历经7次变迁。

7种主要铜钱铸币价值的变化。货币的价值可以随着含铜量、发行量以及盗铸情况而大小不同。例如汉文帝"乃更铸四铢钱，其文为'半两'"，此后历经四十余年盗铸风行，以致"今半两钱法重四铢，而奸或盗摩钱里取镕，钱益轻薄而物贵，则远方用币烦费不省"。汉武帝"令县官销半两钱，更铸三铢钱，文如其重"。政府可以利用发行货币解决部分财政问题，但要不断摸索找到合适的货币重量与面值，才能更好地利用货币为财政经济服务。

铸币管理权的演变规律。在此期间，铸币管理权经历了民间私铸（汉高祖，"汉兴……于是为秦钱重难用，更令民铸钱"）、汉惠帝时期颁布盗铸令、汉文帝除盗铸令（"至孝文时，荚钱益多，轻，乃更铸四铢钱，其文为'半两'，令民纵得自铸钱"），到国家专门部门铸造（汉武帝时期"于是悉禁郡国无铸钱，专令上林三官铸"）的变化。国家专门部门铸造时，禁止郡国政府和私人铸造货币，铸币权统一于国家，意味着中央政府垄断了货币铸造权。为保证中央政府铸币的流通，减少盗铸，中央政府首先垄断铸币材料，诸郡国以前所铸钱皆废销之，输其铜三官；其次经过多年的摸索，统一铸币重量为"五铢"，即"三官五铢"钱，币值等于其实际重量；最后提高防盗铸功能，"三官五铢"钱有内外郭，制作精良，力求在技术上杜绝盗铸。真正实现了货币的统一，对后世货币影响深远。

2. 第一部断代财政史

首先，《平准书》叙述了汉代前期财政发展史的两个阶段。汉高祖至文帝、景帝期间，政府实施的是休养生息的"小财政"政策。西汉建立之初，财政困难，"自天子不能具钧驷，而将相或乘牛车，齐民无藏盖"，以致"漕转山东粟，以给中都官，岁不过数十万石"。针对这种状况，政府"量吏禄，度官用，以赋于民"。当出现边境冲突或者自然灾害时，政府通过暂时的募民输粮于边关拜爵或"卖爵令"渡过难关。加上政府"复弛商贾之律"，商贸经济发达，以至于"汉兴七十余年之间，国家无事，非遇水旱之灾，民则人给家足，都鄙廪庾皆满，而府库余货财。京师之钱累巨万，贯朽而不可校。太仓之粟陈陈相因，充溢露积于外，至腐败不可食"。呈现出国富民富的历史盛况。

武帝即位之后，国家面临的主要任务发生转变，政府支出剧增，相应地需要创造更多财源以应对支出，遂开始实行大出大入的"大财政"政策。汉武帝时期政府支出增加主要在三个方面。一是军事方面。其中主要是持续 40 多年的对北方匈奴的战争和东、南、西方开拓疆域的战争费用。"于是大农陈藏钱经耗，赋税既竭，犹不足以奉战士。"二是河工、赈灾和水利等公共事业方面。"初，先是往十余岁河决观，梁楚之地固已数困，而缘河之郡堤塞河，辄决坏，费不可胜计。""其明年，山东被水灾，民多饥乏，于是天子遣使者虚郡国仓廪以振贫民。""其费以亿计，不可胜数。于是县官大空。""其后番系欲省底柱之漕，穿汾、河渠以为溉田，作者数万人；郑当时为渭漕渠回远，凿直渠自长安至华阴，作者数万人；朔方亦穿渠，作者数万人；各历二三期，功未就，费亦各巨万十数。"三是巡游封禅，以及修造豪华宫室方面。例如，"是时越欲与汉用船战逐，乃大修昆明池，列观环之，治楼船，高十余丈，旗帜加其上，甚壮。于是天子感之，乃作柏梁台，高数十丈。宫室之修，由此日丽"。昆明池的修建本是为了军事需要，却成了大修宫室之起点。

支出大增，使政府面临巨大的财政压力，"兴利之臣"创造性地制定了六种经济政策措施，以增加政府收入。(1)官山海。"使孔仅、东郭咸阳乘传举行天下盐铁，作官府，除故盐铁家富者为吏。"(2)平准均输。"乃请置大农部丞数十人，分部主郡国，各往往县置均输盐铁官，令远方各以其物贵时商贾所转贩者为赋，而相灌输。置平准于京师，都受天下委输。""大农之诸官尽笼天下之货物，贵即卖之，贱则买之。"(3)算缗与告缗令。"异时算轺车贾人缗钱皆有差，请算如故。""匿不自占，占不悉，戍边一岁，没入缗钱。有能告者，以其半畀之。""乃分遣御史廷尉正监分曹往，即治郡国缗钱，得民财物以亿计，奴婢以千万数，田大县数百顷，小县百余顷，宅亦如之。"(4)没收有市籍商人所拥有的土地和奴婢。"贾人有市籍者，及其家属，皆无得籍名田，以便农。敢犯令，没入田僮。"(5)捐纳和捐输。这是一项早已存在的政策，但到武帝时期，又有了不一样的具体规定。汉文帝时"于是募民能输及转粟于边者拜爵，爵得至大庶长"。汉景帝时"上郡以西旱，亦复修卖爵令，而贱其价以招民；及徒复作，得输粟县官以除罪"。汉武帝时向政府缴纳奴婢的，得以终身免除租赋徭役，"乃募民能入奴婢得以终身复，为郎增秩，及入羊为郎，始于此"。"令吏得入粟补官，及罪人赎罪。"(6)增发货币。"于是天子与公卿议，更钱造币以赡用，而摧浮淫并兼之徒。"如创白鹿皮币，铸造白金(银锡合金，分为龙、马、龟三品)币和钟官赤侧钱等。这些政策大多不同于传统的理财手段，支撑了政府的财政需要，成为完成当时国家面临主要任务的基础。司马迁评价其做到了"民不益赋而天下用饶"。在中国历史上,《平准书》是第一次清楚展示一个朝代100年间财政收支变化的经济史学篇章。

其次,《平准书》叙述了汉代前期财政制度与财政机构的创立与变迁。《平准书》明确地记载皇室财政与国家财政分立,各有其财源、支出及管理机构。"量吏禄,度官用,以赋于民。而山川园池市井租税之入,自天子以至于封君汤沐邑,皆各为私奉养焉,不领于天下之经费。""吏禄""官用"(包括军队供养以及军用车马、兵器之费)指的是官僚及官署开支,属国家财政支出,其财源"以赋于民"。"以赋于民"之赋包括赋和税两种,征收的是田租、算赋、更赋、算缗等税赋。这是国家财政以支定收的原则。所谓"山川园池市井租税",即征收的山泽、园圃、市井税等工商衡虞之人,供天子、诸侯王、列侯及封君私人奉养之用。从财政机构看,国家财政与皇室财政分属大农及少府、水衡等机构负责。少府负责管理皇室的收入以及支出,是皇室财政的重要机构;大农管理国家财政。在中国历史上,《平准书》也是第一次清楚展示一个朝代100年间财政制度与财政机构创立与变迁的经济史学篇章。

(三)《货殖列传》——第一部区域经济史和重要货殖人物活动史

《货殖列传》专门记述从事"货殖"①活动的杰出人物,是中国历史上首部为从事各种商品生产、商品交易活动的工商业人物写的群传。包含两方面经济史实:一是关于从事货殖行业人物兴起的资源禀赋条件和区域经济背景;二是记载从周初到汉武帝时期杨可告缗的年份(前114),以及各地货殖大贾的工商活动和成就。所以《货殖列传》是区域经济史和重要货殖人物经济活动史,是研究先秦到汉初社会经济史的重要成果。

作者首先介绍了汉初经济发展的大背景,"汉兴,海内为一,开关梁,弛山泽之禁,是以富商大贾周流天下,交易之物莫不通,得其所欲,而徙豪杰诸侯强族于京师"。国内市场统一,政府经济政策宽松,资本和人才的集中等,使货殖人才辈出、工商业贸易大发展有了基础。同时自然地理环境对区域经济的发展有着很强的制约性,各区域资源禀赋不一,经济发展与自然地理环境相适

①"货殖"是指谋求"滋生资货财利"以达到致富赚钱目的,即从事货物的生产与交换活动,以生财求利。

应,导致明显的区域经济差异,这正是发生商品交换的重要原因。因而作者能依据地理位置和其经济特色,从宏观上将汉朝管辖区分为七个区域①,概述各区域经济状况与特色。七个区域包括关中经济区,三河(河东、河内与河南)区域,燕、赵、代区域,齐、鲁区域,梁、宋区域,楚、越经济区,颍川、南阳区域。司马迁在分析各区域自然资源禀赋差异的基础上,综述各地区农、工、商、虞四大产业部门经济特色、风俗习惯以及区域中心城市,每一个区域都阐明其特点与优劣。以关中经济区为例,它面积占全国的三分之一,人口占十分之三,而财富却占十分之六。(是在中国经济史学,也可能是世界经济史学上,用面积、人口和财富三个变量来表达地区财富分布的第一个范例)其地处"关中自汧、雍以东至河、华,膏壤沃野千里",自虞夏以来因土地肥沃,而农业发达,后又因秦汉时期为国家都城所在区,人口密集,资本充足,工商业发达。南通巴蜀,巴蜀地饶,卮、姜、丹砂、石、铜、铁、竹、木等经济作物和矿产资源丰富,手工业发达;西近邛笮,无所不通;西有羌中之利;北有戎翟之畜,畜牧为天下饶。总之,关中地区农业生产条件好,交通方便,资本充足,资源丰富,手工业、商业贸易发达,工商巨贾多,因而富甲天下。司马迁从区域经济特色论述交换发展的基础,而区域经济特色的形成,除社会因素外,主要是自然禀赋不同,这准确地反映了汉代商品货币经济发展的基础,主要不是社会分工而是自然分工。《货殖列传》的这些记述,为中国交换史学、经济地理学和区域经济发展史的构建做出了卓越的贡献。

《货殖列传》所记货殖人物总共31人,按时间分为两类。第一类是汉以前的,主要是春秋晚期(中国商品货币经济产生时期)至战国时期从事货殖的人物(9人);第二类是西汉前期(当世)的人物(22人)。合起来就是中国自有商品货币经济和货殖人物以来全部历史人物。就其致富对象而言,可以分为三类。第一类是从事货殖使国家富强的人(管理国家财富),第二类是从事货殖使家庭富裕的人(管理家庭财富),第三类是两者兼而有之的人。内容主要是他们活动的地域、从事的行业以及得以成功的经营手段等。按行业来说,所记31人,除去姜子牙和管仲两位管理国家财富者,选取的人物来自各行各业,包

---

① 一般认为司马迁在《货殖列传》中,按地理区域以及物产分为四个大区,即山东、山西、江南和龙门—碣石以北。四个大区以下又分为若干小区。关于小区的具体数目与范围,有很多不同的观点,有的多达十八个小区。这里按文中所述,分为七个区进行介绍。

括各种手工业商品生产者、农林牧渔业商品生产者以及专门从事商业的商人等。具体而言，从事商业贩运 12 人，货币经营（金融）1 人，盐业 1 人，冶铁业 5 人，矿业 1 人，畜牧业 1 人，农业 1 人，坐贾 3 人，技艺 2 人，杂项 2 人。行业分布广泛，代表性极强。这些工商业成功人士"皆非有爵邑奉禄弄法犯奸而富，尽椎埋去就，与时俯仰，获其赢利，以末致财，用本守之，以武一切，用文持之，变化有概，故足术也"。所以，要家富国富，并不限于从事某一个行业，而是取决于个人的能力和努力，"富无经业，则货无常主，能者辐凑，不肖者瓦解"。他高度评价因货殖致富者的作用，称他们为智者、贤人，为之立传，作为后人学习的对象。《货殖列传》除了介绍这些人的事迹，更重要的是总结了他们的商业思想和治生之学。

《史记》是一部纪传体通史，它的特点是纪、世家、传、书、表互见或者互证。在《史记》不同部分，尤其是本纪、世家以及列传部分，可以看到从不同的角度对同一事件的记载。因此，后学研究《史记》，不能仅仅只读这三篇经济史学专门篇章，还要研究其他卷中的相关记载，以得到相互印证与说明，补充经济史学专篇的不足，从而厘清重大经济制度或政策缘由、变迁以及影响。例如，《平准书》一文概述了汉武帝时期财政支出的压力，但是具体支出部分不是很完备，《孝武本纪》中详细记载了武帝巡游、封禅、修建宫殿等各类活动，后人可以直观了解这部分支出的规模。在《孝文本纪》中，也按时间顺序记载有灾荒情况以及政府应对措施："天下旱，蝗。帝加惠：令诸侯毋入贡，弛山泽，减诸服御狗马，损郎吏员，发仓庾以振贫民，民得卖爵。"在列传中，读者通过研读当时经济政策的参与者传记，可以获取关于当时经济政策演进和影响的史实。例如在《酷吏列传》的张汤传中，可以清楚地看到国家财政收支的紧张以及相应政策的社会影响。而《匈奴列传》《南越列传》《东越列传》《朝鲜列传》《西南夷列传》《大宛列传》，则是少数民族地区人口、物产等经济方面记载的集合。例如《大宛列传》介绍西部地区的人口、经济产出以及地理位置，这些都是关于中国西部地区最早的经济史记载。今天的学者在研究少数民族经济史的时候，要到《史记》中探其根源。

四、《史记》中展现的经济史理论

经济史理论是经济史的理论形态，是对经济史实的理论抽象。具体而言，经济史理论是学者在研究经济史的过程中得出的经济学、历史学、社会学的理论、理论观点、理论概念。经济史实是经济史理论的基础。经济史实是一切经济知识的源泉,绝大多数的经济学理论都是经济史学先从经济史实中抽象出来的。恩格斯指出,马克思的"全部理论是他毕生研究英国的经济史和经济状况的结果"①。司马迁在撰写《史记》时,不仅仅只是涉及西汉武帝及其以前的社会经济活动的发展过程,他在还原经济历史真相的过程中,也对政策和实践进行分析,进而抽象出经济史理论观点。正如司马迁在《史记·报任安书》中所言:"网罗天下放失旧闻,略考其行事,综其终始,稽其成败兴坏之纪,上计轩辕,下至于兹……亦欲以究天人之际,通古今之变,成一家之言。"他借写经济史实表达自己的思想和理论,寓论于叙事中。

司马迁在撰写《史记》,研究汉武帝及其以前的经济史实过程中,得出的经济学、历史学、社会学的理论、理论观点、理论概念甚多,本文只讨论经济学理论。即便如此,它们仍然涉猎范围广,影响深远。国内外一些学者屡屡把其经济理论与亚当·斯密在《国富论》中提出的理论加以对比或相提并论,认为《史记》中来源于经济史研究中的很多经济理论观点,实际上与英国古典经济学基础理论有异曲同工之妙,或称为"自然主义经济理论"②。司马迁经济史文献中展现出的经济理论非常丰富,是多层次的,有最基本的经济哲学方面的理论,即关于朴素的唯物史观和社会经济发展的动力说;有关于宏观经济运行的理论,即坚持自由经济的善因论;有关于国家经济发展战略的理论,如农商并重理论和反对重农抑商理论;有关于具体的商品货币经济运行规律的总结,如经济发展周期论;有关于经济事物产生、发展的理论,如货币起源于商品交换的理论;还有具体的、微观的关于人们如何发家致富的治生之学理论;等等。

(一)追求物质财富是人的本性论

社会经济怎样才能繁荣发展,人的生活怎样才能过得好,司马迁从考察经济历史过程中得出了自己的理论性的认识。他不看好老子所论及的理想社会:"至治之极,邻国相望,鸡狗之声相闻,民各甘其食,美其服,安其俗,乐其

---

① 马克思:《资本论》第1卷,人民出版社1975年版,第37页。
② 吴承明:《经济史:历史观与方法论》,《中国经济史研究》2001年第3期。

业,至老死不相往来。"而是看到自虞夏以来,人们"耳目欲极声色之好,口欲穷刍豢之味,身安逸乐,而心夸矜势能之荣"。司马迁通过这段简洁的文字,阐明了人类从生理上天然追求更高的物质与精神享受的本性。

司马迁的千古名句"天下熙熙,皆为利来;天下攘攘,皆为利往",形象地描述了人们的经济活动都是基于自利。他还列举社会上形形色色的人物,窥探其行为背后的动机。《史记·货殖列传》载:"故壮士在军……为重赏使也。其在闾巷少年……其实皆为财用耳。今夫赵女郑姬……奔富厚也。游闲公子……亦为富贵容也。……农工商贾畜长,固求富益货也。此有知尽能索耳,终不余力而让财矣。"据此,他抽象出"富者,人之情性,所不学而俱欲者也"的人性论观点。进而他主张顺应这种天性,"人各任其能,竭其力,以得所欲",人通过尽自己的能与力,去满足自己的欲望。司马迁说,"千金之家,比一都之君,巨万者乃与王者同乐",可以过上"衣食之欲,恣所好美矣"的生活,这就意味着他不仅赞同追求实物财富,还肯定通过积累财富去追求享乐。司马迁对于尽自己的能力增殖财富,尤其是货币财富,没有从伦理或等级观念加以非议,而是予以表扬,这在古代思想家和学者中是不多见的。[1] 司马迁在主张人们追求富裕的同时,也指出求富之途,认为奸富不可取。所谓"奸富",即通过作奸犯科、盗铸伪币,甚至杀人越货等非法手段获取财富。"为权利以成富,大者倾郡,中者倾县,下者倾乡里者,不可胜数。"这些社会上广泛存在的靠权力致富的富贾,都不是他推崇的对象。司马迁明确反对利用损人利己的方式获取财富,主张用自己的能力与努力致富,用这种方式致富,既利己,也有利于社会。

这种赞赏追求物质利益的"自利论"本性思想与西方古典经济学家的观点如出一辙。亚当·斯密在《国富论》里描述了人们生产的自利动机:"我们每天所需的食料和饮料,不是出自屠户、酿酒家或烙面师的恩惠,而是出于他们自利的打算。不说自己有需要,而说对他们有利。"[2]被自利动机驱使的经济主体,分散做出资源配置的决策,即"每个人都不断地努力为他自己所能支配的资本寻找最有利的用途。固然,他所考虑的不是社会的利益,而是他自身的利

---

①巫宝三:《谈谈研究中国早期经济思想的意义、现状和前景》,《经济研究》1982 年第 8 期。
②[英]亚当·斯密:《国富论》,中国商业出版社 2009 年版,第 5 页。

益"①。因此,经济主体是理性的、自利的、始终追求自身利益的最大化的,也是各经济主体进行商品交换与劳务生产的根本动力。司马迁与亚当·斯密在时间上相距近 2000 年,空间上相距数万里,分析经济发展动力的思路如此一致,使用的语言又如此近似,此亦世界经济思想史上的一大奇观。

(二)物质财富生产基础论

在司马迁所处时代之前,很多人认为要解决经济或社会问题,使国家得到"治平"的境界,只要奉行某种学说(包括神学、儒学等),用它教育人民,做好社会意识形态领域的工作,便可达到"物阜民丰",从而"安居乐业",因而强调道德教化的重要性。司马迁则相信人们本性是追求物质享受的,故只有物质财富的增加才能解决根本问题,经济是社会生活的基础,依靠道德教化,"虽户说以眇论,终不能化"。他一再引用《管子·牧民》篇名言:"仓廪实而知礼节,衣食足而知荣辱。"要知礼节、知荣辱,不能离开仓廪实、衣食足的基础。他对管仲观点加以发挥:"礼生于有而废于无。故君子富,好行其德;小人富,以适其力。"君子富,能把他潜在的高尚的道德激发出来,所以说由富而贵,也好行其德;小人富,也能发挥他的力量。礼义实际上是从富裕的地方产生的,不是凭空而来的。物质财富影响人们的道德观念和礼义廉耻,这是司马迁从社会层面分析得出的认识。

司马迁又从个人层面来分析,认为人们在求富趋利活动中积累的巨额财富能提升自己的社会地位,并赢得别人的尊重。他谈及乌氏倮、寡妇清时赞叹地说道:"夫倮,鄙人牧长;清,穷乡寡妇,礼抗万乘,名显天下,岂非以富邪?"他总结性地指出:"凡编户之民,富相什则卑下之,伯(百)则畏惮之,千则役,万则仆,物之理也。"即便是孔子,也是因学生子贡经商,积累了财富并与多个诸侯有交往,才得以周游各国而扬名,获得更广泛的社会认可。"夫使孔子名布扬于天下者,子贡先后之也。此所谓得执而益彰者乎?"所以,他不赞成安贫乐道。"无岩处奇士之行,而长贫贱,好语仁义,亦足羞也。"显然,司马迁认为社会上人和人之间的关系与财富占有状况密切相关,占有财富的数量决定了人们的社会地位,进而决定了人和人之间的关系。

上述观点表明司马迁认识到物质生产对社会生活的作用,财富对社会政

---

① [英]亚当·斯密:《国富论》,中国商业出版社 2009 年版,第 81 页。

治关系和社会意识的决定性作用。从理论的成就来说,这是朴素的唯物主义的论点。[①]

这些观点当然不能等同于马克思主义的经济基础与上层建筑理论、生产关系与阶级关系的理论,但《货殖列传》试图用经济现象说明社会问题和社会意识问题,这对从意识形态、有神论之以神意解释社会问题进行了正面的有力的冲击。

(三)善因论

经济中的各自利的主体进行物质资料的生产,会自然形成分工和相应的经济运行机制,"故待农而食之,虞而出之,工而成之,商而通之。此宁有政教发征期会哉? 人各任其能,竭其力,以得所欲。……各劝其业,乐其事,若水之趋下,日夜无休时,不召而自来,不求而民出之。岂非道之所符,而自然之验邪?"(《史记·货殖列传》)这是自然的哲学,是天道,因此政府对经济管理的最佳境界是顺应经济发展本身的趋势。司马迁提出了政府管理经济的五种政策或者说五种境界,即"故善者因之,其次利道之,其次教诲之,其次整齐之,最下者与之争"。司马迁对这五种政策及其境界进行了排序,给出了评价政府经济政策优劣的标准。"因之"最高,"与之争"最次。政府选用不同的政策,显示政府经济管理水平的不同境界。司马迁"善因论",来自实践,是他长期关注经济活动,自周以来各种经济政策及其效果的抽象之产物。他对汉初实行"无为"政策的"文景之治"赞赏有加;在他生活的时代,汉武帝对社会经济活动进行了广泛而严格的控制,政府直接参与经济经营,垄断专营盐铁酒榷,实行平准,进而直接操纵物价以获利。司马迁是不赞成这种政策的,他在《平准书》中采用不同的方式表达了他的这种观点。

中国古代虽然有过不少对政府管理经济政策的评论,却都缺乏从经济的角度对政府管理经济优劣进行系统的理论分析。司马迁比较不同的政府管理政策的差异,首次进行总结,概括为五种类型,又用经济事实进行论证。更重要的是,他的这种关于政府管理经济的政策理论,实质上是对资源配置方式(经济学的根本性问题)的讨论。他认为最优的方式是善者因之,政府顺应百姓之所为,即顺应经济发展本身的趋势。这就是说,各经济主体不需要政府的干预或指引,人们根据自己的资源禀赋,分散做出决策,最终稀缺的资源得以

---

①白寿彝:《司马迁与班固》,《北京师范大学学报(人文社会科学版)》1963 年第 4 期。

按照人们自己的意愿配置。顺应百姓自发行为和因此形成的经济发展趋势是政府最好的选择。这正是亚当·斯密在《国富论》中所表达的政府自由放任观点："由于每个人都努力把他的资本尽可能用在国内产业上，并使其价值能达到最高，尽管他通常是既不打算促进公共利益，也不知道在什么程度上促进那种利益。但是他象在其他许多情况下一样，受到一只看不见的手的指导，去尽力达到一个并非他本意想要达到的目的。他追求自己的利益，往往使他能比在真正出于本意的情况下更有效地促进社会的利益。"[1]

(四)农工商并重论

在《货殖列传》中，司马迁旗帜鲜明地提出了农业社会中国家经济发展的产业选择观点。他从历史事实中概括出的规律是："夫用贫求富，农不如工，工不如商。"这是对于普通民众求富来说的。对国家求富来说，各个产业在经济中的地位不同，有本有末，农业为本，工商业为末，"本富为上"。这个"本"是"基本"之义。在汉代，低水平的生产力决定了农业是基本产业，也是最重要的产业，国家必须注重农业的基础地位。在产业结构的本末问题上，司马迁与以前的和同时期的其他学者不一样的是，他认为农业与工商业的本末关系是相对而言的，是互补的，而不是对立的，他不认可重农就必须抑商。他认为社会经济中，农、工、商、虞四业是互相衔接、彼此配合的一个整体，它们各有自己的功能，这些功能是互补的，四业可以而且必须同时发展，商业发展有利于农、工、虞三业的发展，从而重农不必抑商，重本不必抑末。农、工、商、虞四业功能不同，在经济发展中的地位不同，对人们的经济生活与社会经济发展来说，却是缺一不可的，因而应该是并重的，从事四业的人应该无社会地位高低之分。

抑商论源自人们对商人和商业的错误价值观，认为商人是不劳而获的，依靠剥削农民谋利，没有认识到商业在经济循环中的作用。司马迁从多个方面论证商业和商人的重要性。中国地域广大，各地资源禀赋差异性大，经济生活离不开商业的发展。《史记·货殖列传》载："山西饶材、竹、谷、纩、旄、玉石。山东多鱼、盐、漆、丝、声色。江南出楠、梓……故待农而食之，虞而出之，工而成之，商而通之。"农、工、商、虞四业是经济自发形成的分工，四业的不可分割性，说明商品交换是建立在分工的基础之上的，农业和工、虞的发展，需要商业的辅

---

① [英]亚当·斯密:《国富论》,中国商业出版社 2009 年版,第 82 页。

助,需要有人专门从事商品的交换。司马迁在论证商业地位的同时,还论证商人的作用。汉代从初年开始,实行贱商政策,鄙视商人。司马迁则认为商人依靠自己的智力与能力致富,为富民富国、为社会的发展做出了重要的贡献,而不是巧夺豪取,理应同政治家、军事家和思想家一样受到尊重,可以称为"素封",可以与政治家、军事家和思想家一样,为之立传,载入史册。司马迁还用历史上的事实来佐证他的理论。"齐地负海舄卤,少五谷,而人民寡。"面对恶劣的自然条件,姜太公利用境内矿藏、鱼、盐资源丰富的特点,发展冶炼业、丝麻纺织业、渔盐业等;发挥齐民重商传统的优势,发展商业,鼓励与列国开展贸易。在这种农、工、商、虞并举的战略指导下,以"故齐冠带衣履天下,海岱之间敛袂而往朝焉",齐国由偏僻荒凉的小国穷国发展为雄踞东方的大国富国,成为春秋时期的第一霸主国。

(五)农业生产的周期论

司马迁"究天人之际,通古今之变"纲领实际上是一种"法自然"思想。他对周期是非常上心的。他对于国运周期进行过探讨。[①] 在《货殖列传》中,他借引计然和白圭之语来表达关于农业生产周期的观点。计然认为农业生产运行存在两种周期,其一是"六岁穰,六岁旱,十二岁一大饥"。这是简单直观的经济周期循环论,主要是关于农业生产的十二年一次的相对的长周期性。其二,"故岁在金,穰;水,毁;木,饥;火,旱"。这里用的是结合五行学说的岁星纪年法,岁星就是木星,绕太阳一周实际须 11.86 年,约十二年为一个周期。岁星在某一个方位差不多是三年,金、水、木、火分别代表西、北、东、南四方。岁星在金的三年丰收,岁星在水的三年歉收,岁星在木的三年饥荒,岁星在火的三年旱灾。这十二年又形成了一个相对的周期框架,每三年是一个中周期。[②]

"治生之祖"白圭是司马迁着墨较多的人物之一。白圭把农业周期中的中周期更加细化到更短的周期,"太阴在卯,穰;明岁衰恶。至午,旱;明岁美。至酉,穰;明岁衰恶。至子,大旱;明岁美,有水。至卯,积著率岁倍"。用五行相生相克来研究具体周期内的变化,把三年的短周期细化到每一年的小短周期。

司马迁刻意记录的这些农业生产周期理论,有三点值得注意。第一,它是

---

①《史记·天官书》"天运,三十岁一小变,百年中变,五百载大变;三大变一纪,三纪而大备:此其大数也。为国者必贵三五。上下各千岁,然后天人之际续备"。

②张文江:《古典学术讲要》,上海古籍出版社 2015 年版,第 72—73、84 页。

基于对多年农业生产实际情况的观察和统计,是从历史事实中总结出来的认识,跟今天的经济周期理论比较,既简略又粗糙,却是当时对农业生产周期的有益探索。第二,春秋战国秦汉时期,农业是基本产业。农业生产的周期,也就是社会经济的周期。所以农业生产周期理论也是整体社会经济周期理论。第三,计然、白圭等商人根据自己的天文知识与农业生产历史,总结出相应的周期规律,目的在于预知年成好坏,作出商业布局,以便获利。司马迁刻意记录它们,目的是供治国者和国人知晓,以便富国富家。

(六)治生论

"治生之学"是经营管理家庭生计的学问。中国古代的治生之学,是由商人首先总结出来的,可称为经商致富之学。它是一种以家庭为本位的经济理论。[①] 在治生论方面,司马迁首先注意总结历史上治生之学经验,研究富家之术,"令后世得以观择焉"。在此基础上,进而提出自己的观点,将治生之学发展到更高的水平,治生之学也成为他经济史理论的重大特色之一。

1.司马迁总结他人的治生之学理论

司马迁在《货殖列传》中首创研究先秦至汉武帝时期商贾巨擘的工商业经营管理活动,总结归纳范蠡、白圭等货殖家们的致富之术。

第一,成功工商业人士必须具有智、勇、仁、强的品格。司马迁《货殖列传》引用白圭的话来说明这一点:"吾治生产,犹伊尹、吕尚之谋,孙吴用兵,商鞅行法是也。是故其智不足与权变,勇不足以决断,仁不能以取予,强不能有所守,虽欲学吾术,终不告之矣。"简单说就是:智足与权变,勇足以决断,仁能以取予,强能有所守。这是白圭致富的经验。

第二,利用供求规律——逆风向投机致富。在《货殖列传》中,司马迁借用计然语:"论其有余不足,则知贵贱。贵上极则反贱,贱下极则反贵。贵出如粪土,贱取如珠玉。财币欲其行如流水。"这是对供求规律的形象描述。在投资上要做反向的处理,"故物贱之征贵,贵之征贱"。"征"是变动的征兆,市场上的各类主体要注重这种征兆,逆风向行事,"旱则资舟,水则资车,物之理也",掌握了这个规律,便可以致富。司马迁还用白圭的实践作为佐证,白圭关注市场供求变化,在做商业投资时,"人弃我取,人取我与""夫岁孰取谷,予之丝漆;

---

①赵靖:《论所谓"治生之学"》,《江淮论坛》1983 年第 6 期。

茧出取帛絮,予之食"。不外乎谷物成熟丰收时,买进粮食,卖出丝、漆;蚕茧结成时,买进帛、絮,出售粮食等相关产品。

2. 司马迁的治生学理论

司马迁对于与他同时代的工商人物,记载较为简洁,多只有寥寥数语,载名、地、行业等,更多的是借人和事阐述他对如何发财致富以及守财、散财的思考。

第一,如何发财致富。司马迁对致富者的主要经验概括为三点。

首先,要选择好行业。当时的情况是:"夫用贫求富,农不如工,工不如商,刺绣文不如倚市门,此言末业,贫者之资也。"他列举了当时所能从事的 30 多种行业,大多都能获得超过 20%的利润。"通邑大都,酤一岁千酿,醯酱千瓵,浆千甒,屠牛羊彘千皮……佗杂业不中什二,则非吾财也。"

其次,"夫纤啬筋力,治生之正道也,而富者必用奇胜"。"此皆诚壹之所致"。出奇制胜的招数实际上比较简单,就是无论从事什么行业,都要心志专一。"富无经业","贩脂,辱处也,而雍伯千金。卖浆,小业也,而张氏千万。洒削,薄技也,而郅氏鼎食。胃脯,简微耳,浊氏连骑。马医,浅方,张里击钟"。因为只有专心致志,才能发挥创造力,才能将所做的事业做到极限,从而在竞争中胜过他人,成为本行业的"状元"——最大的富翁。

最后,要从自己的实际情况出发,采取不同的方法。"是以无财作力,少有斗智,既饶争时,此其大经也。"司马迁在此讲了三种情况。第一种是没有什么资本而只有劳力。对于这种穷人而言,此时的出路是在选择的行业里"作力",即尽最大努力,以求积累点财富。第二种是稍有财力。此时应该"斗智",依靠智力尽快拓宽赚钱的渠道,以增加自己的财富。第三种是已经很富有。此时的要义是"争时",抓住时代发展的潮流,而不是与具体的人或企业进行激烈的竞争。这里可以对应司马迁对范蠡经验的总结,"与时逐而不责于人"。

第二,如何守财。"以末致财,用本守之。"这是司马迁总结的创业与守业观,以经营商工末业致富,要通过购置田产不动产来守财。这条经验显示出,进入西汉以后,除了商业的经营管理思想继续在商人中实践和进一步发展以外,又逐步形成了新的治生之学。① 这种变化与春秋战国、秦汉时期土地私有化密切相关。

第三,如何散财。"富好行其德。"这涉及积累财富的目的。在《货殖列传》

---

① 赵靖:《论所谓"治生之学"》,《江淮论坛》1983 年第 6 期。

的最后,司马迁用"富无经业,则货无常主,能者辐凑,不肖者瓦解"结束这篇旷世奇文,表明财富是聚散不定的,获得财富并没有恒定的模式,不可能一个行业长期领先,也没有一个家族长久富裕,因而聚财是一种能力,散财才是最终的目的。这呼应了司马迁的"故君子富,好行其德"的主张。

散财的方式是"行其德",如何"行其德"?一是行其德于国家,捐物捐资给国家,支持国家抵御侵略。卜式是此类散财行德的代表。卜式本为一平民,靠牧羊发财致富后,对比其他富豪"皆争匿财",他倡导"贤者宜死节于边,有财者宜输委,如此而匈奴可灭也"。他甘愿捐一半家产以支持国家对匈奴的战争。捐赠不成,他又"持钱二十万予河南守,以给徙民"。支持地方政府应对因水灾救济灾民产生的"贫民大徙,皆仰给县官,无以尽赡"的亏空。二是行其德于社会大众,救援扶持贫者。司马迁非常推崇的范蠡是此类散财行德的代表。范蠡晚年放弃政治地位,潇洒地"乘扁舟浮于江湖",改名易姓,"十九年之中三致千金,再分散与贫交疏昆弟"。

西方古代经济学是作为奴隶主、农奴主的家庭经济管理之学而形成的,是富家之学。中国先秦学者流传下来的文献偏重于从国家的角度探讨社会经济问题,主要表现为富国之学,对于怎样管理和增加家庭财富的问题鲜有关注。而春秋末至西汉前期是中国古代治生之学的黄金时代,这些古代思想瑰宝的留存要归功于司马迁的《货殖列传》。

五、《史记》的经济史学理论贡献

经济史学理论以经济史学科为研究对象,它研究经济史学的结构、研究对象、研究方法、叙述方法、理论、历史、学派、相邻学科、分期标准等等。[①]《史记》是中国传统型经济史学的开端,它不仅仅是第一部经济史学著作,还开创了具有中国特色的传统形态的经济史学理论。

(一)创造或阐明经济史学的理论和术语

司马迁在写作《史记》的过程中,既创造或阐明了一些经济史学的理论,也创造或阐明了一些经济史学的术语或概念。在创造或阐明经济史学理论方

---

①赵德馨:《经济史学科的分类与研究方法》,《中国经济史研究》1999 年第 1 期。

面,如上文所说的善因论、素封论、致富守富论等。在此值得指出的是,他首创的这些理论或理论观点,开启了经济史学新的研究方向,有的还发展成为一门新的学问。善因论是专门研究经济运行中政府角色的学问,素封论是探讨中国商人社会的学问,致富守富论是研究家庭致富的学问。

创造或阐明了一些经济史学术语或概念方面,司马迁在《史记》中引用前人或时贤论著中已有的,或将当时的经济政策名称转换为经济术语或概念。这些术语或概念,经过他的具体阐述,赋予新义,演绎为经济史学的常用术语或概念。下文选取平准、货殖、水利三个术语为例。

先说平准。桑弘羊"置平准于京师,都受天下委输。召工官治车诸器,皆仰给大农。大农之诸官尽笼天下之货物,贵即卖之,贱则买之。如此,富商大贾无所牟大利,则反本,而万物不得腾踊。故抑天下物,名曰平准"。所以"平准"本是桑弘羊实施的一项经济政策名称。其政策传导机制在于通过政府参与的均输法来调节市场供给与需求,进而维持市场的物价稳定。"平准"是平稳物价之义。物价由货币来表现。司马迁在《史记》中设考察货币、物价的专门篇章,名曰《平准书》。它由货币而物价,而平准,而均输,而控制商品流通,而财政。"平准"一词便成了货币(金融)与物价变动、物价机制、物价管理相关的专用术语,为后世所沿用(在沿用中,有时还将"平准"简化为"平",如"市平""平价",这里用的是一种平准政策),直到今天,如外汇平准基金、股市平准基金等(这里用的是平准价格的机制)。由于《平准书》涉及货币、物价、平准均输、财政在汉代前期 100 年间的变迁,这样一来,《平准书》就成了中国第一种叙述财政及经济多个方面的史料,成了中国经济史学的鼻祖,是后世史书中《食货志》参照沿用的范例,"平准"成了中国经济史学的同义词。1985 年商业部经济研究所创办的中国经济史学专业杂志就名曰《平准学刊》。因为《平准书》不仅仅记载上述各个方面的具体政策,还涉及相关的经济运行机制与管理机构、管理机制,这样一来,《平准书》又成了中国第一个讨论财政经济及如何实现平准问题的文章,成了中国经济学的鼻祖。平准学成了经济学的同义词。19 世纪末,西方的经济学传到中国,最初就被译为"平准学"。"宗教学也,法律学也,平准学也(即日人所谓经济学),皆与史学有直接之关系。"①

"货殖"一词最早出自《论语·先进》,孔子评论颜回和子贡:"回也其庶乎,

---

① 梁启超著,夏晓虹、陆胤校:《新史学》,商务印书馆 2014 年版,第 92 页。

屡空。赐不受命而货殖焉,亿则屡中。"此时货殖意思仅仅是贸易。司马迁在《货殖列传》中没有直接定义"货殖"所涉及的经济产业,但从他选择的传主从事行业来看,货殖是从事各种生产、交易与贷款,以取得价值增值(包括实物和货币)的活动,具体包括种植业、畜牧业、商业、冶金、矿业、盐业、放贷(金融)、兽医、磨刀(手工业)、小食品买卖等几乎所有生产和服务行业,具有今天广义的"经济"活动的含义。总之,自司马迁之后,"货殖"一词成为常用术语,多指利用货物的生产与交换,货币的借贷,进行经济活动,从中生财求利。同时,司马迁将本身作为描述经济活动的"货殖",提升为一类人的名称,即货殖家,他称他们为贤人,并为他们立传,创造了记载货殖家的理论和经济实践的一种专门体裁——货殖列传,这其实也是上升到一门学问,专门研究经济生活中成功的工商业企业家的实践和理论,例如以微观主体为基础的商品经济活动,或者上文所论及的治生之学等。司马迁首创的"货殖列传"在正史中只有《汉书》承继,但关于治生之学的研究却没有随之消失,贾思勰在《齐民要术》中,以及元代的许衡、明末清初的张履祥和清代的张英等在他们的著作中,对于治生之学都留下了重要的篇章。①

"水利"一词最早出自《吕氏春秋·慎人》:"其未遇时也,以其徒属掘地财,取水利,编蒲苇,结罘网,手足胼胝不居,然后免于冻馁之患。"此处"水利",指的是水里的渔获或水里的物产。司马迁在《史记》中也用水利一词,但赋予了新意。在《滑稽列传》中:"西门豹即发民凿十二渠,引河水灌民田,田皆溉……至今皆得水利,民人以给足富。"这里水利指的是灌溉得到的农业收入好处。在《河渠书》中指出"自是之后,用事者争言水利"。首次明确赋予"水利"一词以治河修渠等工程技术的专业性质。司马迁笔下的水利,既包括治水、防洪、漕运、灌溉等水利工程,能给国家和民众除却洪水泛滥、农业减产等"水害";也包括水利工程带来的灾害防治、农业增收、交通便利等"水利"。从而区别于他以前的先秦古籍中水利泛指水产渔捕之利的一般范畴。在司马迁时代或者后续正史中,研究水利的篇名大多以"河渠志"命名,但其具体内容延续司马迁在《河渠书》中所涉及的水利活动。

(二)经济史学研究对象的界定

《史记》中经济史学的研究对象是国民经济中的重要经济部门和经济专

---

①赵靖:《论所谓"治生之学"》,《江淮论坛》1983 第 6 期。

题,包括国家财政、货币、重大经济政策、水利、区域经济、在经济领域做出贡献的人物等。所有这些都是首创,都反映了那个时代人们关注的经济问题,并为后人做了指引。

有些学者从经济史学研究对象的角度,认为传统经济史学注重国家的角度,所记述的主要是国家管理经济的典章制度和有关的经济政策、经济主张,对整个社会和全体人民经济生活的关注度不够,而现代经济史学注重社会的、下层的基础系统;传统经济史学注重"公经济"或"官经济",忽视"私经济",现代经济史学则兼顾"公经济"与"私经济"。①

梁启超指出:"《史记》以社会全体为史的中枢,故不失为国民的历史;《汉书》以下,则以帝室为史的中枢,自是而史乃变为帝王家谱矣。"②司马迁在《货殖列传》中,专门写了反映私人工商业主经济活动的民间私人经济。李埏也曾指出:"《史记》有《货殖列传》一篇是绝无而仅有的古代商品经济史专著。"③显示出司马迁超前的眼光和深邃的洞察力。同时需要强调的是,任何一个学科的研究对象都有一个演变的过程,其研究对象是随着经济本身的发展而不断变化完善的,我们不可能要求一个学科从一开始就达到今天的标准,这是以今人的视野要求古人。从长期的角度看,传统型经济史学的研究对象也是与时俱进的,例如后来汉宣帝时期的桓宽所著《盐铁论》④,所涉及的经济史学内容开始从部门经济史向国民经济史扩展;东汉班固所著的《汉书》就有了专门的详细分门别类的《食货志》,具备了国民经济史的雏形,涉及的经济史研究范围就更为广泛了,因而成为中国传统经济史学的典范。

(三)多样性的经济史研究方法

作为经济史研究的开山之作,《史记》向后学演示了如何研究经济史学。司马迁的三个专篇虽各有偏重,但都体现出研究经济史学的目的:一方面是记录当时重要的经济史实;另一方面对经济史实进行分析总结,提炼经济史理论

---

① 李根蟠:《中国经济史学形成和发展三题》,侯建新主编《经济—社会史:历史研究的新方向》,商务印书馆 2002 年版,第 86—106 页。
② 梁启超:《中国历史研究法》,朝华出版社 2019 年版,第 26 页。
③ 李埏:《〈史记·货殖列传〉时代略谈》,《思想战线》1999 年第 2 期。
④ 在西汉昭帝始元六年(前 81)召开的"盐铁会议"上,官方代表(即桑弘羊和他率领的辩论团队)和民间代表(即贤良文学,是汉代通过选官取士,从民间选出来的各地贤良和读书人)就盐铁官营、榷酤、平准均输等财经政策的利弊与存废进行讨论。宣帝时期的桓宽根据此次会议记录,撰成《盐铁论》一书。

和经济史学理论。2000 多年前，这是一个前无古人的事业。司马迁首创经济史实记载的具体内容，又从中提炼出概念和范畴。他观察到"俗之渐民久矣"，因而采取的是从习俗经济的观察中概括出一些经验性概念，再提炼出规律性的表述的研究路径。例如《货殖列传》中提到的"佗杂业不中什二，则非吾财也"的"什二"之利的平均利润率理论，"天下熙熙，皆为利来；天下攘攘，皆为利往"的自利动机理论，"夫用贫求富，农不如工，工不如商""以末致财，用本守之"的致富守富理论，"善者因之"的政府在经济中的角色定位理论等。这就开辟了经济史学最基本的研究方法。

《史记》之所以能取得丰硕的经济史学研究成果，还在于司马迁采取了一系列有效的具体研究方法。例如文献档案研究和实地调研相结合；采用传记与专题相结合的体裁，以撰写不同的主题；在同一篇文献中，专注对总体趋势的探讨，也会关注个别；在具体的研究中注重定性的描述，同时也强调数据的引用，定性和计量相结合；等等。下面仅简述文献档案研究和实地调研相结合的研究方法。

司马迁继承父亲遗志，广泛地搜集、研究文献资料。因其家学渊源与工作职位，有机会接触国家书库的书籍和档案资料。"卒三岁而迁为太史令，𬘬史记石室金匮之书。"《史记》中引用的参考文献书目达 162 种。[①] 更为重要的是，他秉着阙疑、怀疑的精神，非常重视实地调研，"网罗天下放失旧闻，王迹所兴，原始察终，见盛观衰，论考之行事"，以弥补文献的不足。《太史公自序》中表明作者在二十岁时，开始游历大江南北，有意考察了很多地方。入仕郎中后，"奉使西征巴、蜀以南，南略邛、笮、昆明"。王国维在《太史公行年考》中写道："史公足迹，殆遍宇内，所未至者，朝鲜、河西、岭南诸初郡耳。"司马迁在《史记》各篇相关论赞中，十三次提到实地考察经验。[②] 大量的实地调研，使司马迁获得了很多的一手资料。例如他提到了考察了很多的河流，并参与黄河瓠子决口的治理工程，认识到水利的重要性，所以专门写了《河渠书》。正因为这样，《史记》能真实地再现过去的经济实践，以"实录"闻世，他也被冠以"良史"美名。这种力求"实录"经济史实的记载，是理论经济学和应用经济学所不能承载的功能，却恰好是经济史与理论经济学、应用经济学的最大区别所在，也是经济史学的存在价值所

①余其浚：《司马迁以实事求是精神治史探微》，台湾大学博士学位论文，2014 年，摘要。
②余其浚：《司马迁以实事求是精神治史探微》，台湾大学博士学位论文，2014 年，摘要。

在。司马迁"求真"的态度与方法①,是对经济史学最好的注解之一。

(四)开创"书"体

司马迁首创"书"体。《太史公自序》云:"礼乐损益,律历改易,兵权山川鬼神,天人之际,承敝通变,作八书。"这"八书",即对八个选题进行纵向研究,以弥补以往史书以记人为中心,难以清晰展示除人物之外的社会经济、律历、文化等其他主题的发展变化过程的不足。班固在《汉书》中将"书"更名为"志",整理合并为十个主题。自此之后,志成为后世正史中不可缺少的一部分。

司马迁选取一些当时社会关注度高或影响重大的课题,从长期的视角论述其变迁,探讨其内在的基本原理。这表明他非常重视历史的连续性,具有强烈的历史感,也正切合他撰史"通古今之变"的史观。"书"的目的在于通过"原始察终",考察事件发展的完整过程,来认识历史。在考察历史发展的转折点的过程中,尤其是社会弊端突出的情况下,探索"承敝通变"的具体途径。"承敝通变"可以说是他通过研究历史得出的一条经验。

经济史学研究的根本目的不在于重现经济生活演变过程,而是通过分析这个过程以揭示经济生活演变的规律,把探求历史真相的研究成果,看作是经济史研究的"阶段性成果"而非"最终产品",揭示经济演变规律的成果才是"最终成果"。② 而司马迁所创"书"体是叙事与解释的融合,其目的是更好地"通古今之变","求解"③历史。以《平准书》为例,它"叙述从汉初到汉武帝百年之间财赋的荣枯,生民的休戚,国势的隆污,这是叙述百年之变"。历史上深奥不可测的天人之际的问题,古今之变的问题,作者通过书体详陈事实,使读者明其所以然。④

(五)开创文史结合的经济史学叙述方法

《史记》是一部优秀的史书,同时也是一部优秀的文学作品,这已是文史界

---

　　①易棉阳、赵德馨:《经济史学的发展障碍及其解除路径——基于功能、素养、学科定位视角的分析》,《中国经济史研究》2017 年第 4 期。

　　②赵德馨:《经济史学概论文稿》,经济科学出版社 2009 年版,第 73 页。

　　③易棉阳、赵德馨:《经济史学的发展障碍及其解除路径——基于功能、素养、学科定位视角的分析》,《中国经济史研究》2017 年第 4 期。

　　④杜维运:《中国史学史》第 1 册,商务印书馆 2010 年版,第 174—175 页。

的共识。《史记》的特点在于可读性非常强,第一在于文笔优美,第二在于作者注重写人物,第三在于作者注重表达自己的观点。文笔优美自不必说,这里仅就第二、第三两点略做申述。

《平准书》中写到的人物近 40 人。这些人物记载详略不同,但都是以事系人,不限于只描述事件,这使文章更能吸引人。有些人物只是提及,并没有深入描述,如"严助、朱买臣等招来东瓯,事两越,江淮之间萧然烦费矣。唐蒙、司马相如开路西南夷,凿山通道千余里,以广巴蜀,巴蜀之民罢焉"。对于后世的学者来说,这些是原始资料稀缺条件下非常重要的索引,我们可以根据这些名字搜寻资料而研究相关的重大事件。有些人物,如卜式和桑弘羊记载详细,除了有助于经济事件和政策的理解,也是后人研究这些人物的重要材料。《史记》其他部分和《汉书》都没有桑弘羊传记,《平准书》的记载部分弥补了这一遗憾。

经济史书篇的写作,除了记载事实,应该有评论,表达作者和时人对经济事件的看法以及其社会影响。这实际上也是作者研究成果的展示,只有这样才能完整地展示经济史。司马迁对所述重大问题都表明了自己的观点,即在具体的记载中都是有述有论。司马迁展示观点的方法多种多样。首先是对每卷写作缘由的解释,在《太史公自序》中一一列述。其次是每篇之后的专门评论和总结,即"太史公曰"。如《平准书》的"太史公曰"将近 500 字,占到了全文字数的 7% 以上。其中既有作者总结的货币变迁规律、经济对国家发展的基础性作用,也有对政府政策和当政者的评论。其次是"寓论断于序事",即在序事中表达自己的观点,或者在序事中直接对某事或某种经济政策夹叙夹议。[①]《平准书》中用卜式语"县官当食租衣税而已,今弘羊令吏坐市列肆,贩物求利。烹弘羊,天乃雨"表达对政府经商的看法。另"是岁也,张汤死而民不思",则是借描述事实表明自己对告缗算缗政策的不满。在《平准书》中,有较多关于官吏任举的议论,都是在记载相关的事件之后,紧接着用片言之语予以点评。"乃募民能入奴婢得以终身复,为郎增秩,及入羊为郎,始于此""军功多用越等,大者封侯卿大夫,小者郎吏""吏道杂而多端,则官职耗废""吏道益杂,不选,而多贾人矣"等写法,既可使读者对整个事件的变化一目了然,又表明了作者对事件、政策的观点。作者在史实的叙述中表明自己的看法,不必专辟篇幅议论,反映出他对于史实的熟识和高超的史才,以及勇于表达自己的史德。顾

---

①白寿彝:《司马迁寓论断于序事》,《史学史研究》1980 年第 1 期。

炎武在《日知录》卷二十六说:"古人作史,有不待论断而于序事之中即见其指者,惟太史公能之。"从司马迁到顾炎武,1700 余年,治史者以万计,在顾炎武眼中,能达到这个境界的,唯司马迁一人。我们可以说,直到今天,写出一部既是优秀的史书,又是优秀的文学作品的,"惟太史公能之"。

《史记》是中国第一部研究中国经济演变的文献。三篇专门史,加上本纪、世家以及列传等其他篇章,第一次系统记载了中国水利部门经济史、货币史、财政史、区域经济史以及工商人物活动史等经济史实。后世记载经济史的文献,多以《史记》的框架为基础,有所补充、创新。司马迁在写作中注意抽象出经济史理论。在这一方面,前文所述的宏观、中观和微观经济理论,只是管中窥豹。《史记》是一座经济史理论宝库,有待专家学者进一步深入挖掘。从经济史学理论来看,司马迁秉持"求真""求解"的治学态度,开创的经济史学研究对象、研究方法和叙述方法等,成为中国学者的标准,得以传承。因此从经济史学科的含义来看,《史记》是中国经济史学的开端。

西方史学家将目光集中于军事史与政治史,而将经济史和社会史几乎完全排除于撰述范围之外,是西方古代史学的另一特征。① 公元前 5 世纪至前 4世纪,希腊最盛时期的三位史学家,历史之父修昔底德在其《历史》中,涉及民族的起源与风俗,被推为文化史的开创者;将军事战略作为历史特色的修昔底德在《伯罗奔尼撒战争史》中引用伯里克利的演讲文,表明其注意到财政对于战争的重要性②;色诺芬《经济论》以对话体形式讨论家庭经济;亚里士多德《政治学》和《伦理学》讨论的是经济学的起源。因此从研究内容来看,《史记》作为经济史文献的地位是卓越的,它是世界上第一部从国家视野研究经济史的文献,也可以说是世界经济史学的开端。

此文与唐艳艳合作,原载陈锋主编《中国经济与社会史评论》(第 10 辑),社会科学文献出版社 2022 年版。

---

① 杜维运:《中西古代史学比较》,台北东大图书股份有限公司 1988 年版,第 82 页。
② 〔美〕J. W. 汤普森著,谢德风译,李活校:《历史著作史(上)——从上古时代至十七世纪末叶》(第 1 分册),商务印书馆 2017 年版,第 50 页。

《盐铁论》与中国经济史学的产生

摘要:在中国经济史学史上,《盐铁论》是一部继往开来的著作,它上继司马迁在《史记》中首创的关于经济史学记载,开拓出更为广泛的经济史学研究内容;下启班固在《汉书》中所创经济史学研究的"食货体",形成具有中国特色的经济史学模式。本文从经济史学史的角度,基于经济史学结构理论,阐释《盐铁论》对中国经济史学的贡献——记载了以盐铁等专营政策为核心的、西汉初期经济政策和社会经济生活史实,辩论双方对立的、源自经济实践的多种经济史理论,以及在经济史学理论方面的贡献——采用新的撰写体裁和记载更为广泛的经济内容。

关键词:《盐铁论》;经济史学;经济史实;经济史理论;经济史学理论

中国经济史学的发展,经历了传统形态和现代形态两个阶段。现代形态经济史学产生于英国,中国是传统形态经济史学的代表。20世纪前期,中国学者从国外引入现代形态经济史学,嫁接在中国传统形态经济史学的砧木上,形成现代形态的中国经济史学。[①] 中国传统形态经济史学的产生过程,也是世界上经济史学的产生过程。在中国,经济史学产生于公元前1世纪至1世纪,历时约200年。

赵德馨于1984年发表论文《关于经济史学历史问题的一点补充意见》,开始关注经济史学史。他的有关文章和教学大纲也在力图总结国内外经济史学的发展历程,探讨各种早期关于人类经济活动的记载,如甲骨文卜辞、先秦文献、《史记》、《汉书》和历代《食货志》等,发现中国有重视研究经济史的传统,保存了其他国家无法比拟的丰富的经济史料。从经济史学的角度而言,这些经

---

①赵德馨:《汤象龙:中国经济史学科的主要奠基人》,《经济史学概论文稿》,经济科学出版社2009年版,第207—213页。

济史料可以分为两大类：一类本身具备经济史学性质；另一类是与经济史学有关的资料。两者的区别在于是否记载了经济现象的变化或过程，即是否是"史"。如果只是记载一些经济现象的文献，就只是经济史资料，而不是经济史学文献。例如，《管子》内容极为丰富，其中《侈靡》《治国》等篇专论经济，讨论齐国称霸的经济政策；《轻重》等篇，对生产、分配、交易、消费、财政、货币等均有论述，是研究先秦时期农业和经济的珍贵资料。《管子》有经济方面的论述，但缺乏对经济现象变化或过程的具有"史"的性质的记载，更多的是讲具体的经济管理的方法或者是经济思想，所以《管子》不是经济史学文献，而可以作为经济史资料文献或经济思想史文献。类似的还有《诗经》，其中有很多内容记述了当时人们的生活状况和田制等经济制度。但是《诗经》没有系统记载过去人类社会经济生活演变过程，只是涉及当时的一些经济现象或评价，没有从长期或历史视野记载经济现象或经济政策制度的缘起和发展变化过程，因此《诗经》可以看作是有重大经济史史料利用价值的古代歌谣总集，而不是经济史学文献。

同国外同期经济史学文献相比，中国早期的经济史学文献总结财政经济政策得失和综合分析居多，因而处于较高的发展形态，但还不具备独立的经济史学科形态。[①] 总括起来，中国传统形态经济史学的发展脉络是：它产生于西汉，标志是《史记》中的《平准书》《货殖列传》和《河渠书》；东汉《汉书》中的《食货志》则标志着传统形态经济史学范式的确立，"食货之学"成为中国传统形态经济史学的代名词。"食货之学"开启了国民经济史的先河。唐代以后所修"十通"，分门别类记述历代土地、田赋、度支等财政经济状况，中国传统形态经济史学开始从国民经济整体走向部门化、专门化。

《史记》《汉书》《通典》等在中国传统的经、史、子、集四大部类中属于史部。中国现代形态的、独立学科的经济史学产生于 20 世纪之后。从汉代到清代，中国经济史学科经历过两千多年的传统形态。[②] 赵德馨于 1990 年发表的论文《发扬面向现实、反思历史的优良传统》中首次指出了能够体现中国现代形态的、独立学科的经济史学产生的著作，从这些著作中可以明显看出它们与传统形态经济史学文献的衔接与继承关系。

---

①赵德馨：《关于经济史学历史问题的一点补充意见》，《中央电大经济》1984 年第 1 期。

②赵德馨：《汤象龙：中国经济史学科的主要奠基人》，《经济史学概论文稿》，经济科学出版社 2009 年版，第 207—213 页。

　　凡是接触过中国经济史学史的学者，从 1949 年之前的罗仲言到当代的吴承明、李伯重、叶坦等，无一不承认中国经济史学有自己的悠久历史。吴承明认为，中国有自己的经济史学，只是没有独立出来，存在于史学门类中，但不能否认它具有独立的形态。"在中国，其实很早就有经济史，《史记·货殖列传》就应用了'善因论'的自然主义的经济理论。不过，历代的《食货志》之类都偏重于典章制度，未能成系统的经济史。系统的经济史是 20 世纪早期学习西方建立起来的。"①因此，在中国现代形态的、独立学科的经济史学产生之前，中国经济史学存在着它的传统形态，且有自己的历史，有自己的传统和特点，非常值得深入研究。对于中国经济史学而言，传统形态经济史学确立之初的相关文献代表为《史记》《盐铁论》和《汉书》。对于《史记》《汉书》与中国经济史学产生的关系，已有所论列。② 本文尝试从经济史学史角度研究《盐铁论》对中国经济史学产生的意义。

　　根据经济史学结构论，经济史学科包括两个分学科，即经济史学与经济史学理论。经济史学是经济史学科的主体，它由两个支学科构成：经济史实与经济史理论。③ 基于此框架，下文分别从经济史实、经济史理论和经济史学理论三个方面展开论述。

---

　　①吴承明：《经济史：历史观与方法论》，《中国经济史研究》2001 年第 3 期。

　　②参见赵德馨《关于经济史学历史问题的一点补充意见》，《中央电大经济》1984 年第 1 期；《谈谈经济专史的性质、特点和优势》（原载《长航史志通讯》1986 年第 3 期），《经济史学概论文稿》，第 60—67 页；《方志学与经济史学》，《湖北方志》1989 年第 1 期；《梁方仲经济史学思维方式的特征》，《中国经济史研究》2009 年第 2 期；《〈经济史学概论〉教学大纲》，《经济史学概论文稿》，第 544—560 页；《汤象龙：中国经济史学科的主要奠基人》，《经济史学概论文稿》，第 207—213 页。另可参见周军《中国经济史学源流初探》，《云南财贸学院学报》1993 年第 1 期。

　　③赵德馨：《经济史学概论文稿》，第 81 页。赵德馨在多篇论文中阐述过经济史学科的结构和各分支学科的研究对象与具体内涵。如在《财经大辞典·经济史分编》（中国财政经济出版社 1990 年版）中提出了经济史学科、经济史（又称社会经济史）、经济史通论和经济史学概论等概念和它们的不同研究对象，也就是经济史学科的构成问题。另可参见赵德馨《经济史学科的发展与理论》，《中国经济史研究》1996 年第 1 期；《经济史学科的分类与研究方法》，《中国经济史研究》1999 年第 1 期；《学科与学派：中国经济史学的两种分类——从梁方仲的学术地位说起》，《中国社会经济史研究》2009 年第 3 期；《卷首语》，陈锋主编《中国经济与社会史评论（2010 年卷）》，中国社会科学出版社 2010 年版，第 1 页；《让中国经济史学研究的理论色彩更浓厚一些》，《中国社会经济史研究》2013 年第 1 期。在由赵德馨主持的国家社科基金重点项目"中国经济史学的理论与历史研究"的结项报告中，指出经济史学理论的提法比经济史学概论更贴切，因此，将经济史学概论改称为经济史学理论，研究内容保持不变。

一、《盐铁论》记载的经济史实

经济史实以人类社会经济生活演变过程为研究对象,着重揭示它的变迁过程和状态。作为经济史学文献的《盐铁论》,提供了两类经济史实:一类是汉武帝至汉昭帝时代的经济史实,即会议参与者所处时代的经济史实。比之《史记》和《汉书》对同类问题的记载,《盐铁论》要详尽得多,具体得多,是不可替代的一手材料,极其珍贵。另一类是当时人们所了解的汉武帝以前的经济史实,如关于夏周时期货币的具体指代①和井田制时代人们的衣食住行等社会生活史实,其中大多数是以前典籍中所未载的。最重要的是,《盐铁论》开创了针对同一史实记载两种对立观点的先例,这对后世的经济史学而言,尤为可贵。下面仅列举几项同一政策官方代表与民间代表提供不同事实的案例。

(一)关于铁器专营政策的利弊

官方代表描述政府铁器专营的具体操作方法:政府出资,由卒(役夫)和徒(囚犯)生产,这些卒、徒的衣食由政府供给;铁器产品由政府专卖。由于政府专营资本充足,技术先进,因而生产规模大,产量高,品质稳定,价格统一,"给用甚众,无妨于民"②。这种专营方式,政府官员和工匠各司其职,普通百姓专于农业,"虽虞、夏之为治,不易于此"③,因此铁器专营利民。

铁器专营不仅利民,而且有利于抑制豪强,利于国。如果弛山海之利,放开专营,由于盐铁生产的特殊地理环境和资金要求,往往会形成豪强垄断,进而威胁中央政权。桑弘羊指出:"往者,豪强大家,得管山海之利,采铁石鼓铸,煮海为盐。一家聚众,或至千余人,大抵尽收放流人民也。远去乡里,弃坟墓,依倚大家,聚深山穷泽之中,成奸伪之业,遂朋党之权,其轻为非亦大矣。"④平民中的朐地⑤邴氏,诸侯中的吴王刘濞,就是这类豪强大家代表。而吴王刘濞因财力丰厚成了七国诸侯叛乱的首领,这样的历史教训是惨重的。

---

①"夏后以玄贝,周人以紫石,后世或金钱刀布。"参见王利器校注《盐铁论校注》,中华书局 2017 年版,第 51 页。

②王利器校注:《盐铁论校注》,中华书局 2017 年版,第 71 页。

③王利器校注:《盐铁论校注》,中华书局 2017 年版,第 400 页。

④王利器校注:《盐铁论校注》,中华书局 2017 年版,第 71 页。

⑤朐地:朐,即宛朐,古曹国地名,治今山东曹县西北。

民间代表描述了盐铁专营政策于民是"一官之伤千里"①。其一,专营产品规格单一,不能满足不同生产与生活的需求。其二,交易网点少,而且"吏数不在,器难得。家人不能多储,多储则镇(锈)生。弃膏腴之日,远市田器,则后良时"。其三,产品质量低劣,成本高昂。"今县官作铁器,多苦恶,用费不省。"其四,增加了农民徭役负担。工匠们完不成任务,政府就会通过增加农夫的徭役去完成。盐铁生产多靠近深山大川,地势远僻,因此六郡"良家"多按照地区远近,出钱雇车和劳力转运盐铁。其五,强制买卖,"铁官卖器不售,或颇赋与民"②。

铁器专营不仅不利民,也不利于国。盐铁专营使相关权贵获得更大经济势力,影响国家政权的稳定,春秋时期的三桓在鲁国专权,六卿试图分晋,都是例证。因此,负责盐铁专营的朝廷权贵才是国家的威胁。朝廷应该采取政策藏富于民,而不是直接参与逐利活动,增加权贵威胁国家政权的可能性。朝廷和官员应该给百姓做示范,民间百姓遵礼守节,自然不会在致富后变成奸党而威胁朝廷。

(二)关于平准均输政策的利弊

官方代表认为平准均输政策利民利国,主要理由有三:

第一,这项政策是政府组建运输机构,选择各郡国特产、贡物,运至京城或各地销售,既减轻了各郡国的负担,方便纳税人,也使政府可赚取差价,增加财政收入,积累物资,防灾备荒。汉武帝元狩三年(前120),山东地区发生大水,齐、赵之地发生饥荒,政府救济全靠实行均输法所积蓄的财富和粮食。这就如同"禹以历山之金,汤以庄山之铜,铸币以赎其民"③一样,是利民富国的大好事。

第二,平准均输政策逆风向行事,平抑物价,利于缩小居民收入差距。官方并不否定贫富差距的存在,桑弘羊认为这种现象不是实行均输等专营政策的结果。相反,政府想尽办法,"建国用,笼天下盐、铁诸利,以排富商大贾,买官赎罪,损有余,补不足,以齐黎民"④。均输等专营政策的目的是抑制富商大

---

①王利器校注:《盐铁论校注》,中华书局2017年版,第62页。

②王利器校注:《盐铁论校注》,中华书局2017年版,第400页。

③王利器校注:《盐铁论校注》,中华书局2017年版,第25页。

④王利器校注:《盐铁论校注》,中华书局2017年版,第166页。

贾的势力,用消减富人财富的办法以补穷人的不足。一些百姓仍然贫困的原因有很多,有可能是能力差、懒惰、奢靡等。执行专营政策的人中间也有贪腐的,往往是部分下级官吏。"贤不肖有质,而贪鄙有性,君子内洁已而不能纯教于彼。"①这是一些人的本性,与制度无关。

第三,均输有利于调节地区间的发展不平衡。桑弘羊列举大量例子进行论证,各区域或因交通地理位置,或因资源差异,导致贫富差异。工商业可以"均有无而通万物","农商交易,以利本末"。② 那些穷瘠的地方,更需要政府参与商业物资交流,促进地区间互通有无,促进财物流通。工商业的发展还会推进各区域形成自己的特色产业,进而聚集为富裕的区域经济中心。桑弘羊列举各地优势手工业产业和相应的富冠海内的天下名都作为例证。

民间代表的描述则完全相反:

第一,均输法在实践中,既不能平抑物价,也不能方便纳税人。百姓为了上缴政府要求的均输物品,往往先卖再买,结果不是方便百姓、降低损耗,而是百姓缴纳双重税收。同时官府垄断市场,"豪吏富商积货储物以待其急,轻贾奸吏收贱以取贵,未见准之平也"③。

第二,针对上述官方关于专营政策有助于调节收入差距的论述,贤良文学则认为它们是百姓贫富差距扩大的根源,不是解决问题的方法。民之贫穷的根本原因就是官祸。专营获得的大量垄断利润并没有全部进入国家财政,而是相关官员利用主持官工商业的权力,中饱私囊,大发横财。官商一体,私人商业无法与之竞争,其结果是社会财富向少数人高度集中。"公卿积亿万,大夫积千金,士积百金,利己并财以聚;百姓寒苦,流离于路。"④

至于防灾备荒,贤良文学以禹、汤备水旱的方法为例,指出只要政府放弃生产经营,"十一而税,泽梁以时入而无禁"⑤,百姓就可以三年耕而余一年之蓄,九年耕有三年之蓄,进而应对灾荒和凶年。

第三,国家专注的工商业"通"以促进地区经济发展,不是国家当前的根本问题。"当今世,非患禽兽不损,材木不胜,患僭侈之无穷也;非患无旃罽橘柚,

---

① 王利器校注:《盐铁论校注》,中华书局 2017 年版,第 387 页。

② 王利器校注:《盐铁论校注》,中华书局 2017 年版,第 39 页。

③ 王利器校注:《盐铁论校注》,中华书局 2017 年版,第 4 页。

④ 王利器校注:《盐铁论校注》,中华书局 2017 年版,第 193 页。

⑤ 王利器校注:《盐铁论校注》,中华书局 2017 年版,第 25 页。

患无狭庐糠糟也。"①即百姓要解决的首要问题是温饱,其他高级稀有物品并不是必需的,因此不需要花费大量人力去经营这些物品。而百姓贫穷吃不饱肚子的原因,正是国家经营工商业而不注重农业的结果。

(三)关于货币的铸造与发行

官方代表观察到的事实是,政府统一货币铸造与发行利国利民。其主要原因有三:首先,统一货币,利于流通,"故统一,则民不二也;币由上,则下不疑也"②。其次,可以抑制私人通过铸钱致富。汉文帝时期四川的邓通,拥有四川严道(治今荥经)的铜山,依赖私人铸钱而大富,威胁中央政府。最后,统一铸币利于普通百姓返本。禁止民间私人铸币,人们不再钻研盗铸发财,则只能专于农业。

贤良文学注意到的事实是,政府铸币其实做不到"民不二""下不疑"。政府货币铸造与发行政策在汉武帝时期变化较为频繁,不利于商品交易。另外,政府发行的白金龟龙等新的货币,是不足值货币,因其赋值太高,市场不愿意接受,进而妨碍交易。他们对政府统一铸造的、品质较高的五铢钱的评价也是负面的。③ 究其原因,在于政府铸钱仍然存在样式不统一、人们难以辨别、交易成本高的问题,以至于"择钱则物稽滞,而用人尤被其苦"④。贤良文学根据汉初政府货币放铸政策比较成功的历史经验,直接提出"故王者外不鄣海泽以便民用,内不禁刀币以通民施"⑤。

(四)关于境外贸易

官方代表看到的是对外贸易的好处,主张开展境外贸易,多进口。他们观察到政府可以利用轻重之法影响价格,进而对周边的民族实行经济战。具体做法是用均输得来的金银、丝织品,换取牛马、皮毛等战略物资,从而"以末易其本,以虚荡其实",达到"外国之物内流,而利不外泄也"⑥。这种做法虽然会

①王利器校注:《盐铁论校注》,中华书局 2017 年版,第 40 页。

②王利器校注:《盐铁论校注》,中华书局 2017 年版,第 52 页。

③《史记》卷三十《平准书》载:"而民之铸钱益少,计其费不能相当,唯真工大奸乃盗为之。"说明其重量与钱文一致,而且工艺精美,难以仿制。

④王利器校注:《盐铁论校注》,中华书局 2017 年版,第 52 页。

⑤王利器校注:《盐铁论校注》,中华书局 2017 年版,第 52 页。

⑥王利器校注:《盐铁论校注》,中华书局 2017 年版,第 26 页。

导致以货币衡量的贸易逆差,但是能增加本国生产及生活所需要的物资。

贤良文学则观察到实际上真正进口的东西,如骡驴、䮈貂旃罽、美玉珊瑚、珠玑犀象等,都是昂贵而无益于民生的奢侈品,加上对于汉帝国的出口信心不足,担心最终财货会外流,造成贸易赤字。因此贤良文学不主张政府开展境外贸易,认为帝国内部可以"不待蛮貊之地、远方之物而用足"①。

(五)关于公田的经营方法

汉武帝时期政府各部门拥有的公田,包括太仆掌管的牧师诸苑草地,水衡都尉掌管的上林苑闲地,少府掌管的苑囿园池之地,还有大司农掌管的大量熟地(即士兵在边境开垦的大片屯田和因告缗令没收的良田等)。对于这些公田的管理,政府的处理方法是假民公田,即官方把控制的公田直接租赁给无地或少地农民耕种,收取租金,增加政府收入。这样,既利于国家,也可安置与扶助无地流民。

贤良文学看到的是,在具体经营中,"公家有鄣假之名,而利归权家"②,朝廷只得了出租收税的虚名,财利实际上都落到相关官吏手里。而且政府出租公田,为了管理方便,桑树、榆树、蔬菜、果木都不能种植,土地得不到充分利用。因此不如直接将土地分给农民来自由生产,政府只负责收税。

综上可见,同一时代的人对同一政策及其影响产生了两种不同的看法。这有利于经济史学研究者全面地认识史实。辩论双方之所以对同一件事有如此不同的叙说,其原因有三:一是立场不同。官方是政策的提出和推行方,关注政策对国家的好处。贤良文学是民间代表,关注政策实施对百姓生活的影响。二是了解的情况不同。官方代表和民间代表各处不同位置,其信息来源的渠道不同,了解的信息也不尽相同。三是政策在具体执行落实过程中变形、走样。政策在执行中出现偏差和执行人从中谋利是一个长期存在的问题。或中央和地方之间,或地方政府上下级之间,信息不对称,导致下级不了解政策所要解决的社会问题,上级不清楚政策实施的具体社会环境,所以政策很难因地制宜地落实。执行人在落实政策的过程中从中谋利,可以使一项好的政策产生坏的效果。

---

①王利器校注:《盐铁论校注》,中华书局 2017 年版,第 176 页。
②王利器校注:《盐铁论校注》,中华书局 2017 年版,第 159 页。

自秦以来,中央集权的政治制度延续至盐铁会议时期,实践将近200年,有很多的经验与教训。《盐铁论》的辩论实际上首次提出并讨论了在实行中央集权制的大国治理中,长期存在的一个大问题,即中央的政策如何具体落实。如何解决这一问题,是治国者面临的一个重要任务。由政府出面组织官民之间的公开讨论,深入探讨政策的利弊,是解决问题的途径之一。当然盐铁会议的公开辩论有其特殊的历史背景,即桑弘羊和霍光的政治斗争,民间代表得到了霍光的支持,因此得以展现当时尖锐的矛盾与问题。此后,举行这样官民之间的、公开的、针锋相对的辩论,又在同一部著作中如实记载双方观点,甚为少见。大量的历史文献,或是记载官方呈述的事实和观点,或是民间人士描述的事实和观点,即便在同一部著作中展开辩驳,辩论双方却是假设的。这对后世探讨历史真相颇为不利。

二、《盐铁论》的经济史理论贡献

经济史理论是学者们在叙述和分析经济发展过程的基础之上抽象出来的理论。[1] 经济史理论是经济史的理论形态,是从经济史实中抽象出来的规律性知识,因而这种知识既可以用于解释历史上的经济现象,也可以用于解释现实的经济现象。盐铁会议的辩论双方,从不同立场(政府与百姓)出发,以不同理论(儒家与法家)为武器,对经济史实进行评价与解释。他们在评价与解释过程中,征引自尧舜以来的经济政策与经济史实为论据,论证非常精彩。我们可以从中概括与抽象出一系列经济史理论和观点。下面将择要呈述。

(一)开本末之途和本末并利理论

中国古代的经济主要由农、商二业构成。其时,“商”的内涵除了商业,还包括手工业,首先是以商品交易为生产目的的手工业。[2] 怎样处理农商关系,是经济理论与经济政策中第一位的问题。

农本商末是儒家一贯的主张。贤良文学论述要重视农业的深层原因在

---

①王玲:《求通:访问赵德馨先生》,《中国经济史研究》2008年第3期。
②“中国农村手工业是当作农民副业,中国都市手工业就差不多是当作商人的副业,或者是对于商业的隶属。……工业隶属于农业,隶属于商业。”王亚南:《中国官僚政治研究》,中国社会科学出版社1981年版,第143页。

于："耕不强者无以充虚,织不强者无以掩形。"①农业是财富的源泉,也是唯一重要的社会生产部门,是人类生存的基本。历史事实也表明:"是以古者尚力务本而种树繁,躬耕趣时而衣食足,虽累凶年而人不病也。"②而百姓贫苦的根本原因就是政府没有重视农业。在当时的生产力条件下,这种观点是非常直观的历史经验总结。值得注意的是,重农主张和教民是相辅相成的。重农有其政治含义——"本修则民悫",只有重农,百姓才会恭谨朴实,遵礼守制。"王者崇本退末,以礼义防民欲。"③因此,政府除了自己不参与经营工商业,还要在政治上贬低商人的地位,以免引起"末修则民淫"④,这是"商末"的原因之一。

贤良文学主张"商末",但并不是泛泛抑制工商,他们也重视工商业的基础作用。"市、商不通无用之物,工不作无用之器。故商所以通郁滞,工所以备器械。"⑤他们提出"商末",是希望国家能够把更多的关注放到农业生产上,而不是去经营工商业,工商业应该是民众来做的小事,"抑末利而开仁义"⑥。他们着力描述国家经营工商业的低效率事实,反复要求政府放弃对工商业的专营垄断政策,而且并没有提出限制民间发展工商业的建议。相反,贤良文学详细阐述民间私营盐铁的好处,"故民得占租鼓铸、煮盐之时,盐与五谷同贾,器和利而中用"⑦。

在农本商末这个主张上,商鞅等法家与儒家一致。在盐铁会议的辩论中,桑弘羊同贤良文学一样,认可工商业是社会经济生活中的重要环节,商业和手工业的发展有利于农业的进步,"无末利,则本业无所出"⑧。但汉初的实践与贤良文学、传统法家的主张的不同之处有以下两点:

首先,既要有本末之分,又要开本末之途谋利。桑弘羊创造性地指出,国家和百姓都可以通过工商业增加收入。就百姓而言,"物丰者民衍,宅近市者家富。富在术数,不在劳身;利在势居,不在力耕也"⑨,经商比务农更容易致

---

① 王利器校注:《盐铁论校注》,中华书局 2017 年版,第 27 页。

② 王利器校注:《盐铁论校注》,中华书局 2017 年版,第 25 页。

③ 王利器校注:《盐铁论校注》,中华书局 2017 年版,第 3 页。在理论史上,这是第一次将"礼义"与"民欲"对立起来,是"天理"与"人欲"对立论的滥觞。

④ 王利器校注:《盐铁论校注》,中华书局 2017 年版,第 1 页。

⑤ 王利器校注:《盐铁论校注》,中华书局 2017 年版,第 3 页。

⑥ 王利器校注:《盐铁论校注》,中华书局 2017 年版,第 1 页。

⑦ 王利器校注:《盐铁论校注》,中华书局 2017 年版,第 400 页。

⑧ 王利器校注:《盐铁论校注》,中华书局 2017 年版,第 39 页。

⑨ 王利器校注:《盐铁论校注》,中华书局 2017 年版,第 38 页。

富;就国家而言,财政收入不应该只来源于农业,还可以从流通领域开辟财源。桑弘羊提出"富国何必用本农,足民何必井田也?"①明确反对贤良文学推行井田制的观点。事实上他从流通领域开辟财源,做到了"是以县官用饶足,民不困乏,本末并利,上下俱足"②。汉武帝时期长期的大规模战争,办了那么多大事,花费那么多的钱,桑弘羊却筹集到了,还做到了"民不益赋而天下用饶"③。这种绩效可称之为财政史的奇迹,具有开创性,这得益于桑弘羊的上述理论和思路。后代许多理财家也从中受到启示。

其次,充分利用工商业和商人为国家服务。如何服务?第一,将百姓生产生活需要的、销量大、利润多的重要产品纳入国家直接经营。通过对盐、铁、酒等产业的政府专营,以及均输等政府直营的商业等,把潜在的巨大私人利润转化为国家的利润,从而将社会财富揽入国家手中,然后以皇权的名义进行分配和再分配。这可以被称为"国家商业资本政策"的重商理论。④ 第二,将私有盐铁产业收为政府经营,同时任用杰出的大盐铁商人东郭咸阳和孔仅管理全国的盐铁专营;在地方上,也是以原来从事盐铁的人作为管理盐铁专营的官员,利用他们的专业知识为国家服务。⑤ 在此政策规定下,商人既富且贵。这与商鞅及汉初的贱商理论和政策大不相同。第三,在国家经营范围之外的工商业领域,鼓励私人经营,这既便民、富商,又培养了国家税源。正是因为存在富有的私营工商业阶层,政府才得以采取算缗(对工商业者收取高额的财产税)政策。第四,对不遵守国家政策的不法商人,予以打击。如采取告缗政策,使中等以上的商人"大率破"。汉武帝时期经济政策执行中体现出的政商关系及其相关政策的目标是使私营工商业为国家服务,使国家能控制商人,使商人依附

---

①王利器校注:《盐铁论校注》,中华书局2017年版,第26—27页。

②王利器校注:《盐铁论校注》,中华书局2017年版,第165页。

③参见《史记》卷三十《平准书》;《汉书》卷二十四《食货志下》。桑弘羊倡导国家干预经济,司马迁主张经济自由主义,两人意见相左。班固和桑弘羊的政见也不同,以致在《汉书》中不为桑弘羊立传。但司马迁和班固对桑弘羊取得的这项成就,都予以认可和赞扬。

④谢天佑:《秦汉经济政策与经济思想史稿》,华东师范大学出版社1989年版,第106—111页。

⑤大小盐铁商人接受这种安排,透露出一个信息:汉武帝将私人的盐铁产业收为国营时,极可能是给予了补偿的。既将大小盐铁商人的盐铁产业收为国营,又用他们来管理国营的盐铁事业,这似乎是一种赎买政策。是否如此,因未见于文献记载,不敢专断。但此事值得深入探讨,因为它不禁使人联想到1956年对资本主义工商业进行社会主义改造时的一套措施。

于政府。① 这导致在实践中,政府与商人既是合作关系,又是管理者和附属关系。秦汉以后的商人,寻求托庇于各级官僚之下,钻营附庸政治权力是其生存和发财的优化选择,也是制度环境的根本性规定。美国学者费正清很可能对这种情况了解不多,便发出这样的疑问:"为什么中国的商人阶级不能冲破对官场的依赖,以产生一股独立的创业力量呢?"②

桑弘羊时代的开本末之途和本末并利理论,是对春秋战国至汉代前期政府处理农商关系经验教训的理论抽象,指明农商关系不仅有对立的一面,还有互补的一面,并且提出了怎样使对立转化为互补的政策措施。这种理论及其指导下形成的政策措施,不仅对当时的经济发展起了积极作用,且对后世产生过深远的影响,具有重要的理论价值。

(二)大富民不利于国理论

与盐铁等官营还是私营问题紧密联系的,是国家财政收支规模是大还是小,藏富于国还是藏富于民的问题。

贤良文学总结文景时期"用约而财饶"的历史经验③,主张减少财政开支。他们认为,这样可以藏富于民,民富必然国富。"筑城者先厚其基而后求其高,畜民者先厚其业而后求其赡"④,自然可以达到《论语·颜渊》所云"百姓足,君孰与不足乎"。至于藏富于民的方法,可用"无为之治":一是放弃官营工商业。朝廷"远浮利,务民之义;义礼立,则民化上"⑤,同时让民间自由经营,"宝路开,则百姓赡而民用给,民用给则国富"⑥。二是轻徭薄赋。轻徭薄赋是传统手段,既然赋役出自百姓,就必须爱惜、保护好这真正的利源,"徭赋省而民富足"⑦,"用约而财饶"⑧。三是减少开支。一方面政府不必关注扶贫、赈灾和备荒等公共物品和服务,如果遇到大的天灾和黄河水患,则依赖于临时的捐纳捐输。更

---

① 通过短期的告缗运动使商人屈服之后,桑弘羊发展私营商业的政策被继续实行,工商业很快得到恢复,在西汉元成之间又出现了一批大商人。

② 费正清著,张理京译:《美国与中国》,世界知识出版社 1999 年版,第 36 页。

③ 王利器校注:《盐铁论校注》,中华书局 2017 年版,第 309 页。

④ 王利器校注:《盐铁论校注》,中华书局 2017 年版,第 176 页。

⑤ 王利器校注:《盐铁论校注》,中华书局 2017 年版,第 61 页。

⑥ 王利器校注:《盐铁论校注》,中华书局 2017 年版,第 62 页。

⑦ 王利器校注:《盐铁论校注》,中华书局 2017 年版,第 176 页。

⑧ 王利器校注:《盐铁论校注》,中华书局 2017 年版,第 309 页。

重要的是,不必以军事战争对抗匈奴等边境外族,而应寻求修文德以服远人。①收入够支出就可以了。这种少支出、少收入的主张,可以称之为小财政理论。

针对贤良文学的主张,官方代表质疑了三个问题:一是财政收支的规模是大好还是小好? 二是工商业是否可成为财政收入的来源?② 三是如何应对战争等紧急事件的财政支出? 桑弘羊的回答与民间代表相反,认为国家有保障国防安全、维护国家统一、开拓边疆,以及扶贫赈灾等职责;国家财政应该支持战争的需要;财政应该以工商业收入为重要来源之一,暴利性资源应该控制在国家手中,由国家直接专营,藏富于国。他引用管仲关于民富不可使的观点,反对大富民。"民大富,则不可以禄使也;大强,则不可以罚威也。"③藏富于国,一可以杜绝豪强出现,即反对少数因控制国家资源而成为大富民的豪强,如他所举作例证的邓通;二可使国用充足,有财力济贫和减轻贫民的负担。这是抑大富、助贫者的主张。因此他极为推崇商鞅的思想,反复借用商鞅"为秦致利成业"的实例,证明其富国强国政策的有效性,"故举而有利,动而有功。夫蓄积筹策,国家之所以强也。故弛废而归之民,未睹巨计而涉大道也"④。这种广支出、多收入的主张,可以称之为大财政理论。

国家财政收支规模是大好还是小好,是藏富于国好还是藏富于民好,这要看国家当时面临的主要任务是什么。汉武帝之前,国家面临的主要任务是恢复和发展经济,培养国力。小财政与藏富于民方针是对的,取得了很好的效果。贤良文学的论证反映出那个时代财政经济的历史经验,是对经济史理论的重要贡献。汉武帝时期,国家面临的主要任务变成了保障国家安全、实现国家统一。此时采取大财政与藏富于国方针是对的,也取得了很好的效果。桑弘羊的论证基于他所处时期的财政经济的历史经验,也对经济史理论做出了重要贡献。贤良文学错在不知时代的变化。大富民不利于国理论,是抑制私人垄断国计民生产业的理论,从而也是缓解贫富差距的理论。这是对战国之后(特别是文景时期)因商品货币经济繁荣出现的邓通、东郭咸阳、孔仅一类大富民对国家、对百姓形成不利影响,以及汉武帝时期处置大富民政策的理论抽象。

---

①据《论语·季氏》载,孔子曰:"远人不服,则修文德以来之。既来之,则安之。"
②刘守刚、刘雪梅:《〈盐铁论〉与皇朝财政的基因》,《上海财经大学学报》2012年第3期。
③王利器校注:《盐铁论校注》,中华书局2017年版,第51页。
④王利器校注:《盐铁论校注》,中华书局2017年版,第87页。

大财政会带来庞大的官僚机构,并提高相应的经济运行交易成本。但是大财政的优点也是显而易见的,即强国家,集中力量办大事,能够提供更多的公共服务。辩论双方争论的焦点最后汇聚于国家财政是否应该支持对外战争,即对境外战争的必要性。"秦所以亡者,以外备胡、越而内亡其政也。"①贤良文学以史为鉴,认为用战争解决边疆问题是不合算的。南方、北方的落后民族所居之地,是寸草不长的贫瘠地方,皇帝要么不用去管它,要么主张不战而胜,"王者行仁政,无敌于天下,恶用费哉?"②"加之以德,施之以惠,北夷必内向,款塞自至。"③桑弘羊也同样以事实为根据,反驳"诸生议不干天则入渊"④,强调"边境强则中国安,中国安则晏然无事"⑤。双方都无法说服对方。

把汉武帝的武功放在中国的历史长河中去看,我们会发现它不仅仅是宣国威、安国民,更重要的是对于中华民族的形成和国土疆域确定的重要作用。秦汉时代,在中原地区实现统一的同时,北方游牧区也出现了在匈奴人统治下的大一统局面。南北两个统一体的汇合是中华民族作为一个民族实体进一步的完成。汉武帝的武功对促进两个统一体的融合功不可没。汉朝先后在西北设置河西四郡,在东北设立"汉四郡",在西南设立西南五郡。这些行动不仅直接扩大了统一的地域范围,通过移民、屯田和商贸交流,中原民族不断吸收其他民族的成分而日益壮大,而且渗入其他民族的聚居区,奠定了以在更为广阔疆域内、更多民族联合而成的不可分割的统一体的基础,成为一个自在的民族实体,经过民族自觉而成为中华民族。⑥ 从这个角度看,汉武帝时期的大财政理论与政策实践,在中国历史上起了大作用。

(三)侈靡促进经济增长理论

贤良文学反对政府经营工商业的一个原因,是政府逐利带来奢侈消费,对社会起了示范作用,形成"散不足",因此他们主张"崇俭黜奢"。在汉武帝之前,这是占据主流地位的消费观,儒家、墨家、道家、法家中都有人主张崇俭,反

---

①王利器校注:《盐铁论校注》,中华书局 2017 年版,第 415 页。
②王利器校注:《盐铁论校注》,中华书局 2017 年版,第 2 页。
③王利器校注:《盐铁论校注》,中华书局 2017 年版,第 149 页。
④王利器校注:《盐铁论校注》,中华书局 2017 年版,第 150 页。
⑤王利器校注:《盐铁论校注》,中华书局 2017 年版,第 191 页。
⑥以上参见费孝通《中华民族的多元一体格局》,《北京大学学报(哲学社会科学版)》1989 年第 4 期。

对鼓励消费。其原因是那时的农业生产力水平低，产出增加依赖于扩大劳动力投入，进行精耕细作。加上交通不便，即便某些地方有剩余的农产品，高昂的转运成本也会抑制通过贸易行为来解决另一些地区的粮食等农产品的短缺问题。生产的不足和消费的无限需求之间的矛盾，决定了当时中国消费思想的主流是崇俭黜奢。

汉武帝之前的思想家们论述崇俭黜奢的观点，大多以只言片语的形式，分散于各文献中。在《盐铁论》中，贤良文学引经据典，并结合当时社会实际情况，具体阐述了何为俭，何为奢，以及为什么要崇俭黜奢，将崇俭观推进到理论化和具体化的阶段。贤良文学细致分析了社会生活中方方面面的俭与奢，从衣食住行用各个方面精确界定节俭和奢靡①，让后人对当时社会中的俭及其对立面——奢有非常清楚的直观认识。通过对比总结，我们从这些具体化了的界定中，发现二者的差异在于：是长期保持与以往一样的生活水平，还是随时代变化追求更好的产品和更高消费水平。

为什么要推崇节俭呢？贤良文学的逻辑是，高水平消费（侈靡）消耗的精致产品，要花费更多的劳力，而如果劳力花费在这些产品上面，便没有足够的劳力去生产粮食等作物，社会的农业总产出将会不足，"工商上通伤农"②。在这种情况下，富人可以穷奢极欲，穷人基本生活却得不到保障，最终受损的是平民百姓。"故一杯棬用百人之力，一屏风就万人之功，其为害亦多矣！"③

官方代表则以管仲的思想为基础，驳斥贤良文学的论证，主张鼓励消费。桑弘羊引《管子》言："不饰宫室，则材木不可胜用；不充庖厨，则禽兽不损其寿。无末利，则本业无所出；无黼黻，则女工不施。"④因此贤良文学的主张事实上会陷入"节俭悖论"。侈靡消费在经济循环中作用的传导机制是：奢侈（如厚葬）不仅只是耗用富者的钱财，更重要的是能使贫者维持生活，相关产业的人民都受益，甚至国家也因此有钱打仗了。他进一步论证，即便官员带头节俭，也不可能

①王利器校注：《盐铁论校注》，中华书局 2017 年版，第 323 页。
②王利器校注：《盐铁论校注》，中华书局 2017 年版，第 330 页。
③王利器校注：《盐铁论校注》，中华书局 2017 年版，第 330—331 页。
④王利器校注：《盐铁论校注》，中华书局 2017 年版，第 39 页。此引文在现行《管子》中找不到，但可以找到相似的文字。《管子·侈靡》载："公曰：侈何？长丧以毁其时，重送葬以起身财，一亲往，一亲来，所以合亲也。此谓众约。问，用之若何？巨瘗培，所以使贫民也；美垄墓，所以使文明也；巨棺椁，所以起木工也；多衣衾，所以起女工也。犹不尽，故有次浮也，有差樊，有瘗藏。作此相食，然后民相利，守战之备合矣。"

解决任何问题,"故公孙弘布被,倪宽练袍,衣若仆妾,食若庸夫。淮南逆于内,蛮、夷暴于外,盗贼不为禁,奢侈不为节"①。因此,通过禁止追求物质享受,鼓励节俭省用,不仅在政治和社会道德方面没有什么作用,还会妨碍经济增长。

从《管子》到桑弘羊,认为侈靡能促进经济增长,是消费有积极作用的理论。在那个时代能提出这样的观点,难能可贵。至于在消费中之所以突出奢侈品,是因为在当时的商品货币经济中,商品流通中的主要商品,除了盐、铁、酒等民生物资,就是奢侈品。这个观点反映了战国秦汉时期消费与商业的时代特征②,是商品货币经济重要特征的理论表现。

(四)币众财通而民乐理论

上文已经叙述了辩论双方关于货币铸造与发行的不同观点。这里专门介绍贤良文学提到的汉初实施的一种货币理论,它是对汉代前期货币经济史的理论抽象,颇有理论价值。

贤良文学曰:"往古,币众财通而民乐。其后,稍去旧币,更行白金龟龙,民多巧新币。币数易而民益疑。……故王者外不鄣海泽以便民用,内不禁刀币以通民施。"③贤良文学提到的这种货币民间自由铸造理论,在中国货币理论史上显得有点怪异,令人难以理解。但只要懂得它是以汉代前期货币经济史,特别是文、景帝时期30年间(前175—前144)放铸政策实践为基础的,是对中国钱币史中一种实践的理论概括,就会理解其合理性。具体而言,汉文帝登基第五年(前175),宣布了两项新政策:1.铸造新币,名为四铢;2.开放铸币权,民间可以自由铸造。这两项政策到汉景帝时(前144)结束。这是中国货币史上鲜见的、成功的放铸时代。其结果正如贤良文学反复阐明的"币众财通而民乐"。考古发现证明,放铸时代的"四铢钱"质量高,与同期国家铸造的四铢钱,汉武帝时期的四铢、五铢钱,以及东汉时期的五铢钱相比较,含铜量与钱币的重量都明显优越。④ 这说明,在自由铸造的环境下,如市场上的其他商品一样,私人

①王利器校注:《盐铁论校注》,中华书局2017年版,第373页。

②在两汉,商业的主要内容和形式是奢侈品的贩运贸易和城市商业。参见赵德馨《两汉的商品生产和商业》,中国人民大学中国历史教研室编《中国奴隶制经济形态的片断探讨》,生活·读书·新知三联书店1958年版,第109页;《赵德馨经济史学论文选》,中国财政经济出版社2002年版,第22—30页。

③王利器校注:《盐铁论校注》,中华书局2017年版,第52页。

④陈彦良:《江陵凤凰山称钱衡与格雷欣法则:论何以汉文帝放任私人铸币竟能成功》,《人文及社会科学集刊》(台北)1997年第2期。

自由铸造的钱币相互竞争,币值更加稳定的良币将币值不稳的劣币逐出市场。这与劣币驱逐良币的格雷欣法则(Gresham's Law)相反,表明国家统一铸币并不一定是唯一可以选择的货币发行方式。事实上,在汉政府收回铸币权后的27年间(前140—前113),币制改革了好几次。在汉政府统一铸造五铢钱之后,钱币质量逐渐下降。武帝时期的五铢钱重3.35公克,昭帝时降为3.26公克,宣平时期再减为3.07公克。到了东汉,五铢钱只剩2.86公克。① 此中的原因是国家财政困难,必须尽可能赚取铸币成本与钱币面值之间的铸币利润。这是中国历史上长期由国家垄断货币铸造与发行的奥秘。

盐铁会议是一次经济政策辩论会。辩论双方为了说服对方,必须找出历史事实作依据,必须厘清各种经济政策、问题的来龙去脉,同时尽可能将自己的观点系统化。真理越辩越明,辩论出理论。上文所举四例,说明无论是官方代表还是民间代表,都在辩论中对经济史理论做出了贡献。其中更突出的是桑弘羊。这与他13岁就到了汉武帝身边,后来长期参与财政经济工作,对武昭时期经济史实很熟悉(在辩论中能信手拈来),有亲身体会有关;也与他对诸子百家学说有一定造诣,尤其精通法家和管商之学有关。在此基础上,他总结了历史上的和亲身实践的经验,形成了一套不同于传统儒家和早期法家(如商鞅)的观点,事实上将法家经济理论推进到了新阶段。

三、《盐铁论》的经济史学理论贡献

经济史学理论是以经济史学为研究对象的学问,包括经济史学的研究对象、功能、理论、方法、体裁、历史等。② 就经济史学理论而言,《盐铁论》的贡献主要体现在两个方面:运用新的体裁表述经济史学;撰写内容开始从部门经济史向国民经济史过渡。

(一)以对话辩论体表述经济史学

在世界学术史上,在经济学和经济史学先后成为一门独立学科之前,对话体是比较通用的关于经济学和经济史学的表述方式。例如,古希腊第一部专

---

①陈彦良:《四铢钱制与西汉文帝的铸币改革:以出土钱币实物实测数据为中心的考察》,《清华学报》(新竹)2007年第2期。

②王玲:《求通:访问赵德馨先生》,《中国经济史研究》2008年第3期。

门论述经济问题的著作——色诺芬(约前 430—约前 355 或前 354)的《经济论》,是用对话体裁写成的;英国署名为 W. S. 的早期重商主义代表作,1581 年发表的《对我国同胞某些控诉的评述》①,也是用对话体形式写成。中国古代经济思想文献《管子》中也有多篇采用虚拟对话的形式撰写,例如《管子·轻重乙》中桓公和管子,以及周武王和癸度的问答。

对话体有问答与辩论等多种形式。其中,辩论形式的优点是,针对一个具体的问题有正反两方面的论述。《盐铁论》不仅仅展示了官方的、偏重于上层、偏重于宏观层面的观点,也有普通民众视角的、偏重于下层、偏重于微观层面的看法。这种不是仅仅给出一种固定的观点,而是对每一个问题或每一件事物都给出对立观点的演示方式,使后人可以从中看到在具体问题、具体事物,以至整个社会的主要矛盾上人们意见的分歧所在。钱穆说得好:"因此要讲某一代的制度得失,必需知道在此制度实施时期之有关各方意见之反映。这些意见,才是评判该项制度之利弊得失的真凭据与真意见。此种意见,我将称之曰历史意见。历史意见,指的是在那制度实施时代的人们所切身感受而发出的意见。这些意见,比较真实而客观。"②

盐铁等官营并不是始于汉武帝。"官山海"一词见于《管子·海王》,"唯官山海为可耳"。《史记·太史公自序》中,司马迁叙其家世时提到"昌为秦主铁官"。说明秦始皇时可能就有铁的官卖专营。但是没有文献论及当时"官山海"或铁官的具体制度,更不用说讨论制度实施中的利弊了。《盐铁论》不仅记载政策的内涵,还记载当时社会上存在的、对这一政策实施的效果与影响完全相反的描述。正如东汉王充在其《论衡·案书篇》中评论《盐铁论》所言,"两刃相割,利害乃知;二论相订,是非乃见"。这种反映政策利益相关方间的官民直接交锋的记载,后世极少。《盐铁论》这一经济史学文献由此显得稀缺与珍贵。

《盐铁论》不仅是对汉代盐铁等专营政策最为全面和深入的记载,也是后世政府执行专营制度很好的借鉴。双方当时并不能相互说服,桑弘羊最后无奈地建议废除郡国酒榷和关内铁官,其原因是无法否认这些政策措施中的负面影响。但是面对"桑弘羊之问",即:如果不执行国家垄断政策,国家财政收入从哪里来? 战争的开支从哪里来? 地方豪强割据如何化解? 贤良文学拿不

①有观点认为是由约翰·海尔斯(John Hales)与威廉·斯塔福德(William Starfford)合著。
②钱穆:《中国历代政治得失》,生活·读书·新知三联书店 2001 年版,第 6 页。

出建设性的方案。双方的交锋每每擦肩而过,谁也找不到答案。会议之后,汉元帝初元五年(前44)罢盐铁官,永光三年(前41)又因财政困难而恢复。后世虽有起伏,但是专营成为历代王朝的根本制度。专营政策从行业到具体措施都随时代而变化,专营商品后来扩大到茶、糖、烟、火柴等。专卖政策,特别是盐的专卖,直到21世纪初,一直是中国历代政府牢牢掌握的基本专卖商品,其收入也是历代政府的重要财源。后人从两千年前双方的交锋中,清晰地看到专营政策的利弊,也从后世历史的演绎中看到专营制度的不可或缺。更重要的是,从管仲提出"官山海"之后,便奠定了政府收入由税赋收入和专营收入组成的基本格局,后者正是通过垄断战略性的、民生必需之物资来获得的。这种制度的影响可谓旷世持久,政府因此成了一个有赢利任务的"经济组织",从而也衍生出一种根深蒂固的治理思想,即国家必须控制关系到国计民生的支柱性产业,国有企业应当在这些产业中处于主导地位。

(二)《盐铁论》的国民经济史观

综观《盐铁论》,可以发现它是一部丰富的汉代前期(尤其是汉武帝和汉昭帝时期)经济史。双方辩论的主题是盐铁政策的利弊与存废,但是除了跟盐铁等政策及其影响相关的史实,辩论中还涉及当时社会经济的方方面面。总结前文所述,这里按照国民经济史学的分析框架,概述《盐铁论》至少从九个方面介绍了当时或以前的经济史实:

其一,西汉武帝、昭帝时期的基本经济模式,即以农为本,本末并利,重视运用轻重理论。中央政府将财权集中在自己手中,以实现大财政,强政府,办成了几件大事。

其二,国家直接参与经济活动,包括盐、铁、酒榷专营,平准均输,货币铸造与发行,公田园池出租,边境贸易等。

其三,区域经济特色与地方风俗。山川河流的自然资源;各地收入来源状况和消费偏好等。

其四,手工业方面。各地特色手工业产品与产出;国营铁器手工业生产所需劳动力与产品质量等。

其五,农业和农民方面。农业生产工具与生产方法;农民的赋税徭役负担与生活状况等。

其六,商业。国内商品交易和区域分布;平抑市场物价的政策与影响等。

其七,财政收入与支出。西汉时期政府的相关财政机构;财政收入来源,包括国家的农业赋税、徭役,以及各种专营收入;财政支出的主要方面,包括军费、赈灾等公共品支出等。

其八,对外经济关系。与北方、东方、南方各民族在战争与和平期间的经济往来;对外贸易商品交易品种;对外贸易赤字与盈余;应对边疆地区发展的屯田政策等。

其九,人民生活状况。古今(三代社会和汉初)百姓住房、出行、衣饰、生活用具、丧葬、祭祀、饮食、玩乐、爱好等生活概貌;汉初贫富差距的表现和原因等。

《史记》中的经济史记载,主要集中在《平准书》《河渠书》和《货殖列传》三篇中,其他本纪、列传中也有零星记载,总结起来,其记载的经济史实包括汉初的财政收入与支出、货币的铸造与发行、水利建设与成效、重要商贾经营活动,以及区域经济等部门经济史和专题经济史。因此《史记》作为中国第一部经济史学著作,其意义在于其首创性和文中所展示的经济史理论。《盐铁论》并没有包括《史记》所载的全部内容(例如货币史、水利、重要商贾事迹等),但是它涉及的国民经济领域,比《史记》宽广得多,包括汉代前期(尤其是汉武帝和汉昭帝时期)国民经济的全面情况。这反映了中国记载经济史实与经济观点的著作,其内容开始从部门经济史向国民经济史扩展。

班固所修《汉书》中设《食货志》,"食货"取义于《尚书·洪范》之八政。班固对食货的定义是:"食谓农殖嘉谷可食之物,货谓布帛可衣,及金、刀、龟、贝,所以分财布利通有无者也。"班固所言的"食"是指农业生产,"货"是指商业(含手工业)、货币(金融)。"食货"加在一起就是一国之经济。《汉书》中的《食货志》分上下两篇:上篇写农业生产,其内容不仅记述农业生产过程,而且包括土地制度、商鞅变法、生产技术(如两牛三人一犁的翻地方式,赵括的代田法);下篇记述货币和财政。"《食货志》这部书,把社会经济作为一个总体,描述了它的发展过程的最初形态。"①它是国民经济史的雏形,因而成为中国传统经济史学的典范。

从《史记》到《盐铁论》,再到《汉书》,记载的经济内容越来越宽广,体裁越来越完备,这正是中国传统形态经济史学的产生历程。

---

①赵德馨:《谈谈经济专史的性质、特点和优势》(原载《长航史志通讯》1986 年第 3 期),《经济史学概论文稿》,经济科学出版社 2009 年版,第 61 页。

四、结语

《盐铁论》不是一部作者有意识撰写的经济史学著作。《汉书·艺文志》将其收入诸子中的儒家类。明末清初藏书家黄虞稷在其《千顷堂书目》中，则将《盐铁论》编入史部食货类中。[①] 清朝的四库提要虽明确其核心是食货，但又将其归于子部儒家类书，"盖其著书之大旨，所论皆食货之事，而言皆述先王，称六经，故诸史皆列之儒家"。上述不同的归类，实际上并不矛盾，因为《盐铁论》的内容讲的是食货问题，又的确反映了儒家的经济观点。在当代，学者们多将《盐铁论》作为经济思想史著作。上文的分析说明，它也是一部经济史学文献。当我们将其放在中国经济史学产生和发展的长河中，发现它的内涵与形式，是上继司马迁的《史记》，下启班固所著《汉书》。在经济史学史上，《盐铁论》是从部门经济史到国民经济史的过渡形态。

此文与唐艳艳合作，原载《中国经济史研究》2021 年第 3 期。

---

①参见黄虞稷撰，瞿凤起、潘景郑整理《千顷堂书目》，上海古籍出版社 1990 年版。

《汉书》与中国传统型经济史学范式的形成

摘要:本文从经济史学史的角度,基于经济史学结构理论,阐释《汉书》对中国经济史学的贡献。从经济史学研究内容来看,它开创了以"食""货"为代表的国民经济史学的研究。《汉书》中宣扬的寡欲守贫、轻利贵义的经济哲学,表明社会主流经济思想发生转变,倾向保守主义的儒家思想胜出,成为经济史学理论的价值判断基调;如何研究经济史学的经济史学理论框架基本成型,在撰写体裁、研究内容、评价标准、文笔基调等都有了统一的标准。因此在中国经济史学史上,《汉书》开创经济史学研究的"食货体",是具有中国特色的经济史学模式,标志着传统型中国经济史学范式的成型和产生阶段的结束。

关键词:《汉书》;经济史学史;传统中国经济史学;食货体

中国的经济史学自《史记》肇始,《盐铁论》促进了学科的进一步发展,直至《汉书》成型,这是传统型中国经济史学的产生阶段。本文在《史记》《盐铁论》①探讨的基础上,研究《汉书》在中国经济史学史上的作用与地位。

一、引言

《汉书》记述了上起西汉汉高祖元年(前 206),下至新朝王莽地皇四年(23),共 230 年的史事。《汉书》学在考校训释、编撰技术、部分具体文本研究上都取得了丰富的成果。对于《汉书》在各学科学术史上意义的探讨,则是近来的关注点。陈其泰指出,现阶段对《汉书》史学成就和历史地位的考察,不但应从史学传统之继承、发展关系来分析,还应从传统史学演进的长过程中来评

---

① 唐艳艳、赵德馨:《〈史记〉与中国经济史学的开端》,《中国经济与社会史评论(第 10 辑)》,社会科学文献出版社 2022 年版;《〈盐铁论〉与中国经济史学的产生》,《中国经济史研究》2021 年第 3 期。

价。① 这是一个相对宏观和长期的视野,时至今日学者们已经拥有足够长的时间维度,考察它在传统史学史和各学科史中的作用。

已有学者研究《汉书》相关部分作为其他学科的学术源流,例如史念海关于历史地理学史的研究等。② 从经济史学角度的研究则多集中于经济史实,如《食货志》的经济史实贡献③;以及李剑林等将《史记》《汉书》中的 7 篇经济专篇作为一个整体,试图描绘出一部完整的截止到东汉的 2000 多年的社会经济发展史,甚至绘制出西汉时期经济都会分布图和西汉时期工商物产分布图等④。关于《食货志》所含某一具体经济问题的研究更是数不胜数,例如关于盐法、官田、赋役、漕运、钱币,甚至救荒备灾和工赈等的研究。梁方仲首先从经济史学学科史角度研究《食货志》。他简要介绍十三种《食货志》包含的经济史实、总结经济史学编撰的方法(即经济史学理论的内涵之一),但没有涉及其中包含的经济史理论。⑤ 刘志伟最近开始探讨作为经济史方法的"食货"原理,试图通过对传统食货学的研究,建立将中国经济史学传统与现代中国经济史方法联系起来的基本范畴,进而构建解释中国王朝时期的经济理论体系和概念方法。⑥

因此,现有研究以《汉书》为基础,分散研究部门经济史、专项经济政策和制度史、特殊经济术语等的成果较多,将《汉书》作为一个整体,探讨其作为经济史学著作的特点及所处地位几乎没有。本文将《汉书》作为经济史学文献,从经济史学演进的长过程来研究它在中国经济史学史中的地位。其分析框架与笔者所撰论《史记》《盐铁论》两文一样,仍然基于经济史学结构论,即经济史学科包括两个分学科,即经济史学与经济史学理论。经济史学是经济史学科的主体。它又由两个支学科构成:经济史实与经济史理论。⑦

---

①陈其泰、张爱芳:《20 世纪〈汉书〉研究述评》,《史学理论与史学史学刊》2008 年第 0 期。

②史念海:《班固对于历史地理学的创建性贡献》,《中国历史地理论丛》1989 年第 3 期;《论班固以后迄于魏晋的地理学和历史地理学》,《中国历史地理论丛》1990 年第 4 期。

③黄绍筠:《中国第 1 部经济史汉书食货志》,中国经济出版社 1991 年版。

④李剑林、董力三:《史汉经济与地理著作研究》,湖南地图出版社 1996 年版。

⑤梁方仲:《十三种〈食货志〉介绍》,《历史研究》1981 年第 1 期。

⑥刘志伟:《作为经济史方法的"食货"》,《开放时代》2021 年第 1 期。

⑦唐艳艳、赵德馨:《〈盐铁论〉与中国经济史学的产生》,《中国经济史研究》2021 年第 3 期。

二、《汉书》中的经济史实

《汉书》包括四篇专门经济史论述，以及遍于全书的以"互见"形式展现的经济史记载。下文分别概述。

(一)《食货志》——第一部农业和货币通史

班固借鉴《尚书·洪范》所列国家治理八要务的前两项，构造"食货"一词，并加以界定："食谓农殖嘉谷可食之物，货谓布帛可衣，及金刀龟贝，所以分财布利通有无者也。二者，生民之本，兴自神农之世。"[①]食是指粮食等农业作物的生产；货是指手工劳动生产的布帛衣物，以及交易用的各种货币，其核心是流通。这是对当时主要国民经济活动的概括，"食货"表达出一个清晰的两部门国民经济史框架。他也正是从这两个方面来撰写经济史，不再是只记一些重要的政府"好财兴利"的政策和手段，而是开始意识到从宏观的角度关注所有的经济制度以及实践，探讨如何达到"食足货通"的理想状态。《史记》中的《平准书》以政策命篇名，《汉书》中的《食货志》以经济整体为名。由此"食货"成为后世"经济"的代指，食货学成为中国的经济学和经济史学。《汉书·食货志》不是断代史，它是一部经济通史，记载上至周代，下至王莽去国。

1. "食足"的政策与实践。"理民之道，地著为本"。农业生产是国民经济中的主要部门和基础。粮食产出充足才可以达到"食足"。因此，在食货中，"食"是核心，即要"重农"。围绕这个核心，《汉书·食货志》对"食"的叙述从以下几个方面展开：

(1)田制：第一次详细记载中国从井田制到王莽土地改革的土地制度变迁过程，并给予评价。在中国传统社会，对于农民而言，土地绝不仅仅是某种可以利用的实物资本，而是与具体的生产与生活方式、社会关系等都密切相关。对于国家来说，土地也不仅仅是财政与税收的来源，亦是关系着如何组织与治理整个社会的基础。因此土地制度是经济制度的核心。

班固对井田制的介绍最为详尽。井田制下的土地所有权归国家，受封者只有使用权，而没有所有权，不能转让与买卖。他详细描述田地的度量单位、

[①]［汉］班固撰，［唐］颜师古注：《汉书》第4册，中华书局2013年版，第1117页。

形状;授田的方法与标准、耕种形式;赋税的征税对象、内容和用处;在井田制下人们一年四季的生产生活、教育和粮食储备等等。还借孔子的言论对井田制高度赞赏。在井田制下人们"出入相友,守望相助,疾病相救,民是以和睦,而教化齐同,力役生产可得而平也"①。这样,井田制不仅仅是一种土地制度,也是税赋制度、社会保障制度、国家教化体系,一种理想的社会模式。

周朝晚期,井田的经界被毁,私田开垦泛滥,井田制逐渐被破坏,"徭役横作,政令不信,上下相诈,公田不治"②。新兴的土地制度中,鲁国的"初税亩"意味着对于土地私有的承认。它是新制度的一个典型。

战国晚期,商鞅在秦国行"急耕战之赏"的政策,彻底破坏了井田制,土地私有。民众间和国家之间土地兼并频繁,贫富差距拉大。巨大的利益刺激,完全改变了传统的国家间、民众间的地位和社会的运行范式,"庶人之富者累巨万,而贫者食糟糠;有国强者兼州域,而弱者丧社稷"③。

直至王莽改制之前,土地私有制度没有根本性变化。王莽的土地制度变革是中国历史上鲜见的尝试。始建国元年(9),在毫无准备的情况下,他采用了类似于井田制的土地制度,变土地私有制为国有制(王田),固定人均(男子)土地数量,并禁止买卖,"今更名天下田曰王田,奴婢曰私属,皆不得卖买。其男口不满八,而田过一井者,分余田与九族乡党","犯令,法至死"。④始建国四年(12)由于无法实施,王田制度被取消,恢复原有制度。如前面官员学者所言传统的土地私有制的确是很多政治与社会问题的根源,但经济史实表明通过国家权力仓促地改私有为国有是行不通的,终究要回到私有制。

(2)促进农业发展的重农(农民、农业)政策。其意在采取一系列措施提高农业产出水平,保护人们从事农业的积极性。

其一,降低农业税率的税收政策。汉高祖的减税政策,包括实行"十五税一"的税率;以及财政上量入为出,"量吏禄,度官用,以赋于民"。汉文帝于公元前167年,"乃下诏赐民十二年租税之半",三十税一;公元前166年甚至"遂

---

① [汉]班固撰,[唐]颜师古注:《汉书》第4册,中华书局2013年版,第1119页。
② [汉]班固撰,[唐]颜师古注:《汉书》第4册,中华书局2013年版,第1124页。
③ [汉]班固撰,[唐]颜师古注:《汉书》第4册,中华书局2013年版,第1126页。
④ [汉]班固撰,[唐]颜师古注:《汉书》第4册,中华书局2013年版,第1144页。

除民田之租税"。公元前 155 年,"孝景二年①,令民半出田租,三十而税一也"②。三十税一成为汉代定制。就农业税率而言,是所见的最低的税率,后成为各皇朝轻徭薄赋的标尺。

其二,提高粮食重要性的贵粟政策。通过长期稳定粮食价格和临时刺激粮价提高人们种粮的积极性。先是魏国李悝的"尽地力之教",政府利用"平籴"手段稳定粮食市场价格,达到"使民毋伤而农益劝"目的。在此基础上汉宣帝五凤四年(前 54),耿寿昌在边郡设立正式的"常平仓"制度,"令边郡皆筑仓,以谷贱时增其贾而籴,以利农;谷贵时减贾而粜,名曰'常平仓'。民便之"③。政府还根据国情,采取短期措施,实施明确的粮食价格导向政策,提高其市场地位。汉文帝前后两次采纳晁错建议,"贵五谷而贱金玉","今募天下入粟县官,得以拜爵,得以除罪"④。先是捐粮至边关,后又倡导捐粮到地方郡县。在这种政策的刺激下,人们种粮积极性高,边关和郡县都得以满仓。

其三,推广提高农业生产力的技术。汉武帝末年任命擅长农业技术的赵过为主管军粮的搜粟都尉,在全国(包括边境地区)推广"代田制"⑤。代田制生产效率高,有配套的工具和耕种方法。例如耦犁(一种二牛三人的新的耕田犁地方式)是当时最先进的技术代表,其结果是"一岁之收常过缦田亩一斛以上,善者倍之"。同时政府一方面通过垄断铁器生产,加大高质量铁器的供给,"大农置工巧奴与从事,为作田器";另一方面鼓励保护耕牛,在缺牛的地方"教民相与庸挽犁"换工,采用这样的办法,人多的组一天可耕三十亩,人少的一天也可耕十三亩,较旧法用耒耜翻地,效率大有提高。⑥

2."货通"的政策和实践。促进"货通"的政策和实践从以下两个方面展开,其中通过币制变迁论证币制稳定的重要性是根本。

(1)从周到王莽新朝期间的货币以及货币制度变迁。货币变迁,基本以《平准书》为基础,但是在时间上,向前向后扩展。向前扩至周、秦,向后延至新朝灭亡,详近略远,尤以新朝时期货币变迁最为详细。笔者在前述《史记》一文

---

①《史记·孝景本纪》和《汉书·景帝纪》都载孝景元年,即公元前 156 年。

②[汉]班固撰,[唐]颜师古注:《汉书》第 4 册,中华书局 2013 年版,第 1135 页。

③[汉]班固撰,[唐]颜师古注:《汉书》第 4 册,中华书局 2013 年版,第 1141 页。

④[汉]班固撰,[唐]颜师古注:《汉书》第 4 册,中华书局 2013 年版,第 1133 页。

⑤"代田制"是在同一地块上,作物种植的田垄隔年代换,所以称作代田法。它在用地、养地、合理施肥、抗旱、保墒、防倒伏、光能利用、改善田间小气候诸方面多有建树,因此能提高产量。

⑥[汉]班固撰,[唐]颜师古注:《汉书》第 4 册,中华书局 2013 年版,第 1139 页。

已经详细阐述西汉前期货币变迁,这里只记前后扩展部分。

首先,明确指出"夏、殷以前其详靡记云"。周以前的货币情况缺乏记载,故直接从周开始,描述周朝的货币以及度量单位,"太公为周立九府圜法:黄金方寸,而重一斤;钱圜函方,轻重以铢;布帛广二尺二寸为幅,长四丈为匹"[1]。

春秋战国时期的货币并未讨论,直接转至秦统一货币。钱币分为两种,一是上等币黄金,以溢为单位;二是铜钱,重半两,为下等币;其他的珠、玉、龟、贝、银、锡等仅作为器物、首饰或宝藏,不再是货币。货币已经统一为天然金属货币了,并有了统一正式的度量单位、名称及形制(圆形方孔铜钱)。

《汉书》对《平准书》所未涉及之宣、元、成、哀、平五代的货币情况,只是记载了两件事。一是元帝时贡禹废除金属铸币,用布、帛、谷交易的激进建议。他认为"铸钱采铜,一岁十万人不耕,民坐盗铸陷刑者多。富人臧钱满室,犹无厌足。民心动摇,弃本逐末,耕者不能半,奸邪不可禁,原起于钱……租税禄赐皆以布帛及谷,使百姓壹意农桑"[2]。他的建议没有被采纳。[3] 二是武帝元狩五年(前118)到平帝元始间(1—5),约120年中,总共铸造五铢钱约二百八十亿万。说明稳定统一的五铢钱是为市场所接受的,是中国历史上成功的货币之一。

王莽时期币制相当复杂,从公元7年到公元14年,7年间进行了四次币制的改革。其币制特点在于币种繁多,变化频仍,法令严苛,以至于"每壹易钱,民用破业,而大陷刑"[4]。其中"宝货制"是世界币制史上一种空前绝后的币制,共五物六名二十八品。例如泉布有十种,虽有文字标明价值,但时人多不识字,且十种泉布一级只差一铢,难以辨别;龟贝币要随时测量,更是麻烦。老百姓面对光怪陆离的货币,感到头昏眼花。因此在实践中这些货币很难普及,人们只用大小钱。

(2)盐铁酒榷等官营工商业的发展。汉武帝实施盐铁酒政府专营,对于政府财政居功至极,但是负面影响也不小。汉昭帝年间,基于"盐铁会议"对盐铁

---

①[汉]班固撰,[唐]颜师古注:《汉书》第4册,中华书局2013年版,第1149页。有人认为"九府圜法"是西周初实行的货币制度,但现有文献证明这只是班固借姜太公说明货币制度的来源而已。

②[汉]班固撰,[唐]颜师古注:《汉书》第4册,中华书局2013年版,第1176页。

③在汉哀帝时,师丹也建议:"古者以龟贝为货,今以钱易之,民以故贫,宜可改币。"(《汉书·师丹传》)在复古思潮的影响下,一大批儒生将贫富两极严重分化的原因归结为货币的使用,认为以取消金银货币为手段的复古为解决问题之道。

④[汉]班固撰,[唐]颜师古注:《汉书》第4册,中华书局2013年版,第1184页。

酒榷专营优劣讨论的结果,只是"罢酒酤"。① 汉元帝时期曾全面废除盐铁专营,但三年之后即因财政恢复专营。

王莽进一步扩展了政府专营与管制的范围,号称"五均六筦"。六筦,"筦"即"管",就是政府管理、主导六种经济活动,即盐、铁、酒、铁布铜冶、名山大川和"五均"。盐、铁、酒这三种商品由国家统一生产经营;铁布铜冶,是指冶铜铸币由国家控制;名山大川,即名山大泽产出归国家所有。这是汉武帝时已有的政府垄断政策。王莽政府又加上"五均",合称为"六筦"。

"五均"是政府对市场运行监管的实践。始建国二年(10),王莽下令"今开赊贷,张五均,设诸斡者,所以齐众庶,抑并兼也"②。所谓"五均"就是在长安、洛阳、邯郸、宛和成都五大城市设五均司市师,负责征收工商各业税款以及五种"均"市场的活动。市平(平抑物价)。"诸司市常以四时中月实定所掌,为物上中下之贾,各自用为其市平,毋拘它所。"收滞货。"众民卖买五谷布帛丝绵之物,周于民用而不雠者,均官有以考检厥实,用其本贾取之,毋令折钱。"平市。"万物卬贵,过平一钱,则以平贾卖与民。其贾氏贱减平者,听民自相与市,以防贵庚者。"赊。"民欲祭祀丧纪而无用者,钱府以所入工商之贡但赊之,祭祀无过旬日,丧纪毋过三月。"贷本。"民或乏绝,欲贷以治产业者,均授之,除其费,计所得受息,毋过岁什一。"③

这些对于重要手工业产品生产以及交易管制的政策和措施,大部分是汉武帝政策的延续。其目的在于利用政府力量控制部分市场,稳定物价,保障基本物品的供给,同时增加财政收入,缩小贫富差距。但过多的管制使"民摇手触禁""富者不得自保,贫者无以自存"④。

(二)《地理志》——中国第一部人文经济地理通史

《地理志》全文约 3500 字。由三个部分组成:一是辑录《尚书·禹贡》和《周礼·职方》两篇,并依汉代语言作了文字上的修改,其意在记录汉以前,尤其是夏、商、周的经济、地理沿革。这两篇都以九州为纲,较为疏阔。二是叙述

---

① 《盐铁论》载:"请且罢郡国榷沽、关内铁官。"即取消了酿酒以及关内的铁器专营。
② [汉]班固撰,[唐]颜师古注:《汉书》第 4 册,中华书局 2013 年版,第 1180 页。
③ [汉]班固撰,[唐]颜师古注:《汉书》第 4 册,中华书局 2013 年版,第 1181 页。
④ [汉]班固撰,[唐]颜师古注:《汉书》第 4 册,中华书局 2013 年版,第 1185 页。

汉平帝元始二年(2)①的政区地理。其时全国共计 14 州(部),所辖 103 个郡(国),下设 1587 ②县(县 1356,相当县的道 29,侯国 193)。③ 班固以"郡"或"国"为纲,以"县"或"道"或"侯国"为目展开,极为详尽,这是《地理志》的主体。三是辑录了汉成帝时刘向《域分》和朱赣《风俗》两篇文献,意在概述当时天文分野④和区域经济特点及风俗。综合上述内容,它不仅仅是历史上的自然地理的介绍,而是以行政区划为纲,系统介绍各地行政沿革、户口数据、山川水道交通、经济物产、生活习俗等,是中国第一部人文经济地理通史,是地理经济史的组成部分之一。综合而言,从经济史学角度,《地理志》包括以下内容:

1. 从传说中的大禹时期到汉代的河道交通概况。最早的《禹贡》只依次记载九州重要的水道。一般介绍该州的贡品通过什么河流可以进入黄河或其他主要河流水道或者大海,进而到达目的地。例如兖州地区从济水、漯水乘船进入黄河,即"浮于汶、漯,通于河"⑤。班固的记载则涉及具体州县区域中的河流,强调河流的发源、走向和名称变化。在整篇《地理志》中,总共记载了四百多条水运通道,一般都详述其源出、流向、水程及归宿。

2. 从传说中大禹时期到汉代区域经济(农业、传统手工业)。《禹贡》分别简略介绍九州土壤的颜色、肥瘦情况,进而说明其农业产出和特色手工业或矿业产品,并指出土地等级和赋税级别。《职方》也是分九州来阐述,但更为简练,例如"其利金、锡、竹箭;民二男五女;畜宜鸟兽,谷宜稻"⑥。寥寥数语,介绍扬州的农业、畜牧业以及手工、矿业特点。班固的区域经济记载,详述每一郡或国特色产业(铁、盐、工、服官等)、县域内的名胜古迹等。整理《地理志》的记载可知,西汉设盐官 34 处,铁官 47 处⑦,工官 8 处,服官(为宫廷制造舆服)2 处,楼船官 1 处,发弩官 1 处,铜官 1 处,木官 1 处;还有管理当地特色产业的

---

①其郡国一级名目所据是元始二年(2)的资料,而县邑一级的名目所据却是成帝元延、绥和之际的资料。

②据周庄《〈汉书·地理志〉县目试补》(《历史地理》1982 年第 1 期),《汉书·地理志》后序说有 1587 个县级政区,但实际只记载了 1578 个。

③"国"是与"郡"同级的行政机构,如赵国、广平国、中山国等,下辖有县或侯国;一些县注明是某侯国,例如曲梁,侯国。莽曰直梁,是说曲梁县是一个侯国,王莽政权时叫作直梁。

④将天界星宿与地理区域相互对应的学说,其最初目的就是配合占星理论进行天象占测。汉代后天文分野从一种实用的"占星学"变成了承载人们世界观的严密体系。

⑤[汉]班固撰,[唐]颜师古注:《汉书》第 6 册,中华书局 2013 年版,第 1525 页。

⑥[汉]班固撰,[唐]颜师古注:《汉书》第 6 册,中华书局 2013 年版,第 1539 页。

⑦或 48 处,有一处为金官,即荆州桂阳郡。

家马官 1 处、牧师苑官 2 处、橘官 2 处、羞(馐)官 2 处;此外还有云梦官 2 处、湖官或陂官 1 处,西汉的官营手工业、地方特色分布也由此一清二楚。

3. 梳理人口数据。关于人口数据,《职方》给出了九州人口中男女的比例。班固则记载了全部 103 郡的户数和口数,甚至部分县也有具体数据。这些数字不但是我国有史以来最早的比较完整的户口统计,而且因为分别系于各郡国之下,又自然成为人口分布资料,各地人多人少,一目了然,很有价值。汉平帝元始二年(2)的总户数是 12233620 户,口数则是 59594987 口,可见当时平均每户接近五口(4.87)。人口最多的前三州依次是兖州、豫州、司隶部,这三州人口占据全部(14 州/部)人口的 37% 多;如果以郡国而言,人口密度最高当数平原郡,每平方公里 416 人;最低的敦煌郡,是每平方公里仅 0.3 人[①],两者相差极大。

4. 资源禀赋和人民生活等。《域分》介绍天文分野,是有史以来较为详细的记载,这里不详述。社会风俗和人民生活的描述,班固以专业书籍《风俗》代论,将全国分为 15 个区域分别展示了当时人们基于不同资源禀赋而衍生的经济特征和生活习俗。例如秦地,下分四个小区域,即关中、天水陇西六郡、武威郡以西的匈奴旧地和南边的巴蜀广汉郡。关中地区"又郡国辐凑,浮食者多,民去本就末,……嫁娶尤崇侈靡,送死过度"[②]。关中地区地理位置优越,资金充足,商业发达,崇尚金钱、奢侈。武威郡以西的匈奴旧地,地广民稀,水草宜畜牧,故凉州之畜为天下饶。"是以其俗风雨时节,谷籴常贱,少盗贼,有和气之应,贤于内郡。"[③]南边巴、蜀、广汉郡,土地肥美,有江水沃野,山林竹木疏食果实之饶。更南边的贾滇、僰僮等地,民食稻鱼,亡凶年忧,俗不愁苦,而轻易淫泆,柔弱褊厄。这些记载清晰地描绘出一幅当时各地人民经济特色、性格特点和生活习俗的精彩画卷。

(三)《沟洫志》——中国第二部水利经济通史

《沟洫志》是一部关于农业水利灌溉设施、粮食漕运通道和黄河治理的通史,也是继《史记·河渠书》之后的中国第二部水利经济通史,显示出对于水的

---

① 梁方仲:《中国历代户口、田地、田赋统计》,上海人民出版社 1980 年版,第 4—5、14、18 页。
② [汉]班固撰,[唐]颜师古注:《汉书》第 6 册,中华书局 2013 年版,第 1642—1643 页。
③ [汉]班固撰,[唐]颜师古注:《汉书》第 6 册,中华书局 2013 年版,第 1645 页。

利用、治理在中国传统社会的重要性。该篇以司马迁《河渠书》为基础,增加部分水利工程的记载,修正少许错误①;并续写至王莽新朝时期。本文只记《沟洫志》相对于《河渠书》新增部分。

1.补充汉武帝时期修建的农业灌溉设施——六辅渠和白渠。六辅渠是郑渠的补充,白渠走向与郑渠大体相同。白渠的建成改善了泾阳、三原一带大片土地的土肥条件,促进了农业生产发展,"郑国在前,白渠起后。举臿为云,决渠为雨。泾水一石,其泥数斗。且溉且粪,长我禾黍。衣食京师,亿万之口"②。

2.重点关注黄河水患的影响、治理以及经验总结。黄河的水患及其治理占了《沟洫志》一半的篇幅,涉及重要的黄河决口及治理 7 次;完整保留水利专家们的治理建议讨论,实为承先启后总括历史经验的权威纪录。内容包括两个方面:其一是汉代防范水灾的手段。除了传统的防堵(堤防)、分疏、改道等手段,贾让在《治河三策》中还提出开浚和建立蓄洪区的新观点,凡是后代有的手段,当时都出现了。其二是灾情和政府赈灾记载。例如汉成帝建始四年(前29)馆陶和东郡金堤决堤,"泛滥兖、豫,入平原、千乘、济南,凡灌四郡三十二县,水居地十五万余顷,深者三丈,坏败官亭室庐且四万所"。政府进行了粮食赈灾和移民,"谒者二人发河南以东漕船五百,徙民避水居丘陵九万七千余口"③。

(四)《货殖传》——中国第二部工商人物活动发展史

《货殖传》是截至王莽新朝末,历史上从事工商活动成功人士的群传,记载他们所从事的行业、经营致富的经验;作者通过对人物活动的评论,阐述自己的经济思想,尤其是关于私人工商业的观点。因此实际上它是对历史上私人工商业经济发展的记载,也是中国学术史上少有的正史中对私人工商业的讨论。

《货殖传》共计 3200 余字,所用资料与《史记·货殖列传》大致类似,但是

---

①例如《河渠书》载"西门豹引漳水溉邺,以富魏之河内",《汉书》则指明是"史起为邺令,遂引漳水溉邺"。另一处是纠正两次重要的黄河决口的时间间隔,一次是汉兴三十九年,孝文时黄河决于酸枣,再一次是黄河决于瓠子。《史记》记载"其后四十有余年,今天子元光之中,而河决于瓠子"。《沟洫志》记载是,"其后三十六岁,孝武元光中,河决于瓠子",根据其他资料证明汉文帝十二年(前168)河决酸枣,汉武帝元光三年(前132)河决瓠子,中间确是 36 年。

②[汉]班固撰,[唐]颜师古注:《汉书》第 6 册,中华书局 2013 年版,第 1685 页。

③[汉]班固撰,[唐]颜师古注:《汉书》第 6 册,中华书局 2013 年版,第 1688 页。

只有后者的一半篇幅。其字数差异主要在于两点：一是前者将后者记载的区域经济和风俗，纳入了《地理志》；二是班固重写了表明作者经济思想的前言部分，司马迁较为详尽地论述了他基于私人工商业发展历史而来的自由主义经济思想，而班固删除了司马迁原文（将近 1000 字），抛弃、批判司马迁的主张，提出了完全不同的经济观点。

《货殖传》所记货殖人物共计 40 人，包括《史记·货殖列传》所载的 29人①，以及补充后续时代的 11 人。这 11 人被分地区简略记载，除了罗裒和王孙卿两位稍详细，其余 9 位富人，总共只有区区 100 余字介绍，甚至不提及所处的行业，一般只提及名字、地域、时期和财富数量。值得注意的是，所补 11人，8 人来自京师，3 人来自京师之外，其中罗裒的业务遍及巴蜀和京师。

前 29 人史料采用虽基本一致，但班固和司马迁对他们的评价和结论迥异。司马迁总体上从正面细论各家致富手段和经验，他撰书的目的是总结经验让后世学习如何求富。② 班固将因货殖致富的人物分为三类。第一类是"然常循守事业，积累赢利，渐有所起"，此类人虽经营不违法，但是生活富裕，多因吃、穿、住、行而"越法"。第二类是"公擅山川铜铁鱼盐市井之入"，例如蜀卓、宛孔、齐之刀间等，其罪恶是"上争王者之利，下锢齐民之业，皆陷不轨奢僭之恶"。第三类是"掘冢搏掩，犯奸成富"的人，例如田叔、栾发、雍乐成等，这类人更是罪不可赦，"伤化败俗，大乱之道也"。③ 总而言之，货殖致富，于社会、国家无任何益处，小则"越法""僭越"，大则"乱道"。其核心观点在于，人们想发财致富，这种心理就是不正确的，因为前代圣人已经有"均无贫"的理想。如果一个人发了大财，多半是因为他"靡法靡度，民肆其诈"，故而他犯了"逼上并下"的过错。④ 班固写《货殖传》，就是要证明上述观点，进而贬抑商人，贬抑富人，贬抑个人发财致富的心理与行为。

(五)《汉书》其他部分经济史实例证

《汉书》的其他部分也有经济史实记载，以互现互证经济事实，这里择要说

---

① 《史记·货殖列传》记载 31 人，班固去掉姜太公和管仲。

② 参见赵德馨《〈史记〉与中国经济史学的开端》，《中国经济与社会史评论（第 10 辑）》，社会科学文献出版社 2022 年版。

③ [汉]班固撰，[唐]颜师古注：《汉书》第 11 册，中华书局 2013 年版，第 3694 页。

④ [汉]班固撰，[唐]颜师古注：《汉书》第 12 册，中华书局 2013 年版，第 4266 页。

明。

1.纪、传中的经济史实。"纪"是按时间顺序的皇帝和皇后大记事,包括所涉及人物相关的所有事务,因此易于作为志书类的补充。若以币制为例:《高后纪》二年春,……行八铢钱。六年春,……行五分钱等。[1] 这些都是《食货志》的有益补充,两相对比,便于读者避免遗漏,厘清事实。

"传"为人物传记,记载重要政治、军事、经济人物的生平与事迹。这些人物大多参与相关重大经济政策的决策或实施,因而可以在这些传记中发现对同一事件,从不同角度的记载。而且《汉书》"传"部分引用较多传主的著作或奏章,保留时人的观点,更利于探究事情的原委。这些传记是探究经济变迁不可或缺的支撑。

2.《五行志》中的气象以及自然灾害史实。《五行志》共5卷,是所有"志"类中卷数最多的,后世颇受讥议。当代人多视《五行志》是宣扬灾异迷信之作。但它汇编了从春秋时期的鲁隐公至王莽七百余年间的重要灾异记录,同时选摘了西汉灾异学家对这些灾异的解说,是中国灾害史、气象史、天文史和异物记录。例如地震,记录有西汉5次;蝗灾,春秋时期12次,西汉7次等。《五行志》不仅有对灾害强度的描述,而且有受灾人口、土地、房屋、牲畜的记录。透过它的编年记事,方便检索的灾异分类与区域配置,可以为经济史学、减灾学等学科提供长时间维度的灾害周期以及灾害时地分布等研究数据。近来这些早期气候和灾害研究在经济史研究上得到了充分应用,涌现出许多有意义的研究成果。

3.周边少数民族传中关于各民族历史、经济发展与民族关系的记载。《汉书》延续《史记》传统,仍然是5篇关于周边少数民族的传,即《匈奴传》上下、《西域传》上下、《西南夷两粤朝鲜传》。从篇目设计上可以看出,更加突出匈奴这个重点。这类传记载各民族的区域地理位置、产业构成、风俗习惯、经济政治组织以及和中原政权之间的相互关系演变。以《西域传》为例,它包括西域50余国的户口统计、物产、地理位置、各国之间的方位和交通距离等基本情况,汉武帝通西域之前的社会经济状况,以及通西域后政府对西域各国的管理及经济开发。例如"出阳关,自近者始,曰婼羌。婼羌国王号去胡来王。去阳关千八百里,去长安六千三百里,辟在西南,不当孔道。户四百五十,口千七百五

---

①［汉］班固撰,［唐］颜师古注:《汉书》第1册,中华书局2013年版,第97、99页。

十,胜兵者五百人。西与且末接。随畜逐水草,不田作,仰鄯善、且末谷。山有铁,自作兵,兵有弓、矛、服刀、剑、甲。西北至鄯善,乃当道云"①。这是其中婼羌国的记载,国名、地理交通位置、户口、军队人数、农牧产业、资源禀赋和特色产业,内容丰富,后之修史者按此范式写作,今人将历代相关传记结合起来,就能描绘出一部部西域各国简要的地理经济史。

三、《汉书》中的经济史理论

经济史理论是经济史的理论形态,是对经济史实的理论抽象。经济史研究可以发现理论,可以检验理论。班固在撰写《汉书》时,不仅仅只述经济活动的发展过程,更重要的是借写经济史实表达自己或者当时人的思想和理论观点,寓论于叙事中。

(一)食足货通:国家经济基础理论

上文说到班固构造了"食货"一词。"食足货通,然后国实民富"②的提法也自他始。这句话是班固经济思想精要所在,对于经济史理论来说,是一个新思维、一个新框架、一个重要的思想贡献。

首先,班固第一次高度抽象出经济的两大核心部门——食和货,即与食物生产相关的农业和与商品流通相关的货币、手工业和商业。食货并列,是对以农业为本的本末说的一个跨越。前人也曾高度评价除农业之外的其他经济部门,例如司马迁观察到"故待农而食之,虞而出之,工而成之,商而通之"③。但是在学术上没有将四者并列至国民经济重要部门,本质仍然是本末分类。班固将食货并列,并专篇分别记载、研究如何做到"食足货通",创造了一个新的研究框架。

其次,班固厘清了"食足货通"是国家经济基础的逻辑。他通过描述神农、黄帝、尧、舜、禹以来的实践,指出无论是"斫木为耜,煣木为耒,耒耨之利以教天下",以制作工具提高生产力而食足;或者"日中为市,致天下之民,聚天下之

---

① [汉]班固撰,[唐]颜师古注:《汉书》第12册,中华书局2013年版,第3875页。
② [汉]班固撰,[唐]颜师古注:《汉书》第4册,中华书局2013年版,第1117页。
③ [汉]司马迁撰,[南朝宋]裴骃集解,[唐]司马贞索隐,[唐]张守节正义:《史记》第10册,中华书局2013年版,第3254页。

货,交易而退,各得其所"而货通,其目的是"生民"即国实民富。民众生活富裕,"于是里有序而乡有庠。序以明教,庠则行礼而视化焉"。统治者因而可以富而"教民"。农民依附于土地,四民有业,不仅仅解决生存问题,更重要的是以礼义固化人们,最终的目标是"安民"。①

再次,用历史事件论证"食足"和"食不足"的原因。班固用对比的方法,先述文帝、景帝时期的"民人给家足,都鄙廪庾尽满,而府库余财"——"食足"的成功经验在于"约法省禁,轻田租"以及重农贵粟政策;后论武帝以后"食不足"的根源在于政府庞大支出导致的苛捐杂税,以及私有制下土地兼并引致的粮食生产低效。汉武帝时期"外事四夷,内兴功利,役费并兴,而民去本","田租口赋,盐铁之利,二十倍于古"。② 苛政猛于虎一直是传统国家反思国家兴衰的论调,同时强权官僚贵族和富有商人的土地兼并迫使农民流亡,放弃农业生产,粮食生产不足也不容忽视。董仲舒论富人的兼并,"富者田连阡陌,贫者亡立锥之地"③。《哀帝纪》中则记叙了贵族官僚兼并土地:"诸侯王、列侯、公主、吏二千石及豪富民多畜奴婢,田宅亡限,与民争利,百姓失职,重困不足。"④如前所述,针对"食不足",总体而言想尽办法让农民固定在土地上,有地可耕,有基本的收入保障,具体措施包括:轻徭薄赋、抑制土地兼并、重农贵粟、提高农业生产力政策等。

最后,阐述"货通"的基本路径。"货通"关注货币和物价的稳定以保证货物交易顺畅。一是稳定币制,权衡币制稳定和征收货币发行税之间的关系。班固详细记载货币改革变迁史,尤其是王莽政府的币制变迁,试图用事实论证币制稳定对于经济的重要性。二是稳定市场物价,尤其是农产品物价,重点是粮食物价。他指出:"籴甚贵伤民,甚贱伤农;民伤则离散,农伤则国贫。"⑤粮价甚贵或甚贱都不好。三是从商品流通的角度,肯定市场的重要性。"日中为市,致天下之民,聚天下之货,交易而退,各得其所",因此圣明的统治者要"开市肆以通之……通财鬻货曰商"。⑥ 说明"货通"需要建立商品市场以促进商品

---

① [汉]班固撰,[唐]颜师古注:《汉书》第4册,中华书局2013年版,第1117页。
② [汉]班固撰,[唐]颜师古注:《汉书》第4册,中华书局2013年版,第1137页。
③ [汉]班固撰,[唐]颜师古注:《汉书》第4册,中华书局2013年版,第1137页。
④ [汉]班固撰,[唐]颜师古注:《汉书》第1册,中华书局2013年版,第336页。
⑤ [汉]班固撰,[唐]颜师古注:《汉书》第4册,中华书局2013年版,第1124页。
⑥ [汉]班固撰,[唐]颜师古注:《汉书》第4册,中华书局2013年版,第1117—1118页。

流通。但班固对发展商品流通和市场作用的认识并不深入,他仅仅关注政府垄断工商业和排斥私人工商业者的经济活动,他没有认识到商品生产的真正作用。①

(二)抑制土地兼并理论:从限田到均田

土地兼并是秦汉时期出现的新的经济问题,是土地私有化的必然结果之一。土地的集中加剧了贫富差距,贫民无以聊生,经济问题导致社会问题和政治问题。班固强调:"不患寡而患不均,不患贫而患不安;盖均亡贫,和亡寡,安亡倾。"②当时的学者、官员以及执政者对于天下治平的反思,也集中在土地兼并问题上,班固尝试厘清这一难题。在《食货志》中,他系统介绍历史上相关的政策以及效果,为后世留下理论探索经验。当时解决方法的核心不外乎内塞兼并之源(主要是对官民暴富后的兼并,下节详述),外限民名田(制度保障土地的均平),以求法律上土地所有的均平。

"限田论"是最早提出的解决方案。它打开了一个新思路。汉武帝时董仲舒看到,井田制废除后土地兼并现象突出,尤其是富裕商人的兼并,首提"限民名田,以澹不足,塞并兼之路"③。其核心是国家强制规定民户拥有土地的数量,但未提及限制几何,也未涉及限田的方法。汉哀帝时期,师丹再提限田,"列侯在长安,公主名田县道,及关内侯、吏民名田皆毋过三十顷。……期尽三年,犯者没入官"④。在董仲舒建议的基础上,师丹的方案向前发展了一步,限田变得更为具体,数额清楚,对象明确(强调限制贵族、官僚、商贾等人的田地),并规定了实行的期限,限田思想变成了可以操作运行的法律政令。但上述两次"限田"建议都基于各种原因,没有实施。历史的实践可以看出,这种政策实施的交易成本非常高,即便是在汉武帝时期,国家行政能力强大,也无法实施。

真正实施的是王莽的王田制,即规定田地归国家所有,不能买卖,同时固定人均拥有田亩的具体数量。一家(男口不超过8人)土地超过一井(九百亩)的,余田要分给九族邻里乡党(即100亩/男),无实施预备期限。这是针对所

①陈其泰、赵永春:《班固评传》下,南京大学出版社2011年版,第5页。
②[汉]班固撰,[唐]颜师古注:《汉书》第4册,中华书局2013年版,第1117页。
③[汉]班固撰,[唐]颜师古注:《汉书》第4册,中华书局2013年版,第1137页。
④[汉]班固撰,[唐]颜师古注:《汉书》第4册,中华书局2013年版,第1142—1143页。

有人(男丁)的等额限田,可视为"均"田。相对于师丹的限田论,王田制在多方面有所超越:王田制度规定了无田户的处理;规定土地禁止买卖;王田制级别更高,限田论规定超越限额是违章犯禁,而超越了王田制度数量规定则是犯罪。王田制三年之后不得不废弃,这一改革尝试以失败告终。

王田制之后,针对土地兼并这一历史难题,东汉的荀悦和仲长统提出限田论,西晋初年有占田制,直至北魏李安世的均田制,可以清晰地看到思路的一脉相承。除了限制官员、贵族、富人的土地数量,均田制从王田制继承了保证普通农民土地数量的制度;但又吸取王田制教训,改完全禁止土地买卖为部分禁止土地买卖,使之更符合当时的经济规律。[①] 均田制无论从政策措施还是理论上,都达到了比较完善和成熟的阶段,后历经北齐、北周、隋直至唐初,均田制的具体条文虽有所改变,但一直是统治者解决土地问题的基本政策。

(三)政府直接参与经济活动优劣理论

班固是赞同国家在部分行业或部门直接参与经营的,认可"所以齐众庶,抑并兼也"的政策背景。汉武帝之后,官府对经济的干预力度并未减小,国家对盐铁等的专营也一直没有彻底消失;王莽更是在原有政策的基础上增加了"五均",形成"六筦",政府直接参与经济运行的实践范围更广。政府依靠特权直接介入市场,从而将原来属于私人工商业者(兼并势力)的暴利转到官府腰包里,在增加国家财政收入的同时,也能有效抑制兼并之源。班固观察到政府垄断活动的长期性:"故管氏之轻重,李悝之平籴,弘羊均输,寿昌常平,亦有从徕。"他肯定这一系列政策的实施效果,最好的结果是"民赖其利,万国作乂";次之,汉武帝时也能做到"民不加赋而用益饶"。但是王莽时期,相似的政策,其结果却是"制度失中,奸轨弄权,官民俱竭,亡次矣"[②]。

班固认为政策效果差异的关键在于具体执行官员的素质。以前效果较佳是因为"顾古为之有数,吏良而令行"。他批评王莽时期政府垄断经济活动在实践中,"羲和置命士督五均六斡,郡有数人,皆用富贾。……乘传求利,交错天下。因与郡县通奸,多张空簿,府臧不实,百姓俞病",导致"奸吏猾民并侵,

---

①北魏均田制禁止土地买卖,但作为世业的桑田可以买卖;唐朝口分田不可买卖,农民、官吏所受永业田可以买卖。韩国磐:《北朝隋唐的均田制度》,上海人民出版社1984年版,第154页。

②[汉]班固撰,[唐]颜师古注:《汉书》第4册,中华书局2013年版,第1186页。

众庶各不安生"。① 班固偏好于从政策执行人私德方面找原因,而没有谈及制度本身的问题,这种思想影响深远。近代也有很多学者高度正面评价制度本身,例如胡适认为王莽实行的五均六筦之制,"都是'国家社会主义'的政策。他们的目的都是'均众庶,抑兼并'"②。当然一些学者也从政策制度本身进行反思,认为长此以往,会形成官府拥有干预经济的天然权力的文化氛围,垄断的恶果都不足以引起人们警觉。人们习惯于从私欲有害、管制乏力等角度去解释官商体制的低效和弊端,干预造成的危害成为进一步干预的理由。③

(四)促进"货通"的货币理论

中国经济史学重视货币史记载的优良传统,首先应归功于司马迁首创和班固的发展。货币史记载中的丰富实践,衍生出广泛的理论探讨,显示出中国古代货币理论的丰富性和先进性。《汉书》中对货币理论的探讨都是出于促进"货通"的目的,是对前朝历代货币理论的一个总结。

1. 货币职能界定。班固将货币名称化用为比喻,形象地解析货币的职能,相当精练:"故货宝于金,利于刀,流于泉,布于布,束于帛。"④金、刀、泉、布、帛都是我国古代货币的指代。"宝于金"指货币本身具有价值,跟金子一样宝贵。"利于刀"则是说明货币作为交易的支付中介在商品交易支付中便利如刀。"流于泉"是流通职能,说货币能使商品交易如泉水一样畅行无阻。"布于布"指货币像布一样易于分布流行,是大家愿意接受的媒介。"束于帛"是说货币的贮藏职能,贮藏时如丝帛束聚,便于集藏。这些形象解析,反映了班固对货币本身的价值、流通职能、支付职能、贮藏职能等职能的认识,虽不全面,但贵在形象和首创。

2. 敛散轻重控制物价说。"民有余则轻之,故人君敛之以轻;民不足则重之,故人君散之以重。凡轻重敛散之以时,则准平。"⑤班固研究管仲在齐国创造经济奇迹的经验,探讨政府如何稳定以货币标价的市场物价。政府通过逆价格行事,市场物资多,价格低,就买进;市场物资短缺,价格高,就卖出,追求

---

① [汉]班固撰,[唐]颜师古注:《汉书》第4册,中华书局2013年版,第1183页。
② 胡适:《胡适文存2》,华文出版社2013年版,第20页。
③ 钟祥财:《大同思想的历史维度》,《探索与争鸣》2009年第4期。
④ [汉]班固撰,[唐]颜师古注:《汉书》第4册,中华书局2013年版,第1149页。
⑤ [汉]班固撰,[唐]颜师古注:《汉书》第4册,中华书局2013年版,第1150页。

物价准平,使货物流通顺畅。更重要的是"守准平,使万室之邑必有万钟之臧,臧襁千万;千室之邑必有千钟之臧,臧襁百万"①。在稳定物价的长期过程中,政府会积累大量财富,消除大贾豪家剥夺民众的可能性。

3. 子母相权货币流通论。班固专门引单穆公反对周景王铸大钱的论述,强调其中的货币理论。第一,首次出现钱有文的记载。"卒铸大钱,文曰'宝货'。"此后中国的钱币上都为文字,不同于西方惯用人物花鸟动植物为饰。这是关于货币形制的理论。第二,"先王因灾制币说"的货币起源论。"古者天降灾戾,于是乎量资币,权轻重,以振救民。"第三,界定古代分析货币问题所使用的基本范畴:轻重、子母。"量资币,权轻重",货币的轻重是相对于商品而言的,是要通过在交换中和商品(资)的比较来衡量,即把货币的轻重看成是货币表现在商品上的相对价值。货币在流通中不仅同商品发生关系,而且不同的货币之间也发生关系,于是就有了关于货币流通的又一对范畴,即子母范畴。"民患轻,则为之作重币以行之……若不堪重,则多作轻而行之,亦不废重……小大利之"②,因而子母关系实际是同时流通的轻币和重币、小币和大币之间的关系。③　第四,关于发行货币的作用。周景王铸大钱是为了解决财政困难,目的在于"实王府"。单穆公认为是否应该加铸货币,是作重还是作轻,应根据货币流通的需要,只能由"量资币,权轻重"来决定。这显示出中国历史上对于这一问题两种对立观点的渊源:一是把发行货币看作是弥补财政亏空的手段;另一种是从流通过程的需要出发,把发行货币看成是促进商品交换的措施。以上这些言论,是中国历史上最早的关于货币流通的理论。

4. 政府垄断铸币理论。班固引贾谊《谏铸钱疏》中的议论,并结合西汉铸币的实践,以表达自己的观点。贾文系统阐述了放开民间私自铸造货币的危害和垄断铸币的益处。危害有三:即法律矛盾难题(允许私铸和要求铸造足值货币的矛盾);交易的便捷性问题(不同货币交易不便);农事弃捐而采铜者日蕃(铸币收益高而导致农民抛弃农业)等。因此要禁止私人铸币。但是"禁之不得其术,其伤必大"。其原因在于"令禁铸钱,则钱必重",又会导致私人逐利而盗铸。因此最好的办法是把铜业收归国有。民间缺乏铜资源,无法私人铸

---

①[汉]班固撰,[唐]颜师古注:《汉书》第4册,中华书局2013年版,第1150页。

②[汉]班固撰,[唐]颜师古注:《汉书》第4册,中华书局2013年版,第1151页。

③何平:《单穆公"子母相权"论与货币的层次结构》,《中国钱币》2019年第1期。

造货币,铸币权自然统一于政府。政府垄断货币的原料,不仅可以解决上述三种危害,还可以额外带来"七福",进而强国富国,重农抑商。其基本路径是:"上挟铜积以御轻重,钱轻则以术敛之,重则以术散之",稳定市场物价,促进商品流通;进而"以临万货,以调盈虚",使官富实,而末民(工商业者)困,增加政府财政收入。①

(五)寡欲守贫、轻利贵义的经济哲学

对比《史记·货殖列传》和《汉书·货殖传》,会清楚地看到社会主流的经济哲学在这200年间发生了根本性的转变:从求富逐利重货殖转为寡欲守贫抑货殖。

司马迁所处时代,前期(文景之治)货殖发达,后期(武帝时代)政府直接参与货殖活动,与民争利。他注意到了货殖的重要性,正视求富乃人之情性,源自人心有"欲",人心欲富、欲贵,这种态势既不可无,亦不可从,当以义防利,以礼化争,否则天子亦将患贫而与民争利。② 学者们对《史记》经济思想的评价转折起于西汉末期的扬雄。他不同意司马迁的观点:"及太史公记六国,历楚汉,讫麟止,不与圣人同,是非颇谬于经。"③他还指出:"今货殖之徒,皆务腹天下之脂膏以自肥,则天下之受其困者能恶衣恶食,终无所怨乎? 此圣人不患贫而患不安之意,明货殖之术,徒足以致天下之不安而已。"④谓货殖之徒犹如吸血之蚊,明确反对求利的工商业活动,将货殖活动导致的收入差距当成影响社会稳定的重要原因。这表明汉代社会主流经济哲学开始发生重大转变。进入东汉,班彪讨论《史记》所涉具体学术问题,"其论术学,则崇黄老而薄五经;序货殖,则轻仁义而羞贫穷;道游侠,则贱守节而贵俗功"⑤。班固在其父的观点上更进一步:"其是非颇缪于圣人,论大道则先黄老而后六经,序游侠则退处士而进奸雄,述货殖则崇势利而羞贱贫,此其所蔽也。"⑥文辞虽相似,但更为尖锐,从学术上的批评上升为道义和道德的指责。班固在《货殖传》中具体实践他的

①[汉]班固撰,[唐]颜师古注:《汉书》第4册,中华书局2013年版,第1155—1156页。
②阮芝生:《货殖与礼义——〈史记·货殖列传〉析论》,《台大历史学报》1996年第19期。
③[汉]班固撰,[唐]颜师古注:《汉书》第11册,中华书局2013年版,第3580页。
④汪荣宝撰,陈仲夫点校:《法言义疏》,中华书局1987年版,第468页。
⑤[南朝宋]范晔撰,[唐]李贤等注:《后汉书》第5册,中华书局2012年版,第1325页。
⑥[汉]班固撰,[唐]颜师古注:《汉书》第9册,中华书局2013年版,第2737—2738页。

思想。《货殖传》基本上取材于司马迁的《货殖列传》,但班固几乎删去了所有司马迁有关治生的经验总结和赞誉,转而以几乎相同的材料,得出完全不同的结论。他评价对于依靠工商业致富的各行业人物,即便是正常积累致富,也因不坚守其原有职业阶层安贫乐道,追求财富和物质享受,逼上并下。完全不同于司马迁对于货殖致富等同于"素封"的观点,转而反对宣传货殖人士的成功经验,从道义和理论上压制货殖活动。

　　班固在《货殖传》开篇时就引用《管子》之言,以表明他奉行的经济哲学。"古之四民不得杂处……不见异物而迁焉……是以欲寡而事节,财足而不争。"①主张把人们限制在相对固定的四个职业(行业)狭小圈子里,抑制求货益财的欲望,主张寡欲守贫抑货殖。这表明汉代社会主流经济哲学转变已经完成。崇尚自由无为的黄老思想消退,倾向保守主义的儒家思想胜出。随着《汉书》在社会上的推崇与宣扬,这种经济哲学占据主导,以至范晔修《后汉书》,没有为"货殖者"单独立传,而对那些"仁义逊让"的"高义"之人,以及能"修身谨行",宁肯阖家共财同穷的"独行"之士推崇备至,特立《独行传》《逸民传》,以表彰他们能"蝉蜕嚣埃之中,自致寰区之外"②的"义行"。后世正史中多有类似传记,而无货殖传。对于货殖活动进行记载研究、总结理论经验的著作就此从正史中消失了。

四、《汉书》对经济史学理论贡献

　　《汉书》对经济史学研究对象、研究方法、叙述方法、评价标准等经济史学理论也有重要贡献。

(一)对经济史学研究对象的扩展——以"食货"为主体

　　司马迁在《史记》中开创研究经济史的传统,他在《太史公自序》中说:"维币之行,以通农商;其极则玩巧,并兼兹殖,争于机利,去本趋末。作《平准书》以观事变,第八。"③可见他写《平准书》时,关注点是"货"。为说清楚"货",进而

①[汉]班固撰,[唐]颜师古注:《汉书》第11册,中华书局2013年版,第3679—3680页。
②[南朝宋]范晔撰,[唐]李贤等注:《后汉书》第10册,中华书局2012年版,第2755页。
③[汉]司马迁撰,[南朝宋]裴骃集解,[唐]司马贞索隐,[唐]张守节正义:《史记》第10册,中华书局2013年版,第3306页。

发展为尝试厘清财政的收支。《平准书》应定位为货币专题史和财政部门经济史。作为经济史著作的《盐铁论》研究的内容范围超出财政和货币,开始向广泛的国民经济部门扩展。班固写《食货志》时,他在《叙传》中指出"厥初生民,食货惟先",创造性提出"食足货通,然后国实民富"理论,高度概括了社会经济根本,即国民经济的主体是由"食""货"两个部分组成。《食货志》可定位为以"食货"为框架的国民经济史。中国传统经济史的研究对象亦由货币、财政扩展到以食、货为主体的整个经济。这是后世学者编修正史时都采用班固创造的"食货"体叙述经济的根本原因。《汉书·食货志》由此成了正史记载经济的范式,也成了中国传统经济史学的范式。正是在这个意义上,我们认为《汉书·食货志》是中国传统型经济史学形成的标志。

《汉书》之后,《晋书》等 13 部①正史,均因袭《汉书》而专辟《食货志》,且篇章增多,以反映历代农业、手工业生产及商品货币经济的发展变化。其中《宋史》《明史》中的《食货志》子目有 20 余种,分别记述田制、户口、赋役、仓库、漕运、盐法、杂税、钱法、矿冶、市籴、会计(国家预算)等制度。唐杜佑所撰《通典》,"食货"居首,专门论述上溯唐虞、下迄唐天宝间的经济问题。元马端临的《文献通考》,全书 24 考,有关经济方面的占 1/3。这实际上意味着随着经济的复杂化,传统经济史学研究从国民经济史转向专门化、部门化。

(二)以文代述、以文代论、以文代传方法的发扬光大

司马迁写《史记》,采用了引用文献以文代述、以文代论、以文代传②方法,班固将之发扬光大。据统计,《汉书》共采录西汉时期文章 1170 篇③,西汉一代有价值的文章,几乎搜罗殆尽。采用这种方法,除了间接起到了保存历史文献的作用④,更重要的是他利用所引文献记述事实,表达观点,或者直接作为某些人的传记。

---

①即《晋书》《魏书》《隋书》《旧唐书》《新唐书》《旧五代史》《宋史》《辽史》《金史》《旧元史》《新元史》《明史》和《清史稿》。有些正史编撰时没有食货等部分,但是一般在后续的史书中补齐了,例如《隋书》的十志不仅叙述了隋朝的典章制度,而且概括了梁、陈、北齐、北周的政治、经济情况,有的甚至追溯到汉魏。

②许殿才:《〈汉书〉典雅优美的历史记述》,《史学史研究》1996 年第 1 期。

③吴福助:《汉书采录西汉文章探讨》,文津出版社 1988 年版,第 16 页。

④贾谊《治安策》、晁错《言兵事疏》、董仲舒《天人三策》、司马迁《报任安书》等名篇都是赖《汉书》得以保存。

《汉书》中重要的经济史篇章之一《地理志》,其中《禹贡》《职方》《域分》《风俗》等,是以文代述的例子,班固借用专业文献对区域地理变迁、人口分布、物产、产业和风俗传统的介绍更有说服力。引用文章讨论重大经济政策问题,是《汉书》最常用的方式,即以文代论。例如《食货志》中贾谊的《论积贮疏》《谏铸钱疏》,晁错《论贵粟疏》《守边劝农疏》,董仲舒《限民名田疏》,《沟洫志》中的贾让《治河三策》等。班固通过引用这些奏疏,将有关问题的缘由、政策建议说得一清二楚,使对相关问题的研究更有系统性、理论性和权威性。至于引用当时当政官员的简短政策建议和评论意见,可以说遍布全书。"以文代传"是《汉书》列传的特色之一。贾谊、晁错、董仲舒、司马迁等传都是借传主文章写人的成功范例。其中《司马迁传》只载其《太史公自序》和《报任安书》两文,司马迁之家世人品、事业抱负、学术思想就一一坦露,较之别采材料,重加编次,效果更好。《史记·贾谊传》只引其《悼屈原赋》《鹏鸟赋》,班固还加上《治安策》,这就更全面地展现出贾谊在政治、经济、军事、文化方面的成就。

更为重要的是,通过这种方法,后世的读者能够了解几千年前的官员、专家、学者、民间人士对当时经济政策的看法和对政策效果的评价,有利于后人正确认识历史实践。钱穆说:"因此要讲某一代的制度得失,必需知道在此制度实施时期之有关各方意见之反映。这些意见,才是评判该项制度之利弊得失的真凭据与真意见。"[①]班固在《食货志》中引用的文献,正是制度实施时代的人们所切身感受而发出的评论,是当时的时代意见,也是我们今天要了解的历史意见。

(三)文字表达从自由恣意转向规范严谨

人们对比阅读《史记》《汉书》类似篇章,第一点直观的感知就是文笔差异。文笔的差异不是源于作者的文字写作水平差异。班固与司马相如、扬雄及张衡并称"汉代四大赋家"。就文字写作水平而言,班固与司马迁不相上下。班固在《汉书》中也多用工整的排偶句式,遣词造句典雅。因此,两书中展现出来的文笔的差异,应该是他们在写作中的有意选择或者说他们对于学术专业著作写作风格的不同认识。

对于同样的事件或人物,很多时候《汉书》撰写直接继承了《史记》,但是文

---

①钱穆:《中国历代政治得失》,生活·读书·新知三联书店2001年版,第6页。

字有改动、删减。班固改动《史记》字句,尽量删减虚字、语气词,使《汉书》文章有典浩之风。《史记》行文变化入神,《汉书》行文平铺直叙。《后汉书》作者范晔认为司马迁的文笔是纵横驰骋,激情洋溢,能突出人物的个性,而不是仅仅"见事不见人"。而"固文赡而事详""固之序事,不激诡,不抑抗,赡而不秽,详而有体……"[1]班固写作的情感基调是严谨而理性的。班固父子在赞中语气稍微强烈一些的表达,最多的就是"哀哉"。类似于司马迁"何足数哉何足数哉"这种评论重复的情感句,在《汉书》中鲜见。因此《汉书》文有定法,且融通过去,然少彩色,有格式化的倾向。

在历史评论方面,班固也相对保守。后世官修史书多采用班固的写作方法,去文学化,文笔规矩,更偏学术化。其目的在于为统治阶级治理国家提供历史借鉴,对于与君主国家的本质有所抵触的个人精神缺少关注;对王朝意识形态的描述更加慎重和严肃,导致其评论观点不是非常鲜明。这种文字的规范和学术化一方面提高了规范性和可信性,另一方面,缺少多样性评论的政治正确也招致很多人的反感。西晋学者傅玄说:"吾观班固《汉书》,论国体,则饰主阙而抑忠臣;救世教,则贵取容而贱直节;述时务,则谨辞章而略事实,非良史也。"[2]

(四)中国传统型经济史学"实录"标准的确立

班固在《汉书·司马迁传赞》中,首次论证司马迁"实录"精神,借以回答中国传统型史学理论、经济史学理论中的一个重大问题:撰写历史学和经济史学著作的基本目标和评价它们优劣的标准是什么。"服其善序事理,辨而不华,质而不俚,其文直,其事核,不虚美,不隐恶,故谓之实录。"[3]这是班固基于《史记》得来的"实录"论。它有三个核心内容:文直;事核;不虚美、不隐恶。"实录"论实际上从事、文、义三要素来阐明中国传统型经济史学研究的基本撰写原则和价值观。[4]

1. 文直。"直"乃公正不曲之意。要求记事如实,史文准确。史文不直则曲,就难以真实地反映史事,就可能歪曲事实。除了"直",还应该"辨而不华,

---

①[南朝宋]范晔撰,[唐]李贤等注:《后汉书》第5册,中华书局2012年版,第1386页。

②[清]严可均辑:《全晋文》上,卷四九《傅子·补遗上》,商务印书馆1999年版,第507页。

③[汉]班固撰,[唐]颜师古注:《汉书》第9册,中华书局2013年版,第2738页。

④施丁:《班固之"实录"论》,《中国社会科学院研究生院学报》2007年第3期。

质而不俚"。这是对文采的要求，语言要求优美但不流于浮夸，辞语质朴而不至于鄙俗。

2.事核。"核"，即记事要求无虚假、无疏漏，如百果之核一样坚实，经得起核实。清代学者蒋彤对这个核字的内涵做过精彩的概括："核无定形，随物为大小。试读《史》《汉》中传，长者数万言，短者数百言，有一事不坚实否？故文论短长，总有天然结构，如铜就范，有不可增减意，是无他，文洁而事信也。"①

3.义，即对历史的评价也要求实录。"不虚美，不隐恶"，除了记事行文不曲笔粉饰，不掩饰真相，更是指在评价历史事件和历史人物时，褒善贬恶，都有事实为依据。自觉地表明作者对事件的观点，即在记录史事中表达自己的价值判断，使善恶分辨鲜明。这是一个正直的学者所应具有的修养。②

五、小结

《汉书》对中国经济史学科的创新与贡献体现在以下三个方面：

首先，从经济史学研究内容来看，《汉书》开创了以国民经济史为研究对象的"食货体"经济史。《史记》首创经济史记载，开创了部门经济史学；《盐铁论》开始扩展研究内容，尝试向国民经济史过渡，但没有明确地界定；《汉书》的创新在于高度抽象出"食货"新范畴，作为国民经济的代指，并以"食货志"为标题表明经济史研究内容框架，后世中国传统型经济史学都以"食货"为框架而展开。

其次，在经济史理论方面，《汉书》确立了寡欲守贫、轻利贵义的经济哲学，倾向保守主义的儒家思想胜出，标志中国社会主流经济思想一次重要转变的完成。《史记》中展现出百花齐放的自由主义经济思想；桓宽在《盐铁论》有着明显的儒学偏向，贵义贱利论、重本抑末论和黜奢崇俭论等来源不同、素有争议的经济论点，被穿上儒服，开始被教条化③；班固则明确贬商抑富，主张寡欲守贫。《汉书》以及以后的主流文献中司马迁的经济理论被定性为"崇势利而羞贫贱"，文人学者避论经济民生、耻谈百工技艺，经济史理论的价值判断基调

---

①《清代诗文集汇编》编纂委员会编：《清代诗文集汇编615》，上海古籍出版社2010年版，第695—696页。

②张桂萍：《〈史记〉与中国史学的实录传统》，《学习与探索》2004年第1期。

③赵靖：《中国经济思想通史》，北京大学出版社2002年版，第671页。

已经成型。在此基础上,一些具体的经济史理论在实践中涌现,并被广泛探讨抽象出来,例如如何促进食足、国家垄断经济的优劣、私有制下土地集中带来的千年难题,以及"货通"理论等。

最后,如何研究经济史学的经济史学理论框架也基本成型,在研究对象、体例体裁、价值判断、评价标准、文笔基调等方面都有了统一的标准。传统型经济史学的体裁确立:以纪传体为根本,各种"志"为主要载体,加上纪、传等其他部分"互现"经济实践。研究内容以食货为基本框架,包含的具体内容则随时代发展变化。《汉书》之后,正史皆断代史,不再有通史著作。包含三要素的"实录"成为学术评价的最高标准。文字表达也统一为严谨规范。

《汉书》"刊《史记》之文以从整齐,后代史家之例皆由此出。《史记》一家之书,《汉书》一代之史"①。因而被学者们共行钻仰,垂范千秋,"遂为后世不祧之宗焉"②。百科全书式的《汉书》不仅是史学史上的经典,也意味着传统型中国经济史学范式的成型,标志着中国经济史学产生阶段的结束。

此文与唐艳艳合作,原载《中国经济史评论》2023 年第 2 辑。

---

① [清]钱大昕撰,吕友仁校点:《潜研堂集》,上海古籍出版社 2009 年版,第 483 页。
② [清]章学诚:《文史通义》,上海古籍出版社 2015 年版,第 15 页。

中国经济史学科形成与成熟的标志[①]

　　1985 年 3 月,湖北辞书出版社约我主编《中国经济史辞典》。我之所以接受这个任务,既是为了中国经济史学科的发展,也是为了借此机会学习和梳理一遍中国经济史上重要的事件和典章制度,为我的求通加垫一点底子。

　　在我看来,编纂中国经济史辞典是建设中国经济史学科的基础工程,也是学科发展历程的综合性标志。

　　每门学科都有从萌生到形成,再到成熟的过程。一门学科是否形成和是否已经成熟,是有标准的。2009 年 3 月 6 日,应西南财经大学经济学院刘方健院长的邀请,我参加汤象龙先生百年追思纪念会,在发言中以中国经济史学科为例,提出一门学科是否已经形成的六条标准:第一,出现了中国经济史专业的研究机构(如研究组、研究室);第二,出现了以中国经济史为内容的专业刊物或报纸上专业副刊、专业栏目;第三,出现了以研究中国经济史为旨趣的专业学术团体;第四,这些机构、刊物、团体提出了研究中国经济史学的目标、理论、方法、规范和共同认可的学科名称;第五,对中国经济史的研究已经从专题发展到综合,从专题经济史、部门经济史走向了国民经济史,出版了一系列的论著,特别是多卷本的国民经济史著作;第六,出现了中国经济史专业人才的培养制度与机制,包括在大学里设置经济史专业的课程、教席、教研室(组)、经济史专业的专门化本科生、研究生与导师。[②] 按照这些标准,到 1980 年代中期,随着全国性的中国经济史学会的成立,《中国社会经济史研究》和《中国经

[①]这是作者为《中国经济史大辞典》写的前言,文中提出中国经济史学科形成与成熟的标志,或许是中国经济史学科建设和同行努力的方向,也许还可以供其他学科参考。

[②]刘方健:《汤象龙百年追思纪念会综述》,《中国经济史研究》2009 年第 3 期;《经济学家》2009 年第 3 期。参见赵德馨《汤象龙:中国经济史学科的主要奠基人》,《中国经济史学科主要奠基人汤象龙先生百年诞辰文集》,西南财经大学出版社 2010 年版;赵德馨《经济史学概论文稿》,经济科学出版社 2009 年版,第 207—208 页。

济史研究》两家杂志先后问世,一些研究院、所设立经济史研究组、研究室,一批大学设置经济史研究所(室、中心、系)、教研室,招收硕士、博士研究生,标志着中国经济史学已经进入形成的快速通道。

正是因为中国经济史专业机构、专业人才、专业刊物、专业学术共同体、专题研究、专业论著、专业理论与规范等都已出现,为编写中国经济史专业辞典提供了条件,我才有胆量接受出版社交给的任务。《中国经济史辞典》吸收了中国经济史学从公元前 2 世纪萌生到 1980 年代已有的成果,并分门别类予以条目化、系统化和规范化。它于 1990 年出版,成了中国经济史学科进入形成时期的综合性标志。

在《中国经济史辞典》开始编撰时,还没有一本以 1949 年以后中国经济发展过程为对象的书。所以它的下限止于 1949 年。也就是说,它只有中国古代经济史和中国近代经济史的内容。这是那时中国经济史学科所处发展阶段的真实反映。

从 20 世纪 80 年代中期到当前,30 多年间,中国经济史学科有六大进展。第一,中国古代经济史和中国近代经济史的研究领域进一步扩大,突出的是:在空间上,全国绝大多数地区都有了自己的经济史,或者说,中国经济史已经接近覆盖中国全领域;在社会经济生活上,绝大多数领域都有了自己的专门史,或者说,中国经济史已经接近涵盖社会生活的各个方面。第二,1985 年和1987 年相继出现以"中国社会主义经济简史""中华人民共和国经济史简编"命名的著作。自那之后,有关中华人民共和国经济史的论著出了不少,特别是多卷本《中华人民共和国经济史》问世,标志中华人民共和国经济史和中国现代经济史学科的诞生。第三,在上述两项成就基础上,继简明的《中国经济通史》之后,在 20 世纪至 21 世纪之交,相继出版了 9 卷本的和 10 卷本的《中国经济通史》。前者写到清代前期,后者止于 1991 年。它们的长处是出于专家之手,建立在专题研究基础之上,比较详尽。这样,以构成经济史学对象三要素(时间、空间、经济生活)为标准来衡量,中国经济史学的内容已经初步完整。第四,经济史学理论勃然兴起,既有专著出版,又有专题研究。第五,经济史理论受到重视,特别是中华人民共和国经济史,因为研究的对象是现代经济,受益于经济学界的成果,成就斐然。第六,对经济史学史进行系统性研究之门已经开启,先后被列入国家重点课题和一般课题,专题性论著开始问世。无史不成学。中国经济史这个新领域的开辟,标志着这门学科已经基本形成。

自此之后,中国经济史学开始走上成熟之路。为了更快更好地进入成熟阶段,我们需要明确前进目标和路径。2021 年 4 月 11 日,应中南财经政法大学经济史研究中心张连辉主任的邀请,我参加 2021 年度中国现代经济史学科研究动态及前沿问题研讨会,在发言中以中华人民共和国经济史学科为例,提出一门学科是否已经成熟的五条标准,即经济史实的系统化,经济史理论的系统化,经济史学理论的系统化,经济史学科历史的系统化和经济史学科工具书的系统化。[①] 在这五个系统化中,经济史实的系统化和经济史学科历史的系统化是基础,经济史理论的系统化和经济史学理论的系统化是升华,经济史学科工具书的系统化是综合性表现。

《中国经济史辞典》自 1990 年出版以来的 30 多年间,中国经济史学在上述五个方面都有重大进展。其中最为突出的是中国现代经济史,特别是中华人民共和国经济史的产生,和中国经济史学初步成为一门完整的学科。这为编纂一本比《中国经济史辞典》更为完整的工具书提供了条件。真是无巧不成书,就在这个时间节点上,2018 年,崇文书局韩敏社长登门提议重印《中国经济史辞典》。我趁机提出两点要求:一是对中国古代经济史和近代经济史部分进行补充和修正,吸取 30 年来国内外同行研究的新成果,使之更加丰富;二是增加中国现代经济史部分,主要是中华人民共和国经济史。韩社长当即俯允,并提议分为两卷,因两卷内容不同,在体例上难以完全统一,中国古近代经济史部分在原有书名中加个大字,称之为《中国经济史大辞典》,以示内容有大量的扩增,因而与原书有区别。中国现代经济史部分则称之为《中华人民共和国经济史大辞典 1949—2019 年》,以示内容是全新的。两卷在时间和内容上是密切衔接的。这样,它们就及时地成了中国经济史学科发展到完整阶段的综合性标志。

这样规模的《中国经济史大辞典》和《中华人民共和国经济史大辞典 1949—2019 年》的出版,实现了我几十年来关于中国经济史学科建设的一个大心愿。对此,我感到特别的欣慰。

赵德馨

2022 年 3 月 10 日

原载赵德馨主编《中国经济史大辞典》,崇文书局 2022 年版。

[①] 参见王梅梅《"2021 年度中国现代经济史学科研究动态及前沿问题研讨会"综述》,《中国经济史研究》2021 年第 3 期。

赵德馨致汤象龙的信

汤老：

您是中国经济史学科的主要奠基者之一，这是谁也改变不了的历史事实。秀鸾拟纪念梁先生一文时，我们反复地查考了历史事实。我为我们湘潭县有一汤老而感自豪，我为我们学科有一汤老而感自豪。看到您在会上精神矍铄，端坐三个小时而不显倦容，远途跋涉，安全返蓉，极为高兴。三九严冬，请多珍重。

遥祝

新春阖家康健

德馨再拜

1989.1.19

原载《中国经济史学科主要奠基人——汤象龙先生百年诞辰文集》，西南财经大学出版社 2010 年版。

我心目中的梁方仲先生

——《梁方仲遗稿》序

　　五年前，承邺学兄告知，梁方仲先生的遗物中，有听课笔记、读书笔记、札记、未刊文稿、信件、案头日历记事等，他准备整理出版。我认为，这批遗物内容丰富多彩，对理解梁先生的知识结构与思维方式的形成，他在学术上取得巨大成就的原因，是不可或缺的；对了解 20 世纪 20 年代至 60 年代中国学术的走向和知识分子群体的思想动态，有重要作用。例如，梁方仲先生 1930 年前后听陈岱孙两门课的笔记，1938 年听毛泽东讲矛盾论的笔记，1944 年听胡适讲中国思想史课的笔记，1953 年到 1955 年听陈寅恪两门课的笔记，等等，对研究这些人的思想与学术，是难得的文献。他的读书笔记，对所读之书提要钩玄。他的札记，有读书心得，有思想火花。至于《明代督抚表列》《明代地方志综目》和多项统计表等，更是他多年艰辛劳动的心血结晶，可为后学者使用。它们很珍贵，若能出版，对学术发展是件大好事，一定会受到学界的欢迎。

　　两个月前，他告知遗稿已整理成册，嘱咐作序。我想借此机会，谈谈作为一个后学者受梁方仲先生教诲、影响与对他学术地位的认识过程，亦即我心目中梁方仲先生形象的生成过程。

　　1953 年 9 月初，我和周秀鸾由不同学校被派送到中国人民大学教师研究班学习。周秀鸾的同事介绍她时说："大经济史学家梁方仲的弟子。"这是我第一次听到"梁方仲"这个名字，一个"大"字，印象至深。

　　1954 年 10 月间，师兄王方中撰写毕业论文，题目是明代的资本主义萌芽问题。尚钺老师要他读梁方仲先生的《一条鞭法》，可中国人民大学找不到这篇文章。他请周秀鸾向梁先生借阅此文。不久，梁先生寄来了载有该文的《中国社会经济史集刊》。我想，尚钺老师这么重视这篇文章，它又这么难得，机会不可错失，便从周秀鸾处借来一读。由于底子薄，虽然读了两遍，还是似懂非懂。这是我第一次读梁先生的论文。读后的感觉是，经济史学是一门深奥的学问、一门很难学好的学问，梁先生的学问真大。

1957 年冬，周秀鸾（此时已是我的内人）收到梁先生寄来的《明代粮长制度》一书。我认真地学习了，这是我第一次读梁先生的专著。读后一个突出的感受是，梁先生的《一条鞭法》，从选题到分析方法，侧重于经济方面，《明代粮长制度》则侧重于社会方面。梁先生用经济学方法分析历史上的经济问题，得心应手；用社会学方法分析历史上的社会经济问题，也运用自如，令人衷心佩服。同时，我也产生了这样的疑问：像梁先生这样的大学问家，快 50 岁了，为什么出版的第一本书写的是这么一个小题目？周秀鸾向我解释：第一，梁先生做学问极其严谨，不是成熟的东西不发表。第二，梁先生研究的问题有大有小，他对我们（指梁先生的研究生）讲过，小题可以大做，像从一滴水中看太阳那样。我从梁先生以及其他先生的事迹中受到启示，为自己立了一个规矩，50岁以前学习和积累知识与资料，50 岁以后再写书。我主动给出版社交书稿，都是 50 岁以后的事。

1965 年 11 月下旬，梁先生派人通知周秀鸾，他已到达武汉，住在武汉大学招待所。我们立即动身前去拜谒，那种高兴、急切的心情，至今未忘。这是我第一次见到梁先生。令人遗憾的是，这也是唯一的一次。见面后，梁先生谈兴很浓。他告诉我们，他的《中国历代户口、田地、田赋统计》一书已经完成。我们向他表示祝贺，他很高兴。当时他谈得比较多的是研究经济史学也要做实地考察，这个教诲使我受益终身。从那时起，不仅是研究现代经济史中的问题，即使是研究近代经济史和古代经济史上的课题，我也尽可能地做社会调查。如我研究黄奕住，用了 6 个假期，到他出生和成长的南安，他回国定居的厦门，他投资的企业，他捐过款的学校、图书馆、医院、名胜古迹等做实地考察。又如研究楚国的货币，既到有关的博物馆去调查，还到一些银行做调查，还访问了一些考古发掘工作者，收获丰厚。

1981 年，复旦大学陈绍闻教授请我去审阅《中国古代经济文选》。我在上海的一家书店里看到梁先生编著的《中国历代户口、田地、田赋统计》，立即购买一册。中国自有文字以来，几千年间都是以农业为基础的社会。在这样的社会里，户口、田地、田赋是事关农业发展和财政收支的核心要素，也是国家治理的核心问题。梁先生此书是用统计学方法梳理历代户口、田地、田赋数量的变动情况,为解说中国经济通史做了一项基础性工作。对我这个以求通为一生努力目标的人来说,真是如获至宝。这是一个很大的课题。如若对中国经济史没有通识,如若对中国历代户口、田地、田赋的有关制度变迁与运行机制没有做过专题研究,如若对中国历史文献资料没有全盘的了解,如若没有统计学的功力,如若没有长期研究的坚韧意志,是不敢开展这项工作的。即或开展了,也很难取得这样的优秀成果。每次捧读此书,我心中就流溢出对梁先生学识与毅力的敬佩之情。1949 年他任岭南大学经济系教授后,就为学生开设了中国经济史课程,从远古讲到清代,这标志着他在教学方面从明代经济史转向中国经济通史。这本书,在统计对象的时间上,自西汉至清末,计 2100 多年,不仅打破了朝代的界限,也跨越了古代、近代的界线,标志着他在学术研究方面也从断代走向贯通。它是梁先生研究中国经济通史的代表作。有人在介绍梁先生时说他是研究明代经济史的专家,这当然没错。但他又不仅是研究明代经济史的专家,还是中国经济通史专家。

从 1953 年到 1982 年,我从闻梁先生之名,读其文,学其著作,到一识荆州面,面接教言,深感幸运。

为了准备给研究生开一门有关经济史学科入门知识的课程,从 1979 年起到 1984 年,我集中精力研究经济史学科是一门什么性质的学问和怎样研究这门学问,其内涵包括经济史学研究什么,经济史学科是一种怎样的结构,包含哪些分支学科,不同的分支学科应该研究哪些问题,怎样去研究,有哪些研究方法,经济史学科是怎样产生和发展的,它的历史与现状,其中出现了哪些学派,前人积累了哪些经验教训,等等。所有这些项目都与梁先生有关。从那时起,梁先生不仅是我继续学习的对象,也是我研究的对象。

在此,不可能详尽地介绍每个领域中梁先生的贡献以及对我的影响,仅举两例。

我对经济史学产生与发展的考察,是从中外两个方面及其互动中进行的,重点放在中国经济史学史上。这项研究使我得以从经济史学学科成长的角度,关注各位经济史学家的贡献,也就是将梁先生与其他经济史学工作者进行比较,来看他的作用和特点。

在这项研究中,我发现中国经济史学经历过两个大的阶段,它们可以称之为萌芽阶段与成熟阶段,即孕育在中国传统史学(经、史、子、集四部之一的史学)之中的阶段与从史学中独立出来成为独立学科的阶段。两个阶段的区别在于：前者以中国传统的史学理论、经济理论为指导，后者以现代的史学理论、经济理论为指导；前者采用中国传统范式与体裁，后者采用国际通用范式与体裁。因此，也可以将它们称之为传统型经济史学阶段和现代型经济史学阶段。从前一个阶段向后一个阶段的转变，始于19、20世纪之交，完成于20世纪30年代。完成的主要标志是：出现了一批懂得现代型经济史学的专业人才，他们是以经济史学为志业的专家；由他们组成的中国经济史专业研究机构；由他们发起的、以研究经济史为主题的专业学术团体；由他们主办或编辑的经济史学专业刊物与报刊专栏；由他们撰写的经济史论著成批问世；在大学里设置由他们主讲的经济史学课程和培养经济史学专业人才的机制；由他们提出的有关经济史学研究的目标、理论和方法。他们是一个人数不多的群体。梁先生是上述诸项活动的积极参与者。1988年，在纪念梁方仲先生诞辰八十周年的学术讨论会上，我的发言谈的就是这点体会，即就梁先生在中国经济史学科建立过程中的功绩而言，他是现代型中国经济史学的开拓者之一。周秀鸾发表了《梁方仲——中国经济史学的开拓者》一文（载汤明檖、黄启臣主编《纪念梁方仲教授学术讨论会文集》，中山大学出版社1990年版；又载《周秀鸾经济史学论文选》，中国财政经济出版社2008年版），此文由周秀鸾整理，她提议署我们二人姓名，我以文本单薄短小，未予同意。我提出的对梁先生在经济史学学科发展史上这样的一个定位，得到与会的和梁先生同辈的汤象龙、李文治先生等老一代专家的认可，也得到后学者的赞同。现在需要补充的是，在这个人数不多的群体中，像梁先生这样的，在20世纪20年代后期就从事经济史学专业，一生未曾中断、心无旁骛、终生坚持经济史学的，不超过十个人。其中，像梁先生这样成就显著，著述不仅享誉国内，且被译成外文，受到国内国际同行交口称赞的，人数就更少了。梁先生是现代型中国经济史学奠基人中的杰出代表。

中国经济史学在发展过程中，形成了一些学派。吴承明先生认为："目前中国经济史的研究可说有三大学派：一派偏重从历史本身来探讨经济的发展，并重视典章制度的演变。一派偏重从经济理论来阐释经济的发展，有的力求作出计量分析。一派兼顾社会与文化思想变迁，可称社会经济史学派。三者也必然对经济史的理论和方法问题有不同观点和见解。"（参见《吴承明集》，中国社会科学出版社2002年版，第348页）实际上还有其他一些学派，如人口学派、军事学派、地理学派等。吴先生的观点获得广泛的赞同。不少同仁按此将某些经济史学专家划入不同的学派。具体到梁先生，也有人将他归于其中的某个学派。

　　对于中国经济史学中的学派,我在研究中得到以下三点认识。第一,划分学派首先要明确划分的标准。由于采取的标准不同,便会划出不同的学派。划分的标准可以是多样的,从而也就可以划出多样的学派。诸如:可以按参加的学术团体划分,将参加过中国社会科学家联盟(以下简称社联)的,称之为"社联派";参加中国经济学社的,称之为"经社派"。因为,不同的学术团体有不同的宗旨。参加哪个学术团体,是学者的自愿选择。在 20 世纪 30 年代,社联是中国共产党领导的,参加社联的,表明认可用马克思主义作为分析经济现象的理论。参加中国经济学社的,则是用西方经济学作为分析经济现象的理论。诸如:可以按团聚在某个专业杂志或报刊专栏划分,如团聚在《食货》杂志周围的,称之为"食货派";团聚在《中国社会经济史集刊》杂志周围的,称之为"集刊派"。这也是有道理的,因为每一个专业杂志或报刊专栏都有其办刊或专栏的宗旨与取向。吴承明先生将目前中国经济史的研究分为三大学派时,虽然没有明确指出划分的标准,但可以从其表述中体会其意,大概是研究领域及其方法(理论即方法)。从研究的实践看,对同一种研究对象,譬如制度,既可以采取历史学方法考证其真伪与内涵,也可以采取经济学方法分析其运行机制,还可以采取社会学方法揭示其形成的社会环境和社会影响,如此等等。据此,对于划分学派而言,相对于研究领域,方法可能更为重要。我是按研究对象区分学科,按研究方法(理论)区分学派。理论与方法在研究者身上内化为思维方式。第二,学派有其历史性。吴承明先生治学极为严谨,他划分的三大学派针对的是"目前"的中国经济史的研究。某些同仁在划分具体的经济史学家的派属时,对这一点有所忽略。在梁先生 40 年的学术生涯里,中国经济史学界的学派有一个演变过程,在不同的历史年代存在不同的学派。第三,学派的划分有其相对性。诸如,虽然按团聚在某个专业杂志或报刊专栏划分学派是有道理的,但不能把在某个专业杂志上发表过论文的作者,都归入以它命名的学派。汤象龙先生在主持《中国社会经济史集刊》的同时,也在《食货》上发表文章。又如,在学派的归属上,某些学者既可以是这个学派的,也可以是那个学派的,一身二任或一身多任。梁先生就是这样的。

　　2008 年,在纪念梁方仲先生诞辰一百周年的学术讨论会上,我与杨祖义教授向会议提交的论文(《梁方仲经济史学思维方式的特征》)和我在大会上的发言(会后以《学科与学派:中国经济史学的两种分类——从梁方仲的学术地位说起》为题,发表于《中国社会经济史研究》2009 年第 3 期,被人大复印报刊资料《经济史》2010 年第 1 期全文转载),谈的就是这些体会,即梁先生在中国经济史学科诸学派中的地位与特点。我的认识是:"从梁先生对经济史的研究来看,他采用了多种理论与方法,其中有经济学理论与方法、历史学理论与方法、社会学理论与方法和地理学理论与方法。""按照上引吴承明先生的分类,我以为,这三派中,梁先生都有份:他既是历史学派的,也是社会学派的,更是经济学派的。如若要在这三派中分出个轻重或先后次序,窃以为,他首先是经济学派的,其次才是历史学派的和社会学派的。梁先生是中国经济史学科中社会经济史学派的奠基人之一,也是历史学派的奠基人之一,更是经济学派的奠基人之一。这样,不如说他是中国经济史学科奠基人之一为好。这就是我对梁先生在中国经济史学史中的定位。"

经济史学科是一门独立学科,它有自己独立的研究对象,研究者有与之相适应的独特的,也就是独立的思维方式。为了写好《梁方仲经济史学思维方式的特征》一文,我先探索经济史学思维方式的一般特征是怎样的,其成果是《经济史学思维方式的特征与养成》一文(提交给 2008 年 7 月召开的中国经济史学会年会讨论,载拙著《经济史学概论文稿》,经济科学出版社 2009 年版,第523—535 页)。我后来研究梁先生思维方式的特征,发现梁先生的思维方式与经济史学科思维方式的特征相符,他是这种思维方式的典型代表。

参加纪念梁方仲先生诞辰一百周年的学术讨论会,聆听方家的发言,学习与会者的大作,我的眼界大开。会后,读了刘志伟教授编的《梁方仲文集》以及承邺学兄写的《无悔是书生——父亲梁方仲实录》与《梁方仲学术评价实录——〈无悔是书生〉续篇》书稿等,使我对梁先生取得成就的原因,有了比较全面的和具体的了解。在诸多原因中,我印象深刻的主要是以下四点。

一、天资聪颖。少年时期,现在留下的有 10 岁左右读私塾的作业,在英文方面有译文("美国迈德兰原著、番禺梁方仲翻译"的《鲁兰小传》);在中文方面,有诗词。其近体诗合乎格律,且初露善于用典的才能。青年时期,14 岁转入新式教育。18 岁以高中一年级的学历,考入清华大学。这就是说,他用四年的时间完成了小学和中学阶段的学业。成年时期,1948 年,任中央研究院社会科学研究所研究员、代理所长。1949 年,任岭南大学经济系教授、系主任、经济研究所所长。1952 年,任中山大学历史系二级教授。对于这些不同学科和不同岗位,他都能胜任,且皆能服众。他的研究成果,为国内和国外同行所赞赏。

王则柯先生在评《无悔是书生——父亲梁方仲实录》一书时,说梁先生是岭南才子,我同意,我还要说他是 20 世纪中国社会科学界的才子。

二、异常勤奋。这只要看看《梁方仲文集》和《梁方仲遗稿》便能明白。这两部书中的文字,是他于 20 世纪 20 年代至 60 年代期间写下的。这还不是他在这期间所写文字的全部。在他的"读书、研究、授业、交友"四件大事中,写又只是其中的一个部分。特别值得提及和令人敬佩的是,他在身处逆境、条件恶劣、又患重病的时期,仍笔耕不辍。

三、谦虚好学。《梁方仲遗稿》中的两份笔记,即 1944 年听胡适讲中国思想史课的笔记和 1953 年 10 月至 1955 年 6 月听陈寅恪讲两门课的笔记,是他的这一品格的生动证据。要知道,1944 年梁先生已是享誉国内外的知名学者,他的专业是经济史学,其时研究任务又很重,他却挤出时间去听胡适的中国思想史课。1953 年至 1955 年,梁先生已 40 多岁,是二级教授,与陈寅恪被列入中山大学历史系古代史"八大教授"之中,却按时到陈寅恪先生家里听他讲课,一听就是两年、四个学期,坚持听完两门课。这两门课也不属于经济史专业知识。可见,他去听这些课不是为了增长专业知识,而是求新知,进一步扩大学识领域,学习他人的方法,以促进自己的创新。从他听课笔记的工整可以看出他的认真态度。这种年龄,这种身份,听这样的课,还这样认真,如此情景,历史上少见,也可能是绝无仅有。先天聪颖,后天勤奋、谦虚好学,是以梁先生博学。

四、职业选得好,甘坐冷板凳。梁先生以经济史学为志业,能充分发挥其所长。因为经济史学的特点是涉及面极广,是多学科交流的平台,只有博学者才能把它治好。有梁先生这类聪颖、好学、勤奋、谦虚、博学的人以经济史学为志业,是经济史学的大幸。梁先生的性格耿直忠厚,追求独立人格,平等自由,独立思考。若入官场,可能处处碰壁。1946 年年底参与联合国教科文组织成立大会中国代表团工作时,在代表团内部的一次讨论中,梁先生对一位代表关于财政方面的意见发表了不同的看法,被这位代表训斥为"自作聪明""不遵照命令办事",即是明证。他自幼不愿加官(嘉官乃其谐音)晋爵,及长,力避政党关系(1944 年去美国考察前填写履历表时,在党派关系栏坚持空白,不填一字,就是例子)。这样一来,他便能集中精力于做经济史学问。梁先生编著的《中国历代户口、田地、田赋统计》,"是一部世界仅有的大型历史统计书"(日本学者佐竹靖彦语),"数百年后还有人要参考的"(美国哈佛大学教授杨联陞语)。

此项研究工作始于 20 世纪 30 年代初,完成于 60 年代前期,历时 30 多年。如若梁先生不能集中精力做事,这样的成果是出不来的。

梁先生取得成就的原因中,有的是可以学而且是必须学的,有的(如天赋)是无法学或学不到的。

从 1953 年至 2018 年的 56 年间,通过学习与研究,我心目中的梁先生的形象越来越高大。高山仰止,景行行止。虽不能至,然心向往之。

2018 年 9 月于中南财经政法大学

原载《中国经济史研究》2019 年第 5 期。

《梁方仲学术评价实录
——〈无悔是书生〉续篇》序一

　　承邺学兄写《无悔是书生——父亲梁方仲实录》(以下简称《无悔是书生》)时,在电话中和我交换过意见。在写《梁方仲学术评价实录——〈无悔是书生〉续篇》(以下简称《续篇》)时,除了在书信和电话中交换意见,还寄来初稿要我看看。我以虔诚的心、认真的态度细致地学习了,并将心得与意见写在相应处,寄回给他,供他修改时参考。这次,他又寄来清样,嘱咐作序。我又读了一遍。

　　《无悔是书生》侧重介绍梁方仲先生的生平,即他的为人。《续篇》侧重介绍梁方仲先生的学术,即他的为学(包括介绍其学术价值观、治学态度、研究方法和学术贡献诸方面)。两书合璧,向世人全方位地介绍了一个丰满的、生动的梁方仲先生。它们是一部结构巧妙的梁方仲传。

　　写传记本是难事,写学者的传记比写其他职业者更难,所写的学者若是父母,便是难上加难。这个难,难在对学术贡献的评价上。因为,要写传主在学术上的贡献,评价首先要专业,这要求作者必须对传主所从事的专业有深入的了解,否则只能是隔靴搔痒,言不及义。其次,评价不仅要专业,还必须准确。评价低了,委屈了先人;评价高了,读者会责难作者。要评得既到位,又妥当,除了要对传主所从事专业的学术史有深刻的把握,还要讲求表述方式。

　　关于表述方式,承邺学兄在两本书的"前言"里已交代得清清楚楚。我想强调的是,他采取尽量做到用资料说话和用别人说的话,自己少说。对于儿女写父母的传记,这是很明智的做法。自己少说不等于不说,因为在某些地方,非自己说不可。凡是这样的地方,承邺学兄遵循"说有容易说无难"的规范,慎用"首先""第一次"一类的词语,使评价既科学,又留有让后人评说的余地,且彰显了梁氏父子谦逊之德。

由于表述方式得体,文字朴实流畅,笔端流淌父子情,这两本书都能调动人的感情。我读《无悔是书生》中 1966 年至 1970 年部分,看到梁先生受的屈辱与折磨,心中难受,泪眼婆娑。后来读《续篇》书稿,看到梁先生学问和声望在人们的心目中与日俱增,去世后还有那么多人思念他、学习他,对他的评价那么高,喜在心头。

承邺学兄毕业于武汉大学生物系,后来任中国科学院华南植物研究所所长,从事的植物遗传育种与生物技术研究工作,属于自然科学。方仲先生专攻的经济史学科,属于社会科学。植物学专家儿子写经济史学专家父亲,隔了个大行当。承邺学兄退休之后,在近 20 年的时间里,集中精力做了两件大事。一是搜寻、整理方仲先生遗留的文献资料,力求齐全,片言只语也不放弃,与黄启臣、叶显恩、李龙潜、刘志伟、陈春声等经济史学专家一起,编成了《梁方仲文集》和《梁方仲遗稿》。二是写了《无悔是书生》正、续篇这两本书。在这个过程中,他熟悉了现代型中国经济史学自产生以来的史实,成了这个领域的专家。这使他在对方仲先生学术成就的评价上,分寸把握得很准确。

在和承邺学兄的交谈中,我两次对他说:"您光大了令尊大人的事业,是一个大孝子,为学人的后裔应该怎样对待先人的学术遗物,树立了榜样。对此,我心怀敬佩! 您已经是一个中国经济史学史专家,为研究现代型经济史学的产生和发展史做了一项奠基性的工作。作为经济史学的专业工作者,我心怀谢意!"

2018 年 9 月
于中南财经政法大学

原载梁承邺《梁方仲学术评价实录——〈无悔是书生〉续篇》,广东人民出版社 2021 年版。

傅筑夫对经济史学科的探索及其独特贡献

摘要:傅筑夫从读大学预科时起,学习兴趣从理科转到文科中的国学、文学、哲学,再转向社会科学,在而立之年确定以中国经济史学为志业,先博而后专。他是中国最早在大学讲授经济史学课程的教授之一,也是现代型中国经济史学科的奠基者之一。他治中国经济史,从殷商到近代;治欧洲经济史,从罗马帝国的经济到工业革命的完成,可谓博通古今,学贯中西。他在中西比较中发现,早在 2000 多年前,中国经济就走上了一条与欧洲不同的发展道路。他的论著覆盖经济史学科体系中的几个主要分支学科。他的观点自成一家。这种情况,在他们那一代经济史学人中是少有的。

关键词:傅筑夫;经济史学科;奠基者;自成一家

一

傅筑夫 1902 年 9 月出生于读书人家。从 3 岁起,祖父、父母教他背诵《三字经》《千家诗》等启蒙读物。9 岁至 13 岁念私塾,读四书、《诗经》和唐宋八大家古文,老师是当地一位有名的桐城派古文学家。14 岁入小学,19 岁从教会中学毕业,英语能读能说。他喜爱理科课程,对化学有浓厚的兴趣。19 岁至20 岁读北京高等师范学校(毕业时该校改名为北京师范大学)理化预科。20岁入本科理化系。当时许多国学大师如鲁迅、梁启超等都在该校讲学。在这些名师的启迪下,激起了他对国学的兴趣。到第二学期转入国文系,学习文字学、音韵学、训诂学等古汉语课,也选读了古典文学方面的课。还读了一些外国文学名著。随着对先秦诸子学说和文艺理论的学习研究,学习兴趣又从语言文学扩展到哲学。他听了著名哲学家陈大齐、傅铜等教授的课,并在他们的指导下阅读了一些哲学名著,尤其是法国柏格森和德国叔本华写的书,深受唯心主义哲学的影响,醉心艺术理论和宗教哲学,试图写一本兼论艺术与宗教的书。为此阅读了大量的哲学、艺术理论、宗教哲学等方面的书籍。与此同时,在鲁迅的建议和指导下,做了半年的中国古代神话资料的搜集工作,查阅先秦文献资料。23 岁(1925 年下半年),把注意力转向社会科学,特别是经济科学,选修了一些经济学方面的课,读了几个重要学派的代表著作。为了能读日本学者河上肇的《经济学大纲》而学习日文。为了探源河上肇在《经济学大纲》中介绍的马克思经济学说,向日本邮购了《资本论》英译本。接着开始用马克思的经济理论分析中国现实的社会经济问题,着手《中国社会问题之理论与实际》一书的写作。1926 年从师大毕业后,先后任河北大学、安徽大学教授,讲授经济学概论、经济学原理、农业经济学等课程,内容主要是西方经济学说,也介绍马克思的经济学说。在参加中国社会性质与中国社会史论战的过程中,发表了多篇关于中国经济的现实与历史的论文,使他对中国社会问题的理论和实际的研究步步深入。1930 年《中国社会问题之理论与实际》书稿完成,约 30万字,1931 年由天津百城书局出版。① 这是傅筑夫的第一本专著。它开启了傅筑夫用马克思主义分析中国问题之路。由于该书的立论根据是马克思经济理论,大段引征马克思的话,并提及中国社会发展的社会主义前途,国民政府将它列为禁书,不能在天津租界外销售。这限制了该书的影响力。

到此时为止,傅筑夫在学海中游泳,经历了从理科到文科再到社会科学之变,从唯心主义哲学到唯物主义哲学之变,从西方经济学到马克思经济学之变。在此过程中,他获得了不同学科、不同流派的知识,学养渊博。他打下了坚实的古代汉语和国学基础,掌握了英文、日文(后来又学了德文)的阅读能力,知晓了中国历史发展的脉络,掌握了收集与整理历史资料的方法。这为他研究中外经济史准备了常人难以企及的优越条件。

30 岁至 34 岁(1932 年至 1936 年)任中央大学教授,主讲中国经济史。此后便以研究中国经济史为志业。傅筑夫与马哲民、陶希圣等人,是中国最早一批在大学讲授经济史学课程的教授。他们与在社会科学研究机构工作的汤象龙、梁方仲等研究员一起,是现代型中国经济史学科的奠基者。

1937 年至 1939 年,在英国伦敦政治经济学院研修。先在罗宾斯(Lionel Robbins)教授指导下研究经济理论,后在托尼(R. H. Tawney)教授指导下研

①《傅筑夫自述》中谓此书出版于 1928 年,可能是由于记忆不准确。

究欧洲经济史。至此，傅筑夫的理论修养，是既懂西方经济学，又懂马克思主义经济学；在专业上，既懂中国经济史，又懂欧洲经济史，并深入地了解西方最先进的经济史学理论与研究方法。这为以后在教学上讲授中国经济史和外国经济史课程、在科研上开展中西比较经济史研究奠定了深厚的基础。

1940 年到 1945 年 7 月，在国立编译馆主持中国古代经济史料的整理工作。因有王毓瑚教授的协助，又配备了 4 个助手和 8 名抄写员，四年多的时间里，搜集了大量资料。1947 年至 1985 年，傅筑夫任南开大学教授，讲授中外经济史与《资本论》研究课程，同时进一步补充中国古代经济史资料，并整理成一套分为 7 卷、纲目清晰的中国经济史资料长编。1978 年到北京经济学院（现为首都经贸大学），由助手帮忙核对资料，1982 年出版秦汉三国卷，1990 年出版先秦卷。中国古代经济史料的搜集、整理工作前后经历 40 多年，他掌握了丰厚的、系统的中国古代经济史资料，在此基础上形成对中国古代经济史成熟的、自成一家的观点，一部中国古代经济通史的雏形已在胸中。从扎实的、系统的搜集资料，整理资料，分析资料，编辑资料长编，开展专题研究，概括出历史过程，抽象出概念与理论点，是他的论从史出治学之路。

从 1957 年被错划为右派分子到 1977 年，傅筑夫不能按照自己的兴趣与计划研究经济史学。先后指派他编辑《葡萄牙侵占澳门史料》和翻译约翰·哈罗德·克拉潘《1815—1914 年法国和德国的经济发展》。书成，出版时编者、译者不能署傅筑夫姓名，前者用的是介子编，后者用的是傅梦弼译。[①] 1957 年到 1977 年，傅筑夫 55 岁到 75 岁，正是一个学者科学研究的黄金时段。

在南开大学的 38 年间，有两次被借调到外校工作。第一次，1955 年至 1956 年，到中国人民大学向经济史学专业教师研究班的研究生（笔者是其中的一员）主讲中国经济史（主要是中国近代经济史）与外国经济史（主要是欧洲经济史，从罗马帝国的经济到英国工业革命完成），并为这两门课程编写了讲义。这使他对中国经济史的研究从古代延伸到近代。

第二次是 1978 年至 1985 年，傅先生应中国社会科学院及北京经济学院之约借调到北京，承担全国社会科学八年规划中重点项目《中国经济通史》的

---

①这是当时通行的处理方式。周秀鸾、张郁兰和笔者在 1958 年出版的《中国近代国民经济史讲义》的"前言"中写道：我们"都是中国人民大学毕业的研究生，给我们讲授中国近代经济史课的是傅筑夫教授。本书在编写过程中引用了他和人大国民经济史教研室的研究成果中的某些史料，谨向傅筑夫教授和人大国民经济史教研室致谢"！出版社将其中有关傅筑夫的字句全部删除。

著作任务 。1978 年他已 76 岁高龄,又患严重的冠心病,出自要把研究心得贡献给经济史学科和社会的强烈愿望,也由于该院给他配了多位助手,创造了良好的研究环境,他奋不顾身,在六年半的时间里,完成了他一生中的主要研究成果,共 12 本书,共计约 420 万字。[①] 平均每天成稿或定稿 2000 字。对于一个 80 岁左右的老人来说,劳动量如此之大,效率如此之高,令人惊讶。他因此被评为天津市劳动模范。

二

傅筑夫的学术成果主要体现在他的论著中。[②] 他论著可分为以下六类。

第一类是史料书。有两种。(一)中国经济史资料长编。计划是七编,已出版第一编(先秦编)和第二编(秦汉三国编)。第三编(魏晋南北朝编),已整理好,未出版。第四编(隋唐编)和第五编(两宋编)的资料已分类,待整理。第六编(元代编)和第七编(明清编)的资料在"文化大革命"期间被毁灭。这种规模的中国经济史资料长编,不仅在当时,即使到今天,还没有其他人做过。(二)《葡萄牙侵占澳门史料》。

第二类是分析现实社会经济的。专著有上文提及的 1931 年出版的书。论文有 1930 年代参与中国社会性质论战和 1940 年代两次当报纸主笔时写的时论。这些时论多以报纸的社论和评论形式面世。署名傅筑夫的有关论文,今天还可以收集到的有 30 多篇。就他当时生活的时代而言(主要是 1926 年至 1949 年间的),分析的是现实的经济问题;对今天的我们来说,则是对中国近代经济史实的分析。

第三类是关于外国经济史的。计有:(一)教材。外国经济史讲义(打印稿)。(二)译著。《1815—1914 年法国和德国的经济发展》。(三)论文。如《两次大战间世界经济演变之大势》。(四)访问记。如与瞿宁武教授谈关于 16 世

[①] 张汉如:《学贯中西　博通古今:傅筑夫的学术道路和思想研究》,南开大学出版社 2009 年版,第 47 页。从 1978 年 6 月调往北京经济学院,直到 1985 年初去世,6 年半的时间里,完成书稿 12 本书,其中 11 种已出版(下文所列史料书两编,史实书《中国封建社会经济史》五卷,史论书《中国经济史论丛》三册和《中国古代经济史概论》一本),未出版的一种。共计约 420 万字。平均每年 65 万字。除去节假日,每天(含住医院的时间)超过 2000 字。

[②] 张汉如:《学贯中西　博通古今:傅筑夫的学术道路和思想研究》,南开大学出版社 2009 年版,第 146—149 页,附录二"傅筑夫主要著作目录",其中个别论著有误。也有少数遗漏。凡已列入该目录的,本文不再注释。

纪到 19 世纪法国和德国的农业经济。(五)大量的体现在有关中西比较经济史的论著中。

第四类是关于中国经济史实的。代表作是《中国封建社会经济史》,计划是七卷本,写成并出版了的是其中的 1 卷至 5 卷。它们是傅筑夫 50 年对中国经济史探索的主要结晶。此外还著有《中国近代经济史讲义》(打印稿)和多篇有关中国经济史实的论文。这些论著对殷商至 1949 年的中国经济发展过程,特别是西周至宋代中国封建制生产方式的演变,做了详尽的叙述与剖析。

第五类是关于中国经济史理论的。1956 年出版《中国封建社会内资本主义因素的萌芽》。1957 年出版《中国原始资本积累问题》。20 世纪 80 年代出版《中国经济史论丛》(上下册和续编)和《中国古代经济史概论》。后面的两种书是他的经济史理论的代表作。

第六类是关于中国经济史学理论的。他在《研究中国经济史的意义及方法》《怎样研究中国经济史》《社会经济史的分段及其缺点》《进一步加强经济史研究》《由中国经济之史的发展研究民生主义的经济政策》《〈中国近代经济史〉序》①等文章,以及他所作专著的绪言中,表达了对经济史学科的研究对象、指导理论、研究方法、学科功能及其应用、历史分期、队伍建设、有关政策的主张,还在对聂国青著《中国土地问题之史的发展》、马哲民编著《社会经济概论》、郑行巽著《中国商业史》的评介中,具体地讨论了经济史学论著应该写什么和怎样写等问题。

严中平认为傅筑夫的学识是"学贯中西,自成一家"。张汉如的评价是"学贯中西,博通古今"。愚以为还可以补充一句:横通经济史学科的几个主要分支学科。这种情况,在他们那一代经济史学人中是少有的。

三

傅筑夫在经济史学科中的多个分支学科都有突出建树,这里重点介绍他对经济史理论的贡献。傅筑夫对经济史理论的贡献,用一句话概括,那就是论证了中国古代经济发展道路的特殊性,或者说论证了一条与欧洲经济不同的中国特色的经济发展道路,中国和欧洲自古就走着两条不同的道路。用现在

---

①傅筑夫:《序言》,于素云、张俊华、周品威编《中国近代经济史》,辽宁人民出版社 1983 年版,第 1—5 页。

某些学者喜爱的术语来说,"大分流"始于 2000 多年之前,而非后来才有的。他所论证的中国经济发展道路的时间,上起殷商(约前 1600—约前 1046),下至 20 世纪的前期,前后 3000 多年。在他研究的这 3000 多年中,包含三种社会经济形态:奴隶制社会经济形态,封建社会经济形态,半封建半殖民地社会经济形态。这三种社会经济形态都有其特殊性。

傅筑夫认为,殷代是奴隶制社会经济形态。就中国奴隶制社会经济形态而言,其特色是发展很不充分。就奴隶制而言,其特色是在殷代之后的封建经济形态中残存既久远,又严重。中国奴隶制社会经济形态发展很不充分的标志是远没有达到古希腊、古罗马奴隶制那样的水平。其原因有二:一是它产生于生产力发展水平低的时期,其时尚处于农业发展的初级阶段,即刀耕火种的"游农"阶段,不得不常常改换耕地,不能长期定居一地。在这种情况下,土地只能为氏族所有,奴隶也只能为氏族所有,这就限制了奴隶的使用,奴隶制不能高度发展。这是氏族制与奴隶制的混合物,一种氏族奴隶所有制。这样一来,中国的奴隶制社会经济形态与古希腊、古罗马奴隶制社会经济形态,在物质基础和奴隶所有者两个方面都不同。二是在奴隶制社会经济形态尚未发展到成熟阶段时,就因周灭殷这个特殊的政治事故而被封建制度代替。在这种情况下建立起来的封建制社会经济形态中,奴隶制的遗存非常严重,几乎延续到近代。在漫长的历史时期,奴隶制还有过几次发展,甚至是大发展。中国历史上,在奴隶制社会经济形态里,氏族制的遗存非常严重;在封建制社会经济形态里,奴隶制的遗存非常严重。前一种社会经济形态在后一种社会经济形态遗存非常严重,非常久远,以致界限不清晰。这既是中国社会经济形态发展道路的特色,也是中国古史分期讨论长期难以取得共识的原因。

封建社会经济形态是傅筑夫分析中国古代社会经济发展道路的重点。他认为,中国从西周开始进入封建社会经济形态,一直延续到 19 世纪中叶。在长达 2000 多年的时间里,经历两个大阶段,两种发展形态。第一阶段是从西周初年到东周前期,其发展形态是领主制经济。第二阶段是从东周后期到 19 世纪中叶,其发展形态是地主制经济。他称第一阶段的发展形态为典型的封建社会经济形态,第二阶段为变态的封建社会经济形态。如果说封建社会经济形态是傅筑夫分析中国古代社会经济发展道路的重点,那么,分析变态封建社会经济形态便是他分析中国古代社会经济发展道路重点中的重点。这是因为:第一,在中国有文字记载的 3000 多年的历史中,中国的封建社会占了 2400

年以上。在中国 2400 多年的封建社会里,典型封建制延续的时间相当短,从西周初年开始到春秋初叶时即已逐渐崩溃,历时不到 500 年,比欧洲的封建社会要短 500 年至 1000 年。变态的封建社会经历了 1900 年,占整个封建社会历史的 80%。第二,变态封建社会的下限即中国近代史的上限,这个阶段的特殊性影响到中国近现代经济发展道路的特殊性,也就是与我们的现实生活密切相关。第三,更为重要的是,这种形态是变态的,它不仅与中国典型的封建经济形态不同,还与欧洲的封建经济形态不同,是中国古代经济发展道路的特色所在。

傅筑夫对为什么将西周称之为典型封建社会作了如下的说明:"奴隶制度崩溃之后,取而代之的新生产方式,必然是什么和应当是什么,本来是一清二楚的,马克思和恩格斯也作了不少经典性的说明和精辟的科学论断,当然这些说明和论断,主要是根据欧洲的历史总结出来的。用简单的话概括起来,就是:当罗马的奴隶制度陷于无法克服的矛盾而必然要崩溃的时候,它不可能跳跃过历史发展的阶段,由奴隶制度直接过渡到自由农民的租佃制度,而只能前进一步,由奴隶变为隶农,即由直接的人身隶属关系,变为隶属于主人的土地的一种间接隶属关系,隶属的关系未变,改变的只是隶属的形式。然而这一点的变化,却是一个革命性的变化,因为这个变化包含着一个新的生产方式的诞生。当奴隶变成了隶农之后,不久又随着土地占有形式的改变,即庄园制度的产生,隶农变成了农奴,从而正式揭开了封建生产方式的帷幕。典型的封建制度就是建立在农奴制剥削的基础之上的,而这种剥削又是以劳动的自然形态(劳役地租)为主,庄园制度正是为了实现农奴制剥削而形成的一种组织形式。""中国在西周时期,产生了与此相同的变化,在长达三千年左右全部封建制度的历史中,只有这一阶段的发展变化是正常的,是完全遵循着马克思和恩格斯所阐明的那样一种经济规律在运行的。"[1]这就是说,所谓典型的封建制度,就是与欧洲封建制度相类似的制度。所谓变态封建制度,既是相对于西周的封建制度而言的,也是相对于欧洲封建制度而言的,即与欧洲封建制度不一样的封建制度,中国特色的封建制度。

中国封建制度有哪些特色?中国封建经济发展道路又有哪些特色?对此,可以将傅筑夫的有关论述归纳为以下几点。

---

[1] 傅筑夫:《有关中国经济史的若干特殊问题》,《经济研究》1978 年第 7 期。

其一，货币经济以及相连的商品经济发展得特别早，达到的水平也特别高。他把中国封建社会经济形态的这个特点放到世界历史中加以比较，发现中国春秋末年到战国时期这样一种相当高度发展的货币经济，在欧洲则发生在 15 世纪和 16 世纪。两者相距约 2000 年。傅先生的此说可称为中国货币经济早熟论。

其二，由于货币经济以及相连的商品经济发展得特别早，达到的水平特别高，社会财富特别是土地，成为货币可以购买的商品的这种现象也出现得特别早，达到的水平也特别高。表现为土地可以自由买卖，成为私有财产。这促使土地私有制和以土地私有制为基础的地主经济的产生。土地私有制的产生和发展，逐渐代替以公田制为基础的计口授田的井田制度，是中国古代经济史上最为重要的一次土地制度改革。地主经济的产生和发展，逐渐地代替领主制经济，是中国古代经济史上最为重要的一次经济体制改革。土地可以自由买卖，使社会积累的资金主要用于购买土地的所有权，而不是流入生产过程。这一点在农民特别是自耕农身上表现得很明显。这不利于农业生产力的发展。土地私有制和土地可以自由买卖带来土地兼并。土地兼并的直接后果是"富者田连阡陌，贫者无立锥之地"的土地所有权两极化的现象。富者为地主，贫者为佃农。佃农因其贫穷，必然是小土地经营，即所谓小农经济。土地私有制是变态封建社会的经济基础，小农制经济则是变态封建社会经济结构的基本核心。这样一来，土地所有权高度集中与土地使用权高度分散成了地主制经济和变态封建社会的内在矛盾。这个内在矛盾使"地主制经济在各个方面都完全不同于领主制经济，其中比较突出的一点是，在地主制经济的结构中，地主对农民的剥削具有领主制经济不能达到的残酷程度，从而造成了农民的绝对贫困化"[1]。这种绝对贫困化使部分小农或不能继续再生产，或缩小经济经营规模，或弃田不耕，转徙流亡。这"是妨碍社会经济发展的一个最大的阻力"，"是国内市场萎缩和商品经济以及资本主义不能发展的主要原因"[2]。"小农制经济的长期存在，是中国社会经济长期处于发展迟滞状态的一个总根源"[3]。这个矛盾造成大量贫者因无法生存下去而聚众大起义。起义多数以改

[1]傅筑夫：《中国古代经济史概论》，中国社会科学出版社 1981 年版，第 77 页。
[2]傅筑夫：《中国古代经济史概论》，中国社会科学出版社 1981 年版，第 85—86 页。
[3]傅筑夫：《中国古代经济史概论》，中国社会科学出版社 1981 年版，第 95 页。

朝换代为结局。中国经济不是没有发展,而是在发展了一个时期后,由于上述矛盾造成的社会大动乱和经济大损耗,形成了发展或迟缓,或停顿,或倒退。在此之后,又来一个恢复、发展、倒退。社会周期性动乱造成经济的"发展—危机—倒退"的周期循环,使经济发展从长期的、总体上看表现为停滞。

其三,由于货币经济以及相连的商品经济发展得特别早,达到的水平特别高,商品生产和雇工制因此出现得特别早,达到的水平特别高,表现为出现雇有大量工人的厂矿的产生。商品生产和雇工制中包含资本主义因素。就此而言,资本主义因素和资本主义因素萌芽在中国经济中出现特别早。

1955 年,傅筑夫在给我们这批研究生讲课时,对资本主义的分析是按照资本主义的发展过程,将它分为四个阶段和形态,分别使用了四个概念:(1)资本主义因素。(2)资本主义萌芽(资本主义因素的萌芽)。(3)资本主义生产方式(资本主义经济成分)。(4)资本主义社会经济形态(资本主义社会)。它们之间的共同点是有"资本主义"四个字,都属于资本主义性质。为了说明这四者之间的联系不同,他用稻作为比喻。每一粒成熟的稻谷上都有一个胚胎(胚芽),它就好比是资本主义的因素。稻谷上的这个胚胎只有遇到适宜的条件(水分与温度),才能长出稻芽。这稻芽就好比是资本主义因素的萌芽。稻芽只有遇到适宜的条件(温度、阳光、水分、土壤、营养液等),才能长成有根有茎有叶片的稻禾(稻的植株)。这稻禾就好比是资本主义生产方式。在一块田里,稻稗共生,如若稗草多于稻禾,这块田只能叫稗田,稻禾只是田中多种植物之一,这种情况就好比资本主义生产方式只是国民经济中诸生产方式之一。如若稻禾多于稗草,稻禾在田中诸植物中占优势,这块田就可以叫稻田,这就好比资本主义生产方式在国民经济中占了优势后,这种国民经济就是资本主义经济形态了,这时的社会就是资本主义社会了。在中国经济史上,资本主义因素出现在战国时期。唐宋时期出现最初的萌芽。① 19 世纪中叶之后出现资本主义生产方式。资本主义生产方式未能发展到在国民经济中占主导地位,中国没有成为资本主义社会经济形态。就是在这个时候,中国共产党领导的新民主主义革命取得了成功,中国进入新民主主义—社会主义经济形态,资本主义道路在中国没有走通。

①他讲课时,正好完成《中国封建社会内资本主义因素的萌芽》一书。其中讲到唐代已现资本主义因素萌芽的端倪,宋代资本主义因素萌芽了。

其四,由于货币经济以及相连的商品经济发展得特别早,达到的水平特别高,对现存社会结构与秩序的破坏力也特别大,使封建统治阶级很早就认清了商业是引起社会变化的起点,是直接间接造成社会动乱的根源,从而是与封建统治阶级的安危存亡息息相关的。于是,抑商既是重农的需要,也是稳定统治的需要,所以制造出一整套理论和严密的经济制度。其中,最重要的是禁榷制度、土贡制度和官工业制度。禁榷制度就是官营工商业,把销售量最大和最有利的一些工商业(首先是盐、铁,后来又不断扩大)由政府垄断,禁止私人经营。土贡制度是把统治阶级所需要的大量必需品和奢侈品,以任土作贡的方式,直接向产地索取。凡不能由贡的方式获得或得之不足的物品,由政府设立作坊或工场来自行制造。设计这些制度的目的,是限制商人的营运范围,堵塞他们发财致富的道路,同时也就限制了商品经济的发展,使资本主义始终停滞在萌芽的阶段上,使资本主义制度不能代替封建制度,封建制度得以长期延续。

1980 年和 1981 年,《中国经济史论丛》和《中国古代经济史概论》先后问世,因其理论系统和新颖,引起国内外经济史学界、经济学界、历史学界和教育界的欢迎与关注。《中国经济史论丛》1980 年 1 月出版,当年《历史研究》第 2 期刊载张作耀的书评①,可谓神速。后来,美国的加利福尼亚大学和日本的上智大学采用他的《中国经济史论丛》作为讲授中国经济史的教材。《中国经济史论丛》是一本专题论文集。1980 年的夏天,美国华盛顿大学委托他将该书的观点综合起来,写成一本简明扼要的《中国古代经济史概论》,目的是译成英文并用作教科书。《中国古代经济史概论》出版后,牛力达先发表读后感②,接着《经济研究》发表王成吉的文章③予以赞扬。1982 年教育部发文将该书定为高等学校文科教材。到傅筑夫去世的 1985 年,4 年间该书印刷 4 次。《中国封建社会经济史》5 卷简化字本在内地相继问世后,在香港又出版繁体字本。自 1981 年起至今,给予这三本书好评的文章,与他商榷的文章,绵延不断,称得上

---

①张作耀:《勇于探索 不囿成说——评傅筑夫著〈中国经济史论丛〉》,《历史研究》1980 年第 2 期。
②牛力达:《傅筑夫的〈中国古代经济史概论〉读后感》,《福建师范大学学报(哲学社会科学版)》1982 年第 4 期。
③王成吉:《一本有独特见解的书——读傅筑夫〈中国古代经济史概论〉》,《经济研究》1983 年第 2 期。

反应热烈。经济学家许涤新①、王成吉②，经济史学家严中平③、瞿宁武④，历史学家姜义华、武克全⑤，哲学家张汉如⑥，马克思主义研究者鲁力⑦，都认为傅筑夫的经济史理论自成体系（有的称之为理论框架），因而成一家之言（有的称之为有独特的见解）。

在中国经济史学科体系中，中国经济史理论这门分支学科是比较薄弱的一环。这门分支学科能有今天这样的发展水平，是近百年来众多经济史学家、历史学家和理论经济学家共同研究的成果。其中有不少具有代表性的学者。如若说王亚南教授是理论经济学家对中国经济史理论做出了重要贡献的典型之一（其代表作是《中国经济原论》和它的修订版《中国半封建半殖民地经济形态研究》），胡如雷教授是历史学家对中国经济史理论做出了重要贡献的典型之一（其代表作是《中国封建社会形态研究》），那么，傅筑夫教授便是经济史学家对中国经济史理论做出了重要贡献的典型之一。

四

傅筑夫之所以能在经济史理论上形成自己的体系，原因是多方面的，关键的一条是他的方法正确。刘啸、鲁力、牛力达、张汉如等都对傅筑夫的治学方法作过探讨。其中，张汉如最为深入。他是南开大学哲学教授，研究方向是科技哲学中人的创造性思维。他想在社会科学领域内找一个典型学者做解剖的

①许涤新1984年6月5日祝贺傅筑夫教授执教55周年题词语。又傅筑夫逝世时在所赠挽联中写道："心潜今古，成一家言。"

②王成吉：《一本有独特见解的书——读傅筑夫〈中国古代经济史概论〉》，《经济研究》1983年第2期。

③严中平所赠挽联是："学贯中西，自成一家。"

④"在傅筑夫的全部著作中贯穿了一个他对中国经济史的自成体系的解释"。瞿宁武：《傅筑夫传略》，《晋阳学刊》1983年第6期。

⑤《中国封建社会经济史》是"二十世纪跨代综合研究中国封建时代经济史的代表作之一"，有自己独特的、自成体系的见解。姜义华、武克全主编：《二十世纪中国社会科学·历史学卷》，上海人民出版社2005年版，第220、386页。

⑥"傅筑夫在经济史领域独树一帜，就是说他已形成了自己的一套思想体系"。张汉如：《学贯中西　博通古今：傅筑夫的学术道路和思想研究》，南开大学出版社2009年版，第134—135页。

⑦傅筑夫"自觉用马克思主义的方法和原理来分析和解释中国的社会经济问题。在长达半个多世纪的中国经济史教学与研究中，傅筑夫取得了辉煌的成就，形成了对中国经济史自成体系的见解"。"对中国古代经济史提出了一系列独到的见解"。鲁力：《傅筑夫学术思想及其学术成就述略》，《石家庄经济学院学报》2014年第5期。

对象。几位经济学家推荐傅筑夫。张汉如的研究成果是《学贯中西　博通古今：傅筑夫的学术道路和思想研究》一书。所得结论是："傅筑夫在经济史领域独树一帜，就是说他已形成了自己的一套思想体系。他以对马克思主义思想——不仅是经济思想，至少还有哲学思想——的深刻理解和娴熟掌握，特别是对马克思的《资本论》的长达半个世纪的研究为统帅，以训练有素的古文和外文为工具，以大量的第一手资料、史实为依据，提出了自己的一些重要概念，形成了自己的研究思想和方法。例如，关于资料考证与理论研究的关系问题，关于'从事实到理论'的归纳法使用问题，关于分析、综合与比较方法的使用问题，关于宏观研究与微观研究的关系问题，关于政治与经济的区别，不能用朝代划分经济史分期问题，等等。这些都凝铸了专论性成果、通史性成果、概论性成果。所有这一切，形成了纵横交错的框架结构，改变一点，牵动全局，这就是体系。这是他留给我们的宝贵精神财富。"[①]傅筑夫之所以采取这种方法。是由于他有实事求是的理论品格，因而思想解放，勇于探索，敢于创新，不盲从教条，不囿成说，更不苟同流俗。正如他逝世时一位学者的留言："勤苦治学，学天下更新之学；奋力著作，作世间未有之作。"[②]

原载《中国经济史研究》2023 年第 2 期。

①张汉如：《学贯中西　博通古今：傅筑夫的学术道路和思想研究》，南开大学出版社 2009 年版，第 135 页。

②张汉如：《学贯中西　博通古今：傅筑夫的学术道路和思想研究》，南开大学出版社 2009 年版，第 72 页。

学者的坦荡与真诚

——记与严中平、李文治交往二三事

1953 年，我在中国人民大学读研究生，学习中国通史课程的时候，读过李文治的名著《晚明民变》；学习中国近代经济史课程时，又读过严中平的名著《中国棉纺织史稿》。研究生毕业以后，还读过他们的其他论著。像严中平主持、李文治参与编辑的《中国近代经济史统计资料选辑》和李文治编辑的《中国近代农业史资料》第一辑。可以说，我是在他们著作的给养中进入中国历史和中国经济史学科领域的。

1961 年深秋，我到北京参加严中平组织的"中国近代经济史教材编写组"的编写工作，与严中平、李文治、汪敬虞诸位先生以及魏金玉、经君健、王方中诸位学兄住在中央党校的南苑，共同生活了三年。那时候，我们几个后学出于对严、李、汪三位先生的敬重，尊称他们为严公、李公、汪公。"三公"对我关怀备至。我之所以能够参加这个编写组，是严中平对我的提携。在三年中，他与我就如何编写的相关问题，以及我承担的课题问题，多次交换意见，并为我修改了一篇文章的初稿。李文治主动将他看《自怡日记》抄本时抄录下的几张卡片送给我（对做学问的人而言，这是伟大的无私）。严中平的修改稿与李文治的卡片，我视之为我学术成长历程中可贵的纪念品，珍藏至今。"三公"在言传身教中传授的知识、研究方法和治学态度，使我受益终身。我常对别人说，这个三年我又当了一次研究生。我将"三公"视为恩师。

1964 年 9 月，编写组解散时，严中平请我将三年的研究成果——用大稿纸誊写得整整齐齐的七篇关于太平天国的财政经济及对中国经济发展影响的专题论文（约 30 万字）——交给他，以备他们在以后写书时使用。我虽只此一份，但还是毫不犹豫地答应了。1978 年，我致信严中平，请将此七篇论文稿退回。不久,魏金玉将其中的六篇邮寄给我,信中说明《太平天国的境外贸易》一篇没有找到。1981 年,我与武汉大学的代鲁拜访严中平。严中平为丢失此稿向我道歉,并说,在参加编写《中国近代经济史》(第一卷)的作者中,有几位同志看过我的文稿。接着,他又说到了在"文革"中受到的磨难,在农村劳动时当"厕所所长"的经历。我说:"经过这场大劫难,我们人还在,还能见面,已是万幸,是大好事;我的那些文稿,还没有出版,就有人看,有人用,也是大好事;至于丢失的那篇稿子,可以再写,是小事。"随后,我去中国社会科学院经济所拜访李文治和彭泽益,他们都说看过我的文稿,用过其中的资料与论点,并告知还有哪几位借阅过我的文稿。他们推测,丢失的那篇文稿,可能被写对外贸易的先生借阅。该人已去世,大概难以找到了。通过此事,我深深感到严中平和李文治都有学者的坦荡与真诚。这种精神是中国经济史学界的宝贵财富,值得我们这些后学继承和发扬。

1984 年,我收到李文治寄来的邮件,打开一看,是他与魏金玉、经君健合著的新书《明清时代的农业资本主义萌芽问题》中他写的那一部分。我一下子愣住了,好好的一本书,为什么要撕成残件? 几经思考,才想到他只将自己的研究成果寄给同行,至于合作者是否愿意将其承担部分示人或请教,他不能代表。在这件事上,我看到了李文治对人的尊重与细心已臻极致。在那之后,我就按李文治的办法行事:凡合著,若赠人,如未经合作者同意,就只寄自己写的部分。

这些只是记忆中的几件小事,但是这些记忆是如此深刻,无法消逝。严中平与李文治著述如林,在经济史学上的建树尽人皆知,无须赘说。他们在学术问题上的某些见解,后人可能超越,但他们为中国经济史学科立下的功勋,却是后人无法超越的,那是矗立在学科发展进程中永久的丰碑。

原载《中国社会科学报》2009 年 11 月 12 日第 4 版。

高山仰止

——记吴承明教授二三事

我想通过半个世纪来接触吴老（承明先生）及其论著的几件事，谈谈受到的教诲与留在心目中的形象。

一

我在研究生阶段就开始学习吴老关于外国在华资本问题的著作。

1955年下半年，我们进入研究生学习的第三年，傅筑夫先生讲授中国近代经济史课程。在他开出的阅读书目中，有魏子初的四本书（《帝国主义在华投资》《美帝在华经济侵略》《英国在华企业及其利润》《帝国主义与开滦煤矿》）。傅先生在介绍书目时说，"魏子初"是"外资组"的谐音，外资组是中央工商行政管理局调研处里的一个机构，处长是吴承明先生。魏子初大概是吴承明的笔名。这是我第一次听到吴承明先生的名字。

1956年初，买到吴承明著《帝国主义在旧中国的投资》一书。与上书作对比后，证实了傅先生的判断。

我的一点有关中国近代时期外国在华资本的知识，主要来自吴老的这些著作及雷麦的《外人在华投资》。吴老的著作后出，批判地吸取了雷麦的成果；又是在处理外国在华资本基本完毕之后去研究它的，研究的对象是一种完成形态和一个完整的过程；依据的资料大多数是处理结束后获得的，因而比雷麦的更全面，更接近历史的真实。后来，虽有人对个别国家的在华资本，个别地区的外国资本，个别企业的外资数额作过补充，但在整体上，无出吴老之右者。在我的心目中，吴老是这个领域的权威。所以在教学中，在研究工作中，我只征引他的研究成果。

二

我们在收集与整理资本主义资料工作中首次见面。

1958 年,中央工商行政管理局组织各省、市工商行政管理局收集与整理资本主义工商业资料。吴老是这项工作的领导人之一。我参加武汉市的相关工作。1959 年,吴老到武汉了解情况与检查工作。武汉市工商管理局请我参与汇报和陪同。这是我第一次与吴老见面。该年冬,我参加武汉市工商管理局关于这项工作的取经团,先赴上海,后去北京。在北京听了吴老的一次发言。这两次接触加深了 1955 年至 1956 年读吴老著作过程中树立的形象:他是一位学者型官员。我的如下认识是从此时起开始逐步形成的:他的有关中国资本主义的论著是建立在对全国资本主义工商业情况调研基础上的,资料丰富,细致,翔实。

从 1958 年开始,我们在教学中将中国经济史课程的下限延至 1949 年之后,最初止于 1956 年,后来延至 1958 年。讲义则年年修改补充。1949 年至 1956 年这个阶段经济史的重要内容之一,是资本主义经济的改组、发展与被改造。吴老主编的、1962 年出版的《中国资本主义工商业的社会主义改造》一书,成为我们此后修改讲义的重要参考书。

1979 年以后,我向吴先生学习的条件更好了。第一,见面的机会多了。我和他同时被邀参与一些学术活动。较早的是 1982 年参加《裕大华纺织资本集团史料》一书的审稿会;以后有对外经济关系与中国近代化国际学术研讨会,张謇国际学术讨论会,洋务运动研讨会,中国轻工业史学会成立会,中国投资史学会成立会,等等。最近的是 2000 年新世纪中国经济史研究的展望国际学术会。从 1986 年到 1998 年,我们每两年必在中国经济史学会的年会上聚首一次。在这些活动中,得以聆听先生的发言和当面请教。第二,承他垂爱,自 1986 年起,每有新著问世,必赐一本。在所赐诸书中,有许多是关于资本主义问题的。三卷本《中国资本主义发展史》更是这方面的鸿篇巨制。在许多会议(如上述对外经济关系与中国近代化会、张謇会、洋务运动会等等)上,吴老的发言主要也是谈这个问题。

研究中国资本主义的学者甚多,他们各有千秋。吴老的特点有两个:第一,他是在资本主义改造完成之后开始研究的。他研究与叙述的对象是一个完成形态,是一个从萌芽到被消灭的完整过程。第二,以各地收集整理的资料为主要依据,是以能在空间上遍及全国,在部门上无所不包。因为这两个特点,在中国资本主义史研究方面,他独树一帜。中国资本主义发展史是我向吴老学习的第二个领域。在我的脑海里,吴老除了是外国在华资本问题的权威,还是中国资本主义问题的权威。

<h2 style="text-align:center">三</h2>

吴老的发言与论著给我启发最大的是方法论。

我在 1996 年写的一篇文章中提到这么一件事:在读了三年经济史专业研究生之后,仍感到缺乏有关经济史学科本身的理论知识,诸如它的研究对象、研究方法、性质、功能、历史、分类等等。为了使自己带的研究生不留这种遗憾,设置了一门"经济史学概论"课,以便与他们讨论这些问题。中国社会科学出版社同意于 1993 年出版我的讲稿。由于有几个应该涉及的问题没有谈到,对已经谈到的某些问题自己也不满意,所以没有寄出书稿。"近三年,陆续读到吴承明教授的论文,使我有'崔颢题诗在上头'之感,庆幸自己没有匆忙地将书稿交给出版社。"①读者从中可以看出我对吴老高山仰止之情和"搁笔"之慨。

在讲"经济史学概论"这门课时,我最感困难的就是研究方法问题。吴老的论著像及时雨为我解惑,这使我高兴莫名。

吴老关于经济史研究方法的研究,有三个鲜明的特点。

第一,视野宽广,洞达中外,且从历史哲学的高度予以审视。在中国,他的研究上自汉代,下至当前。他把汉代司马迁的"究天人之际,通古今之变"的《史记》纲领作为一种历史哲学,即历史观与方法论予以探讨。他肯定清代乾嘉考据学、训诂学的长处。他认为 20 世纪初以来采取考古成果与西方考证方法,开拓了新的境界。在外国,他系统地分析从经济史学科诞生的 19 世纪后期起,直到今天所使用过的各种方法及其演变进程,诸如实证主义方法、历史主义方法、结构主义方法、整体史学方法、计量史学方法、新制度学派方法、比较史学方法等等。在此基础上进行比较,论证其短长。在经济史学界里,在这方面,吴老独步天下。

<hr/>

①赵德馨:《经济史学科的发展与理论》,《中国经济史研究》1996 年第 1 期。

第二,注重定量分析,努力对一些宏观数量做出估算。经济史学务求数量分析。20世纪50年代以后的一段时期里,部分研究者对此注意不够,定性分析多,定量分析不足。针对这种情况,吴老强调凡能计量者,应尽可能计量,然后用统计学方法或计量学方法作分析,以检验已有的定性分析。这个量,凡有统计资料可用的,用之;若无,则推算和估计之。他为此付出艰苦的劳动,对中国近代的工业资本、资本集成、工农业及交通运输业产值、国内市场商品量、外国在华资本等等做出了估计。这些估计的绝对数可能不那么准确,但有了这个基础,今后便可以根据新的资料与计算手段不断地补充或修正(吴老自己对一些数据做过修正),使它们一步一步地接近实际。更为重要的是,因为计价方法前后一致,又是依靠数理法则推算,其相对数(指数、速率、比重等)有重要参考价值。所以我在2003年出版的《中国近现代经济史》一书中大量采用吴老估算的数据。在宏观计量和估算方面,吴老既是倡导者,也是成就斐然的示范者。

第三,随着历史前进的步伐转移研究的重心,转换研究范式。吴老长期做经济工作和研究经济问题。帝国主义在华投资处理完毕后,他出版了《帝国主义在旧中国的投资》,对这个历史过程作了概述。改造中国资本主义经济工作完成之后,他转而研究中国资本主义经济,先是出版《中国资本主义工商业的社会主义改造》,继而主编三大卷《中国资本主义发展史》。此后,随着国家的重心转向以经济为中心的现代化建设和以市场为取向的经济体制改革,他的研究方向也转向经济现代化(近代化)和市场化。在这里,不仅是研究内容的变化,也是学术范式的转换,诸如从现代化就是工业化转换为现代化就是市场化,诸如放弃资本主义而采取市场化等。这种研究范式的转换为中国经济史学的发展起到开辟道路和导向的作用。先生是中国经济史学科的导向者。

四

吴老提携后学不遗余力。在此仅举一事。

1989年,我接受一个任务,研究"近代中西关系与中国社会"。在这个课题中,我设计了多个项目。诸如1842年至1949年,外国从中国拿走多少财富;中国是变穷了还是变富了;等等。前者要研究是通过一些什么渠道(如赔款、贸易、投资等)拿走的,拿走多少;后者要研究国民生产总值、国内生产总值、国民收入的总量及人均量。为此,我请课题组成员班耀波讲师于 1990 年 8 月赴京向吴老请教。吴老除面谈中说了许多重要意见,主动提出供给一些资料。9 月 7 日,我收到吴老 9 月 4 日寄出的大信封。内有他 9 月 3 日写的信和五份资料,计:(1)13 项条约、协定中的赔款金额;(2)Robert Demberger、侯健明、许内门计算的进出口价格剪刀差;(3)对《帝国主义在旧中国的投资》一书中投资数及汇回他们本国的投资利润与借款利息的修正数据;(4)1920 年和 1936 年的产值估计;(5)1920 年至 1936 年中国国际收支。此中的(3)(4)(5)是他准备用于《中国资本主义发展史》第二卷和第三卷的。

这些资料共计 10 张,其中包括三个大表、两个小表及有关说明,皆吴老手书,字迹一笔不苟。我读此信与资料后,感动之情难以言表。我认识到,这些资料是他多年积累、整理与计算的心血结晶,尚未公开发表,将它们寄给我,是对我的帮助,也是对我的信任。在吴老自己公布它们之前,不应该出现在我主持的论著之中。我珍藏之,将它作为前辈帮助后学之见证与纪念。

五

我们是吴老论著的积极宣传者。

我长期站在中国经济史的教学岗位上,除了课堂讲授,还要编写教材。学习吴老的论著,每有所得,或由口舌,或诉诸笔头,向学生转述。从 1958 年至 2003 年的 46 年间,有幸先后主持教育部推荐的三本经济史教材:1958 年出版的《中国近代国民经济史讲义》,1988 年出版的《中国近代国民经济史教程》,2003 年出版的《中国近现代经济史 1842—1991》。这三本书,均多处征引吴老论著。以最后一本为例,该书所列主要征引文献 30 部,其中吴老的著作 5 部,占 1/6。可见吴老在我心目中的地位。

六

现代形态的中国经济史学科从诞生至今已近 100 年。在此期间,出现了一批中国经济史学的奠基人和大师,如梁方仲、汤象龙、傅筑夫、方显廷、严中平、李文治、汪敬虞、彭泽益、傅衣凌、张仲礼、李剑农和吴老等人。他们虽研究领域各异,却有许多共同特征:(1)出生在 20 世纪头 20 年间,在国家多难之时长大,具有强烈的振兴中华民族的爱国主义精神,视研究中国经济史为这种精神的实践行动,精诚敬业。(2)在著名的大学毕业,受到传统文化的熏陶,有极好的国学修养,知中国古今史事。(3)精通一门至多门外文,运用自如;大多数都到外国学习或进修过,了解西学。(4)学风严谨,在所研究的领域收集和积累了系统的资料,多数都编有相关的资料书问世,为中国经济史学科的发展奠下了厚重的基石。(5)在所研究领域取得开拓性成果,自成一家,因而成为这个领域的开拓者和奠基人。他们中的每一个人都是中国经济史学科领地上的一座高山。吴老这座高山伟岸而耸出。

高山仰止,景行行止!

原载《经济学家茶座》2006 年第 4 期。

史坛巨匠　后学楷模

1961 年 9 月至 1964 年 9 月，我有幸和汪敬虞先生同时参加《中国近代经济史》教材的编写工作，朝夕相处三年，情谊深厚。相见时，我 29 岁，他 44 岁。由于他在我的心目中地位崇高，我尊称他为汪公。

汪公仁者长寿，他在学术园地上辛勤耕作了整整 70 年，留下了两笔巨大的精神遗产。一笔是他在学术上的特殊贡献，另一笔是他杰出的学人精神。它们嘉惠后人，馨香久远。

特殊贡献成巨匠

汪公的研究领域，1949 年以前，集中在 20 世纪 30 年代至 40 年代的国民收入和工业生产问题上。在当时，这属于现实经济问题。现在，这些成果已转化成了中国近代经济史的内容。汪公在这方面的论著，是拓荒性质的，已成为后来治相关问题者的必读之物。1950 年以后，汪公的研究领域集中在资本主义问题上，探讨的时间长达近 60 年。其成就是他学术贡献中的主要部分。

资本主义经济是中国近代期间主要的新事物，影响又极广泛。凡研究中国近代史的(包括近代经济史，近代社会史，近代政治史，近代文化史，近代对外关系史，等等)，几乎都要涉及它。研究者人数之多，发展态势之猛，讨论之热烈，用百舸争流、百家争鸣、百花盛开等词来形容，也不为过。他们除研究的视角、方法、理论不同外，在对象的层次上也有区别。在我看来，大体上可分为三个：个别企业；某个行业或一个地区的资本主义经济；中国资本主义经济及其在国民经济中的地位与作用。这三种层次或许可以称之为研究中国资本主义经济的微观、中观、宏观。研究者研究其中的哪个层次，没有学术价值上大小与社会意义上轻重的区别，但在领域上有宽窄的不同。汪公与众不同之处有四点：

第一,他的研究领域涵盖上述所有的三个层次,且在每一个层次上都有卓越的成果。在微观方面,有继昌隆缫丝厂、上海机器织布局、中国通商银行、广东银行等企业。在中观方面,有行业性的,如茶叶和缫丝业中的资本主义企业、金融业中的外国资本,等等;有地区性的,如台湾地区的资本主义企业,等等。在宏观方面,除主编的《中国近代经济史 1895—1927》、专著《中国资本主义的发展和不发展》外,还有编入《近代中国资本主义的总体考察和个案辨析》与《汪敬虞集》中的多篇文章。

第二,他将研究经济与相关的人结合起来,也就是把中国资本主义经济和资本家结合起来研究,既见物,又见人。对中国资本家阶级的研究,在对象上也可分为微观、中观、宏观三个层次:资本家个体;资本家群体;中国资本家阶级整体及其在中国近代社会中的地位与作用。汪公也是在每个层次上都有卓越的成果。既有对唐廷枢、张謇等资本家个体的研究,又有对上海总商会中的资本家群体的研究,还有多篇关于中国资本家阶级的产生及资本家阶级在辛亥革命中作用的脍炙人口的论文。

第三,汪公特别关注中国近代社会中资本主义经济的特色及其在整个国民经济中的地位与作用。他认为中国近代社会中资本主义经济的特色是,有所发展又不能充分发展,并将这概括为"中国资本主义的发展和不发展"。他进而认为,中国近代社会中资本主义经济的特色也是中国近代经济史的主要特色。因此,中国资本主义的发展和不发展便是中国近代经济史的中心线索(他又称之为主线)。他为这个论点写了多篇文章,最后汇成一本专著。这是汪公对中国经济史的理论建树。尤为可贵的是,他把这种主张贯彻到他主编的《中国近代经济史 1895—1927》之中。我之所以说"尤为可贵",是因为:一则提出中国近代经济史主线的人有多个,每一个人都有一种主张,但能把自己的主张运用到实践中,写出一本中国近代经济史或中国近代经济史中的某个时段的,至今也不过二三人。二则他不仅在自己主编的这本书中用了这条主线,而且把这条主线贯彻得很好。正如该项课题的鉴定组负责人吴承明在鉴定结论中写的:"可以用'博謇'二字评之,堪称治学风范。"三则他的这个主张不仅自己贯彻,且为后继者所采用,即为《中国近代经济史 1927—1937》沿用。这与学坛上出现的多卷本著作中,在自己主编的那卷中采用自己提出的主张,下一卷的编者却摒弃的情形大不相同。

第四,经世致用。1953 年,我读了他写的《旧中国为什么不能实现国家工业化》一文。其时,正在学习过渡时期总路线,感到帮助很大。1956 年,我准备"中国近代经济史"的教学工作,将它收入该课的教学参考资料,印发给校内本科生和校外函授生(在职干部)阅读,反响良好。20 世纪 90 年代,他在论述中国资本主义的发展和不发展理论时,强调侧重点要放在不发展一面。这些都是为了阐明中国不能走资本主义道路和最终选择社会主义道路的历史必然性。

汪公的特殊贡献,使他成了一座在这个领域内后人难以越过的高峰。他是经济史坛的巨匠。

学人精神是楷模

什么是学人精神?如果要选一个人作为学人精神的化身或楷模的话,在我的心目中,则汪公是也。汪公在我心目中达成这样的形象,是由于有多方面的事实深深地印入脑海。限于篇幅,仅述与经济史专业有关的二则为例。

一、汪公是一位非常敬业的人。他从经济系毕业后,做研究现实经济问题的工作多年,且成果累累。1950 年到中国科学院哲学社会科学部经济研究所工作后,被分配做研究中国经济史的工作。无论是在旧中国还是在新中国,研究现实经济问题的应用经济学与研究历史上经济问题的经济史学,两相比较,前者与现实经济生活和现实经济工作直接相关,因而更受群众、执政者与社会舆论的关注,其成果容易发表,容易成名,从事的人多,队伍大,是热门学科,是显学。经济史学则不同,它很重要,但不受重视,在这门学科要做出成绩得付出很大的精力,成果很难得到认可,常被视为冷门,且永远成不了显学。在这种情况下,汪公却愉快地服从国家发展社会科学总体安排的需要。从那之后,他确立了一辈子从事中国经济史学研究的志业,决心为中国经济史学的发展做出自己的贡献,全神贯注,心无旁骛,潜心探究,执着坚守。正是这种执着,使他成就突出,跨上学术巅峰。

他的一生与中国经济史研究结下了难以分解的特殊情结,对此专业产生了学者的志趣,在这个学科领域里的上下求索,成为他生活中不可或缺的一部分。2004 年,我接到他寄来的《近代中国资本主义的总体考察和个案辨析》,打开书本,读到他在"前言"里写的如下一段话:"我个人的目标,则仅限于在突出中心线索这一点上,试图贡献自己的愚者一得","鉴于作者已步入耄耋之年,来日无多。这一目标能否实现,作者已无争分夺秒的勇气。不过一息尚存,此志不懈;生命不止,奋斗不息"。我默默地一算,汪公年已 87 岁还做出这样恳切的承诺,顿时心潮澎湃,对他敬业精神钦佩之情油然而生。

二、汪公是一位崇尚实学,治学非常严谨的人。汪公治学严谨,首先表现在资料工作上。治经济史学,第一要义是说话、立论要有证据。证据主要来自资料。对资料工作取什么态度,是衡量严谨度的主要标志。汪公每研究一个课题,都是从搜集资料入手。1949 年前研究中国 20 世纪 30 年代的国民收入和工业生产,主要的依据是 20 世纪 30 年代初的那次,也是 1949 年前唯一的一次全国普查资料。所以他的研究成果科学性强,十分珍贵。1949 年后,汪公研究中国近代资本主义经济,也是先费几年的时间收集资料。1957 年至 1958年,我学习中国近代工业史,读的资料中就有汪公编的《中国近代工业史资料》(第 2 辑),以及他在《中国近代经济史统计资料选辑》中工业部分所列出的统计资料。它们为我了解相关时期中国近代工业基本状况和资料来源打下了初步基础。1961 年我们在一起共事时,我曾请教过他,这些文献是从哪里得来的。他告知,上海是近代中外资本主义经济活动的中心,那里收藏的有关文献也最多,特别是在外国人管理的海关和外国传教士掌管的教堂,保存的档案和报刊比较齐全。该年冬,他接受编写《中国近代经济史 1840—1895》中的工业部分的任务,第二年,他再次赴上海收集资料,工作几个月。连同前次,共收集到有关中西文资料数百万字,可谓竭泽而渔。正是这种功夫,使他在此以后写的文章,资料详尽,内容充实,论述特别细密。由于有前人没有发现和使用过的新资料,仅仅是凭借资料做出的判断,就有新意。这种充实、细密和新意,成了他的论著特征之一。汪公一生所收集的资料,是他留给后人的一笔宝贵的遗产,是中国经济史学的财富,也是中华文化的积累。建议将这些资料妥善保存,若能整理出版,则善莫大焉。愚以为,这或许也是纪念汪公最好的形式之一。

原载《中国经济史研究》2013 年第 4 期。

功在学科 名垂史册

——缅怀魏金玉研究员

　　我和不久前驾鹤西去的金玉兄是有缘分的。1953 年 9 月,中国人民大学开办了马列主义研究班和教师研究班。在第一学年里,这两个班由一个党总支领导,统一按专业编班次。我们虽在不同的班,但住在同一栋楼的同一层,使用着同一个盥洗室;在同一个食堂就餐;四门主课(马列主义基础、哲学、政治经济学、中国革命史)在同一课堂上听讲。这样,几乎是天天见面。在交谈中,我知道他比我大六岁,遂以师兄待之;还知道他喜欢经济史学科,想转到我们经济史班来。1961 年 9 月到 1964 年 9 月,我们在严公(中平)主持的中国近代经济史编写组一起工作。在这三年中,我们又住在同一栋楼的同一层,除周末外,天天见面和交谈。在这段时间里,我对他的研究领域、学术风格以及学术观点了解得更为具体。我们之间的情谊也更加深厚。在那之后,我们在学科建设上互相支持,他对我的帮助尤多。他退休后,我们见面的机会少,每遇到知道他情况的吴太昌、刘兰兮等同志,总要询问他的近况,致以问候。对他的辞世,我极为悲痛。

　　金玉兄对中国经济史学科的建设有三大贡献。第一大贡献是他在学术上的建树。第二大贡献是中国经济史学会创办与早期活动中的组织工作。第三大贡献是《中国经济史研究》期刊的创办与他的主编工作。

　　关于金玉兄的学术研究的成就,徐建生、封越健两位研究员在《魏金玉先生对中国经济史学科的贡献及其学术研究》(《中国经济史研究》2016 年第 1 期)一文中,已经做了全面的介绍。我想说的是我从他的论著中得到的启示。这种启示甚多,兹举二例。一是他认为押租制有一种筛选作用,使可出租的耕地集中到那些资金较多的佃农手中,使资源得到充分利用,有利于农业生产力的发展。以往,对历史上出现的一种新租佃制度,大都认为是加重对佃农的剥削,起的是负面作用。他揭示此制的筛选机制,说明新制的历史合理性,可谓别有天地,在方法论上令人回味无穷。二是他关于佃仆制的分析与结论,不仅使我对明清农村经济,特别是佃仆身份的演变,有了更深的了解,还从中追溯其历史形态,看出了它是魏晋南北朝庄主制(或称田主制)的历史遗存形态。他的研究成果,对人们理解中国古代经济史,将发生深远的影响。

对金玉兄在中国经济史学会成立过程中遇到的困难和花费的精力,我略知一二。从1979年开始,各个学科都在组织专业学会。其做法,大都是先成立全国性的学会,而后成立各地的分会。经济史学界的情形却相反。从1981年开始,地方性的经济史学会(如东北、四川、上海、湖北、广东、浙江等)先后产生,而全国性质的学会迟迟未能成立。从1981年到1985年,我三次到北京,每次都与他交谈过这方面的事。1986年6月,他从北京来到武汉,在寒舍盘桓一天。见面时,他说此行任务是:"奉严公之命,为成立经济史学会,走访各路诸侯,征求意见。"行程是:北京—武汉—广州—上海—北京。他介绍了筹办的进展情况,并就中国经济史学会的章程、活动方式、理事会成员的人选等问题和我详细地交换了意见。这一次,我进一步了解到办学会遇到的种种困难。其中最重要的,也最繁重的是协调工作。这方面的具体事务,大都由金玉兄操劳。中国经济史学会的成立,金玉兄有大功焉。

这一次,金玉兄给我带来了一本他主编的《中国经济史研究》创刊号,希望我看看,提出改进意见。我说,您的这份礼物比什么东西都贵重。我早就盼望有这样的一本刊物。他说,以后每一期印出后,都会寄给你的(在他当主编期间,实现了这个承诺)。他告知严公他办这份刊物的想法。在学科范围上包括经济史和经济思想史,而以经济史为主。经济史包括中国经济史和外国经济史,而以中国经济史为主。在中国经济史中,古代、近代和现代三分天下,各占三分之一,不分主次。当时的情况是,在这三者之间,研究现代经济史的人数少,成果少,稿源少,中南财经大学是中华人民共和国经济史研究的重镇,是他计划中的主要稿源地。那时,中华人民共和国经济史处于襁褓期,包括《历史研究》《经济研究》和《中国社会经济史研究》这类专业刊物都不发表中华人民共和国经济史论文。而我正在主持四卷本《中华人民共和国经济史》的编撰工作,还带了11个中华人民共和国经济史方向的硕士生。在此环境下,《中国经济史研究》的诞生和金玉兄的编辑思路,对我而言,真是一场及时雨,浇得我心

中痛快。在他任主编期间,《中国经济史研究》刊载我和我的硕士生的文章 10
篇。特别铭感在心的是,当我们的四卷本《中华人民共和国经济史》出版后,他
组织了评介文章。他做的这些工作,对中华人民共和国经济史学科的诞生,起
了助产婆的作用;对我的教学和学术研究也是极大的鼓励。中华人民共和国
经济史学科的成长,与金玉兄和《中国经济史研究》的大力支持是分不开的。

在中国经济史学史中,1986 年发生了两件对学科发展至关重要的大事。
第一件是该年年初全国性经济史专业期刊《中国经济史研究》问世,它为国内
外经济史学同行学者提供了发表和切磋研究成果的园地。第二件是该年年底
全国性经济史专业组织中国经济史学会成立。这使经济史学工作者有了自己
的"家",经济史的全国性学术活动有了组织者。这两件大事难事都是金玉兄
负责操办的。可以想见,在这一年里,他为此花费了多少时间和精力!

每一门学科的发展,都需要三种人的共同努力:学科内涵的研究者,学科
人才的培育者,学科事业的服务者。最后一种人中,主要有本专业学会、学术
活动的组织者和本专业学术刊物的编辑。他们为了学科的发展,为了成全他
人,费心费力,用去了大量的时间,从而减少了写自己论著的时间。对于他们,
我是心怀感激与敬意的。在拙著《社会科学研究工作程序与规范》一书中,我
特地写道:"出版社、报刊编辑部、图书馆里有一批很有学问的人,他们默默无
闻地为成千上万的社会科学研究者提供资料,提出修改意见,校对书稿,纠正
错误,为人作嫁衣。他们风格高尚,对人类认识的发展做出了贡献,令人敬
佩。"[①]我的学生和同事杨祖义教授,多年来从事中国经济史学史的研究。在与
他交换意见时,我建议他不要忘记记下这些人的贡献。我在"中国经济史学的
历史与理论"研究中将尽可能地把那些对中国经济史学做出贡献的人载入史
册。当然,金玉兄一定会名列其中。

斯人已去,他为之倾注了心血的《中国经济史研究》和中国经济史学会犹
存。创业维艰,守成匪易。爱护《中国经济史研究》,使它越办越精彩;爱护中
国经济史学会,使它越来越壮大,是我们对金玉兄的最好纪念。

原载陈锋主编《中国经济与社会史评论(2017 年卷)》,社会科学文献出版社 2018 年版。

---

① 赵德馨:《社会科学研究工作程序与规范》,湖北人民出版社 2016 年版,第 387 页。

《周秀鸾经济史学论文选》前言

周秀鸾教授今年八十大寿，中南财经政法大学经济史研究中心决定为她出版论文集以示祝贺。因我与她同学、同事、同专业，又是伴侣，嘱为选编。对我而言，这是一项既义不容辞，又使人快乐的事，遂欣然从命。

秀鸾生于书香家庭，幼承良教。祖父殿薰公与伯祖父同科中举，经殿试，授史部主事。辛亥革命后回到故里，任当地最高学府校长、地方志总纂、图书馆馆长、诗社社长等职，为文坛魁首，思想开放，重视对子女的传统文化与西学教育，并形成家风，故秀鸾的父辈古文娴熟，英语精深。秀鸾在家里耳濡目染，加上在教会办的幼儿园、小学、中学里受到的熏陶，古汉语和英语都有一些根底，为她以后的深造准备了条件。

秀鸾师出大家。1949年，她以优异成绩毕业于上海大同大学商学院。翌年负笈南下，到岭南大学经济研究所攻读研究生，师从著名经济史学家梁方仲先生。从梁先生那里，她不仅学到了经济史学的知识，更重要的是懂得了经济史学思维方式与研究方法。这对她以后从事经济史研究影响深远。在岭大，她还随同姊母黄萱聆听了史学大师陈寅恪先生讲授的隋唐史，李文治先生的货币银行学，彭雨新先生的财政学等课程。这使她受到了历史学与经济学的双重训练。1953年至1956年，她在中国人民大学经济史专业研究生班学习过程中，这种训练得到了进一步的加强。在这三年期间，开设中国通史课程与近代史课程的是尚钺先生和戴逸先生；讲授中国经济史与外国经济史的是傅筑夫先生。他们无一不是享誉当时的一流名家。诸位先生的学识、治学方法成为秀鸾一生享用不尽的知识财富。在他们的指导与训练下，她具备了一定的经济史学底蕴与良好的治学素养。这在撰写毕业论文《第一次世界大战时期中国民族工业的发展》便显现了出来。正是这篇优秀之作，秀鸾在经济史学界初露头角。

秀鸾研究工作的特点是专深细致。她以中国近代时期的工业为研究重点。在这个课题里,时间上集中于 1890 年至 1920 年;地域上集中于湖北省。她治学严谨,引用资料慎之又慎。这里举两个例子。(1)有关书上记载的武汉地区 1896 年至 1911 年的面粉工厂均为三个,厂名也不一致。为求得真相,1959 年至 1961 年,她和武汉市粮食局的两位同志,既查报刊杂志和档案,又进行实地考察,访问知情人,终于弄清了是五个厂及其厂址、投资人、规模等实情。(2)她用十多年的时间整理张之洞的奏议,将中国第一历史档案馆、台北故宫文献编辑委员会所编的有关档案集及《张文襄公全集》、《张文襄公全集校勘记》、河北人民出版社出版的《张之洞全集》等版本逐字校勘以发现其异同,工作做得认真细致。

秀鸾治学不求量多,但求质精,论著问世每每反响甚大,名播国内外。1958 年,她的《第一次世界大战时期中国民族工业的发展》由上海人民出版社出版,很快便受到了国内外同行的瞩目。在国内,翦伯赞等史学名家先后引用,许多教授指定它为中国近代经济史、中国近代史、中共党史等专业研究生的参考书。在日本,它被研究中国近代史和中国近代经济史的学者广泛征引,也被列入学习中国近代史等专业研究生的参考书目。由美国和英国一流学者撰写的《剑桥中国史》所引用的著作皆是受到国际同行学者公认的精良之作,其中的《剑桥中华民国史》就征引了秀鸾的这本著作。在法国,白吉尔以研究中国资产阶级著称于国际学术界,她的《中国资产阶级的黄金时代 1911—1937》除直接征引了秀鸾此书中的资料外,还接受了其中的一些观点。1958 年出版的《中国近代国民经济史讲义》中有关现代工业的章节由秀鸾执笔。该书在日本被译成日文,在美国被译成英文,受到学者的好评。上面提到的这两本书,在 20 世纪 60 年代就被美国斯坦福等大学列为研究中国的重要文献。

秀鸾发表的学术论文,最早的一篇是 1951 年 3 月。自那以后,58 年来笔耕不辍,可以称得上著述如林,非篇幅有限的本书所能容纳,只有选取其中的一部分。我拟订选择原则是三条:(1)属于经济史学且具有学科知识积累意义的;(2)反映她涉足经济史学领域的几个方面;(3)已经问世的。在这方面,最后的一篇算是例外。这是因为它完成于今年年初,有待发表;又是她古籍整理工作这个领域的代表作。

选入的文章一律保持原状。

秀鸾踏进经济史学这块领地已逾半个世纪,退出工作岗位也已十余年,然而老而弥笃,耄耋之龄依然孜孜不倦,新的成果迭见,这真是:人长寿,学术之树长青。

赵德馨

2008 年 5 月 8 日

原载《周秀鸾经济史学论文选》,中国财政经济出版社 2008 年版。

《周秀鸾经济史学论文选》编后记

在选编这本论文集过程中引起我许多回忆。

1953 年,我跟秀鸾同时进入中国人民大学经济史研究生班,成为同一个专业的同学。1956 年我们喜结连理,这以后长期在同一所学校同一教研室工作。这几个"同"使我们的关系非同一般。在生活上,她是我的照顾者,使我不为家事操心,能集中精力和时间做点学问。在事业上,我们是合作者,我们在经济史学这块学术园地并肩耕耘五十多年。凡我主持的项目,只要是她研究范围内的,她都参与。我主编《中国经济史辞典》,她和虞锋任副主编。我主编《中国近代国民经济史教程》,她任统编。我主编《中华人民共和国经济史》四卷本,她任第一卷副主编。我任《湖北省志·经济综述》的责任副总纂,她任该书副主编。我主编九卷本《湖北省志·工业志稿》,她是审稿人。我主持的《中国近代国民经济史讲义》和《近代中西关系与中国社会》两书,皆四人合作,她都是第一主力。我们两人还合作写过《社会科学研究工作程序与规范》和十余篇论文。我写的文章,首先送给她看。她认为没有新意的,便会劝说"放一放,以后再说"。若是有点新意,便建议改一改,并提出修正意见。若认为可以拿出去发表或出版,便动手改文字,查对引文与资料。她自称是我论著的第一读者。在我看来,她这个"第一读者"实际上是个编辑加审稿人。在教学方面,作为经济史教学组织的负责人,我一有困难,首先想到的是请她给予帮助。我和她本来都是研究中国经济史的,1960 年学校设置了经济学专业,需要开设外国经济史课程,请她承担,她二话不说,立即备课,且效果优良。学校招了中国经济史专业研究生后,前后设置七门经济史专业课,她一人承担了四门。

半个世纪的风雨,从青春到白头,无论失意与得意,秀鸾始终在我的左右,分享我的快乐,包容我的不足,支持我、帮助我,得妻如此,何其幸也! 而今秀鸾已八十高龄,我恳求上苍,愿她健康长寿!

赵德馨
2008 年 5 月 10 日

原载《周秀鸾经济史学论文选》,中国财政经济出版社 2008 年版。

湖北省中国经济史研究会成立大会开幕词

（一九八四年十二月二十三日）

筹备小组要我向同志们报告筹备的经过及有关学会成立的几个问题。

一、成立中国经济史研究会的客观要求与筹备工作

中国经济史是一门年青的、正在建设中的学科。它在最近几年得到了长足的发展。

十一届三中全会以后，党的工作重心转到经济建设上来。全国人民的中心任务是要建设具有中国特色的社会主义。为此，必须认识中国的国情。要深刻地认清中国的国情，特别是要从动态中认清中国经济发展的规律，就不能不研究中国经济发展史。中国经济的发展推动着中国经济史学科的发展。两个文明的建设需要经济史学科的建设。四化的进程召唤着人们对经济进程的研究，同时也就呼唤着中国经济史研究会的诞生。中国社会科学院成立时，胡乔木同志在讲话中，特别提到了经济史学科，论述了加强经济史学科研究的重要性。全国经团联会议确认：经济史学是经济科学的基础科学。经济科学要发展，需要加强经济史学的研究。中国社会科学院和许多省市社会科学院的经济研究所相继加强或成立经济史研究室。湖北省社会科学院亦已成立了经济史研究室。经济工作部门在实践中感到有研究经济史的必要。它们或成立编史的委员会、办公室、研究组，或通过有关学会进行研究活动。其研究的课题，有的是属于中国现代经济史的范围，有的属于中国近现代经济史的范围，有的包括古代、近代、现代。国家计委的一些同志，潜心研究中华人民共和国经济史，编出了《中华人民共和国经济史大事记》，写出了《中国社会主义经济简史》。交通部成立编史委员会，研究自古以来的内河交通、海上交通、陆上交

通与港口的历史以及近代开始的铁路、公路、航空的历史。财政部通过财政研究所与中国财政史学会，编辑从先秦到近代的财政史料、工商税制史料、革命根据地财政经济史料(或长编)，编写中国财政史等著作。历史学家也认识到，要真正贯彻历史唯物主义的指导思想，历史学前进的突破口在经济史。中国社会科学院和一些省市社会科学院中国历史研究所，中国近代史研究所(室)，先后成立经济史研究室(组)。加强经济史的研究已经列入经济科学和历史科学的发展规划之中。各综合性大学和财经学院的经济系，中央广播电视大学经济班和北京市自修大学经济专业，全国仅有的两个党史专业(中国人民大学的与湘潭大学的)，许多综合大学、几个师范大学(学院)的历史系、政教系都开设了中国经济史课程。农学院开设中国农业经济史与中国农业技术史。水利电力学院开设中国水利史课程。至于各类财经学院的各财经专业，或开设中国经济史课，或开设部门经济史(工业史、农业史、金融史、财政史、商业史、对外贸易史……)课程、专业经济史(货币史、会计史、统计史)课程。全国各省市县开展修志工作。现在的志书，重点在经济。它为经济史学科的发展准备了良好的基础，是中国近、现代经济史研究工作中一个极为重要的部分。中国经济史教学与修志工作的开展，深感经济史人才奇缺。中央广播电视大学经济系学习中国近代经济史课程时，湖北省900多个班中，90%以上未能找到辅导教师，是各门课程中辅导教师最缺的一门。于此可见一斑。为了解决中国经济史人才奇缺的问题，各院校与研究单位每年招收的经济史专业研究生已在百人以上。有的学校正在准备恢复或新建中国经济史专业。有的省委如福建省委支持厦门大学办起了经济史专门刊物。中国经济史学科从未受到过现在这样的重视，也从未有过今天这般的繁荣。

最近几年，由于客观上对经济史提出的要求更多更高了，研究经济史的人数大增，研究的面更广，任务更重了，需要互相支持，共同切磋，集中力量研究学科建设上迫切需要解决的问题。组织起来很有必要。东北三省、四川等省先行了一步。其他省市和全国的经济史学会正在酝酿成立。在他们的推动下，我省从事中国经济史的一些同志认为，为了推动湖北地区这门学科的发展，也应该成立湖北省中国经济史研究会。这个意见，得到省委宣传部领导同志的重视和支持，省社联于今年七月二十日以鄂社联文〈1984〉33号文件批准成立湖北省中国经济史研究会，为省一级学会。湖北省社联、湖北省社会科学院密加凡等院长、主席，省社会科学院顾问、研究员朱剑农，华中工学院经济研究所所长张培刚教授,中国近代经济史资料丛书编委会主任、华中师范学院院长章开源教授等都热情支持。这使我们受到鼓舞。九月十二日,召开了筹备会议。朱剑农教授、彭雨新教授、尹进教授、吕调阳教授、黄希源教授等老一辈经济史专家出席,同志们就学会的成立及成立之后如何开展工作,发表了很好的意见。会上推举了赵德馨、虞锋、代鲁、任平、程冠年、曹新阳等同志组成筹备小组,负责具体的筹备工作。筹备小组在十一月、十二月先后开过三次工作会议,顺利地完成了有关的各项准备工作。

二、新中国成立以来湖北地区经济史学科研究队伍的形成与研究成果累累,为中国经济史研究会的成立准备了条件

为了研究今后应做和能做些什么工作,有必要回顾湖北地区在经济史学科方面已经做了些什么事情,看看我们的队伍、力量与继续前进的基础。

新中国成立以来,湖北地区在经济史学科方面取得的成就是很大的,可以说得上硕果累累。由于我孤陋寡闻,对许多成果尚不知道。仅就平日接触到的,略举数例。这必有重大遗漏。请同志们补充并海涵曲宥。

(一)在国民经济史方面。古代的,有武汉大学李剑农教授著、彭雨新教授补充整理的《先秦两汉经济史稿》《魏晋南北朝隋唐经济史稿》《宋元明经济史稿》。它们是一套自成体系、史料翔实的著作。长期以来未有代替者。近代的,有彭雨新教授与湖北财经学院赵德馨教授、周秀鸾副教授等编写的《中国近代国民经济史讲义》,从清代前期写到中华人民共和国成立。此书是由高等教育部选择、高等教育出版社出版的第一本经济史教材。日本有日文全译本。美国有英文节译本。由朱剑农研究员主编的《中国经济史辞典》,即将完成。现代的,湖北财经学院在五十年代末至六十年代初,曾开设了中华人民共和国经济史(中国现代经济史)课程,编写了讲义和教学大纲。这在全国是最早的。后因故中断。十一届三中全会后,该院又将中华人民共和国经济史课题列为重点科研项目,组织了由十三位正、副教授和十五位讲师组成的课题组,研究工作正在进行之中。

(二)在部门经济史方面。武汉水利电力学院水利系研究室王规凯等同志编写了《中国水利史稿》三卷。第一卷已出版。日本有日文版。《中国近代农业经济史》一书由湖北财经学院黄希源教授任副主编、华中农学院彭传彪讲

师参加统编。武汉大学杨端六教授编《清代货币金融史稿》、彭雨新教授著《清代关税制度》。湖北财经学院张郁兰讲师著《中国银行业发展史》、周秀鸾副教授著《第一次世界大战时期中国民族工业的发展》等，均是五十年代出版的有一定影响的著作。湖北财经学院吕调阳教授、蔡次薛教授编辑的《三国两晋南北朝财政史料》《隋唐五代财政史资料》，武汉大学彭雨新教授领导的清代经济史研究室正在编辑的《清代财政史资料》即将出版。湖北财经学院刘叔鹤教授发表了研究中国统计史的论文多篇。该院郭道扬副教授著的《中国会计史稿（上册）》的出版，因填补了一门专史的空白，受到联合国教科文组织的重视。华中师范学院章开源教授和刘望龄副教授领导的对清末商会的研究，在全国独树一帜。

（三）在地区经济史方面。武汉市工商行政管理局与省市政协、省市民主建国会、省市工商联和几所院校，在搜集整理武汉地区资本主义工商业行业史、企业史、资本家集团史资料方面做了大量的工作。在五十年代后期整理的一批行业史中，有的质量甚高，当时已达到出版水平并列入出版计划，后因故未能实现。但其资料和论点，二十年来不断地被各种论著引用。它们至今仍有出版价值。湖北商业学校曾兆祥主任任主编、湖北财经学院余鑫炎讲师任副主编的《湖北近代经济贸易史料选编》第一辑，受到同行的称赞。最近几年来，地区经济史的研究有长足的进步。古代的如楚国经济史，以《江汉论坛》《江汉考古》及高等学院学报为主要基地，发表了许多极具特色、深入扎实的论文。近代的，如由武汉大学、湖北财经学院等单位合作编辑的鄂豫皖、湘鄂西、湘鄂赣等革命根据地财政经济史料。现代的，已出版了多种叙述湖北经济发展过程与成就的资料与书籍。在地区经济史方面，特别使人高兴的是湖北省志和武汉市志的编修工作进展迅速，处在全国的前列。它们收集的有关经济史的资料，在两亿字以上，并准备用电脑储存。

（四）在企业经济史方面。五十年代后期至六十年代前期，曾编写了一大批工厂、商店、公司、银行、洋行等多种企业史初稿与资料。最近几年，企业史得到重视。武钢、二汽、鄂钢等大中型企业成立了厂史志办公室。武钢厂史等已经印行。民族学院朱秀武副教授与赵李桥茶厂编著的《洞茶今昔》、武汉大学经济系师生与应城石膏厂编著的《应城膏矿史话》，先后出版。武汉大学尹进教授、代鲁副教授主编的《旧中国汉冶萍公司与日本关系史料选辑》已经出版。吴纪先教授等人著《汉冶萍公司史》即将出版。长江航运公司史总编室黄振亚主任、曹新阳副主任、江天风主笔等与武汉大学代鲁副教授等共同编辑的《民生轮船公司史料》，卷帙浩繁，进展迅速。武汉市工商行政管理局陈林同志，武汉市经济研究所雷麟生同志，湖北省社会科学院经济研究所虞锋同志，武汉水利电力学院副教授李绍清、刘德玉，华中农学院朱文忠等同志编辑的《裕大华纺织资本集团史料》，即将由湖北人民出版社出版。以上叙述的，当然是很不全面的。但已经看出，湖北地区在经济史学科的研究方面是相当全面的，队伍的力量是比较强的，基础是比较好的。这使我们满怀信心，今后能以更大的步伐继续前进。

三、对研究会开展工作的几点建议

参加中国经济史研究会的同志，有的在党政部门，有的在企业，有的在研究单位，有的在高等学校，各人工作岗位不同，任务不同，兴趣不同，颇难完全统一在一个或几个课题的范围之内开展研究。我们的工作又都属于中国经济史学科领域之内，我们又都在湖北当地工作，这使我们可以结合在一起。根据这种情况，研究会成立以后，可以和应该做些什么工作？现将我们的几点意见说一说，请诸位讨论。

（一）研究经济史学科怎样为两个文明建设服务，共同提高认识，并作宣传工作。我们要十分明确，研究经济史的目的是为现实与未来服务。由于中国经济史尚处于建设阶段，特别是中华人民共和国经济史属于新兴学科，为达到上述目的，在选题和研究方法等方面，有许多问题需要讨论，同时，还要做大量的宣传工作。一是宣传中国经济史学科的内容，发挥这门学科在两个文明建设中应起的作用，使更多的人了解它。一是宣传建设这门学科的意义，使更多的人自愿参加到我们的行列中来，使各级领导和周围的同志支持我们的工作。这种宣传工作既要说明学科的现实意义与理论意义，又要结合每一个选题说明该选题的现实意义与理论意义。后者是更具体，更有说服力的。财院的同志在选了新中国经济史以后，为了说明选题的意义，做点宣传工作，写了《大力开展对新中国经济史的研究是时代的要求》一文。现呈诸位。此文立意浅薄，请多指教。通过写这么一篇小文章，深感要结合具体选题说明其现实意义与理论意义，亦非易事。根据客观的需要，也可以独立举办或协助有关单位举办经济史讲习班或讲座。湖北人民出版社、《江汉论坛》及湖北武汉的许多刊物、学报，在宣传、出版和发表经济史论著方面，做了大量工作。我们对此表示感谢，并希望今后能得到他们更多的支持。

（二）发展会员，扩大研究队伍。我们的队伍与客观上对这门学科的要求、以及将要负担的任务是不相适应的。前述广播电视大学经济系即是一例。又如，想将"湖北资本主义工商业""湖北现代经济史"等课题列入省社会科学"七五"规划之中，却深感力量不足。但是，我们的队伍还是可以不断扩大的。我们不仅可以吸收从事国民经济史、部门经济史、企业史、省市经济史类史志的科研、教学、编辑人员、研究生参加，还可以吸收从事通史、党史、政治经济学诸学科中，以及各出版社、各报刊编辑部、档案馆、博物馆、图书馆热心研究经济史课题的同志参加。有许多离休退休的同志，做了多年的经济工作，有切身经验教训，有的还占有丰富的第一手资料。如果他们对编写行业史、企业史、地方经济史等感兴趣，身体好，有时间，我们热烈欢迎他们参加我们这个学术团体，一起研究些问题。在近现代经济史中，农村经济史方面的典型史（如村史、家族史、乡史、社史）最缺乏。如果有熟悉农村且愿投身于写上述各种史的中学教师参加我们的队伍，则是莫大的好事。

（三）交流学术信息、资料、研究心得和研究方法。中国经济史是一门正在建设中的学科。学科建设所必需的最基础的工作尚未完成。例如，要查找有关资料、论文、书目，尚无一本较完整的索引可以利用，工作起来费力耗时，极不方便。这类基础工作需要我们合力完成。大家研究的课题有的相同，有的相邻近，即或不相同，因都属于经济史学科，也可以互相补充，互相启发。希望能每年或每两年举行一次年会，比较全面地交流会员的研究成果。同时，可以在自愿的原则下，围绕几个共同感兴趣的课题（如："历史上改革经济体制与管理体制的经验教训""湖北城镇史""湖北现代经济史""对张之洞经济活动的评价"，等等），分工合作，做些研究工作，不定期举行小型的、灵活多样的专题学术讨论会。这些讨论会，也可以与其他学会（如经济学会、历史学会、地方志协会、财政史学会……）联合举办。时间在流逝。今天不断地转化为昨天。经济史的研究能踏着历史的脚步前进，紧紧地追随着今天，它的现实意义就更大。中国经济史的古代部分、近代部分和现代部分，都很薄弱，均需研究。当然，从整体上说（即不是从个人来说），研究的重点应在近现代，特别是在现代。以"历史上的经济体制与管理体制改革的经济教训"为例，古代的几次改革（管仲的改革、商鞅的改革、王安石的改革等），近代的几次改革，以及具体的由官办工厂到官督商办或商办的改革,私人企业内部的改革,新中国成立后几次改革,这些改革的经验教训,都值得研究。最后一项当然最有借鉴意义,是应着重研究的。在近代方面,代鲁同志提出了十三个课题。这些课题提得很好,专页印发诸位,供选题时参考。现代方面,各种经济过程均可作选题。其中有关经济体制几次改革的历史经验、城镇经济的变化过程、农业所有制与生产力等课题,尤具迫切意义。

为了交流学术信息,需要有个通讯刊物。可以先办内部的、不定期的、小型的。将来可以请求湖北省委和省政府,像福建省委和省政府那样,支持经济史工作者办一个经济史专业刊物。

在学会成立之初,提出建立良好会风,或许是必要的。学会要办好,就要实事求是,讲求效率,注意严谨,忠诚合作,互相学习,重承诺,不务虚名,尊重别人劳动成果,也不封锁资料与研究成果。如果我们学会的学风好,大家能从学会活动中得到启发,我们的学风就会成为湖北地区热心于经济史的同志们之家,她将是有生命力的。

我们筹备组的工作到此结束,今后的组织工作将由研究会的理事会承担。以上意见仅供参考。

谢谢大家对我们工作的支持。

此文为未刊稿。

求新之路

——《中国经济史研究》31 年历程浅析

作为忠实的读者与投稿人,我们对《中国经济史研究》以求新为追求目标的艰辛探索的 31 年历程印象深刻。下面是我们的一些读后感受。

一、追求"四新",办刊宗旨明确

《中国经济史研究》在其《发刊词》中明确提出,"我们希望本刊发表的著作,或者是提出了新的问题,或者是阐述了新的观点,或者是运用了新的方法,或者是发掘了新的资料,当然都应当具有一定的史实根据和理论深度"。[①]《中国经济史研究》在办刊实践中始终坚持"四新"目标,倡导学界形成严谨的学风。现就《中国经济史研究》在推动学界"提出新问题、阐述新观点、发掘新资料"三方面的努力与贡献,予以举例说明。关于推动经济史学界"运用新方法"的努力,则在下文中专门论述。

第一,提出新问题。在不同历史时期,《中国经济史研究》所刊文章,都提出了经济史学研究领域的新问题。有的是关于研究方法层面的探讨,有的是与现实密切相关的国情问题,有的是需要结合经济学进一步分析的理论范式,它们大都属于中国经济史研究的前沿问题。如 20 世纪 80 年代关于中国近代经济史主线问题,土地改革后两极分化问题,1949 年以后的通货膨胀问题和剪刀差问题;20 世纪 90 年代关于人均国民收入差距问题;21 世纪以来关于历史上各个时期 GDP 核算等问题,都先于其他学术期刊。在当时,这些问题既新颖,又尖锐,引起学界热烈的讨论。这既体现了《中国经济史研究》的学术勇

[①]《发刊词》,《中国经济史研究》1986 年第 1 期。

气，又突显了它引领学科发展的责任与担当。

《中国经济史研究》不仅通过所刊文章提出新问题，还通过以下两种形式组织对新问题的讨论，深化相关领域问题的研究。

1. 就新问题组织笔谈。如何把握中国近代经济史的中心线索问题，不但关系到对中国近代经济史的总体认识，而且事关对社会主义现代化建设国情的认识，有着重大的理论和现实意义。1989 年第 3 期组织了 13 篇文章深入探讨"关于中国近代经济史的中心线索"问题。类似的笔谈还有 1989 年第 4 期组织了 3 篇文章论析"中国的封建经济制度本质"；1996 年第 1 期组织了 15 篇文章讨论专业刊物"如何为经济实践服务，如何办出理论特色"；2003 年第 1、2、3 期组织了 12 篇关于"传统经济的评价"的文章——虽然传统经济的评价是个老问题，但《中国经济史研究》提出了"在西方资本主义进入中国之前，中国的传统经济究竟是不断发展，还是处于停滞的状态？"这个讨论的新角度。

2. 就新问题组织专题学术研讨会。自 1993 年开始，《中国经济史研究》编辑部选择一些当前经济史研究中的新问题，召开一系列小型专题研讨会。1997 年起，将这种会议称之为"中国经济史论坛"。"论坛"的特点，一是议题新，如中国传统农业与小农经济，商品经济与传统市场，中国封建地主制经济，经济史学的理论和方法等；二是参加者是对议题感兴趣、有研究的人；三是规模小，会前准备比较充分，会间非常认真和投入，讨论的学术含量比较高。自 2002 年 7 月，《中国经济史研究》编辑部在"国学网"特别设置"经济史论坛"栏目。这个"论坛"是经济史研究者和爱好者的共同园地，它是开放性的，讨论式的。"论坛"起到了拓展与深化学科研究领域、发掘学科增长点的积极作用。

第二，阐述新观点。《中国经济史研究》坚持不刊发没有新观点的文章。新观点包括对具体史实的新结论，从具体事件中抽象出来的新观点和新的理论范畴。新观点最易引起争论。《中国经济史研究》自觉成为讨论新观点的平台。它在《发刊词》提出，"欢迎大家就不同的学术观点进行率直的讨论，对学术著作进行认真的评介"。《中国经济史研究》通过开办"论著评介""问题讨论""读者·作者·编者""学术争鸣""争鸣"等专栏,发表商榷类论文多篇①,体现了《中国经济史研究》对阐述新观点的鼓励与包容。严中平与汪敬虞两位老先生在《中国经济史研究》1990 年第 4 期发表的《关于中国近代经济史中心线索问题的通讯》,是老一辈经济史学家之间的一场严肃而深刻的学术对话。曹幸穗和姚洋在《中国经济史研究》1998 年第 4 期围绕《旧中国苏南农家经济研究》一文展开的对话,是中年学者之间进行的学术批评与答辩。杨勇和马俊亚在《中国经济史研究》2004 年第 3 期围绕理论分析基本范式相互间进行学术质疑与批判,是青年才俊之间的学术讨论。以上三例是老中青三代人真诚对待学术新观点的真实写照。正如曹幸穗在《学术呼唤批评——兼答姚洋对〈旧中国苏南农家经济研究〉的批评》一文中指出:"我与姚洋同志素昧平生,今天的纸笔之交全是凭藉志同道合的学术缘分。""这篇书评中所洋溢的直率和坦诚,所体现的学术至上的精神,使人感受到一种无形的凝重。"②《中国经济史研究》鼓励发表新观点,在争鸣中淡化政治色彩,拒绝人身攻击,不打棍子,不扣帽子,也不迷信权威,回归学术命题,与 20 世纪 20 年代以后中国经济史学史上的几次学术争论相比,这是一个很大的进步。

    第三,发掘新资料。长期以来,资料的缺乏制约了中国经济史学的发展。

---

①韩志宇:《也谈对"平分土地"作具体的历史的分析——和清庆瑞、黄文真同志商榷》,《中国经济史研究》1986 年第 3 期;史志宏:《关于"清代经济运作的特点"的思考——与陈春声、刘志伟同志商榷》,《中国经济史研究》1991 年第 2 期;俞恺:《恢复时期我国外贸政策未曾变为"大进大出"——对一条史据的查证》,《中国经济史研究》1991 年第 2 期;孙玉琴:《关于明代"倭寇"与中国资本主义萌芽的一些问题——与唐力行同志商榷》,《中国经济史研究》1991 年第 3 期;刘秋根:《关于汉代高利贷的几个问题——与秦晖同志商榷》,《中国经济史研究》1991 年第 4 期;陈尚胜:《也论清前期的海外贸易——与黄启臣先生商榷》,《中国经济史研究》1993 年第 4 期;李华瑞:《关于宋代酒课的几个问题——与杨师群同志商榷》,《中国经济史研究》1994 年第 2 期;杨师群:《宋代酒课几个问题的再商榷——答李华瑞同志》,《中国经济史研究》1994 年第 2 期;李裕民:《〈宋代经济史〉质疑》,《中国经济史研究》1996 年第 1 期;姜锡东、李华瑞、游彪:《对〈宋代经济史〉质疑一文的驳议》,《中国经济史研究》1996 年第 4 期、1997 年第 1 期;彭厚文:《旧中国证券市场若干问题的订正与商榷》,《中国经济史研究》1997 年第 3 期;郑起东:《近代华北的农业发展和农民生活》,《中国经济史研究》2000 年第 1 期;刘克祥:《对〈近代华北的农业发展和农民生活〉一文的质疑与辨误》,《中国经济史研究》2000 年第 3 期;郑起东:《再论近代华北的农业发展和农民生活——兼与刘克祥先生商榷》,《中国经济史研究》2001 年第 1 期;刘克祥:《〈再论近代华北的农业发展和农民生活〉驳析》,《中国经济史研究》2003 年第 1 期;经君健:《关于明清法典中"雇工人"律例的一些问题(上)——答罗仑先生等》,《中国经济史研究》2007 年第 4 期;杜恂诚:《"黄宗羲定律"是否能够成立?》,《中国经济史研究》2009 年第 1 期;吴秉坤:《清至民国徽州田宅典当契约探析——兼与郑力民先生商榷》,《中国经济史研究》2009 年第 1 期;等等。

    ②曹幸穗:《学术呼唤批评——兼答姚洋对〈旧中国苏南农家经济研究〉的批评》,《中国经济史研究》1998 年第 4 期。

《中国经济史研究》重视新史料的发掘,并把它作为重要的学术评价标准。例如,1986 年第 4 期刊发的章有义《徽州江姓〈新置田产各据正簿〉辑要》,正如文中所述:"本簿不同于一般常见的置产簿,它不仅包括各号田地的买卖契据,而且记录了所有其他有关文契和批注⋯⋯比较集中地反映了十九世纪中叶徽州土地制度的各个方面,包括地产转移方式、地权形态和租佃制度。"①1987 年第 1 期发的谢重光的《麴氏高昌寺院经济试探》一文,以吐鲁番墓葬文书中发掘的资料为主,结合传世文献和金石资料中的有关记载,对麴氏高昌寺院经济作初步探讨,做到了史实根据和理论分析的深度结合。1987 年第 2 期刊载章有义的《近代徽州租佃关系的一个案例研究——歙县汪光裕会租簿剖析》,依据的是汪光裕会租簿,为考察徽州地区租佃关系提供了新史料。1987 年第 4 期刊发的每一篇论文,几乎都有新发掘的资料作为分析的史实根据。② 鼓励发现和使用新资料成了《中国经济史研究》的特色之一。

二、以马克思主义作为创新的指导思想

《中国经济史研究》在《发刊词》中宣示它是"以马克思主义为指导的刊物"。"马克思主义要求我们把握生产力和生产关系、经济基础和上层建筑相互间的辩证关系以观察历史;又要求具体地分析具体问题,实事求是"。"本刊将要发表通过历史上的生产力和生产关系、经济基础和上层建筑间互相作用的具体发展过程的分析,探索中国社会的阶段性特点及其发展规律的研究成果"。③

经济史学的创新,必须以马克思主义为指导,才会沿着正确的道路前进。这已被中国经济史学史的实践所证实。早在 20 世纪 20 年代至 30 年代的社会史论战中,部分学者尝试着运用马克思主义理论解释中国的经济历史,马克思主义话语体系下的经济史学研究成果纷纷问世,促进了中国经济史学科的诞生。新中国成立后,和其他社会科学工作者一样,中国经济史学界掀起了学

---

①章有义:《徽州江姓〈新置田产各据正簿〉辑要》,《中国经济史研究》1986 年第 4 期。
②如卜国群的《试析明代苏松地区的田赋量》、彭泽益的《清前期农副纺织手工业》、樊树志的《苏松棉布业市镇的盛衰》、张国辉的《清代前期的钱庄和票号》、朱勇的《论清代江南宗族法的经济职能》、汪敬虞的《立德和川江的开放》、林金枝的《论近代华侨在厦门的投资及其作用》、彭家礼的《十九世纪七十年代后中国劳力资源外流和"猪仔"贩卖的高潮》等文。
③《发刊词》,《中国经济史研究》1986 年第 1 期。

习马克思主义的热潮。20 世纪 50 年代,历史学界"五朵金花"①的学术大讨论,几乎每一个问题都涉及经济史命题。有论者指出:"中国的大部分史学家们纷纷浸淫于'五朵金花'及其相关命题的研究,这就不能不使得这些命题的研究深度,得到空前的发掘,从而形成这个时期中国史学成就的一个显著特色,尤其是中国古代生产关系史、农村社会经济史、商品经济史的研究,为后人的学术进步打下了坚实的基础。"②在马克思主义的指导下,中国经济史学迎来了"文革"前十七年的转型与初步繁荣。中国经济史学形成和发展的实践证明,只有毫不动摇地坚持以马克思主义为指导,才能推动中国经济史学健康发展。从中国经济史学发展历史考察,马克思主义成为经济史学研究的指导思想是历史地形成的。《中国经济史研究》以马克思主义为指导理论是对中国经济史学优良传统的继承。

《中国经济史研究》刊发的文章,大都使用马克思主义经济学理论范畴。如关于中国封建社会经济结构、中国资本主义萌芽、土地制度、商品经济、自然经济、小农经济、经济增长方式等问题的探讨。在论述上,大都坚持马克思主义的学术立场,使用社会经济形态、生产力与生产关系、经济基础与上层建筑等马克思主义唯物史观的话语。通过史实的研究和叙述,揭示生产关系(包括基本经济制度和作为其实现形式或经济运行机制的经济体制)和生产力变化发展的历史过程及其规律。

十一届三中全会以后,在解放思想、实事求是思想路线的指引下,经济史学界打破了很多禁区,一些学者开始引进西方的经济史理论与研究方法。同社会科学其他领域一样,改革开放打破了国内社会科学僵化封闭的研究环境,摆脱了教条主义的束缚和困扰,同时也出现淡化,甚至否定马克思主义指导地位的苗头。《中国经济史研究》坚持以马克思主义为指导的立场遇到了挑战。如何正确对待坚持马克思主义的指导地位与借鉴西方社会科学研究方法二者之间的关系,成为国内经济史学界关心的重要问题。赵德馨在 1987 年出版的《社会科学研究工作程序》一书中提出,社会科学的理论和方法包括多个层次,"只要我们坚持辩证唯物主义和历史唯物主义这个最高层次,便可以大胆地借

---

①20 世纪 50 年代,学界围绕"古史分期、封建土地所有制形式、资本主义萌芽、汉民族的形成、农民战争"等题展开学术大讨论。

②陈支平:《20 世纪中国历史学的三大情结》,《厦门大学学报(哲学社会科学版)》2001 年第 4 期。

鉴外国社会科学家使用的通用方法和具体方法,对它们作出马克思主义的说明和改造,把它们吸收到马克思主义的研究方法的系统之中,使我们的研究方法成为开放型的、不断发展的、最为丰富也最先进的研究方法"①。他的这种处理坚持马克思主义和借鉴其他西方社会科学具体研究方法关系的主张,得到了时任《中国经济史研究》主编魏金玉研究员的赞赏。1988 年 8 月在中山大学纪念梁方仲诞辰八十周年学术讨论会期间,他们就这个问题当面深入地交换过意见。

《中国经济史研究》1990 年第 1 期发表《坚持和发展马克思主义,推进经济史研究》评论员文章,及时地阐述自己的主张:"作为科学的世界观和方法论,马克思主义本质上是发展的,生机勃勃的,永远前进的。马克思主义没有结束真理,而是在实践中不断开辟认识真理的道路。在经济史研究中,我们应当学习马克思主义、运用马克思主义,同时也发展马克思主义。""在介绍和学习外国经济史方法和理论方面,现在不是开放得过头,而是开放得不够,我们需要的是前进,而不是后退";"改革开放以来西方史学理论和经济理论的传进,不但活跃了我们的思想,也将成为马克思主义发展的条件和契机。因为其中一切有科学价值的东西,都可以丰富我们的研究,并为马克思主义的发展提供养料"。② 此后,《中国经济史研究》继续刊载大量具有鲜明马克思主义特色的研究成果。如:1990 年第 1 期吴太昌的《略论中国封建社会经济结构对资本主义发展的影响》一文,从理论分析范式到具体术语运用都具有鲜明的马克思主义特色;1991 年第 3 期戴银秀的《1952—1984 年中国农业生产领域个人收入分配方式的历史变革》一文,则创造性地运用了马克思主义再生产理论与按劳分配理论;1991 年第 4 期龚建文的《1950 年市场疲软的历史回顾与思考》一文,不仅运用了马克思理论分析范式,而且在资本估值、产业资本估值、工农业总产值估计、交通运输业总产值估计等国民经济指标的统计分析中大量使用马克思主义政治经济学的具体术语或范畴;1994 年第 2 期苏少之与赵德馨的《毛泽东的新民主主义经济学说的理论地位》一文,从"新的政治经济学"和"独特社会发展阶段论"两方面论述了毛泽东的新民主主义经济学的理论地位;1997 年第 3 期侯建新的《明清农业雇佣经济为何难以发展——兼与英国封建晚期

①赵德馨、周秀鸾:《社会科学研究工作程序》,中国财政经济出版社 1987 年版,第 82 页。
②《坚持和发展马克思主义,推进经济史研究》,《中国经济史研究》1990 年第 1 期。

农业雇佣劳动比较》一文,则运用马克思主义的资本主义农场、雇佣劳动等范式分析了中英农业雇佣劳动不同的发展前景,对当时中国正在改革中的农业生产组织也具有启示意义;2008年第1期李方祥的《"五反"运动后国家对劳资关系调整的经济史分析》一文,从历史视角为构建社会主义市场经济和谐劳资关系寻找经验与理论。除了这些论文,从1991年至今,吴承明、李文治、汪敬虞、方行、魏金玉、经君健、江太新、李根蟠、董志凯、汪海波等人在《中国经济史研究》上的文章,都旗帜鲜明地表明坚持马克思主义指导地位的学术立场。

三、紧跟时代步伐,鼓励使用新方法

《中国经济史研究》编辑部积极介绍国外经济史学界有关方法论层面的最新进展与理论成果,在引进新方法、运用新理论方面,做了许多有益的探索。

在研究方法层面。1989年,段宾在《新中国经济史的宏观数量分析》一文中,试图建立一个关于中国国民经济运行的宏观数量模型,以已有的历年国民经济统计数据为基础,对新中国30多年来宏观经济的动态变化及其特征建立数量模型进行分析。该文是新中国成立以来国内学者发表的第一篇运用西方经济学原理分析共和国经济的计量经济史学论文,难免略显稚嫩,但《中国经济史研究》还是在第3期予以刊发。1992年第2期瞿宁武的《计量经济史学评介》一文,对计量经济学的缘起、发展、过程及内容、理论基础等方面作了简要介绍,并对国内经济史学界如何消化吸收作了积极探索与思考。此后,《中国经济史研究》创办了"中国经济史中GDP估算研究笔谈"与"计量经济史研究"两个专栏,发表计量经济史论文27篇。其中,有对计量经济史相关理论的评介,也有对估算中国历史上GDP方法的反思;有对中国近代经济长时段的考察,也有对新中国成立以来宏观经济的数量分析;有对货币与金融问题的专题研究,也有微观的个案考察。通过创建计量经济史专栏,评价计量经济史理论,刊发相关的专题论文等方式,《中国经济史研究》对学界引进与运用计量史学理论与方法有促进之功。2000年第3期刘佛丁的《齐波拉经济史学思想述评》一文,则推动了中外经济史学工作者的学术交流。2002年第3期韩毅的《西方制度经济史学的历史演进:评价与思考》一文,对西方制度经济史学的产生与发展做了历史的回顾与总结,并对我国经济史研究的借鉴意义进行了分析和评价。这些新方法、新理论的介绍和引进,成为丰富马克思主义理论的养料。

在理论范式层面。1988 年第 2 期,《中国经济史研究》登载罗仑的《关于清代以来冀—鲁西北地区的农村经济演变型式问题——与〈华北的小农经济与社会变迁〉一书的作者黄宗智教授[美国]商榷》。1991 年第 3 期登载黄宗智的《略论农村社会经济史研究方法:以长江三角洲和华北平原为例》。1993 年第 1 期登载千里的《"过密型增长"理论——江南社会经济史研究的一把钥匙》。1994 年第 1 期登载《黄宗智学术研究座谈会简述》。2003 年第 2 期登载张家炎的《如何理解 18 世纪江南农村:理论与实践——黄宗智内卷论与彭慕兰分岔论之争述评》。这些论文探讨的焦点问题是,"前近代东西方社会究竟有什么区别,为什么在现代化进程中会出现这么大的差异? 这是他们所共同关注的问题"①。无论是早期工业化理论,还是"过密型增长"理论,都是学界试图运用"非资本主义萌芽"范式的努力与尝试,这些术语或范式在本质上与资本主义萌芽论者都有共通之处。通过这些争论,《中国经济史研究》逐渐成为不同经济史学研究理论范式交流与对话的重要平台。《中国经济史研究》坚持马克思主义指导地位的同时,敞开了包容学界新理论与新方法的胸怀。

四、帮助新学科的成长

新中国成立后,作为经济史学的一个分支学科,中国现代经济史学(1949 年以后的中国经济史)逐渐兴起。20 世纪 50 年代至 60 年代,有一些政府部门和学者从总结工作的角度,对国民经济恢复、三大改造等进行专题研究;有的高校从经济史学科建设的角度,开始将新中国经济史纳入经济史课程之内。1959 年,中南财经学院(现为中南财经政法大学)开设中国近现代经济史课程,下限讲到 1956 年。随后,由于受政治环境的影响,中国现代经济史学研究被视为学术"禁区"。1988 年 2 月 18 日,《人民日报》登载史存信《现代史难于宇宙史》一文,形象描述了从事中华人民共和国史研究的环境与困难:"距离(今)越近越难,倒是远些的好办,所以民国史已问世,而当代史未刊行。既然古代史比近现代史显得容易些,宇宙史当然更显得比人间史容易些了。"②那时的情

---

① 姜义华、武克全主编:《二十世纪中国社会科学(历史学卷)》,上海人民出版社 2005 年版,第 388 页。

② 转引自赵德馨主编《中华人民共和国经济史 1967—1984》,河南人民出版社 1989 年版,第 847 页。

况是："中国当代的事，中国人研究不得，只能由外国人去评说！"①在 1986 年之前，国内绝大多数学术期刊不登载中国现代经济史文章，更没有一家带"史"字的学术期刊，如 1954 年创刊的《历史研究》，1982 年创刊的《中国社会经济史研究》，刊发过与中华人民共和国经济史相关的论文。

《中国经济史研究》从创刊之时起，不仅登载现代经济史论文，而且将它与古代、近代并列。1986 年第 4 期梁秀峰的《我国社会主义经济建设道路上的探索和实践》刊发，鼓舞了广大现代经济史学工作者的科研热情。为了使现代经济史学研究成果能够在同行中得以及时交流和分享，1989 年第 3 期，《中国经济史研究》开辟了"当代经济史研究"专栏，正式形成"三分天下有其一"的办刊格局，改善了中国现代经济史学发展的外部环境，为中国现代经济史学科建设提供了有利的条件。

据不完全统计分析，1986 年至 2016 年，《中国经济史研究》共刊载中国现代经济史论文 270 多篇。从时间来看，涉及国民经济恢复时期、"一五"时期、"大跃进"时期、20 世纪 60 年代国民经济调整时期、三线建设时期、改革开放新时期等历史阶段；从领域来看，涉及经济建设指导思想、经济体制改革、三农问题、生态与环境、土地制度、工业经济、财政金融、国民经济宏观调控、收入分配、区域经济、对外贸易、人民生活等国民经济各个主要领域。这对于推动中国现代经济史学科成长贡献甚大。中国现代经济史学在 20 世纪 80 年代后迅速兴起和发展，和《中国经济史研究》的帮助密不可分。

五、继承传统，培育新人

在《中国经济史研究》创刊的当年，中国经济史学会召开成立大会，出席成立大会的代表 108 人，都是经济史学领域的专家学者。著名经济史学家严中平的《在中国经济史学会成立大会上的开幕词》，在《中国经济史研究》1987 年第 1 期全文刊发。此后，经济史学研究领域的绝大多数骨干力量活跃在《中国经济史研究》这个阵地上。《中国经济史研究》团结了全国各地广大经济史学工作者。

《中国经济史研究》注重传承中国经济史学界前辈学术思想。在这门学科

---

① 赵德馨主编：《中华人民共和国经济史 1967—1984》，河南人民出版社 1989 年版，第 846 页。

的发展历史进程中,出现了三代中国经济史学家群体。第一代经济史学家群体形成于 20 世纪 30 年代之后。第二代为 20 世纪 50 年代之后新中国自己培养出来的一代学术新人。第三代为改革开放浪潮中迅速成长起来的队伍。《中国经济史研究》一方面总结第一、二代人的经验与学风,使之成为学统,同时着力培育 20 世纪 80 年代之后崭露头角的新人。

在总结本专业学统方面,1989 年第 1 期开设"纪念梁方仲教授专辑",刊载了李文治、罗尔纲、彭雨新、刘志伟、陈支平等人纪念梁方仲教授八十诞辰学术讨论会论文。1992 年第 2 期,开设"纪念严中平同志逝世一周年专辑"。2012 年第 2 期,开设"纪念吴承明先生逝世一周年专辑"。2013 第 4 期,开设"纪念汪敬虞先生逝世一周年专辑"。从 1999 年第 1 期开始,创办"学人与学术""学人论学""经济史名家"等专栏,先后刊载了《从钟情农民运动到探研地主制经济——李文治教授谈他的学术道路和学术思考》《市场史、现代化和经济运行——吴承明教授访谈录》《从事中国近代经济史研究 50 年漫谈》《中国资本主义产生的内因和外因——访汪敬虞教授》《漆侠教授谈宋代经济史研究——漆侠教授访谈录》《商品经济、土地制度与中国经济发展史——李埏教授治学专访》《中国古代经济史研究百年回眸——李根蟠先生访谈记》《谈梁方仲先生的治学道路》《吕振羽对中国经济史的开拓性研究》《全汉升与中国经济史研究》《怀念学者刘潇然——写在刘潇然先生诞辰 100 周年之际》《试论陈翰笙有关中国农村研究的思想与方法》《求通——访问赵德馨先生》《梁方仲经济史学思维方式的特征》《方行先生与中国经济史研究》等文章。这些专辑与专文,形成了自觉传承学界前辈学术思想的良好学风。

一代又一代学术新人的培养和成长,是中国经济史学发展的源动力。刊物联系四方,吸引了各色人物投来各种稿件,最容易从中发现人才。把那些思维敏捷、才华横溢,或者暂时稍有些欠缺,但扶一扶就能起来的中青年学者,通过刊发其文章等方式,推荐、选拔出来,让他们显露光芒。因此,《中国经济史研究》明确宣示,"帮助和培养青年学者,是本刊的神圣职责,我们要不遗余力地为青年学者服务,为使经济史学界后继有人做出应有的贡献"[1]。《中国经济史研究》与现代经济史学队伍的成长互动,是具有说服力的例证。中国现代经济史学是 20 世纪 80 年代兴起的分支学科,人才的发现与培养尤为迫切。《中

---

[1]魏明孔:《主编寄语》,《中国经济史研究》2015 年第 1 期。

国经济史研究》坚持发表现代经济史学工作者的研究成果,使得现代经济史学研究队伍中一大批年轻人脱颖而出。2012 年 9 月 20 日,中国经济史学年会选出第六届中国现代经济史专业委员会理事会成员共 31 人,其中有 19 人在《中国经济史研究》发表了有关中国现代经济史的专题论文。排名前三的董志凯、武力、苏少之、赵凌云(苏少之和赵凌云并列第三)先后被选为主任、副主任,成长为中国现代经济史学研究领域的领军人物。董志凯在 1987 第 3 期就发表了《土地改革与我国的社会生产力——回答对我国土改的一种看法》,武力早在 1991 年第 4 期就发表了《论国民经济恢复时期的宏观计划管理》,苏少之在 1989 年第 3 期就发表了《论我国农村土地改革后的"两极分化"问题》,赵凌云在 1992 第 3 期就发表了《1957—1988 年中国经济增长格局的历史剖析》,后两篇主要内容为其硕士学位论文。发表论文数量排在第五、六位的赵学军和常明明,也已成为中国现代经济史学研究领域的骨干力量。

从 2000 年第 4 期开始,《中国经济史研究》专门开设了"青年论坛"专栏,特别注重青年中的博士生。2004 年第 1 期辛维举的《政府干预经济对我国建国初期制度变迁的作用》,2007 年第 4 期常远的《中国期货市场的发展历程与背景分析》,2010 年第 1 期林柏的《新中国第二次大规模引进技术与设备历史再考察》,2010 年第 3 期彤新春的《建国以来我国铁路建设的区域布局和空间演进特点分析》,2011 年第 2 期孙建红的《宁波民营企业制度演变的历史考察》,2011 年第 4 期刁莉、梁松、刘捷的《20 世纪 80 年代以来世界银行对华贷款及其经济社会影响》,2012 年第 1 期宋承国的《当代中国期货市场发展的特点与评价》,2012 年第 4 期王银飞的《乡镇企业的"一九八四":浙江省诸暨市店口镇小五金业研究》等中国现代经济史学论文,作者都是博士生。2011 年,《中国经济史研究》开设博士学位论文和博士后工作报告论文摘要,鼓励青年学子。"青年论坛"与论文摘要的开设,是《中国经济史研究》培育中国现代经济史学研究新生力量的又一重大举措。

进入 21 世纪第二个十年,兴起大学与学科排名之风,不少学术刊物片面追求影响因子等社会影响力评价指标,忽略了对学人发现与培养的责任。《中国经济史研究》却以团结培养学人为己任,积极尝试"种米下锅"①,以杂志为平

---

① 魏明孔:《浅论学术期刊编辑中的"五米"》,《澳门理工学报(人文社会科学版)》2017 年第 2 期。在该文中,作者论述了期刊编辑中的"五米"(等米、找米、种米、筛米、晒米)问题。

台努力发掘新的学术增长点。2014 年 10 月,在《中国经济史研究》编辑部的努力与推动下,中国社会科学院、全国博士后管理委员会、中国博士后科学基金会、北京大学经济学院社会经济史研究所、中南财经政法大学经济学院、云南大学中国经济史研究所等多家单位协作合办"首届中国经济史博士后论坛"。论坛将入选论文分作现代经济史、近代经济史及古代经济史三个单元进行讨论,每个单元在博士后报告论文后,均安排与会专家进行点评,新老专家交流互动,青年学者与知名学者互动,对于提高青年学者的研究能力,大有裨益。此后,一年一度的论坛成为齐集经济史学界青年学者的重要平台。这是一件极有长远意义的大事。

六、希望扩大新领域

学术领域的求新是无止境的。在求新之路上,《中国经济史研究》仍有广大的空间等待扩展。扩展空间,首先与对经济史学内涵的理解有关。经济史学的对象决定了这门学科的内涵是极为广阔的。从学科研究对象区分,经济史学科分为两大类。一类是以人类经济生活演变过程及其规律为研究对象的经济史学。另一类是以经济史学为研究对象的经济史学概论。经济史学(习惯上简称为"经济史")这个大类中又可区分为两个小类。一类以研究经济生活演变过程为对象,着重揭示它是怎样演变和引起这种变化的具体因素。另一类是在前一类研究成果的基础上,对经济生活演变过程进行理论的抽象,着重揭示演变的运行机制与规律。[①]

关于经济史学科的对象,过去有过讨论。在范围上,限于经济史学。对经济史学的对象,又限于生产关系,或者是生产力和生产关系的矛盾及统一。实际上,经济史学是研究人类社会经济生活演进的过程、运行机制及其规律。经济生活是社会生活的一个方面,它与社会生活的其他方面有着千丝万缕的联系。经济生活包括生产和生活两个侧面。只有既研究生产,又研究经济生活,包括人们衣食住行、生活风气的发展,经济史才是生动的、丰富的。人们读经济史著作,从中得到的如果只是生产关系、生产力状况的知识,却不知道经济生活是怎样的,不知道人们吃穿住行的状况与变化,就难免感到不满足。从再

---

① 赵德馨:《经济史学概论文稿》,经济科学出版社 2009 年版,第 68 页。

生产的过程看,生产、交换、分配、消费这四个环节也是缺一不可的。生产决定消费,生产的目的本是生活。生产决定生活,生活又反过来影响生产。① 我们期待着,对于经济史学研究对象以及经济史学科的内涵作深入的探讨,期待着更多反映普通民众经济生活方方面面的研究成果走进《中国经济史研究》的视野。

经济史学概论是经济史学科的组成部分。它的内涵包括经济史学的对象、任务、功能、理论、方法、体裁、历史等等。过去,欧美等国经济史学的专业期刊非常注重经济史是什么、经济史学的功能、经济史的研究方法等有关经济史学科基本理论问题的探讨。这推动了经济学在西方世界的兴起与发展。20世纪 30 年代,国内相关专业期刊,如《食货》,也注重对经济史学概论内容的研究,他们有的是翻译国外这方面的研究成果,有的是介绍中国学者的研究成果。我们期待,《中国经济史研究》能够传承国内外经济史学期刊的优良传统,在新时期加强对什么是经济史学,怎样研究经济史学等问题的探讨,引导学界重视学科基础理论研究,这将对学科的长远发展产生深远的影响。

经济史学的任务,一是要弄清楚与经济生活演变过程有关的事实,二是要从这些事实中抽象出理论,包括经济学理论、历史学理论、哲学理论(经济史观)、人类学理论、社会学理论、地理学(经济地理)理论等等。弄清经济史实是抽象理论的基础,理应受到重视,但如果停留在这一步,不能为理论做出贡献,给理论界的朋友提供新的东西,那么受到他们的忽视,也是理所当然的了。谈史实的多,说理论的少,是经济史学界的软肋。我们期待着,理论色彩更加浓厚的经济史研究成果走进《中国经济史研究》,能够引起经济学、历史学、社会学等各学科学人的广泛关注,能够为创建中国特色政治经济学提供历史经验和理论养分。

百尺竿头,更进一步!

此文与杨祖义合作,原载《中国经济史研究》2017 年第 6 期。

---

① 赵德馨:《经济史学概论文稿》,经济科学出版社 2009 年版,第 31 页。

第 四 部 分
中国经济通史

　　"通"中国经济史是赵德馨教授在研究生毕业时发下的宏愿,也是其毕生学术追求。在此方面,他推出了一系列重要成果。其中,他主编的《中国经济通史》被誉为"规模最大、学术分量最重""更符合太史公'通古今之变'精神""为新世纪中国经济史学界立下了一座学术丰碑""一部站在新世纪的时代梯级上的鸿篇巨制"。此外,他还主编出版中国第一部经济史类专业辞典——《中国经济史辞典》(湖北辞书出版社 1990 年版)。后者内容上起远古时代,下迄中华人民共和国成立之日,可谓"一本浓缩的中国经济通史"。近二十年来,在他主持推动下,《中国经济史辞典》增扩为上下两卷的《中国经济史大辞典》。上卷为《中国经济史辞典》的增订版,增补约 15 万字,于 2022 年由崇文书局出版。下卷承上卷,下迄 2019 年,实为一部中华人民共和国经济史辞典,也将由崇文书局出版。

中国市场经济的由来

——市场关系发展的三个阶段

摘要：本文依次考察了中国氏族社会后期以来 4000 多年市场关系的发展所经历的商品货币关系、商品经济与市场经济三个阶段，以及各个阶段中市场关系诸要素的演变过程与特征，证明它们在不断地向前发展；市场具有为自己扫除前进障碍的内在力量；市场经济向前发展是不以人的意志为转移的历史规律；中国今天的市场经济是经济运行 4000 多年的必然结局。

关键词：商品经济；市场关系；市场经济

中国市场经济的由来，可以上溯到 4000 多年以前。从其萌生到现在，经历了商品货币关系、商品经济和市场经济三个发展阶段。

一、商品货币关系阶段（远古至汉）

商品货币关系阶段经历萌生、形成、繁荣三个小阶段。

（一）不同所有者间物品交换关系的萌生（氏族社会后期；公元前 21 世纪以前）

中国人的经济生活，是在经历了漫长的无交换阶段之后，才进入有交换的阶段。交换经历了物物交换与商品交换两个时期。

在氏族社会时期，氏族公社是基本的经济组织。主要的生产资料与产品归氏族公有。氏族内部不存在物品交换行为。氏族之间出现交换，是在不同氏族均有剩余产品并且互相需要对方的剩余产品之后。因此，交换是生产力发展到一定水平的产物。最初交换的是食物、石器、祭祀用品，偶尔也有装饰品。由于氏族的游动性及交换的偶然性,这种交换没有固定场所。这是一种原始自然经济下的交换。交换过程中的规则约定俗成①。

随着交换的增多,某些氏族在游动过程中,可能充当游动地区内多个氏族之间物品交换的中介。这些氏族仍以游猎、游牧、游农为基本产业,交换中介只是"兼职"。商的祖先可能就是这样的氏族之一。

在没有交换关系时,氏族几乎是凝固的。交换带来的外在因素,是引起氏族变化的酵母,氏族经济的发展因此加快,内部的分化因此发生。

(二)市与城市的出现标志商品货币关系的形成(家族社会时期;夏、商、西周;公元前21世纪至公元前8世纪)

从夏代起,血缘关系组成的基层经济单位由氏族公社演变为家族公社。家族公社是个双层结构,它包括若干家庭。在这个双层结构中,主要生产环节由家族成员集体进行,农作物的某些管理环节以家庭为单位分块负责,主要产品归集体,由家族主组织消费。

随着青铜器的使用和石器的改良,种植业和畜牧业逐渐成为主要的经济部门,人们可以控制食物的生产过程,从而过上比较稳定的定居生活。社会分工进一步发展,出现众多独立的手工业部门。由于不同家族的资源禀赋或技术不同,家族之间的交换增多。与此同时,主要的生产活动和物品消费逐渐下移至家庭,家庭的经济独立性逐步增强,出现以家庭为单位的个体经济和私有制。于是,家庭也成为交换的主体,交换的主体增多,交换物品的种类增加,交换频率提高。这种物品交换往往发生在井旁、路口等聚会场所,时间则是"日中"。这便是最初的"市"②,它是市场经济最初的起点。

早在氏族社会时期,人们便在聚居处修建墙垣,以作军事防御之用。这便是"城"。到了家族社会时期,物品交易发生在家族聚居的城堡中。于是"城"与"市"结合为一,"城市"产生了。

交换的发展产生了对交换中介人与价值中介的需求,产生了以从事物品交换为职业的人——商人,和起中介作用的特殊商品——货币。最初由实物充当货币,主要是龟、贝等自然物,后来逐步向粮食、布帛、石斧、铜斧等生产物

---

①赵德馨:《中国近现代经济史1842—1949》,河南人民出版社2003年版。
②赵德馨主编:《中国近代国民经济史教程》,高等教育出版社1988年版。

转移。由于中介人与价值中介的介入,物品交换由物物交换进入商品交换阶段。

市、城市、商人与货币的产生,标志着商品货币关系的形成。

商品货币关系使家庭之间产生贫富分化,促进了家族内部的分解。商品货币关系使家庭之间在血缘关系以外有了交换关系。与此同时,一个家族的家庭与其他家族中的家庭发生市场关系。这种市场关系使地域联系日益加强,从而导致以血缘关系为基础的社会瓦解,以地域关系为基础的行政体制得以建立。市场的发展使求利与竞争的观念浸入社会生活的各个方面,"上下交征利",建立在血缘关系基础上的礼崩乐坏,社会进入了一个新的阶段。

(三)商品货币关系的繁荣(奴婢主社会时期;春秋战国至秦汉;公元前8世纪至公元2世纪)

春秋战国时期是铁铜石木工具开始代替铜石木工具的时期。这次社会生产力的大革命导致家族主经济形态进入奴婢主经济形态,血缘依附关系阶段进入阶级依附关系阶段,以血缘关系为基础的家族管理组织系统进入以地域关系为基础的官僚管理组织系统。这是一场社会大变革。变革的结果之一是,基层社会经济组织由家族分解为家庭。家庭分为两种形态:一种是劳动者个体经济(自耕农与个体手工业者),另一种是奴婢制经济。铁犁及"二牛三人"为一犋的犁耕技术,使奴婢制生产成为先进生产力的载体,能给市场提供较多商品。奴婢主需要购买奴婢、土地、部分生产工具和生活资料;也需要通过卖出产品,获得购买上述物资及纳税的货币。奴婢制经济的运行需要与市场有密切的联系。它的发展促进商品货币关系的发展①。同时,早期商品货币关系的发展又促进奴婢制的发展。奴婢制生产的兴盛伴随着商品货币关系的兴盛。因此,从西周后期直到西汉,除秦末战乱时期外,商业发展水平不断上升,至汉武帝、昭帝、宣帝时(公元前140年至公元前49年)达到高峰②。

从西周后期起出现了土地私有和买卖现象。富者田连阡陌,贫者无立锥之地,卖妻鬻子为奴婢。土地和奴婢这两种最重要的生产要素成为商品,带来严重的社会问题。王莽改制,企图通过将土地与奴婢收归国有,阻碍这种发展

---

①赵德馨:《商品货币关系发展水平与生产结构的关系——以公元1世纪前后为例》,《中国前近代史理论国际学术研讨会论文集》,湖北人民出版社1997年版。

②赵德馨:《论商兴国兴》,《中国经济史研究》2003年第3期。

趋势,结果造成社会混乱,使"新"朝很快垮台。

　　除土地与奴婢外,交换的商品主要是统治者、富人消费的奢侈品,城市居民消费的生活用品,一般居民消费的食盐和铁器。

　　这时的城市遵循坊市制。作为居民住宅区的"坊"和商业交易区的"市"在空间上相分离。商业活动只能在远离城市中心的"市"中进行。城市职能以行政据点和军事堡垒为主,经济居于次要地位[1]。

　　春秋战国时期,商业的发展促进交通的发展和各诸侯国之间经济文化的联系,增进生产工具、技术与产品的交流,推动货币制度与度量衡制度的衔接,使经济生活与文化生活的一致面增强。诸侯割据及因此而带来的战争,边境上林立的关卡,货币制度、度量衡制度等等的不同,是商人进行商业活动的障碍。统一及因此而来的和平,是他们的迫切要求。这使国家统一成为一种客观要求,并为统一准备了一些物质条件与社会力量。在一定意义上,秦汉统一帝国的形成是几百年商业发展的结果[2]。秦汉的统一创造了全国性市场,以及实行统一货币和度量衡的政策,为商人提供了前所未有的广阔舞台,大大推动了商业的发展。

　　春秋战国是从实物货币到青铜铸币的演变时期。演变的起点是布帛、粮食、金属、工具等多种生产物充当商品交换的价值中介。青铜铸币因其独特优势而成为常用的一种。货币形态变化反过来促进市场发展。商人由于手中有了计算单位货币,有了诸侯国之间通行的黄金,于是可在国内外从事商业活动,境内境外贸易由此迅速发展[3]。

　　金属铸币的出现为财政开辟了新财源。出于对货币信用的要求及物资、技术方面的原因,政府承担了铸币任务,从而可以获得铸造利润,并掌握大量的货币。为掌握货币拥有的力量,政府垄断盐铁经营[4]。金属铸币出现后,一些财政收入项目由征收实物变为征收货币。政府把来自铸币、商业与税收的货币收入用于支出。这种财政支出在市场总购买力中占主要地位,因而市场

　　[1]赵德馨:《两汉的商品生产和商业》,《中国奴隶制经济形态的片断探讨》,生活·读书·新知三联书店1958年版。
　　[2]赵德馨:《两汉的商品生产和商业》,《中国奴隶制经济形态的片断探讨》,生活·读书·新知三联书店1958年版。
　　[3]赵德馨:《楚国的货币》,湖北教育出版社1996年版。
　　[4]赵德馨:《楚国的货币》,湖北教育出版社1996年版。

有效需求是以财政为基础。市场上出售的商品，一部分是国家控制单位生产的和国家以赋税形式从私人那里征收的实物。这种商业和市场，就其基本部分而言，是以国家财政作基础。

私人经济中有钱在市场上购买商品和有剩余产品提供市场的，主要是奴婢主经济。这种经济的生产基本上是自给性的。自耕农更是自给性生产。拿到市场上出售的，本不是为市场生产的，而是因为要购买家庭必需的商品和交纳货币赋税需要货币而出售的。虽有少量的为市场生产的手工业者和个体农民，但其产品占比很小。上述情况说明，商人经营的商品，基本部分不是商品生产者生产的，而是因为商业的存在，被卷入市场的自给性产品和自然物品。这种商业不是商品生产过程的延续与内在要求。这是商品货币关系阶段的特征与性质之所在。

随着商品交换的发展，互通有无的地域不断扩大，玉石、珍珠等自然物变成了长途贸易的商品，本非作为商品生产的剩余之物被卷入市场变成商品，一些生产者可以专事手工业、商业、牧业、林业和渔业。这导致出现了中国商业的第一个高潮。原始自然经济结构逐步转入古代自然经济结构（中国古代自然经济可分为原始自然经济、古代自然经济和中古自然经济）①，社会结构也进入一个新阶段。

二、商品经济阶段（魏晋至清中叶）

商品经济阶段经历产生与繁荣两个小的阶段。

（一）商品经济产生阶段（庄主经济形态；魏晋至唐中叶；3 世纪至 9 世纪）

东汉三国是奴婢主经济形态到庄主经济形态的过渡时期。这是以铁犁为代表的铁农具和牛耕普及的时期。两牛一人一犁、一牛两人一犁或一牛一人一犁先后成为最先进的生产方法。个体农民是这种生产方法最经济的载体。个体家庭成为效率高的生产方式。进行家庭生产者主要是从奴婢和破产农民演变而来的、生产资料不全的贱民（奴客、徒附、部曲、佃客等）。奴婢主庄园

---

①赵德馨：《商品货币关系发展水平与生产结构的关系——以公元 1 世纪前后为例》，《中国前近代史理论国际学术研讨会论文集》，湖北人民出版社 1997 年版。

里,奴婢主为了考察奴婢的劳动绩效,分给每一个奴婢固定的生产任务("包工")。这种劳动管理方法进一步发展为最早的租佃制。相比原来的经营方式,这种新办法使奴婢主减少管理和生产资料支出,使奴婢劳动效率提高。经营方式的转变使奴婢主转化为庄主,奴婢转化为庄户。由于庄户使用的土地和主要生产资料由庄主提供,因而发生庄户对庄主的人身依附关系。庄户生产庄主和庄园内人们需要的物品,并在庄园内进行交换,从而将庄园组织成一个经济自给体。庄园经济是一种新的双层结构,它具有双重自给性(庄户家庭和庄园)。在这种结构下,交换主要发生在庄园内部。

庄主经济代替奴婢主经济带来两个趋势:一是城市之间远距离贩运商业及与之相关的金属货币发展水平变低,二是庄户之间的近距离交换及由布、粟充当货币的现象变多。长期的战乱对此影响很大。这种情况从南北两个地区的比较中可以看出来。草市、店、和市、质库等新的商业现象都出现在魏晋南北朝时期。①

从城市之间、城市内部和远距离交换的衰退是社会生产力与生产关系向前发展的伴随物而言,它是历史进步的一个侧面。与此同时出现的个体经济之间交换的发展与农村市场的兴起,是市场关系向基层生活的深入,这为商品经济的发展打下了厚实的基础。

(二)商品经济发展和繁荣时期(地主经济形态;唐代中叶至清代中期;9世纪到19世纪中叶)

南北朝至唐代前期是庄主经济形态到地主经济形态的过渡时期。农业、手工业生产工具和技术全面改进使庄户经济独立性增强。地租中劳役占比下降,实物比重上升。庄户人身自由度提高。在此基础上出现契约租佃关系。唐代中叶均田制瓦解后,私田数量超过公田,地主土地私有制占了主导地位,契约租佃制度成为时代特征。地主经济形态代替庄主经济形态。收取实物地租的地主,要将部分实物地租出售以换取货币,购买所需之物。经营地主生产市场需要的部分商品。地主制经济形态的发展必然带来商品经济的发展②。

随着地主经济的发展,地主的地租收入增加。在有效需求中,地租成为财

①赵德馨主编:《中国经济史辞典》,湖北辞书出版社1990年版。
②赵德馨:《论商兴国兴》,《中国经济史研究》2003年第3期。

政支出之外的另一重要因素。至宋代,私人地租支出在有效需求中的占比超过财政支出。这是商品经济代替商品货币关系的重要内涵。

商品经济的基础是小商品生产,它首先在手工业中得到发展。由于生产技术改进,产品的市场扩大,政府放宽对手工业的束缚,私营手工业得到发展。在社会劳动总量中,其占比日益增大,手工业者占总人口的比重也日益增大。这个时期出现的前店后厂,是城镇手工业的典型形态。手工业中出现商品率很高的大型工场。手工业生产的发展带动为其提供原料的经济作物生产专业化。在这个基础上出现大规模农业经营者,其产品必然进入市场①。

与此同时,农民经济实力增强,更多地参加市场交换,农民自给经济体中出现为市场生产商品的部分,其中部分农户随后转变为农业小商品生产者。农民和手工业者出售自己产品后购入的是生产和生活必需品。市场商品中奢侈品的比重缩小,日用品的比重加大。市场的群众性加强。

中唐至宋代,城中之市已出现早市、夜市、鬼市,市场经营冲破时间限制。与此同时,商人已可当街开铺设店,市场冲破地域限制。店铺当街开设后,街面日趋缩减。宋廷屡禁不止,最终被迫承认现实②,坊市制转变为散市制。在城市诸功能中,行政与军事据点的意义下降,商业型城市面貌由此逐步形成。

随着市场交换频率增高,农村集市随之增多,集市分布的密度加大,开集的日期加密。天天有集的成为市镇,这在明代中叶以后大量出现。农村的集市网与处于交通干线上的城镇相联系,在全国范围内形成一个涵盖广阔的市场网络体系。它将各个区域连成一个整体。这使地区之间分工互补、按比较优势配置资源成为可能。市场机制在经济发展中的作用不断加强。

城乡市场网络体系的形成,使商人有销售大量商品和积累较多货币的可能,大商人资本和专业大商人应时兴起。行会、会馆等商人组织相继产生。明代已出现资本经商制和合伙经商制。商人资本的运用,出现投资于生产的现象。商人资本支配生产使一些地方发展成为专业区。专业大商人及其所经营的大宗日用商品的长途贩运之发展,是商品经济中的市场转变为市场经济的关键。

市场的发展引起货币发生六大变化:布、粟等实物货币退出货币领域;铜

---

① 赵德馨:《中国近现代经济史 1842—1949》,河南人民出版社 2003 年版。
② 赵德馨主编:《中国经济通史(第五卷)》,湖南人民出版社 2002 年版。

铸币文由纪重变为纪年,摆脱称量货币的胎记;贵金属白银逐渐成为主要的货币①;纸币从北宋起开始使用;货币价值总量大大增加;随着境外商业的发展,铜钱大量流向邻近各国。

商品交换的发展使商品流通与货币流通的矛盾日渐明显。以货币为经营对象的金融机构应运而生。中唐出现代客寄存金银财宝的柜坊。明清以后,钱铺、账局、票号等金融机构相继产生,商业信贷快速发展。与此同时,金融机构规模扩大,资金供求总量增长,商人和手工业者的流动资金越来越依赖这些金融机构来满足,金融机构的资金供给成为经济运行过程的一个要素。所有这些变化是资金市场出现并走向现代化的表现。

市场的发展使财政逐步货币化。赋税从租庸调到两税法、一条鞭法、摊丁入地②,从按人丁征收到按资产征收,从征收劳役到人丁无役税,从征收实物到部分征收货币,货币日渐以白银为主。这样,财政收支逐渐货币化,货币逐渐白银化。市场对农民、手工业者、商人经济生活的影响加大。指令经济逐步向市场经济转型③。到清代中叶,中国经济已经踏进了市场经济的大门。

三、市场经济阶段(清中叶至今)

从清中叶至今,是市场经济形成与发展的阶段。这一阶段又可分为三个小的阶段。

(一)市场经济形成阶段(清中叶至中华人民共和国成立初年;19世纪中叶到1952年)

中国经济在19世纪中叶发生两个大的变化。第一,开始使用机器生产。资本主义经济是机器生产的最好载体。资本主义机器生产因规模大,产品多,且以谋取利润为目的,其运行必须通过市场,因而现代工业和资本主义经济的兴起必将导致市场经济的形成④。第二,中国市场被动开放,通过这种市场与欧美机器大生产相联系。在中国的外国人和以买办为主的中国人将世界市场上的现代化事物移植到中国。上述两大变化使原有的经济结构发生剧烈变

---

①赵德馨:《中国近现代经济史 1842—1949》,河南人民出版社 2003 年版。
②赵德馨主编:《中国经济史辞典》,湖北辞书出版社 1990 年版。
③赵德馨:《中国近现代经济史 1842—1949》,河南人民出版社 2003 年版。
④赵德馨:《中国近现代经济史 1842—1949》,河南人民出版社 2003 年版。

化。农民的生产和消费更多与市场挂钩,耕织结合的自给体逐步瓦解。手工业中雇佣关系发展,市场对手工业的发展发挥了调剂作用。地主中的一部分雇工经营农业,变为经营地主。一部分地主将地租转化为资本,投资工商业①。市场已支配大部分人的经济活动和大多数资源的配置。市场流通的商品中,与机器大生产相联系的占有越来越大的比重。与大生产相连的现代商业发展迅速,出现百货公司、股份公司等现代商业经营形式和组织形式。这些变化使地主经济形态转变为半殖民地半封建经济形态。

现代型的统一国内市场开始形成,是这个时期市场关系的一个重要时代特征。在空间层面上,地区之间与城乡之间交叉成网。在市场内部的垂直层面上,以集镇为中心的基层市场、以城市为中心的地区市场和以上海为中心的全国性市场,形成一个金字塔形的多层次网状结构。上海既是国内市场的中心,也是远东地区的商业中心、运输中心和金融中心,它是全球市场网中的一个节点,使中国市场与全球市场紧密联系起来。在市场内涵的横断层面上,消费品市场、生产资料市场、房地产市场、证券市场、劳动力市场等多种类的市场形成一整套现代市场体系。法定的全国统一的度量衡与货币制度在逐步推行。

在新兴的城市中,"城"的防御功能逐步弱化。一些新兴的城市根本没有城墙。一些老城市的城墙被拆掉。全国的经济中心(上海)与政治中心(北京,南京)已经分离。"市"成为城市的基本职能。这是现代城市与传统城市的基本区别。

商人的构成发生重大变化,执行生产职能的商人逐步占据主导地位。商人的组织已经由行会、会馆演变为具有现代性特征的法人社团,并由地区性组织变为全国性组织,出现了代表其利益的政党,标志着商人已经成为现代意义上的一个阶级。这个阶级参与政治运动,制定经济法规,维护经济秩序,在社会生活中成为领导阶级。

随着市场经济的发展,银钱并行的币制不再适应发展的需要,货币完全白银化。1933年,国民政府进行了废用银两改用银元的币制改革,接着进行禁用银元、发行全国统一的法定纸币、实行固定汇率的信用货币制度的币制改革。中国的货币与世界货币接轨。经营货币的机构由传统的票号、钱庄发展为现

---

① 赵德馨主编:《中国近代国民经济史教程》,高等教育出版社1988年版。

代银行,形成全国性银行系统。

市场经济的发展,使地租货币化程度迅猛提高,财政与赋税则基本货币化①。与市场有关的统税、关税、盐税等工商税成为最主要的财政收入来源。这是财政现代化的主要表现。

以上事实标志着市场开始在资源配置中起基础作用。市场经济初步形成。

(二)计划经济排挤市场经济阶段(1953年至1978年)

中华人民共和国成立以后,实行的是以公私兼顾、劳资两利、城乡互助、内外交流为方针的市场经济政策。1952年的"五反",1953年批判"四大自由",以及从此时开始的改造市场经济体制为计划经济体制的政策,使农业耕地、城镇房地产、基本生产资料等先后退出市场。由于党和国家的领导人毛泽东认为商品交换是产生资本主义和资产阶级的土壤,因而实行抑商政策,严格限制商品生产和市场发展,结果导致市场萎缩。但是,在这一时期,对外贸易始终存在,国内贸易也始终存在,商品交换从未中断;即使在实行严格计划的生产资料配置领域,也有20%～30%是无计划的市场交换。这表明市场经济的因素不可能完全排除。所以,1953年开始选择并在1957年至1978年成为现实的是有市场的计划经济体制②。这种体制因忽视市场的作用,导致国民经济长期的徘徊与停滞。事实证明,离开市场化发展经济与工业化,是不能成功的③。

(三)从计划经济向市场经济转型(1979年至今)

从1979年起,中国开始实行以市场经济为导向的经济体制改革,基本内容是转变资源配置方式,发挥市场在资源配置中的基础性作用。中国的经济市场化进程在中断了近30年后被重新启动。改革的具体措施有:一是在农村废除人民公社和在城市对国有企业进行改革,培养市场主体,逐步发展和培育各种市场,并根据市场供求变化调节生产。同时允许个体、私营、外资等非公有制市场主体出现,并允许它们同国有企业竞争。二是逐步放开价格,使其成

---

①赵德馨主编:《中国近代国民经济史教程》,高等教育出版社1988年版。

②赵德馨:《中国近现代经济史1842—1949》,河南人民出版社2003年版。

③赵德馨:《市场化与工业化:经济现代化的两个主要层次》,《中国经济史研究》2001年第1期。

为反映市场供求和调节资源配置的最重要信息。三是建立以税收、利率、信贷等为手段的宏观间接调控体制,取代以行政命令为手段的调控体系。这些改革使计划经济体制转向以市场为主的经济体制。现在已是市场经济加计划的体制结构,社会主义市场经济已初步形成。这是对新中国成立初期经济体制的重新肯定[①]。这种体制推动经济快速发展,工业化进入中期阶段。事实再次证明,市场化是发展经济与工业化的前提与基础[②]。

四、结论

(一)4000多年来,市场关系一直不断地向前发展,并在发展过程中呈现出明显的阶段性。市场中的主要商品在商品货币关系阶段是被商业卷入市场的自然物和自给性产品,在商品经济阶段是自然经济中的小商品生产者所生产的产品,在市场经济阶段是资本主义机器大生产的产品。这是三个阶段的根本区别。这种区别在市场关系诸因素上有明显的表现:1.商品生产。从不存在到只占总量的微弱部分;以手工劳动为特色的小商品生产;以使用机器为特征的大商品生产。2.“城”与“市”的关系。有“城”无“市”,先“城”后“市”,“城”“市”合一;坊市制瓦解,“城”“市”融为一体;“市”突破“城”的界限,有“市”而无“城”。3.市与市的关系。最初各个市只是一个个零星散布的点,接着市与市之间远距离的贩运贸易有所发展;城乡市场之间产生了联系;全国性的市场网。4.长途贩运的主要商品。地方特产和奢侈品;群众的日常用品;不仅一般商品,货币本身也成为一种商品。5.货币。由实物充当,出现贱金属铸币;贵金属成为主要货币;以贵金属为本位的纸币成为唯一法定货币。6.货币的经营者。个人(“子钱家”);经营货币的机构(如飞钱、柜坊、典当、钱庄和票号);以股份制公司形式经营的现代银行。7.商业的经营者。政府;官营为主,私营为辅;私营为主。

(二)中国4000多年的经济史表明,市场是与政治权力相对的一种伟大的社会力量。它如水银泻地,无孔不入,对社会生活的各个领域产生影响。市场具有巨大的魔力,刺激“人各任其能,竭其力,以得所欲”,从而推动经济的发展。市场与货币相伴生。在货币产生之前,只有政治权力是社会生活中的伟

---

① 赵德馨:《中国近现代经济史1842—1949》,河南人民出版社2003年版。
② 赵德馨:《市场化与工业化:经济现代化的两个主要层次》,《中国经济史研究》2001年第1期。

大力量。货币从其降世之日起，就显示出它有一种整个社会都要向它屈膝的普遍力量。从此以后，人类社会生活就陷入"权"与"钱"的互相渗透、互相控制、互相拥抱的纠葛之中。

（三）市场具有为自己扫除前进障碍的内在力量。无论是有巨大破坏力的战争，还是抑商政策，均无法阻碍其前进的步伐。从东周到秦汉的 800 年间，春秋战国时期战乱连绵，接着又是秦末的全国大战乱。在此期间，一些国家实行抑商政策。在这样的环境中，商业仍不断向前发展。王莽改制，企图阻碍市场的发展，结果导致他所建立的"新"朝很快垮台。太平天国曾经实行禁止城市商业的政策，亦未能成功①。1953 年至 1978 年，政府尽全力推行反市场经济的政策，但市场关系并未因此而中断。1979 年开始经济体制改革后，市场经济以极快的速度恢复，呈现出空前的活力，可以看作是对之前 20 余年被压抑的能量的集中释放。现代的事实证明，脱离市场化，会使经济停滞，搞不成工业化，而以市场化为基础，则将使经济和工业化迅速发展。可见，市场经济向前发展是不以人的意志为转移的历史规律。中国今天的市场经济是经济运行4000 多年的必然结局。

原载《中南财经政法大学学报》2010 年第 2 期，转载于人大复印报刊资料《经济史》2010年第 4 期。

---

① 赵德馨：《论太平天国的城市政策》，《历史研究》1993 年第 2 期。

《中国经济通史》增订版前言

本书初版 2002 年问世之时，大概由于它是国家"九五"重点图书，出版界和经济史学同行很是兴奋。在北方，《中国新闻出版报》发了一个整版的主题书评。在南方，《文汇读书周刊》发表少见的套红介绍文章。《中华读书报》《湖南日报》等报纸，《中国经济史研究》《华中师范大学学报》《中南财经政法大学学报》《出版广角》《船山学刊》等刊物，相继发表对全书或其中某卷的评论。或称之为"规模最大、学术分量最重的《中国经济通史》"；或称之为中国经济史学界 30 年来"最为引人瞩目""代表了本学科总体研究的前沿水平"的三部著作之一；或称之为"中国经济史研究的一座丰碑"；或谓"通古今之变，成一家之言"；赞誉之词不一而足。2003 年获国家图书提名奖；2004 年获湖北省社会科学优秀成果一等奖。在一片热闹声中，作为主编，我心中非常明白，它有所贡献，不足之处也颇多，希望有机会能再版，使它更完善一点。这次学习出版社提议再版此书，正是我多年期望的事。

初版书稿完成于 1998 年至 2001 年之间。这次再版，我向各卷作者提了两点要求：第一，订正初版中的错误。第二，尽可能地汲取近 20 年来新发现的资料、自己的研究心得和同行的研究成果，填补短缺之处。现在看到的是，订正错误是各卷都做到了的；补充修改的范围和规模有大中小之别。大的对全书做了改动，字数增加十万到三十多万。中等的在篇目上或增加了章，或增加了节，字数增加一万至数万。小改的或增加了目，或增加段落，或改动字句，字数增加数千。无论是哪种修改，都使各卷在质量上达到了新的高度。秦汉卷初版的篇幅本来就大，这次增加的字数又多，便由一册变为上下两册。全书由 10 卷 12 本变成 10 卷 13 本。

各卷的作者都是具有通识的断代经济史专家。本书启动时，我们讨论过中国经济通史研究对象三要素（时间、空间与经济）的贯通问题，怎样在断代经济史的基础上写中国经济通史和用经济通史的眼光写作断代经济史问题，以及在时间上通到 1991 年问题，并取得了共识。这使本书的各卷成为断代经济通史，但与各卷作者此前所著的断代经济史有所不同；使全书成为各卷衔接紧凑的整体，成为断代经济史的集成与升华，从而有别于没有断代经济史研究做基础的中国经济通史著作；更与没有中国近现代经济史或中国现代经济史内容的中国经济通史著作有所不同。这些不同构成本书的一个特色。本次修改，作者们以经济通史精神写断代经济史的意识更加自觉，本书的这个特点也更加鲜明。

在说到这套书的下限写到 1991 年时，有必要顺便交代的是，在时间上它虽然纵贯千古①，实则重点落在当代即中华人民共和国经济史。我的立意在于通过以千古经济史的叙述作铺垫，突显中华人民共和国经济史的长远历史路径以及由此带来的特点，中华人民共和国经济史产生的历史必然性和历史地位的伟大。为此，在结构上详近略远。先秦经济史上万年为一卷；秦汉经济史400 多年为一卷；中华民国经济史 38 年为一卷；中华人民共和国经济史写了41 年，也为一卷，分为上下册，字数比中华民国经济史多一倍。全书最终聚焦于当代，写古代是为了说明当代，以纵贯突出横截。

2021 年 1 月 20 日

---

①赵德馨在《中国经济通史》初版"前言"指出，1986 年至 1991 年出版的《剑桥中国史》，从秦汉写起。1999 年出版的《剑桥中国古代史》第四章的标题是"商：中国第一个王朝"，上限从秦汉移到商代，在不到十年的时间，将中国历史的上限提前 1500 年，是认识上的一大进步，但仍不认可夏为商代之前的历史朝代。

《中国经济通史》增订版第九卷读后

　　王方中教授是我的师兄。他本科读的是历史系，研究生是中国通史班的，是以中国通史的基础扎实，对历史上断代的问题能从通史的角度去观察。从研究生阶段起，他关注中国历史上的经济问题，并因此注意学习经济理论。毕业后直到离休，五十多年间都在经济学系任教，环境有利于也促使他不断地提升经济理论水平。这使他对历史上的经济问题能做出深刻的经济分析。他治学严谨，对自己的论著，追求不断完善。在《中国经济通史》初版编写过程中，他将书稿交给我后，要回再修改，再交稿，又要回再改，如此达三次之多。这次再版，他第一个交稿。我读了之后，发现他对初版做了全面的修订，新写的就有14万字。当我将他的书稿转交给学习出版社后，在该社的编辑过程中，他又将书稿要回去三次，反复修改，力求准确精深。这些事都是他在进入九十岁以后做的，令我感动。他是个谦谦君子，做了大量的工作，在他的后记里竟以几句轻飘飘的话做交代。我实在是有点忍不住了，便将他给我的多封信中的一函公布出来。读者从中便知道他为这部书的再版做了哪些准备工作，他的修订工作是以怎样的资料做基础，新书会达到怎样的水平。

　　下面是2019年2月19日王方中教授给我的信。

德馨同志：

　　2002年《中国经济通史》第九卷出版后，我从来没有想过这部稿子还有修改、再版的机会，因此也从来没有有针对性地为修改此稿做什么工作。不过，在这将近20年里也断断续续在民国经济史方面做过一点点事（如果早知道此稿有再版可能，我会更勤奋一些，时间、精力用得更集中一些）。

　　一、2014年在中国人民大学出版社出版了《1842—1949年中国经济史编年记事》，这部稿子对修改九卷有用。这从修改后的九卷中多次引用此稿可以看出。

二、财政部财政科学研究所曾牵头组织编写出版了一大批解放区财政经济史料，这是一件十分有意义的工作。我参加了由许毅、星光、沈经农同志牵头的《中央革命根据地财政经济史长编》的编写工作，结识了财政研究所的一些老人，利用这个条件，弄到了一批解放区经济史资料，这批资料对修改九卷八章起了很好的作用。我利用这批资料写了一篇《解放战争时期西北、华北五大解放区的农业生产》（见《中国经济史研究》2010 年第 2 期）。此文对修改九卷八章三节也起了作用。

三、改革开放以来，不少二十世纪三四十年代出版的书都重版了，我弄到了其中的好几本，如顾执中、陆诒的《到青海去》，李尔重、富振声的《东北地主富农研究》，吴承禧的《中国的银行》，方显廷的《中国之棉纺织业》，等等。这些书几十年前都从图书馆借来看过，九卷中都引用到了。但当时不能复印，书也没有看完，匆匆忙忙做点儿笔记，九卷中所引几乎都用错了，而且一些精彩的东西没有用到，自己有了书后就可以从容不迫，仔细地阅读，过去用错了的都改过来了，还加用了不少精彩内容。

四、从 1921 年到 1945 年共出版了七次《中国矿业纪要》，朋友帮我弄到了除第六次以外的其余六次。这六本书对此次修改九卷起了很好的作用。

王方中

2019 年 2 月 19 日

第 五 部 分
中国古代经济史

　　赵德馨教授关于古代经济史的专题研究，主要集中在两个领域：两汉商品经济研究和先秦货币尤其是楚国货币研究。在前一领域，他开始其中国经济史研究生涯，并深耕多年。在后一领域，他曾积 40 年之功撰著《楚国的货币》（湖北教育出版社 1996 年版）一书。该书的增订版，增补了近 30 年来的考古和研究成果，新增 20 余万字，即将出版。

论先秦货币的两种体系

——从货币文化的视角考察楚国与黄河流域各国货币的异同

摘要：货币文化包括物质、制度、精神三个层面，具体表现在货币的材料、形状、文字、价值等方面，从而反映货币的全貌与本质。货币文化是货币分类的全面标准。按此标准考察，先秦时期各国货币存在黄河流域的和长江流域的两种体系。楚国的货币是长江流域货币文化的代表。

关键词：先秦时期；货币文化；两种货币体系

在有关先秦的论著中，往往将货币分为刀、布（镈）、圜、贝四系。如果仅仅按铜（青铜，下同）币的形状而言，这种分类是有依据的。但铜币只是货币体系中的一种，形状又只是铜币的特征之一。这就决定了此种分类的标准不全面，结果不合理。货币分类的全面标准应是货币文化，因为它包括货币的物质层面、制度层面和精神层面，反映货币的全貌与本质。如果按货币文化区分，将视线从铜币扩大到货币的整体，从外形深入到本质的层次，就会发现这个时期有两个货币体系：黄河流域（北方）的和长江流域（南方）的。楚国的货币是长江流域货币文化的代表[1]。本文从币材、币形、币文、币值四个方面简析楚国与同时代黄河流域诸国货币文化的异同及其相互影响。

一、币材：贵金属型与贱金属型

币材是货币文化的物质载体，属于货币文化的物质层面。就币材而言，楚国与黄河流域诸国相同之处，在于都用布帛与金属。楚国的特点在于以下三

---

[1]在长江流域活动的有吴、越、楚等国，至今未见可以肯定是楚之外的吴、越等国的货币。

个方面。

(一)用银铸币，"金三品"齐全

据《史记·越王勾践世家》记载，楚有"三钱之府"。"三钱"，即金、银、铜三种金属货币。出土文物证明楚国确有金币、银币和铜币。据先秦、秦汉文献记载和出土文物，黄河流域各国用金为币，铸有铜币。不同的在于，楚国用银为币已可肯定；黄河流域诸国是否用银，有待新的出土文物证实①。迄今可以得出的结论是：用银为币材，可能唯楚一国。这使楚国金币、银币和铜币齐全，即"金三品"俱全②。

在币材的严格意义上，"金三品"这种说法并不完全。因为若就这些金属货币的材料元素来分析，铜币的材料为铜、铅、锡。加上制造金币的黄金，制造银币的白银，则是铜、锡、铅、金、银五种金属。说楚国金属货币的币材是"金五品"俱全，则更为准确。

(二)黄金在币材中占重要地位

从文献上看，秦、周、韩、魏、赵、燕、齐、宋、越、吴、楚诸国都有使用黄金为币的记载。下述事实说明，相对而言，黄金在币材中的地位，以楚国最为突出。

1. 从出土的货币实物看，黄河流域各国的均为铜币，可以确认是这些国家的金币至今竟无一见③；楚国则不然。已发现楚国金币的地方，遍及当时楚境。在黄河流域的秦、齐等国境内出土的、可以确定铸造国别的金币，也是楚国的。

2. 从金币的职能看，黄河流域各国的黄金，当作为货币使用时，或用于朝贡、礼聘、赏赐、馈赠，作为支付手段；或用于作价值尺度；或用于作储藏手段；用作商品交换中流通手段的仅见于《管子·轻重》篇，而此篇的著作年代，或谓

①赵德馨：《楚国的货币》，湖北教育出版社 1996 年版，第 198—210 页。

②《书·禹贡》：荆、扬二州"厥贡惟金三品"。《史记·平准书》："虞夏之币"，金为三品："或黄，或白，或赤。"以往对金三品有两种解释。一是释"金"为"五金"之金，泛指金属，"黄"金为黄金，"白"金为银，"赤"金为铜。一是释"金"为"铜"，"黄"金为黄铜，"白"金为白铜，"赤"金为红铜。从出土物看，楚国的金属货币种类有金币、银币、铜币。据此，第一种解释可能符合历史实际。

③除楚国外，其他各国是否铸造过金币，至今尚难肯定。浙江绍兴战国初期墓葬中出土过金饼，其国属未见论证。对河南扶沟等几处出土的无印文的金币和银币，部分学者认为是韩国或郑国铸造的。另一部分学者却断定为楚国。从文、出土地点等多个方面确凿证明铸有金币和银币的，唯有楚国。参见赵德馨《楚国的货币》，湖北教育出版社 1996 年版，第 135、201 页。

春秋战国之际，或谓战国，或谓秦末汉初，或谓西汉前期，也有认为是西汉后期的，尚无定论。楚国的情况大不相同。黄金具有货币的全部职能，且大量用于商品交易。包山楚简文书类 194 简中，涉及用金的 29 简，占总简数的 15％；仅用于翟糧（籴种）的有 11 简，占总简数的 5.7％，占用金简数的 37.9％。

(三)锡的作用突出

在楚国的币材中，锡的作用突出。这表现在以下两个方面。

1.锡作为独立的币材。出土的楚国文物中有锡饼、铅饼。其性质，或谓冥币，或称金属块。从《史记·平准书》记载秦统一币制时宣布"珠、玉、龟、贝、银、锡之属为器饰、宝藏，不为币"来看，先秦时期锡是币材之一。这些锡饼很可能是货币。

2.锡在铜币中占的比重大。锡在铜币中占的比重，以楚国龟贝（即蚁鼻钱。下同）为最高（其次是齐国的刀币）。铜币的含锡量如达 6％以上，铸造时体积收缩小，易形成$(\alpha+\delta)$共析体，可提高钱币的强度，且适于浇铸，使钱币轮廓字迹清晰，品相优美，经久耐用[①]。

楚国的币材在种类上多一种白银，在结构上金和锡的地位突出。这两个方面使楚国的币材具有两个特点：第一，种类多一点，因而更加丰富，色彩更加斑斓，更加耀眼。第二，价值含量高一些。金与银是贵金属，价值含量高固不待言。在贱金属币材锡、铅、铜中，铜的价值高于铅，锡的价值又高于铜。因此，楚国币材价值结构高于黄河流域各国。

楚国币材的这些特点，是由它的自然资源、金属采炼业技术水平与地理环境、贸易状况决定的。其中，最为重要的是楚地有金、银、铜、锡、铅矿藏，且采炼技术甚高，故以出产这些金属著称。《书·禹贡》：荆、扬二州"厥贡惟金三品"；"九江纳锡、大龟"。李斯上秦王书叙述秦国所用国外之材中有"江南金锡"。币材反映一国的自然蕴藏和社会生产力水平。

二、币形：取象自然物与取象生产物

每一种货币必有其特定的形式。币形是货币文化的外在表现。它涉及货

---

①楚国龟贝含锡量高，含铜量也高（达 70％左右），这使它的金相组织均匀，机械质地较好。龟贝钱的体形特征是轻小，它之所以能采取如此之轻的实体，如此之小的形式，能取象于货贝（Cypraeamonete），主要是由于币材中铜、锡比重大。在先秦铜币中，楚国高锡龟贝的质量居第一位。

币文化内含的三个层面,形象地体现出一国货币文化的特征。

楚国金属货币形式的特点是:

(一)形状多

1.铸造多种金属货币。黄河流域各国使用黄金为币,但至今未见它们铸造的金币。由此推测,它们很可能是使用生金块或楚国铸造的金币(秦、齐境内出土楚国金币,以及上引李斯说秦国使用"江南金锡",说明了这种可能性。黄河流域各国只铸造铜币,楚国既铸造铜币,也铸造金币和银币。

2.每一种金属货币铸造形式多样。楚国的金币、银币、铜币都有几种形状。金币的形状有版形与饼形两大类。银币有铲形、饼形、版形三大类。铜币有贝形、镈形、长方形、方形、圆形五大类。这些大类中又有若干式样。

从现有的实物看,货币的种类与形状之多,以楚为最。

货币种类和形状的多样性,是商品交换关系发育程度低情况下的产物,它带来使用上的某些不便。随着商品交换与货币交往的增多,必然会产生普遍使用的、占主要地位的货币。战国时期,在楚国的金币、银币与铜币中,使用最多的是金币和铜币。在金币中,大多数是龟版形。在铜币中,贝形的占绝大多数。版形金币与贝形铜币是楚国金属货币中的两种主要货币,它们是楚国货币形状的代表。

(二)取象于外来交换品中的自然物

楚国主要金币的形式取象于龟,主要铜币的形式取象于贝。这不仅有出土的实物及它们演变的轨迹为据,还可以从其名称上得到佐证。

楚之铜币,最初形态与贝壳一样,空心,有齿。后演变为实心,无齿。腹部似贝腹,背部似贝背,亦似龟背。"龟贝"之名可能由此而来。从秦在统一六国后关于建立统一货币制度的命令中,可以知道战国末年各国铜货币的通称是:"或钱,或布,或刀,或龟贝。"其中,"钱"指流行于秦、周、韩、赵、魏、燕、齐等地的圜形铜币。"刀"指流行于齐、燕、赵、中山等地的刀形铜币。"布"指流行于周、郑、卫、韩、赵、魏、燕、楚等地的镈(钱、铲)形铜币。"龟贝"指流行于楚国的铜币。古代文献与出土文物都证明,战国末年中国境内的铜币就是这四种。

楚之金币,初期的并始终占多数的是龟版(龟的腹甲)形的。龟版简称版①,版亦作板。故其名称为黄金,简称金;又称金版,简称版(板)。

因为至今尚不能肯定黄河流域各国是否用过银币以及金币是何种形状,所以无法就金币、银币形式进行比较。至于铜币,楚国的龟贝取象于货贝。它是从货贝演变出来的。货贝本是自然物,产于南海,传入中国境内先是作为装饰品。它属外来交换物品。黄河流域各国铸造的铜币,或刀形,或镈(钱、铲)形,或圜(纺轮,或玉璧)形。刀、镈(钱、铲)、纺轮(或玉璧)均属生产物。黄河流域各国铜币是从生产物蜕变出来的,其形状取法于本地生产的器具。

世界各国货币的起源有两大类:或是外来的交换物品,或是本地生产的、可用于交换的使用物品。楚国与黄河流域各国的货币各属一类。这是楚国与黄河流域各国货币文化的一大区别。

三、币文:阴文、流丽与阳文、整齐

文字是文化的基本元素符号与重要表征。币文既是货币文化精神层面的体现,又是制度层面的体现。

楚国与黄河流域诸国金属币上的文字、在字体结构与制作方法两方面均有自己的特色。

(一)阴文与阳文

楚国龟贝上有 ![字]![字]![字]![字]![字]![字]![字]![字]![字]![字]![字]三 等字,其中,![字]字币最多。楚国金币上有 ![字]![字]![字]![字]"郢爯""陈爯"等字,其中,![字]最多。金币上的文字是用印钤打上去的,是阴文。龟贝上的文字是与币身一起范铸成的,也是阴文。黄河流域各国铜币上的文字皆作阳文②。世界各国金属货币上的文字,不是阴文,就是阳文,仅此两类。楚国与黄河流域诸国各属一类。

(二)流丽奇诡与整齐精严

出土的楚国铜器、漆器、陶器、货币、帛书及竹简上面所载的文字,总字数

---

①韩愈《月蚀诗效玉川子作》:"乌龟怯奸怕寒,缩颈以壳自遮,终令夸娥抉女出,卜师烧锥钻灼,满板如星罗。"此处之板即龟腹甲。

②楚国特种铜币,如镈(铲、钱)形"当釿"币,币文是阳文,显然受黄河流域币制的影响。

已近 4 万。王国维从字形结构上,判断楚国文字属战国时期东土一系,即六国文字①。后之研究者认为,战国文字在形体上"分为二派,北方以齐为中心,南方以楚为中心"。"齐书整齐而楚书流丽,整齐者流为精严,而流丽者则至于奇诡而不可复识"②。这种整齐精严与流丽奇诡,正是齐、韩等黄河流域国家货币文字与楚国货币文字字形结构的不同风格。奇诡则使楚国货币文字难识③。

四、币值:多级梯形结构与三级直线结构

币值是货币的内含价值量,因而是货币的本质与核心内容。它属于货币文化的制度层面。从制度经济学看来,货币本身是一种经济制度。货币制度除包括上文叙述的币材、币形、币文外,还包括币值、铸造权等等。本节只分析其中的币值及其体系。

(一)价值含量最大的货币和最小的货币

完整的楚国金币,最重的一块重 610 克,最轻者 124.8 克,多数在 250～260 克。至今尚不知道有哪一个黄河流域国家铸造过这样重的金币。楚国的金币是战国时期价值含量最大的货币。

---

①有学者认为,战国时期的篆文分为虫篆与鸟篆。楚国文字属鸟篆,黄河流域各国文字属虫篆。(荆璞:《神将化合 变出无方——楚国的书法艺术》,《理论月刊》1994 年第 2 期;李倩:《楚国的语言和文字》,《理论月刊》1993 年第 10 期)若如此,则楚国货币文字与黄河流域各国货币文字分别属于战国时期汉字的两个体系。有学者认为,〔字〕是古彝文的"铢"。"楚国货币中有许多奇字只能用古彝文释读,却不能用汉文释读"(刘志一:《〔字〕字新考》,《江汉考古》1992 年第 3 期)。若如此,则楚国货币文字与黄河流域各国货币文字,分别属于彝文与汉文两种文字系统了。2003 年陕西眉县杨家村出土的西周铜器上有〔字〕字。与楚金币上的〔字〕字字形结构相近。看来,楚币上的文字很可能渊源于西周金文。

②胡小石:《胡小石论文集》,上海古籍出版社 1982 年版。

③在先秦时期的金属货币文字中,楚币上的字最难辨识,未能隶定的字最多,争论最多,且时间最长。以〔字〕为例,从宋代沈括释为"刘(刘)主",到方濬益、方孝杰父子释为"郢爰",前后经历了八百年。而被释为"爰"的〔字〕,近年又被释为"禹",也有人认为是"寽",迄今无定论。至于〔字〕从蔡云等人释读为"晋""哭""〔字〕""当半两"等,至吴大澂认作"贝",也是经历很长时间,当代或作"贝",或作"一贝",或作"贝货",或作"货",或作"半两",或作"襄",或作"君",或作"巽",或作"咢",或作"铢"(参见赵德馨《楚国的货币》,湖北教育出版社 1996 年版,第 72—76、81—82、221—222 页;上引刘志一文),莫衷一是。出现这种情况,与楚国文字字体的"奇诡"有关。

龟贝最重的 7 克①,小的 0.5~0.6 克,多数在 3~4 克。从出土的楚国铜
环权推算,楚制 1 两为 15.6 克,1 铢为 0.69 克,则龟贝轻者不及 1 铢,最重者
10 铢有余,多数在 5~6 铢。战国早期三晋一带流行的镈(钱、铲)形铜(布)币
有一釿、二釿、半釿 3 种。“二釿”者每枚重 22~30 克,“一釿”者重 17~22 克,
“半釿”者重 6~9 克。燕国“匽”②字刀币每枚重 12~19 克。齐国“齐法化”刀
币每枚重 43~53.5 克,多为 50 克左右。赵、魏晚期刀币,形体小的,重 7 克左
右。圜钱,齐之“賹化”“賹四化”“賹六化”③分别重 1.41 克、5.79 克、8.79 克。
秦国的圜钱每枚重 6~20 克,平均约重 10 克。相形之下,楚国龟贝是先秦时
期重量最轻、价值含量最小的铜币。货币价值含量小即币轻,“币轻而万物
重”。楚国市场上零售日常消费品用的是龟贝,故苏秦到了楚国十三天,便对
楚王抱怨楚国物价高:“楚国之食贵于玉,薪贵于桂。”

(二)由价值含量最大、最小与若干中间货币构成的梯形货币价值体系

楚国既有先秦时期价值量最大的金币,也有价值量最小的龟贝。龟贝与
金币价值含量差距大,既不便于中等数额交易,也不便于它们彼此间的兑换。
这就需要中间货币。楚国在金币与龟贝之间设置多种中间货币,包括布(布
匹)币,银币,“良金二朱”“良金四朱”等版形良金币,“旆钱当釿·十货”“四钱
当旆”等镈(钱、铲)形当釿。后二类都是重铜币。有了这些中间货币,既便
于中等价值商品的买卖,也解决了金币与龟贝的兑换问题和楚国货币与邻国
货币的兑换问题。这多种中间货币之间也有兑换问题。有的中间货币(如“良
金”币,“旆钱”币)又分几级。这样,就由多种币材货币、多种币形、多种币值构
成一个在价值上能互换的、多级阶梯形的复杂的货币体系。同时代黄河流域
各国的货币,是由铜币、布匹币和金币三种不同币材构成的三级直线的、比较
简单的价值结构形式。

(三)便于使用

1. 在价值结构上,龟贝价值含量小,便于小额交易。这样,在小额交易中,

---

①洪遵《泉志》说有“重十二铢”的。出土物中有重 190 克的(朱活:《古钱新探》,齐鲁书社 1984 年版,第 200、207 页)。它们可能是纪念币性质的。

②“匽”字或释“明刀”。

③“化”字或释“𧵐”。

不会产生币重难用的问题。金币价值含量大，便于大额交易。这样，在大额交易中，不会产生币轻难数难带的问题。在金币、龟贝二者之间又有多种价值含量的中间货币，它们可以满足中等数额交易及金币、龟贝兑换的需要，就这些方面而言，使用方便。

2. 在使用方法上，楚国货币种类多、形式多，然而使用方法无非称量与计数两种。以布匹为币材的货币，其使用单位为匹，即计数使用。金属货币中，龟贝从产生之日起就继承了货贝为币时计数使用的传统。龟贝大概是世界货币史上少有的未经过称量货币阶段，从一产生就按枚计数使用，从而也不以重量命名的金属铸币。它是中国货币史上第一种计算单位货币。使用单位为枚（个），最为方便。金币和银币形制不一（无定形），轻重不一（无定量），不能计数使用，因而使用时必须称重量，必要时还免不了要临时切割。其他各国用金为币时，亦莫不如此。楚国金币的特点在于不仅有某种固定形态，且钤印记载铸地以昭信用。这比黄河流域各国使用生金块要方便些。

3. 对于携带来说，楚国龟贝本是从装饰品演化过来的，它通长 0.9～1.9 厘米，多数重 3～4 克，厚实轻小，光滑，形体美观。与黄河流域各国的刀形币、镈（铲、钱）形币相比，龟贝无刀形币、镈形币那种容易刺破、磨破口袋的棱角。携带多个刀形币、镈形币时，或用袋装，或用绳捆。龟贝窄的一端有孔，可用绳索穿成一串，便于携带。

在战国晚期圜钱出现之前，龟贝是铜币中最便于使用的。这大概是龟贝能在楚国新占领区（如原鲁国地带）迅速推广的原因之一。

五、结论：联系与区别

从币材、币形、币文、币值等四个方面考察，可以看出楚国货币文化与黄河流域各国货币文化的联系与异同。

（一）同多于异，共同组成中国货币文化

1. 在币材方面，楚国与黄河流域各国皆用布匹、黄金、铜、锡、铝合金（青铜），故基本币材相同。楚国的特点是：用银、用锡较多；金的地位突出。

2. 在币形方面，楚国的金币主要是版形，且称金版，这与黄河流域的周制相同。《周礼·秋官·职金》："旅于上帝，则共其金版。飨诸侯亦如之。"汉郑

玄注:"饼金谓之版。"楚金币的形制与名称乃继承周制。楚国的龟贝脱胎于货贝。周用货贝为币,楚之主要铜币的形制与名称亦与周制通。周的主要活动地区在黄河流域,在货币形状上继承贝形的是长江流域的楚国,黄河流域各国却弃贝形而用刀形、镈(钱、铲)形、纺轮(或玉璧)形,这是一种有趣的、值得深入探讨的文化现象。这种现象可能包含楚早期与周关系的信息。在币形方面,楚国货币文化的特点恰恰在于继承周制,而与取象于刀、镈(钱、铲)、纺轮(或玉璧)等器具的黄河流域各国相区别。

3. 在货币文字方面,楚国与黄河流域各国的货币文字,均与金文相承。楚国货币文字的特点在于字体结构风格与制作方法不同。

4. 在货币价值构成方面,楚国与黄河流域各国货币的价值结构体系中都有布匹、黄金、青铜。楚国的特点在于:最大值与最小值并存;中间货币种类多、级别多,构成梯形比价体系。

据此可见,楚国货币文化与黄河流域各国货币文化,从内涵上说,同多于异,二者共同组成中国货币文化;在纵向上说,两者处于大体相同的发展阶段。

(二)各具特色,两个体系

在币材、币形、币文、币值等方面,黄河流域各国与楚国的金属货币都有自己的特色:

1. 在币材上,楚国是色彩丰富的、贵金属偏重的高价值结构型;黄河流域各国是种类较少的、贱金属偏重的低价值结构型。

2. 在币形上,楚国种类多,其中铜币脱胎于外来的交换物品,取象于自然物;黄河流域各国种类少,其中铜币脱胎于本地的重要交换物品,取象于生产物。

3. 在币文上,就制作方法而言,楚国为阴文,黄河流域各国是阳文;就字体结构而言,楚国的流丽,黄河各国的整齐,二者风格不同。

4. 在币值上,由于楚国的币材比黄河流域各国种类多一些,币形种类也多一些,加上铜币轻小些,所以产生两种情况:第一,价值含量大的货币与含量最小的货币之间价值差距大于黄河流域各国。第二,价值含量不同的币种多于黄河流域各国。这就构成了黄河流域各国所没有的梯形货币价值结构体系。

从货币的整体及其内涵而言,把先秦时期的货币归纳为黄河流域体系与长江流域体系,比仅按铜币形状分为刀、布(镈)、圜、贝四种体系更为妥当。

(三)互相影响,趋向融合

楚国与黄河流域各国货币文化上的差异,是各自的历史传统、经济状况、地理环境、民俗等等不同的反映。这两种货币文化同时并存在神州大地上,基于政治与经济的原因,互相影响,互相渗透,趋向融合。

首先是政治的原因。楚国是周王朝的诸侯国,许多制度受周的影响。楚国两种主要货币的币形:版形金币和贝形铜币与周制一脉相通。周族主要活动在黄河流域。此其一。其二,楚国强大起来以后,兼并了周围的一些国家,其中有的本是周王族的后裔,他们带来黄河流域文化的影响。其三,一些被兼并的国家,地处黄河流域,在被兼并之前,已铸造属于黄河流域货币文化体系的货币。楚灭其国,这些货币在继续流通。如"下蔡四朱"小圜钱,面文"陈"、背文"四朱"小方钱,就是楚灭蔡国、陈国前后蔡地、陈地铸造的。从整个楚币(楚国疆域内流通的货币)来说,局部地包含着黄河流域货币文化的特征。

其次是楚国与黄河流域各国经济贸易的交往。这种交往,有商人远距离贩运,也有边境群众的商品交换。前者多用金币,后者多用铜币。异国之间的贸易,最好有共同使用的货币为媒介。以金币言,咸阳出土的"陈爯",既有版状的,也有饼状的。同一地方(陈)铸同一印文(陈爯)之币,为何要有两种形状? 西安还出土过版状"郢爯"。临淄与日照出土的金币亦为版状"郢爯"。咸阳、西安在西,属秦地;临淄、日照在东,属齐地。齐、秦皆大国,其地均有楚国金币出土而无本国金币出土,这说明它们以及黄河流域的其他各国使用的金币多来自楚,楚为了其金币能在黄河流域各国流通,既铸饼形,又铸版形。以银币言,楚国镈(钱、铲)形银币是两种货币文化融合的典型。银充币材,是楚国货币文化的特点。镈(钱、铲)为币形,是黄河流域货币文化的特点。镈(钱、铲)形银币体现了两种货币文化的融合。以铜币言,镈形铜币"旆钱当新·十货"中的"旆",通沛。战国时沛地属楚,它西北近魏,东北邻齐。此币形状是一长方形方肩方足镈(钱、铲),又似两刀币的合体,是既受魏国镈(布)币影响,又受齐国刀币影响的结果。其币文"当新",与魏币以新为单位相联系;"十货",与齐币以货为单位相联系;"钱"则是楚币的泛称。此币与三种铜币相连,可通用于楚地、魏地、齐地,方便楚、魏、齐三国之间的贸易与其他经济交往。

楚国货币文化与黄河流域货币文化互相影响,楚国货币文化既受黄河流域货币文化的影响,也影响黄河流域货币文化。如楚国的金币在中原各国流通,必带去楚国金币的使用方法、重量单位与衡制。楚国金币称量使用,其称量单位,文献记载或为斤,或为镒;出土的金币、衡器和楚简都是"益",即镒。实测重量,1镒重250～251克。据出土的战国时期黄河流域各国的衡器、金属器上铭文实测,赵国1斤重224～250克;魏国与韩国1镒重315克,1斤重250克;秦国1斤重253克。楚国1镒的重量与韩、魏、秦1斤的重量非常接近。后来,秦统一货币制度时,规定黄金币以溢(镒)名,在重量单位名称、货币标准或价格标准名称上与楚制一致。汉的金币以斤为单位,秦1斤重253克,西汉1斤重248克。楚金币重量单位镒的量值与汉金币重量单位斤的量值非常接近。从这方面说,汉与秦、楚是一致的。此中原因在于,战国末期,楚金衡1镒的量值,与秦1镒的量值和赵、魏、韩各国1斤的量值已逐步趋向一致。

原载《江汉论坛》2004年第9期,转载于人大复印报刊资料《经济史》2005年第1期。

西汉前期的币制改革与
五铢钱制度的确立（上）

本文所说西汉前期，是指从刘邦即汉王位（前 206）至元鼎四年（前 113）五铢钱制度确立的 94 年。就币制改革而言，这 94 年可分为前 66 年和后 28 年两个阶段。

从高祖到景帝 66 年间的 6 次改革

秦王朝只存在 15 年，就被刘邦建立的汉王朝代替。汉王朝建立之初，继承秦朝基本经济制度，同时根据汉初的实际情况和对秦王朝迅速灭亡的教训的认识，进行了一些变革。就货币制度而言，汉初 66 年间进行了六次改革。

一、定币制，令民铸荚钱

《史记》卷三十《平准书》："汉兴，……于是为秦钱重，难用，更令民铸钱。一黄金一斤。"这是汉王朝建立之后确定本朝的货币制度，当为刘邦五年（前 202）即皇帝位之时。从汉王刘邦元年（前 206）至此年，社会生活与汉政权用的是秦朝币制。相对秦朝币制和汉初实行的币制，这次币制的确立是针对实际生活中的秦币制的，因此也可以说是一次币制改革。改革的内容有四项：

（一）规定法定的货币为两种：黄金与铜（青铜）钱。在中国，布匹充当货币始于周代。秦代货币法《金布律》中规定法定的货币是三种：黄金、布匹和铜钱。布与钱的比价为 1：11。《汉书》卷二十四《食货志下》谓"秦兼天下，币为二等：黄金以溢为名，上币；铜钱质如周钱，文曰'半两'，重如其文"，未提及布匹为币。现存的《金布律》是湖北云梦睡虎地出土的。此地原是楚国腹心地区。据此可知该律在秦灭楚后仍在实行。《金布律》规定的货币有金币、布币、钱币三种，它们处于货币的不同发展阶段：布币是生产物实物货币，金币是贵金属实物铸币,钱币是贱金属铸币①。秦汉之际,实际生活中通用的是铜钱与黄金两种。《汉书》是据实际情况作出的概括。汉高祖定货币为金与钱两种,废除布匹为法定货币②,也就是废除生产物实物货币形态,使中国货币由上述三种货币形态并存阶段进入贵金属实物铸币和贱金属铸币两种货币形态并存的阶段③。

(二)"一黄金一斤",即统一黄金货币的价值单位、衡量单位和使用单位为"斤"。自黄金成为货币以后,直至战国秦汉,都是称量货币,它的称量单位与价值单位、使用单位一致。战国时期各国,其单位或为"溢",或为"斤",亦有称一溢或一斤为一"金"的。在法律上,周规定以斤为单位,一斤金为一金,秦规定以一溢为一金。在楚汉相争期间,刘邦与项羽用金,或称"溢",或称"斤",或称"金"④。据此可知,在实际生活中,黄金的货币单位、衡量单位和使用单位没有实现真正的统一。自汉初规定以一斤为一金即恢复周制后,刘邦用金皆称"斤"或"金",不见以"溢"为单位的了。如:叔孙通定朝仪后,刘邦"赐金五百斤"⑤。陆贾使南越,南越王佗"赐陆生橐中装直千金,他送亦千金"⑥。"高后时,齐人田生游乏资,以画干营陵侯泽。泽大说之,用金二百斤为田生寿"⑦。可见,黄金皆以斤为基本单位,溢作为黄金的衡量单位退出了历史舞台。

(三)"更令民铸钱"。秦王朝将半两钱铸造权集中于政府,禁民私铸,刘邦改为纵民私铸。这是铸币权方面的一次大胆的改革。其历史背景是:秦末长期战乱,经济残破,西汉王朝财政收入少,需要用钱的方面多,政府没有充裕的财力大量铸造铜钱;为了尽快地恢复经济,必须使社会上有足够的铜钱流通以利于经济运行,因为货币是经济运行的润滑剂;在秦末的战乱期间,社会处于

---

①参见赵德馨、周秀鸾《关于布币的三个问题——读云梦出土秦简〈金布律〉札记》,《社会科学战线》1980年第4期。

②赵德馨:《战国时期金币的性质》,《湖北财经学院学报》1984年第1期;赵德馨:《楚国的货币》,湖北教育出版社1996年版,第195—197页。

③汉高祖之后,汉代的货币立法和晋代的货币立法也称《金布律》,从汉至唐布匹也有法定的货币性,但与战国秦代布币的性质和地位已不同。对此,将在另文叙述。

④在《史记》同一书中,对汉王刘邦同一人、同一时期所用黄金,或称"斤",或称"溢"。如:"汉王赐良金百溢,珠二斗"。刘邦与项羽相拒于荥阳,"汉王患之,乃用陈平之计,予陈平四万斤,以间疏楚君臣"。对项羽同一人、同一时期,或称溢,或称金。"项王使项悍拜平为都尉,赐金二十溢"。项王败于垓下,"顾见汉骑司马吕马童,曰:'若非吾故人乎?'……项王乃曰:'吾闻汉购我头千金……'"

⑤《史记》卷九十九《刘敬叔孙通列传》。

⑥《史记》卷九十七《郦生陆贾列传》。

⑦《史记》卷五十一《荆燕世家》。

无政府状况,各路起义者为筹集军费,一些人为谋取厚利,纷纷铸钱,对这种局面一时难以完全制止,纵民私铸是对这种事实的一种承认,变地下的、不合法的为公开的、合法的行为,以动员民间力量铸钱。

(四)《汉书》卷二十四《食货志下》:"汉兴,以为秦钱重难用,更令民铸荚钱。"颜师古注引如淳曰:"如榆荚也。"这种铜钱轻薄,穿孔大,像四片榆荚架在一起,故称为"荚钱"或"榆荚半两"。《索隐》云:荚钱重三铢。《通典》注云:"荚钱重铢半,径五分,文曰汉兴。"《钱谱》亦说荚钱文曰"汉兴"。刘邦改"秦钱重"为钱轻,即降低铜钱重量。秦半两钱名曰半两,重亦半两(即十二铢),名实相符。高祖铸的钱币文仍为"半两"(或说"汉兴"二字),但实重三铢,实重为名重的四分之一,法定的币重与币名相脱离。于是入汉以后,"半两"成了铜币的名称,而不代表重量。这使铜币进一步脱离称量货币这种母胎的痕迹,显示出铸币的特征——重量名实不符和可以减重。

二、改令民铸钱为禁民铸钱

"更令民铸钱"是中国历史文献记载中朝廷第一次在法令上允许私人铸造铜钱,亦即第一次放弃垄断铜币铸造权。这项措施的后果是私人铸钱合法化。私铸者为了牟利,尽可能地偷工减料,法律规定一枚半两钱重三铢,民间私铸的逐步降到一铢半,后来竟不足半铢。半两钱减重必引起物价上涨。秦半两重十二铢,汉半两重三铢,以"半两钱"计,物价应上升四倍。当汉半两降至一铢半时,物价应上升八倍。降至重半铢时,则物价应上升二十四倍。在物资匮乏,富商趁机囤积居奇的情况下,钱币减重导致物价腾跃,"米至石万钱,马至匹百金"。这是中国历史上有明文记载的第一次货币大贬值和物价暴涨。物价暴涨,商人投机谋利,小民受困,影响社会稳定,使朝廷财政蒙受损失。形势使刘邦不得不考虑整顿钱法。约在汉高祖八年(前199),刘邦颁发《盗铸钱令》,禁止民间私铸。又下贱商令,贾人不得衣丝乘车,重租税以困辱之。惠帝三年(前192),又下令禁止私人铸钱[1]。从刘邦颁《盗铸钱令》到惠帝重申此令,是改"令民铸钱"为"禁民铸钱"。这是西汉第二次货币政策改革。这次禁

---

[1]20世纪80年代湖北张家山出土吕后时期的汉简《钱律》中有五条与盗铸相关,两条是对捕获及告发盗铸的奖励规定。《史记》卷二十二《汉兴以来将相名臣年表》:"(文帝)五年……除钱律,民得铸钱。"

民铸钱，是将铸币权重新收归国家所有。国家垄断铸币权，指的是只有国家才能铸造货币，禁止民间自由铸币，并不直接等于朝廷铸造钱币。国家行使铸币权可以有两种形式：由中央政府统一铸造；国家授权由郡国铸造。汉高祖至惠帝收回铸币权后，铜钱由中央政府和分享中央政府权力的诸侯王国铸造。所以，这次"禁民铸钱"，主要是剥夺商人的铸钱权，诸侯王仍在合法铸钱。"郡国诸侯各务自拊循其民。吴有豫章郡铜山，濞则招致天下亡命者益[盗]铸钱，煮海水为盐，以故无赋，国用富饶"①。

三、改三铢半两为八铢半两

吕后时，"君臣俱欲休息乎无为"，着力恢复经济，又考虑到物价上涨的原因之一是三铢半两太轻（应劭曰："民患其太轻"），遂于高后二年（前186）发行八铢钱，该钱文为"半两"，实重八铢（故又称"八铢半两"），其形状与秦半两相同。选择这种重量，是鉴于秦半两（十二铢）太重，而荚钱（三铢）又太轻，于是选择三铢与十二铢之间的八铢为钱的重量。在铸新钱的同时，重申禁民私铸的政策。

四、发行五分钱

高后六年（前182）发行五分钱。它直径五分，重二铢四累（一两的五分之一），形制与高祖所铸三铢钱基本相同。高祖所铸三铢钱因其轻小被称为"荚钱"，高后所铸因其形制相同，更轻，故也称为"荚钱"。《汉书》卷三《高后纪》：六年六月，"行五分钱"。应劭曰："所谓荚钱者。"《通典》注云："高后所行五分钱，即荚钱也。"《汉书》卷四《文帝纪》，应劭曰："文帝以五分钱太轻小，更作四铢钱，文亦曰半两。今民间半两钱最轻小者是也。"据此，五分钱轻于四铢。这是第四次改革。第三、第四次币制改革，钱的形制未变，改的是钱的重量，显示出探索的痕迹。

五、更铸四铢钱，改禁民盗铸为许民私铸

这是汉文帝五年（前175）改革币制的主要措施。《汉书》卷二十四《食货志下》："孝文五年，为钱益多而轻，乃更铸四铢钱，其文为'半两'，除盗铸钱令，使民放铸。"贾谊为此谏诤的奏文中有"法使天下公得顾租铸铜锡为钱，敢杂以铅

---

①《史记》卷一百六《吴王濞列传》。

铁为它巧者,其罪黥"。可知"放铸"是令民按朝廷公布的法钱仿铸,违反成色规定者处以黥刑。更铸四铢钱的原因是"为钱益多而轻"①。自高祖以来的钱制,从重三铢,到重八铢,到重二铢四累,在不断地探索钱重以多少为宜。三铢即一两的八分之一,轻了。八铢即一两的三分之一,重了。二铢四累即一两的十分之一,轻了。文帝这次规定钱文为"半两",实重四铢(故又称"四铢半两")。除盗铸钱令,即废除禁民私铸钱的法令,允许百姓按照国家法定货币的形制、文字、重量、成色标准来铸造钱币。这是西汉政府第二次放弃国家垄断铸币的权力。

文帝在实行令民私铸政策时,接受了汉高祖令民私铸后,钱轻小恶劣,导致物价暴涨的教训,采取了一些措施。其中重要有两项。

第一,制定钱的统一标准,颁发法钱;规定铸钱者必须按法钱的形式、质地铸造;制定检查钱的标准,颁发称钱衡与钱法码(法码钱),地方里正用它们检验市场上流通的钱币,用以稽核所铸钱的重量。凡是合乎标准的钱,不管是政府铸的还是私人铸的,都是"法钱"。不合标准的钱被称为"奸钱""恶钱"。

"乃更铸四铢钱"一句中的"更"字值得注意。汉自建立以来,每新铸一种铜钱时,原有的未全部收回和销毁,这使市场上使用的铜钱有几种,使用时互相折算,甚为不便。文帝此次币制改革是"更铸",是收回和销毁原有之钱,重新铸造成四铢钱。但四铢钱由民私铸,难免轻重不一,受钱者会拒绝接受轻币。政府下令采取"法钱称重"制度来解决这个矛盾。在使用铜钱时,在清点枚数的基础上,还要用天平称钱币的总重量够不够"法钱"标准。如果多了,可以取出若干枚;如果不够,要再加若干枚,直到重量刚好为止②。这是历史上由政府出面,对贱金属铸币采取"贴水"和"折扣"的办法。这种为了解决钱有轻有重矛盾而采取的办法,使铜钱从铸币退到称重货币阶段,行使起来相当麻烦。铸币的优点在于币材成色固定,重量划一,使用时授受双方可以按数计值,无检验权衡之烦。"法钱称重"使金属铸币的优越性丧失殆尽。

第二,高祖令民铸钱的"民",主要是指商人。文帝令民铸钱的"民",主要

①《汉书》卷二十四《食货志下》。《史记》卷二十二《汉兴以来将相名臣年表》:"除钱律,民得铸钱。"

②《册府元龟·邦计部·钱币》注:"时钱重四铢,法钱百枚重一斤十六铢;轻则以钱足之若干枚,令满平也。"西安东郊发掘的西汉王许墓中,出土2枚大型"半两",每枚重80克,合汉制四两四铢。4枚这样的钱,重一斤十六铢,相当于100枚"四铢钱"的标准重量。出土的这2枚钱应是用来衡量市场上其他铜钱的权钱。

是指如吴王濞之流的刘姓诸侯王和如邓通之流的亲信。这类大铸钱家人数较少,便于监督。

文帝与高祖时的政治局势有很大差别。高祖令民铸钱时,政权初建,异姓诸侯王势力强大,许多政令贯彻不下去。文帝令民铸钱时,异姓诸侯王已被消灭殆尽,刘氏政权已经巩固。有了这样一种政治局面,故法钱制度贯彻得较好。两个最著名大私铸钱者吴王濞和邓通所铸钱的质量,与朝廷的铸币质量并无二致①。文帝四铢钱成为汉初质量较好的、寿命最长的铸币。

吴王濞、邓通铸的钱质量好,并不是所有私人铸的钱都合乎法钱标准。法钱称重制度能解决钱轻重不一的矛盾,却不能确保钱币中所含铜、锡、铅的比重。由于锡比铜贵,铜比铅贵,私铸钱中含的铅多于法定比例,铜少于法定比例,锡更少,质量低劣。铁比铅更便宜。为保障钱的质量,法令规定,铸铁杂以铅钱的,给予黥罪。然而受经济利益的诱惑,不仅出现杂以铅钱者,还出现以铁为币材的钱。湖南长沙、衡阳等地西汉前期墓葬里出土的铁制四铢半两钱(这是中国历史上的第一批铁钱)形制、轻重、大小和当时流行的铜钱基本相同,但成本低,质量差。

文帝令民铸钱政策在酝酿过程中,遭到贾山、贾谊的激烈反对,引起了汉代第一次大臣反对天子货币政策的事件,并导致贾山、贾谊货币理论的出台。贾山认为:"钱者,亡用器也,而可以易富贵。富贵者,人主之操柄也,令民为之,是与人主共操柄,不可长也。"②贾谊谏曰:"法使天下公得顾租铸铜锡为钱,敢杂以铅铁为它巧者,其罪黥。然铸钱之情,非淆杂为巧则不可得赢;而淆之甚微,为利甚厚。夫事有召祸而法有起奸,今令细民人操造币之势,各隐屏而铸作,因欲禁其厚利微奸,虽黥罪日报,其势不止。乃者民人抵罪,多者一县百数,及吏之所疑,榜笞奔走者甚众。夫县法以诱民,使入陷阱,孰积于此!曩禁铸钱,死罪积下;今令(引者按:另本作'公')铸钱,黥罪积下。为法若此,上何赖焉?又民用钱,郡县不同:或用轻钱,百加若干;或用重钱,平称不受。法钱不立,吏急而壹之乎,则大为烦苛,而力不能胜;纵而弗呵乎,则市肆异用,钱文大乱。苟非其术,何乡而可哉!今农事弃捐而采铜者日蕃,释其耒耨,冶镕炊

---

①《汉书》卷二十四《食货志下》:"文帝赐邓通蜀铜山,听自铸钱,文字肉好皆与天子钱同。时吴王亦有铜山,铸钱微重,文字肉好与汉钱不异。据此则吴邓所铸钱悉遵汉制,故能流行天下也。"又《史记》卷一百二十五《佞幸列传》"邓氏钱"下《正义》引《钱谱》云:"文字称两,同汉四铢文。"

②《汉书》卷五十一《贾邹枚路传》。

炭,奸钱日多,五谷不为多。善人怵而为奸邪,愿民陷而之刑戮,刑戮将甚不详,奈何而忽! 国知患此,吏议必曰禁之。禁之不得其术,其伤必大。令禁铸钱,则钱必重;重则其利深,盗铸如云而起,弃市之罪又不足以禁矣。奸数不胜而法禁数溃,铜使之然也。故铜布于天下,其为祸博矣。今博祸可除,而七福可致也。何谓七福? 上收铜勿令布,则民不铸钱,黥罪不积,一矣。伪钱不蕃,民不相疑,二矣。采铜铸作者反于耕田,三矣。铜毕归于上,上挟铜积以御轻重,钱轻则以术敛之,重则以术散之,货物必平,四矣。以作兵器,以假贵臣,多少有制,用别贵贱,五矣。以临万货,以调盈虚,以收奇羡,则官富实而末民困,六矣。制吾弃财,以与匈奴逐争其民,则敌必怀,七矣。故善为天下者,因祸而为福,转败而为功。今久退七福而行博祸,臣诚伤之。”①贾山、贾谊把货币与政权、经济权力联系起来,从政治和经济方面的两重后果来论证令民铸钱政策不宜施行。

文帝对贾谊、贾山激烈反对自己政策的言论,一不听从,二不反驳,且宽宏大量地对待。这也是从政治上考虑而采取的态度。他知道贾谊、贾山言之有理,只是由于自己以庶子身份从偏远的代国入主长安,地位极不稳固。同姓诸侯王中势力大者,“夸州兼郡,连城数十,宫室百官同制京师”②。为了获得他们的支持,文帝提出“不私其利”“使天下公”,允许他们“得顾租铸铜锡为钱”。从文帝放铸政策中获利最多的是有大规模铸钱能力的诸侯王,如上述吴王刘濞。放民私铸导致诸侯王势力膨胀。吴王濞因而能“积金钱,修兵革,聚谷食,夜以继日,三十余年”,“诱天下亡人,谋作乱”。③“山东奸猾咸聚吴国”④。景帝三

---

① 《汉书》卷二十四《食货志下》。应劭曰:“时钱重四株,法钱百枚,当重一斤十六铢,轻则以钱足之若干枚,令满平也。”“用重钱,则平称有余,不能受也。”王先谦补注:“贾子《铜布篇》:铜布于下,为天下灾。何以言之? 铜布于下,则民铸钱者,太抵必杂石铅铁焉,黥罪日繁,此一祸也。铜布于下,伪钱无止,钱用不信,民愈相疑,此二祸也。铜布于下,采铜者弃其田畴,家铸者捐其农事,谷不为则邻于饥,此三祸也。故不禁铸钱,则钱常乱,黥罪日积,是陷阱也。且农事不为,有疑为灾,故民铸钱不可不禁。上禁铸钱,必以死罪;铸钱者禁,则钱必还重,钱重则盗铸钱者起,则死罪又复积矣,铜使之然也。与志文皆不同。”

② 《汉书》卷十四《诸侯王表》。

③ 《史记》卷一百六《吴王濞列传》。

④ 《盐铁论》卷一《错币第四》。在令民铸钱之时,铸钱者除诸侯、贵族、皇帝佞幸之外,还有亡赖子弟和亡命铸钱奸人。下面的两条史料证明这一点。其一,《汉书》卷四十九《爰盎晁错传》:吴王濞反,“上(景帝)问(爰)盎曰:‘君尝为吴相,知吴臣田禄伯为人乎? 今吴楚反,于公意何如?’对曰:‘不足忧也,今破矣。’上曰:‘吴王即山铸钱,煮海为盐,诱天下豪桀,白头举事,此其计不百全,岂发乎? 何以言其无能为也?’盎对曰:‘吴铜盐之利则有之,安得豪桀而诱之! 诚令吴得豪桀,亦且辅而为谊,不反矣。吴所诱,皆亡赖子弟,亡命铸钱奸人,故相诱以乱’”。其二,《史记》卷一百二十四《游侠列传》:“(郭)解为人短小精悍,不饮酒。少时阴贼,慨不快意,身所杀甚众。以躯借交报仇,藏命作奸剽攻,(不)休(及)铸钱掘冢,固不可胜数。”

年(前154),吴王濞发动"七国之乱"。可见,诸侯王有权铸钱,他们就可以依靠私铸钱聚敛财富,用以壮大实力,对抗中央。这不利于国家的政治统一。文帝令民铸钱的后果是导致诸侯势力强大。文帝"令民纵得自铸钱。故吴,诸侯也,以即山铸钱,富埒天子,其后卒以叛逆。邓通,大夫也,以铸钱财过王者。故吴、邓氏钱布天下,而铸钱之禁生焉"①。

六、颁铸钱伪黄金弃市律

景帝从"七国之乱"中看到,令民私铸的后果危及国家的统一和中央政权的稳定,危及自己的皇权与生命。他在平息"七国之乱"后,吸取教训,抓住有利时机,逐步削弱诸侯的权力,加强中央集权,将铸币权集中于中央朝廷。诛杀大铸钱者吴王濞,没收邓通的一切家产,使他寄死人家②。景帝中元六年(前144)十二月,"定铸钱伪黄金弃市律"③,为汉武帝真正统一全国货币奠定了基础。

原载《武汉金融》2008年第12期。

---

①《史记》卷三十《平准书》。

②《史记》卷一百二十五《佞幸列传》:"上(文帝)使善相者相通,曰:'当贫饿死。'文帝曰:'能富通者在我也。何谓贫乎?'于是赐邓通蜀严道铜山,得自铸钱,'邓氏钱'布天下。其富如此。……景帝立,邓通免,家居。居无何,人有告邓通盗出徼外铸钱。下吏验问,颇有之,遂竟案,尽没入邓通家,尚负责数巨万。长公主赐邓通,吏辄随没入之,一簪不得著身。于是长公主乃令假衣食。竟不得名一钱,寄死人家。"又见《汉书》卷九十三《佞幸传》。

③《汉书》卷五《景帝纪》。应劭曰:"文帝五年,听民放铸,律尚未除。先时多作伪金,伪金终不可成,而徒损费,转相诳耀,穷则起为盗贼,故定其律也。"孟康曰:"民先时多作伪金,故其语曰'金可作,世可度'。费损甚多而终不成。民亦稍知其意,犯者希,因此定律也。"师古曰:"应说是。"

西汉前期的币制改革与
五铢钱制度的确立(下)

一、汉武帝前期 28 年间的 6 次改革与五铢钱制度的确立

汉武帝即位后,对币制的改革抓得更紧,在其前期的 28 年间进行了 6 次。第一次,建元元年(前 140)行三铢钱。第二次,建元五年(前 136)罢三铢钱,行四铢半两钱。第三次,元狩四年(前 119)销毁四铢半两钱,更铸三铢钱;发行白金币与皮币。第四次,元狩五年(前 118),罢三铢钱,行五铢钱,由郡国铸造("郡国五铢")。第五次,元鼎二年(前 115),禁郡国铸钱,由朝廷所辖之钟官铸赤仄(侧)五铢钱("赤侧五铢")。第六次,元鼎四年(前 113),禁止郡国铸钱,由朝廷所辖的三个部门铸造五铢钱("三官五铢")。6 次改革导致五铢钱制度的建立,西汉的钱币制度至此进入稳定阶段。①

(一)发行文如其重的三铢钱

景帝颁布禁民私铸令后,国家垄断铸币权,只允许朝廷和郡国发行铜币。郡国铸钱的实际效果是:各地所铸之币美恶不一;由于币值高于成本,铸钱有利,利之所在,引起私铸。汉武帝面临着进一步改革币制的任务。武帝即位之初,在钱币制度改革方面,仍是沿袭不是加重便是减轻、铸钱以谋利的思路。建元元年(前 140,汉武帝即位后第一年)二月"行三铢钱"。颜师古注:"新坏四

---

① 建元元年(前 140)和建元五年(前 136)这两次载于《汉书》卷六《武帝纪》,《史记》卷三十《平准书》和《汉书》卷二十四《食货志下》皆缺。仅据《史记》卷三十《平准书》和《汉书》卷二十四《食货志下》写成的汉代货币史论著(近期的如党顺民《汉武帝货币改制的特点——兼谈铸币权收为国有的重大意义》,载"西部金融·钱币研究"——2008 陕西省钱币学会论文汇编),都将这两次改革遗漏了。

铢钱,造此钱也。重如其文。见食货志。"①这次铸钱,有两个变化。一是重如其文,即币文为"三铢",在此,"铢"是计重单位,也是计值单位。"重如其文"是回到铜钱重量、价值、名称相符的一次尝试,试图克服入汉以来半两钱名为"半两",实重三铢、八铢、四铢的名实不符现象,使铜钱从称量货币的处境恢复到按数计值的铸币境地。二是这次铸造的"三铢"钱,在形制上有改进,即在正面铸有外廓。这是为了防止人们把铜钱的外边剪磨下来,熔化后再行铸钱。它是防盗铸的措施。

(二)恢复四铢半两钱

建元五年(前136)春"罢三铢钱,行半两钱"②。文为"半两",实重四铢③。这又回到文帝时名为"半两"、实重四铢的钱币重量名实不符的老路子上了。其原因是:三铢钱太轻,且私铸多,钱币市场反不如行文帝四铢钱时稳定。武帝这次颁行的四铢半两钱,吸取三铢钱铸造外廓的做法。这是它和文、景时期四铢钱不同的地方。钱币学家称它为"武帝半两"④。

(三)发行大额虚币与更铸三铢钱

因长期出击匈奴,以及迎、迁匈奴降者数万人,又因黄河决口,受灾者众,移民七十余万,至元狩初年,政府财政困难。此其一。其二,自孝文"更铸四铢钱",至元狩四年(前119),"四十余年。从建元以来,用少,县官往往即多铜山而铸钱,民亦间盗铸钱,不可胜数。钱益多而轻,物益少而贵"。"于是天子与公卿议,更造钱币以赡用,而摧浮淫并兼之徒"。⑤ 是年冬实行御史大夫张汤等建议的币制改革。这次币制改革的思路之一是销半两钱(销毁自汉初以来所铸半两钱),更铸三铢钱。为了防止取镕盗铸,在形制上加上外廓,同时颁布盗铸者死的法令,以求铜钱的统一与稳定。思路之二是在铜钱之外另设皮币(以白鹿皮制造)和白金币(以银锡铸造,分三品),皮币与白金币皆大额虚币。皮

---

①《汉书》卷六《武帝纪》。颜师古的这条注文有可疑之处,待考。现暂从其说。

②《汉书》卷六《武帝纪》。

③《史记》卷三十《平准书》:"今半两钱法重四铢。"

④《史记》卷二十二《汉兴以来将相名臣年表》记载建元五年(前136)"行三分钱"。对于这种三分钱,货币史学家咸谓"情况不明"。笔者以为很可能即指四铢半两钱。因为半两即十二铢,四铢是半两的三分之一,故称三分钱,如同前文所述的"五分钱"一样。

⑤《史记》卷三十《平准书》。《汉书》卷二十四《食货志下》同。

币用于"王侯宗室朝觐聘享",白金币用于朝廷的开支(官用)和老百姓交纳赋税,为官民通用之物,盗铸白金者亦死罪。发行这两种货币的目的是朝廷获得财政收入,以解决财政困难。

这次改革新思路的核心,是总结了汉初以来70余年钱币铸造权分散在民间(主要是豪民)之弊,决定由朝廷直接掌握皮币、白金币这两种高额虚币的制造权与发行权,同时铜钱由郡国铸造与发行。

(四)废三铢钱,改为由各郡国铸五铢钱

此次改革的原因是:"有司言三铢钱轻,易奸诈,乃更请诸郡国铸五铢钱,周郭其下,令不可磨取鋊焉。"①对于这次改革,《汉书》卷六《武帝纪》记为"罢半两钱,行五铢钱"②。《史记》卷三十《平准书》说元狩四年(前119)"销半两钱,更铸三铢钱",后又说以三铢钱轻,更铸五铢钱,则所销应是元狩四年及此前所铸仍未销毁的"半两钱"。对元狩五年(前118)用五铢钱代替的三铢钱,《史记》卷三十《平准书》说"销半两钱",《汉书》卷六《武帝纪》说"罢半两钱",则元狩四年(前119)所铸三铢钱,其文仍为"半两"。

元狩五年(前118)发行的汉代第一种五铢钱,重如其文。它继承名实相符的办法。为了进一步防止取鋊盗铸,在形制上,它的正面、背面都有外廓。背面铸有内廓。这是在三铢钱有外廓的基础上的又一次改进。它们由朝廷和郡国铸造。朝廷铸造的("元狩五铢")比较精整。郡国铸造的("郡国五铢"),外廓不是很圆,文字不够工整,质量较差。二者质量不同(实际上重量亦不同),于是私铸者众。元狩六年(前117)六月诏:"有司以币轻多奸,农伤而末众,又禁兼并之涂,故改币以约之。"③以私铸钱币充斥市场,汉武帝遣使分巡郡国治之,并检举兼并之徒及守(郡守)相(诸侯国相)为吏有罪者。

(五)发行赤仄(侧)钱

此次改革是为了解决朝廷所铸与郡国所铸五铢质量、重量上的差异,以及由此而来的在市场上币值不相同的问题。元鼎二年(前115),朝廷(钟官)铸造

---

①《史记》卷三十《平准书》。《汉书》卷二十四《食货志下》在"钱轻"后加"轻钱","易"后加"作","下"作"质","不可"后加"得","鋊"作"铅"。

②《汉书》卷六《武帝纪》。

③《汉书》卷六《武帝纪》。

赤仄五铢钱。《史记》卷三十《平准书》载："郡国多奸铸钱，钱多轻，而公卿请令京师铸钟官赤侧，一当五，赋、官用非赤侧不得行。……其后二岁，赤侧钱贱，民巧法用之，不便，又废。"司马迁亲身经历了赤仄钱从铸造到废止的全过程，客观记述了铸造赤仄钱的社会背景，铸钱官署，钱币特征（名称），币值和流通规定，以及贬值被废除的经过。关于钟官，今已发掘其遗址①。关于什么是"赤仄"，裴骃《集解》引如淳曰："以赤铜为其郭也。今钱见有赤侧者，不知作法云何。"可见如淳亲眼见到过赤仄钱。《索隐》引韦昭云："侧，边也。"两个注释对何为"赤"、何为"侧"作出了明确解释。所谓"赤侧"，就是在钱币的边郭上面另加了一层赤铜，成为钱币外观的一种标志。作为交赋、官用的赤仄钱，币值一当五（一枚当郡国五铢钱五枚）。尽管朝廷对赤仄钱的币值和流通都作出了明确规定，但与郡国五铢并行流通时，赤仄钱因造价过高，明显属于一种虚值货币，实际不值那么多，这使"赤仄钱贱"，民间兑换不是一当五，而是一当二、三使用（"民巧法用之"）。使用赤仄钱时还须仔细辨认有无"赤仄"标记，引起诸多不便，仅行用两年，同郡国五铢一起被废除。由于赤仄五铢仅使用两年即被废除，铸量很少，如淳以后人们未见实物，赤侧五铢是什么样子，成了钱币学界的一个谜。1988 年，河北省万全县孙家一村（在汉时属"宁城"）出土的五铢钱中，发现一枚铸造工艺独特的钱币：在钱币面部边郭上面涂有一层赤铜，与币体相粘连，背部未被烧烤。检测的结果是：1. 钱的含铜量占 89%，锡、铅含量各占 5%，另含有一些微量金属元素。铸币铜质精良，与"郡国多奸铸钱"而大量掺杂铅、锡形成鲜明对比。2. 边郭表层金属（赤铜）含铜量占 80%，含金量占 20%。检测结果证实"赤铜其郭"之说成立。钱币背部铸有币值数字符号，穿之上为"一"，穿之下为"÷"（上首的一"点"与中间的一"横"相连接，下面的一"竖"与中间一"横"相断开，被译为"五"）。钱币穿上的"一"与穿下的"÷"（五）与《史记》卷三十《平准书》中记载的赤仄钱币值"一当五"相一致。这枚五铢钱的出土，为揭示谜底提供了实物佐证②。赤仄五铢的特殊性在于"一当五；赋、官用，非赤仄不得行"。前一句说的是面值，后一句指的是用途。它"以赤铜为

---

①1996 年，在陕西户县发现汉钟官遗址。它是中国最早的国家造币厂遗址。姜宝莲、秦建明主编：《汉钟官铸钱遗址》，科学出版社 2004 年版。

②张家口市赤侧五铢课题组：《解开赤侧五铢之谜》，《陕西钱币论文集——陕西省钱币学会第四届会员代表大会特辑》，2000 年 11 月印。

其郭"[1]，外廓被锉得很圆，比较精致。1枚赤仄钱兑换5枚郡国五铢，交赋税只能用赤仄钱。这种规定是有意贬低郡国五铢，企图以此从钱币市场中驱逐郡国五铢。它同时也使赤仄五铢成为一种虚价的钱币。

赤仄五铢出炉后，遭到郡国豪强和地方官员的抵制。赤仄五铢既是虚价钱币，其贬值自不可免。武帝为了推行赤仄五铢钱，使用厉法、严刑，虽诸侯亦不能免。元鼎三年（前114），曲城侯虫皇柔"坐为汝南太守知民不用赤侧钱为赋，国除"[2]。同年，郸侯周仲居"坐为太常收赤仄钱不收，完为城旦"[3]。武帝发行虚价钱币的另一个目的是替朝廷聚敛财富。铸造这种虚价钱利润高，易引起私铸伪造。伪造的太多，民间不易分辨，拒绝接受。伪造太多又加速赤仄五铢的贬值。到元鼎四年（前113），它被废止。其命运不到三年。

（六）三官铸五铢钱

由于"白金"和赤仄五铢钱都是虚币，铸造者有特别丰厚的利润，厚利引起社会上空前的大盗铸。盗铸以京师和楚地尤甚。武帝为此颁布了严酷的法令，"盗铸诸金钱罪皆死"（《汉书》卷二十四《食货志下》），用汲黯（淮阳太守）、义纵（右内史）这批酷吏对付盗铸[4]。对此过程，司马迁有较为详细的记载：

"自造白金、五铢钱后五岁，赦吏民之坐盗铸金钱死者数十万人；其不发觉相杀者，不可胜计；赦自出者百余万人；然不能半自出，天下大抵无虑皆铸金钱矣。犯者众，吏不能尽诛取，于是遣博士褚大、徐偃等分曹循行郡国，举兼并之徒守相为利者。而御史大夫张汤方隆贵用事，减宣、杜周等为中丞，义纵、尹齐、王温舒等用惨急刻深为九卿，而直指夏兰之属始出矣。"这是中国历史上一次最大规模的造假币与反造假的生死斗争。最终以虚值货币的废止停用，数十万人被杀，百万人受牵连为代价而结束。

"白金稍贱，民不宝用。县官以令禁之，无益。岁余，白金终废不行。""其后二岁，赤侧钱贱，民巧法用之，不便，又废。于是悉禁郡国无铸钱，专令上林

---

①《汉书》卷二十四《食货志下》如淳注。对"赤侧"的内涵，如淳以后还有另外一些解释。

②《史记》卷十八《高祖功臣侯者年表》。《汉书》卷十六《高惠高后文功臣表》作"元鼎二年"，"为鬼薪"。

③《汉书》卷十六《高惠高后文功臣表》。

④《史记》卷一百二十《汲郑列传》；卷一百二十二《酷吏列传》。《汉书》卷五十《张冯汲郑传》，卷九十《酷吏传》。

三官铸。钱既多,而令天下非三官钱不得行,诸郡国所前铸钱皆废销之,输其铜三官。而民之铸钱益少,计其费不能相当,唯真工大奸乃盗为之。"①

司马迁所说的三官钱,是元鼎四年(前113)发行的。由于它是由朝廷三个机构铸造的,重五铢,故称"三官五铢钱",简称"三官钱"。这三个机构都设在长安附近的上林苑,又称为"上林三官"②。汉武帝命令废止郡国铸钱,把以前铸造的钱币全部销毁,铜料输送到上林三官,由朝廷垄断铸钱原材料。把造币权收归朝廷,彻底解决了铸币权集中问题;同时提高了所铸五铢钱的质量,在钱币的面值与成本比上,使盗铸者"计其费不能相当",用经济的办法解决盗铸问题。这是一种新思路,它使这次币制改革获得空前的成功。

二、五铢钱制成功的历史意义与原因

(一)成功的表现与历史意义

第一,这次改革使汉代钱币体制获得长期稳定。

这次改革所确立的钱币体制,自元鼎四年(前113)建立后,一直沿用到王莽改制之时。换言之,在此后120余年间,再也没有进行过币制改革。这次币制改革是汉武帝时期推行的最后一次,也是西汉最后一次币制改革。下文所述事实还证明,它又是中国古代币制改革史上最成功的一次。

第二,这次改革使中国铜币体制规范化,解决了铜钱本身的体制问题。

铜钱体制包含的因素是币材、币重、币文、币形。具体地说,就是青铜成色与重量、钱币的形制与文字。三官五铢钱的特征有四。其一,铸造钱币所用青铜中,铜、锡、铅之比合乎科学原理,从而质地优良。其二,重五铢,符合当时商品流通中价值量水平,轻重适中。其三,文曰五铢,重如其文,名实相符,字形规范。其四,币形外圆内方,内外两面有廓。这四个方面使中国青铜铸币规范

---

①《史记》卷三十《平准书》。

②对"三官钱"中的"三官",《史记》卷三十《平准书》注:均输,钟官,辨铜。注解《汉书》卷二十四《食货志下》者,从魏时孟晏到清代齐召南等人,亦持此见。当代学者陈直认为是钟官、技巧、辨铜(《汉书新证》,天津人民出版社1979年版,第117页)。王裕巽认为是均输、钟官、技巧(《上林三官考》,载《钱币博览》2001年第3期)。吴镇烽、党顺民认为上林三官是钟官、技巧、六厩,它们都是管理铸钱的官署,都有一套管理和生产的系统(《上林三官铸钱官署新解》,载《中国钱币》1997年第4期,又《中国钱币论文集》,中国金融出版社2002年版)。后两说的论据是出土文物。陈直的解释是:"钟官主鼓铸,技巧主刻范,辨铜主原料。"这是铸钱前后衔接的三个环节。

化和标准化。三官五铢钱发行以后，中国铜钱币制才算固定下来。

五铢钱重五铢及外圆内方、内外两面有廓的币形，标志着中国铜币形制进入新阶段。中国自进入金属货币时代以后，直到西汉前期，铜钱在重量和形制上始终没有固定的标准。就形制而言，或刀形，或铲形，或圜形，或龟形，或贝形，或方形，形形色色。就大小与重量而言，大者如原始钱（学界或称原始布）重119克，小者如蚁鼻钱，一般的重5克，有轻至1.3克的①。这在铜钱本身方面，是由于没有摸索到以哪种形状，以及多大多重（价值含量多少）才方便人们使用，才符合商业发展水平与价格水平，符合货币流通规律。从春秋初期到西汉中叶的600年间，是摸索此规律以及摸索制定符合此规律的货币体制的阶段。

秦朝颁布统一货币的政策，决定用圜形钱秦半两，解决了币形中的一个问题。但它没有轮廓，外形不够圆。这使人容易从钱的边沿磨取铜屑（鉛）。币形与币重密切关系。秦半两重十二铢，形体大，价值高，难用。重八铢的汉半两也存在这个问题。重三铢、四铢的汉半两，形体薄小，价值偏低。所谓钱的价值含量偏高或偏低，是相对于当时的商品价值含量而言。秦至汉初，一些商品的价值低于青铜十二铢的价值，即低于一枚秦半两的价值，故此种钱太重，不便使用。改为重三铢后，钱的价值虽低，但每枚太轻小，也不便使用。四铢钱也是这样。五铢钱重3.5克，在价值上居中，即合乎当时商品价值状况②；在重量上也居中，即在形体上大小厚薄适当，方便使用。

三官五铢钱体制确立后，终西汉一朝用之。东汉、蜀汉、魏、晋、南齐、梁、陈、北魏、隋都铸造和使用五铢钱（实际上，它们的成色、轻重、大小、文字的写法，有的基本相同，有的差异甚大。相同的因素是形制和币文曰"五铢"）。唐武德四年（621）铸铜钱，币文始不称"五铢"。从西汉元鼎四年（前113）至唐武德四年（621），共计730余年。武德四年（621）以后，已铸的五铢钱仍在民间流通了很长一段时间。五铢钱是中国历史上同一币文铸造数量最多、流通时间最长的钱币。

钱币学家把唐武德四年（621）以后的钱称为通宝钱、年号钱、纪年钱，以与

---

①参见赵德馨《楚国的货币》，湖北教育出版社1996年版，第358页。

②世界上许多国家古代的基础货币，其重量也在4克左右。希腊古代货币德拉克马（Drachma），虽然各地微有不同，但最通行的是重4克左右的一种。罗马的银币迪拿留斯（Danarius），重约4克。参见彭信威《中国货币史》，上海人民出版社2007年版。

五铢钱相区别。这只是从币文角度上考虑的。构成铜钱体制的四个因素中，币文只是其中之一，且是次重要的因素。其他的三个因素中，通宝钱重 3.5～4 克，与五铢钱基本相同；币材与五铢钱相同；币形外圆内方，两面有廓，外径约 2.5 厘米，厚度约 0.12 厘米，也与五铢钱相同。对于通宝钱与五铢钱在体制上的相同之处，前人已有察觉。清代学者王鸣盛在总结自周景王铸钱以来钱制的演变时指出，汉武帝"铸五铢钱。五铢得中道，天下便之。故王莽纷更钱制，天下大乱，而世祖受命，荡涤烦苛，复五铢钱。五铢之制，唐、宋以下，盖悉用之矣"[1]。

第三，实现了由朝廷统一铸造铜钱。

武帝的这次改革，将朝廷与郡国同时铸钱的制度，改为由朝廷统一铸造，取消郡国铸造。这保证了五铢钱的统一与质地优良。

景帝以后，郡国铸钱虽是国家授权，是国家垄断铸币权制度下的铸造方式，但铸钱的郡国，都想从铸钱事业中牟利，减料省工在所难免，不能保证钱的质量。这是前文所述朝廷铸造的钱比郡国铸造的钱质量要好的根本原因。

三官五铢钱重量足，做工精致，工本高，实际情况是既超重[2]，又超值[3]，使铸钱成为一项需国家财政补贴的亏本事，要郡国铸钱不赚钱，反而贴钱，它们是做不到的。

本来，国家垄断铸币权与在何地、由何种机构铸币，是两回事，此其一。其二，中国是一个大国，行政区域辽阔，铸铜的原材料（金属）是笨重之物，古代交通工具落后，在各地铸钱，就地取材，就地发行，比由朝廷在京师一地铸钱运至各地发行要节约得多，在经济上合理得多。但从春秋时期开始铸币起，到汉武帝元鼎四年（前 113）废郡国铸钱止，五六百年的事实反复证明，授权诸侯国、封君和地方政权机构（郡）铸的钱，不是形制不一，便是质量低劣。此中原因，除技术问题外，主要是铸钱主权的经济利益问题。在古代的经济政治条件下，要实现国家对铸币权的垄断和铸币的统一，仅仅将铸币权收归国家是不够的（如景帝时），还要由国家设立专门负责铸钱的机构统一铸造。这样做，虽然会增

---

①王鸣盛：《十七史商榷》卷十二《汉书》六《钱制》。

②据出土物实测计算，西汉 1 斤重 244～258 克，平均重 248 克，1 铢＝0.65 克，5 铢＝3.25 克。汉武帝三官五铢钱实重 3.5 克，等于 5.39 铢。昭帝、宣帝直到平帝时期的五铢钱，保持 3.5 克的重量。

③五铢钱的面值即币文五铢。五铢钱的实值（成本）是五铢青铜的价值加铸造工本，故五铢钱的购买力应超过五铢青铜的价值。

加铸造与发行(运输)成本,但在当时的条件下,这是达到统一钱币形制与质量的唯一办法。

自春秋时期青铜币产生至汉武帝五铢钱制度确立的历史证明,国家垄断铸币权,不仅是国家可以颁布货币政策和钱币标准,不仅是禁止民间私人铸钱,不仅是可以授权诸侯国或地方政权机构铸钱,而且必须是由朝廷的专门机构统一铸钱。在当时的历史条件下,由中央政府的专门机构铸造,是实现国家垄断铸币权的最终手段。

五铢钱体制的成功,标志着朝廷集中铸币权政策的成功,标志着国家垄断铸币权政策的正确。"货币恰好最需要垄断"①。汉武帝改革币制,追求并实现国家垄断,是符合货币发展规律的。

第四,遏制了盗铸,实现了全国的货币统一。

货币的统一,有利于商品流通和市场统一,有利于财政征收与社会稳定,所以成为国家的追求目标。先秦时期,多个政权并存,一国之内多元货币并存,没有货币统一的条件。至秦,中国行政统一。秦代朝廷颁布了统一币制的法令,但经济生活中流通的货币,不仅在秦代没有统一,在汉初几十年间也没有统一。妨碍货币统一的是铸造者多元,除朝廷外,还有郡国,更有私人盗铸者。其中盗铸是根本原因。自国家铸造金属货币以后,盗铸问题困扰着历代朝廷。在盗铸存在期间,钱币是不可能达到真正统一的。盗铸破坏钱币的统一,扰乱社会经济的正常运行,加剧贫富差距和社会矛盾,是社会生活的一大祸害,是对政权的一大威胁。历代朝廷常以铸币权国有和严刑重法对付之。前引司马迁的记载说明,汉武帝也为这个问题大动刑罚,但始终没有解决问题。这说明,要解决盗铸钱问题,仅有行政和法律手段是不够的。汉武帝元鼎年间采取的新办法是:在行政上,将五铢钱的铸造集中于三官,使三官成为唯一的铸钱机构,解决了货币统一的技术问题;在法律上,取消郡国铸钱权和禁止民间盗铸,解决了铸钱法权问题;在经济上,提高钱的质量标准,使铸钱成本与钱币面值相等或基本相等,在经济上使盗铸者无利可图。自此之后,"民之铸钱益少"。中国历史上存在六七百年之久的盗铸问题第一次被遏制住了。所以这最后的一项具有决定性意义,是解决盗铸钱的根本手段。汉武帝在总

---

①恩格斯《政治经济学批判大纲》:"最重要的商品即货币恰好最需要垄断。"《马克思恩格斯全集》第1卷,人民出版社1956年版,第623页。

结前人教训的基础上,将行政手段、法律手段与经济手段结合在一起,第一次成功地解决了盗铸问题,为以后 2000 余年国家管理铸币积累了重要经验。他的经验揭示:解决经济问题要靠经济办法,这种办法必须依循经济规律。

第五,币值稳定,使用广泛,成为事实上的本位货币。

秦的半两钱,因为技术,大概还由于盗铸,钱的质地有美有恶。秦朝廷无法解决这个问题,只好在《金布律》中硬性规定:"百姓市用钱,美恶杂之,勿敢异。"①这类法律规定,不能弥补钱的使用者的经济利益。钱币质地有美恶,价值量不相同,币值不统一,币制也就难以稳定。

汉初七八十年间,钱制多次变动,一枚钱或轻至三铢、四铢,或重至八铢,且时轻时重,币值更难稳定。由于币值忽高忽低,物价随之变动,忽低忽高。这不利于正当商业的发展。币值不稳定,既影响朝廷的财政收支,又加重人民的负担,并引起盗铸者上百万,社会动摇。铸行三官五铢钱后,由于它的形制规范,质地优良,重量适中,重如其文,为币值稳定奠定了坚实的基础。

由于五铢钱币值长期稳定,五铢钱制度终西汉一朝没有再变动,未再出现因出一种新形制钱而毁旧形制钱币的现象,五铢钱得以不断累积。"自孝武元狩五年三官初铸五铢钱,至平帝元始中,成钱二百八十亿万余"②。元狩五年是公元前 118 年,平帝元始是公元 1—5 年。这 120 年间,累计铸钱 280 多亿枚,平均每年铸 2.33 亿枚。其时,人口最高纪录是 5959 万,人均铸钱 470 钱,平均每年每人增加 391 钱。其购买力,以买粮食计算。粮价,以黄河流域言,丰年每石 5 钱,歉年饿死人地区每石 300 余钱。以总量计,280 多亿,在歉年可买粮食 9300 多万石,在丰年可买 56 亿石。以人均计,在歉年可买 15667 石,在丰年可买 94 万石,其数额可谓大矣。笔者以为《汉书》卷二十四《食货志下》所记的"二百八十亿万"中的"亿",其义应为"十万"③。五铢钱能铸造这么多,是由于政府和民间在广泛的领域里使用它。所谓广泛的领域,如征税、俸给、赏赐、商品买卖、借贷、赠送、赎罪、储藏等等。官私之所以以五铢钱为储藏主体,是以它的币值稳定为前提的。

①睡虎地秦墓竹简整理小组:《睡虎地秦墓竹简》,文物出版社 1997 年版。又该律中有"勿敢择行钱布"一句,亦含不允许选择钱、布质量之义。见赵德馨《中国经济通史》第二卷第十三章《货币、物价》,湖南人民出版社 2002 年版,第 833—834 页。

②《汉书》卷二十四《食货志下》。

③在古代,或以十万为亿,或以万万为亿。

建平中(前6—前3),王嘉在奏折中说:"孝元皇帝奉承大业,温恭少欲,都内钱四十万万,水衡钱二十五万万,少府钱十八万万。"①《太平御览》六二七引桓谭《新论》:"汉宣以来,百姓赋敛,一岁为四十余万万,吏俸用其半,余二十万万藏于都内,为禁钱。少府所领园地作务之八十三万万,以给宫室供养诸赏赐。"这两条史料中,对于少府钱,一为18亿,一为83亿,当为传抄刻印中发生的颠倒。谁是谁非,暂且不论。它们的共同处是计算政府与皇室的收入,都是以钱为单位。被官方和民间广泛使用于经济生活中的各个领域,排挤和代替以往各种钱币,以至黄金也从货币市场退出,五铢钱成为统一使用的本位货币。

第六,最终完成了铜钱从称量货币、实物铸币到铸币的过渡。

铜币自春秋时期产生以后,长期处于称量货币、实物铸币阶段。战国时期,铜币从称量货币、实物铸币向铸币方向发展。秦统一全国之后,顺应这种趋势,以法令统一全国铜币的币形、重量和币文,在法律上完成了铜币从实物铸币到铸币的过渡。由于颁布统一货币法令到秦灭亡的时间很短,加上其他原因,秦并未实现铜币的真正统一。入汉之后,多次令民铸钱,私钱漫无标准,品质庞杂;禁民铸钱期间,盗铸猖獗,真伪混淆。在流通中,人们愿接受良币并贮藏以减少损失,尽可能拒收恶币,或尽可能将恶币用出去。于是恶币充斥于市面。市场上良币与劣币、轻币与重币同行。其结果是如上文所述,恢复铜钱的称量使用。铜钱要在实际上完成从实物铸币到铸币的过渡,必须以成色一致、重量划一、由中央政府的专设机构统一铸造,并基本上杜绝盗铸为前提。汉武帝币制改革取得了这方面的成功,从而使中国的铜币最终脱离了称量货币阶段,进入铸币阶段。

(二)成功的原因与经验

元鼎四年(前113)币制改革之所以能获得成功,是因为具备如下条件。

1.国家统一与朝廷强大

刘邦建立汉王朝之后,多次改革币制,之所以未能如意,原因甚多,其中共同处在于:地方势力强大,中央政权软弱,以致无法统一货币制度。经过刘邦、吕后剪除异姓诸侯,景帝平定同姓诸侯叛乱,武帝不断削弱诸侯势力,又在对

---

①《汉书》卷八十六《何武王嘉师丹传》。

豪富的斗争中取得压倒性胜利,中央政权空前强大。只有在这种情况下,才有可能取消郡国铸钱的权力,才有可能将政令贯彻到全国各地,才有可能统一货币制度。汉武帝的币制改革成功的政治条件是中央政权的强大。它的成功又进一步加强了中央政权(这是它的目的之一)。武帝的统一货币政策为后来的各个王朝所袭用,原因之一在于此。

2. 国家财力充裕

汉武帝铸五铢钱,不以赚钱为目的,并以此达到消弭盗铸的目的。这是自由政府铸币以来全新的思路。将这种思路付诸实践要有物质条件作基础:国家财力充裕,无须从铸钱中取得收入以弥补财政亏空。有了这种财政基础,才能铸造精良钱币,不仅可以使钱币重如其文,还可以重于其文,使五铢钱的面值低于它的铸造成本。这是从源头上杜绝盗铸的根本条件。没有这种条件,政府如果想在铸币中赚钱以增加财政收入,必须要求铸钱成本低于所铸钱的面值。这样,铸钱成为有利可图的生产事业,盗铸便不可避免①。盗铸盛行,钱出多家,且必轻劣,便不可能统一。汉武帝元鼎四年(前113)铸三官五铢钱之所以成功,原因之一在于此时与匈奴人的规模战争已经停止,财政支出大减;农业生产恢复,税源增加;元狩四年(前119)实行盐铁官营和元鼎二年(前115)开始实行均输,又禁郡国铸钱;元狩六年(前117)冬至元封元年(前110)实行告缗,"得民财物以亿计"②,以及发行白金、皮币,这些措施带来巨额收入,"民不益赋而天下用饶"③。这是发行五铢钱的经济基础。

以上两个方面,说明元鼎四年(前113)的币制改革,选择的时机甚好。

3. 善于总结历史经验,找到钱币运行的一些规律

汉初,朝廷对春秋战国以来国家管理钱币的经验没有进行过总结,对秦始皇实行钱币统一政策的意义认识不足,时而官铸,时而民铸,时而官民同铸;时而三铢,时而八铢,时而四铢,造成钱币混乱,社会不宁。文帝时,贾谊等人从

----

①汉武帝铸五铢钱之前和之后的历史事实反复证明,任何政府想通过铸币减重来增加收入,必然引起盗铸。汉武帝行五铢钱后,其所以"真工大奸"仍盗为之,原因有两个:一是"真工大奸"铸币的地方,与政府相比更接近原材料产地和五铢钱使用地,从而降低了原材料与钱币的运输费用,使铸钱成本低一些。二是国家铸钱机构是官府衙门,冗费多,成本高,产品质量差。《盐铁论·错币》中贤良文学指责国家铸钱,"吏匠侵利,或不中式,故有薄厚轻重",可证。"真工大奸"在管理上胜于国家机构,这也使铸钱成本比国家铸钱低,因而有利可图。

②《汉书》卷二十四《食货志下》。

③《史记》卷三十《平准书》。

政权稳定角度提出建议，不为文景二帝采纳，直至酿成七国之乱。武帝时，君臣认真总结历史经验，在钱币政策方面做出重大决策，其中的重要贡献，一是钱币体制方面的，二是钱币管理体制方面的。

第一是钱币体制。汉武帝解决钱币问题，先从钱币本身着手，即铸造和发行什么样的钱，这包括币材、币重、币形与币文。在币材不变的情况下，重点是解决后面的三个问题。

在币重方面，刘邦时发现秦半两重十二铢，钱重难用，改为重三铢的荚钱。荚钱轻，引起物价上涨，吕后又改为重八铢，仍太重；继后改为重二铢四累，又太轻。文帝造四铢串重的钱。武帝在建元元年（前140）行重三铢的钱。建元五年（前136）行重四铢的钱。元狩四年（前119）又铸重三铢的钱。民犹以为轻。于是在元狩五年（前118）造重五铢的钱。武帝自行五铢钱后，因为重量适中，官私称便。重五铢左右的钱后来用了2000多年。汉武帝选择铜钱重五铢，是在有了自秦及汉初八九十年间反复试验的实践经验之后做出的决策，它不是某种理论或先验的产物，而是由于长期实践积累了历史经验和善于总结历史经验的成果。

在币形方面，秦半两钱在形制上没有内外的轮廓，便于盗铸者磨铴。而战国时期的刀形币、铲形币和一些圜形币早已经有了轮廓。凸起的轮廓可以保护钱币上的文字不受磨损和不易被剪磨边缘以取铴。武帝行五铢钱，吸收这些钱币的优点，先是正面外部加廓（有利于保护币文，但只能部分地阻止磨铴），后是两面外部加廓（仍不能防止从穿处磨铴），最后两面内部加廓。"周郭其下，令不可磨取铴焉"。汉武帝时定下的这种铜钱形制，一直沿用到20世纪初年，历时2000多年。

在币文方面，秦半两钱"文如其重"，信用良好。入汉，文曰"半两"的钱，实际的重量或是其三分之二（八铢钱），或是其三分之一（四铢钱），或是其四分之一（三铢钱），或是其五分之一（二铢四累）。这种币文与币重、面值与实值背离的做法，除有利于敛财外，对币值的稳定与钱币的流通有害无益。经过"文如其重"与文大于重的比较，到铸造五铢钱时，从刘邦以来的文大于重的汉制回到"文如其重"的秦制，使币文与币重一致，面值与实值相若（实际的情况是如前文揭示的：实值大于面值）。这种做法，使"民之铸钱益少"，从根本上解决了困扰汉朝廷90余年的盗铸问题。

第二是钱币管理体制。在确立了钱币体制之后，最重要的事是如何管理钱币,这包括由谁铸造与发行,如何反盗铸、奸铸等一系列问题。

春秋战国时期,周天子和势力强大的诸侯国王拥有铸造货币的权力。诸侯国王将铸币权授给某些封君,这些封君也可以铸造货币。秦代为统一全国的货币,将铸币权统一于国家。进入汉代后,关于铸币权是否集中于朝廷的问题,在政策上反复多次。汉高祖和汉文帝两次纵民私铸。惠帝和景帝先后禁民盗铸。经过放、禁、放、禁的反复实践,证明允许私人铸钱弊大于利,允许郡国铸钱也是弊大于利。主要的弊病,一是私铸或郡国官铸,偷工减料,劣钱充斥市场,引起物价波动和交易混乱。二是铸钱的豪强大家和诸侯贵族经济力量膨胀,对国家的统一和朝廷构成威胁。吴王刘濞依靠铸钱发动叛乱,是一个沉重的教训。武帝继位以后,他看到了这个问题的严重性,又从自己的实践中看到,从改行"白金三品"至"赤侧五铢"期间,"白金稍贱,民不宝用,……终废不行";"三铢钱轻,易奸诈。""赤侧钱贱,民巧法用之,不便,又废。""郡国多奸铸钱,钱多轻。"白金三品、三铢、郡国五铢、赤侧五铢都成为短命货币。究其原因,除货币本身的问题外,主要是朝廷没有有效地控制铸币权,用于铸造钱币的铜材亦少。而郡国既掌握铸币权,又控制着大量铜材,奸铸不足值及轻小的钱币投放市场,与朝廷铸造的白金品、赤侧五铢相抗衡,加上豪强盗铸的恶钱,白金三品、赤侧五铢行用不久就"终废不行"。这使朝廷货币发行权的信誉和财政收入严重受损。汉武帝从切身教训中认识到将钱币铸造权控制在手中和铸币必须由朝廷统一铸造发行,才能有效抑制地方势力的扩张,巩固朝廷的统治,保证国家财政经济的正常运转。"于是悉禁郡国无铸钱,专令上林三官铸"①。这就是以政治手段取消郡国的铸币权,收回郡国掌握的铜材(包括销毁郡国所铸的五铢,输铜给上林三官)。三官铸钱充足后,即下令全国不用郡国五铢,专用三官五铢钱。从此建立起由朝廷完全控制货币铸造权和铸钱原材料,建立完整的钱币铸造、发行的管理体制,成立三官专职管理全国的铸钱造币;由国家统一建厂,负责铸造钱币业务,统一铸造形状统一、轻重统一、文样统一、质地统一的五铢钱。这种管理体制框架为中国后来的历朝执政者所效仿。在中国货币史上,汉武帝创立的货币管理体制框架留下了光辉灿烂的一页。

汉武帝从元狩五年(前118)废三铢钱,下令各郡国铸五铢钱,到元鼎四年

---

①《史记》卷三十《平准书》。

(前 113)禁郡国铸钱,专令三官铸五铢钱,建立五铢钱制度,一举完成中国自有金属货币以来六七百年间有关货币体制中四个根本性问题:铜钱的体制,铸钱权体制,钱币管理体制和本位币体制。这种货币体制为后之历朝沿用,直至清亡,历时 2000 余年。这种作用为时久远的制度,在中国经济史乃至世界经济史上都是罕见的。它是成功的经济制度改革的典范,是西汉前期 94 年间 12 次改革的最终成果。深入分析其改革的过程及其中的经验,对经济史学、经济学、历史学等诸学科的建设具有重要意义,对当前及今后的改革具有可资借鉴的价值。

原载《武汉金融》2009 年第 12 期。

"秦钱重，难用"考释

——兼论《史记》中币值的"矛盾"

《史记》卷三十《平准书第八》："汉兴，……于是为秦钱重，难用，更令民铸钱。"此句中的"秦钱"，指的是秦的铜（青铜）币半两钱。"重"，在物理学上是指钱的青铜重量，在经济学上是指"货重物轻"中的货重。这二者是一致的。前者是物质基础，后者是在市场上的表现。"难用"，是指这种货币在交换与日常生活中不便使用。

"秦钱重，难用"，是汉初人对秦钱的判断，是汉政权建立后要实行币制改革、另铸新钱的原因。弄清秦钱是不是重和难用，重和难用到什么样的程度，对评价秦的币制、《史记》中关于战国末期至汉初币值的记载，以及汉初七十多年币制改革的动因，颇为重要。

1955—1956 年，笔者在研究"两汉的商品生产与商业"问题时，阅读《史记》与《汉书》，对"秦钱重，难用"这种现象，以及历代学者的相关解释颇感兴趣，但苦于没有发现可以解决问题的资料。1975 年 12 月，湖北云梦睡虎地秦律竹简出土，使我看到了希望。后来，为写《楚国的货币》一书、《中国经济通史·第二卷》中的《货币、物价》一章和《西汉前期的币制改革与五铢钱制度的确立》一文，涉猎春秋、战国、秦汉时期货币演变的进程，增强了解决此问题的信心。

笔者解决此问题的思路是：以出土的新资料为主，将其与传统文献对照；以秦官方的定价，论证秦钱的购买力，以及它在交换中的使用状况和在法律中的地位；将秦钱与前后时期的货币重量作比较，论证其"重"和不合货币演变的规律，是以难用，终于被改革掉，成为历史遗物。

一、货币比价与一钱可以买到的布和麻的数量

考察一种货币的价值是轻还是重，基本的途径有二：一是看其与同时使用

的其他货币的比价;二是看它的购买力。

在古代,最能体现货币购买力的,是一个单位货币购买粮食(粟)和布的数量。因为粮与布是日常生活中最重要的物资,也是市场上交换的最重要商品。

秦的法定货币有金(黄金)、钱(青铜钱)和布(麻布)三种。至今未见秦朝有关金与钱、布比价的法律文献。市场和民间使用频繁的是钱与布。官方的法律文献湖北云梦睡虎地所出竹简《秦律·金布律》中,对二者的比价作了规定,其文曰:"钱十一当之布。其出入钱以当金、布,以律。"同时对布的质量作了规定:"布袤八尺,福(幅)广二尺五寸。布恶,其广袤不如式者,不行。"由此可知,律文中"当布"的"布",是布币的单位,它的实体是"布袤八尺,福(幅)广二尺五寸"。一布即 20 平方尺(8×2.5)的布。一布当十一钱,一钱之值为0.73 尺长、2.5 尺宽,或 1.82 平方尺的布。

为了让人们不仅得到当时的数据,还能得到"现时的金钱感觉",我把本文所涉及的物品与费用,按现在的价格加以折算。需要强调的是,所列现在的价格与折算出的结果,仅供参考。

据出土实物测量,秦 1 尺的长度为 22.5~24 厘米,中间数为 23.25 厘米。秦 1.82 平方尺,折合公制 986.53(0.73×23.25×2.5×23.25)平方厘米。2013 年 5 月,市场上麻布的价格是宽 58 厘米的麻布,1 米的价格为 11 元,折合 1 平方米 18.966 元,986.53 平方厘米 1.871 元。

现在再看麻(枲)的价格。《秦律·金布律》又云:"为褐以稟衣,大褐一,用枲十八斤,直六十钱;中褐一,用枲十四斤,直四十六钱;小褐一,用枲十一斤,直卅六钱。"据此可知,制大褐时用枲 1 斤的价值是 60÷18=3.33 钱,制中褐时用枲 1 斤的价值是 46÷14=3.29 钱,制小褐时用枲 1 斤的价值是 36÷11=3.27 钱。这里每 1 斤枲的价值不完全相同,是因为六十钱、四十六钱和卅六钱中,包括了织布和制衣加工费在内的价格,并非单纯的枲(麻)价格。如若将织布和制衣加工费忽略不计,三者的平均数是 3.15 钱。这就是说,一钱可买0.32 斤麻。据出土实物测量,秦 1 斤重约 250 克,1 两重 15.6 克,1 铢重 0.65克。秦制 0.32 斤,合今 80 克。2013 年 5 月市场交易麻(苎麻)1 斤的价格为6.8 元,80 克就是 1.088 元。

二、劳动力的价格,成人一天的伙食费与一钱能买到的粟数

云梦睡虎地所出竹简《秦律·司空律》中,有两条与此有关的律文。

一条为:"有罪以资赎及有责(债)于公,以其令日问之,其弗能入及赏(偿),以令日居之,日居八钱;公食者,日居六钱。"由此可知,在以劳役抵偿债务及债务利息时,秦官定劳动力的日价格为八钱,一天的伙食费为二钱。在这里,可以知道一钱在两个领域的购买力:

1. 劳动力的日价格为八钱,则一钱之值为劳动力日价格(一天的工资)的八分之一。现在一天的工资,按最低标准计算,2013 年 9 月,武汉市最低工资标准是每月 1300 元。2013 年,北京工资的最低标准是每月 1400 元(仅低于上海)。前者每天为 43.33 元,八分之一是 5.42 元。后者每天为 46.66 元,八分之一是 5.83 元。取其平均数是 5.63 元。

2. 秦政府规定一个劳动力每天的伙食费标准为二钱,则一钱之值为一个成年人一天伙食费的二分之一。在中国今天的社会生活中,由政府规定一个成年人一天伙食费标准的情况已经很少,想来想去只有军队。中国军队普通士兵每人每天的伙食标准(另有地方补助和其他补助),因军兵种不同而不同,空军、海军高于陆军和武警部队。下面就以武警部队为例。2013 年,武警部队伙食费执行标准,按地区划分为一、二、三类区,加实物供应类区,共四类。按任务性质划分为一、二、三类灶。四类区中一类灶的一天伙食费标准分别为 18 元、19 元、21 元、26 元。二类灶分别为 32 元、33 元、35 元、40 元。三类灶分别为 50 元、51 元、53 元、58 元。其中,一类区中的一类灶为最低,标准为 18 元。它的二分之一是 9 元。实物供应类区中的三类灶为最高,标准为 58 元。二者的平均数是 38 元。二类区中的二类灶为中间偏下的标准,为 33 元。三类区中的二类灶为中间偏上的标准,为 35 元。每人每天伙食费标准的中间数在 33 元、35 元至 36 元之间。这三个数的平均数是 34.67 元,它的二分之一是 17.33 元。

另一条是:"繫(系)城旦舂,公食当责(债)者,石卅钱。"由此可知,秦官定谷(粟)价为石卅钱。秦粟价为每石 30 钱。每斗 3 钱。一钱可买三分之一斗,即 3.33 升。

《秦律·仓律》中也有禀食标准的记载。其条文有二:

"隶臣妾,其从事公,隶臣,月禾二石,隶妾,一石半;其不从事,勿禀(廪)。小城旦、隶臣作者,月禾一石半石;未能作者,月禾一石。小妾,舂作者,月禾一石二斗半斗;未能作者,月禾一石。婴儿之毋母者各半石,虽有母而与其母冗居公者亦禀之,禾月半石。"

"隶臣,田者,以二月月禀二石半石,到九月尽而止其半石。舂,月一石半石。"

由此可知,官奴婢的禀食标准,分别为 2 石、1.5 石、1.25 石、1 石、0.5 石。男奴耕作期间的月食 2.5 石。平均月食 1.5 石左右。

按人均月食粟 1.5 石计算,每天为 5 升。

服役者一天的伙食费用为二钱。若不计油盐菜肴费用,二钱合粟 5 升,一钱 2.5 升粟。若将油盐菜肴计入,情况就不同了。在伙食费中,若粮食与油盐菜肴费用各占一半,则粟 5 升为一钱。若粮食费用占伙食费的四分之三,油盐菜肴费用占伙食费四分之一,则粟 5 升为一钱又半钱,则一钱当买粟 3.33 升。这与前一算法所得结果基本相同。

一钱值粟 3.33 升。若人要买一升粟,则一钱重了,不能成交。

秦时一石粟 30 钱,每钱 12 铢,共计 360 铢。据出土实物测量,秦 1 升的容量为 199.5~202.15 毫升,中间数为 200.83 毫升。粟 1 石为 20000 毫升,重 27 市斤,13500 克。1 斗为 2000 毫升,重 2.7 市斤,1350 克。1 升为 200 毫升,重 0.27 市斤,135 克。3.33 升重 449.55 克。2013 年 5 月 28 日,武汉市粟米每 500 克 8 元。449.55 克值 7.19 元。

这里顺便指出粟与布、枲的比价。秦粟价为每石 30 钱。一布 11 钱相当于 0.367 石粟。枲 1 斤 3.15 钱,一石粟相当于 9.52 斤枲。

三、一钱是价格基准单位,小商品的单价不到一钱

秦有关物价管理的法律,要求对商品实行标价出售。《秦律·金布律》:"有买及买(卖)殹(也),各婴其贾(价);小物不能各一钱者,勿婴。"一钱是价格基准单位。有一些小物,其单价不到一钱,这就成了市场交易的困难。这是最能说明秦钱难用的。

四、一钱的价值在法律中的反映

云梦睡虎地出土的《秦律·法律答问》中,有关于赃不盈一钱的律文:"或盗采人桑叶,臧(赃)不盈一钱,可何论? 赀繇三旬。"也有关于赃一钱以上的律文:"五人盗,臧(赃)一钱以上,斩左止,有(又)黥以为城旦。不盈五人,盗过六百六十钱,黥劓(劓)以为城旦;不盈六百六十到二百廿钱,黥为城旦;不盈二百廿以下到一钱,迁之,求盗比此。"

由此可知，一钱成了盗窃罪起刑点。盗窃赃不满一钱，要罚服劳役 30 天。五人盗，超过一钱，斩左趾，又黥以为城旦。不盈五人，迁之。这是很重的刑事处罚。它反映了秦政府对一钱价值的认识，也反映了一钱在社会中的价值。

现在，盗窃罪起刑点各地不一样，或 2000 元，或 1500 元，或 1000 元。若是 2000 元，则对盗窃赃 2000 元以下的，给予治安管理处罚；2000 元以上的，将受到刑事处罚。

五、从前后左右的比较中看秦钱的价值

春秋战国时期是从以家族为社会基层组织向以家庭为社会基层组织转变的阶段。随着家庭逐渐取代家族成为基层生产单元和交换单元，交易主体的规模由大变小，数量由少变多。这种变化导致每次交易的物品数量由大变小，加入交易的物品种类由少变多。一些小物品加入到市场交换中来，以及批量交换金额小，这就要求作为交换中介的货币价值能随之变小。

据出土的金属货币来看，出现于春秋时期，在战国中后期广泛流通的各种铜币，无论是主要通行在周王室及晋（战国时期韩、赵、魏）、卫、郑、宋、楚等国的钱（铲）形货币（布币），齐、燕、赵等国的刀币，两周、晋（韩、赵、魏）、秦、齐、燕等地区的圜钱，楚的贝钱（蚁鼻钱），都随着交换的发展，减轻重量。这是当时一种普遍性和长期性的发展趋势。如布币，从春秋时期重 35 克左右，降至战国之初的 12 克左右，到战国晚期的 10 克左右。上海博物馆所藏的币文为"安阳"的一枚布币，重 3 克。该馆所藏币文为"五"的刀币，重 6.5 克；币文为"一匕"的圜钱，重 1.3 克。至于与本文有关的蚁鼻钱，本来就小，战国中期的，重量在 6 克以下。战国晚期的，有重 0.5 至 0.6 克的，最轻的只有 0.1 克。这种货币轻型化，适应流通变化的需要，是一种合乎经济规律的现象。秦半两钱重 12 铢，每铢合 0.65 克，则一钱重 7.8 克，比与它同时并存的几种铜币重得多。例如，它是重 0.5 克至 0.6 克蚁鼻钱的 15.6 倍、13 倍，是重 0.1 克蚁鼻钱的 78 倍。同时，与 1999 年 10 月 1 日起发行的第五套人民币相比，1 元硬币重量为 6.1 克，1 角硬币重量为 1.15 克，秦铜币一枚（一钱）比人民币 1 元硬币重 28%，是 1 角硬币重量的 6.8 倍。

钱币币值的对比，除了重量，还有币材的质量问题。战国晚期的出土物表明，秦半两钱质地（青铜中的铜、锡、铅的比重）稳定（这与秦国力强盛，又要将

半两钱推向新占领区，以统一全国的币制有关），而楚蚁鼻钱质地下降（青铜中价值高的铜、锡比重减小，价值低的铅的比重加大）。故半两钱与蚁鼻钱的实在价值比，要大于 15.6 倍、13 倍或 78 倍。

西汉建立之初，立即着手改革"秦钱重，难用"的局面。从高祖刘邦即汉王位到武帝刘彻铸五铢钱成功，94 年间，改革币制 12 次。在币重问题上，每枚钱或重三铢，或重八铢，或重四铢，或重五铢，经过反复试探后，最终确定为五铢，这是秦半两钱重量的 41.67%。五铢钱这种重量的铜币，随后历经几个王朝，实行长达 2000 多年之久，表明这种重量的钢币，适应中国中世纪商品流通的发展水平。比五铢钱重一倍多的秦半两钱，在当时确实是太重了。

六、《史记》中货币之值与后来学者解读的困惑

《史记》记事的时间很长，地域很宽，涉及的货币种类多，这些货币的币值变化大。后来的读者因不了解这些变化，以致产生困惑。下面以所记有关刘邦所经之事为例。

《史记》卷八《高祖本纪第八》："单父人吕公善沛令，避仇从之客，因家沛焉。沛中豪桀吏闻令有重客，皆往贺。萧何为主吏，主进，令诸大夫曰：'进不满千钱，坐之堂下。'高祖为亭长，素易诸吏，乃绐为谒曰'贺钱万'，实不持一钱。谒入，吕公大惊，起，迎之门。吕公者，好相人，见高祖状貌，因重敬之，引入坐。萧何曰：'刘季固多大言，少成事。'高祖因狎侮诸客，遂坐上坐，无所诎。"

《史记》卷五十三《萧相国世家》："高祖为布衣时，何数以吏事护高祖。高祖为亭长，常左右之。高祖以吏繇咸阳，吏皆送奉钱三，何独以五。"

这两段文字，都是记载刘邦之事。上一段记刘邦去赴宴，给别人送礼钱，口称"贺钱万"。其时，不满千钱的为薄礼，坐堂下。这里的金额是"钱万""千钱"。下一段记刘邦出差，别人给他送礼钱，金额是"钱三"，或钱"五"。差距这么大，后人困惑不解。其解决问题的办法，或是直接将"三"改为"三百"，将"五"改为"五百"；或是想象出一种"钱有重者一当百"。南朝宋裴骃《集解》："李奇曰：'或三百，或五百也。'"唐司马贞《索隐》奉音扶用反。谓资俸之。如字读，谓奉送之也。钱三百，谓他人三百，何独五百也。刘氏[①]云："时钱有重者

一当百,故有送钱三者。"李奇、司马贞和刘氏,都未对自己的解释列出依据。但后之学者却循其说。日本就实大学教授、北京大学兼职教授李开元著《复活的历史:秦帝国的崩溃》一书,将事情写得极生动:

"始皇三十五年(前212),泗水亭长任上的刘邦去首都咸阳服徭役一年,远行之际,有所交际往来的沛县属吏纷纷前来送行。按照惯例,大家都以铜钱三百封一红包赠送,刘邦打开萧何的红包,里面却整整齐齐地装了五百铜钱。秦汉时代,官吏都是按月领取工资,叫月俸。亭长一类的基层小吏,月俸只有几百铜钱,多少年难得一次加薪,加十五钱就是皇帝亲自下诏书的大恩典了。人送三百钱,已经是与工资匹敌的重礼,萧何是上司,破例送五百,是特别有所表示。"

"以当时的金钱感觉而论,劳动一天的工资大概不满十钱。刘邦是亭长,月工资只有几百钱。郡县基层小吏间,婚丧嫁娶、饯别送迎的金钱往来,大致以百钱为单位。吕公是县令的贵宾,县令的级别为千石到六百石,月工资以千钱计数,贺礼过了一千钱,对于县令一级而言,算是上客重礼,贺礼以万钱计,已经是将相王侯间的往来数字,沛县地方,大概是闻所未闻。"

问题出在"当时的金钱感觉"未被"复活"。所谓"当时",即这两件事发生之时。所谓"金钱感觉",即这两件事发生时所用的货币及其价值。

先说"当时"。刘邦的家乡沛县是在秦王政二十三年(前224)被秦军占领。次年(前223),或当年,或第三年,他任泗水亭长。刘邦去首都咸阳服徭役是始皇三十五年(前212)。事隔十年左右。

沛县在被秦军占领之前是楚地,使用的是蚁鼻钱。

秦军占领沛县之后,开始使用秦半两钱。一个国家在新占领区内使用自己的货币,总是从士兵和官员的薪资开始。这几乎是一种规律,也是经济史学者的一种常识。这样,在秦始皇三十七年(前210)颁布统一货币命令之前,沛县使用原楚国蚁鼻钱和现秦半两钱都是合法的,二者同时在流通。情况可能是:(一)民间大都沿用蚁鼻钱;官吏所得(收入)的是秦半两钱,从而支出的也是秦半两钱。(二)在秦占领的初期,由于能得到秦半两钱的人很少,使用这种钱的人也很少,用原楚国蚁鼻钱的人多,加上语言的惯性,用钱和对钱使用单元的称谓,仍为蚁鼻钱①。十多年之后,官吏士兵们由于月月得到的是秦半两

① 在秦灭楚后,蚁鼻钱在楚地还使用了很长时间,直到汉武帝行五铢钱后才退出流通领域。事见赵德馨《楚国的货币》,湖北教育出版社1996年版,第418—420页。

钱,使用的也是秦半两钱,用钱和对钱使用单元的称谓便逐渐地变为秦半两钱。刘邦赴单父宴的年头,人们用蚁鼻钱送礼,以蚁鼻钱为单元称呼礼金数额。到刘邦去首都咸阳服徭役的年头,官吏间用秦半两钱送礼,以秦半两钱为单元称呼礼金数额。这种变化是很自然的事,是可以理解的事。

再说"当时的金钱感觉"。依前文所叙,按《秦律》,一钱之值为:0.73 尺长、2.5 尺宽,或 1.82 平方尺布;0.32 斤麻,3.33 升粟;一天工资的八分之一,一个成年人一天伙食费的二分之一;价格基本单位;盗窃罪起刑点;相当于 13 枚以上、15.6 枚以上或 78 枚以上的楚蚁鼻钱。"奉钱三",即上述诸项中可以计量者的三倍,即 5.46 平方尺布,0.96 斤麻,1 斗粟;一天工资的八分之三,一个成年人一天半的伙食费。如果是五倍,即 9.1 平方尺布,1.6 斤麻,1.66 斗粟;一天工资的八分之五,一个成年人两天半的伙食费。如果是"奉钱三百",则相当于 546 平方尺布,96 斤麻,10 石粟;37 天的工资,一个成年人 150 天的伙食费。如果是"奉钱五百",则相当于 910 平方尺布,160 斤麻,16.67 石粟;62 天的工资,一个成年人 250 天的伙食费。就当时的生产和生活水平而言(一亩地产粟 1 石至 2 石),这是一般县级和县级以下官吏难以承担的厚礼了。如若把上文所列供参考的这些物品与费用的价格,折算成今天的人民币,人们得到"现时的金钱感觉",可能也是这样的。

后人以自己生活年代"现时的金钱感觉",去替代"当时的金钱感觉",不相信秦时一钱有如此高的购买力。这是由于不理解历史。在历史上,一钱的价值有比秦时更高的。《汉书》卷八《宣帝纪第八》记载,汉宣帝时,粟价低到每石 5 钱,其时一钱重 5 铢,5 钱共重 25 铢。秦时粟每石价 30 钱,每枚钱重 12 铢,30 钱共重 360 铢。汉宣帝时钱一铢的购买力比秦时高了,也就是重了 14 倍。

这里可以用当代人"亲身的金钱感觉"为例。1920 年至 1940 年出生的人,看到某人的家庭账簿,记载 1954 年 12 月 1 日给人送礼人民币 1 万元,1955 年 12 月 1 日给人送礼人民币 1 元,2012 年 12 月 1 日给人送礼人民币 50 元,他的"金钱感觉"是,这三次送礼的价值或币值相等或相近。因为他亲身经历过 1955 年 3 月 1 日的币制改革和此后的物价变化,此日开始使用的人民币 1 元等于此日前的人民币 1 万元。1955 年 3 月 1 日的人民币 1 元的币值或购买力与 2012 年 12 月 1 日人民币 50 元的币值或购买力相等或相近。如若没有这种经历,或者不了解这次币制改革与这几十年间的物价变化,面对这 1 万倍和 50 倍的差距,可能产生困惑或误解。

　　司马迁在《史记》里的记载,既如实地反映了刘邦赴单父宴时人们的"金钱感觉",又如实地反映了刘邦服役时人们的"金钱感觉"。后来人,如为《史记》作注解的李奇、司马贞和刘氏,由于没有"复活"这两个不同年代沛县这个地方货币的使用与流通状况,没有获得"当时的金钱感觉",而以自己所处时代对货币(货币使用、流通与价值状况)的感觉("现时的金钱感觉")和知识,予以解读,便认为司马迁的《史记》有误,在"三"字和"五"字之后,擅自加上一个"百"字,使礼金翻了一百倍。这就是误判历史了。这件事,使我们获得两个带普遍性的教益:(一)"复活"历史是一件很好的事,也是一件很难的事,它们要求了解历史的背景和细节。因此,在根据不足时,不要轻易地对经典著作的字句作改动,作注释。(二)历史上为典籍作的注解极多,其中,对的固然很多,错的也不少。对前人的注解,要细心分析,不可一律作为立论的根据。

　　原载《武汉金融》2013 年第 11 期。

汉代的农业生产水平有多高

——与宁可同志商榷

宁可同志在《汉代农业生产漫谈》①一文中,用了三个数字来说明汉代农业生产力发展的水平:"每个农业劳动力年产粮两千斤,每个农业人口每年口粮四百八十六斤,全国每人每年占有粮食六百四十斤。"据此,他得出一个结论:"从汉以来的两千年,我国农业虽然有所发展,但农业劳动生产率、每个农业人口的口粮数和全国每人平均占有的粮食数,仍在汉代已经达到的水平上徘徊!"我们认为,宁可同志对汉代农业生产发展水平的估计是过高了,相对地说,也就贬低了我国农业两千年来的发展速度和两千年后的发展水平。

我们且从计算方法上说起。宁可同志的第一个数字(每个农业劳动力年产粮两千斤)是怎样计算出来的呢? 他把晁错说的一家五口,种田百亩,收粮百石,作为每户农民最低年产量。把《管子·治国》篇说的一夫种田百亩,收获二百石,作为每个农户的最高年产量。他将二者的平均值,即一百五十石,作为一个农户的年产量,然后按每个农户两个劳动力计算,得出每个劳动力每年生产粮食七十五石,即粟二千零二十五斤(或小麦二千一百七十五斤)的结论。这种计算方法是很值得推敲一下的。

首先,看一看作为计算根据的有关史料的原意。宁可同志认为晁错是因为要力陈农民的困苦,所以提供的农户收获量应是最低数字。我们认为,恰恰相反,正是因为晁错要力陈农民的困苦,所以他提出的收获量是农户竭尽全力所能收获的最高数字。他是说,即使农户得到如此高的收获量,也是不足以应付各种开支。史料的原文是这样的:"今农夫五口之家,其服役者不下二人,

---

①《新华文摘》1979 年第 4 期。

其能耕者不过百亩,百亩之收不过百石。""不下二人",是指不少于二人。在封建社会里,由于生产力的低下和剥削的沉重,农民家庭里的成员,只要有一点劳动能力的都要投入生产。所以,五口之家,参加生产劳动的"不下二人",不能作为仅仅二人来理解。同时,我们还要注意到"其能耕者不过百亩,百亩之收不过百石"一句中的一个"能"字和两个"不过",是指的"充其量""最多"的意思。从全段史料看,晁错说的是:"一个五口人的农户,参加农业劳动的不少于两个劳力,充其量能够耕种一百亩地,一百亩地的收获物最多不超过一百石。"可见,这一百石明明是对农户劳动能力的一种较高估计,而不是像宁可同志说的是一个"偏低的数字"。

《管子·治国》篇的作者也是因为要力陈农民的困苦,所以他举了一个全国生产条件最好、收获量最高的地区,来说明那里的农民也是陷于贫穷、困苦的境地。他说的"常山之东、河汝之间",是土地肥沃,灌溉方便的地区;这里,日照长,气候好,"蚤生而晚杀";耕种技术先进,"四种而五获",条件是最好的了。可是,即便是有这种好的地理环境,仍然是"农夫终岁之作,不足以自食也","今也仓廪虚而民无积,农夫以粥(鬻)子者"。因此《管子·治国》篇所载情况,作为说明个别地区高产典型的参考尚可,作为计算全国亩产或每个农户年收获量的主要根据就不妥了。不能用个别高产的典型作为依据,去计算全国的平均产量,这个道理是我们都知道的。

晁错说的"一百石",是每个农户可能获得的最高年产量;《管子·治国》篇中的"二百石",是特殊地区高产典型。宁可同志取这两个数字的平均值作为全国每个农户的收获量,当然会大大地高于实际情况了。

其次,我们一定要注意到,在计算农户的实际生产能力时,是不能离开土地占有情况的。晁错和《管子·治国》篇的作者,在计算农户收入时,都是以每户耕种一百亩为前提的。他们这样做的原因,已如上述。要注意,他们说的是"其能耕者不过百亩"。五口之家能耕一百亩地是一回事,有没有一百亩地让他们耕种则是另一回事了。这里有个土地制度问题;还有个农民经济状况,即每个农户有无耕种一百亩田的能力的问题。总之,有个生产关系的问题。离开了生产关系去计算生产力发展的水平,是很难得出符合客观实际的结论的。

众所周知,到了汉代,井田制早已不存在了,私人兼并土地,小农不断破产。晁错在说了"其能耕者不过百亩……"之后,接着就说农民被迫"当具有者半贾而卖,亡者取倍称之息,于是有卖田宅、鬻子孙以偿责(债)者矣",此"农人所以流亡者也"。他是将农民能耕多少田和实际上有无田可耕区分清楚了的。文景之后,土地兼并成风。农民被迫出卖土地,缩小耕作规模,最后成为"贫者无立锥之地",或充佣客,或四处流亡,或沦为奴隶,或转为"末作"。在汉代,大概是不存在每户农民平均耕种百亩,从而收获百石这种事实的。

汉代农民实际耕种规模有多大,或者说,平均每户耕种多少土地,这是一个需要专文论述的问题。陈平"家贫",有田三十亩。赵充国在西北屯田,"田事出,赋人二十亩"。居延汉简中有:"□故□威里高长□田卅入租","仁□京威里高子雅三十亩","□置长乐里受奴卅五亩",居延西道里徐宗一家十六口,有田五十亩。四川成都市郫都区出土的东汉残碑上,记有二十来户的资产,其中田亩数字仍存有八户,计:八亩者一户,三十亩者二户,三十几亩者一户(有奴婢五人),八十亩者一户(也有奴婢五人),百亩以上者三户(占有奴婢多少不明)。综合有关的文献记载与考古资料来看,汉代农户耕种的土地,各户之间差异很大。一般来说,劳力多而强、经济状况好的上农,耕地四十亩左右;次者三十亩左右;再次者二十亩左右;也有十亩以下的。以耕种二三十亩者占多数。如果我们忽视这种事实,而以每户耕种百亩,亩收一石,来计算汉代全国粮食总产量,那当然会与实际情况相距甚远的。

最后,在计算农业劳动生产率时,还必须注意到生产工具与动力的状况。因为农户的耕种规模、每个农业劳动力的生产效能,与农具及动力有极为密切的关系。考古工作的成就,使我们可以看到汉代各地的各种各样的农具。这些农具与春秋战国时期相比,有长足的进步,但若与两千年后的封建社会末期相比,就显得笨重、原始了。汉代铁的产量比以前大增,但仍极有限,铁农具不足是当时粮食不足的一个重要原因。昭帝时,桑弘羊认为:"国有沃野之饶而民不足于食者,器械不备也。"同时,铁很贵,许多农民买不起铁农具,"贫民或木耕手耨"。再看动力。汉代大力推广牛耕铁犁,这是耕作制度上划时代的事件,然而,使用的地区与农户却很有限。原因不仅在于铁犁少而贵,更在于牛马比铁犁更少、更贵。居延汉简上记载,牛一头值二千五百至三千,马一匹值四千至一万,田一亩值一百,麦一石值一百一十。当时多是二牛架一犁。两头牛相当于五十亩至六十亩田的价值,四十五石至五十五石麦的价值。四川成都市郫都区出土的东汉残碑上记载,田每亩值五百至二千,牛每头值一万五千。两头牛相当于六十亩次等田或十五亩最好的田。牛马如此昂贵,一般农户哪里买得起?《汉书·食货志》记载:"民或苦少牛,亡以趋泽,故平都令光教

(赵)过以人挽犁。过奏光以为丞,教民相与庸挽犁。率多人者田日三十亩,少者十三亩,以故田多垦辟。"在经济最为发达的地区,换工用人挽犁,成为重要的先进经验与技术措施在推广,可见牛耕之缺乏。据友于、李长年等同志的研究,《盐铁论》中《刺权》《未通》《水旱》《取下》等"资料中就明确地反映了跖耒而耕是一般贫民耕作方法"。这种生产工具、动力与耕作方法,制约着农民的耕种规模。因为,"一人跖耒而耕,不过十亩"。一家两至三个劳力,耕种不过二三十亩。就是实行牛耕,每个劳动力也不过耕种二十亩上下。居延屯田是使用牛耕的,赵充国说,平均给屯田兵每人田二十亩。居延出土的魏晋时竹简上记载,张金所部兵二十一人,种田五百一十二亩,平均每人种二十四亩。梁襄所部兵二十六人,种田三百八十亩,平均每人种十四亩半。二者通计,平均每人种田十九亩。屯田卒都是壮劳力,耕田虽只二十亩上下,还不能做到精耕细作,这从亩产不高可以看出来,屯田收获入租,每亩才四斗。

　　上述三个方面,说明宁可同志计算的第一个数字,大大高于历史实际情况了。

　　宁可同志说的第二个数字(每个农业人口每年口粮四百八十六斤),讲的是每个农业人口每年平均要吃多少粮食,而不是每人每年吃到了多少粮食。这种数字与生产力发展水平没有直接的关系。在这里,我们可以不去讨论它。

　　宁可同志说的第三个数字(全国每人一年占有粮食六百四十斤),也是高于历史实际情况的。宁可同志按当时全国人口五千万,其中百分之八十是农业人口(四千万),农业人口中的五分之二是农业劳动力(一千六百万),每个劳动力年产粮二千市斤,代入下面的公式:

$$\frac{A\text{每个农业劳动力年产粮}\times B\text{从事农业的劳动力总数}}{C\text{全国人口总数}} = D\text{全国每人一年占有粮食数}$$

　　在这里,宁可同志首先对 A 项(每个农业劳动力年产粮二千斤)估计得过高了,已如前述。其次,对 B 项(实际从事农业的劳动力总数)也估算过高了。因为当时有大批的农业劳动力并不能从事农业生产。其原因,一是农民要放下耕作去应付政府的各种徭役,所谓"苛吏繇役,失农桑时"。更严重的是农民被迫离开土地,到处流亡。流民问题成为汉代的一个严重社会问题。武帝元封四年(前107),仅关东地区就有流民二百万,无户籍的四十万。元帝时,照贡禹的说法是"耕者不能半"。这是汉代生产关系与生产力矛盾的又一表现。宁可同志估计农业人口中的百分之四十是每年每人生产粮食二千斤的劳动力,看来是不合实际的。上述公式中，A项与B项都估计高了，D项就必然是远离实际的，这是不言而喻的了。

我们认为宁可同志对汉代农业生产估计过高，还可以从汉代粮食的紧张情况得到佐证。

如果按宁可同志的估算，每人每年占有粮食六百四十斤，而口粮只要四百八十六斤，则就全国来看，粮食就不会紧张了。可是，事实上，从汉初起，直至汉末，包括被封建史学家们赞颂与粉饰的"文景之治"的时期在内，粮食问题一直很严重。汉文帝在他即位后十二年的一个诏书中说，"岁一不登，民有饥色"，"且吾农民甚苦"。过了五年，他又要求大臣、列侯、博士们讨论粮食问题："何其民食之寡乏也？夫度田非益寡，而计民未加益，以口量地，其于古犹有余，而食之甚不足者，其咎安在？"景帝元年的一个诏书中说"间者岁比不登，民多乏食，夭绝天年"，是说文帝时很多老百姓因没吃的而饿死了。过了十四年，景帝也提出了同一问题："今岁或不登，民食颇寡，其咎安在？"至武帝初年，虽然官府里"太仓之粟陈陈相因"，但广大农民，一遇天灾，"父子相食"，"人或相食，方二三千里"。昭帝时，"民匮于食"。元帝时，人民"大饥而死，死又不葬，为犬猪所食"，"或人相食"。成帝时，因饥馑而死在路上的有几百万①。哀、平之后，情况更严重，无须赘述。粮食问题的严重，在汉代经济、政治乃至意识形态等方面都有深刻反映（如"贵粟""驱民之农""贱商"等）。当时在经济理论和经济政策上都是把粮食生产看得高于一切的。如果汉代农业生产水平有如宁可同志估算的那么高，那就很难想象有上述情况出现。

汉代的农业生产发展水平，与战国时期相比，是有很大提高的。战国魏文侯时，劳力强的上等农户每年可生产粮食九十石（李悝说的一百五十石系小石，合九十大石）；汉文帝时，此等农户每年可生产粮食一百石，生产效率提高了百分之十一。文帝以后，由于政治局面相对稳定的时间较长，牛耕及铁农具的推广，耕作方法的改进，农业劳动生产率迅速提高。仅由耜耒而耕（每个劳力种十亩地），到使用牛耕铁犁（每个劳力可种二十亩地），劳动生产率就可以提高一倍。牛耕使用的范围，东汉时期比西汉更广阔。总的说来，汉代是我国农业生产力发展较快的一个时期。在两汉的四百余年中，前期、后期的劳动生产率相差是很大的。

---

① 见《汉书》各本纪及《食货志》《汲黯传》等。

　　对汉代的农业生产发展水平应当如何估计呢？从现在的资料出发，可以从下述两个方面来说明：

　　第一，从养活一个人需要耕种多少土地来看。大家知道，需要多大的耕地面积上的收获物才能养活一个人，是衡量农业生产力水平的标志之一。汉代疆域辽阔，各地农业生产力水平差别很大。在河洛之间，可以亩收二石。居延屯田，每亩"入租"才四斗。在长江以南，还是刀耕火种。要得出一个全国平均亩产多少的数字，至今还缺乏可靠的资料。在生产发达的中原地区，其单位面积产量，当时人有一个概括的说法，即"亩收一石"。一个人每月、每年要吃多少石粮食？根据居延汉简的记载：屯田卒的家属，成年妇女每月食粮大石二石一斗六升，七岁的男孩每月食粮大石二石一斗六升，六岁、十岁的女孩每月食粮大石一石六斗六升。如果未成年的人都按幼女的食粮标准计算，每年要食粮十九石九斗二升，亩收一石，即二十亩的产量；成年人都按妇女的食粮标准计算，每年食粮二十五石九斗二升，亩收一石，即二十六亩的产量。实际上，男劳力的食粮要比作为家属的妇女多一些。《管子·禁藏》篇说："食民有率，率三十亩而足于卒岁。岁兼美恶，亩取一石，则人有三十石。"这就是说，在亩产一石的中原地区，要二十亩（约合5.8市亩）地上生产的粮食才能养活一个未成年的人，要二十六亩（约合7.6市亩）地上生产的粮食才能养活一个妇女，要三十亩（约合8.6市亩）地上生产的粮食才能养活一个壮年男劳力。可见汉代的农业生产还是很粗放的。

　　第二，从一个农业劳动力生产的粮食能够养活多少人来看。这是衡量农业生产力水平的另一个重要标志。在汉代，各种农业生产单位的劳动生产率的差异也很大。农业生产经营方式，除用屯田卒生产外，有雇工生产的，有使用奴隶生产的，有依靠自己的劳力生产的。后一种方式占绝大多数。在这种方式中，每个农户耕种的土地、劳力的多少与强弱，以及经济状况都不一样。当时有人把他们区分为"上农""中农""下农"。他们的劳动生产率各不相同，生活水平也各异。按上述居延汉简记载的每月食粮标准计算，一个五口之家，若有一个老人、两个壮年、两个幼年，即使男劳力同妇女的食粮相同，男孩同女孩的食粮一样，每年也需食粮一百一十七石六斗。平均每人每年需食粮二十三石五斗二升。假若这五口之家，是两个壮年、三个幼年，每年的食粮也需一百一十一石六斗。平均每人每年需食粮二十二石三斗二升。晁错说的那种农户，五口之家，有两个以上的劳力，种田百亩，收粮百石，若按户计算，此等农户收获的粮食,供四人之吃食尚有余,供五人之吃食则不足。只有"节食"才能"卒岁"。若按每个劳动力来说,以此等农户有劳力两个至两个半计算,每个劳力生产的粮食可以养活两个至两个半人。他们可谓"上农"。比这种农户耕种的土地少、劳力弱、农具差的农户,如一家种七八十亩地,亩收一石,只够四个人左右的食粮。四个人的口粮五个人吃,"不得温饱"。这类"中农",一个劳力生产的粮食可养活两个人左右。等而下之,那种跖耒而耕的贫困农户,耕种五六十亩地,亩收一石,只够三个人左右的食粮。三个人的食粮五个人吃,是以"食犬彘之食","常有菜色"。这种"下农",一个劳力生产的粮食只可养活一个半人。这种生产力状况,就是贾谊等人一再强调的"一夫不耕,或受之饥"的根本原因。《管子·揆度》篇(西汉前期作品)说:"上农挟(供给)五,中农挟四,下农挟三。……一农不耕,民有为之饥者。"这与上文说的是一致的。在汉代,一个农户或一个农业劳动力生产的粮食能供养的人数,大体情况就是这样的吧!

此文与周秀鸾合作,原载《江汉论坛》1979 年第 2 期。

汉帝国何以由富国变为强国

——桑弘羊经济思想研究

摘要:古往今来,学者们对桑弘羊本人及其经济思想褒贬不一。争议的根源在于对桑弘羊所处时代汉帝国的主要矛盾与任务认识不同。汉帝国的当务之急是由富国变为强国,桑弘羊的主要任务是筹措强国所需的资金,他用一系列新政策完成了时代赋予他的艰巨任务。其政策背后展现出的经济思想包括:国家垄断部分工商行业增加财政收入理论、政府干预缩小贫富差距理论、国家商业与私人商业互补理论、政府如何国有化私人产业理论等。这些创新性的理论在中国经济实践中不断发展,表明其经济思想强大的历史连续性,是中国传统文化的优秀遗产,有利于启发后人解读今天的中国特色经济学理论。

关键词:桑弘羊;财政收入;有为政府;传统经济学理论

一、引言

两汉 400 余年间,经济思想的杰出代表有 3 人,即司马迁、桑弘羊和班固。司马迁是道家(黄老学派)的代表,桑弘羊是法家的集大成者,班固是"独尊儒术"之后儒家的代言人。他们所处历史时期不同,面对经济任务不同,经历的经济发展阶段不同,从而理论观点也不同,本文只议桑弘羊。

近世学者研究桑弘羊及其经济思想的文献可谓汗牛充栋。已有的研究文献主要集中在以下几个方面:其一是桑弘羊作为载入史册的财政专家或理财家,对于汉帝国的贡献。吴慧认为汉武帝一代的"文治武功",是以盐铁、酒类专卖以及均输平准这些有改革意义的财政经济政策为物质基础的,而这要归功于桑弘羊在财政上做了精密安排和打算[1];赵靖也认为从国家财政角度看,桑弘羊是成功的[2];胡寄窗指出汉武帝统治前 20 年的财政来源主要是文景以来的积蓄,后 20 多年的统治若没有桑弘羊的财政支持,其结果会前功尽弃[3]。其二,桑弘羊各种"官山海"政策实践的深远意义。胡寄窗积极评价了桑弘羊主导的各项政策,认为这些政策"在当时都获得了一些成绩,并给以后各个时期的封建财政经济树立了某些范例。如掌握了他的财政经济政策和李悝的平粜政策,对此后二千年内的封建财政即得之过半矣"[4]。晋文则阐述了桑弘羊的理财开了中国古代禁榷政策的先河,后世的禁榷制度实际都与他有着直接的渊源关系,桑弘羊是工商官营垄断政策的先行者。后世禁榷的名目越来越多,在形式上都可谓是桑弘羊理财的不同翻版,但其具体操作上有某些变化[5]。何平详细讨论了桑弘羊的铸币垄断权思想,如何左右中国传统时期铜铸币发行和流通的基本方向[6]。傅筑夫则明确指出桑弘羊负责推行的禁榷制度,不仅在当时给了商品经济一个致命的打击,而且由于它在财政上的成功,给后世历代王朝解决财政困难树立了一个样板,一直为历代王朝所踵行,并不断扩大规模和范围,导致正常的商品经济发展道路被堵死,资本主义因素就没有壮大的可能性了[7]。最后是关于桑弘羊经济思想与古代西方经济思想及西方经济学家思想的比较研究。例如程霖等研究指出中国传统经济思想,不仅为中国古代经济长期领先于世界提供了思想指导,而且也为西方现代经济学的形成与发展提供了先行思想要素。桑弘羊重视商业思想在管理国家经济和丰实政府财政方面的重大作用,主张以国有专营来抑制兼并、调和贫富,从此也确立了官营工商业政策在古代中国国家经济体系中的历史地位[8]。魏悦和魏忠分析了桑弘羊和法国柯尔培尔重商理论的相通之处和各自特色,认为二者思想的异同不仅展示了不同民族所面临的相同或相近的经济问题,在某种程度上也

---

[1] 吴慧:《桑弘羊研究》,齐鲁书社 1981 年版,第 391 页。
[2] 赵靖:《中国经济思想通史》(1),北京大学出版社 2002 年版,第 650—651 页。
[3] 胡寄窗:《中国经济思想史》(中册),上海人民出版社 1963 年版,第 75 页。
[4] 胡寄窗:《中国经济思想史》(中册),上海人民出版社 1963 年版,第 105 页。
[5] 晋文:《略论桑弘羊理财对后世禁榷政策的影响》,《中国经济史研究》2006 年第 4 期。
[6] 何平:《〈盐铁论〉所见桑弘羊铸币权的中央集中垄断思想及其意义》,《中国钱币》2019 年第 4 期。
[7] 傅筑夫:《中国古代经济史概论》,中国社会科学出版社 1981 年版,第 217—218 页。
[8] 程霖、陈旭东、张申:《中国传统经济思想的历史地位》,《中国经济史研究》2016 年第 2 期。

揭示了重商思想所产生的特定文化传统和彰显的时代精神①。Bertram 则试图将桑弘羊在《盐铁论》中关于公共财政、垄断、货币等方面的思想与古希腊著作尤其是亚里士多德《经济学Ⅱ》中的相应思想进行比较。他认为主要的差异源于各国经济完全不同的结构：一个是权力集中在朝廷的庞大帝国，另一个是多个国家的竞争，而这种差异将在很长一段时间内，可能一直持续到现在继续产生影响②。

　　上述研究基本厘清了桑弘羊在位期间实施的重大经济政策及其对汉帝国的重要影响，同时也尝试从经济史实中概述桑弘羊的经济思想，并对这些思想在当时以及当今的作用进行评价，总体来说较为详尽，但是这些研究仍然难以回答为什么对于桑弘羊个人以及其经济思想评价的巨大差异。没有任何理论是适用于四海八荒的，理论来自实践，是对实践的呼应。因此我们今天应该回到桑弘羊所处时点重新思考其政策理论产生的背景：当时政府面临的最大问题是什么？桑弘羊担负的主要任务是什么？他是怎样完成任务的？为完成任务所采取措施的影响又是怎样的？对这些问题的回答是理解和评价桑弘羊经济思想的基础，其中第一个问题是根本性的。本文将依次回答上述问题，进而讨论总结其经济思想的现实意义。

二、国家面临的新任务——解除内忧外患，维护国家安全

　　西汉初年，国家的首要任务是恢复经济和稳定国家政权。汉高祖和吕后主政时期主导的经济思想是无为而治："政不出房户，天下晏然。刑罚罕用，罪人是希，民务稼穑，衣食滋殖。"③汉文帝和汉景帝继续采取"休养生息"政策，成就斐然。国家从立国初年"天下既定，民亡盖臧，自天子不能具醇驷，而将相或乘牛车"④。到汉武帝即位时，"京师之钱累巨万，贯朽而不可校。太仓之粟陈陈相因，充溢露积于外，至腐败不可食"⑤。普通的民众从"民失作业而大饥馑。

　　①魏悦、魏忠：《桑弘羊与柯尔培尔重商思想之比较研究》，《兰州商学院学报》2008 年第 5 期。
　　②Bertram, S. *A Western Perspective on the Yantie Lun* [C] // Cheng, L., Terry, P., Wang, F. *The Political Economy of the Han Dynasty and Its Legacy*. London and New York：Routledge，2018：153—174.
　　③司马迁：《史记》，中华书局 2013 年版，第 412 页。
　　④司马迁：《史记》，中华书局 2013 年版，第 1417 页。
　　⑤司马迁：《史记》，中华书局 2013 年版，第 1420 页。

凡米石五千,人相食,死者过半"①,到"民则人给家足,都鄙廪庾皆满","众庶街巷有马,阡陌之间成群,而乘字牝者傧而不得会聚。守闾阎者食粱肉"②。70多年经济恢复使汉帝国完成了国富民富的任务,成为中华文明迈入帝国时代后的第一个盛世,奠定了其后汉武帝将汉朝推上顶峰的物质基础。国家的首要任务开始转换,对内统一和防范外在安全威胁成为当务之急。

首先是帝国内部面临诸侯王夺权威胁。政府无为而治下,经济发展的同时,地区经济差异扩大,有些封国因资源禀赋或政策而变得富足,进而累积财富,招纳流民,演变为与中央政府相抗衡的体制外势力,试图与中央政权博弈,帝国中央集权的统治面临着威胁。汉文帝时期,先后爆发济北王刘兴居(前177)、淮南王刘长(前174)二王叛乱;汉景帝时期有著名的"七王之乱"(前154);汉武帝时期淮南王刘安、衡山王刘赐(前122)和江都王刘建(前121)先后叛乱。

其次是帝国面临外部威胁,包括源于帝国南部和北部的安全威胁,尤以北方匈奴为甚。来自匈奴的威胁自汉立国之前就存在,"是时汉兵与项羽相距,中国罢于兵革,以故冒顿得自强,控弦之士三十余万","然至冒顿而匈奴最强大,尽服从北夷,而南与中国为敌国,其世传国官号乃可得而记云"③。到西汉初年,匈奴形成了从东北、北方和西北对汉朝包围的战略态势。自汉高祖公元前200年被匈奴围困于白登山后,西汉对匈奴一直采取和亲加送财物的绥靖政策。即使如此,匈奴方经常破坏盟约,时时侵犯北方郡县,抢夺财物。文帝时期汉匈之间几乎每10年有1次大的冲突(前177、前166和前158);景帝时期虽无大的战争,但10年内有3次"小入塞"(前149、前144和前142)。西汉政权不仅颜面受辱,边境各族人民也深受战争蹂躏。如桑弘羊在《盐铁论·西域》所言:"往者,匈奴据河、山之险,擅田牧之利,民富兵强,行入为寇,则句注之内惊动,而上郡以南咸城。"④因此,汉文帝也曾北上亲征,但由于内部谋反而功不成。"其三年五月,匈奴右贤王入居河南地,侵盗上郡葆塞蛮夷,杀略人民。于是孝文帝诏丞相灌婴发车骑八万五千,诣高奴,击右贤王。右贤王走出

---

① 班固:《汉书》,中华书局 2013 年版,第 1127 页。
② 司马迁:《史记》,中华书局 2013 年版,第 1820 页。
③ 司马迁:《史记》,中华书局 2013 年版,第 2890 页。
④ 桓宽:《盐铁论》,中华书局 2017 年版,第 464 页。

塞。文帝幸太原。是时济北王反，文帝归，罢丞相击胡之兵。"①

汉武帝继任之后的治国策略是先内后外，随着"推恩令"的成功实施（前127），彻底削弱了分封诸侯王势力，基本完成了从分封制向郡县制的过渡，帝国内部政权统治的直接危机解决了。强国，解决国家安全问题，进而恢复、巩固、扩展疆域版图，解除外部威胁并实现民族统一上升为第一任务。

三、财政面临的新任务——为对匈奴作战、国家强大筹措资金

随着国家面临的主要任务从富国转为强国，国家经济政策制定者担负的主要任务也发生了变化：为对外（主要是匈奴）作战，国家统一筹措资金；建立强大的国家，为长远的国富民强提供保证。彼时汉武帝虽然继承了丰厚的家业，但其财力也不足以支撑因主要任务变化而迅速增长的政府支出，支出增加主要源于三个方面：

（一）军工武治。汉武帝强国的策略是先内后外，对外方面则是先南后北。汉建元三年（前138），闽越举兵围东瓯，汉武帝出兵援助东瓯国，不战而胜。建元六年（前135）汉中央政府又应南越国请求攻打闽越，以对方投降告终。这两次战争意义重大，汉武帝小试牛刀，掌握了兵权，基本稳定了南方，开始全力对付北方的匈奴。汉武帝在位的54年里，44年的时间在对匈奴作战，有7次大规模的战争②。"兵连而不解，天下苦其劳，而干戈日滋"③。7次战争可以分前后两个阶段：公元前133年至公元前119年是第一个阶段。在这一阶段，通过对匈奴进行3次大规模战争，汉朝消灭了匈奴的主要有生力量，匈奴北徙漠北，匈奴帝国从此逐渐走向衰亡，匈奴威胁基本解除。公元前103年至公元前90年是战争的第二阶段，其间4战，汉军3败1平，匈奴得以重新掌控漠北，战争暂告一段落。汉匈第一阶段的战争结束后，汉武帝转向其他方向开拓疆域，其成果包括：在西南（夷）设犍为郡等7郡④（前111—前109）；在南越设南海等

---

①司马迁：《史记》，中华书局2013年版，第2895页。

②汉武帝在位期间对匈奴的主要战争包括：汉元光二年（前133）马邑之战；汉元朔二年（前127）河南之战；汉元朔五年（前124）至六年漠南之战；汉元狩二年（前121）河西之战；汉元狩四年（前119）漠北之战；汉天汉二年（前99）浚稽山之战；汉征和三年（前90）燕然山之战。

③司马迁：《史记》，中华书局2013年版，第1421页。

④即犍为、牂牁、越嶲、益州、武都、沈黎、汶山。

9 郡①(前 110)；在东北灭卫满朝鲜，设汉 4 郡②(前 108)；公元前 121 年至公元前 111 年"列四郡(以匈奴休屠王故地置河西四郡③)，据两关(玉门关和阳关)"，河西地区归入汉朝版图；公元前 104 年和公元前 102 年两次出征大宛，西域诸国向西汉臣服。汉武帝经过数十年的南征北战以后，汉帝国版图空前庞大，"东抵日本海、黄海、东海暨朝鲜半岛中北部，北逾阴山，西至中亚，西南至高黎贡山，哀牢山，南至越南中部和南海"④。

战争的成本高昂，不仅仅包括人员俸禄口粮、武器马匹等直接军事物资的供给，还包括各种军事工程的建造、军功赏赐、俘虏内迁安置、移民实边等，无一不花费巨大。由于文献的缺乏，我们无法确切统计战争的花费，仅从《史记·平准书》的记载中窥知其大者：

元朔五年(前 124)，"大将军将六将军仍再出击胡，得首房万九千级。捕斩首房之士受赐黄金二十余万斤，房数万人皆得厚赏，衣食仰给县官；而汉军之士马死者十余万，兵甲之财转漕之费不与焉"⑤。

元狩二年(前 121)，"骠骑仍再出击胡，获首四万。其秋，浑邪王率数万之众来降，于是汉发车二万乘迎之。既至，受赏，赐及有功之士。是岁费凡百余巨万"⑥。

元狩四年(前 119)，"大将军、骠骑大出击胡，得首房八九万级，赏赐五十万金，汉军马死者十余万匹，转漕车甲之费不与焉。是时财匮，战士颇不得禄矣"⑦。

(二)河工赈灾类公共支出。汉武帝时期黄河水患频发，与此相关的黄河治理、赈灾和水利等支出庞大。例如黄河在瓠子(今河南濮阳西南)决口持续数十年，农业年年歉收，梁楚两地最严重。"初，先是往十余岁河决观，梁楚之地固已数困，而缘河之郡堤塞河，辄决坏，费不可胜计"⑧。最后汉武帝亲临决

---

① 即南海、苍梧、郁林、合浦、交阯、九真、日南、珠崖、儋耳。
② 即乐浪郡、玄菟郡、真番郡、临屯郡。
③ 即酒泉、武威、张掖、敦煌。
④ 谭其骧主编：《中国历史地图集第二册：秦、西汉、东汉时期》，中国地图出版社 1982 年版，第 13—14 页。
⑤ 司马迁：《史记》，中华书局 2013 年版，第 1422 页。
⑥ 司马迁：《史记》，中华书局 2013 年版，第 1424 页。
⑦ 司马迁：《史记》，中华书局 2013 年版，第 1428 页。
⑧ 司马迁：《史记》，中华书局 2013 年版，第 1424 页。

口,举全国之力,发卒数万人才完全堵上决口。汉武帝时期为农业以及水运修建的水利设施也非常多。《汉书·沟洫志》所载汉武帝时修建的水利工程,有名字的大工程就有6个①,没有具体名字的"小渠及陂山通道者"不可胜言。每每穿渠必"作者数万人……费亦各巨万十数"②。

赈灾(荒政)花费更甚。两汉是我国历史上自然灾害严重期,在这一时期涝灾、旱灾、蝗灾、冰雹、疫灾、地震等灾害呈现出多发、频发、群发的趋势。仅据《汉书·武帝纪》和《汉书·五行志》统计,武帝时期一共发生了25次自然灾害,其中以水灾、旱灾和蝗灾为甚。按年均算灾害频率可能不是最高,但造成的损失却非常大,水灾尤其是黄河决口持续时间长,影响范围广。例如,建元三年(前138)"春,河水溢于平原,大饥,人相食"③。元光三年(前132)"春,河水徙,从顿丘东南流入勃海。夏五月,河水决濮阳,泛郡十六"④。元鼎二年(前115)"三月,大雨雪。夏,大水,关东饿死者以千数"⑤。汉武帝时期针对灾害的救济手段很多,包括:(1)虚郡国仓廪以赈贫民;(2)犹不足,则募豪富人相贷假;(3)尚不能相救,则乃徙贫民于关以西,及充朔方以南新秦中;(4)山林池泽之饶与民共之;(5)遣谒者劝有水灾郡种宿麦;(6)吏民有救济饥民免其厄者,具举以闻。仅第三项一次移民(前119)"七十余万口,衣食皆仰给县官。数岁,假予产业,使者分部护之,冠盖相望。其费以亿计,不可胜数。于是县官大空"⑥。

(三)巡游封禅以及修造豪华宫室等支出。汉武帝前后共8次巡幸、封禅泰山⑦。"而天下郡国皆豫治道桥,缮故宫,及当驰道县,县治官储,设供具,而望以待幸"⑧。长安昆明池的修建本是为了军事的需要,却转换成了大修宫室之起点。"是时越欲与汉用船战逐,乃大修昆明池,列观环之。治楼船,高十余丈,旗帜加其上,甚壮。于是天子感之,乃作柏梁台,高数十丈。宫室之修,由

---

①漕渠(郑当时)、河东渠(番系)、褒斜道渠(张卬)、龙首渠(庄熊罴)、六辅渠(倪宽)、白渠(白公)。

②司马迁:《史记》,中华书局2013年版,第1425页。

③班固:《汉书》,中华书局2013年版,第158页。

④班固:《汉书》,中华书局2013年版,第163页。

⑤班固:《汉书》,中华书局2013年版,第182页。

⑥司马迁:《史记》,中华书局2013年版,第1425页。

⑦元封元年(前110)、元封二年(前109)、元封五年(前106)、太初元年(前104)、太初三年(前102)、天汉三年(前98)、太始四年(前93)、征和四年(前89)。

⑧司马迁:《史记》,中华书局2013年版,第1438页。

此日丽"①。《汉书·扬雄传》载"武帝广开上林,南至宜春、鼎胡……穿昆明池象滇河,营建章、凤阙、神明、驱娑,渐台、泰液象海水周流方丈、瀛洲、蓬莱。游观侈靡,穷妙极丽"②。

我们今天无法准确估量汉武帝时期财政收入的具体数据以及财政赤字的占比,仅以"巨万""万金"作为财富的巨大数量标准检索整本《史记》,"巨万"共计 25 处,其中 8 处是记汉武帝时期军事或河工的支出;"万金"共计 8 处,其中 3 处是记汉武帝时期军事支出的。而且史书中随处可见对当时财政压力的描述,"于是大农陈藏钱经耗,赋税既竭,犹不足以奉战士"③。"而胡降者皆衣食县官,县官不给,天子乃损膳,解乘舆驷,出御府禁藏以赡之"④。财政应为国家的中心工作服务,增加政府财政收入成为当时第一要务。汉武帝更是明确指出:"朕闻五帝之教不相复而治,禹汤之法不同道而王,所由殊路,而建德一也。北边未安,朕甚悼之。日者,大将军攻匈奴,斩首虏万九千级,留蹛无所食。"⑤这说明传统的、既有的增收方法无法应对支出,迫切希望有创新性方法为国家筹集资金。

四、完成任务的新思路——正视商业领域的大量财富,直接从商业获取财富

传统财政增收思路主要是提高农业和农民的税收,即田租和人头税。自汉文帝实施税率三十税一以来,西汉一朝法定田赋一直维持在三十税一(有些年份取消了田赋)。在传统的重农思想主导下,政府并不主张直接由农业增加收入,因此西汉田赋并不重,可以说是轻赋政策,但人头税(即口赋)很重。其他增收手段,不外乎原有的传统应急手段:捐纳捐输,入物者补官、出货者除罪;号召百姓主动捐献,甚至汉武帝自己带领皇室减少开支等。但是这些收入,相对于上述庞大的战争以及其他公共开支来说,无异于杯水车薪。

面对巨大的财政压力,国家经济政策需要变革。"言利事析秋豪"⑥的民间

---

①司马迁:《史记》,中华书局 2013 年版,第 1436 页。

②班固:《汉书》,中华书局 2013 年版,第 3541 页。

③司马迁:《史记》,中华书局 2013 年版,第 1422 页。

④司马迁:《史记》,中华书局 2013 年版,第 1425 页。

⑤司马迁:《史记》,中华书局 2013 年版,第 1422 页。

⑥司马迁:《史记》,中华书局 2013 年版,第 1428 页。

大盐铁商人东郭咸阳和孔仅、洛阳商人之子桑弘羊,再加上酷吏张汤等被纳入政府财政系统,形成一个围绕汉武帝的、能筹划财政经济问题的群体,开始创造性地实施新的经济政策,为汉武帝的强国事业提供资金和物资保障。桑弘羊尤为突出,他的一生与汉武帝是紧密联系在一起的。汉武帝(前156—前87)16岁登基,桑弘羊(前152—前80)13岁就伴随汉武帝,先是在内廷协助,后走到外廷任职,内外廷兼顾。他经历了汉武帝在位54年间重要的经济、军事决策和实践。汉武帝曾在10年内罢免或处死5任大农令,但桑弘羊领大农令主管帝国财政长达23年,汉武帝之后仍使其以顾命大臣身份,辅佐汉昭帝,继续掌管国家经济大权,可见桑弘羊的能力与当时汉帝国需求之间的契合。"给事辇毂之下,以至卿大夫之位,获禄受赐,六十有余年矣"[1]。桑弘羊是汉武帝雄才大略的财政支持者,同时也实现了他自己的人生抱负。

自元狩三年(前120)起,西汉政府先后出台了一系列新的经济政策[2]:盐铁酒币官营、算缗、告缗、平准均输、公田官营、移民屯田戍边等。这些措施都是以增加财政收入为直接目标,从这一角度而言,也都取得了巨大成功,"当此之时,四方征暴乱,车甲之费,克获之赏,以亿万计,皆赡大司农"[3]。

作为中国经济史上杰出的财政专家之一,桑弘羊思想(政策)的出发点是"强本抑末":在财权方面强本(保护农业、农民),抑末(打击私人垄断货币盐铁等),达到在政治领域的强本(中央集权、统一),抑末(地方势力、分裂)的最终目标。基于上述原则,以桑弘羊为代表的官员另辟蹊径的这些政策创新之处在于:

---

① 桓宽:《盐铁论》,中华书局2017年版,第203页。

② 这些政策,现有的资料显示并不都是桑弘羊发起,例如盐铁官营(孔仅、东郭咸阳)、告缗(杨可)等,但是据后人和史书对于桑弘羊的评价,大多把这些政策都归于桑弘羊,例如他同时代的卜式:"县官当食租衣税而已,今弘羊令吏坐市列肆,贩物求利。亨弘羊,天乃雨。"另据《汉书·张汤传》载:"会浑邪等降,汉大兴兵伐匈奴,山东水旱,贫民流徙,皆仰给县官,县官空虚,汤承上旨,请造白金及五铢钱,笼天下盐铁,排富商大贾,出告缗令,锄豪强并兼之家,舞文巧诋以辅法。"承上旨意味着建议来自汉武帝的指示(或原则性的指示),是由中朝决定(或有此倾向性的意见),再由外朝来奏请。吴慧在《桑弘羊研究》中认为盐铁专营等政策都是由桑弘羊建议推行的。白寿彝在《中国通史》第四卷(下)第18章(桑弘羊孔仅东郭咸阳)中专门强调桑弘羊与上述政策的直接关系。更重要的是在《盐铁论》中,桑弘羊以这些政策的代表自居(尤其是盐铁官营和平准均输),奋力为这些政策辩护。可见,无论是否由他发起,他是同意或支持的。

③ 桓宽:《盐铁论》,中华书局2017年版,第166页。

第一,国家开始正视商业①领域的大量财富,突破半鄙薄半忌惮商业的心态,转为直接从商业领域获取财富。国家财政收入源泉从传统的农业和农民转向本末并重,从单一农业生产领域转向手工业生产领域和流通领域并重。"富国何必用本农,足民何必井田也?"②值得注意的是,他增加财政收入的主要手段,从根本上来说是权衡之下的重农,面对财政重压仍对农业实行轻赋政策,保护农民的积极性,进而保证农业生产。

第二,对于政府如何从商业(末业)获得财政收入,桑弘羊沿袭管仲"官山海"的思路,进行系统化的扩展。政府直接参与部分行业经营,将部分暴利行业纳入国家财政,即盐铁酒和货币铸造发行的直接垄断、政府官营商业参与市场竞争(平准均输)、公田官营、边疆屯田等。政府在这些行业不同程度地参与,使政府的财政收入迅速增加,虽有弊端,但事实上也做到了"是以县官用饶足,民不困乏,本末并利,上下俱足"③。

五、桑弘羊增加财政收入经济政策的影响——中国传统经济学理论的基础之一

无论后世如何评价,我们无法否认桑弘羊完成了时代赋予他的任务——提供了强国的资金。积极的财政政策带来巨大财政收入,保障国家完成了新任务:取得对匈奴战争的阶段性胜利(为汉元帝时期终结汉匈百年大战奠定基础),结束被动和亲时时遭侵袭的屈辱时代,外部威胁基本解除,维护了国家安全;对西方、东北、东南、西南战争的胜利,使得帝国边疆扩大,确立了新的国家版图,勾勒出此后2000多年中华帝国的基本轮廓。同时,疆域的扩大打通了中西商路,促进多民族融合,形成汉民族的基础,奠定统一的中华民族国家雏形;黄河治理以及系列水利设施的修建等体现了强大的国家治理能力;国有垄断将暴利行业纳入政府,富可敌国的商人消失,基本上解决了汉初以来豪商大贾和地方割据势力"擅山海之利"、垄断国家经济命脉,积蓄反叛资财和造成币制紊乱的大患。总而言之,伴随这些任务的完成,汉帝国由富国变为强国,成

---

①中国古代商业或者末业是指商业和手工业,手工业实际上是商业流通的附属,因此本文所言商业包括手工业和商业。

②桓宽:《盐铁论》,中华书局2017年版,第27页。

③桓宽:《盐铁论》,中华书局2017年版,第165页。

就了汉武帝"雄才大略帝王"和西汉王朝在中国历史上"金色时代"的名号。

只要承认汉帝国及汉武帝在中国历史上的地位,就必须承认桑弘羊在中国历史,特别是财政史上的历史地位和他对汉武帝时期的强盛所起的作用。因此从解决矛盾的关键点来说,桑弘羊非常好地完成了时代赋予他的重任,他由实践得来的经济政策和理论在当时无疑是适宜的,基于此,我们对他的总体评价应该是积极和正面的。事实上,从历史长期角度来看,桑弘羊增加财政收入的政策和思路,不仅仅为汉武帝的事业提供了支持,被誉为后世理财者之师,在实践中涌现出的问题与讨论,还为汉武帝时期及其后中国经济长期领先于世界提供了思想指导,也是今天中国特色经济学理论的基础之一。

(一)桑弘羊开创的从商业领域开辟政府财源思想被其后的王朝或政府广泛采纳

在中国漫长的前现代社会历史长河中,儒家思想或重农抑商意识形态占据主导地位,直到明清各朝各代仍然坚持以地、丁为主的财政传统。与此同时,历代政府尽管没有从制度或理论层面,明确合理化国家直接参与商业经营活动并攫取收益行为,但在实践上却一直没有舍弃该政策。各朝具体政策并不完全一样,而是在实践中不断变迁完善。例如唐朝安史之乱时,758 年第五琦结束长达 170 年的盐禁开放政策[①],又开启食盐专营;后刘晏完善食盐专营,创立"就场专卖"的国家垄断经营制度,即"民制、官收、官卖、商运、商销",这种改良的政府垄断经营方式,更有效率,节省了政府开支,扩大了盐商销路。官营盐业的收入支撑了唐朝政府结束内乱,以及安史之乱后的经济恢复。北宋王安石变法(熙宁变法,1069—1085)中的青苗法、募役法、市易法、农田水利法、均输法,无一不是从金融流通和商业中获取政府收入或资金来源。清承明制,食盐专卖实行专商引岸制,包括签商认引、划界运销、按引征课。盐业收入(包括盐课和盐厘)一直是清政府收入的主要部分之一,"逮乎末造,加价法兴,于是盐税所入与田赋国税相埒"[②]。"中华民国"的政府专卖扩展到盐、烟草、食糖、火柴[③],其中源于食盐专卖的收入仍然占据主导,是国民政府时期的三大主

---

①从隋开皇三年(583)至唐肃宗乾元元年(758)。

②赵尔巽:《清史稿》,中华书局 1977 年版,第 3606 页。

③1941 年 4 月 1 日,根据国民党五届八中全会的决议,实施专卖制度的消费品为 6 种:盐、糖、烟、酒、火柴、茶叶。但根据实际情况,1942 年起最终实行专卖制度商品为盐、糖、烟、火柴 4 种。

要支柱来源之一,在政府财政收入中占有非常重要的地位。1942—1945 年,食盐专卖、盐税及食盐战时附加税 3 项源于食盐垄断的收入,占总税收比例依次为 42%、24.8%、47.1%和 53.5%①。另外自 1938 年始至抗战结束,国民政府对部分重要的生活必需品和外销产品实行低价购买的统购统销制度,也是一种类似于专卖的制度②。

此类现象在历史上重复再现,意味着其背后的渊源机制不能简单地归因于即时即地的场景因素或国家政策,而是有着更为源远流长的因果关系和深厚的历史根基③。桑弘羊开创实践的经济政策、经济思想在历史上的重复出现,表明其经济思想强大的历史连续性。因而经济史中对于桑弘羊等一个个历史上具体人物行动、思想的分析和解释,有利于启发后人从中国历史上的经济实践中寻找、认识和解读今天的经济学特色理论。

(二)政府参与经济活动优劣讨论——政府与市场关系理论萌芽

桑弘羊主张从商业领域获取财政收入,实践的方法是政府直接参与生产经营,他从政府的经济活动实践中提炼出一套独特的关于商业以及商业从业者的看法,或者说政府与市场(私人商业)活动之间关系的观点。汉武帝之前,中国有过一段相当长时期的自由主义的重商思潮,典型代表如司马迁。他认为春秋战国以来的中国经济史,告诉了后人一个道理,即最好的政府对民间生产和商业是放任的,"善者因之",最差的政府才"与之争"。在西汉昭帝始元六年(前 81)召开的"盐铁会议"上,以桑弘羊为代表的官方和民间代表贤良、文学就盐铁币酒官营和平准均输等政府经济活动的利弊与存废进行激烈辩论。在辩论中,桑弘羊厘清了政府直接参与市场经济活动的作用,进而阐述了政府与市场(私人商业)的互补关系。

1.国家垄断经营部分商业的根本原因是增加财政收入和抑富济贫。桑弘羊认为国家有保障国防安全、维护国家统一、开拓边疆、建设公共工程以及扶贫赈灾等职责,国家财政应该为上述职能提供资金支持。在农业财政收入来源有限以及重农的主导思想下,商业应该而且能够成为重要来源。其实现目

---

① 杨荫溥:《民国财政史》,中国财政经济出版社 1985 年版,第 107 页。
② 杨荫溥:《民国财政史》,中国财政经济出版社 1985 年版,第 107 页。
③ 周雪光:《寻找中国国家治理的历史线索》,《中国社会科学》2019 年第 1 期。

标的方式是国家直接参与经济活动,将暴利性资源控制在国家手中,由国家直接经营。汉武帝时期盐铁酒是政府直接垄断(垄断经营的具体方式有差异);均输则是官营商业;金融领域统一货币铸造与发行;加上大量公田官营和屯田,可以说形成了中国历史上第一波"国进民退"的高潮。上述政策把某些潜在的巨大私人利润转化为国家的利润,从而将社会财富控制在国家手中,然后以国家的名义进行分配和再分配。

国营垄断等政府参与经济活动,不仅仅是直接增加政府财政收入,更重要的是"禁溢羡,厄利涂"①,打击豪强,抑制土地兼并,缩小贫富差距。在盐铁铸币三大行业官营之前,民间豪强分享这三业的暴利。他们挟其巨资显势,招纳流亡民众,垄断盐铁币的生产,成为富倾天下的豪民。例如临邛卓氏和程郑、南阳孔氏、鲁地曹邴氏、齐地刀间以及诸侯中吴王刘濞等,就是这类独专山海之利的豪强大家的代表,这些豪民富甲或者"富者田连阡陌,贫者亡立锥之地。又颛川泽之利,管山林之饶,荒淫越制,逾侈以相高;邑有人君之尊,里有公侯之富,小民安得不困?"②,或者"或蹛财役贫,转毂百数,废居居邑,封君皆低首仰给"③。甚至吴王刘濞因财力丰厚成了七国诸侯叛乱的首领。因此政府想尽办法,"建国用,笼天下盐、铁诸利,以排富商大贾,买官赎罪,损有余,补不足,以齐黎民"④。这是抑大富、助贫者的主张,是私人商业不具备的功能。事实上有汉一代,汉武帝以及昭宣二代土地兼并矛盾最为平缓。

2. 政府与市场其他经济活动参与者之间的互补关系。因为部分商业的专营制度,有学者把桑弘羊看成是抑商典型,认为政府的这些禁榷制度摧毁了汉代的民间资本,随后直至隋唐中间的几百年时间,民间资本就是在不断强化的官营国有体系的压迫下不断萎缩了。但事实上,桑弘羊鼓励私人经营非国家垄断的工商业。他从未提出过反对私人商业,相反他认为商业在国民经济循环中的重要性,认为本末是互补的。"农商交易,以利本末。山居泽处,蓬蒿垸堁,财物流通,有以均之。是以多者不独衍,少者不独馑"⑤。经济是一个循环体,各个部门均有自己的功能,商的功能是"通"和"均",即财货在不同地区流

①桓宽:《盐铁论》,中华书局2017年版,第51页。

②班固:《汉书》,中华书局2013年版,第1137页。

③司马迁:《史记》,中华书局2013年版,第1425页。

④桓宽:《盐铁论》,中华书局2017年版,第166页。

⑤桓宽:《盐铁论》,中华书局2017年版,第39页。

通流转,达到均衡各地供给与需求的目的。抑制私人商业活动的告缗政策正是桑弘羊废除的①。应该说短期内,桑弘羊的上述政策确实对当时的民间资本造成了很大的冲击,但西汉后期以至东汉,我们从传世文献中依然可以看到大量民间资本所有者的记录。武帝以后的商业,在商业经营内容和商人等性质上有所变化。由于盐铁等官营,盐铁已经不是私人商业中的重要商品了;官营商业扩展,在商业中占有很大的比重;旧的盐铁商人逐渐衰落下去,代替他们的是适应新情况的大贩运商人②。这批商人大多数是兴起于元帝、成帝和哀帝之间。例如在四川,"程、卓既衰,至成、哀间,成都罗裒訾至巨万"。在齐地,"刀间既衰,至成、哀间,临淄姓伟訾五千万"等③。也就是说在国家经营范围之外的商业领域,私人经营并没有一蹶不振,他们是共存的。私人商业的发展既便民、富民,又培养了国家税源。

私营商业还能为国营商业输送人才。例如,政府选用成功的大盐铁商人东郭咸阳和孔仅为管理盐铁专营的官吏,利用他们的专业知识为国家服务。遍布全国的各郡国、地方盐铁官员,也多是原来从事盐铁经营的从业者。

值得注意的是汉武帝时期政府与私人商业的共存互补是有前提的,其时的政策是将守法私商和非法私商区分开。政府控制、打击的是不乐意为国服务、不支持国家财政的私营商业者,而不是所有的商人。例如,对于"冶铸煮盐,财或累万金,而不佐国家之急,黎民重困"④,不积极捐献财物支持国家的工商业者,采取算缗、告缗政策,政府直接对工商业者收取高额的财产税。汉武帝时期在经济政策执行中,体现出的政商关系及其相关政策的目标是要使私营商业为国家服务,使国家能控制商人,能抑制私人商业的不足。这导致在实践中,政府与商人既是合作互补的关系,也是管理与被管理的关系。

桑弘羊在总结历史与亲身经济实践经验的基础上,形成了一套不同于传统儒家和早期法家(如商鞅)的关于政府与市场(私人工商业)关系的经济理论,他坚信商业可以带来财富,同农业一样是国家的重要财源。在商业内部,政府经营商业和私人商业各司其职,是互补的。他强调在经济活动中的"有为

①《史记·平准书》:"弘羊又请令吏得入粟补官,及罪人赎罪。令民能入粟甘泉各有差,以复终身,不告缗。"

②赵德馨:《赵德馨经济史学论文选》,中国财政经济出版社 2002 年版,第 44—45 页。

③班固:《汉书》,中华书局 2013 年版,第 3690 页。

④司马迁:《史记》,中华书局 2013 年版,第 1425 页。

政府",对私人商业采取既利用又控制的政策:国家直接经营部分重要的产业,鼓励私人商业发展,同时利用国家权力削减贫富差距,保证私人商业为国家利益服务,这种理论在中国经济发展历史中影响深远。

(三)私营手工业国有化途径——盐铁业国有化中的赎买理论

西汉盐、铁、酒、铸币等政府专营的手工业,在专营之前和其他产业一样由私人经营,政府收税。例如盐业,根据林剑鸣等学者的分类,西汉中期的产盐区域主要包括东南沿海地区(海盐)、河东地区(池盐)、北部边郡(湖盐、池盐)和川滇地区(井盐)[1]。在盐铁官营前,这些私营盐业都非常发达,国家对他们仅仅征收盐税而已。《张家山汉简·二年律令·金布律》明确规定:"有私盐井煮者,税之,县官取一,主取五。"[2]

元狩四年(前119)盐铁官营政策出台:"山海,天地之藏也,皆宜属少府,陛下不私,以属大农佐赋。原募民自给费,因官器作煮盐,官与牢盆……敢私铸铁器煮盐者,鈦左趾,没入其器物。"[3]盐业生产变成私人利用由政府提供的主要生产工具"牢盆",在各盐场生产,产品由政府收购。铁器生产销售全部由政府控制,"以县官日作公事,财用饶,器用备……故有司请总盐、铁,一其用,平其贾,以便百姓公私"[4]。同时在全国各盐铁产地建立相应的政府机构(非铁产地也设置铁官,管理旧铁再炼和铁器销售等)。"置小铁官,便属在所县。使孔仅、东郭咸阳乘传举行天下盐铁,作官府,除故盐铁家富者为吏"[5]。任用原来的盐铁从业者为主管官吏,负责盐铁生产与销售事务。根据《汉书·地理志》记载,汉代建立了比较完善的盐铁官营的管理系统和经营网络,据笔者统计至少设置了48处铁官,分布于全国40个郡;同时设置了36处盐官[6],分布在全国27个郡。

从上文可以看出,私营的盐、铁手工业顺利变更为国家专营,武帝时期的

---

①林剑鸣等:《秦汉社会文明》,西北大学出版社1985年版,第117—118页。

②除盐之外,其他也有记载,例如赵浴沛《关于汉初的矿产税》(《光明日报》2008年2月24日)。

③司马迁:《史记》,中华书局2013年版,第1429页。

④桓宽:《盐铁论》,中华书局2017年版,第400页。

⑤司马迁:《史记》,中华书局2013年版,第1429页。

⑥安作璋先生认为有35处,吴慧先生认为有37处,张维华先生则认为有38处。参见安作璋《桑弘羊》,中华书局1983年版,第38—39页;吴慧《桑弘羊研究》,齐鲁书社1981处版,第286页;张维华《汉史论集》,齐鲁书社1980年版,第136页。以上各家统计均依据《汉书》卷二八《地理志》。

铁器专营甚至是全盘的国有化——官产、官运、官卖。在和平时期,政府是如何实现这种所有制变更的? 私有制的公有化或国有化途径与方法对中国历史而言,有非常重要的借鉴意义。相关文献也未见记载,好似直接简单收归了国家所有。变更过程当然也有反对的意见,"其沮事之议,不可胜听"①,但最终上述大小盐铁商人接受了各级盐铁官职的安排,表明事实上对盐铁的"垄断计划",实际上是由一批盐铁商人来实施的。这透露出一个信息,汉武帝将私人的盐铁产业收为国营时,收其产业为国所有,用其人(知识、才能等)为国谋利,其间必有交易,极可能是给予了补偿。既将大小盐铁商人的盐铁产业收为国营,又用他们来管理国营的盐铁事业,这似乎是一种赎买政策。是否如此,因未见于文献的相关记载,不敢专断,但此事值得深入探讨。因为它不禁使人联想到 1953 年至 1956 年对资本主义工商私有制进行社会主义改造时的一套措施。毛泽东在《读苏联〈政治经济学〉教科书》中有对中国资本主义工商业改造的笔记和谈话,指出"我们在处理资产阶级的问题上,有很丰富的经验,创造了许多新的经验"②。其中最主要的是,通过给予资方定息的方式公私合营私人企业,使资本家有利可图,成为国家的雇员,有可能资方仍然担当经理人或者管理负责人,但是没有企业实际的所有权,仅仅是利用他们的专业知识。政府给了他们一个基本生活保证,使他们感到接受改造就能保持一定的地位,并能够在经济、文化上发挥一定的作用,毛泽东认为这种改造的方法应该具有普遍意义③。

根据现有史料的记载,对于酒和铸币的专营化,或由私营变为专营则没有采用这种方法。西汉酒榷实施 18 年④,官府控制酒的生产和流通,独占酒利,不许私人自由酿酤。铸币的垄断则是先收于各郡国,汉武帝元鼎四年(前 113)桑弘羊再收于中央专门机构——上林三官,"而令天下非三官钱不得行,诸郡国所前铸钱皆废销之,输其铜三官"⑤。所有的原材料必须归于中央政府专门铸币机构,由唯一的专门机构负责货币的铸造与发行。同期国家经营的商业——均输,则是政府自己建立的新系统。因此盐铁的国营化方法是独一无

①司马迁:《史记》,中华书局 2013 年版,第 1429 页。

②《毛泽东读苏联〈政治经济学(教科书)〉谈话记录选载(四)》,《党的文献》1993 年第 4 期。

③陈晋主编:《毛泽东读书笔记解析(上)》,广东人民出版社 1996 年版,第 582—583 页。

④始行于汉武帝天汉三年(前 98),废止于昭帝始元六年(前 81)。

⑤司马迁:《史记》,中华书局 2013 年版,第 1435 页。

二的,盐铁产业涉及私营厂商的资产规模较大,包括盐井、铁矿山、工具、技术人才等,"往者,豪强大家,得管山海之利,采铁石鼓铸,煮海为盐。一家聚众,或至千余人,大抵尽收放流人民也"①。私人所有者同时也拥有较高的社会地位,例如孔仅(南阳孔氏)世代以冶铁为业,在南阳"大鼓铸","孔氏连车骑,游于诸侯,以资给之,兼通商贾之利,乃得游闲公子交名"②。孔氏因从事铁生产,在经济上赚得巨额财富,其政治以及社会地位也较高。因此其国有化的阻力应该很大,再加上的确存在技术障碍,政府需要同私营工商业者合作,为政府管理垄断经营换取私人的合作,应该说不失为一种交易成本较低的方法。

六、余论

"中国传统经济思想是中华民族所固有的经济思想。它是在未受到外来经济思想的影响,或者基本上未受到外来经济思想的影响的情况下,在中国特有的社会历史环境中成长起来的"③。正如上述桑弘羊基于国家和时代的需要,主导了各种迅速增加国家财富的政策措施,进行实践,并针对反对派的意见,结合事实和管(仲)商(鞅)、儒家的理论进行论证反驳,最终精炼成后学看到的通过国家垄断部分行业增加财政收入理论、政府干预缩小贫富差距理论、国家商业与私人商业互补理论、政府如何国有化私人产业理论等。这些思想是我们的财富,也是我们建立中国经济学学科话语权的源泉。桑弘羊经济理论创新的核心在于对政府在经济中作用的论述,而政府与市场的关系是经济学研究中的永恒主题,这些产生于汉朝的理论在中国的实践中一直适用。

这实际上给我们提供了在新时代建立中国特色经济学甚至社会科学话语权的启示:其一是在经济史中挖掘出长期以来证明有用的理论,探索我们今天特色理论的实践渊源,用经济史实和数据证实和证伪中国经济学理论。《中共中央关于党的百年奋斗重大成就和历史经验的决议》指出,要坚持把马克思主义基本原理同中国具体实际相结合、同中华优秀传统文化相结合。因此中国经济学原创性理论,必须与中国经济实践相结合,与中国优秀的传统经济思想遗产相结合,不仅仅是总结中国改革开放 40 多年的实践,而是以千年为单位

---

①桓宽:《盐铁论》,中华书局 2017 年版,第 71 页。
②司马迁:《史记》,中华书局 2013 年版,第 3278 页。
③赵靖主编:《中国经济思想通史》(1),北京大学出版社 2002 年版,第 1 页。

所形成的"长时段"的特色,将中国特色理论与过去近 3000 年的经验链接起来,才能更好地把握经济学学科中国学派的本质。其二,与西方经济学理论的关系。早先学术界在评价我们的传统经济理论时,往往秉持一种二元对立的思维,要么强调其与西方理论的一致性,以与西方主流经济学理论相似为荣;要么强调自己的特殊性,不与西方经济学理论相较。而事实上,中国的经济实践不仅有很多可以证明西方理论有用性或者一致的地方,而且中国的经济实践同西方自由主义经济学在很多方面也存在长期悖论(背离)。例如关于政府作用理论,桑弘羊及中国传统经济思想重视政府的经济作用,中国的改革开放实践走出了一条中国特色的道路,其特点之一也是对有为政府作用的重视,这与桑弘羊思想一脉相承。因此,在实践上,产生于中国的经济学理论和西方的经济学理论并不是完全对立的,不是非此即彼的状态,我们应该探索两者间相符和相背离之处,进而挖掘实践之中呈现的超越简单二元对立的创新,由此来建构新的符合实际的经济学理论。

此文与唐艳艳合作,原载《中南财经政法大学学报》2022 年第 3 期。

苏东坡吃的是芋头

　　十一世纪末,苏东坡被贬于儋州①时,写了一组和陶渊明的诗,共一百二十首。其中之一题名《和陶酬刘柴桑》,诗云:"红薯与紫芋,远插墙四周。且放幽兰香,莫争霜菊秋。穷冬出瓮盎,磊落胜田畴。淇上白玉延,能复过此不? 一饱忘故山,不思马少游。"文学家蒋星煜同志读了此诗,说苏东坡吃的"红薯与紫芋"就是番薯,也就是山芋。他由此得出结论:原产地在美洲的番薯之传入中国,不是在十六世纪,而是在十一世纪以前,也就是在哥伦布到达美洲之前的几百年②。这个结论,当然会引起一些经济史、作物史及中外关系史学者的关注和诧异。植物学家贾祖璋同志随即著文,引用大量的史料,说明番薯传入中国是在十六世纪末,指出蒋星煜把苏东坡吃的"红薯与紫芋"曲解为番薯,乃是望文生义,指鹿为马,是一个类似"关公战秦琼"的笑话。苏东坡吃的不是"番薯的山芋",而是"山药的山芋"③。凡是了解中国作物史及番薯在世界上传播过程的人,大概都会同意贾文关于苏东坡吃的不是番薯的意见。至于贾文认为苏东坡吃的是山药的这个结论,则是值得进一步研究的。我们认为,根据苏东坡这首诗的本身及其他有关资料来看,他吃的既不是番薯,也不是山药,而是芋头④。

　　"红薯与紫芋,远插墙四周"。苏东坡在"红薯""紫芋"两个名词之间,用了一个"与"字,但并非指两种不同的作物,而是说的同一种作物之两种称谓。这一点,从全诗来看,是明白的,不能有疑义。无论是星煜同志,还是祖璋同志,也是这样认为的。红薯是紫芋之别称。苏东坡吃的就是紫芋。芋之种类

①在今海南省海南岛西北部、北门江流域。
②蒋星煜:《苏东坡吃山芋》,《新华文摘》1980年第6期。
③贾祖璋:《苏东坡吃的"山芋"》,《新华文摘》1981年第1期。
④芋头,乃芋之俗称,或专指芋之地下球茎。

繁多。其叶柄，有红色的、紫色的、青色的、白色的。李时珍在《本草纲目》中引"芋有六种：青芋、紫芋、真芋、白芋、连禅芋、野芋也。……关、陕诸芋遍有，山南、江左惟有青、白、紫三芋而已。"其中的紫芋大概种植得最广泛，吃起来最香，唐代诗人中多有提及的。① 元代农学家王祯在《农书》中描绘芋的一般特征时说："芋，叶如荷，长而不圆，茎②微紫，乾之亦中食。根③白，亦有紫者，其大如斗，食之味甘，旁生子甚夥，拔之则连茹而起，宜蒸食，亦中为羹臛，东坡所谓玉糁羹者，此也。"他明确指出苏东坡吃的玉糁羹，就是这种叶柄微紫、地下球茎亦有紫色的芋头。

在这里，有两点值得说一下。第一，芋之叶柄有红色的或紫红色的，地下球茎亦有红色的或紫红色的。这是今日所能见到的，古人也有记载。戴初有"山毛人摘芋红多"的诗句。湖南省《会同县志》、江西省《石城县志》都记载芋之种类中有"红口"者。第二，古人是薯、芋不分的。山药称薯称蓣，亦称为山芋。番薯称为薯，亦称山芋。芋头亦称为山芋④。苏东坡在和陶诗一百二十首中，多次"薯、芋"并提，如"土人顿顿食薯芋"等。他在《和劝农》一诗的序言中说："海南多荒田，俗以贸香为业，所产粳秫，不足于食，乃以薯芋杂米作粥糜以取饱。……芋羹薯糜，以饱耆宿。"苏东坡当时就住在这吃芋羹的地方。据子由为他作的《追和陶渊明诗引》中说，东坡与幼子苏过也是"日啖薯芋"。芋原产东南亚，我国海南岛早已栽培甚多，产量高，既用它作菜蔬，又常作主食充饥。山药的产量低得多，作菜蔬已属珍品，作主食则难矣。苏东坡的和陶诗中有"芋魁径尺谁能尽"之句，更明确他吃的薯芋即芋魁。以上两点，不仅说明苏东坡吃的是芋头，而且使人了解为什么紫芋又会有红薯这个别称。

苏东坡吃的是什么，还可以从此诗描述的"红薯与紫芋"的植株形态及其种植和储藏的方法上得到说明。"远插墙四周"。春间，芋子发芽后，移植于田间，南方人称为插芋头，至今如此。山药多用块茎或珠芽繁殖，称为种或栽，可能是由于我们孤陋寡闻，未闻有称为插山药的。山药是一种喜光照的作物，墙四周多阴，不宜种植。芋则不然。徐光启《农政全书》卷二十七载："种芋宜在稻田近墙、近屋、近树之处，雨露不及，种稻则不秀，惟芋则收。"现仍如此。从

① 杜甫："紫收岷岭芋。"张籍："沙田紫芋肥。"韦庄："木甑朝蒸紫芋香。"
② 按：叶柄，古人误以为茎。
③ 按：地下球茎，古人误以地下球茎为根。
④ 见宋韩琦《中书东厅十咏·山芋》及明高濂《遵生八笺》。

其栽种曰插,从其插于近墙处来说,似乎非芋莫属了。

"且放幽兰香,莫争霜菊秋",是说红薯或紫芋这种植株还很有点香味,这种香味是在秋天有的,但并不浓郁,比菊花香还要清淡些。山药开花是在夏季。芋开花是夏末秋初。人行芋田间,有清香袭人,这是许多人都有亲身体验的。但芋也开花却常为人忽略了。其原因,一则在温带地区芋甚少开花①。二则它的肉穗花序比佛焰苞短,难以看见。"且放幽兰香"之"香"字,有的版本或作"春",改"香"为"春"的人,以为"春"与"秋"是对仗的,可是却不知道苏东坡吃的这种紫芋是秋日才开花并放出幽兰香的,实属弄巧成拙。

"穷冬出瓮盎,磊落胜田畴"。无论是山药,或是芋头,秋间收获时,都可立即食用,也可藏于瓮盎,窖藏起来,至冬春间食用。芋头与山药不同之处,在于收一段时间后就更好吃一些。新收之芋,摸之则麻手,未煮透则麻口,碱甚大,古人谓之有毒。李时珍《本草纲目》载芋子气味"辛平滑,有小毒"。又引苏恭语:"其青芋,多子,细长而毒多,……白芋、真芋、连禅芋、紫芋并毒少。"明代人黄省曾在《种芋法》中引唐代诗人刘禹锡云:"(芋)十月后晒干收之,冬月食,不发病,它时月不可食,久食则虚劳无力。"唐宋时期的人认为芋头必须经过收藏,本身起了变化,到冬月食之,才不生病。我国很早就有把芋窖藏一段时间再吃的做法。汉之《四民月令》有"十月窖芋"的记载。苏东坡吃的紫芋属于"毒少"的一种,经过几个月的窖藏,更好看,也更好吃了。"磊落胜田畴"句中之"田"字,别本或作"农"字,误。南方人称水田为田,旱地为地。芋有水芋、旱芋。水芋种于田中,山药是不能种于水田中的,这个"田"字,也说明苏东坡种的是芋而不是山药。

"淇上白玉延,能复过此不?"在"淇上白玉延"一句下,苏东坡作了注释,指的是山药。他的意思很清楚:山药羹,包括那著名的淇水一带产的山药做的羹,也不见得比这紫芋羹②好吃。苏东坡作的这个注释本身就排除了他吃的"红薯与紫芋"是山药。贾祖璋同志认为这两句诗是说苏东坡吃的是红色山药,可与淇水边肉质洁白的山药相比,似乎曲解了苏东坡的原意,且无坚实的根据。苏东坡当时"谪居儋耳,寘家罗浮之下,独与幼子过负担渡海,葺茅竹而

---

① 海南岛之芋则常开花。

② 或红薯羹。

居之,日啖薯芋。……乃欲以桑榆之末景,自托于渊明"①。他蔬食自娱,以苦为乐。紫芋当然没有"东坡鸡""东坡肉""东坡饼"一类食品好吃,但也是爽口之良品。唐代诗人多有赞美紫芋香的,宋代诗人陆游也有"风炉歙钵生涯在,且试新寒芋糁羹"和"美啜芋魁羹"之句。看来,用诗赞美芋头好吃的大有人在。何况苏东坡此时自托于陶渊明,写的又是和陶诗,故将芋糁羹大大地夸张一番。除了《和陶酬刘柴桑》,他还有《玉糁羹》一诗:"香似龙涎仍酽白,味如牛乳更全清。莫将南海金齑脍,轻比东坡玉糁羹。"芋头熟了以后是粉的,呈白色,诗人们说"饱霜紫芋细凝酥","玉脂如肪粉且柔"。芋被蒸熟后,碾成粉状,放入水中略煮,则成粉状糊。所以芋头汤叫作芋糁羹,又名玉糁羹。"芋"与"玉"同音,大概也是芋糁羹又名玉糁羹的原因吧。

"一饱忘故山,不思马少游",苏东坡是说他身在远离家乡的海南岛,却能吃到故乡的风味,所以能暂时抛却怀念故乡之情了。苏东坡的故乡是四川眉山,宋代的眉山一带是否产山药,不得而知。但四川岷山之下产的芋头,在汉代就是著名的物产②,载于《汉书·货殖列传》及《华阳国志》诸书。苏东坡本人对这一点也曾特别提及。《缃素杂记》引"东坡云:岷山之下,凶年以蹲鸱为粮,不复疫疠,知此物之宜人也"。此语又见于《东坡杂记》中。芋头是苏东坡家乡的重要物产,素为东坡关注,今在海南岛吃到家乡风味,也就"一饱忘故山"了。

如上所述,苏东坡吃的"红薯与紫芋",就是芋头,应该是无可怀疑的了。有名的"东坡玉糁羹"原来不过就是一碗芋头糊!

最后,还需要说的是,关于苏东坡吃的玉糁羹就是芋头糊,前人曾有明确的说明,如元代农学家王祯,清代广东人屈大均。清代康熙、雍正年间的陈梦雷、蒋廷锡等集体编辑的《古今图书集成》中,也将苏东坡《玉糁羹》诗列入芋部。特别是屈大均的观点值得注意,因为,一则他是广东人,熟悉广东的物产及苏东坡在海南岛的传闻典故。再则,正是他在其著作中将广东产的土山药、番薯和芋三者明加区别,又曾指出苏东坡没有吃过番薯,苏过用以作玉糁羹的是芋。今引其《广东新语》卷二十七的一段话以作本文之结束语。

"东粤多薯。其生山中纤细而坚实者,曰白鸠薯,似山药而小,亦曰土山药,最补益人。大小如鹅鸭卵,花绝香。身上有力者,曰力薯。形如猪肝,大者

---

① 苏辙《追和陶渊明诗引》。
② 当时名蹲鸱。

重数十斤,肤色微紫,曰猪肝薯,亦曰黎峒薯。其皮或红或白,大如儿臂而拳曲者曰番薯。皆甜美可以饭客,称薯饭,为谷米之佐。凡广芋有十四种①,号大米。诸薯亦然。番薯近自吕宋来,植最易生。叶可肥猪,根可酿酒。切为粒,蒸曝贮之,是曰薯粮。子瞻称:海中人多寿百岁,由不食五谷而食甘薯。番薯味尤甘,惜子瞻未之见也。芋则苏过尝以作玉糁羹云。"

补记

近日出差,对山药和芋头,又作了一点调查,并向一些专家求教。所获有二:(一)常吃山药和芋头的人说,山药不能煮成粉状的糁,芋头则可以。关于后者,文中已引前人记载作证。关于前者,近日读宋人苏颂的《本草图经》,书中记载"薯蓣""煮之作块不散"。他描述"薯蓣"的性状是"春生苗,蔓延篱援……夏开细白花,大类枣花。秋生实于叶间,状如铃"。当是山药无疑。苏颂与苏东坡同为宋朝人,他的记载可以证明山药不能煮成糁。(二)北京大学经济系李德彬教授正在研究番薯何时传入我国的问题,查阅过广东省几十部地方志,包括海南岛地区的。他说,从古文献的记载看,可以肯定苏东坡吃的"红薯与紫芋",不是番薯,也不是山药,而是芋头。他还告诉我,他是广东省汕头人,当地人至今还吃一种叫"芋头泥"的菜。汕头话的"泥",即普通话的"羹"。该菜的做法是:先将芋头蒸熟,取出,揉一下,即成粉状,再放入锅中加水、油、盐等,稍煮即成,味美。若加入肉丁等,就更好吃了。若此,则苏东坡吃过的"玉糁羹",汕头人今天还在品尝哩!

　　此文与彭传彪合作,原载《农业考古》1982 年第 2 期。

---

①引者按:明代人黄省曾在《种芋法》中也说:"芋,凡十四种。"

《晋商信用制度及其变迁研究》序

明清晋商是中国经济史上一个颇具特色的商业群体,其活跃时间之长,辐射范围之广、资本之雄厚、经营项目之多、从业人数之众,在世界商业史上都是十分罕见的。对明清晋商进行高层次、深入的研究,一方面可以很好地反映明清时期中国商业与市场的发展水平,表明当时的经济发展状况及其兴衰波动,也有助于澄清中国经济长期发展的路径与模式。另一方面,也能够很好地体现中国历史时期的商业精神与经营文化,为现代商业运营提供诸多有益的借鉴。

刘建生同志从事晋商研究已经有 20 余年的历史,在他的带领下,山西大学经济与工商管理学院已经成为国内晋商研究的主要基地,业已形成一支联合攻关、配合默契、具有很大研究潜力的晋商研究学术团队,并取得了显著的研究成绩。他们的主要研究特色在于:运用经济理论揭示与探讨晋商的内在运行机制,并通过晋商研究来丰富与发展经济学理论。从《山西近代经济史》(山西经济出版社 1997 年版)、《晋商研究》(山西人民出版社 2002 年第 1 版)、《明清晋商制度变迁研究》(山西人民出版社 2005 年版)到本书的出版,他们对晋商问题的研究一步步深入,其特色也更为鲜明,本书的出版在晋商研究的历史上则更具有里程碑的意义。它具有以下几个特点:

一、建立了新的分析框架,实现了重大方法创新

作者创造性地引入目前处于前沿地位的历史制度分析方法,并综合运用了新古典经济学、新制度经济学的有关原理和方法,通过引入博弈论的分析工具,并结合中国的文化环境和历史演进特点,建立一个适宜于晋商信用制度研究的分析框架和理论模式,进而对晋商的信用制度安排及其长期变迁过程中的相关问题进行了实证分析与综合研究。在具体研究中,还灵活运用了规范分析与实证分析、制度分析与非正式制度分析、历史研究与比较研究、局部剖

析与整体归纳等方法,多角度、多视角、多层次地对大量可靠的史料进行了理论分析,使晋商研究得到进一步的深入。

值得指出的是,作者虽然综合应用了诸多经济学理论,特别是处于前沿地位的历史制度分析方法,但对于这些源于西方发达国家的经济学理论,他们并非简单化、教条性地照搬与套用,而是在熟练掌握各种理论的内涵、本质、发展背景及优缺点的基础上,结合中国特定的历史文化背景及特定的研究对象进行了调整、发展与补充,既丰富了经济学理论,也使其更适用于对晋商信用制度及其相关问题进行研究,增强了对晋商内在运行规律的分析力和对晋商现象的解释力。如关于制度的内涵与"自我实施制度"的概念的界定,对博弈论模型的假设条件与历史的关系问题,对模型的检验问题,以及博弈论模型在制度经济史研究中的更大、更普遍的适用问题等所进行的探索,均体现了作者在方法论上的思考与创新。

二、具有较强的理论与现实意义

虽然晋商重信守诺的形象已经受到人们越来越多的关注,但现有的研究主要处于就事论事、就点论点的表面化层面,局限于平调式、炫耀式的宣传阶段,停留在没有框架、没有体系的不系统阶段。本书则构建了一种适宜于晋商信用制度及其变迁研究的理论框架和分析模式,通过对晋商发展过程中的大量可靠史料的分析,实现中国特定历史文化背景与历史制度分析方法的有机结合,进而对晋商的信用制度安排、晋商信用制度的发展演进过程、信用制度与晋商兴衰的内在关系等问题进行系统研究。实现了博弈论、中国特定历史文化传统与晋商信用制度的融合,解决了晋商信用的起源与维持机制、基本模式、变迁方式,晋商信用与晋商兴衰的内在关系等一系列重大问题,填补了晋商信用制度的系统研究空白,使晋商史研究乃至中国经济史中相关问题的研究得到进一步深入,也在一定程度上丰富了经济学理论的内容。不可否认,作者所建立的分析框架与方法体系也适用于晋商史中的其他问题乃至中国经济史中同类问题的研究。

此外,该书虽然是一项基础研究,但在理论探索与对晋商历史问题的实证研究中也注重了借鉴分析,避免了经济史研究与现实经济的脱节。通过对现代信用问题与晋商信用的对比及其原因思考,从信用均衡、实施机制与信用制度变迁等方面为现代信用建设提供了一些与以往认识不同的对策建议,具有很强的应用参考价值与现实意义。

三、提出了一系列符合中国历史与现实的新观点

作者通过对晋商信用制度及相关问题的系统研究,提出了一系列符合中国历史与现实的新观点,并进行了严密的逻辑推演和翔实的实证,得出了诸多重要结论。如晋商信用制度起源与维持的博弈均衡观,在特定历史文化背景下晋商信用制度的选择观,对明清时期的产权结构与政府行为的论点,以自我实施与集体主义惩戒机制为内容的晋商信用模式之论点,晋商信用制度的演进观,晋商兴衰的信用归因,以及基于晋商信用制度研究的信用借鉴论,等等,这些观点或结论乃至论证过程均是此前晋商研究领域所不曾涉及的。

四、资料翔实,论证充分

该书既非单纯的史料性堆砌,也非空洞的理论抽象,而是实现了史论结合,论从史出。全书共征引了 600 余种文献资料,包括各类古籍、各种方志、金石、碑刻、谱牒及今人论著,使用得体,佐证了所提出的各种观点,较好地体现了历史与逻辑的统一。

原载刘建生等《晋商信用制度及其变迁研究》,山西经济出版社 2008 年版。

中南财经政法大学 2023 年度重大基础理论研究专项 (后期资助) 项目 (项目编号 2722023DJ001) 资助

赵德馨

经济史学论文选续编

赵德馨 著

下

长江出版传媒｜崇文书局

第 六 部 分
中国近代经济史

　　这是赵德馨教授着力甚深的领域。除系列论文及下述太平天国财政经济史和张之洞研究外,他还取得两类代表性成果:一是"三部教材"。第一部为其主持的《中国近代国民经济史讲义》,为教育部向全国推荐使用的首部中国经济史教材,1958年出版,1969年被美国东西方研究中心节译出版,1971年在日本全译出版,曾长期作为日本研究生学习中国近代经济史的教材使用。第二部为其主编的《中国近代国民经济史教程》,1988年出版,仍为教育部向全国推荐使用的文科教材。第三部为其独著的《中国近现代经济史1842—1991》,2003年出版,是教育部中国经济史课程教学内容改革项目最终成果、"九五"普通高等教育国家级重点教材、面向21世纪课程教材。三部教材均融会了他研究中国近代经济史的心得和观点。二是"一部传记"。他从20世纪80年代开始研究近代著名华侨企业家黄奕住。其成果——《黄奕住传》,1998年出版,2003年由加拿大和美国学者全译为英文在加拿大出版,2019年中文本修订再版。

鸦片战争与中国近代经济的演变

1840 年 6 月，英国发动侵略中国的鸦片战争，中国人民由此开始了反对资本主义侵略的斗争，影响深远。鸦片战争使中国的经济大门被侵略者打开，中国经济被卷入世界市场和世界资本主义体系之中，国内经济随之发生剧烈的变化。签订《中英南京条约》的 1842 年，成为中国由传统经济到近代经济的转折点。

一、外国资本主义侵入，操纵中国财政经济命脉，中国经济成为资本主义世界经济体系的依附部分

鸦片战争之后，资本主义列强取得在中国通商、协定中国关税、掌握中国海关行政、设立租界、内河航行、子口税等等特权，打开中国的门户。资本主义国家的商人凭借这些特权和国内机器大生产的经济优势，向中国发动猛烈的商品侵略，推销工业品，收购农副产品，建立起从通商口岸到基层市场的商业网。西方国家的银行家随着商人的足迹，来华设立银行的分行或新的银行，经营货币与外汇结算。鸦片战争之前及战后 20 余年，中国的对外贸易一直是出超；到了 19 世纪 60 年代末期，一变而为长期入超，且入超数额日益增大。到了 70 年代，中国进出口货物的价格与出口商品的数量，取决于伦敦、巴黎等地的市场变动，为洋行所操纵，中国丧失了市场主动权。依附国的外贸格局与国内商业特征随之形成。

资本主义国家的商人为了在中国经商，投资设立航运企业，在通商口岸开办船舶修造厂和进出口品加工企业。中国境内第一批使用机器生产的资本主义企业，是外国资本家创办的。

1895 年签订的《中日马关条约》中，规定了外国人在华设厂权。此时，主要资本主义国家相继进入帝国主义阶段，在对外经济侵略方面，资本输出成为其

主要特征之一。他们掀起在中办工厂、建铁路、开矿山和强行政治贷款权的浪潮。到 1930 年，外国在华投资约 34.9 亿美元。1936 年，不计东北地区，仍增加到约 42.9 亿美元。外资在对国民经济运行具有重要影响的行业中占优势。

在金融业中，1930 年有外资约 3.2 亿美元。1934 年，中国本国所有银行的资本，折合美元只有 1.08 亿，而在华的一家美资银行——大通银行的资本，有 1.48 亿美元。外资银行的资本优势和享有的特权，使它们在早期就垄断了中国进出口的外汇结算、金银进出口和金银市场。到了 20 世纪 30 年代前期，外资银行仍控制着 90% 的外汇结算。外国银行经手的各国对华贷款，在中国政府的外债结汇中，占有主要的份额。1930 年，外国对华政治性债务共达 7.1 亿多美元。中国的主要财政收入来源，如关税、盐税、厘金、田赋，都成了外债抵押品，中国财政的支出，亦受外国银行监督与控制。

外国在中国运输业中的投资，1930 年为 7.6 亿余美元（包含铁路借款）。1936 年，关内地区的达 5.15 亿美元，关外的达 5.5 亿美元，合计 10.65 亿美元。在中国各通商口岸进出的轮船吨位中，外国轮船占的比重，1923 年为 77.7%，1930 年为 82.8%。1937 年，中国铁路中由外资直接经营的和控制的，按营运里程计，分别为 47% 和 44%，二者合计共达 91%。

1930 年，在中国工矿业中的外资有 5.8 亿余美元，集中在棉纺、卷烟、煤矿、电力等部门。在电力部门，1931 年至 1936 年，外资电厂占发电量的 55%。在棉织业中，1935 年，外资厂织的棉布占全国产量的 65%。抗日战争前夕，外资控制的企业占有中国生铁产量的 95% 以上，占机械产煤量的 65% 以上。外国运华商品和在华外资工厂的产品，是中国工厂产品销售中的大敌。

外国资本主义通过以上这些活动，一方面，侵入中国国民经济之中，成为经济命脉的主要成分；另一方面，又使中国的经济在国际经济关系中处于依附于它们的地位。这两个方面表明中国经济已丧失了独立，成为一种依附性质——半殖民地性质的经济。

资本主义国家发动侵华战争，根本目的在于取得中国人民创造的财富。它们取得中国财富的手段与渠道多种多样，举其大者，有以下诸项。

（一）抢夺。在每次战争期间，其军队所到之处，抢夺政府库存钱物和私人财产。日本占领中国的台湾、东北及关内广大地区，抢走的资源、财物、金银总价值达数百亿美元。

（二）骗取。开平煤矿的所有权，被英美资本家利用八国联军侵华造成的形势骗去,便是一例。

(三)偷盗。全国各地重要文物被外国人偷走后留下的痕迹,是许多人都看到的。

(四)勒索赔款。自 1842 年至 1911 年,帝国主义强迫清政府偿还兵费、鸦片费、商欠及利息等等的赔款,总额近 13 亿两白银。

(五)对华贸易的商业利润。资本主义运到中国来出售的是工业制成品,从中国买走的是农副产品,这两者之间存在价格剪刀差。帝国主义在华特权,使其对华贸易具有强制而不等价格交换的特征,剪刀差大于主权国家之间的工农产品交换。资本主义工业生产力加速增长,而中国的农业老是停留在手工劳动阶段。二者产品间的价格剪刀差呈扩大趋势。随着剪刀差的扩大,随着对外贸易总额的扩大,外国人从中国人身上榨取的血汗越多。

(六)在华企业的利润。帝国主义在中国办的工交企业利润极为优厚。这是它们把资本投放在中国的原因。

(七)对华贷款的利息及相关利益。从 19 世纪 50 年代起,资本主义国家开始向清政府贷款。到 1930 年,政治性外债就有 7.1 亿余美元。各主要资本主义国家争相向中国贷款,是由于优厚的利息、回扣及相关利益,如英国人在英德贷款还债期内可以掌握中国海关行政权,监督盐税收支;日本政府策划的对汉阳铁厂与大冶铁厂的贷款,以生铁、矿石还款,价格在还债期内不变。1915 年至 1918 年,世界市场铁价猛涨,仅此一项,日本人就获得数百万元额外利润。

(八)经营货币。一是利用中国币制银两、银元并用的局面,从中国收购银两,在国外铸成银元,再将银元运到中国,赚取银两、银元成色不同的差额。二是在华外资银行发行货币,其利之大,自不待言。三是经营中外货币的兑换与外汇结算。四是利用中国市场与世界市场金银比价的差异,在中国或买银售金,或买金售银。

(九)霸占土地。一种是割让地,如 1842 年后的香港,1895 年到 1945 年的台湾。二是租借地,如澳门、香港新界、旅顺港、胶州湾等等。三是通商口岸中的租界。四是占领区,如日本侵华军在 1931 年至 1945 年在中国大陆上占领的广大地区。五是外国人在中国办的教会、教堂占的土地。六是沙俄通过几次不平等条约占去的大片中国领土。资本主义国家在这些土地上取得巨额财富。仅外国人在华房地产一项,据美国学者雷麦的估计,1931 年就达 3.39 亿美元。

1842 年至 1949 年,帝国主义国家从中国掠夺走多少财富,这笔账是非算清楚不可的。

资本帝国主义在中国掠夺财富的事实,集中说明了一个问题:他们在中国的一切活动,不管采取什么形式,起了多少种好听的名称,都是围绕着一个目的,即把中国变成一个它们可以予取予夺的园地,从中国人民身上刮走更多的膏脂。在这里,有一个界限需要顺便提出:西方国家侵入中国是一回事,西方文明和中国向西方学习是另一回事。把西方入侵中国后中国人的觉醒,中国人反抗西方国家入侵的斗争和向西方文明学习的成果——中国资本主义的发展等等,归之为西方国家入侵的产物,与历史事实不符,也不合乎逻辑。至于用这种错误的结论以及用西方国家是资本主义社会,中国是封建社会,前者比后者高一个发展阶段的事实,来论证西方国家入侵中国的合理性,则只能称之为荒谬了。

资本主义国家长期掠夺中国财富的后果之一,是他们变富了,中国则停滞在贫穷落后的境地。中国人民贫穷,工业化既缺乏资金,又缺乏市场。这是中国经济近代化、工业化的最大困难之一。它也影响当代中国的现代化。

帝国主义给中国经济发展造成的困难,不仅在于破坏中国主权,施加竞争中的压力,制造贫困,也不仅在于它们以侵略战争直接破坏中国的经济(其中以日本侵华战争造成的损失最大),还在于它们在中国划分势力范围,制造分裂,挑起和支持中国的内战。中国近百年历史是一部动乱的百年史。110 年间,几乎国无宁日,且愈到后期愈盛,中国没有一个经济建设的环境。中国的工业化与资本主义化因此不能成功。

二、农村自然经济逐步解体,富农经济发展,封建生产关系有所变化

鸦片战争以后,农村自然经济进入逐步解体过程。1842 年前,在中国,商品经济有所发展,但在整体上,特别是农村,仍是自然经济结构。外国资本主义入侵后,农村经济的第一个变化,是商品经济发展。这种商品经济的发展,与 1842 年前的不同之处主要有二:(一)1842 年前,其推动力来自国内封建制度下的小商品生产;1842 年后,主要来自国内外资本主义的商品生产,世界市

场的影响力大。(二)1842 年前,未能引起自然经济的解体,商品经济的发展表现为对自然经济的补充;1842 年,引起自然经济进入逐步解体的过程,商品经济的发展变为对自然经济的破坏。农村自然经济的解体,主要表现为自然经济生产结构的破坏与产品的商品化。中国农村自然经济结构的核心,是耕织结合的小农生产体。这种生产结构的瓦解,表现为耕与织的分离。由于资本主义国家入侵的初期,在中国能打开一定市场的工业品,主要是棉纱和棉布。机器生产的棉纱,比手工纺纱均匀,韧性强,价格低。农妇买机纱织"土"布,导致农家棉纺与棉织相分离。后来,中外资本家在中国开设一批棉纺织厂,加速了机纱代替手工纱,机织布代替手织布的过程。一些农户既放弃纺纱,也放弃织布。于是耕与织相分离。这种分离的过程,是剥夺农家原有一部分生计的过程,因而是痛苦的、遇到顽强抵制的过程,进展缓慢。到 1936 年,农家织布所用之纱,还有 1/4 是土纺的;农家用的布,约有 2/3 是自织的。这表明耕织分离的过程远未完结。

随着外国商人在中国收购农副产品出口日多,国内轻纺工业的发展,城市人口的增加,铁路、公路的兴建,航运的发达,以及地区之间、农业内部分工的扩大,一些农副产品逐步商品化,出现了商品性农业。茶叶、烟叶、桑叶、大豆、棉花等经济作物有较大发展,出现了一些经济作物地区。某些地区的某些农家副业(如养蚕、编织、抽纱等)变成主业,或分离出来成为新兴的产业。在 20世纪 30 年代,在农作物播种总面积中,经济作物约占 20%。在农村产业结构中,这是一个大变化。

1842 年至 1949 年,农业生产工具、生产技术基本上处于停滞状态。引进了少数新农作物和不少新品种,进口了一些化肥、少量农业机器。由于经济作物占地增多,而农业生产水平大体依旧,粮食总产量徘徊在 1 亿~1.25 亿吨。在这 108 年间,人口由 4.1 亿增加到 5.4 亿。故人均粮食占有量比 1842 年前有所下降。粮食的商品率不高(1936 年大约为 30%)。农业中商品生产比重小,农产品商品化程度低,农村是一种半自给经济。

农业生产落后的根本原因,在于封建土地制度和农产品流通过程受外国资本家控制,农业生产者不能掌握自己的命运,既无扩大再生产的资金积累,也无扩大再生产的积极性。

农村中生产资料所有制结构和由此决定的阶级结构变化甚小。封建地主土地所有制和地主经济仍占统治地位。在商品经济发展的影响下,官田、公田的数量及其在耕地中占的比重缩小，私田增加；土地买卖过程中宗法关系束缚削弱；租佃关系普遍契约化；佃仆制等走向衰亡；货币形态的地租增加（在地租总额中约占 20%）；经营地主、工商业者兼地主、新掌权的官僚（包括军官）兼地主兴起，旧日的缙绅地主在衰落；农民间两极分化变得激烈起来。到 20 世纪 30 年代，雇农约占农村人口的 10%。少数农户发展成富农。20 世纪 20 年代至 30 年代，富农约占总农户的 6%，占总农业人口的 7%～8%，占耕地的 20%。富农出租的土地平均占其所有土地的 20% 左右。20 世纪 30 年代以后，富农经济出现停滞和衰退的趋势。

在中国，商品经济发展的结果之一，是财富从农村流向城市，特别是通商口岸城市，流向在这些城市的外国人手中和国外。于是，农村经济凋敝与少数城市畸形繁荣同时发展，城乡对立与地区发展不平衡逐步加剧。这是外国资本主义侵入对中国经济结构造成的一个严重后果。

三、在农村以外的地区，即城市、矿区和铁路、公路、通航水道，既是 1842 年后入侵的外国资本主义势力集中之地，也是 19 世纪 60 年代以后兴起的本国资本主义经济依托之地。在农村，资本主义成分微弱。在城市，经济活动为资本主义经济规律所支配

中国的机器工业，始于清政府办的军工厂，后来扩展到航运、民用工业、矿山、铁路、电信等部门。中国近代企业从国有国营形态开端。在工业后来的发展过程中，国有资本长期占有重要地位。

从 19 世纪 60 年代末至 70 年代初，私人企业开始使用小型的、简陋的机器。同时，政府办的企业也吸收私人资本。私人资本主义企业的大步发展，是在 19 世纪末、20 世纪初之后。到 1920 年，估计私人的投资，在工矿业中的约 3.3 亿元，在交通运输业中的约 1 亿元，在国内商业、对外贸易和金融业中的大于工矿业与交通运输业之和。

新兴的资本主义经济与传统经济的力量对比情况，在各个部门不相同。

从 1840 年至 20 世纪 20 年代，从总体上说，手工作坊、手工工场长期与机器工业并行发展。1933 年，雇工在 30 人以上、使用机器的工厂有 3100 余家，其产值占工业总产值的 20%。1936 年，在整个工矿业中，现代化工业的产值约占 1/3。资本主义性质的手工工场是私人资本主义经济成分中的一个重要

组成部分。这是中国资本主义经济及其物质技术结构的特点之一。

在包括铁路、水路、航空、汽车、人力车、搬运、电信、邮政在内的交通运输业总收入中,1936 年,属于现代企业经营的,估计占一半以上。

在金融业中,1934 年,中国的银行达 170 家,资本达 3.6 亿元,约为钱庄、票号资本总额的 3 倍。

在商业中,到 20 世纪 20 年代至 30 年代,已经形成全国性网络和体系。从这个网络的整体及其占支配地位进出口商业和批发商业来说,是资本主义性质的;其主要的基层部分——分布在农村集市上的商业组织与商业活动,带有严重的前资本主义色彩。

1936 年,在工农业总产值中,本国资本与外国资本的近代工矿业产值仅占 10.8%;加上工场手工业的产值,亦不过 20%左右。在国民收入总额中,资本主义比重大的交通运输业和金融业仅占 5%。可见,75%以上的经济是非资本主义性质的。中国近代经济处于从传统的封建经济向资本主义经济过渡的过程中。

中国的资本主义经济的力量,相对于外国的资本主义经济来说,不可同日而语;在技术和资金方面,前者依赖于后者;在世界市场的竞争中,前者受制于后者;在世界资本主义经济体系中,中国资本主义经济是极其软弱的、依附的部分。在中国境内,本国资本主义在整体上也不能与外国在华资本相匹敌。

相对于封建经济来说,资本主义经济成分的产生与发展,是社会生产关系方面的一种进步;相对于手工生产来说,机器生产的引进与推广,是社会生产力方面的进步。新的社会生产力与新的社会生产关系带来了新的阶段:资产阶级和无产阶级。新的社会生产力、新的生产关系、新的阶级的出现与壮大,是新思想、新文化赖以产生或传入的物质基础和阶级基础。

中国资本主义经济在发展中遇到重重困难,因而成长的过程是曲折的。资本帝国主义侵略到哪里,就要在哪里引起资本主义的发生。资本帝国主义在入侵国的经济活动,需要有当地的资本主义经济为之作润滑剂、补充物。中国政府和中国人民却要发展本国的独立工业。帝国主义欲将中国资本主义限制在它所需要的补充物限度之内。中国欲发展的独立的资本主义,却是它的对立物。资本主义经济也是传统经济的对立物。因而对抗是不可避免的。对于国内传统的封建经济,资本主义经济凭借本身先进性的优势,逐步地使之瓦解,为自己开辟前进的道路。对于入侵的外国资本主义,中国资本主义在经济方面几乎无优势可言。它的发展,或借助国内农业丰收,市场扩大;或借助于中国人民反帝斗争的推动;或者利用某些帝国主义国家互相厮杀,因而削弱了侵华力量。农业的丰歉主要取决于气候,即自然因素。从社会方面分析,中国资本主义经济的发展快慢,取决于帝国主义压力的增强与减弱。中国资本主义发展的程度,取决于帝国主义容许的范围。当中国在 1925 年至 1931 年间,工业生产形势较好,纺织品出口量有所增加,东北等地农作物产量增长较快时,日本就出兵占领东北。当关税协定在 1929 年至 1933 年被逐步取消,中国工农业、交通业在 1935 年至 1936 年发展较快时,日本又发动全面侵华战争,想把中国变成它独占的殖民地。毛泽东 1940 年 1 月在《新民主主义论》中写道:"要在中国建立资产阶级专政的资本主义社会,首先是国际资本主义即帝国主义不容许。帝国主义侵略中国,反对中国独立,反对中国发展资本主义的历史,就是中国的近代史。""现在是日本在中国发展它的资本主义,却不是什么中国发展资本主义。"日本"一定要打中国,一定要把中国变为殖民地,它就断绝了中国建立资产阶级专政和发展民族资本主义的路"。

鸦片战争后中国经济的演变,给我们留下了丰富的历史经验。其中,最能给人启迪又令人难以忘记的,有以下几点。

(一)中国由 16 世纪初的世界强国,变成 18 世纪至 19 世纪前半期的弱国,重要原因之一是实行海禁——闭关政策。在世界市场的形成和发展过程中,实行闭关政策无益于防御资本主义国家的侵略,无益于巩固国家独立,无益于发展民族经济,相反,只能起保护落后经济的作用,终于落个被人打开大门的结局——被动开放。各国经济上的联系日益密切,是生产力发展的必然结果与要求。与其被动开放,受制于人,不如主动开放,权自我操。

(二)即使像中国这样的人多、地大、统一、文明悠久、有反抗侵略传统、凝聚力强的国家,手持刀矛的爱国者也难以对付由枪炮武装的侵略军,难以逃脱失败的命运。一个国家的经济如果落后,就会挨打,受辱。它要想在世界民族之林中站起来,把经济建设搞好是至关重要的——是民族之大义,是国家之大局,是头等重要之政治。

(三)一个国家如果丧失了政治上的独立,在经济上必成为他国的附庸,不可能按照本国人民的意志发展经济,经济建设是搞不好的。政治上的独立是发展独立民族经济的前提。

(四)旧中国经济之所以发展不好,一是由于政府腐败无能;二是由于帝国主义的掠夺和破坏,制造连绵不断的内外战争,弄得国无宁日。没有一个安宁的环境,经济建设无从谈起。新中国解决了独立、统一、安定、温饱等几个老大难问题,有了经济建设的环境。这种环境来之不易,全国人民必须珍视它,保护它。

原载《湖北方志》1990 年第 4 期。

读《中国近代史稿》(第一卷)

一

　　戴逸同志编著的《中国近代史稿》(第一卷)是一本好书,综合了当前近代史科学建设的主要成就,系统地叙述了作者对这一段历史研究的一些心得;它带有新的作风,有一些突出的优点。对于这本书的优点,应当给予充分的肯定。

　　第一,作者力图用马克思主义的基本原理来分析中国近代历史事件。可以明显看出,作者在许多问题上花了巨大的劳动,分析是很深入的。作者的这种努力在下述两个方面表现比较突出。一方面是力图从阶级分析着手来说明各个时期历史的发展变化。马克思主义的唯物史观认为,一切阶级社会的历史,都是阶级斗争的历史,因此,研究历史就必须运用阶级分析的方法。在这方面,这部著作是比较符合这一要求的。另一方面,作者能够大胆运用马克思主义经典作家,特别是毛主席关于历史唯物主义的一些重大原理。诸如作者将太平天国的革命战争分为进攻阶段、相持阶段、防御阶段三章,在我看来,是依据毛主席分析抗日战争时所树立的战争发展三个阶段的原理;作者对太平天国内讧的分析,是运用毛主席关于两类社会矛盾的原理分析历史事件的一个有意义的尝试。不管作者运用这些原理是否完全适当或正确,但是应当肯定,这是一个正确的方向。

　　来新夏先生在书评中①因为作者在 522 页的著作中,只引用了毛主席著作中的一条意见,从而认为作者忽略了历史专著的宣传和论证马列主义及毛泽东思想经典著作的基本任务,进而认为是此书忽略"政治标准"的一个重要方

_____

　　①见《历史研究》1959 年 5 期。

面。我们不同意这种简单的批判和随意的否定。因为，对于一本书的政治性及马克思主义水平的衡量，首先不在于援引经典著作的原文的多少，而在于是否贯彻和运用了经典作家们所奠立的基本原理。至于以一本书引证经典著作条数的多少作为衡量科学著作的"政治标准"，肯定是错误的。如果依照这个标准，那么多著作必定会成为引文的凑合，对实际是无益的。其次，对于经典作家们所奠立的基本原理，由于是由他们奠立的，他们对这些原理的表述是最精确、最科学的，从而引证又是必要的。此书引用马克思、恩格斯、列宁、斯大林的重要著作有二十多本，计三十多条。来先生不能也不应当说马恩列斯的著作不是经典著作。就是毛主席的著作，作者也不只引用一条。来先生没有细心地查阅，便加以轻率否定，是不应该的。

第二，作者力图加强此书的战斗性，对有关的一些主要的反动论点或错误观点，力图加以批判或批评。在这一方面，此书比以前的一些近代通史著作是有进步的。如在第一章批判了反动"学者"认为中国在鸦片战争前是绝对停滞的荒谬论点（34 页），对蒋廷黻替琦善投降行为的辩护加以驳斥和揭露（89页）。在第二章中，对在分析中英关系上的客观主义倾向加以批评（64、65 页），对封建统治者中投降派对人民的诬蔑、对中英战争中唯武器论的观点都加以批判（102、103 页）。在各章中对统治阶级和外国侵略者的腐朽和凶残都加以揭露。这些都表明作者是注意加强著作的战斗性、思想性的。作者这种努力方向和作出的成绩，也是应当肯定的。

当然，在这方面我们还可以向作者提出更高的要求。诸如对过去买办"学者"及右派分子关于这一阶段历史的谬论还批判不够；在此书的重点、占全书篇幅三分之二的太平天国革命部分，缺乏对这次伟大农民革命污蔑的驳斥；特别是对托洛斯基分子在反对我党民主革命纲领时，关于鸦片战争前后社会性质的谬论没有批判。这是缺点。但是，在这方面，我们也不同意来新夏先生的批评。来先生认为引用了右派分子荣孟源文章中的一条材料，也是衡量此书"政治标准"的问题。就实际而论，这条材料当然不必从荣孟源的文章中转引过来。但是，引用一条材料绝对不是一个"政治标准"的问题。因为材料本身不是右派分子的。重要的在于，我们对右派分子的一些反动论点必须加以批判，而不能承袭；至于他们发现或过去在他们文章中公布的一些有用的经过审查没有被歪曲的历史材料，是可以用来为我们服务的。

第三，作者对于历史事件不限于就事论事，而且注意从民族斗争和阶级斗

争中总结历史上的经验教训,特别是人民革命斗争中的经验教训,指出历史上
的优秀遗产,力图达到"古为今用"的目的,使历史科学服务于今天的社会主义
建设。仔细读来,可以看出作者在这方面的用心是很深的。特别是在叙述太
平天国革命的部分,随时分析革命迅速进展的原因何在,失败的原因何在,农
民阶级的一些阶级局限性表现在哪里。最后指出,从太平天国革命史中,我们
可以得出结论:农民是反封建反侵略的主要力量,他们斗争十分英勇坚决。但
是,他们也存在自身难以克服的弱点,从而,没有工人阶级的领导,农民就不可
能把革命引向胜利(520页)。作者在这些解释分析上,还尽力提高到理论上来
认识。很清楚,作者是尽力推行党的"厚今薄古"的指示,并在向这个方向努力
的。

第四,此书既注意广泛吸取近代史学界研究的成果,又能够对正在讨论的
一些主要问题,明确提出自己的意见。所以在此书中,有运用较为熟练的夹叙
夹议,又有引人感兴趣,对读者有启示的讨论。如:关于中国在第一次鸦片战
争中失败的主要原因问题(103—104页),关于杨秀清采取天父下凡的原因和
意义的问题(159页),关于洪大全的真实性问题(174页),关于太平天国出广
西后的反满与反孔的口号及对知识分子的态度问题(179—180页),关于太平
天国土地政策的实行问题(202—206页,426—435页),关于厘金制度产生的
原因问题(222—224页),关于太平天国革命的性质问题(514页),等等。列举
这些问题就可以看出,几乎在当前所讨论的有关问题上,作者都表明了自己的
意见。值得重视的是这些意见大都是经过仔细研究的,有的意见是新颖的。
这是在党的百家争鸣政策启示下,作者努力贯彻党的这一英明政策的体现。
敢于发表自己的见解,又不随便提出一种见解,这是此书表现出来的一种良好
的学风。

总之,对于戴逸同志在这本书上所付出的艰苦劳动,所提出的见解,所努
力的方向,我们认为应当肯定,值得大家欢迎。

二

此书也还存在一些问题。其中许多问题在很大程度上反映着我们今天近
代史建设的现状,需要大家共同努力才能解决。下面提出的几个问题,我们认
为是比较容易改进的。当然,这并不是说我们提出的意见就是正确的。

第一,关于资本主义萌芽的问题。作者对鸦片战争前资本主义萌芽的状况,用了较多的篇幅来叙述。但是,对资本主义萌芽发展程度的结论是估计过高了。这是由于作者在研究的方法和理论方面都存在缺点。在研究的方法上,一是分析和叙述资本主义萌芽情况时,没能紧密结合当时的经济背景,使资本主义萌芽在当时社会经济背景下显得十分突出和孤立。在这方面,首先是未能叙述生产力发展状况(全书都缺,是重大缺点),其次根本没有指出行会手工业和官府手工业状况。所以,没有能够将行会手工业和资本主义手工业、行会手工作坊和资本主义作坊区别开来,甚至没有将封建政府的官办工场和民间的工场分开,以致将一切存在的规模较大的作坊和工场,都认为是资本主义的。二是以少数先进的手工业部门的情况,代表当时手工业全体的情况,忽视了各手工业部门发展的不平衡性。这样,作者对资本主义萌芽的程度必然会估计过高。譬如,作者在最初提出:"当时手工业中资本主义萌芽的状况如何呢?"回答是:"当时,在丝织、陶瓷、煮盐、采铜冶铜、伐木、造纸、制糖等行业中已经有或大或小的资本主义性质的手工工场,其他一些行业中虽然没有直接找到手工工场的数据,但已经出现了包买商人或间接地可以断定它有手工工场。"(23页)后来又说:"在外国资本主义侵入以前,中国封建社会按照本身的发展规律,已经在各个手工业部门中发生了资本主义性质的手工工场。"(31页)甚至还说,农村副业性质的和小商品生产性质的手工业,"和手工工场比较起来,象是汪洋大海中的孤岛。"(35页)依前后文意和作者的意思来看,这句话在文字上可能是反了。这些结论在书中得不到证实,也不符合历史实际,只会使读者产生对当时社会性质的严重错觉。

在理论上,作者在分析手工业中资本主义萌芽时,没有严格将资本主义手工工场看成是在生产过程分工基础上的商品生产的企业,而是一律把劳动者较多的手工业生产单位都看成资本主义手工工场。如作者在分析造纸业、淘金业、踹布业、轧花业等行业时,都是这种情况。作者在分析农业中资本主义萌芽时,在理论上有更明显的错误。作者没有任何材料可以说明当时农业中存在资本主义,便说:"资本主义在农业中的生长情况,我们只能就商业性农业的一般发展情况加以考察。"(32页)更说:"商业性农业的出现表明着资本主义关系已经缓慢地侵入农业。"(34页)作者的这种出发点和理论是错误的。中国历史上商业性农业出现得很早,从汉代已有,唐以后更加明显。如果说商业性农业的出现便表明着资本主义关系已经缓慢地侵入农业,那么中国资本主义萌芽开始于何时呢？特别需要指出,作者为了论证自己上述的这种错误意见,竟歪曲列宁同志著作的原意。作者在 32 页写道:"假使说我们在手工业生产中可以用专业性手工工场的组织规模来衡量资本主义发展的高度的话,那末我们在农业方面却不可能找到这种明显的标志,正象列宁所说:'农业性工业则不分为完全独立的部门,而只是在一种场合下专门生产一种市场的生产品,在另一种场合下专门生产另一种市场生产品。'因此资本主义在农业中的生长情况,我们只能就商业性农业的一般发展情况加以考察。"这里引用的列宁的一段话的原意,只是说明:"由于农业底性质本身,农业之转变为商品生产是以特殊的方式进行的,与工业中的这一过程并不一样。""商业性农业底形式是以最大的多样化而著称"①。根本不可能引申出作者上述的结论。正是列宁同志的著作屡次教导我们,不能将商品生产和资本主义生产混淆起来。"所谓资本主义,是指商品生产发展的这样一个阶段,在这个阶段上,不仅人类劳动产品是商品,而且人类劳动力本身也成了商品"②。商品性农业可以是简单商品生产者生产的农业,也可以是资本主义商品生产的农业。而从简单商品生产到资本主义商品生产,是社会发展的两个不同阶段,是不能混淆起来的。

把商品性农业和资本主义农业混淆起来,在实际上必然把社会经济中资本主义的发展程度和影响估计过高,甚至对社会性质作出错误的估计。特别是在近代中,由于外国的侵略,自然经济逐步瓦解了,但农业中的资本主义并未相应地发展起来。托派"理论家"曾经把农村商品经济的发展说成是农村资本主义的发展,来反对我们党关于中国社会性质的正确论断,从而反对我党正确的革命纲领。现在我们所讨论的问题的性质根本不同,但历史上的这些斗争,会启发我们对问题的思考和注意。

第二,关于贯彻和阐明马克思主义经典作家关于中国历史的一些基本原理的问题。大家知道,马克思主义经典作家不仅建立了历史唯物主义基本原理,而且对中国近代社会的基本状况和主要事件作出了精辟的分析和结论。这些结论已为历史事实和革命实践证明完全是正确的。我们必须根据这些原理进行研究,并阐明这些原理。作者是向这个方向努力的,但还有不够充分和不够明确的缺点。第一讲分析中国在鸦片战争以前的状况时,只谈到土地兼

---

① 列宁:《俄国资本主义的发展》,人民出版社 1957 年版,第 249 页。
② 列宁:《论所谓市场问题》,《列宁全集》第 1 卷,人民出版社 1955 年版,第 77 页。

并(土地兼并不是这个时期独有的特征,更不是土地问题的全部,更不能以此概括农村或农业生产的状况)、资本主义萌芽(当时占统治地位的不是自然经济的生产,资本主义萌芽不是主要方面)和政治情况与思想情况三个问题。而对中国这时封建社会的一些基本状况叙述不全面,诸如:这时土地制度的基本形式,封建政权的基本特征(中央专制集权),农民所受的各种剥削(特别是受封建政府劳役和田赋的剥削缺乏分析)及地位(实际上还是农奴),各少数民族地区的状况(政治经济发展的不平衡和不统一),等等。读者都得不到一个基本的轮廓性的概念。实际上,毛主席在《中国革命和中国共产党》等著作中,已经将我国封建社会(包括鸦片战争前夕)的基本特征讲得十分明确全面。作者按照毛主席的这些论点去写,就必然会更加全面,并会把分析的问题提高到理论上来。其他如未指出鸦片战争后中国产业工人随即产生,所以中国工人阶级比资产阶级资格更老的历史事实;未明确指出鸦片战争是中国旧民主主义革命准备时期的起点;没有指出洪秀全是中国向西方寻找救国真理最早的先进人物。作者把向西方学习最早的人归之于林则徐和魏源,并夸大为“开始向西方学习的运动”,是缩小毛主席提出的向西方学习(找寻中国社会新的出路、向西方找真理)的意义。这些地方都是未能很好地贯彻毛主席著作中的原理。特别是没有说明毛主席下面的一个结论及其重大意义,那就是:“中国人从来就是一个伟大的勇敢的勤劳的民族,只是在近代是落伍了。这种落伍,完全是被外国帝国主义和本国反动政府所压迫和剥削的结果。”[①]

第三,关于对太平天国杨韦内讧事件的分析问题。作者在这个问题上是运用毛主席关于两类社会矛盾的学说来分析的,这种努力是值得重视的。但在运用这一理论进行具体分析的过程中,我们认为还有值得商讨的地方。作者认为“杨韦内讧是革命内部矛盾转化为对抗性矛盾的一个典型”(282页),认为这内讧是由于领导者“对革命内部矛盾处理不当所造成的悲剧”(301页)。这个结论是不符合历史实际的。我们认为,“杨韦内讧”(这是过去史学家惯用的名称,这个名词是不恰当的,作者后来称为“阴谋政变”是比较能表示事件的性质的)不是一般的革命内部非对抗性矛盾转化为对抗性矛盾,而是革命内部对抗性矛盾的爆发或激化成为敌我矛盾;主要不是由于革命领导者对内部矛

---

①毛泽东:《在中国人民政治协商会议第一届全体会议上的开幕词》,《中国人民政治协商会议第一届全体会议重要文献》,新华书店1949年版,第3页。

盾处理不当的结果,而是由于隐藏在革命内部的阶级敌人对革命的叛变与破坏,是当时社会阶级斗争尖锐到生死决斗时在革命内部的表现。首先,太平天国革命内部的矛盾,从起义时参加者的成分及动机(原因)上就可以看出,并不只有劳动者间非对抗性的矛盾,而且有劳动人民与剥削阶级之间的对抗性矛盾。后来参加"内讧"与分裂的几个主要人物(韦昌辉、石达开、胡以晃等)都是剥削阶级出身,是剥削阶级的代表人物。他们在特殊的历史条件下被迫参加反对清王朝的斗争,在革命势力高涨的条件下,他们企图利用劳动人民的力量来达到实现个人野心的目的,虽然这种野心有时表现得很隐蔽。在革命发展进程中,这种对抗性矛盾并未完全转化为非对抗性矛盾。由于这种情况,这批人就很自然地会在阶级斗争达到最尖锐和更深入的时候,成为革命的阶级敌人在革命内部的代理人(所以他们起来成为破坏和分裂革命的首恶,不是偶然的),企图篡夺革命成果,破坏革命力量(在1856年爆发就不是偶然的)。所以在这里并没有"转化为对抗性矛盾"的问题。关于革命内部或人民内部的矛盾,可以同时存在非对抗性矛盾和对抗性矛盾的问题,在理论上,毛主席已经在《关于正确处理人民内部矛盾的问题》的伟大著作中解决了,并且作出了分析的范例。我国工人阶级和民族资产阶级的矛盾,有对抗性的一面,也有非对抗性的一面。革命内部对抗性矛盾变成公开的爆发性的敌我矛盾,在中国近代历史上并非一次。第一次国内革命战争时,资产阶级右派之参加革命阵营和后来的叛变,情况也相类似。其次,韦昌辉、石达开等对革命的破坏与分裂,主要不是由于对内部矛盾处理不当,而是由于社会阶级斗争尖锐在革命内部的表现,使原来存在于革命内部的阶级矛盾更加激化,爆发为公开的敌对的冲突。社会敌我阶级斗争尖锐时,必然会在革命内部反映出来,这是马克思主义的一个原理。将革命内部出现叛徒和分裂分子,完全或主要归之于革命领导人对内部矛盾处理不当,在理论上是不正确的,也不符合历史事实。在这里,我们绝对不能忽视阶级分析这种基本的观点和方法。实际上,作者在前面分析太平军的成分(165—166页)及后面的分析中,都会正确谈到这种意见(如说"潜藏在革命内部的阶级异己分子和个人野心家"利用了革命内部的弱点),可惜没有明确和大胆地按照这种意见来分析整个事件,以致明显表现出作者在这一问题上观点的自相矛盾。以我们的这种意见来看,韦昌辉、石达开等的破坏与分裂行为,引起革命由胜利转向衰败,是严重的罪恶。作者对他们批判不够,而对石达开更是褒奖过甚(所谓"对革命忠心耿耿,大节无亏")了。

第四,关于厘金制度产生的原因和性质问题。作者认为厘金制度实行的出发点是清政府的财政困难,而它产生的原因,是商品经济有了一定程度的发展而又发展不充分(222—224 页)。我们认为作者在这里是把道理说反了。商品经济有一定程度的发展而又发展不充分,只能是厘金制度产生的客观条件或客观可能性,而清政府实行厘金制度的原因,正是财政的困难。这从下列几个方面可以得到证明:1. 商品经济有一定程度的发展而又发展不充分,不是1853 年时才特有的现象,为什么以前没有实行厘金制度,而在 1853 年清政府财政进入空前困难时才实行,就是最直接的证明①。2. 厘金制度是一种商业税收制度,是财政税收制度的一部分,最初还带有临时税收性质。类似这种商品流通税收制度,从唐末五代以后,已屡见不鲜。到 20 世纪后,商品经济有了很大发展,厘金制度仍存在。就是国民党行统税废厘金以后,它实际上还是存在的。因此,很难说商品经济发展到哪种水平,正适合于这种属于上层建筑的人为制定的税收制度的产生。作者没有作出这种令人信服的分析,我们认为也不可能有这种分析。3. 每个国家都有一段商品经济既有一定程度的发展而又发展不充分的时期,但在这个时期并未都实行过厘金制度。相反,从大多数国家的历史来看,都是在封建制度末期,资本主义萌芽和商品经济有一定程度的发展以后,要求打破国内商品流通的关税障碍,从而国内统一商税,对外实行保护关税。中国则反其道而行。在这里,我们看到商品经济一定程度的发展并不是厘金制度产生的原因,而且看到实行这种制度的"倒行逆施"的反动性质。若是认为当时商品经济的发展程度,正是它产生的原因,认为这种税收制度是商品经济发展的必然产物,那就很难说明这种制度的反动作用了。经济基础决定上层建筑,但不可能用经济来直接说明一切历史现象,而否认其他社会领域相互间的重大作用。

关于厘金制度的性质,作者说:"厘金制度一方面是反映了商品经济一定程度的发展,另一方面又是反映了商品经济发展得不够充分,反映了新的经济因素和社会势力尚未发展成熟。也就是说:这种税收制度政策正是半殖民地半封建社会的特殊产物。"(224 页)读者在逻辑上很难懂得"也就是说"是如何得来的。作者的这种结论显得与上述的分析没有内在的联系,是突然的,硬加

---

① 见雷以诚奏请推行厘金制度的奏折(《请推广厘捐助饷疏》)及各省奏请实行厘金制度的奏折,都直接说明,是因为财政困难才实行的。

上去的。这就是说厘金制度是商品经济有一定发展而又发展不充分的产物，怎么就能够说它是半殖民地半封建社会的特殊产物？商品经济有一定程度的发展而又发展不充分，并不是半殖民地半封建社会特有的现象，每个国家在历史上都会经历这样一个历史阶段。但是，在这个阶段，既不是每个国家都一定实行类似厘金制度的税收政策，又不能说这个历史阶段的税收政策都是半殖民地半封建性质的。为了说明厘金制度是半殖民地半封建社会的特殊产物，必须指出：它产生在国家走向半殖民地半封建社会的过程中，是半殖民地半封建国家财政的一部分，起了维持半殖民地半封建政权及其统治秩序的作用；它产生在商品经济迅速向前发展，并要求打破国内一切阻碍商品流通的障碍的时候，是"倒行逆施"的。之所以如此，是由于外国的侵略和封建统治阶级对农民革命的镇压，造成了财政的极端困难，从而利用一切手段增加财政收入；这种对内的商品流通税收制度和对外的"协定关税制度"及特殊的"子口税制度"结合在一起，便清楚表明它们便利侵略者的商业掠夺，打击民族工商业，阻碍资本主义发展的作用。在这方面，彭雨新先生著的《清代关税制度》一书是值得参考的。

<h1 style="text-align:center">三</h1>

此书中对有些问题的说明，我们认为是与事实不符的，有的观点是不完全正确的。下面列举几个重要的地方：

第一，关于"黄河淮河流域，官僚地主的大庄园也相当普遍"（14页）的问题。作者引用两个材料企图说明，在黄河、淮河流域的土地制度与黄河以北及长江以南都不相同，是一种大庄园制度。这是不符合实际情况的。首先，正如来新夏先生已经指出的，作者引用的两个材料在时间上、内容上都不妥当，以此确立观点的根据不能成立。其次，在这个地区确实"有寨、庄、堡、围（圩）、坞等名称"，但是，它们早已不是庄园的代名词，早已不具有庄园的意义和性质，而是遗留下来的或习惯用语中的地名或村名的称呼，这些名称在新中国成立后仍存在。其他地区也广泛存在这一类名称。再次，就是存在个别的官僚地主的具有庄园形式的村庄或建筑，也不能说是"相当普遍"。这种个别情况，在其他地区也是存在的。湖南湘潭，直到新中国成立时还存在这样的一个"庄园"，名叫"伍家花园"，地主有豪华的邸第，有佃户组成的武装，内有花园，外有

"城墙"壕沟①。实际上,他们不过是地主阶级中有势力的一批官僚地主(像作者所举的合肥,就是大官僚地主多的一个地方)。他们虽然握有较大的政治权势,对农民超经济的奴役更厉害,但是,握有的土地在性质上和其他地主的土地并无区别。以个别的材料代替一般,这是历史科学工作者必须尽量避免的方法。最后,庄园制是一种土地制度形式,不是某种村庄的名称或居住形式的称呼。从大量的材料来看,看不出黄河、淮河流域与黄河以北或长江以南的土地制度,有什么根本的区别。作者也没有能够指出产生这种区别的原因(经济文化发达最早的黄河、淮河流域为什么却保持庄园制度最久)。总之,作者在土地制度方面提出的这种新见解是不能成立的。

第二,关于对满洲贵族建立清王朝的评价问题。首先,作者明显夸大了满族在建立清王朝过程中的破坏作用,表现在下述几个地方:1. 在 11 页将中国和西欧各国发展的历史加以比较时认为,16 世纪至 17 世纪初(即明代中末期),中国与西欧各国经济相比较,中国仍处在世界先进国家的地位,至少并不是特别落后的,只是在清王朝建立以后,中国就愈来愈落后于西欧国家。这种说法是有意强调清王朝的破坏与反动作用,也是与历史事实不符合的。欧洲的英国、意大利、荷兰等国,资本主义萌芽产生在 14 世纪。中国资本主义萌芽,根据现有材料来看,最早也不过 15 世纪。到 16 世纪,马克思说欧洲已开始"资本主义时期",尼德兰已发生资产阶级革命。17 世纪清王朝建立时,正是英国资产阶级革命开始时期。作者在这里没有辩证而全面地说明毛主席的下列两个论点:封建地主阶级的残酷压迫和剥削,是中国封建社会长期停滞不前的基本原因;中国只是在近代才落伍了,这完全是帝国主义和地主阶级压迫的结果。把落后的开始和责任推在清王朝的建立上是不对的。2. 在 12 页又强调,"十七世纪所建立起来的满洲族统治对中国社会经济起了很大的破坏作用:农村土地大量荒废;手工业城市遭到毁灭性的烧杀";"经过一百多年的恢复阶段"。清王朝建立和巩固的过程中,经过了一系列的战争,对社会经济有很大的破坏。但是,在程度上并不如作者所形容的那样严重,也不能只归之于"满洲族统治"(可以说主要是由于腐朽的汉族地主阶级),恢复时期也没有经

---

①湖南省土地改革展览筹备委员会编:《土地改革前后的湖南农村》,湖南通俗读物出版社 1953 年版,第 37 页登有这个"花园"的照片。

过一百多年。事实上到 17 世纪末,社会经济即已基本恢复①。其次,此书根本没有指出另一方面,即清王朝在中国历史上建立起了一个版图最大的统一帝国,这个帝国的建立,有利于我国各民族的融合和共同缔造一个多民族的国家;清政府在前期为恢复和发展生产曾采取了一些积极措施。可见作者夸大了满族入关及建立清王朝的破坏作用,而忽视了它历史上的积极作用。这是当前大多数历史著作犯的共同毛病,我们认为是受了近代资产阶级领导革命时期所宣扬的民族主义(在国内集中表现在攻击满族的统治方式上,是攻其一点,不及其余)的影响,这些观点对今日加强民族团结是不利的。此书对少数民族情况谈得很少,也是一个缺点。

第三,关于太平天国的商业政策。作者认为太平天国占领南京以后,因废除商业行不通,曾在各地设立一些公营商店,实行公卖政策;到了后期,才迫于形势把市场开放(208 页)。根据我们所接触到的史料来看,这种说明不符合历史事实。太平军进入南京以后,只在南京一地禁止过商业和一度实行过公营商店的办法,时间也很短。在其他各地,既未废除过商业,也未封闭过市场,一直是"士农工商各力其业,自谕之后,尔等务宜安居桑梓,乐守常业。圣兵不犯秋毫,群黎毋容震慑,当旅市之不惊,念其苏之有望"②。在这些地区,太平军曾为换得军需物品,出卖缴获的多余物资,并打击大商人对重要民生日用品(如盐、布)的垄断,在交通困难、商旅阻塞时供应人民日用品,曾经营过某些物品的买卖。这与在南京城内设立公营商店代替一切私商的性质是不同的:一是取消私商或"自由市场";一是在维持原有私商及"自由市场"的情况下,军队或政府经营某些物资加以补充。作者是把这两种情况混而为一了。

四

此书的文字总的来说,是表达明确,通顺易懂,生动有力的。结构也是系统清楚,逻辑紧严的。但是,也还有一些缺点,可以分成下列几类情况:

第一,在有些地方,看起来是文字用得不当,实质上是对理论观点不明确。

---

①参见商鸿逵《略论清初经济恢复和巩固的过程及其成就》,《北京大学学报(哲学社会科学版)》1957年第 2 期。

②1853 年 5 月 1 日由东、西二王名义发布的《"四民各安常业"诰谕》《太平天国》,丛刊本,神州国光社出版),据《粤匪杂录》所收,为 1853 年 2 月 10 日东王所发,即在攻取南京时所发。

举几个例子来说:

1. 在 197 页说:"'天朝田亩制度'的提出,标志着农民和贫苦大众的长期愿望经过千锤百炼而达到了极高的水平,变成了一个系统的、明确的有力纲领。"评价这样高,那以后如何评价党的纲领呢? 说"天朝田亩制度"是一个明确的纲领,不符合事实;相反,不明确正是这个纲领的特点。如整个纲领就披上一层宗教外衣,使许多实质内容不明确;土地到底归谁所有(农民私有,还是国有或公有,即实行什么土地制度),以后如何做到土地绝对平均;到底要不要商业,不要商业又为什么多次提到"钱"……这些根本问题在"制度"中都不明确。事实上,"不明确"是农民革命纲领的共同特点,这是由农民的阶级地位决定的。马克思主义经典作家早就多次指出过了①。同时,这与作者在此书前后对"天朝田亩制度"的评价也相矛盾。如在 199 页指出:这纲领蒙上了空想的外衣。在 517 页更直接指出:"太平天国英雄们没有一套系统的、明确的行之有效的纲领、制度、政策。"

2. 在 193 页,作者在引用了"天朝田亩制度"关于分田的办法,"凡分田照人口,不论男妇,算其家口多寡,人多则多分,人寡则分寡,杂以九等,……好丑各一半。……男妇,每一人自十六岁以尚受田,多逾十五岁以下一半"(这里引文应继续引下去,因照下文所举的例子,如十六岁以上的分上上田一亩,则十五岁以下的分五分。这个"半"字,应是"倍"字之误。同时,引文最后两句的断句也值得研究),得出结论说:"这是按劳动力多少的原则来分配土地的。"很奇怪,这个"制度"中明明写着"凡分田照人口","人多则多分,人寡则分寡",是按人口平分土地,同时照劳动力的原则。不知作者为什么只说是"按劳动力多少的原则来分配的"。毛主席在《农村调查》里也曾说明,农民首先是主张按人口平分土地的。只按劳动力分配土地,对许多贫农是不利的,农民不会赞成这种办法。

3. 在 18 页,说劳役地租在鸦片战争以前,"只能看作是经济落后地区的残余形态",并认为主要是在北方存在。作者在这里是忽视了广大少数民族地区的情况。因为在有些少数民族的广大地区内,劳役地租就不只是残余形态,这

---

①恩格斯在分析 16 世纪德国的农民战争时期:起义者"他们要求的表现何以必然是极端模糊,这是容易了解的"。(恩格斯:《德国农民战争》,生活书店 1938 年版,第 18 页。)列宁分析俄国农民对于争取土地的观点、原则("劳动原则"和"平均化")总是"在模糊的形式下"表现出来。(列宁:《社会民主党在 1905 至 1907 年第一次俄国革命中的土地纲领》,外国文书籍出版局 1950 年版,第 27 页。)

与全书忽视少数民族地区的缺点是相联系的。

4.在197页说:在太平天国革命时期,"资本主义经济成分已经散见于各个地区和各个行业中"。资本主义萌芽和资本主义经济成分是有区别的,在毛主席的著作中可以看出,资本主义萌芽在鸦片战争以前就有了,资本主义经济是在鸦片战争以后,是19世纪60年代以后才产生的。在太平天国革命时期还不能说已形成了资本主义经济成分。资本主义经济成分(或因素)和资本主义萌芽不同,它是国民经济中各个地区和各个部门(工业、农业、商业、金融)的资本主义经济连成了一个体系,从而也就不能说它是"散见于各个地区和各个行业中"。

第二,在结构上也还存在一些缺点。1.此书是比较全面而又有重点的,这是好的。但是,在行文上,在一些次要的问题上花的笔墨过多,使重点和主要问题反而显得次要了。我们认为,通史不管如何详细,也是不能代替各门专史的。2.许多问题的叙述,中间断了线。如太平天国的经济政策,在第三章"进攻阶段"有叙述,在第四章"相持阶段"完全没有,在第五章"防御阶段"只谈到土地政策,显得有头无尾,或者头尾俱全没有腰,看不到先后的发展情况。关于太平天国的外交关系等问题也是如此。3.作者在第五章第一节分析太平天国内部的情况,而把敌人内部的变化却放到第二节"防御阶段的战局"中去叙述,即在1862年太平天国安徽战场的瓦解与上海战斗之间,插上一个1861年的北京政变,在时间次序上不合适,也显得头绪杂乱。若把敌人内部的变化单独列为第二节,不仅叙述得更清楚,而且可以有下述两个好处:使第二次鸦片战争对中国社会的影响显得更加明确突出;使作者没有叙述的清政府统治区的经济变化(如机器兵工厂的设立,财政的变化,借外债的开始,清军对社会经济的破坏……),能够在这里加以补充。

第三,准确地叙述历史事实,是对一本历史著作的首要要求。此书在这方面有严重的缺点,表达技术还应进一步深入细致。除了来新夏先生已指出来的,再举几个例子:

1.第2页说英国资产阶级革命从1640年开始,延续到1660年。实际上1660年正是旧王朝复辟之年。只有到1688年以后,英国资产阶级的专政才稳定下来。所以英国资产阶级革命应当从1640年开始一直延续到1688年①。

----

① 参见《再论无产阶级专政的历史经验》的论证。

2. 第 2 页说西欧国家的原始积累大体上是从 16 世纪到 18 世纪。但是，确切地说，是从 15 世纪最后三十年及 16 世纪最初数十年间开始的①。

3. 在 16 页作者说官田的租额比民田更高，是以下列材料作说明的："（广东屯田）由地方官招丁佃种。因本系官田，征额较民田多至十倍，并有多至十余倍的。"实际上这个材料只是说政府向官田上的佃户征收的赋额比向民田上征收的赋额，要多十倍或十余倍。它只是说"征额"，并未说明是"租额"。所以这个材料不能说明官田上的地租比民田上的地租重。作者若以此说明官田上的租比民田还要重十倍或十多倍，读者就很难相信，因作者前面已说明民租占产量的一半或一半以上，再重十倍或十余倍，农民如何交纳？或者相反，使读者认为民租比官租轻十倍或十余倍，那就是很轻的了。

4. 在 57 页说在 19 世纪初，广州一地流入的白银，每年在一百万两至四百万两，中国的白银仍是入超。不知作者根据何种资料。根据我们接触的材料，这种说法与事实不符，当时虽然每年输入广州的白银有几十万两到四百余万两，但银块已大量走私出口。白银已是出超，到 1814 年至 1815 年以后，仅中国对印度的出超每年就达一百多万两了。

5. 在 17 页用陶煦《租核》中的材料来说明鸦片战争以前存在货币地租的情况。实际上，陶煦此书脱稿于 1882 年，时间相差很远。与此相类似的，如 119 页所引鸦片战争后武夷山的茶叶生产，"每家经营资本，辄百数十万元"；及 121 页引《湖北通志》材料，说鸦片战争后"洋布盛行，各布销场乃为之大减"。这些都是后来的著作，一般说到鸦片战争后的变化，并非说明作者所要叙述的鸦片战争后八年间的情况。将材料的年代提前，也就是把社会现象产生的时间任意地提前了。

书中有的文字使用不当。如 228 页说行使大钱二成，百文之物，即索价百二十文，是"大钱的市价下降等于零"。这种结论是不符合实际的。有些地方，有第一，无第二（如 254 页）。对一些引用的材料缺乏批判，如 12 页引的形容乾隆时社会繁荣的情况，是明显的夸大，如果不加批判分析，就同意史料作者的立场和观点，为他们宣扬粉饰太平的论点，受他们观点的束缚，这是必须注意的。139 页所引的对劳动人民的各种诬蔑称呼，也缺少必要的批判分析。此书引文的来源，注得非常不详细，大多数或缺书名，或缺页次，或缺卷数，或无

①参见马克思《资本论》（第 1 卷），光华书店 1948 年版。

版次,或无出版处,使读者无从查考,注脚虽有,对读者没有实际作用。其中有些有错误,如198页注二所引列宁的著作,写为"同上"(即28页),实际是在79至80页。希望作者在此书再版或第二、第三卷出版时,在这些方面能够把工作做得更细致些。此外,此书很多地方引文冗长,有的地方连续很多页都是引文(如353页以后),材料不精简,造成篇幅过大,问题不紧,亦此书之一弊。至于错字,有许多看来不是属于作者的责任①。

上面所写,是我在读此书时的一些体会和意见。整理一下,首先是为自己的学习,为了得到戴逸及其他同志的指教;同时,也是想提一些意见,供作者再版修改时参考,使这本书能更加完善。最后我们热忱地希望更精彩的第二卷、第三卷早日出版。

原载《历史研究》1959年第12期,转载于《读书》1960年第2期。

---

① 除来先生指出的以外,补充下列几处:"1892年"应是"1792年"之误;197页的"口召"应为"口号"之误;317页的"办理父案"应是"办理文案"之误,"浙东"应是"浙东"之误。

对《第一次国内革命战争时期的
革命领导权问题》的意见

　　《中国社会科学》1980 年第 4 期上发表的钱枫、刘其发同志写的文章,对第一次国内革命战争时期的革命领导权问题提出了新的见解,是一篇有论据,有分析的好文章。文章认为共产国际在中国问题上犯了不少错误,陈独秀的每一个大的错误多少都与共产国际相关联,这是符合历史实际的。但文章认为,陈独秀犯放弃领导权的右倾机会主义路线的错误,与列宁在《民族和殖民地问题提纲初稿》(下文简称《提纲初稿》)中“没有提出无产阶级对资产阶级民主革命的领导权问题”有关,这是值得进一步研究的。

　　列宁的这个《提纲初稿》草拟于 1920 年 6 月,是供内部征求意见用的。列宁在《提纲初稿》中所指的殖民地,是那些“几乎没有工业无产阶级”的国家,并没有将中国、印度这类资本主义经济已有所发展和工人阶级已经产生的国家包括在内。7 月 25 日,《提纲初稿》提交共产国际第二次代表大会的民族和殖民地问题委员会讨论。在征求意见和讨论过程中,列宁赞同罗易起草一个《补充提纲》,为的是将中国和印度这类国家特别划出来,因为这些国家与那些没有工业无产阶级的落后的殖民地国家不同——已经有了工人阶级,有了宣传共产主义思想和酝酿建立共产党的条件。26 日,列宁在代表民族和殖民地问题委员会向代表大会作报告时说:“我们委员会一致通过了修改后的提纲初稿和补充提纲。这样,我们在一切最重要问题上完全取得了一致的意见。”列宁强调指出:罗易起草的补充“提纲主要是根据印度和亚洲其他受英国压迫的大民族的情况写成的,因此,对我们有十分重大的意义”。[①] 28 日,共产国际第二次代表大会同时通过了上述两个提纲,明确指出《补充提纲》主要

-----

　　①《列宁选集》第 4 卷,人民出版社 1972 年版,第 332、333 页。

是指中国和印度这两个国家。罗易在他的回忆录下册第 551 页中所说的列宁接受了他对"《民族和殖民地问题提纲初稿》的补充意见",就是指的这个过程。了解了这个过程,我们就能知道:

第一,列宁的《提纲初稿》所指的殖民地本不包括中国在内,又怎能把几年后中国共产党和陈独秀所犯的错误与这个《提纲初稿》联系起来?

第二,共产国际第二次代表大会通过的正式文件,是由列宁起草的《提纲初稿》的修改稿和由罗易起草的《补充提纲》共同构成。列宁和罗易当时都赞同这两个提纲,并不是后来列宁承认他在领导权问题上有什么失误。因此,作者用以作为论据之一的罗易回忆录下册第 551 页上的内容,也很难证明作者得出的结论。

第三,作者用以得出结论的另一个根据是列宁在《提纲初稿》中的一段话:"各国共产党必须帮助这些国家的资产阶级民主解放运动;首先是落后民族在殖民地关系或财政关系上所依赖的那个国家的工人,有义务进行最积极的帮助。"作者在这段引文的两处"帮助"二字下都加了着重点,看来是要强调列宁只是要共产党处于"帮助"地位,而不是"领导"地位,从而得出列宁"没有提出无产阶级对资产阶级民主革命的领导权问题"的结论。仔细阅读列宁《提纲初稿》全文,可以看出引文里所说的"各国共产党"和"工人"并不是指殖民地国家的共产党或工人阶级,而是指殖民地国家以外的,首先是宗主国的共产党和工人。既然是外国的共产党和工人阶级,那么,它们对殖民地国家的资产阶级民主运动,除了积极帮助,难道还能处于领导地位吗?

第四,值得注意的倒是列宁预见到这些落后国家将来必定会产生无产阶级和无产阶级运动,成立自己的共产党。因此,他在《提纲初稿》中提出"要特别注意"的各点时说:"共产国际只是在一切落后国家中未来的无产阶级政党(不仅名义上是共产党)的分子集合起来,并且通过教育认识到同本国资产阶级民主运动作斗争这些特别任务的条件下,才应当援助殖民地和落后国家的资产阶级民主民族运动;共产国际应当同殖民地和落后国家的资产阶级民主派结成临时联盟,但是不要同他们融合,甚至当无产阶级运动还处在萌芽状态时,也绝对要保持这一运动的独立性。"[1]几年以后,共产国际在中国问题上犯的某些错误,陈独秀犯的错误,正是违背了列宁在《提纲初稿》中所强调的这种

---

[1]《列宁选集》第 4 卷,人民出版社 1972 年版,第 275 页。

思想。

　　总之,认为陈独秀犯的放弃领导权的错误,与列宁的《提纲初稿》有关,似乎缺乏足够的根据。

　　原载《中国社会科学》1981 年第 4 期。

近代湖南士商关系与湖湘文化

一、中国经济史上的一种现象——没有湘商

明代以后,特别是近代以来,中国商业发展速度加快,出现了一批全国性的商帮,如晋商、徽商、陕商、洞庭商、江右商、闽商、粤商、鲁商、宁波商……却没有湘商帮。这是因为,在这个时期,虽然湖南的商业也在加速发展,商业规模扩大,从商人数增加,出现了一批富商,但是,与其他地区的富商相比较,却是小巫见大巫,称不上大商人,其活动场所基本上限于本土,到外省做生意的湖南人不多,能谓之"帮"者更少。我接触到的有限文献上,有过"宝庆帮",以经营木材为主,其活动区域主要在本省的湘资流域,省外仅至汉口一带。它的势力未出两湖,只能算得上地方性商帮,称不上是全国性的商帮。

值得注意的是,不仅是到省外经商的湖南人很少,湖南境内的商业中,许多重要行业也由外省人经营。湖南盛产粮食,然而大量贩卖并远程运销湖南粮食的,多是湖北人和下江人;湖南盛产茶叶,然而大量贩卖并远程运销湖南茶叶的,多是山西人。湖南人日常生活中的重要物品,诸如药材,主要由江西人经营;盐,主要由徽商和江右商经营。金融领域的票号主要由晋商经营。因此,在全国的商业中,湖南的商业落后于出现全国性商帮的地区;在湖南省内的商业中,外省商人比本省商人的势力大;在湖南的经济中,商业的发展滞后于农业和手工业的发展。流通滞后于生产,使湖南经济成为一种跛足经济,这是湖南经济发展不快的原因之一。

上述这些经济现象与湖湘文化有无联系?这是我心中的一个问题。

二、湖南士人不重视商业

为了解答该问题,我选择以湖南的士商关系为切入点。因为,具有文化的

读书人,即士农工商中的士,是文化的一种重要载体,而一个地区士人的旨趣与取向,则是该区域文化特色的集中体现。同时,又将对湖南士商关系的考察置于全国视域内,通过与其他地域文化的横向比较,来进一步彰显湖湘文化的特色。

在本文讨论的历史时期,各地士人读书的目的颇不相同,以至形成不同的社会风尚。1987年8月,在南京大学举办的张謇国际学术研讨会上,笔者在《张謇与近代绅商关系的变化》一文中提出过绅(士)商关系问题。此文在横向比较中重点讨论的是江苏与相毗邻的安徽和闽浙地区的不同,只是附带提及湖南。[①] 在会上宣读该论文时,我将比较的范围从东南地区扩大到了全国,提出近代士商关系地域特色大体上有三种类型:重士(文)轻商,重商轻士(文),士(文)商并重。但由于发言时间短,未能就其各自特色详加论述,现略加申述。

重商轻文类可以山西为代表。晋俗重商,在当地人的眼中,富商的社会地位高于读书人。这比较明显地体现在山西家庭对子弟未来发展道路的选择上:贫困家庭多选择先让子弟经商,待发家之后再培育读书者;富裕家庭多选择先让长子或能力强的儿子经商,其他的则走科举之路。对此,清人文献中有明确的记载。据《雍正朱批谕旨》载,雍正二年(1724年)五月九日,大臣刘于义奏疏中云:"山右积习,重利之念,甚于重名。子弟之俊秀者,多入贸易一途,其次宁为胥吏,至中材以下,方使之读书应试。"[②]这种人才分配格局使当地商风炽热而文风稍逊。正是这种社会风尚和士商关系,造就了在全国商界中称雄一时的晋商帮。闽、粤重商轻文之俗与山西相似。闽、粤民俗重钱不重学,重商不重文。闽、粤近海,百姓多向海外寻求商机,闽、粤海商不仅闻名中国,而且扬名于东南亚。

士商并重类可以皖南为代表。徽州文化学商并重,士商并重。在其社会阶层结构中,商者可儒,儒者可商;不少商人即是读书人,不少读书人亦经商,集士商双重身份于一人或一家者屡见不鲜。于是,皖南不仅出现了著称于世界的具有儒者风范的徽商,也出现了在中国文化史上有着重要影响的徽州学

---

①收入《论张謇——张謇国际学术研讨会论文集》,江苏人民出版社1993年版,第232页。

②张正明、薛慧林主编:《明清晋商资料选编》,山西人民出版社1989年版,第24页。

派。紧邻皖南的江西、江苏与浙江,士商关系与皖南相若。① 正是在此类文化的影响下,江浙和皖南在学、商两个领域均居全国领先地位。也正是受此类文化的长期浸染,到了19世纪下半叶,该地区的士人转而经商,便未遇到思想和习俗上的障碍。张謇、陆润庠等状元先后"下海",开全国绅士转为商(广义的商,包括工商业者)人之先河。他们均是集士商双重身份于一身的典型人物。

重士轻商类可以湖南为代表。湖南的士人轻商,不愿经商,相反,商人却非常尊重士人,千方百计让子弟读书应试。因此,此地商业落后而文风炽盛,号称"唯楚有材";在近代士商关系转变进程中,此地士人"下海"的风气比晋、闽、粤、皖、江、浙等地晚得多。在上述南京国际学术研讨会上,笔者在发言中提及,在张謇等状元、进士们纷纷投身工商业时,湖南士人从商者极少。湖南人"不出湖",就成不了大商人,至少是成为大商人的人很少。湖南人抑或到了外地,受到当地文化与民俗的影响,投资近代工商业,赚了钱以后,多数不是将利润转化为资本,扩大工商业规模,而是带回湖南,买房置地,继续延续"耕读传家"之路。曾国藩的女儿曾纪芬与女婿聂缉椝即是典型。

三、湖南士商关系与湖湘文化

湖南的士商关系与湖湘文化密切相关。

湖湘文化中儒家正统思想比较浓重,导致湖南民俗重义轻利,重政轻商。在湖南士人编纂的地方志等文献中,往往把民不经商视为佳俗和美谈。直到近代,士人仍视经商营利为不光彩之事。此处仅举一例说明。1896年冬,王先谦与熊希龄、张祖同等人正拟筹款创办宝善成机器制造公司。蒋德钧认为创设公司有纯粹谋利之嫌,"乃创为添设时务学堂之议"②。时值中华大地商潮涌动之时,王先谦等湖南名士,竟然害怕做"纯粹谋利"之事,可知湖南士人轻利到了何种程度。湖南士人讲究所谓"政学相贯"。裕泰在《龙潭书院记》中写的很有代表性,他说:"政学同条而共贯,是为体用之全。若政不本于学术,杂霸之政也;学不施于政事,无用之学也。学废政弛而异端遂横,古者政与学相因相辅。"这种文化和民俗决定了士人的出路主要是两条:一是从政;二是从事文教事业。近现代湖南士人中闻名于全国乃至全世界的,多是政治家、军事家、

---

① 虽工商并重,江浙与皖南略有不同:后者中商的名势更大,前者中士的名势更大。
② 熊希龄:《为时务学堂事上陈宝箴书》。

学问家、科学家、文学家、艺术家。虽有商人,但大商人少之又少,著称于国内的凤毛麟角,享誉世界者则闻所未闻。

　　成长在湖湘文化氛围中的湖南近现代知识分子,也受到轻商思想的影响。毛泽东亦未能例外。在士农工商四民中,毛泽东号召知识分子向工农(以及工农出身的兵)学习,却不提向商人学习。在他的经济思想与经济政策中,主张消灭市场经济,削弱市场与商业。在这种思想与政策指导下,1949 年以后直到他逝世之时,中国的商业、市场和商业市镇长期处于衰退之中[①]。在拙文《论商兴国兴》中笔者考察了中国历史上商业兴旺与国家兴旺、商业衰落与国家衰落的互动关系,并提出一个问题:"商兴国兴、商衰国衰的历史事实是如此明白而又多次反复,为什么国家的执政者,从先秦的商鞅,汉初的刘邦、吕后,直到 20 世纪 60—70 年代的毛泽东,却反复实行抑商、轻商政策,具有轻商的思想?"[②]在该文中,笔者只是提出问题,而未予回答,因为这些轻商者所处的历史背景不同,即便是同一个人,其何以轻商亦非寥寥数语所能道尽。毛泽东之所以轻商、抑商,原因颇复杂,本文不能详述,但显然,这与其受到传统湖湘文化轻商观念的影响不无关系。

　　轻商,是湖湘文化中的一个特点,也是它的一个弱点。

四、市场经济呼唤新的湖湘文化

　　诺贝尔经济学奖获得者希克斯,在其最为得意的著作《经济史理论》一书中提出:无论原来是习俗经济还是指令经济,最终都会走上商业经济(市场经济)之路。近代以来,西欧的成功崛起即遵循了先商业革命后工业革命、先市场化后工业化的发展路径。商业革命为工业革命创造了重要条件,市场化是工业化的基础与前提。先市场化后工业化是现代经济发展的一般规律。某些国家一度违背该规律,推行脱离市场化的工业化,结果是工业化难以为继,最后不得不回到以市场化为基础的轨道上来。[③] 中国当前之所以建设社会主义

　　①参见赵德馨主编《中华人民共和国经济史 1949—1966》,河南人民出版社 1988 年版;《中华人民共和国经济史 1967—1991》,河南人民出版社 1989 年版;《毛泽东的经济思想》,湖北人民出版社 1993 年版。

　　②赵德馨:《论商兴国兴》,《中国经济史研究》2003 年第 3 期。

　　③参见赵德馨《市场化与工业化:经济现代化的两个主要层次》,《中国经济史研究》2001 年第 1 期。又,《赵德馨经济史学论文选》,中国财政经济出版社 2002 年版,第 640—668 页。

市场经济,在市场经济体制下推进工业化,即是总结历史经验教训后的选择。市场经济以商业发达为特征,若要发展市场经济就必须大力发展商业。

从湖南经济的现实情况来看,可能仍受到轻商思想的影响。2006 年,湖南土地面积占全国土地总面积的 2.21%,居全国第 10 位。年末全省人口占全国人口总数的 5.1%,居全国第 7 位。GDP 占全国总量的 3.6%,居全国第 13 位。第一产业、第二产业、第三产业增加值分别居全国第 7 位、第 13 位和第 11 位。进出口总额居全国第 18 位,占全国总量的 0.42%,仅为邻省广东的 1.4%。其中,出口总额居全国第 17 位,占全国总量的 0.53%,仅为广东省的 1.7%;进口总额居全国第 23 位,占全国总量的 0.29%,仅为广东省的 1.0%。如此看来,大力发展第三产业,是当前湖南的一种迫切需要。在这个时候,湖南省委书记张春贤和省长周强提出建设"湘商"的目标,是很有见地、非常及时的举措。

一部世界经济史提供的经验表明,发展现代商业需要具备多种条件,其中之一即是具有市场经济思想的人才。这种人才只能在含有重商因子的文化土壤中才能产生并成长起来。上文所述历史事实表明,任何一个商帮的出现,都与地域文化有密切关系。如若一种文化中有重商的因子(如山西文化中从商重于问学,徽文化中耕种、读书、行商并重),受此文化熏陶的人以经商为荣,该文化区域的商业必然会发达。司马迁在《史记·货殖列传》中早就指出了这一点,明清以来晋商和徽商等商帮的兴起为此提供了重要例证,改革开放 30 年的事实则再次证实了这一点。对此,经济学家已得出了明确的结论。今年 7 月 15 日,北京大学光华管理学院院长张维迎教授,在美国芝加哥大学主办的"中国的经济改革"论坛上发言指出,一个经济体能否成功,最重要的问题是"最有才能的人走向哪里——企业还是政府。在过去 30 年里,中国的经济奇迹可以用企业人才从政府或国有部门、农业部门向商业领域的重新配置来解释。当人才向商业领域转移时,他们创造财富,促进经济发展"。他认为,正是人才向商业的转移,才造就中国经济的奇迹。①

传统的湖湘文化中有轻商的因素,现实经济的发展则要求重视商业,这是一个矛盾。现实生活要求我们重新审视传统湖湘文化,既要看到其中的积极

①张维迎的主题演讲《企业人才的重新配置与中国经济的发展》;[德]詹念慈:《中国的奋斗是整个世界的奋斗》,《南方周末》2008 年 7 月 31 日。

因素,也要明确指出其中的消极因素,一味地肯定与赞美,既不符合它本身的历史实际,也不合时宜。若想使湖湘文化为当前的现代化服务,就要对其中的积极因素予以继承和发扬,对消极因素予以改革或摒弃,使之成为一种新的湖湘文化。这种新湖湘文化的特征之一,或者说它与传统湖湘文化的主要不同之处,即在于对商业的重视。

原载湖南省文史研究馆编《十省三市文史研究馆湖湘文化研讨论文集》,2008 年印刷。

湖北经济近代化进程与武昌首义

1911 年 10 月 10 日晚，革命者在武昌的军事起义获得成功，全国各地先后响应，推翻了清政府，中国历史揭开了新的一页。

为什么中国历史上唯一的一次资产阶级领导的革命，在湖北武昌首义，且获得成功？人们早就注意到这个问题，并从政治、军事、文化、经济等方面有所论证。笔者认为，在诸因素中，起决定性作用的是中国的，特别是湖北武汉地区的经济近代化的进程。正是在这个方面，还有待深入探讨。

中国近代化的进程，在社会的各个领域，不是齐头并进和同等重要的。经济近代化进程是基础。经济结构的变化，引起人口分布和阶级阶层结构的变化。经济联系的扩充，导致人际关系、人们的视野、思想境界、教育内容的扩展与改革。人们新的经济活动，对社会环境、政治环境产生新的要求，对旧的社会制度、政治环境越来越感到不可容忍。于是，政治斗争和政治结构或迟或早会随之发生变动。

中国近代化进程，在空间上，各地区也不是齐头并进的，而是有先有后，有快有慢，在发展程度上有强有弱。就总的趋势而言，边境地区近代化进程的发生早于内地，其对旧的经济的冲击强于内地。在边境地区，南边与东边沿海一带早于和强于西边和北边。于是呈现出从南到北，由东向西，波浪式演进的格局。在长江流域，这种波浪逆江而上，波峰抵达之处，首先是上海，其次是武汉。在二元经济结构的中国，波峰所到之处，新旧经济势力，外国经济势力与本国经济势力，资本主义经济与封建主义经济，自然经济与商品经济，都在这里相遇。于是，资产阶级、城市小资产阶级、破产农民的社会组织和政治势力，与地主阶级的政权机关与政治力量，西方的意识形态与中国传统的意识形态，也在这里交锋。思想与政治的风云随着经济波峰的移动而变幻。

湖北的地理位置，处于南北之中、东西之间。从 19 世纪中叶开始的中国近代化,每一种变化的演进进程,无论是从南到北,抑或是从东到西,均影响到湖北,并在这里交叉、汇集。到了19世纪末20世纪初,由于经济近代化波峰抵达湖北及武汉地区,以及其他各种因素影响的聚合,这里的经济发展速度快于其他地区,思想政治领域随之活跃,其程度亦甚于其他地区。此地成为全国各种矛盾的焦点,阶级斗争拼搏的场所。辛亥革命在这里首义并获得成功,不是偶然的,正是近代化波峰已抵达内地中心地带的反映。在这个意义上,可以说,武昌首义是湖北经济近代化进程的产物,也是中国经济近代化进程的产物。

商业与金融性质的变化

中国经济领域的近代化,表现为两个层次:第一个层次是以卷入世界市场并依附于世界市场为特征的商品经济的发展,第二个层次是以使用机器和外国资本占据重要地位为特征的资本主义经济的发展。第一层次的发展是第二层次发展的前提条件和基础。中国经济的近代化进程就是一个由第一层次向第二层次,即由低层次向高层次演进的过程。之所以是这样,是由于中国近代经济最初的变化"是由中外政治经济关系变化引起的,是从流通领域开始,即先引起国内商业、金融的变化,然后才引起生产和财政的变化"①。在经济近代化的内涵与经济近代化演进的顺序方面,湖北的情况也是这样。

湖北经济近代化过程,从汉口开埠至1911年辛亥革命,经历了以1890年为界的两个阶段。在19世纪60年代至80年代的第一阶段内,这个过程主要表现在商业、金融性质的变化。

湖北地处华中,就交通而言,陆上大道繁多,与相邻各省均有商品运输道路。水路,既有贯穿全省的长江,又有汉江及长江的其他支流,形成方便的航运网络。经长江,西溯四川,东下江西、安徽、江苏;溯汉水,可抵河南、陕西;渡洞庭湖,可至湖南,并连湘、沅二江,至广西、贵州。湖北本省及广西、云南、贵州、四川、湖南、江西、安徽、河南、陕西等各省的农副产品及手工制品,运到汉口销售或转口,从而有"九省通衢"之称。18世纪中期,汉口"人烟数十里,行户数千家,典铺数十重,船舶数千万,九州诸大名镇皆让焉"②。汉口已成为长江

---

①赵德馨主编:《中国近代国民经济史教程》,高等教育出版社1988年版,第5页。
②乾隆《汉阳府志·汉镇形势说》(抄本),卷十二,页三。

中游地区的商贸中心。但是,在开埠以前,汉口、樊城、老河口、沙市、宜昌等城市的商业,其经营的内容,主要是封建生产关系下小生产者生产的农副产品和手工业品。这些产品,大部分是因商业的发达,被卷入市场而成为商品的。它们原非商品生产者为市场生产的产品。商业联系的地域或范围,主要是周围的县镇乡村、邻省和长江上游、下游各地。没有直接与国外的进口贸易。1824年,有品种很少、数量不多的外国日用工业品,从广州销到武汉。19世纪50年代,茶叶由山西商人经张家口运至恰克图,换取毛皮、马匹、毡片。这种商业,从总体上说,是自然经济的一种补充。上述的那些城市,是中国封建社会传统商品经济发展的产物。

1862年汉口开埠,湖北沿长江的宜昌(1877年)和沙市(1876年开始允许外轮停靠,1896年设关开埠),与湖北邻近的江西的九江(1862年),安徽的芜湖(1877年),四川的重庆(1891年),湖南的岳阳(1899年)和长沙(1904年),先后开埠。湖北的对外贸易与商业格局为之一变。

汉口开埠的第二年,进出汉口的外国轮船1033艘次,累计395312吨,进出口总额2733万两。[1] 1867—1894年,汉口对外贸易进出口总额年平均为3587.73万海关两。在对外贸易方面,此时的汉口,不仅已与上海、广州、福州、天津齐名,而且在这五大口岸中,进出口总额仅次于上海,居第二位。[2] 1895年以后,汉口进出口净值,其绝对量几乎是年年增加。1902年汉口进出口货物总值10032.1万两,1910年达15219.9万两。[3] 汉口进出口贸易净值总数在全国占的比重,也在波动中上升:1900—1902年,为9.03%～10.08%;1908—1910年,为11.29%～12.04%。若加上沙市、宜昌两个口岸的进出口贸易净值,湖北在全国的比重,1900—1902年为9.59%～10.50%,1908—1910年为12.82%～12.97%,所占份额与增长的幅度更大。过去,汉口是内地最大的农副产品集散中心。此时,汉口又成了内地进口贸易的最大口岸。一些原来在国内销售的农副产品和手工制品,现在成了出口产品。这个时期,汉口的出口以茶叶、油脂、棉花、苎麻、大米、豆类、生漆、木材、药材、皮革为大宗,进口以棉布、棉纱、煤、煤油、蔗糖、铜、日用百货为主。在国内商业与对外贸易同时发展

---

① 樊百川:《中国轮船航运业的兴起》,四川人民出版社1985年版,第127—128页。

② 据姚贤镐编:《中国近代对外贸易史资料》第二册,中华书局1962年版,第1614—1615页、1618—1622页数字计算。

③ 徐焕斗著,王夔清补,彭天觉等校:《汉口小志》,爱国图书公司1915年版,第18页。

的过程中,形成了粮食、油、茶、棉花、牛皮及纸、盐、药材八个大行业,约 140 家。20 世纪初,每年交易额在 1 亿两左右。① 从 16 世纪至 19 世纪中叶,汉口与景德镇、佛山镇、朱仙镇并列为四大镇。到了 19 世纪末叶,汉口一枝独秀,与新兴的上海、广州、天津、青岛并列为五大商埠,朱仙镇、景德镇、佛山镇被远远地抛到后面去了。在外国人眼中,汉口成了"中国商业之心脏""东方的芝加哥"。②

随着对外贸易的发展,湖北境内商品流转额不断增加,商业规模扩大,商品种类增多。原来只与国内市场,与封建生产方式相联系的农副产品和手工业制品,有了日益增多的品种和数量,与资本主义势力占统治地位的世界市场相联系,那些在资本主义生产方式下生产的商品,有了日益增多的品种与数量进入湖北的商品流通中。这使湖北商业的性质由传统型向近代型转化。商业与资本主义生产和市场直接联系,经销资本家企业生产的产品,实现商品中包含的剩余价值,商品流通成为资本循环中的一个环节。与此相联系,湖北的商人具有双重身份:他们既是"行会手工业者或农民所生产的商品的'包买商'"③,又是资本家企业产品的推销员。这种双重身份,标志着传统商人向近代商人的转化。

由于商业性质的变化,一些具有近代味道的相应措施与事物相继出台。1890 年以后,张之洞开办商务公所(后改为商务局)和《湖北商务报》,沟通商务信息,宣传商务政策,设商务学堂,培养新式商务人。1904 年,设相当于商业法庭的传审公廨,处理商务纠纷。动工修筑汉口后湖长堤(1906 年竣工,这一带后来发展成为繁荣的商业区),近代化的市政建设次第展开。张之洞及其继任者多次举办工商展览和设立展览馆,展出、宣传湖北各地名优特产。商业环境的改善,进一步促进传统商业向近代商业转化。近代性质的商业组织,如商会,由原有的封建性质的会馆、公所蜕变而来。孝感商会和监利商会先后在1905 年、1906 年成立。汉口商会在 1907 年定名为汉口商务总会。1908 年武昌成立武昌商务总会。1909—1911 年成立县级商会 23 个。到 1911 年,湖北共成立商会(分会)30 个,会员 9500 余人。④

---

①参见《夏口县志·俄务志》。
②参见《中国经济全书》第二辑,光绪三十四年两湖督署藏板。
③马克思:《资本论》第 8 卷,人民出版社 1974 年版,第 375 页。
④参见《中国年鉴(民国 15 年)》下册。

湖北传统的金融机构主要是钱庄和票号,流通的货币主要是银两和制钱。汉口开埠后,流通中的商品,其产地、销地、品种、数量、性质等方面,均发生变化。商品流通与货币流通同时发生。商品流通领域的近代化进程,必然带动金融领域朝着近代化方向演变。

商业交易额猛增,使重量值低的制钱,成色复杂的称量货币——银两,与图案各异、重量与成色不一的外国银元并行。这种多元的、相互换算困难的货币制度,日益暴露出其缺点与不适应性。在商务活动中,特别是华商与洋商的往来中,常常因此发生争执。汉口于是援照上海规元的先例,采用"洋例银"作为记账货币。市场大额交易,登记账目,均用洋例银为单位。使用这种特殊的虚名银两单位,只能是弥补传统币制缺点的一种权宜之计。它的出现,表明了实行统一币制的客观要求。1893 年,湖北成立银元局,制造银铸币——银元。由于它的成色较准,清政府于 1901 年行文,认可它通行沿江沿海地区。自铸银元的出现,是湖北货币制度从传统货币开始向近代货币迈进的一个标志,是向银本位的一个过渡。同年,银元局试铸当十铜元。1902 年成立铜元局,日出铜币 30 余万枚。1903 年扩充设备,分设三个分厂,日产 400 余万枚铜元。[①]销路极好,缓解了钱荒,商民称便。

汉口在开埠前,钱庄已形成独立行业,经营存款、放款和汇兑业务。开埠后的第二年,即 1863 年,英国麦加利银行从上海派人到汉口开设办事处,临时营业。1865 年,各国洋行、工厂增多,进出口贸易逐渐发展,麦加利银行购地建行,正式营业。这是湖北的第一家外资金融机构,也是第一家近代金融机构。湖北第一家本国的带有近代特征的金融机构,是 1896 年在武昌开办的湖北官钱局。第一家本国资本的银行,是 1897 年成立的中国通商银行汉口分行。1906 年,户部银行汉口分行成立,它是国家银行在汉最早设立的机构。1908年,交通银行、浙江兴业银行等均在汉口设分支行。到 1911 年,在汉口开设的本国银行共 8 家。[②] 同一时期,沙市、宜昌、黄陂、樊城等地先后出现近代金融机构。在汉的外资金融机构,在辛亥革命前,主要有英资汇丰银行、麦加利银行、有利银行,德国德华银行,俄国华俄道胜银行,法国东方汇理银行,日本正金银行、住友银行,美国花旗银行、万国通商银行等的分支机构。它们依恃在

①参见《东方杂志》卷 22,13 期。
②参见《武汉市志·金融志》,武汉大学出版社 1989 年版。

不平等条约中取得的特权,雄厚的资金,先进的管理,以及与上海、天津等地外资银行构成的金融网络,控制着汉口的金融市场。它们利用钱庄的信用,收受庄票,给予拆放的便利,使钱庄在经济上成为依附者,并在国内商业和对外贸易间融通资金。钱庄因其经济联系与经营内容、手段的变化,逐步向资本主义性质的金融机构转化。1908 年,汉口有钱庄 110 家,武昌有 39 家。票号营业对象以官府为依托,旁及官吏、富绅、巨商。在湖北经济近代化进程中,当银行兴起后,它们没有及时转轨,固守原来的一套,陷入困境。1881 年,汉口有票号 33 家,至辛亥革命前夕,已减为 18 家。旧式金融机构的绝对量减少,在金融业中占的比重迅速下降。湖北近代金融机构与货币的出现,既是经济近代化进程的要求与反映,也进一步推动了湖北武汉经济近代化进程的发展。

上述事实,表明湖北经济在低层次上的近代化进程已经开始。这个进程,若从 1862 年算起,到 1911 年,整整有半个世纪之久。它使商业、金融和城市改变了性质;城乡关系换了样;商人成员加多,力量增强,影响扩大,社会地位提高;农民与市场联系密切;商人、市民与农民有了更多的利益上的一致,他们中的一部分人眼界宽了,滋生着经济与政治近代化的观念与要求,从而成为社会改革的积极参与者。

近代工业和交通的产生与发展

湖北境内生产领域的近代化进程,主要发生在两个经济部门:一是包括通信在内的交通运输业,二是工矿业。其主要进程始于 19 世纪 90 年代。

(一)在湖北,在武汉,近代形态的商品流通和对外贸易,与商品运载工具和方式同时发生变化,并相互促进。从生产力的角度看,在湖北,产业领域中最早发生变化的是交通运输业,即从木帆船到轮船的变化。汉口开埠前,农副产品的运输靠木帆船、畜力车和人挑肩扛。开埠之初,内地陆上与内河贸易中的商品运输,基本情况依旧;与国内沿江沿海商埠及国际间进出口等长距离的大宗贸易,则以轮船为主要运输工具。

1858 年 12 月,近代水上交通工具——轮船首次出现在湖北。1861 年 4 月以后,有了汉口与上海之间的长江航运业。1869—1870 年,英国贺尔特公司的蓝烟囱远洋轮船由外洋溯长江直驶汉口,成为汉口与远洋通航的先例。湖北的运输业,从此由以人畜为动力转入以蒸汽为动力的时期。

从 19 世纪 70 年代起,轮船运输线路从汉口沿长江干线向上游岳阳、沙市、宜昌延伸,90 年代抵达重庆,沿支流扩展到长沙、常德、衡州。轮船在所到之处,承担了原来由木帆船担负的运输量的一部分。1911 年,湖北境内长江干线上的运输量,粗略估计为木帆船与轮船大约各承运一半。

商品流通的发展也呼唤陆路交通的近代化。1889 年 7 月,清政府委任张之洞为湖广总督。他的主要任务之一是督修卢汉铁路南段。在此路大规模修筑之前,他为开采大冶铁矿,修筑了一条由大冶运矿石到石灰窑码头的简易铁路,全长 25 公里,1903 年初建成。① 这是湖北境内第一条铁路。卢汉铁路 1890 年 1 月开工,1906 年 4 月 4 日通车,全长 1214.5 公里。湖北与河南、河北等北方地区市场的商品运输,武汉与湖北境内沿铁路各县市场的大宗商品运输,转到以火车运输为主。湖北的运输业,又由轮船贸易时期进入轮轨交行时期。汉口成为水陆近代运输交会枢纽,华中的交通中心。这有助于它成为内地的商业中心。据统计,1904 年,汉口输出商品价值总额为 740 万两,1910 年增至 1790 万两。6 年间增加了 141.9%。商品输出增长如此之快,重要的原因是 1906 年卢汉铁路通车。②

中国最早的国内电报线路是 1879 年敷设的天津—大沽线。1883 年开始架设汉口—南京线,第二年完成。1884 年设立汉口电报局。1886 年,敷设汉口—武昌渡江线,设武昌电报局。1890 年,汉口—襄阳线与沙市—湘潭线敷设完毕。至此,湖北可与 17 省市通电报。1897 年,汉口设立邮政总局,办理邮件传递。翌年,开办汇兑业务。1900 年,汉口、武昌设立电话官局。1904 年成立电话公司。1906 年,全省共建电报局及分局 38 处。1907 年形成沪汉、京汉、川汉、粤汉、湘汉 5 条有线电报干线。③

(二)湖北武汉地区近代工业的起步,晚于上海、广州等沿海商埠。辛亥革命之前,湖北的近代工业由三部分组成。一是外国资本工业,主要是为出口贸易服务的加工工业。二是国家资本工业,主要是技术要求较高、设备先进、投资大、建设周期长的基础工业和军事工业。三是私人资本工业,主要是投资少、见效快、资本有机构成低、劳动密集型的砖瓦建筑材料业和农产品加工工业。

①《益闻录》,光绪十九年正月二十三日。见孙毓棠编《中国近代工业史资料》第 1 辑,科学出版社 1957 年版,第 800 页。

②参见《上海总商会月报》1921 年 1 卷 5 号。

③参见《湖北通志》第 54 卷。

汉口的外资工厂始于 1863 年。外资在汉口设立的有砖茶厂、炼金厂、制冰厂、打包厂、蛋粉厂等，其中大多是为出口农副产品加工的。随着外国势力向中国腹地推进，汉口外资企业在 19 世纪末至 20 世纪初的 20 年间，形成第一个设厂高潮。从 19 世纪 90 年代到辛亥革命前夕，外商在武汉开办了近 30 家工厂，总投资额约 1500 万元。资本在 10 万元以上的工厂，集中在榨油、面粉、蒸酒等加工工业。① 外资工厂，其产品开始由外销转为销售于中国市场，其性质开始从服务于商品进出口转为以资本输出为目的了。

在 19 世纪的最后 10 年与 20 世纪的第一个 10 年间，清政府实行产业投资向内地，特别是向湖北倾斜的政策，一大批国家资本企业在湖北建成。

从 19 世纪 60 年代中叶兴办的第一个大型工厂——江南制造总局起，至 80 年代末，20 余年间，清政府对近代产业的投资，是向沿海地区倾斜的。中国工业化的第一个浪潮出现在上海、天津、福州、广州等地。这是加强海防的需要。从 80 年代末起，由于防务与工业化决策的变化，清政府投资的重点转向内地，特别是湖北地区。这既是内地经济发展与进一步加强防务的需要，也与统治阶级内部各派势力的矛盾有关。慈禧太后、奕谭等最高执政者，扶植与支持张之洞，以分李鸿章等地方总督之权。这些因素使张之洞 1889 年就任湖广总督后，能在湖北办起一批规模大、技术先进的企业。

湖北的第一个国家资本近代工矿业，是 1875 年由盛宣怀负责筹款，请英国矿师勘探，向英国订购机器开采的广济兴国煤矿。到 1879 年，因经费不足，改为商办，将机器转移到荆门开采。② 不久，由于产品运不出去等而停产。该矿开采时间短，对社会经济的影响不大。

对社会经济发生连续性重大影响的，是 1889 年到 1908 年间在张之洞主持下办的近代工矿企业：湖北枪炮厂、汉阳铁厂、大冶铁矿、大冶王三石煤矿、武昌马鞍山煤矿、湖北织布官局、湖北缫丝局、湖北制麻局、湖北纺纱官局、武昌制革厂、白沙洲造纸厂、湖北毡呢厂、湖北官砖厂、湖北针钉厂等。这批工矿企业的工厂人数超过万人。大多数工厂在设备、规模、产品品种等方面，在全国同类工厂中占领先地位。它们为湖北工业近代化奠下最初的基础，并起到

---

① 根据孙毓棠编《中国近代工业史资料》第 1 辑，科学出版社 1957 年版，第 236—241 页；汪敬虞编《中国近代工业史资料》第 2 辑，科学出版社 1957 年版，第 8—12 页、721 页、757—759 页的资料计算。

② 孙毓棠编：《中国近代工业史资料》第 1 辑，科学出版社 1957 年版，第 576—577 页、1089 页。

示范、带头作用。如：湖北枪炮厂是中国第一家专业兵工厂。1895 年开工，机器设备购自德国。随着世界军火生产技术的进步而一再添制新机器。在全国军工企业中，它的制炮造枪设备最好，规模最大。汉阳铁厂是中国第一家近代钢铁企业，基建工程于 1891 年动工，1893 年竣工。机器设备从炉机到地脚螺丝，均从英国、比利时、德国引进，安装的全是最新式、最进步的机器。规模在地球东半部数第一。1905 年春开始改建，至 1911 年大部分完工，铁厂面貌又为之一新。① 1892 年正式投产的织布局，与 1894 年成立的湖北缫丝局，1898年办的湖北制麻局，1898 年设的湖北纺纱官局，是中国纺织业中全面开发本地资源的第一个系统工业工程。

在不到 20 年的时间里，湖北武汉地区办起了 11 家大型国家资本企业，其速度在全国首屈一指；同时也使湖北武汉地区结束了外资工厂垄断的局面。

由于中央政府财政投资的倾斜和地方政府自筹资金办工交企业，进入 19世纪 90 年代后，湖北地区，特别是武汉的投资环境大为改善。这不仅表现在交通运输条件的改进，而且表现在大型官办企业的出现为民营企业做出示范，并为它们提供原料和技术支持。加之这个时期张之洞颁布一系列奖励民间投资的政策，武汉在吸引侨资和省内外商民投资方面有了较好的氛围。1895 年后，武汉地区开始出现私人大量投资工交企业的现象。据不完全统计，到辛亥革命前夕，私营企业约有 100 家。武汉的工业资本家阶层出现虽晚于上海等地，却也具有早期资本家的那股胆识、魄力和眼光。如 1898 年成立的商办机器焙茶公司、1906 年成立的兴商砖茶公司，以及十多家榨油厂，都是外向型的，敢于与在华外资及外国同类工厂在国内外市场上展开竞争。1906 年办的既济水电公司，资本多达 300 万元。②

在上述三种资本主义性质的近代工业中，对湖北经济近代化作用最大的，是国家资本企业。外资工厂除在砖茶业中占有优势外，在别的行业中均不敌中国企业。1889 年，湖北外资工厂使用的动力不出 3000 匹马力。1890—1898

---

① 刘明汉主编，湖北省冶金志编纂委员会编：《汉冶萍公司志》，华中理工大学出版社 1990 年版，第8、11、14 页。

② 汪敬虞编：《中国近代工业史资料》第 2 辑，科学出版社 1957 年版，第 622—623 页。《湖北省志·大事记》，湖北人民出版社 1990 年版，第 86—87、131—132 页。

年汉阳铁厂、湖北枪炮厂和布纱丝麻四局的动力,合计为 37000 余匹马力。①
辛亥革命前夕,在湖北武汉地区,本国资本(包括政府投资和私人投资)占领了
本地区的轻纺工业、建筑行业、公用事业、机器工业和钢铁工业的阵地。外资
只能局促在为出口服务的加工工业和食品工业中。

武汉的人口随着经济近代化的进展而增加:1872 年为 60 万,1883 年为 70
万,1894 年(是否为 1894 年不确定)增加到 80 万。同期,上海的人口依次为
25 万,35 万,40 万。宜昌的人口,从 1877 年的 1.3 万人增至 1894 年的 3.4 万
人。② 人口的阶级构成上的变化,比数量上更大:出现了资本家阶级、城市小资
产阶级和近代产业工人。他们是反对外国侵略和封建势力的重要社会力量。

湖北地区,特别是武汉,20 来年的时间里,在商品流通领域,在货币金融领
域,在工矿交通领域,经济近代化进程的速度和整体水平一跃而居全国第二位。

城市近代化与武昌首义

在中国的历史上,在辛亥革命之前,农民和市民多次计划过在城市起义以
推翻一个王朝。有的计划曾付诸行动。其结果,或起义失败,或夺得一城一
池,但不能取得全国响应的效果,最后被迫放弃城市,没有达到以城市起义为
手段,推翻旧政权的目的。在辛亥革命之后,工人阶级举行过多次城市暴动,
但都被镇压下去,未能达到建立全国性革命政权的目的。辛亥革命却以武昌
首义,取得推翻清政府——一个全国性政权的成功。此种历史现象的发生,有
多重原因。其中,中国经济近代化进程的发展,中国近代化波峰到达内地及其
中心城市武汉,无疑是决定性的一条。

(一)辛亥革命的发生是中国经济近代化进程的要求。它发生的形式与首
义成功的地点,也由这个进程所决定。

19 世纪中叶以前,中国的城市是封建政权行政统治的据点。它的基础、力
量源泉与服务对象,是封建土地所有制与地主阶级。这些城市虽然也是商人
集中的地方,但那时的商人力量薄弱,依附于封建势力。他们中的多数,兼商

---

① 见苏云峰《中国现代化的区域研究——湖北省(1860—1916)》,中央研究院近代史研究所 1981
年版,第 395—396 页。

② 姚贤镐编:《中国近代对外贸易史资料》第 3 册,中华书局 1962 年版,第 1637—1640 页。本处"武
汉"原文为"汉口",从实际情况看,应指"武汉地区"。时人多将"武汉三镇"称为"汉口"。

人、地主、高利贷者于一身。有些商业经营还是官僚出资的。于是，商人与农民处在对立的地位上。农民起义攻城陷池，即使一时得手，给封建统治者以沉重打击，但得不到商人的支持。加上信息传递极为缓慢，要想一个城市起义成功便全国响应，是不可能的事。中国经济近代化的进程，带来了资本主义的经济，资产阶级和工人阶级，以及以近代工业、交通、商业和金融为基础的新型城市。这批城市是先进的生产力、先进的生产关系、先进的阶级集中之区。这批城市的形成，使城市关系发生根本性的变化：城市成为经济的中心，先进思想扩散的中心；在经济、文化、思想的各方面，城市优越于乡村，城市在政治、经济、文化、思想的各方面，领导乡村。"现代的历史是城市关系渗透到乡村，而不像在古代那样，是乡村关系渗透到城市。"①

中国的近代工业和近代交通，不是中国经济内在的、自然的变化的产物，而是从外国移植与引进的结果。一部分，是入侵者根据本身的需要创办的。另一部分，是中国人向西方学习和与外国侵略势力作斗争的成果。这是中国资本主义经济和中国资产阶级的成长道路与构成，与英、法、美等西方国家很不相同的根本原因。直到1911年，中国农村还谈不上什么资本主义经济成分，中国资产阶级中没有农业资本家这个阶层。中国资产阶级在农村几乎没有本阶级的力量。中国当时是一种半殖民地色彩浓重的资本主义性质的城市与封建农村相对立的二元社会结构。

中国资产阶级的成员集中住在城市。它的力量，它的组织，它的物质基础，它的社会影响，主要也在城市。由它领导的革命，首先在城市发动起义，是自然的事。

（二）经济发生了变化，阶级结构、政治斗争及文化等，或迟或早地随之发生变化。中国经济近代化的第一个浪潮，发生在19世纪40年代至80年代，出现在沿海地带。在这个时期，中国人民反对外国入侵的斗争，反对清政府的斗争，新的经济现象，新的阶级或阶层，新的思想与文化，几乎都是在沿海地区的商埠（特别是上海）中先发生。19世纪90年代以后，中国经济近代化的潮流，波浪式地向西推进，波峰到达太原、洛阳、郑州、武汉、长沙、重庆等一线腹

---

①《马克思恩格斯全集》第46卷，人民出版社1979年版，第480页的译文为："现代的历史是乡村城市化，而不象在古代那样，是城市乡村化。"译文与原意有出入。此处用《城市问题》1987年第1期陈光庭文章中的译文。

地。这股潮流主要是沿着长江干、支流及几条铁路干线扩展的。湖北地处华中,武汉为长江、汉水及京汉铁路的会合处,便成了这第二次浪潮的中心。

当武汉成为中国经济近代化新浪潮的中心时,一方面,在沿海的城市里,帝国主义势力已安营扎寨,巩固了自己的地位,并支持当地的清王朝地方政府的统治。相对于入侵者和清政府而言,资产阶级的力量显得弱小。它想在上海等城市发动成功的武装起义,实非易事。而此时,帝国主义势力虽已深入到汉口、沙市、宜昌、重庆等处,但在这些地方,它们的军事力量、经济力量,与在上海等沿海商埠相比,不可同日而语。以工业为例,电力、交通等基础工业、基础设施和大型工厂,在上海主要是外国人办的,在武汉则掌握在中国人手中。

另一方面,因为武汉成为中国经济近代化第二个浪潮的中心,经济发展快,本地的资本家阶级队伍迅速扩大,力量增强,上海、广州等沿海城市的资本家,重庆、太原等内地城市的富商,以及身居海外的华侨资本家,纷纷来到武汉投资。资本家聚集在此地,资产阶级的力量也向此地会合。就绝对力量来说,武汉资产阶级的成员数量与经济力量,比不上上海,但相对于当地的外国入侵者与清地方政府的势力来说,武汉资产阶级却显得有某种优势。

软弱的中国资产阶级,能成功地发动一次有声有色的城市起义并推翻清政府,结束一个统治中国长达二百多年的王朝和二千余年的君主专制制度,原因之一,是它发挥了自己在城市的优势,特别是在敌人统治力量相对薄弱,自己力量相对有优势的城市举行起义。当然,中国资产阶级软弱这个根本缺陷也决定了它所领导的这场革命终归很快地走向失败。

(三)近代化是一个系统工程。它要顺利发展,必然要求一定的社会前提,并会导致相应的后果。在经济近代化方面,由于农产品卷入世界市场,引起流通领域(商业、对外贸易、货币、金融等)的一系列变化。流通领域的变化,引起生产领域的变化。生产、流通、分配的变化,导致产业结构、所有制结构与居民中阶级阶层结构的变化。经济近代化要求教育改革以培养新式的技术人员和管理人员。近代兵工厂制造出来的新式枪炮,要求士兵的素质、军事技术、军人的训练、军队指挥与组织的近代化。因此,湖北经济迅速发展的同时,阶级关系变动急剧,教育改革和军事改革的成就处于全国的前列。

张之洞到湖北后,一方面,在维修、整顿、改造旧书院的基础上,于 1890 年6 月设两湖书院;另一方面,他对新教育的认识逐步深化,办起了一系列的新式学堂。从 1890 年到 1907 年,他在武昌先后办新式学堂 28 所。新学堂为辛亥革命输送了不少优秀的领导人和宣传家。此外，还先后三次派遣留学生共 81 名赴日本深造。1904 年在武昌设立"学堂应用图书馆"，又在两湖总师范学堂建南北两书库。这些措施，在普及文化知识，培养具有近代化意识、文化、技能的新型知识分子方面，起到积极作用。随着新学的发展，随着人们与域外文化和政治思想的接触，人们对封建制度腐朽性的认识更深了，要求刻不容缓地推翻清王朝的统治。这种思想潮流的变化，导致辛亥革命的爆发。

中日甲午战争后，张之洞等人总结失败的教训，提出编练"自强军"的计划。1895 年下半年，张之洞在南京聘请 35 名德国军官来训练新军。1896 年，他回武昌后，把南京自强军护军前营带回湖北，教练新军。张之洞对士兵的素质要求很高，新军士兵识字的约占 2/3。湖北新军民主思想较浓。正是这支训练有素、思想激进的新军，打响了武昌首义第一枪。

20 世纪初，湖北武汉地区成为新旧经济、教育、文化、观念等冲突最激烈的地区。原有的稳定被破坏，社会生活的各个方面都处于失衡状态。这里是全国矛盾的焦点。星星之火在这里燃起，不是偶然的。

（四）一个城市的起义，要能导致迅速推翻全国性政权，除了已经形成全国性的革命胜利的政治形势，还必须具备经济条件。在诸多经济条件中，近代的军火供应与近代化的交通通信设备，是最为直接的两项。湖北枪炮厂制造的枪炮，是全国最优良的。这不仅使起义的新军有良好的装备，而且由于工人的支持，可以就地取得充足的供应。新军起义后，革命者还可以将该厂生产的枪支发给以商业资本家为主体的包括城市居民在内的保安会等民间组织，广泛地武装群众，维持革命秩序，壮大革命力量。1911 年的武昌，与湖北省内多数县，与全国大多数省的省会，与京、沪、津等大城市，均可通电报。没有武汉所具备的交通通信网络，武昌首义之后，革命的力量便不可能那么快速地向此地集中，革命的信息便不可能那么快速地向全国各地和世界各国扩散，形成一个全国与各地华侨响应的形势，置清王朝于"四面楚歌"，非下台不可的局面之中。近代化的交通铁路线、轮船航线与电报线，是把武昌起义的"星星之火"，引发为焚毁清王朝的全国革命烈焰的"导火线"。

此文与周秀鸾合作，原载《中南财经大学学报》1991 年第 6 期，后收入《辛亥革命与近代中国——纪念辛亥革命 80 周年国际学术讨论会文集》，中华书局 1994 年版。

一次成功的革命

——从现代化角度看辛亥革命的历史意义

摘要：按照革命者提出的目标及历史赋予他们的任务来衡量，辛亥革命是成功的。这次革命，对中国的政治体制、经济发展、社会生活和文化思想的现代化，都起到了启动闸门的作用。在政治方面，它推翻了清王朝，同时建立起中华民国，完成了近四千年来国体的一次根本性改变。在经济方面，它扫清了社会生产力和资本主义发展的障碍，开创了国民经济发展的黄金时期。在社会生活方面，它引发了阶层结构、民族关系、人身身份和生活方式等各个层次的巨变。在文化思想方面，它给中国带来了主义大引进和自由选择的环境。

关键词：辛亥革命；现代化；民族独立

一、视角与标准

辛亥革命是成功了，还是失败了？一百年来，议论纷纭，莫衷一是。其间，占主导地位的观点变化很大。最初，人们看到革命推翻了清王朝，建立了中华民国，欢呼它的成功。随后，特别是 20 世纪 40 年代以来，失败之说渐占上风。出现上述情况的原因甚多，关键的两条是：评论者与辛亥革命的利益关系不同，视角不一，评判的标准不同；随着历史的前进，时代的主题变更，人们评判的视角随之变化，以至前后不一致。现代化是当代中国的历史任务，本文从现代化的角度观察辛亥革命的历史作用与意义。

评判一次革命的成败应不应该有一个统一的合理的标准？笔者以为是应该有的，那就是实践的标准：当事人提出的目标是什么，也就是历史赋予他们的任务是什么，革命的结果是否达到了目标，完成了任务？完全达到了，即成功;完全没有达到,即失败;一部分达到,一部分没达到,即半成功半失败。对于后一类,因达到与没达到的程度不同(各自占的比例不同),又可区分为多种情况。若主要目标达到了,即基本成功;若主要目标没有达到,则是基本失败。

以此作标尺,衡量一下辛亥革命的情况。辛亥革命前,要求改革现状的不同群体,如立宪派、革命派和各类会党,提出了各自的主张或目标。其中,最为激进、最为系统、最为具体明确的,也是最为人知和拥护者最多的,是同盟会的纲领:"驱除鞑虏,恢复中华,建立民国,平均地权。"四句中的前三句,实际上是做一件事,即推翻满洲贵族主导的清朝廷,建立中华民国,完成国体的现代化。革命者一旦推翻了清政府,夺得政权,建立了中华民国,这三句话的目标也就达到了。

同盟会在提出上述纲领时,将"驱除鞑虏,恢复中华"这两句放在最前面,作为首先要达到的,也是最重要的目标。在实际宣传时,特别是在国内宣传时,只强调这前两句,对后两句的意义多不提及。这便于与反清会党等找到共同点,结成同盟,完成第一阶段的,也是主要的任务。后来的事实是,推翻清政府正是这种联合产生的合力之结果。据此可以认为,辛亥革命在短时期内便完满地实现首期的,也是主要的目标了。

在此,有一点必须指出,即同盟会提出的目标是"建立民国"。有评论者认为,辛亥革命后是建立了中华民国,但这个中华民国的政治很不健全,军阀割据,政党纷争,国家不统一。他们据此认定辛亥革命失败了。这些论者所列事实是存在的。但它们属于"建立民国"以后的"建设民国"问题。"建立民国"与"建设民国"是两个不同的概念,两个不同的历史过程,两个不同的目标。"建立民国"是在夺取政权时可以实现的。至于"建设民国",无论是政治的建设、经济的建设,还是文化的建设、社会的建设,都是一个长期的历史过程,要在"建立民国"之后逐渐地进行,逐步地实现(共和制的建立与建设,在英国是如此,在法、美等国莫不如此;中华人民共和国的建立与建设,也是如此)。纲领中的最后一句话("平均地权"),就是属于"建设民国"的内涵。平均地权的实质,是否定现存的地主土地所有制,摧毁旧经济制度(人们称之为封建制度)的基础,以利于经济和社会的现代化。众所周知,这是不可能在夺取政权时立即或短期内实现的。"平均地权"后来具体化为"耕者有其田"。实现"耕者有其田"的实际行动,无论是中国国民党,还是中国共产党,都是始于 20 世纪 20 年代,结束于 50 年代,历时 30 多年。

据此来看,辛亥革命达到了革命者提出的主要目标,完成了革命者给自己提出的,也是历史赋予他们的首期任务,它是成功的。

在推翻帝制,建立了中华民国之后,在建设中华民国的过程中,出现了两次复辟帝制的尝试,军阀争权,同盟会改组为中国国民党,"五四运动"兴起,中国共产党成立等许多重大事件。这是国内的情况。在国际上,发生了第一次世界大战与俄国十月革命。在这种新情况下,一贯跟随世界潮流前进的孙中山,对三民主义的内涵作了补充,发展为新三民主义,也就是提出了新的革命任务,诸如联合世界上平等待我的民族,中国要成为世界上平等的民族之一;对外联俄,对内联共,扶植工农;将平均地权发展为耕者有其田,也就是要改革土地制度。这样,在他 1925 年去世时,认为"革命尚未成功"。他此时所说的"尚未成功"的"革命",已不是 1911 年辛亥革命以前所说的革命,而是 1924 年以后的以新三民主义为目标的革命。有学者将孙中山遗嘱中的"革命尚未成功",解释为孙中山也承认辛亥革命"未成功",又将"未成功"解释为失败了,是不符合孙中山本意的。

1921 年中国共产党成立,成为共产国际的一个支部,接受列宁 1922 年提出的理论与任务:中国是个半殖民地半封建的国家,中国共产党的任务是反对帝国主义、争取民族独立、反对封建主义、建立中国共产党领导的民主国家,将半殖民地半封建社会变成独立的新民主主义社会。在此之后,一些中国共产党人,以此为标准衡量辛亥革命,认为它未能改变中国社会半殖民地半封建的性质,所以是失败的。得出这种结论的目的,是说明完成推翻半殖民地半封建社会这个民主革命的历史任务,代表资产阶级、小资产阶级的政党做不到,只有代表工人阶级的中国共产党才能担任。历史是前进的、累积的。不同时代的先进者担负不同的历史责任,完成不同的历史使命,社会得以一步一步地前进。不同时代的先进者只能提出那个时代人们可以提出的任务。后来者以自己的认识去分析历史事件,是历史学的本质要求。但若以后人才能承担和提出的任务去要求前贤,则是一种不合理的苛求。事实上,不仅辛亥革命之前,就是辛亥革命之后的十年间,中国最先进的人物,包括后来成为中国共产党创立者和党员的革命家、思想家和学者,没有人认识到中国是半殖民地半封建社会,提出过反帝反封建的任务。领导和参与辛亥革命的那一代人完成了他们自己提出的、应该可以完成的任务,这也就为后代奠立了继续前进的新基石,开启了完成新时代任务的闸门。

二、近四千年来国体的一次根本性改变

辛亥革命打倒了一个宣统皇帝,推翻了一个清王朝,同时建立起中华民国,这也就在中国历史上终结了皇帝制,终结了王朝时代,终结了君主专制制度。

辛亥革命前夕,无论革命派、立宪派还是广大人民群众,对皇帝制(下文简称"帝制","皇帝制"与"皇帝"不是同一概念)都极度反感。同盟会的主要目标很明确,就是要推翻帝制。孙中山早就说过:"就算汉人为君主,也不能不革命。"①辛亥革命把推翻帝制这件事干成了。辛亥革命以后,拒绝帝制已成为全民共识。民国初年,一是新旧制度并存和更迭,二是政党林立,各派争权,一片乱象。袁世凯和张勋先后乘乱尝试复辟帝制,但都立即成为国民公敌,没有维持多久即垮台,落得个身败名裂。这说明复辟帝制不得人心,中国人民告别帝制已是义无反顾。民国再"乱",人们也不愿回到帝制时代。自张勋之后,没有人敢再提恢复帝制这件事了。中国进入了一个没有帝制的新时代。在中国,皇帝制始于公元前221年秦王嬴政自称皇帝。从那时起,至公元1911年,历时2132年。辛亥革命把实行了2132年的帝制扔进了历史垃圾箱。

中国的国家形成于夏代。夏代也是中国的第一个王朝。从那时起,中国的历史也就进入了王朝时代,一部中国历史成了一个王朝接着一个王朝的记录。即使是刘邦、朱元璋这类下层群众起义推翻了旧王朝,建立自己的新政权,也照样是王朝体制。辛亥革命在推翻了大清王朝后,建立的是中华民国,实行共和制,设立国会,通过临时约法,选举总统。这与过去的改朝换代大不相同,故辛亥革命之后,中国不再有王朝。中国的王朝始于夏朝。夏朝的起讫年份现在还讲不确切,根据多种信息做出的估计,大约是公元前2070年至公元前1600年。从公元前2070年至公元后1911年,历时3982年。辛亥革命把实行了近4000年的王朝扔进了历史垃圾箱,使中国从王朝时代进入共和时代,这是中国历史上近4000年一变的一件特大事件。

在中国历史上的王朝时代,无论是先秦的国王制阶段,还是秦以后的皇帝制阶段,政权都归一个家族所有,世袭不辍,实行的都是一个家族的统治,即家

①《孙中山全集》第1卷,中华书局1981年版。

天下;国王和皇帝都是君主,实行的都是君主专制制度。辛亥革命使中国从近4000 年前开始的家族专制时代,2000 多年前开始的帝制时代,进入共和制的时代。这是国体的一次大变革。这种几千年才发生一次的大变革,是要经历很长的一个历史时期才能完成的。孙中山认为这要经过军政、训政、宪政三个阶段。辛亥革命后的民国初期,也就是军政时期,民主政体的设立,虽然有议会的尝试,也有一些民权的进步,但成效不大。到 1949 年,国民政府完成了前两步。1947 年之后虽然通过了宪法,但真正的宪政阶段是到了台湾,蒋经国去世后才完成的。因为,只有从人治转变为法治,才可能谈到宪政。在大陆,现在进入一个法治新阶段。中国政治现代化正在一步一步地向前迈进。正是辛亥革命开启了这迈进之门,使中国历史进入新纪元。

对于辛亥革命打倒帝制,实现共和的历史意义,中国共产党给予了充分的肯定。1941 年 10 月 6 日中共中央在纪念辛亥革命 30 周年时,作出《中央关于纪念今年双十节的决定》。其中写道:"十月十日这一天是我们伟大中华民国诞生的一天,是我们伟大中华民族几千年生活中有着伟大历史意义的一天。虽然由于种种原因,特别是由于当时革命阵营中包藏着投降袁世凯的妥协分子,例如汪精卫之流,致使当时轰轰烈烈的武昌和全国各地的革命起义遭遇着极大的挫折,使这次革命在实际上归于失败了,但是几千年来的君主专制政治是已经被推翻,而中华民主共和国的国体是已经被确立了。中国人民为民族解放与民权自由的伟大斗争,从此进入了一个新阶段。"①胡锦涛于 2006 年 11 月 12 日在《在孙中山先生诞辰一百四十周年纪念大会上的讲话》中提到:"在孙中山先生组织领导和他的革命精神感召下,1911 年爆发的辛亥革命推翻了清朝的统治,从而结束了在中国延续几千年的封建专制制度,为中国的进步打开了闸门,谱写了古老中国发展进步的历史新篇章。"②

当人们把辛亥革命在政治上完成的任务放到世界历史上去看时,它的意义就更清楚了。辛亥革命打倒帝制,实现共和,使中国成了亚洲第一个实行民主共和制的国家、世界上第三个民主共和制国家。在 1912 年,全世界实行民主共和制的国家只有法国、美国和中国,德国是威廉二世,俄国是沙皇,日本是天皇,英国、荷兰、比利时、挪威、西班牙等都有国王。20 世纪是亚洲民族解放

①中央档案馆编:《中共中央文件选集》第 13 册,中共中央党校出版社 1991 年版。
②胡锦涛:《在孙中山先生诞辰一百四十周年纪念大会上的讲话》,《光明日报》2006 年 11 月 13 日。

运动高潮的时代,这个高潮由辛亥革命开其端,或者说是由辛亥革命带动的。在人类历史上,20世纪是帝国垮台的时代,第一个退出历史舞台的帝国是大清帝国,而这正是辛亥革命的成果。

三、国退民进带来黄金时期

辛亥革命之所以发生,根本原因在于清政府阻碍了社会生产力和资本主义的发展。这种阻碍的具体表现之一,就是它对重要行业(如铁路、轮船、银行等)和大型企业,实行国有或国家控制的政策,或官办,或官督商办,或官商合办,总之少不了一个官字。这压缩了私人资本发展的空间,使工商业者极为不满,因而反对清政府,成为辛亥革命的动力之一。从本质上讲,辛亥革命是代表现代生产力发展要求和工商业者利益的民主革命。

武昌起义之后,无论是孙中山,还是袁世凯及其继承人,出于巩固新生政权或扩大势力的需要,都提倡振兴实业,团结工商业者,发展经济。他们把工商业者的代表吸收到政府中来。这些工商业者的代表,一旦有了实权,便大力推行有利于工商业的政策。

在全国,可以举实业家张謇为例。他应邀加入了"第一流人才内阁",担任农商总长之职。一上任就批评清末官办企业"排调恢张,员司充斥",明确指出官办企业不利于实业的发展。同时表示:"謇意自今为始,凡隶属本部之官业,概行停罢,或予招商承办。惟择一二大宗实业,如丝、茶改良制造之类,为一私人或公司所不能举办,而又确有关于社会农、工、商业之进退者,酌量财力,规划经营,以引起人民之兴趣。余悉听之民办。"①张謇颁布以奖励实业为中心的一系列法令、条例;主持拟定发展实业的一系列计划、方案;采用"开放主义",解决资金、设备及技术问题。无论是他主持制定的法令、条例、计划、方案,还是其他振兴实业的活动,都着眼于发展私人资本,体现了张謇的"商办官助"思想,即对私人资本鼓励、扶植、保护,允许它们自由发展。② 这与清政府垄断新式工业,压迫私人资本的做法相比,可谓针锋相对,有天壤之别。

在地方,可以举工商业最发达的上海为例。上海的工商业者代表,主要是

①张謇《张季子九录·政闻录》。
②周秀鸾、刘大洪:《张謇任农商总长时的振兴实业措施》,载《论张謇——张謇国际学术研讨会论文集》,江苏人民出版 1993 年版,第 335—344 页。

上层资本家,如李平书、沈缦云、叶惠钧等上海商团的负责人(李平书还是上海城自治公所的总董),在起义过程中,参与大计的决策,策反清政府的军警,在资金上给予大力支持;起义成功后,直接进入革命政府,沈缦云和朱葆三(银行家,也是上海总商会会长)先后担任上海都督府财政部部长,王一亭先后任该府农工商务部部长和交通部部长,虞洽卿为该府第一名顾问官兼闸北民政总局民政长。他们和上海工商业者"在辛亥革命后的一段时间里掀起一股兴办实业的浪潮"①。

私权得到保护是私人资本发展的重要基石。私权包括了对民营企业、私人财产、各种私人权利的保护。在人类历史上,任何实行专制的地方,私权都不发达,在中国也不例外。辛亥革命以前,私权一直没有得到过充分的重视,是私营经济发展缓慢的重要原因。在一些官商合办企业中,官揽全权,商人出了资本,却没有相应的管理权限,导致商股退出,即是例证。成为辛亥革命导火线的铁路风潮,也是由于对私权的漠视。辛亥革命以后,梁启超等人先后任司法部长,制定了重视和保护私权的立法和政策,这是一大进步。这个变化使境内的私人投资增长,也使境外的华侨回国投资的人数比过去增多,投资额比过去加大,投资的地区与行业比过去广泛。以银行业为例,1912 年以后华侨投资的银行有十多家,其中印度尼西亚华侨黄奕住 1921 年回国兴办的中南银行,于 1922 年得到政府授予的钞票发行权。这在清政府时期是不可想象的。那时,钞票发行权集中在国有或国家参股的银行(到了 1935 年,国民政府又把钞票发行权集中到国有或国家参股的银行,中南银行的钞票发行权也被收回)。与此相类似的还有铁路等行业。

辛亥革命之后,由于私权得到保护,由于实行"招商承办""官业"和鼓励私人资本的政策,也由于中央政府财政危机,没有资金举办国有企业,从而出现了在资本结构与经营方式中,国家资本退、私人资本进,官营减、民营加,民族资本增、外国资本减的情况。1911—1920 年,中国资本的增长率与构成状况发生了重大变化:外国在华(企业)资本 1914 年为 184608 万元,1920 年增加到239000 万元,年平均增长率为 4.4%;国有资本 1911 年为 52296 万元,1920 年增加到 90205 万元,年平均增长率为 6.3%;私人资本 1913 年为 246941 万元,1920 年增加到 390677 万元,年平均增长率为 6.8%,其增速高于同期外国在

---

①丁日初:《近代中国的现代化与资本家阶级》,云南人民出版社 1994 年版。

华(企业)资本和国家资本,此其一。其二,至1920年,民族资本是外国在华资本的201％,民族资本占了主导地位。在民族资本中,私人资本为国有资本的433％,私人资本占了主导地位①。其三,一些国有国营(官办官营)和官商合办企业,或改为官督商办,或租赁给私人经营,或出售给私人。这些措施加上上述两个变化,使现代企业的经营形式由官营为主转变为民营为主。这三个同期出现的现象,成了中国资本主义发展进入新阶段的界标。

在中国历史上,有过几十次的改朝换代,每一个旧王朝的灭亡和新王朝的建立,几乎都与经济的严重破坏和人口的大规模死亡相伴随。辛亥革命则不同。在辛亥革命进程中,虽然也有战事带来的局部地区(如汉口、汉阳)经济的破坏,但地区小,为时短暂,程度也不严重。从全国来看,在各地起义结束后经济立即就转入了发展,而且比辛亥革命前发展得更快(见下表),这在世界上亦属罕见。

1911—1914年新设工厂和机器进口额情况

年份	新设的工厂		机器进口额（海关两）
	工厂数(家)	其中注册数(家)	
1911	821	18	
1912	2001	17	5877447
1913	1249	37	8036200
1914	1027	37	8696251

数据来源:陈真、姚洛编:《中国近代工业史资料(第一辑)——民族资本创办和经营的工业》,生活·读书·新知三联书店1957年版,第10—27页。

1915年以后,加上中国人民反对外国侵略者的斗争(如反对"二十一条"时的抵制日货运动),第一次世界大战期间欧洲的主要发达国家受到战争影响,销往中国的产品减少,购买中国的产品增多,中国商品的市场空间扩大,中国工商业出现了前所未有的加速发展时期。后来,它被中国工商业者和经济学家称为"中国经济的黄金时期"。出现这种情况的原因甚多,第一位的是制度变迁的影响,特别是辛亥革命后政府鼓励私人经济发展的政策,和辛亥革命激起的产业精神的高涨。这种影响既立竿见影,更是长期有效。辛亥革命既是

①根据吴承明《市场·近代化·经济史论》(云南大学出版社1996年版,第207页)中的数据计算。"国有资本"原书为"官僚资本","私人资本"原书为"民族资本"。

中国经济现代化初步发展的结果，又揭开了中国经济全面现代化发展的大幕①。

四、五族共和，身份平等

辛亥革命引发了社会生活各个层次的巨大变化，其中重要的是：阶层结构、民族关系、人身身份和生活方式的变化。

辛亥革命使城乡社会群体和阶层、阶级结构出现了新变化，其中城市要比乡村快得多，明显得多。这主要是由于中国社会已进入城市化阶段，辛亥革命又是因城市起义而胜利的，城市居民处于先进行列。辛亥革命促进了城市经济、文化和政治的现代化进程，特别是现代工商业发展很快。城市人口增长很快，此时新增人口的一个特点是，绝大多数是与现代经济、文化和政治相关的。其中，与资本主义和现代工商业相联系的资本家阶级、小资产阶级和工人阶级人数增长最快。以工人阶级中的产业工人而言，辛亥革命时全国约 50 万人，1920 年已有约 200 万人，10 年间翻了两番，速度空前。

辛亥革命前，满族中的贵族掌管政权。在占人口大多数的汉族人看来，它是一个异族专制政体。当时，在民族关系方面的主要矛盾是满汉之间的不平等关系。对于这种不平等关系，不仅汉族下层群众和革命派不满，就是像张之洞这类清政府一品大员也不满。张之洞在光绪三十三年(1907)六月二十九日亥时致军机处的电报，借革命党人反满为由，希望朝廷"布告天下，化除满汉畛域"。在宣统元年(1909)八月二十一日临终之际的《遗折》中，他还不忘提醒朝廷要"满汉视为一体"，将这看成头等大事。辛亥革命时期同盟会提出的纲领——"驱除鞑虏，恢复中华，建立民国，平均地权"，就是指推翻满洲贵族的清朝廷，建立汉族主持的民国政府。后来又提出五族共和，汉、满、蒙、回、藏等各民族平等，共同执政。在辛亥革命的进程中，采取了对清皇室的优待措施，对满族群众平等对待的政策，比较好地解决了国内民族间的最大矛盾。

从帝国转为民国之后，由朝代国家向现代民族国家转变，由家族管理向民

---

①参见周秀鸾《第一次世界大战时期中国民族工业的发展》，上海人民出版社 1958 年版，特别是其中第 5—9、115—117 页关于辛亥革命对中国工业发展影响的分析；以及赵德馨《中国近现代经济史 1842—1949》，河南人民出版社 2003 年版，特别是第三章《经济现代化的全面展开》关于中国经济全面现代化的表现。

主管理转变,国体向现代型转变,政府机构的设置向现代型转变,社会管理也向现代型转变。虽然很不完善,但终究有了国家根本大法性质的临时约法;虽然很不完善,但终究有了国会,有了选举,有了政党政治。一时间,大小政党300多个,各类社会团体如雨后春笋,数量难以统计。从社会管理的角度而言,这是一个告别近四千年旧制度、建立新制度的转折期,也是社会管理现代化的开端。

辛亥革命使人民的生活方式和民俗民风,包括服饰、发饰、礼仪、生活习惯等各个方面都发生了变化。清王朝时期,在人身身份方面实行等级制度,官民之间、官员上下级之间,界限森严。老百姓见到官员,下级官员见到上级官员,都要回避、下跪等。辛亥革命后,规定所有人都是国民,人身身份平等,于是见面的礼仪变了,互相行拱手或握手礼。辛亥革命胜利后,民风民俗,从男人的头(剪掉长辫子),到女人的脚(不再裹小脚),都大为改观。生活方面,衣食住行用也在变化,其特点是平等化、现代化和多样化。以穿戴而言,南京临时政府以法令形式废除清代官爵命服及袍褂、补服、翎顶、朝珠,推行易服,彻底打破了"衣服有制"的等级传统。男子有大襟长衫、对襟唐装。一部分留学生改穿西服,以礼帽代替瓜皮顶子帽,受到年轻人仿效。临时大总统孙中山自己设计的服装,既具有西方服式的特点,又富有中国气派,庄重实用,受到广泛欢迎,被称为中山服。女子有旗袍、上衣下裙、新式旗袍、折腰女裤、女式斧口衫、大襟短衫等。传统民族服装样式不断翻新,新的穿着打扮成为城镇青年追求的时髦。值得注意的是职业装兴起,职业不同,服装不同。军人、学生、工人等各有自己的军装、学生装、工装。服装形式多样化,带来衣饰的丰富多彩。随着生活方式的大变化,人们的消费观念也有大变化,其中显著的有三:一是生活方式的等级制度废除了,人们在这方面的尊卑观念淡薄了,只要自己有钱和愿意,想穿什么,想盖多高的楼房,都可以;二是守旧观念淡薄了,以青年为先锋,追求时尚,愿意消费;三是土好洋坏的观念淡薄了,只要合乎科学,有利于健康,价廉物美,不分洋土,一律欢迎的风气逐渐形成①。所有这些,标志着人们有了选择自己喜好和张扬个性的自由,人身和人格得到了解放。

---

①赵德馨:《中国近现代经济史 1842—1949》,河南人民出版社 2003 年版。

五、主义大引进与自由选择

自秦汉以来,中国就是一个大国。大国要维护统一和稳定,需要中央集权。中央集权的悠久历史是中国的一大特色。中央集权政府为了维护国家的稳定和统一,必然要强制实行意识形态统一的政策,这不利于学术研究的百家争鸣和思想解放。因此,在中国历史上,中央集权的式微,往往成为学术繁荣的契机。中国历史上两次思想大解放和学术大繁荣,或出现在中央集权政府未形成之前的春秋战国时期,或发生在中央集权政府垮台之后的 1912 年之后的时期。二者都是地方势力称雄的社会大动乱时期。春秋战国时期,周天子权威扫地,群雄并起,战乱不已,但这一时期是中国文化思想界百家争鸣的时代。辛亥革命打倒了君主专制,带来思想解放的环境。特别是在推翻清王朝、建立中华民国这次国体政体重大转变的初期,旧制已破,新制待立,政局动荡。统治者忙于政争和战争,无暇顾及学术文化,且为了争取社会力量的支持,减少反对的舆论,都打出顺应时代潮流,支持民主、自由、进步的旗号。民国政府在文化政策上是相当自由的,很少介入学术思想文化的争论。言论自由和结社自由也得到了法律保障。辛亥革命后的军阀割据时期,是中国自春秋战国以后思想最自由、学术研究环境最宽松的时期。这种学术自由的局面,为从国外引进各种主义、学说,为知识分子的思想解放和自由讨论世界上的各种学说、主义,探求中国社会发展道路,打开了闸门。于是,国外的,主要是欧美的各种学说、主义,均被中国人学来作为医治中国社会痼疾的处方。一时间引进的主义,特别是激进的社会主义,种类繁多,如:杜威的实用主义,罗素、潘蒂的基尔特(行会)社会主义,欧文的合作社社会主义(空想社会主义),蒲鲁东的社会无政府主义,克鲁泡特金的无政府主义,巴枯宁的团体无政府主义,武者小路实笃的新村社会主义,马克思、列宁的社会主义,托尔斯泰的泛劳动主义,等等,难以尽列。这个阶段可称为"主义大引进时期"[①]。形形色色学说、主义的大引进,在中国掀起了一场新思想风暴。

也是由于学术自由的局面,各种学说和主义均可登台亮相。引进的各种主义和学说,各有其介绍人和信徒,各有其团体和宣传阵地(讲坛、杂志、报

[①]赵德馨等:《近代中西关系与中国社会》,湖北人民出版社 1993 年版。

纸），有的还请外国人到中国来演说。引进的各种学说之间，引进的各种学说和中国传统学说之间，互相辩驳，形成了一个诸家争鸣和中西融合的局面。中国学术理论迎来了辉煌灿烂的发展期，达到了中国历史上前所未有的新高度。这是一个思想启蒙的年代。

由于学说、主义多，中国思想文化走向多元，可供知识分子选择的对象多。加上人们有机会自由地选择自己的爱好，不同的人选择不同的主义，还可以在几个主义间转移。我们考察中国共产党最初的 50 多名党员，在辛亥革命到 1921 年（即建党期间）的思想变化趋势，发现他们有几个共同的特点：一是没有一个人的思想没有受到辛亥革命的震动，走向思想解放；二是没有一个人的思想不在这 11 年间发生急剧变化，从中庸走向激进；三是没有一个人的思想不是从中学（主要是儒家学说）转向西学，从西学的各种主义中找寻救国治国之道；四是没有一个人没有在多个学说、主义间进行选择，从某个学说转向民主主义，再从民主主义转向共产主义。辛亥革命后，现代工商业的快速发展，使现代工人阶级的队伍快速壮大；辛亥革命后，主义大引进和思想大解放，为一批知识分子接受马克思主义创造了环境；辛亥革命后，大量政党的出现，以及它们在活动中的经验教训，为接受了马克思主义的知识分子组织政党提供了榜样与借鉴。从这些方面来看，辛亥革命造成的社会变化为中国共产党的成立提供了客观条件。辛亥革命后十年诞生了中国共产党，这是合乎规律的事。辛亥革命在中华民族振兴和中国社会发展的进程中，开启了近代中国的大门，是中国历史上一座伟大的里程碑。在中国共产党的领导下，建立了人民当家做主的中华人民共和国，完成了近代以来中国人民和无数仁人志士梦寐以求的民族独立、人民解放的历史任务，开启了中华民族发展进步的历史新纪元。

原载《中南财经政法大学学报》2011 年第 6 期。

从贫农到首富

—— 中国资本家产生的路径之一

这是一本华侨的传记，记载一位贫穷农民创业的历程。

这是一位经济史学工作者，为了学科的建设，为了使人们对中国近代的资本家有一种具体的认识，而写的学术著作。

一

1956 年以后，我开始对中国近现代工商企业（其中的主体是资本主义企业）和企业家群体（其中的主体是资本家）产生与发展的历史感兴趣。中国兴办现代企业的主要是三种人：官员、绅士和商人。我想在这三种人中各挑选一个典型人物来研究，解剖一只"麻雀"，总结出一种模式。因为在湖北工作，在官员方面，我很自然地选择了张之洞。围绕他搜集资料，几十年的积累，所得甚丰，得以编成新版的《张之洞全集》（2008 年）；围绕他做了点研究，有点心得，将它们写入了相关的一些论文、著作和教材中。其中值得一提的是与周秀鸾教授合著的《论张之洞的湖北模式》（刊于《张之洞与武汉早期现代化》，中国社会科学出版社 2003 年版）。在绅士方面，最早选择的是张謇。20 世纪 50 年代就开始收集他的资料，注意力集中在绅士是怎样转化为现代商人（企业家）的。1987 年南京大学举办张謇国际学术研讨会，要我在开幕式上发言，我讲的题目是"张謇与近代绅商关系的变化"，通过会议我发现中外不少学者在研究张謇，有的人掌握的资料比较多，且有就近收集资料的优势；有的人研究的比我系统、深入，提出了张謇的"南通模式"等概念，自我感觉难以超越，于是见势就收。在商人方面，最初选择的是荣德生、荣宗敬兄弟。1958 年，为整理湖北地区资本主义工商业史料到上海去取经，了解到上海社科院经济研究所经济史研究室张仲礼、丁日初、姜铎等先生对荣德生、荣宗敬兄弟及其企业的史料在做系统的发掘和研究，我就只好另找对象了。在此后的 20 年间，选择的对象多次换人，均不理想。到了 1979 年我才选定黄奕住。在收集黄奕住资料的过程中，1982 年我发现全国历史学研究规划中有"黄奕住传"项目，负责人是厦门大学历史系主任陈诗启先生。选题碰车了。我想，黄奕住长期住在厦门，陈先生也是长期在厦门，自有他的优势，只好将工作停了下来。1987 年，我到厦门，前去拜访陈先生，谈及他写黄奕住传的事。他说，他还没有动手，因研究海关史，工作量大，看来近期也没有力量去研究黄奕住了。你若研究他，那就太好了。这个人值得研究一番。

我之所以选择黄奕住，是基于以下几个方面的考虑：

第一，他是一个华侨。在中国现代企业的产生与发展中，华侨起着重要作用，这是中国现代化特色之一。

第二，他是一个创业者，因创业从山区贫农转变成为 20 世纪 20 年代中国最富裕的人之一，这种情况具有重要的理论意义。

第三，他的经济活动主要集中在商业和金融领域，而其他一些被研究的企业家主要经济活动集中在工业和交通领域，对商业和金融领域涉足较少。

第四，他爱国爱乡，重视中国的国籍，重视国家利益，他崇信重义，将信义置于利之上，难能可贵。

第五，他回国后社会活动的参与面比较广泛，为公益事业做出了突出的贡献。他会赚钱，也会用钱，在聚财和散财上积累了重要的经验，开创了现代企业家的先声，可供后来者借鉴。

他的一生，具有广泛的代表性，具有传奇色彩。

二

在动手写此书时，我为自己立了三条规则：第一，所写必有所据。无据之事，宁缺待补。证据不足之事，不做定论。纷纭诸说，于以并列，以供进一步讨论。第二，力争写出一个活生生的有血有肉、有情有欲、有成有败、有长有短、有生有死、有社会生活和个人生活的人物来。第三，通过这个人看出他活动的那个年代、那个地区的社会环境；通过这种社会环境，使读者了解到那时那地为什么会出现这样一个人物。

　　为什么要立这样的规则？这与作者对传记的认识有关。我认为,文学传记重在生动,历史传记的特点与生命力在于真实可信。因此,应该事有出处,语有来历,不允许任意虚构伪作。传记要能吸引读者,关键在于传主的经历,他的性格与言行,他活动的社会环境。写传记的作者,如果以文心写史,笔头富有文采,能传传主之神,使传记兼备真实性与艺术性,将读者引入佳境,自然更好。如果作者在艺术性方面达不到要求,也应保持它的真实性,而绝不应该为了艺术性而虚构事实。如果虚构地描述一个人,或者在一些重要的事情上进行虚构,这些书或许具有文学价值,能吸引某些读者,但它们绝不是传记。它们既不能称为传记,也不应该称为传记。它们的确切称谓,应该是"传闻""传说""戏说""传奇"等等。现在一些虚构情节的书也堂而皇之地标上"传"或"传记"字样,只不过是某些小说家采取的鱼目混珠的手段,目的是多博眼球,赢得市场。这种书破坏了传记的严肃性,败坏了传记的名声,实不可取。为了使传记真实可信,必须征引资料,分析数据。某些读者可能对这些资料和数据感到枯燥,但传主经历的传奇色彩,爱国爱乡的热忱之心,创业者的坚韧性格,致富与散财的经验,会使他们深感兴趣的。初版的销售情况已经证明了这一点。

　　此文为赵德馨、马长伟著《黄奕住传》(厦门大学出版社 2019 年版)前言。

《黄奕住传》修订版后记

　　黄奕住是近代中国爱国华侨企业家的代表,是一位有卓越成就的"经济人"。但同历史舞台上显赫一时的政治人物相比,黄奕住又是一个"凡人"。[①]为"凡人"立传,难度可想而知。作者"以心写史","十年辛苦不寻常"。[②]

　　时光荏苒,《黄奕住传》出版已经 20 年。学术著作的生命与价值在于其社会影响与贡献。学术与现实的关系是一个宏大的问题。但是,学术与现实的关系应该是"不即不离"。"不即"是说学术不能依附于现实而没有自己独立的品格,学术不能浮躁,不能赶时髦,不能花拳绣腿,而应冷静、扎实、严谨(原文:禁)、深刻,源于现实又高于现实。"不离"是指学术不能成为与世隔绝的死学问,学术要关注时代。[③]《黄奕住传》出版 20 年来,对国家、对学界、对社会产生了一定的积极影响。

　　对国家而言:一个国家经济的巨大发展,离不开企业家能力、企业家精神的推动。史书上所谓的近代中国的"黄金十年"(1927—1937),正是中国近代企业家群体辉煌灿烂的时期。

　　2017 年 4 月 18 日举行中央全面深化改革领导小组第三十四次会议,会议强调,"企业家是经济活动的重要主体,要深度挖掘优秀企业家精神特质和典型案例,弘扬企业家精神,发挥企业家示范作用,造就优秀企业家队伍"。黄奕住是近代中国企业家的代表,他的身上彰显了中国企业家的不屈精神与顽强斗志。姜铎先生认为对黄奕住的研究推动了对"中国近代资本主义和资本家阶级"的研究。[④]

[①]彭南生:《厚积薄发　求真求实——评〈黄奕住传〉》,《江汉论坛》2001 年第 5 期。
[②]谷远峰:《文采信雅　史究天人——〈黄奕住传〉读后》,《中南财经大学学报》2000 年第 2 期。
[③]张强:《学术著作的价值识别》,《记者摇篮》2005 年第 7 期。
[④]姜铎:《喜读赵德馨新作〈黄奕住传〉》,《学术月刊》1999 年第 10 期。

2017 年 7 月 8 日，"鼓浪屿:历史国际社区"正式通过了世界遗产大会的终审，被成功列入世界文化遗产名录，成为中国第 52 项世界遗产项目。至此，中国的世界遗产总数已名列世界第一。2017 年 9 月 4 日上午，联合国教科文组织总干事伊琳娜·博科娃在鼓浪屿黄家花园别墅（黄奕住故居），正式向"鼓浪屿:历史国际社区"颁发联合国教科文组织世界遗产证书。黄奕住的爱国情怀、奋斗精神已经融入世界文化遗产，感召世人，彪炳千秋。

对黄家而言:黄奕住拥有众多子女，是中国传统意义上的制度家庭，也是一个国际化的家庭。1945 年，黄奕住去世时就有子孙 100 余人，分布在中国、印度尼西亚、新加坡、菲律宾、美国等地。随着历史的进展，时代的变迁，他们其中很多人未能谋面，甚至不清楚自己的家庭渊源。正是《黄奕住传》的出版，才使得海外子女有机会认识其祖上功业，得以与家族内的相关人员联系。其中，侨居加拿大的张帧祥夫妇是在看到了《黄奕住传》才得以重新认识家族，同时，积极推动黄奕住家属谱的编撰、《黄奕住传》英文版的出版工作。

对社会而言:此书出版后，在国内外引起了一定的反应。庄春泉、姜铎、彭南生、谷远峰、张戎等学者写了评论文章。这些评论从历史学、经济学、传记学、华侨史等多个方面给予分析、解读，学界对我的鼓励让我感到意外。更让我欣慰的是，此书的出版改变了一部分读者的命运，影响了他们的发展。我的学生廖晓红来信告诉我:

当年，我的丈夫贺先生即将从上海大学法学院研究生毕业，正面临就业选择:是找一份稳定的工作，还是做一名具有挑战性的律师？在他犹豫不决中，我找出了您撰写的《黄奕住传》。我告诉他，"这本书第一章第五节'愤沉剃头刀'非常令我震撼。想想黄奕住吧！他能有勇气愤沉剃头刀，放弃从事了八年的理发行业，改行做商贩，最终成为一名银行家。你也可以放弃一份稳定的工作，做一名律师，成为一名创业者"。他细心地读了您的书后，下定决心成为一名律师。此后创立了自己的律师事务所（名称是上海市百悦律师事务所，据上海市律师协会统计公布，该所规模在上海 1350 多家律所中，排名第 35 位）。虽然他并未像黄奕住一样成为著名企业家，但也实现了自主创业的梦想。您所撰写的《黄奕住传》是一本非常精彩的好书！在大众创业、万众创新的今天，非常有借鉴意义，确实是值得创业者仔细阅读的励志好书。

《黄奕住传》的出版，耗费了我和我的爱人周秀鸾教授大量的时间及精力，调动了多方面的人力、物力。但是，能有上述的反响，我很欣慰，感觉自己的努力是有价值的，是正确的。随着时间的推移，新材料的发现，我决定对《黄奕住传》进行修订。但是，已过耄耋之年的我，明显感觉到了精力不济。故而，邀请马长伟博士与我一起修改此书。

马长伟的博士论文选题是《侨资中南银行的制度安排及其绩效研究（1921—1952年）》，对黄奕住有一定的研究基础。他在博士论文后记中说得益于我的指导。此书初版只有12章，加上前言、尾声共14部分。修订版本共计19部分，正文17章。新增章节及其他修改之处均是由我指导，马长伟博士负责撰写初稿，由我改定。

此书的修订工作，得到了黄奕住的曾孙黄骞先生（黄钦书之孙，黄长溪次子）的大力帮助。他提供了黄家的部分内部资料，并承诺承担法律责任。此外，黄奕住的外孙女周菡女士（黄萱之女）也提供了新的资料，表示感谢。此书初稿完成后，曾将书稿提供给黄家，让其家族内部成员传阅，修改，对他们提出的建设性意见和建议一并表示感谢。

此外，还要感谢刘绮霞、赵晋平伉俪帮助寻找日文资料。感谢厦门市档案馆吴仰荣处长，厦门大学戴一峰教授、焦建华教授、陈光明教授、陈瑶博士、张长虹博士在收集资料过程中给予的帮助。

书稿即将完成之际，厦门大学出版社薛鹏志主任欣然同意出版该书，并给予了细致入微的指导和帮助。厦门大学出版社戴浴宇老师也全心服务于此书的出版工作，我们深表感谢。同时，感谢洪景平、杨嘉明、黄家梅、黄安祺、黄仲山、周全对此书出版的大力支持。

2012年至今，6年间，我们断断续续地为《黄奕住传》的修订工作而努力。书稿已定，但是由于个人能力和水平有限，此书尚存诸多弱点。最大的问题是，笔者未能去印尼实地考察，查阅资料。黄奕住归国后的诸多投资未能完全研究。这些寄希望于未来的研究。

希望此书的问世，可以助力鼓浪屿世界文化遗产的建设，可以让更多的人了解黄奕住的爱国情怀、奋斗精神，让后人更好地继承其精神遗产，推进中国的经济发展和进步。

原载赵德馨、马长伟著《黄奕住传》，厦门大学出版社2019年版。

第 七 部 分
太平天国财政经济史

赵德馨教授从20世纪60年代开始搜集、整理和研究太平天国财政经济资料，2012年主持申报立项国家清史纂修工程文献整理项目"太平天国财政经济资料汇编"。2014年，该项目顺利结项。2017年，经国家清史委推荐，《太平天国财政经济资料汇编》由上海古籍出版社出版，共200万字。

《太平天国财政经济资料汇编》前言

一

　　1961年春，中共中央书记处决定在全国高等学校和研究机构抽调人员编写高校文科教材。我因此得以在该年秋参加严中平先生主持的《中国近代经济史》编写组。报到时，严先生说："你在《中国近代国民经济史讲义》中写了太平天国的经济纲领与政策，它们的贯彻与演变过程，以及相关的评价等内容，这在中国近代经济史著作中是第一次，是首创，很重要。"于是，他邀请我负责太平天国财政经济政策这个专题。我接受任务后，用了整整一年的时间，阅读前人研究成果与资料，得到两点认识。第一，从问题本身看，相对于太平天国的财政经济政策而言，太平天国境内经济的实际变化更重要，但最重要的是要弄清楚太平天国战争对中国近代经济发展的影响。第二，从研究的现状看，关于太平天国的财政经济政策的论著为数不少，而涉及太平天国境内经济实际变化的则寥寥无几，至于太平天国境内经济变化与太平天国失败的关系，太平天国战争对中国近代经济发展的影响等问题，则未见专题研究，特别是这次战争对中国经济的破坏性，更是阙如。这大概与学术界流行的农民战争是历史前进推动力的理论有关。从史料来看，要弄清楚太平天国对中国近代经济的影响，仅仅考察太平天国的财政经济政策是不够的，更重要的是要研究太平天国战争的直接影响和这次战争引起的清政府经济政策和行为的变动。其中，前者主要是指战争对经济的破坏、人口的死亡等等。后者主要是指在空间上，影响超出太平军占领区。清政府为了镇压太平军，而在太平军没有到达的地区大肆搜集财力、物力、人力，并因此造成全国性的财政制度或政策的变化。在时间上，这种影响远远超过太平天国存在的年代。例如：在太平军占领过的地区，战后清政府为恢复经济实行的垦荒改策，导致耕地所有权、租赁制度的变更以及人口迁徙等。又如:在清政府管辖区兴起的厘金制度,不仅影响了太平天国境内的税收制度,而且一直延续到 20 世纪 20 年代。我向严先生汇报这些学习心得,他完全同意我的意见。所以从第二年起,搜集资料的范围就扩大到了这些领域。

2009 年冬,我向国家清史编纂委员会申请的“太平天国财政经济资料汇编”项目,是以那时搜集到的资料为基础的。根据这些资料和上述认识,拟订了一份提纲,送呈国家清史编纂委员会文献组和项目组。他们请有关专家审阅。感到荣幸的是,提纲获得专家们的认可和国家清史编纂委员会领导的批准。所以呈现在读者面前的这本《太平天国财政经济资料汇编》,其内容包括:有关太平天国财政经济政策的资料;有关太平天国境内经济变化的资料;有关太平天国战争对 19 世纪 50 年代以后中国财政经济影响的资料。

二

在中国,从产生阶级和阶级压迫以后,到现代资本家阶级和工人阶级产生之前,被压迫的阶级和下层群众,诸如奴婢、农奴、农民、手工业工人、小商小贩等等,举行起义以反抗压迫,前仆后继。其中,被称为旧式农民起义或单纯农民战争的,自秦末至太平天国,大小数百次。从全球来说,这类的起义,可谓难计其数。这是人类历史中的重要篇章。然而,关于太平天国之前的,起义者的经济追求和起义过程中实行的财政经济政策,留下的文献极少,全世界加起来,可能不足万字。其中,出于起义者之手的更是少之又少,大概不足千字。相形之下,今天能看到的关于太平天国的经济追求和它实行的财政经济政策的文献多达百万字,其中,出于起义者之手的有十多万字。这些文献当然是稀世之宝,弥足珍贵。由于有了数量如此之多的这种性质的文献,我们有了认识太平天国起义者经济追求和太平天国实行的财政经济政策的可能;也由于有了数量如此之多的这种性质的文献,太平天国便成了中国和世界研究旧式农民起义或单纯农民战争最好的典型事例。

20 世纪 50 年代至 70 年代,农民战争的研究是中国历史学研究中的“五朵金花”之一。那时,太平天国史是研究的热门课题。指导研究的理论是阶级斗争是推动历史前进的动力。阶级分析是研究历史的基本方法。太平天国的性质是农民革命战争。不少研究者出于对农民的阶级感情,出于对农民革命战争历史功绩的维护,对太平天国起义者饱含同情,对太平天国的言行用无比的激情予以歌颂,由此得出种种有关太平天国起义者经济追求和太平天国实行的财政经济政策的结论。在 20 世纪 50 年代,我是这些结论的接受者和传播者,并提出一个从空想方案《天朝田亩制度》怎样一步一步地退到现实政策演变路径的范式①。在用了两三年时间,系统地阅读了有关资料后,我的认识起了大变化:对原来的一些认识深化了,对原来的另一些认识则产生了疑惑。诸如:太平天国起义的参与者是些什么人,他们想通过起义达到什么目的;在太平天国时期,中国的农民包含哪些阶层,哪个或哪几个是其中的主体;农民破产后变成的流民和土匪等等,已完全脱离了农业生产,不以农业为生,他们还属不属于农民;太平天国主要领导人的社会成分是什么,是农民、士人或其他;太平天国起义的基本目标是什么,是取代清王朝,还是建立《天朝田亩制度》描述的那种社会;《天朝田亩制度》是一种什么性质的文献,它与太平天国实际实行的政策是什么关系;太平天国实行的基本的社会与经济政策是什么,是国民各安恒业,还是推翻或改造原有的社会经济制度;太平天国政权的经济基础是什么,它的财政收入的源头在哪里;太平天国对富户实行什么样的政策,对贫困户实行什么样的政策,他们陷入过什么样的矛盾和困境;太平天国战争对中国经济的发展和社会进步起了什么作用;如此等等。我的一个总的认识是对这些问题要作出结论,首先要尽可能地掌握全面的资料。读者如果能从此书中得到一些相关的资料或信息,编者的目的就达到了。对太平天国的研究或许会因此而进入一个新的阶段。

2015 年 11 月 10 日

原载赵德馨主编《太平天国财政经济资料汇编》,上海古籍出版社 2017 年版。

---

① 参见《中国近代国民经济史讲义》第三讲,高等教育出版社 1958 年版。

《太平天国财政经济资料汇编》后记

在这里,我写两件事:成书的过程和为方便读者的设计。

一、历时 57 个年头和四个阶段

从 1961 年 9 月底开始搜集太平天国资料,到今天将这部书的清样稿寄出,历时 57 个年头。其间的工作,可分为四个阶段。每一个阶段都得到过好人的帮助。

(一)1961 年 9 月到 1964 年 9 月

1961 年 9 月,我参加严中平先生主持的《中国近代经济史》教材编写组,负责"太平天国的经济"部分。工作的第一步是阅读前人的研究成果,第二步是搜集资料,第三步是进行专题研究。对于搜集资料来说,那时有两个难得的好条件。一是有专人帮助借书刊。凡是在北京能借到的,她都会借来。所以那时已经出版的和发表的有关论著,我几乎都阅读了。二是郭沫若准备写太平天国史,成立了一个学术办公室,成员是王戎笙(我的师兄)、贾熟村、龙盛运和何令修。他们帮助郭沫若搜集资料,从全国各地调来了未发表的抄本。他们风格高,很大方,将已摘抄出来的资料卡片,无代价地提供给我;尚未摘抄的,将原件借给我。虽然这些抄本中的绝大部分,后来都已出版,不再稀有,但是他们这种大公无私的精神感染了我一辈子。由于条件好,工作效率高。这本资料汇编中的大部分,就是在这个时期搜集的。由于没有太平天国专家的指导,自己瞎摸,走了一些弯路,吃了不少苦头,也给这本书留下了缺点。例如,对个别抄本的来源与藏所,没有作详细的访问和记录。

1964 年 10 月,教材编写组解散,学校安排我参加"四清运动"。1965 年 5 月,我被调到中共湖北省委理论工作小组办公室。接着是"文化大革命",我的太平天国的研究工作完全中断。

(二)1979 年到 1983 年

1978 年冬,我回到经济史教学岗位。

1963 年冬,上海人民出版社的一位副总编辑到我家约稿,要我写一本关于太平天国与土地问题的书。1979 年,该社重申从前的约定。这使我重拾太平天国经济问题的研究。从 1979 年到 1983 年,在这方面,我做了五件事。1. 收集并阅读了 1964 年以来新发现的和新出版、发表的太平天国资料,将需要的段落抄在资料卡片上。2. 将资料卡片分类,并将繁体字改为简体字。3. 依据资料卡片的分类,重新拟制提纲。4. 请了两位教工和 12 个学生,将 1961 年以来写在卡片上的资料,誊写在稿纸上。5. 对 1960 年代写的个别专题,予以补充,交期刊发表。在写作过程中,将有关资料进一步系统化。

(三)1984 年到 2008 年

1983 年以后,我先后接受学校和湖北省人民政府给的任务,湖北和湖南两处人民出版社的约请,从事四个大项目。至 2006 年,我主编的《中华人民共和国经济史》第 1—5 卷,《中华人民共和国经济专题大事记》第 1—5 卷,《湖北省志·工业志稿》第 1—10 卷,《湖北省志》中的工业志、经济综述志和经济综合管理志,《中国经济通史》10 卷(12 册),《张之洞全集》12 册先后出版。在 1984 年至 2006 年的 23 年间,由于教学和研究任务极其繁重,已无精力顾及太平天国经济资料的整理,但心中时常挂记着这件事。

2006 年,我们夫妇(我和周秀鸾教授)和堂妹赵辉映、唐泽定夫妇(两人都是湖南师范大学教授)去陕西、甘肃、新疆作调查研究和旅游。在火车上,我谈及这个心事,问辉映是否愿意帮助整理和请人打印。她立即允诺。回汉后,我请刘大洪教授用专车将我所有的太平天国的资料(约 130 万字)都运到长沙交给她。至 2008 年,辉映请人将它们打印好,校对好,这就将纸质本变成了电子文本。辉映妹的工作极为认真细致。

(四)2009 年至 2017 年

2009 年,我以"太平天国财政经济资料汇编"为题,申报国家清史委文献工程项目,12 月获准。2009 年 12 月至今的七年多的时间里,我做了五件事。

1.收集并阅读了1984年以来新发现的和新出版、发表的太平天国资料,将需要的段落摘抄出来。补充新资料约40万字。2.过去看过的文献,凡是有新版本的,将原已摘抄并打印好的资料,与新版本对照,一是校对有无错误,二是标明新版本的册次与页码,以便读者使用。3.根据资料重新拟定提纲,按照提纲重新将资料分类,重新打印成册,呈交清史委审核。4.根据清史委转来的专家意见,进行修正,其中包括对个别章节的调整。又一次打印成册。5.该稿结项后,2015年经清史委出版中心联系,上海古籍出版社同意出版,并请学养深厚、经验丰富的编辑审阅全书,纠正不少误植,提出了很多好的建议。特别是在地域的确定,时序的调整方面,做了细致的工作。在此基础上,我请老伴再次将全稿与原文核对,力求准确。

在这个过程当中,得到了国家清史委和中南财经政法大学的资助,得到了下列诸位的帮助:华中师范大学科学研究部部长彭南生教授和他的博士生邵彦涛、历史文化学院院长吴琦教授、物理学院本科生周晴;中南财经政法大学图书馆馆长黄梦黎、信息咨询服务部主任李顺梅、读者服务二部主任张茂林。李顺梅主任从武汉地区各大图书馆借书,并送到我的家里。经济学院研究生乔珊、孙瑜、李洋及杨珑,本科生苏双杰、杜李根、孙思栋和陈希娟作了细致的编排工作。其中,孙瑜参与工作的时间最长,做的事最多。邹升柳、邹艳飞夫妇承担了全书的打印工作。在此书编辑成功之际,我向帮助过我的所有女士、先生表示衷心的感谢。

二、为了方便读者,自造难题

(一)对照新出版物,注明新版本的页码

收集资料经历50多年,版本就成了一个大问题。为了方便读者使用,我们尽可能地将资料与已有的出版物核对,注明出版物的版本、页次。这使我们花了大量的时间和精力,却仍然留有遗憾。举两例言之:

1.龚又村的《自怡日记》。1962年上半年我看的是抄本,将所需的段落摘抄在卡片上。第二年春,得到1962年冬出版的《太平天国史料丛编简辑》第四册,其中收录了龚又村《自怡日记》的卷二十至二十三(咸丰十一年至同治三年)。我将卡片上的资料,逐条与该书核对,填上该书的页码。2004年广西师

范大学出版社出版的《太平天国》第六册,收录的龚又村《自怡日记》,比上书增加了卷十一(选录)(咸丰二年),卷十二(选录)(咸丰三年),卷二十四(选录)(同治四年)。我又将卡片上与这三年有关的资料一条一条与之核对,填上该书的页码。即使这样,卡片上还有少数资料是这两本书上没有的,只得仍注明"抄本"。这是一种遗憾。我录自抄本的,能与已出之书对照的,有个别字不同,没有一一注明。

2.《李秀成自述》。我在收集资料之初,当然先读当时唯一的一套太平天国专题资料,即中国史学会主编(编者向达、王重民等)的上海神州国光社 1952年出版的《中国近代史资料丛刊:太平天国》八册(本)。其中第二册中有《李秀成自述》附《李秀成自述别录》。读时将所要的段落抄在卡片上。这是 1961年秋冬间事。1962 年冬,得到广西壮族自治区通志馆编,南宁广西人民出版社1961 年出版的《忠王李秀成自述校补本》,又将这个本子看了一遍,将原卡片与之核对,并将原卡片中所无的段落抄下。1963 年冬,得到中华书局据台北影印本影印发行的《忠王李秀成自述校补本》,又将原卡片与其核对,并将所无的个别段落抄下。1983 年,得到罗尔纲作注、中华书局 1982 年 7 月出版的《李秀成自述原稿注》,再进行核对,对个别字句作了改动。这样,此书所引李秀成自述,出自四种版本。(在校对时,对照了 2004 年广西师范大学出版社出版的《太平天国》第二册中的《忠王李秀成自述》。)1995 年,中华书局出版了罗尔纲的《增补本李秀成自述原稿注》。我在翻阅了一遍后认定,这后出的是最权威的版本,但对我要做的工作来说,没有什么新的东西要补充;与原卡片核对,没有什么要作改动的,也不必将原抄的资料与之一一核对,注明新版本的页次。这样一来,在征引李秀成自述一事上,此书采用的是旧版本,且版本不统一,这当然是一种遗憾,也是无可奈何的事。如若我的工作是从今天开始,我自然会用《增补本李秀成自述原稿注》,且一次即可成功。

(二)将繁体改为简体

此书资料的来源,90% 是用繁体字竖写的。繁体字中的多数,本已一字多义。现在通用的简化字中的某些字,一字代替多个繁体字,如常用的"余""面"等,所含的字义更多,使用时,在不少场合,不如繁体字准确。从这一点来说,编太平天国资料,以用繁体字竖排为宜。(罗尔纲写的《太平天国史》,1991 年出版,用的就是繁体字竖排。)在决定编辑此书之初,对出版时是用繁体字竖排,还是用简化字横排,一度拿不定主意。从资料的来源和保持资料的原汁原味而言,宜用繁体字竖排。从使用者的状况而言,则以用简化横排为妥。我在大学工作,接触各种年龄段和各种学历的中青年,对他们的文字水平颇为了解。早在1980年代中期,一位历史学专业毕业的硕士和一位经济学专业毕业的硕士,皆因不识繁体字,在几个课题前止步。以后年代毕业的学士和硕士,认识繁体字的能力更低。有些博士,认识的繁体字也不多。我编的这本书的主要读者,正是他们。考虑及此,我才下定决心用简化字横排。也是因为当代中青年的这种学养状况,我的这个决定使自己和周秀鸾教授多花了很多时间。第一次是在1980年代,请中青年将卡片上的繁体字抄录到稿纸上,在由繁转简的过程中,产生了大量的错误。我们不得不对一百多万字的抄录稿校正一遍。第二次是在1990年至2012年间,将新补充的、原文为繁体字的资料,请中青年打印为简化字的电子本。在由繁转简的过程中,产生了大量的错误。请周秀鸾教授对这几十万字的电子本又校正一遍。

(三)在每条资料前加上时间和地区

我认为,对于资料来说,如若不知其时间和地点,则毫无意义。此书采取的体例,可能使读者难以看出某些条目资料所说事件发生的时间和地点,所以我决定在每条资料之前,加上一个【 】,注明资料所示事件发生的时间和地点,而且尽可能做到具体些。在时间上,能具体到月的,则具体到月;能具体到日的,则具体到日。在空间上,能具体到县的,则具体到县;能具体到乡、镇、村的,则具体到乡、镇、村。这项工作,看来很简单,可要做好,却很费时间。主要原因是,不少资料的作者在记载事件时,不注意说明事件发生的时间和地点。除此之外,还有一些县、乡、镇同名。如太平县,在太平天国活动的地区和时期,浙江省、安徽省各有一个。(浙江省的太平县,1914年改称温岭县。安徽省的太平县,1983年12月撤销建制。)在此之前后和其他地区,山西省、四川省、湖北省和江苏省都有过太平县。还有因政区改制而隶属不同,如乌镇,在有关资料中,或写作"乌程县乌镇",或写作"吴兴县乌镇",或写作"桐乡县乌镇"。

现在要注明资料所示事件发生的时间和地点,就要费力去看前后文,有的还要考证。有时往往花掉几个小时,还得不出明确的结论。上海古籍出版社的责编在审稿时,做了大量工作,使其更加完善和准确。我十分感谢。

(四)设"编者按""编者注"和"参见"

为方便读者了解资料的内容,设编者注对某些事物加上注释,设编者按对某些事物加以说明。这些注释和说明是编者长期阅读太平天国资料获得的知识与认识。我阅读与太平天国有关的资料和研究太平天国财政经济问题前后有 50 多年,抄录的相关资料不下 200 万字(收入此书的是其中的一部分)。迄今为止,发表的相关论文只 5 篇,总计六七万字。这本资料汇编的章节设置与编者按、编者注,是我阅读与研究心得的一部分。在这个意义上,这本书属于研究的成果。

在编者按、编者注之外,又设参见,这是考虑到下列情况:1. 此书的体例。此书事以类聚,按类的性质与层次分设章、节、目,按章、节、目组织资料。章与章之间,节与节之间,目与目之间,在内涵上或有重叠,或有关联。2. 资料的内容。有些资料,涉及两类甚至多类事物,且对说明这些事物都不可或缺。3. 读者的习惯。此书字数多,一般读者很难在读完全书后挑选自己需要的资料。使用如此书这类资料汇编的人,通常是从书的目录中直接选择自己需要的那些节或目。考虑到以上情况,编者采取两个办法。第一,将节、目分得细一些;第二,设立参见。这样做的好处:一是对不准备看完全书,而只用其中某部分资料的读者,较为方便;二是尽可能地避免了重复,节省了篇幅。

最后,需要顺便说明的是,有些资料的断句,与原资料不同,未便一一注明。

期待着读者的批评与建议。

2017 年 4 月 28 日

原载赵德馨主编《太平天国财政经济资料汇编》,上海古籍出版社 2017 年版。

我对太平天国黄金货币的认识过程

——兼认识历史上货币的若干方法问题

叙述我对太平天国黄金货币的认识过程,既是对本人在这个问题上的认识做一次学术回顾,也涉及在这个问题上的资料与知识的学术积累①。这对学界在此问题上取得共识和应该怎样去认识一种历史上的货币现象,或许也会有所助益。

一、从已有的研究成果中学习什么是货币和中国历史上金币诸形态的知识

我对太平天国金币的认识过程,始于学习什么是货币,什么是金币(黄金货币的简称)。1950年到1953年,我在中原大学经济学院期间,学过政治经济学和哲学。1953年到1956年,我在中国人民大学教师研究班期间,除了学习政治经济学,还学了哲学、中国通史、中国经济史和外国经济史等课程,认真地读了《资本论》。它们使我知道了什么是货币和认识事物本质的方法。古今中外,世界上所有的货币,其本质是相同的,而其具体形态则千姿百态。关于货币的本质,当时是以货币的职能下定义的,即货币是具有价值尺度、流通手段、支付手段、储藏手段和世界货币等职能的特殊商品,在价值形态上是一般等价物②。至于货币的形态,无论是货币的物质载体(币材)还是具体形状(币形),

①作者在编辑《太平天国财政经济资料汇编》(上海古籍出版社2017年版)一书时,由于疏忽,太平天国金币小目下,用的是删下来的部分(重复的,未经考证的),而不是定稿部分,遗漏了一部分有关资料,现通过此文补上。

②另一种经济理论认为,货币是一种所有者与市场关于交换权的契约,根本上是所有者相互之间的约定。

在中外历史上都是多样的。在币材上，正像马克思在《政治经济学批判》里说的："金银天然不是货币，但货币天然是金银。"黄金在具有货币功能之时，或者说黄金在被作为货币使用之时，黄金就成了货币，金币就产生了[①]。在历史上，金币的具体形态各国不同；在同一个国家里，各个阶段也不相同，它是变化的。在中国，它的最初形态是黄金熔液凝固时所形成的块（饼）状、板（片、叶）状、条状等等。进而象征或仿效某种具有吉祥意义的物体形象。再进一步便是为了昭示信用，在上面加上文字（或刻文，或印文，或铸文）。楚国的金币，已有相对固定的形式（如龟壳、龟板形式的金板、金叶和圆形的金饼），并盖有印文。汉代有马蹄、麟趾形式的特种金币和饼状的一般金币。至唐宋有金锭。近代多用金条。由于上述这些形态（金板、金饼、金锭、金块、金叶、金条等等）的黄金都有货币功能，所以都被称为金币或金钱。

二、张德坚的《贼情汇纂》与太平天国金币的传统形态

1961 年 9 月，我参加高等教育部组织的高等学校文科教科书《中国近代经济史》的编写工作。在编写组中，分工负责太平天国财政经济部分。这年冬，我读张德坚的《贼情汇纂》，看到不少与太平天国有关的黄金的记载，其中卷十《贼粮》中的两条记载引起我的重视。

第一，"伪圣库馆截至癸丑年底，实存银二百六十三万两，银首饰一百二十五万两；赤金叶、条、饼、锭、首饰，实存金十八万四千七百余两；钱三百三十五万五千串。"[②]

第二，"难民曾述有卒长，管百人，系某功勋统下，亲见其卒长每月向伪功勋领取买菜钱，多至金一二两，银首饰数十两，其卒长悉数易钱买猪鸡以供众啖。"[③]

当看到上面的第一条资料时，立即联想起上文所说的，中国自春秋战国时期进入商品货币经济阶段之后，金、银就具有货币的功能，其实物形态有金板、

---

①作者在《论战国时期金币的性质》（《湖北财经学院学报》1984 年第 1 期）一文中指出，在战国时期，金币有多种形态，都不是铸币，可是履行了货币的全部职能。

②张德坚：《贼情汇纂》卷十，见中国史学会主编《太平天国》（第三册），神州国光社 1952 年版，第 278—279 页。

③张德坚：《贼情汇纂》卷十，见中国史学会主编《太平天国》（第三册），神州国光社 1952 年版，第 277—278 页。

金叶、金条、金饼、金锭等等①。张德坚在《贼情汇纂》中描述的关于太平天国圣库里的"赤金叶、条、饼、锭",即金叶、金条、金饼和金锭,是中国古代国库里常见的几种黄金货币形态,或者说是中国黄金货币的几种传统形态。第二条资料进一步证明,太平军圣库中所存的黄金,是作军饷使用的;卒长领到黄金后,用于购买食物,是当作货币使用的。在市场上,相对而言,黄金价值量大,猪鸡价值量小,交易时不便以金为单位计价,所以要将金"易钱"后再用"钱买猪鸡"。这说明在太平天国境内的市场上,存在着金钱比价和黄金交易的现象。下文引征的《蘋湖笔记》的记载也证明了这一点。"金一二两",未说明金的具体形态,从以两为单位而不是以枚或元为单位,可以推测是金叶、金条、金饼、金锭等形态中的一种。

这两条说明太平天国圣库里各种形态的黄金具有流通手段、支付手段和储藏手段等货币职能。太平天国是使用黄金货币的。

三、《湘军志》中记载湘军官兵从太平军那里获得金币

1962年春,我翻阅王闿运的《湘军志》,在《筹饷篇第十六》中,发现他记载湘军掳掠、官兵吞没财物情况的文字。其中有一处与太平天国金币有关:"然以此益知军兴不乏财,而将士愈饶乐,争求从军,每破寇,所卤获金币、珍货不可胜计。复苏州时,主将所斥卖废锡器至二十万斤,他率以万万数,能战之军未有待饷者也。"②当我看到这个记载时,很是高兴。因为它明确记载了"金币"是湘军官兵从太平军那里获得的。记载者王闿运在同治元年(1862年)入曾国藩幕,亲见湘军的作为。王闿运入曾国藩幕期间,虽因所议多不合,不久离去,但事后在言行中对曾国藩推崇备至。王闿运是湘潭人,与许多湘军将领私交甚笃,了解他们的家庭状况。《湘军志》这本书是应曾国荃之请而写的。这一点甚为重要。从王闿运一生的全部著作来看,他的治学态度严谨。他如果没有看到过湘军掳获的、不可胜计的太平天国的金币、珍货,是不会作此记载的,也不便作此记载。据此,王闿运的记载应该是可信的。

---

① 在1948年至1949年4月,因法币恶性通货膨胀,上海等"大城中的大宗交易多以黄金美元计算"价格(《中国近代国民经济史讲义》,高等教育出版社1958年版,第503页)。

② 王闿运:《湘军志》,光绪十一年成都墨香书屋刻本。

顺便说一句，1963 年，中山大学的谭彼岸先生①来到我所在的《中国近代经济史》教科书编写组。闲谈中得知他对中国近代货币颇有研究，我将这条资料抄送给他，并向他请教。他认为这是个重要的发现，可以据此认定太平天国制造过金币。我同意他的判断，王闿运是我所知道的在私家史书中记载太平天国金币的第一个中国人。

四、简又文著《太平天国典制通考》与它征引的外国人的记载

我在学习有关太平天国的前人研究成果时，读了简又文著《太平天国典制通考》②。在这本书的第十篇（泉币考）里，著者将他所看到的中外文记载和他本人的调查集中在一起，并作出了自己的判断。其中，重点介绍了耿爱德（Eduard Kann）所著两本书中关于太平天国金币的记载。

第一本是《中国货币论》（*The Currencies of China*）："定都金陵时，曾发行金币一种，形似中国之古钱，币面不标明价额，估计似为银二十五两也。"③简又文对此记载的态度是："此种金币，余未尝得见真品。闻英国博物馆亦藏有。"既不否定，也不完全肯定。

第二本是《中国币图说汇考》（*Illustrated Catalog of Chinese Coins*）。它提供了两种太平天国金币正背面图及其说明。

一种是大型的。说明文是："（约）1860 年。太平天国金币二十五两（无纪年）。直径 31 毫米；厚 2.125 毫米；重 37.3 克。""正面：中央方栏。四个汉字（上—下—右—左）'太平天國'……背面：中央方栏。右边'金'……左边'寶'……"耿爱德说，1944 年，他在上海见过一枚这样的金币，是 Allan 从李鸿章的一个后裔处得到的。有些中国钱币学专家见此摇头不置（摇头不止，摇头不置可否），以为是赝品或仿制品。耿爱德认为此币"当待考证"。简又文经过一番考证，认为这种太平天国金币是赝品。

一种是小型的。说明文是："（约）1860 年。太平天国金币五两（无纪年）。直径 27 毫米。""正面：中央方孔。用汉字印'太平天國'……背面：中央直径 6 毫米的方孔。右边'聖'，左边'寶'……"耿爱德提到"芝加哥的高祁氏（A. C.

①谭彼岸先生 1991 年移居美国，仍从事著述。
②简又文：《太平天国典制通考》，香港简氏猛进书屋 1958 年版。
③耿爱德：《中国货币论》，商务印书馆 1933 年版，第 268 页。

Keefer)藏品有此"①。William Mesny 在其所著的书里,谈到本人看到这种金币,说是太平天国政权于公元 1860 年后在南京所制造,一枚值银币五圆(元)。不少外国人有这种金币。一个名叫 Jersey Eilmill(按:拼写有误,应为 Filicule)的人,拥有这种金币二百余枚,是太平天国的一个王爷赠予的。"所有太平军的领袖人物皆有多少,各囊之钱袋中,以馈赠为其效劳者。"金币的大小和形状,与一般的太平天国流通钱币相似,唯分量较重,装饰较优。耿爱德指出,William Mesny 1860 年正在中国。耿爱德认为上述 A. C. Keefer 藏的实物和 William Mesny 的记载都是可信的。简又文考证后的结论是:"此种金币大概可信为真的,姑备录于此,留待详考。"耿爱德和简又文的治学态度都是严谨的。对于小型太平天国金币,我接受他们的结论。

五、侯厚培、陈安仁和魏建猷等人的书持肯定态度

我在阅读有关太平天国金币的前人成果时发现,对耿爱德在《中国货币论》中记载的估计值银 25 两的太平天国金币,中国学者的态度有两种。第一种是"否定派",第二种是"肯定派"。

"肯定派"的代表有侯厚培、陈安仁和魏建猷。

侯厚培在所著《中国货币沿革史》中有如下文字:"至清时,黄金大多作饰物或用以窖藏。流用于民间者,殆不多见,史籍中亦无考者。唯金币之铸造,则亦有之:一、太平金币。为洪秀全定都南京时所发行(1850—1864),每元值若干两,币面并未刻出。唯据估计,大约每元代表银二十五两上下。二、新疆金币。……三、西藏金币……"②在这段文字之后,侯厚培没有直接注明资料出处,但在书末列出的"重要参考书"中,有 Eduard Kann, *The Currencies of China*(《中国货币论》)。将侯厚培的这段文字与 *The Currencies of China* 的文字予以对照,侯厚培的叙说可能是以耿爱德的书为依据的。曾泽禄在《太平天国金币》一文中也是这样推断的。但也有可能另有依据。

陈安仁在《中国近世文化史》中的记载与此类似:"太平金币,为洪秀全建都南京时所发行。每元值若干两,币面没有刻出。唯据估计,大约每元代表银

①芝加哥高祁氏 A. C. Keefer,或译作"芝加哥的基弗氏 A. C. Keefer",有的译作"唐·C. 基弗氏 Don C. Keefer",待考。

②侯厚培:《中国货币沿革史》,世界书局 1930 年版,第 32 页。

二十五两上下。"①

　　魏建猷在《中国近代货币史》中写道:"据《中国货币论》的作者耿爱德说:太平军'定都金陵时,曾发行金币一种,形似中国之古钱,币面不标明价额,估计似为银二十五两'。这种金币的真实形式究竟怎样,因未见实物,暂时还不能作具体的说明;它的性质是通行的货币呢,抑或是纪念币呢？也无从推断。或者是太平天国奠都南京后,把没收来的黄金铸成金币,作为对外通商贸易之用也未可知,所以外国人后来还看到这种金币。不过,这种金币想来铸造不会很多,使用也不会很广。"②魏建猷的态度是谨慎的。

　　侯厚培、陈安仁和魏建猷认为值银 25 两的金币(即大型金币)的记载是可信的。

六、马定祥和罗尔纲等人的书持否定态度

　　"否定派"的代表还有太平天国钱币专家马定祥和太平天国史专家罗尔纲。

　　耿爱德在他的书里说,对 1944 年 Allan 在上海从李鸿章的一个后裔处得到的一枚金币,一些中国钱币专家摇头并倾向于认为是赝品或假冒币。这些专家中就有马定祥。在马定祥的生平事迹中记载,1949 年,他为耿爱德所藏金银币作鉴定,获允拍摄留存该批即将流失海外的珍币资料。马定祥对大型金币持否定态度,一直到他去世。他去世后,1994 年出版的、由他与其子马传德联合署名的《太平天国钱币》增订本中,重申这种认识,并作了详细的说明③。马定祥不仅对大型金币持否定态度,对小型金币也是持否定态度。马定祥、马传德父子在其合著的、1983 年出版的《太平天国钱币》一书中写道:"耿氏相信当时曾居中国的威廉氏所言是实。""太平天国官局没有正式铸造过金质钱币。故耿氏所言之金钱不会是什么赏赐钱,因为它的文字制作还不如铜钱的规整。所以上面耿氏所谈的那些金钱,事实上都是太平天国晚期权贵富户们所造的金质冥钱,作为殉葬之用。"④马定祥去世后,在 1994 年出版的、由他的儿子与

---

①陈安仁:《中国近世文化史》,上海古籍出版社 2014 年版,第 333 页。

②魏建猷:《中国近代货币史》,黄山书社 1986 年版,第 68 页。

③马定祥、马传德:《太平天国钱币》(增订本),上海人民出版社 1994 年版,第 143—146 页。

④马定祥、马传德:《太平天国钱币》,上海人民出版社 1983 年版,第 132—133 页。

他联合署名的增订本中,则更改为麦士尼"所记述的这些情况应该是比较可信的。我们认为太平天国金币仅作为赏赐和馈赠之用,并非流通于市场的钱币"①。

罗尔纲在1991年出版的《太平天国史》卷二十七中写道:"据外人记载,太平天国还铸有金币,其形制也与铜钱相同。惟所述论据是否可信,所见金币是真是赝,都有问题,而至今也还没有发现太平天国文献有关金币的记载。"②他对无论是大型的还是小型的太平天国金币一律予以否定。在1997年去世之前,他没有改变过观点。

七、清廷军机处档案中关于从被杀死的太平军官员身上得到的"有太平通宝等字样"的金钱

1992年,社会科学文献出版社出版了中国第一历史档案馆编《清政府镇压太平天国档案史料》。1993年,我在其中的第六册看到漕运总督杨殿邦的一份奏折,其中有如下的一段话:"又据冯景尼禀报,同日派勇出队,各有斩馘,并砍毙黄缎补服头目一名,搜出金伪钱一枚,有太平通宝等字样。"③这段文字字数不多,却解决了有关太平天国金币几个重要问题。

第一,此件出自清廷军机处档案,是一手资料。它是漕运总督杨殿邦给皇帝的奏折,其真实性应该是无可非议的。从奏折上的文字看,杨殿邦、冯景尼等人是见过此金币实物的,杨殿邦没有必要在这种小事上说谎来犯欺君之罪。

第二,杨殿邦给皇帝上奏折的时间是咸丰三年(1853)四月初三日。这就是说,太平天国开始制造金币的时间是在咸丰三年四月初三日之前,也就是太平天国建都南京之后不久或建都南京之前。杨殿邦的这份奏折把太平天国开始制造金币的时间提前到1853年5月或5月之前。

第三,以往发现的太平天国金币,无论是实物,还是文字记载,币文都是太平天国圣宝,而杨殿邦的这个奏折上说的是太平通宝。这就是说太平天国制

①马定祥、马传德:《太平天国钱币》(增订本),上海人民出版社1994年版,第108页。
②罗尔纲:《太平天国史》(第二册),中华书局1991年版,第953—954页。
③中国第一历史档案馆编:《清政府镇压太平天国档案史料》(第六册),社会科学文献出版社1992年版,第279页。

造的金币不是一种,而是两种或两种以上。太平天国制造金币不是一次,而是两次或两次以上。

第四,杨殿邦给皇帝的报告中说这枚"太平通宝"是从被砍毙的穿黄缎补服的太平军头目身上搜寻到的。这证实了前文 William Mesny 说的"每个太平天国的首领都有一些金币,他们把金币放在随身携带的小袋里,作为礼物给予为他效劳的任何人"①。

此外,杨殿邦给皇帝上这个奏折时,他在扬州东北面邵伯镇一带阻击太平军。佚名《蘋湖笔记》记载,咸丰三年六月,在江苏省扬州,太平天国将领"邓前数日换金子一千六百两,丹徒镇金价陡贵"②。这说明此地此时是有黄金交易的。此文没有记述太平天国将领换金子的目的或用途,从太平天国此前已开始制造金币来推测,收集制造金币的材料是可能性之一。

从上引文字记载看,亲眼见过太平天国金币实物的,外国人有麦士尼、耿爱德、菲利克等,中国人有杨殿邦及其部下,很可能还有王闿运等人。

八、曾泽禄的文章与存世的太平天国金币实物

1995 年,我在《中国钱币》杂志该年第 3 期上,读到美国人曾泽禄写的《太平天国金币》一文。该文的主要贡献是列出了一部分现存太平天国金币的收藏者与收藏处。结合前文的记载,关于太平天国金币实物有如下线索。

第一,1944 年,时在上海的 Allan 从李鸿章的一个后裔那里得到一枚太平天国金币。

第二,芝加哥的高祁氏(A. C. Keefer)藏有一枚太平天国金币。

第三,伦敦大英博物馆藏有一枚太平天国金币,是一位加拿大钱币商在 1974 年(或以后)售给博物馆的。曾泽禄估计,"这一枚金币可能是耿氏的原藏品"。

第四,纽约美国钱币协会博物馆藏有太平天国金币一枚,是在 1900 年左右由一位美国收藏家捐赠的。

第五,1992 年前,日本一位收藏家从台湾转手购得一枚太平天国金币。

第六,曾泽禄于 20 世纪 90 年代初得到一枚太平天国金币。

---

①耿爱德著,钱屿、钱卫译:《中国币图说汇考:金银镍铝》,金城出版社 2014 年版,第 645 页。
②罗尔纲、王庆成主编:《太平天国》(第五册),广西师范大学出版社 2014 年版,第 15 页。

上述六件,第一件是大型,其他都是小型。这样一来,存世的小型太平天国金币实物已经不是孤证了。对这六件实物,人们还可以逐一地予以考证。

九、可以作结论的和有待今后探讨的问题

通过学习上述文献资料,对于太平天国的黄金货币,我获得以下几点认识。

(一)太平天国的黄金货币(简称太平天国金币)有两种形态

第一种是从战国时期到太平天国时期,中国历代政府和市场上都作货币使用和具有货币全部职能的金锭、金条、金饼和金叶。第二种是仿效 19 世纪50 年代流行的铜钱(制钱)形式而制造的、上有"太平天国"字样的金币。前者可称之为传统形态,后者可称之为现代形态。与传统形态比较,现代形态的特点是规范化:币材统一,币形统一,币重统一,币文统一,币值统一,因而更便于使用。"太平天国的黄金货币"这个概念的内涵,广义的,包括传统形态和现代形态两种;狭义的,专指现代形态这一种。无论就经济学意义,还是历史学意义,都以广义的内涵更为科学。但在钱币学界和太平天国史学界,通用其狭义的内涵。因此,下文所说"太平天国金币",除说明者外,均指现代形态。

(二)太平天国使用过传统形态的金币

对此,张德坚的《贼情汇纂》中有非常明确的记载。

(三)太平天国制造过现代形态的金币(下文简称"太平天国金币")

在这方面,有使用过太平天国金币的外国人 William Mesny 的记载,有在太平天国境内生活过并握有太平天国金币的外国人 Jersey Filicule 的证词。有与太平天国同时代的中国人(王闿运)的私人记载。有清廷档案里藏的清政府官方文书,其中叙说了清军军官(杨殿邦、冯景尼)缴获因而见过的太平天国金币,这是最有力的文献证据。存世的太平天国金币有多枚,这是最有力的实物证据。

(四)太平天国制造的现代形态金币的币形与重量(币重)

文献资料和实物都说明,太平天国制造的现代形态金币,其具体样式,如

上文所述,是仿效明、清两代的制钱,也就 19 世纪 50 年代流行的铜钱,外圆内方,其方孔有穿透和未透之别。

太平天国金币按币的重量区分,有轻重两种。

轻的,伦敦大英博物馆收藏的一枚,重 12.42 克。曾泽禄收藏一枚,重 12.80 克。这两枚太平天国金币的图片与耿爱德书中的图片相对照,它们的形状、大小与币文等等是一样的。这种情况说明:第一,它们都是可信的;第二,这些金币可能是用模子铸造的。重量上的微小差别,是手工铸造金属货币常见的现象。小型的币形与重量应无疑义。

重的,耿爱德所著之书提供了一种太平天国金币正背面图片,其说明文是:"(约)1860 年。太平天国金币二十五两(无纪年)。直径 31 毫米;厚 2.125 毫米;重 37.3 克。"耿爱德对此币"持保留态度"。马定祥父子持否定态度。耿爱德在《中国币图说汇考》书中还介绍了钱币学家何道华(Woodward)所说的太平天国金币实物,重一库平两(37.32 克)①。两枚大型金币重量的平均值是 37.31 克。

重的体型大,轻的体型小,按体型区分的则为大小两种。

(五)太平天国金币上的文字(币文)与币名

1. 小型的,币文有两种。第一种是伦敦大英博物馆藏品与曾泽禄收藏品,二者均有图片,正面"太平天国",背面"圣宝"。耿爱德的书中也有相同的图片。第二种是漕运总督杨殿邦奏折中写的"有太平通宝等字样"。这个"等"字说明他没有将币文全部写出来。因为"天国"称国是忌讳。完整的币文应该是"太平天国通宝"。

以往发现的太平天国金币,无论是实物,还是文字记载,币文都是太平天国圣宝,而杨殿邦的这个奏折上说的是通宝。太平天国制造的货币,无论是铜币抑或银币,其币文,在初期是沿用"通宝",后来才改成"圣宝"。这个"圣"字,如同"圣库""圣粮""圣兵"等称谓中的"圣"字一样,带有拜上帝教的宗教内涵,是太平天国独有的称谓。

---

① 耿爱德指出,何道华引用了詹美生(R. Alexander Jamieson)论文,而论文中说的却是太平天国没有铸造过金币。可"何道华的研究一般是非常准确的"。这是一个悬案。我估计是在引文出处上发生了错乱。何道华说太平天国金币实物重一库平两(37.32 克),价值 25 两白银,说得很具体,必有所据。只不过所据不是詹美生的论文。

2. 大型的,币文只有一种,即耿爱德《中国币图说汇考》中提到的"太平天国金宝"。

小型的币文应无疑义,大型的币文还可进一步探讨。

(六)太平天国金币开始制造的时间和制造次数

太平天国金币的币文,既有"太平天国通宝",又有"太平天国圣宝",可能还有"太平天国金宝"。这说明太平天国铸造金币至少有两次,还可能是三次或三次以上。其制造开始的时间,"太平天国通宝"在咸丰三年四月初三日之前;"太平天国圣宝"在咸丰三年四月初三日之后;"太平天国金宝"据耿爱德书中的说法,是在 1860 年之后。

以上几项证明了太平天国金币是太平天国官方制造的。

(七)太平天国金币的货币单元

对于太平天国金币,一般都以"枚"计量。如漕运总督杨殿邦的奏折:"并砍毙黄缎补服头目一名,搜出金伪钱一枚,有太平通宝等字样。"这是中国清朝的官方文献。简又文的著作《太平天国典制通考》及其中的相关译文,是以"枚"计量。这是中国人的私人著作。钱屿和钱卫翻译的《中国币图说汇考:金银镍铝》,是以"枚"计量,这是中国人的译作。曾泽禄的文章《太平天国金币》,是以"枚"计量,这是美籍华人的论文。外国人的私人记载亦如此,如耿爱德写的《中国币图说汇考》。

在前引张德坚编撰的《贼情汇纂》中,有如下文字:"赤金叶、条、饼、锭、首饰,实存金十八万四千七百余两""领取买菜钱,多至金一二两"。这条资料证明,太平天国圣库对传统形态金币(如金条、金锭等)储藏量的统计和使用(支付)量的记账,沿袭清代用金币以两为单位。太平天国文献中,使用金币以两为单位的事例不少,如:"私藏金一两、银五两者皆有罪。""先是传伪谕,令人进贡给单,使贴门墙,则不入其家。否则搜出银十两、金一两者杀。"这类资料在赵德馨著《太平天国财政经济资料汇编》中收录甚多,无须列举。

在前引侯厚培著《中国货币沿革史》中,有如下文字:"太平金币。为洪秀全定都南京时所发行(1850—1864),每元值若干两,币面并未刻出。唯据估计,大约每元代表银二十五两上下。"这里值得注意的是"每元(圆,下同)"中的"元"字,涉及太平天国金币的货币单位或计值单元。

太平天国对银元宝、银锭等传统形态的、称量使用的,沿用传统称谓"两"和"钱"。对所铸银元则称元,一枚银币称为一元。对所铸大型的铜钱也称元。如:天朝九门御林忠王宗酹天义李明成给英国翻译官福礼赐的两封信中都提到送钱的事。第一封是天历辛酉十一年五月初九日,信中写道:送上"银钱贰拾元,青钱拾元"。第二封是天历辛酉十一年七月十一日,信中写道:送上"大花钱壹元""圣钱壹元"。[①] 信中所说"青钱""大花钱""圣钱"都是铜币。体型大如银元或比银元还大。从这两封信中可以看出,太平天国对其所铸银币称为银钱,对大如银元或重一两的银币的货币单位称之为元(曾泽禄在《太平天国银币》一文中指出,太平天国的银币有大和小两种。李明成送给福礼赐的当是大的一种),银币一枚称之为一元。对其所铸大如银元的大型铜钱亦称元。据此,对大如银元或重一两的大型金币也称元,是合乎习惯的。

19世纪50年代至60年代,在政府层面和市场上,使用白银的计值单位是"两",从国外流入的银元,折合成银两计值。在民间,也有称银元为元的,但不普遍。至于称铜钱为元或称金钱为元的,就目力所及,尚未见过。太平天国称所铸银币为元,称所铸大型铜钱为元,称所铸大型金币为元,这是一种新情况。大型银币重库平两半两(见曾泽禄《太平天国银币》),为什么不称半两而称为元? 大型金币重库平两一两,为什么不称两而称为元? 这里是否蕴含着将货币单位改为"元"和计数使用的可能性? 金属铸币由计重使用到计枚使用,计值单位由重量到计数单元,便于使用,是货币演变的历史趋势。

(八)太平天国金币的价值

1.市场上的金银比价。上文所用文献资料都用金银比价来说明金币的价值,这是正常的情况。因为,在太平天国时期及之后的很长一段时期(截至1934年),无论在政府层面、社会层面或市场层面,对金的价值都是以银计值和以两为单位的。金币的价值是用金银比价来表达的。所以讨论太平天国金币的价值,首先要弄清楚太平天国时期的金银比价。侯厚培在其书中的记载是,咸丰年间,平均1比15.30;同治年间,平均1比15.50。曾泽禄在《太平天国金币》一文中也说:"在1860年间,市面上金与银之兑换率为1比15。"太平天国境内的金银比价也与此大体相同。佚名《避难纪略》中记载,江苏省常熟县,

---

①赵德馨:《太平天国财政经济资料汇编》,上海古籍出版社2017年版,第984页。

同治元年(1862),"惟金尚可。每金一两兑制钱二十七八千文至三十千文。宝银每两兑制钱一千七八百文"。据此计算,金银比价是 16.324 比 1(300/17 与 270/18 的平均值)。

2. 小型金币的价值。耿爱德在《中国币图说汇考》中提到,William Mesny 在其所著的书里写道:"金钱……一枚等于值五两银子或五枚西班牙本洋。" Filicule 说:"这种金钱在太平天国十三年(1863 年)时可值五两银子。"前文已提到,这种小型金币,伦敦大英博物馆藏的一枚重 12.42 克。曾泽禄收藏的一枚重 12.8 克,约为三分之一两。1860 年,市面上金与银之兑换率为 1 比 15.16,所以太平天国金币重三分之一两,恰好可换 5 两银或 5 枚银元,留传下来的金币与史料契合。这就是说,小型的太平天国金币的重量 12.61 克(伦敦大英博物馆收藏的一枚与曾泽禄收藏的一枚的平均值),其价值是以它的黄金重量为准的,它是一种贵金属铸币。

3. 大型金币的价值。上文提到的两枚,一枚重一库平两(37.32 克),值 25 两白银,一枚重 37.3 克。"币面不标明价额,估计似为银二十五两也。"这两枚金币的价值都是 25 两白银。此外,耿爱德在 1926 年出版的《中国货币论》中已提到的太平天国金币,其价值也是 25 两白银。

4. 小型与大型两种金币之重量与价值的比例。两枚小型金币重量的平均值为 12.61 克,两枚大型金币重量的平均值为 37.31 克,大型的约是小型的 3 倍(12.61 克×3=37.83 克)。按黄金实物的价值,小型金币的价值为 5 两银子,则大型金币的价值应该是 15 两银子。为何何道华、耿爱德、侯厚培都说其价值是 25 两白银? 对此的解释可能有两个:一是何道华、耿爱德、侯厚培的笔误或疏忽。从他们的学识和治学态度来看,不应该发生此类事故。从逻辑上推敲,不同国籍、不同年代的三个学者,在同一数据上发生同一笔误,可能性极小。二是太平天国的规定。若此,则大型金币是为了敛财而发行的虚额货币。是否如此,是今后值得研究的问题。

(九)太平天国金币的性质

太平天国金币的性质,可以分两个方面来认识。一是从币形、币文、币重、币值与使用方式来看。二是从货币的职能来定性。在这个方面,有不同的判断。分歧的焦点在于是否具有购买功能或流通手段职能。

马定祥和马传德合著的《太平天国钱币》一书,在 1983 年第一版中认为:

"耿氏所谈的那些金钱,事实上都是太平天国晚期权贵富户们所造的金质冥钱,作为殉葬之用。"在 1994 年增订本中则更改为"作为赏赐和馈赠之用,并非流通于市场的钱币"。2001 年,南大历史系茅家琦教授认为,太平天国铸造金币是肯定的,但有流通和非流通之分。看太平天国金币照片应是非流通的收藏宝物。[1]

前引《贼情汇纂》表明,太平天国将金、金首饰、银、银首饰与铜钱一起放在圣库里,都视作货币。文献还表明,太平军官兵用金、银首饰换成钱购买日用食品。用黄金购买食品,要先换成铜钱,是因为黄金是贵金属,价值量大,食品价值量小,直接交换不方便。如若用黄金购买的商品价值量大,则可以直接成交。早在战国时期,《管子》中有用黄金买粮食的记载。出土的楚国文物中有用黄金买粮食的记载。1948 年至 1949 年,有用金条若干购买房产和棉纱若干包的记载。因此,将黄金先换成铜钱再去购买食品的这种情况,并不否定黄金具有购买功能。

上文所引《避难纪略》中的记载说明在太平天国境内黄金可以在市场上兑换成铜钱。《蘋湖笔记》记载的太平天国占领下的江苏扬州是有黄金交易的。Filicule 的记载说明出让一枚太平天国金币取价五两银子。这些资料说明在太平天国境内存在着黄金交易市场,黄金随时随地可以换成白银或铜钱,以便购买价值量小的商品。William Mesny 记载一些外国人将太平天国金币"放在自己的口袋里作为应急之用"。杨殿邦的部下从一名被砍毙的穿着黄缎补服太平军头目身上搜出金钱一枚,是这种"为应急之用"的证据。如若金币没有购买功能,它们就起不到"应急"的作用。

耿爱德在 *The Currencies of China* 这本书中,将"太平天国之金币"归属于"近代实际流通之金币"一类。曾泽禄在上引文中认为,太平天国金币不仅可作为赏赐馈赠之用,也可以用来作货物买卖交易之用。William Mesny 在 1862 年被太平军俘虏过,在南京住了一年多。在 1866 年写的文章中说道:"我曾亲见中国金币,虽然这些金币并不是很普遍地使用流通。这些金币……由太平天国政府在南京铸造,一枚金币等于银五两或五枚西班牙本洋银元……

---

[1]直到 2001 年在广东召开的纪念太平天国革命 150 周年学术讨论会上,太平天国有无铸金币仍是作为历史谜团(太平天国有史上三大谜团之一)在讨论。现伦敦大英博物馆还藏有该金币实物。但国内尚未发现太平天国铸造金币记载,也未见实物,史学界一直存疑。南大历史系茅家琦教授认为,太平天国铸造金币是肯定的,但有流通和非流通之分。看太平天国金币照片应是非流通的收藏宝物。

在 1863 年,他们要我用银五两来换一枚金币。"太平天国金币"不是很普遍地使用流通",这是因为它是贵金属货币中最贵的一种,价值高。因此,一方面,不是多数人拥有;另一方面,也不适用于日常小额交易。从 William Mesny 的经历以及上引资料来看,他的这个判断应该是符合实际情况的。

(十)一点困惑与反思研究方法

在我认识太平天国金币的过程中,有一个问题长期想不通,即在史料记载如上文所列的情况下,为什么那么多的学者,特别是太平天国史的权威性学者和太平天国货币权威性学者,在那么长的时间里,对太平天国金币持否定态度。这涉及两个层面。

第一个层面是广义的太平天国金币,即包括中国传统形态的金币。在中国传统文献中,《史记》记载的楚国"三钱之府",是楚国的国库。"三钱"即三种颜色的钱。黄色之钱为金钱,白色之钱为银钱,赤色之钱为铜钱。出土的楚国货币已证实,楚国确实有这三种货币①。其中的黄金货币有板(叶)状和饼(块)状。战国时期的金币已具有货币的全部职能②。

《史记·平准书》云:"及至秦,中一国之币,为三等,黄金以溢名,为上币;铜钱识曰'半两',重如其文,为下币。""(汉兴)为秦钱重难用,更令民铸钱,一黄金一斤。"1975 年湖北云梦睡虎地秦墓出土《金布律》竹简证实秦的货币有三种:黄金、布(匹)和(铜)钱。《汉书·食货志》记载:"秦兼天下,币为二等:黄金,以溢为名,上币;铜钱,质如周钱,文曰'半两',重如其文。"这些传世文献与出土文物都明确指出黄金是钱,是币。出土的秦汉金币,除汉武帝时铸造的特种金币用马蹄、麟趾形式外,皆为饼状。可见,至迟从战国时期开始,历代的政府都将金钱与银钱、铜钱一样,认定是货币。在国家的国(钱)库里,将它们放在一起。秦汉之后,金币的形态有演变,唐宋有金锭。近代多用金条。但它们都是货币。这就是说,在中国历史上,金板、金叶、金饼、金锭、金条都是黄金货币的具体形态。对于这一点,自古无分歧。今之中外钱币学者、货币史学家和经济史学家也未见异议,已经是学界的共识或常识。张德坚的《贼情汇纂》是一般的史籍,研究太平天国史的人没有不看它的。《贼情汇纂》中对太平天国

---

①赵德馨:《楚国的货币》,湖北教育出版社 1996 年版,第 54、325 页。

②赵德馨:《战国时期金币的性质》,《湖北财经学院学报》1984 年第 1 期。

国库中的货币记载以及太平军用黄金购买食品的记载，很具体，很明确。那么，为什么那么多研究太平天国史的学者长期以来不承认有太平天国黄金货币呢？此中的原因，我推测（只是推测）是对中国黄金货币形态演变的历史缺乏了解。这是可能的，基于种种原因，某些历史学家的知识太专了，只熟悉自己专注的那件事物及其年代，对该事物的前身后世不甚注意。看来，研究历史上的问题，求通是一个必须遵守的学术规范。

　　第二个层面是狭义的太平天国金币，即按明清铜钱形态制造的黄金货币。如上文所述，在现存的文献资料中，记载太平天国金币的文字，中国人写的，最早的是1853年清朝官员杨殿邦向咸丰皇帝写的奏折，他称之为"金伪钱"。这个"钱"字指明了币形。"有太平通寶（宝）等字样"，则记载了币文。二者都很具体、明确。后来有王闿运写的、1885年出版的《湘军志》，明确地指出是湘军官兵从太平天国那里夺取的"金币"。外国人写的，有 William Mesny 在1866年写的文章，对太平天国金币描述得相当具体。从这些记载到"对太平天国是否铸造过金币"仍作为谜团的2001年，相距已一个世纪至一个半世纪。为什么在这么久的时间里，一些学者不承认它的存在呢？细心地考察其原因，便能发现这里有一个思维方式问题。这种思维方式的特点是：对待前人的记载或研究成果，不是在大胆怀疑的前提下，小心求证，以辨别其真伪，而是在未辨明其真伪的前提下，大胆地说"不"，说"非"，说"无"，说"没有"。以对 William Mesny 的记载为例，不是从考察他的经历入手，看看他有无亲身接触太平天国金币的可能，他一生所记有无说谎话的事实（记事的态度），他在记载有关太平天国金币一事上有无说谎的必要（动机），而是首先来个"不见中国人的记载"来予以否定。说出"不见中国人的记载"这种话是很大胆的。"中国人的记载"这么多，在我们没有看完之前，怎能说出"没有"二字？前引杨殿邦的奏折，不是中国人的记载吗？王闿运的《湘军志》，不是中国人的记载吗？事实是，不是没有中国人的记载，而是我们没有用功夫去找它们，或者找到了，看过了，却视而不见。再以对太平天国金币性质的认识为例。某些学者，先是以"没有太平天国金币的实物"否定太平天国有过金币。事实上，不是没有太平天国金币的实物，只是我们自己不知道它们在哪里。此其一。其二，对历史上的事物，不能都要求见到实物才承认它的存在。如若只是因为自己没有亲眼看到实物便否定它的存在，不是求真的态度。对别人亲眼看到的或拥有的实物，在没有提供充分的反证情况下便予以否定，也不是求真的态度。在太平天国金币的实物摆在那里,无法否定时,又说它没有流通职能,得出它不是真正的货币的结论。马定祥、马传德父子先是认定耿爱德"所言之金钱不会是什么赏赐钱""事实上都是太平天国晚期权贵富户们所造的金质冥钱,作为殉葬之用",后来改为"我们认为太平天国金币仅作为赏赐和馈赠之用,并非流通于市场的钱币"。这种更正认识的态度值得我们学习。因为先前的太平天国金币"都是太平天国晚期权贵富户们所造的金质冥钱,作为殉葬之用"之说,实在是太大胆了。因为至今尚未发现过哪位太平天国晚期权贵富户的墓中出土了作为殉葬之用的太平天国金钱。"太平天国金币仅作为赏赐和馈赠之用,并非流通于市场的钱币",以及茅家琦教授从伦敦大英博物馆所藏太平天国金币照片上看出太平天国金币"应是非流通的收藏宝物",也是很大胆的判断。因为,上文所引文献资料记载得很明确,太平天国金币是有购买功能的。以上的事实证明王力教授等前贤说的,做学问"说有容易说无难",是很有见地的。我将它列为学者应该遵守的学术规范之一①。在此,还必须说一句,对待前人的记载或研究成果随便说"不""非""无"的这种思维方式,非常不利于学识的积累,也不利于科学的发展。中国古代技术发明多而科学发现少,很可能与这种思维方式有关系。

①赵德馨:《社会科学研究工作程序与规范》,湖北人民出版社 2016 年版。

第八部分
中华人民共和国经济史

　　赵德馨教授是中华人民共和国经济史学科的重要开拓者和奠基人之一。1958年，他已在中南财经学院讲授中华人民共和国经济史，并与同事合作编写教学大纲与讲义。1988年，主编出版《中华人民共和国经济史纲要》，是国内较早正式出版的中华人民共和国经济史本科教材。1988年至1989年，主编出版国内第一部多卷本《中华人民共和国经济史》，树立了纵横结合的中华人民共和国经济史著述范式。他和苏少之教授联合主编的七卷本《中华人民共和国经济史》(1949—2008年)，将由湖北人民出版社出版。他还系统阐述了中华人民共和国经济史的研究对象、方法、分期等学科属性问题，独树一帜地提出了跟随论与沉淀论相统一的研究理念。

《中华人民共和国经济史》（七卷本）前言

一、研究中华人民共和国经济史的意义

中国人民在中国共产党的领导下，艰苦奋斗，建设社会主义的新中国，已经历了70多个年头。70多年，对具有5000年文明史的中华民族来说，只是一瞬间，对人类历史长河来说，不过是一朵浪花。然而，对从苦难的半殖民地半封建社会走过来的，并有幸参与创造新的社会经济形态的中国人民来说，这70多年是何等辉煌的历程！甘苦自知，每一步都值得回首品味。对世界人民来说，这70多年间，亲眼看到在极端贫穷落后的国家里创建社会主义社会的第一个范例，也会佩服惊异，欲穷其究竟。

在70多年中，我们创造性地开辟了一条适合中国特色的社会主义改造的道路，消灭了几千年的剥削制度，建立和发展了社会主义经济制度，开辟了中华民族历史的新纪元。社会主义经济制度建立之后，经过不断探索，我们开创了中国特色社会主义道路。70多年来，在中国共产党的坚强领导下，全国各族人民团结一心，迎难而上，开拓进取，砥砺前行，中国从积贫积弱迈向繁荣富强，从温饱不足迈向全面小康。中国从来没有像现在这样繁荣昌盛。中国人民从来没有像今天这样安居乐业。中华民族从来没有像今天这样生机勃勃，迎来了从站起来、富起来到强起来的伟大飞跃，它彪炳人寰，无比壮丽。

70多年来，我们从事的是社会主义建设事业，经济变化空前剧烈。这是前人没有干过的事业，我们在探索中前进。在探索过程中，出现跟跄、踟蹰、迂回，步伐或快或慢，但是总的趋势是前进了。我们为成功、胜利高兴过，也为挫折、失败痛苦过。这70多年，是探索的年代，变革的年代，胜利的年代。这探索，这变革，这胜利，交织成一幅伟大时代的画卷。它是一部新旧经济形态交替史，一部社会主义经济形态建立和巩固史，一部社会主义经济建设的历史。

在中国经济史上,这是最新的篇章,也是最辉煌的篇章。为了有利于当前和今后的现代化进程,这篇章——也就是中华人民共和国经济史,应该及时谱写出来。这篇章是我们用行动谱写出来的,理应由我们用文字表述出来。创业的时代需要信史,作为当时的当事人,我们有责任写出信史。

中华人民共和国成立以后 70 多年的经济发展过程,从历史即过去的事这个意义上,可以称之为"中华人民共和国经济史";从其所属的时代为当代的事这个意义上,又可称之为"当代中国经济"。研究这个阶段的经济史,除了有研究经济史的一般功效,还有其特殊的意义。

(一)有助于推进中国特色社会主义的经济建设与改革。中国共产党十一届三中全会以来,全国人民的中心任务转移到经济建设上来。为了大幅度地提高生产力,必须进行改革,使社会主义制度不断完善和发展。改革是多方面的,要进行经济体制的改革、科技体制的改革、教育体制的改革和政治体制的改革。中心环节是经济体制的改革。改革经济体制是一项艰巨的任务。它需要比较长的时间才能完成。其所以需要较长时间,一个很重要的原因是社会主义经济体制正在实践中,正在创造中,至今还没有一种完善的、现成的模式可以照搬。历史的经验已经告诫我们,即使在别的国家出现了一种被称为完善的模式,我们也不能照搬。经济体制本来就应因不同国度的情况而异,因不同时期的情况而异,不可能有一种适用于各个国家、各个时期的固定模式。为了探讨经济体制改革的正确方向,使改革顺利进行,需要做一系列的工作,其中首先是历史经验的总结与理论的准备。中共中央在提出改革任务的同时,多次提出要总结历史经验和研究有关理论问题的任务。要求组织各有关方面的力量,总结国内的经验,汲取国外的好经验,进行认真的调查研究。改革这件事,如果缺乏正确的理论指导,缺乏对实践经验的系统总结,是办不好的。中共中央希望做理论工作和做实际工作的同志,都能在这方面作出积极的贡献。

需要这样做的道理是不难明白的。因为,为了使改革进展顺利,必须弄清楚几个问题:为什么要改革;现存经济体制中,哪些仍需坚持,哪些一定要改革;怎样改革;今后应实行什么样的经济体制;改革的困难和阻力是什么。这些问题,可以从其他社会主义国家的改革中得到启示,但根本的途径却是从本国人民实践的历史中寻求答案。事实正如邓小平在中国共产党第十二次全国代表大会开幕词中指出的:"无论是革命还是建设,都要注意学习和借鉴外国经验。但是,照抄照搬别国经验、别国模式,从来不能得到成功。"①本国的经验是最重要的,因为它符合国情,干部和群众有切身体验。问题在于对自己的经验要作深入的、具体的、系统的、正确的总结,并用各种办法使干部群众了解它。改革开放前,中国经济发展有过几次大的曲折,除了其他因素,重要原因之一是未能正确地认识国情,全面地总结经验教训,并使之系统化,为干部和群众所掌握。中共十一届三中全会端正了党的思想路线,这使正确总结经验有了可能。中共十一届六中全会通过的《中国共产党中央委员会关于建国以来党的若干历史问题的决议》,以及随后多次党的重要会议的决议,为正确认识中华人民共和国成立以来的主要经验提供了依据。研究中华人民共和国经济史的基本任务之一,就是深入地、具体地、系统地、正确地对中华人民共和国成立以来经济发展的实际过程进行综合研究。分析何时做了何事,成败得失如何,有何经验,有何教训。从总结正反两方面的经验,揭示出带规律性的东西来,为新时代中国特色社会主义制定经济体制改革的方针、政策提供依据。中共十一届三中全会以来,中国的改革、开放和经济发展取得了巨大的成就,举世公认。但也存在着很多问题。这些问题有些是历史遗留的痼疾,尚待深化改革去解决;有些是新的历史条件下产生的新问题。因此,对改革开放以来的经济历史也需要认真研究,总结历史的经验与教训,从中获得启示与借鉴,以利于今后的改革与发展。

(二)从动态中正确认识国情。要使经济改革和经济建设取得胜利,必须从中国的实际出发,即从中国的国情出发,建设中国特色社会主义。这就要求正确认识国情。怎样才能正确认识国情?可以采取两种方法。一种是解剖横断面的方法,或静态分析。如调查有多少土地、耕地、人口、资源、企业等等。这种方法是研究国情必不可少的。另一种是解剖纵的发展过程的方法,或动态分析方法,从运动过程中认识各种因素(如人口、耕地、政策等)本身是怎样变化的,它们之间的相互关系是怎样的。采用后一种方法研究与经济发展有关的诸因素及其整体状况的变化,才能使我们认识中国经济运动的轨迹和规律——国情中最根本的部分。从中国当前对国情研究的情况来看,大多使用前一种方法,这是多年来研究国情问题在方法论方面的主要缺陷。

---

①邓小平:《中国共产党第十二次全国代表大会开幕词》,《邓小平文选(1975—1982年)》,人民出版社1983年版,第371页。

　　认识过去和现在,是科学预测未来的基本方法与基本依据,中国经济发展的客观规律要从中国经济发展的过程中去发现。中华人民共和国建立以来,我们的经济工作是在不断探索的过程中前进的。可以说,过去的 70 多年,是探索中国特色社会主义建设的年代。实践是检验真理的唯一标准。在马克思主义普遍真理同中国具体实践相结合的长期反复的实践过程中,一般地说,成功了的,表明做法是符合国情的,失败了的,表明措施可能与国情不相符。因此,只能经过一段时间(有时是很长的一个时期)的实践以后,回过头来研究一番,才能摸清、摸准中国的国情,也才能看清中国经济发展的规律。这种从动态中认识国情的方法,包括再认识,理清思路。研究中华人民共和国经济史,以马克思列宁主义、毛泽东思想和中国特色社会主义理论体系为指导,分析中国人民 70 多年来的伟大实践,是从动态中认识国情的基本途径,对今天和今后的探索会有直接的帮助。

　　(三)促进社会主义经济理论的健康发展。社会主义经济同以往的一切经济不同,不是自发地产生发展的。社会主义经济是人们在马克思主义理论指导下自觉地建设起来的。在这方面,马克思主义政治经济学占有特别重要的地位。"政治经济学不可能对一切国家和一切历史时代都是一样的。"①只有首先研究具体国家的生产和交换的每一发展阶段的特殊规律,才能建立科学的、适用于该国的政治经济学。否则,只能照搬外国的政治经济学。过去我们这样做过,造成了严重的后果,吃够了苦头,我们再也不能走这条路了。我们的社会主义建设需要有适合中国国情的社会主义政治经济学为指导。怎样才能建设这样的政治经济学? 中华人民共和国的成立,占人类 1/4 的中国人民建设社会主义的实践,为它提供了条件。在马克思主义指导下,研究中国社会主义经济发展的过程,从实践中能抽象出正确的理论。在社会主义经济建设过程中,曾经有过多种理论主张,有的理论曾付诸实践,接受了实践的检验,可以在总结经济实践过程——经济史——中逐一地检验哪些理论已被实践所否定,哪些理论已被实践所证实,哪些理论已被实践证明一部分是正确的,另一部分是错误的,在实践中得到修正与补充。只有这样去做,才有可能建立起中国特色社会主义政治经济学。只有这样的政治经济学,才能用以指导中国的社会主义经济建设。社会主义经济建设在不断向前发展,不断出现新情况、新

---

①恩格斯:《反杜林论》,《马克思恩格斯选集》第 3 卷,人民出版社 1995 年版,第 489 页。

问题。解决这些新问题,需要新的理论作指导。新的理论从何而来? 只能从研究人们的实践经验中抽象出来。邓小平说得好:"没有前人或今人、中国人或外国人的实践经验,怎么能概括、提出新的理论?"①在这个意义上,我们可以说,"历史出科学"。经济史学是经济学的基础学科。离开了经济史学对经济发展过程的研究是不能抽象出正确表述经济规律的理论的。马克思写《资本论》,研究资本主义经济发展规律,是以英国为典型的。他的"全部理论是他毕生研究英国的经济史和经济状况的结果"②。马克思如果不作这番研究,就不可能揭示资本主义经济发展规律,建立马克思主义政治经济学。同样,如果不研究中华人民共和国经济发展的历史和现状,就不可能揭示中国社会主义经济运动的规律,不可能建立马克思主义的中国特色的社会主义政治经济学。过去 70 多年,是中国社会主义经济建设的实践过程,又是我们对中国社会主义经济建设认识提高和深化的过程。认识与历史一同前进。历史从哪里开始,思维逻辑也应该从该处开始。中华人民共和国经济史,分析中国社会主义经济发展的过程,做到马克思主义基本原理同中国实际相结合,必将有助于经济理论的研究,丰富并发展社会主义经济理论。除了政治经济学这门探索经济本质的经济科学,探索经济运行的经济决策科学和探索经济发展的经济发展科学,同样也都要建立在研究经济史的基础上。所以,应充分重视中国现代经济史学科的研究,使得中国特色社会主义政治经济学理论的建设少走弯路,健康发展。

(四)进行生动的思想政治教育。要使经济建设和经济改革顺利进行,关键的一条是全党全国人民认识一致,步伐一致。其中特别重要的是干部认识的一致。全国人民对经济建设与改革有思想准备,加上一批对此有清醒认识、行动一致的干部,是建设与改革取得成功的条件。人民的思想准备和干部的成熟,靠参与建设与改革的实践,也靠思想教育。一部中华人民共和国经济史,有助于人们认识国情,懂得建设社会主义的艰苦性、复杂性和长期性,了解中国经济发展的规律并严格按照客观经济规律办事,认识到加速经济建设与改革是顺乎民心与历史发展要求的,有益于增强信心,振奋精神。这样的一部

---

① 邓小平:《关于科学和教育工作的几点意见》,《邓小平文选(1975—1982 年)》,人民出版社 1983 年版,第 55 页。

② 恩格斯:《〈资本论〉英文版序言》,《马克思恩格斯全集》第 23 卷,人民出版社 1972 年版,第 37 页。

中华人民共和国经济史是进行思想政治教育的好教材,在社会主义精神文明建设中将起到很好的作用。在一部分青年学生、干部、群众中,存在一些认识问题。究其实质,大都涉及中国经济发展应该走什么道路的问题。这需要用马克思主义的理论以及不可改变的历史事实来回答。从经济史这门学科来说,中国近代经济证明了资本主义道路在中国走不通,旧中国留下的遗产是贫穷与落后。中华人民共和国的经济史则证明,是中国共产党以马克思列宁主义、毛泽东思想和中国特色社会主义理论体系为指导,为中国开辟了社会主义道路,创造了进行经济建设的条件。只有社会主义才是国家强盛、人民共同富裕之路。常常遇到一些青年提了这样的问题:既然社会主义制度比资本主义制度优越,为什么我们的经济不如某些资本主义国家? 通过学习中华人民共和国的经济史,了解中国社会主义经济发展的起点和过程,他们就会懂得:简单的对比是不科学的,必须将工作上的失误、经济体制上的弊病与社会主义经济制度本身区别开来。每一个读了中华人民共和国经济史的人,都会从确凿的事实和正确的对比中得出应有的结论:"保持必要的社会政治安定,按照客观经济规律办事,我们的国民经济就高速度地、稳定地向前发展,反之,国民经济就发展缓慢甚至停滞倒退。"①社会主义经济制度为生产力的发展开辟了广阔的场所。问题在于经济体制要改革。我们能够自力更生、独立自主地解决中国经济建设问题。我们有跻身于先进民族之林的能力。必须加强民族的自尊心、自信心和自豪感,热爱社会主义祖国,艰苦奋斗,积极参加中国特色社会主义建设和经济体制改革。

(五)推动对外交流。中国实行对外开放政策以来,许多国家、政党、团体、公司、企业和个人与中国发生经济交往。他们都想了解中国经济的过去和现在,以预测发展趋势。相当数量的发展中国家,有与中国相似的苦难经历,又面临着我们在过去曾经面临的问题。他们希望了解和研究中国的道路和经验。我们有责任编写中华人民共和国经济史,为他们了解我们走过的道路与经验提供方便。这对于中国经济的发展,对发展中国家的经济建设,对国际共产主义运动的发展,都是十分必要的。

在当前和今后一个相当长的历史时期内,资本主义与社会主义两种制度谁优谁劣的思想理论斗争将继续进行。在国际上,有一些人故意诋毁中华人

---

① 《三中全会以来重要文献选编》上,人民出版社1982年版,第5页。

民共和国 70 多年来建设的成就,也有一些人在研究中国经济发展过程时,由于没能掌握系统的符合真情的材料,加之观点、方法的偏颇,结论往往不符合实际,歪曲了我们走过的道路。编写出中华人民共和国经济发展史,可以为希望了解中国的人们提供真实的情况,同时也是用无可辩驳的事实回击那些对中国社会主义建设的诋毁。

去旧创新、开辟历史新纪元的经济变化需要记录,亿万人民的创业活动要求有信史,正在进行的经济体制改革和经济建设事业需要有历史经验作借鉴,中国特色社会主义经济理论要向前发展,世界人民需要了解中华人民共和国。加强中华人民共和国经济史的研究是时代的需要。

二、中华人民共和国经济史的研究对象与方法

(一)研究对象。中华人民共和国经济史属于经济史学科中的国民经济史。它以中华人民共和国社会经济生活的发展过程及其规律作为研究对象。国民经济史的特点是研究一个国家社会经济生活整体的发展过程。它包括国民经济的各个部门,生产、分配、交换、消费各个环节,多种所有制、经济成分、经济形式,各个地区、各民族的经济。所谓整体,当然不是它们简单相加的总和,而是有机结合的统一物。

关于国民经济史的一般特征,它与其他各类经济史的区别,属于经济史学理论学科的任务。这里,仅结合中华人民共和国经济史的具体情况,说明它的时间界限、空间界限与学科名称。

中华人民共和国经济史要从动态中阐明国情,要从经济发展过程中探讨规律,就必须根据历史事实作纵向的研究。这不能不首先确定研究的上限与下限,即时间界限问题。中华人民共和国经济史以 1949 年 10 月 1 日中华人民共和国成立作为上限。这样确定上限,是与本门学科的名称一致的。有一种意见将这门学科称为"中国社会主义经济史"。这个名称的好处是能与"中国封建主义经济史""中国半殖民地半封建经济形态史"等并列,突出了"社会主义经济"这个特定的性质。苏联科学院经济研究所编的 1917 年十月革命以后的经济发展史,就名曰《苏联社会主义经济史》,照此办理,研究 1949 年 10 月以后的中国经济发展史,称之为"中国社会主义经济史",似乎无可非议,其实不然。"社会主义经济"这个概念,可以指"社会主义经济成分",也可以指

"社会主义经济形态"，或"社会主义经济制度"。在苏联，十月革命胜利后，社会主义经济成分和社会主义经济形态同时出现。因此，把十月革命后的经济史称为"社会主义经济史"，这个"社会主义经济"的含义，无论是指"社会主义经济成分"，还是指"社会主义经济形态"，都是可以的，都符合历史实际。中国则不然。中国革命的特点表现在，民主革命和社会主义革命是文章的上篇与下篇的关系。二者直接衔接，但完成的任务是不同的。民主革命的胜利，经历了从农村到城市的长期武装斗争时期。在民主革命阶段，在中国共产党领导的工农武装割据的地区里，建立了新民主主义政权和新民主主义经济。

新民主主义经济形态中包括了社会主义性质的公（国）营经济和具有社会主义因素的合作社经济。中华人民共和国的成立，标志着新民主主义革命的胜利。革命胜利后，建立的是新民主主义社会，紧接着是实现从新民主主义到社会主义的转变。从新民主主义经济形态过渡到社会主义经济形态。在中国用"中国社会主义经济史"这个名称，其内涵若指"社会主义经济成分史"，则这部历史应从1927年社会主义经济成分在革命根据地出现时为上限；其内涵若"指社会主义经济制度史"，则应从1956年社会主义经济制度在中国建立时为上限。因此，这个名称在时间界标上不够明确。"中华人民共和国经济史"则明确地表示研究对象的时间界标，其上限是中华人民共和国成立之日——1949年10月1日。

有一种意见将本门学科定名为"中国现代经济史"。这样命名的好处在于与"中国古代经济史""中国近代经济史"相对应。"中国现代"是指什么年代，在学术界仍有不同的意见，一时难以统一。"中国现代经济史"的内涵，在地理界限上包括台湾、港、澳等地经济发展状况在内。"中华人民共和国经济史"研究对象的地理界限是中华人民共和国政府已经实现行政管辖的地区，所以，本书的第一卷到第五卷（1949—1991年）的研究对象不包括台湾、港、澳地区。1997年、1999年香港、澳门分别回归祖国，从第六卷起（1992—2001年）的研究内容开始包括港澳地区。

综上所述，中华人民共和国经济史研究的是1949年10月1日以后中华人民共和国政府管辖地区经济形态发展的过程。它的上限是1949年10月1日，它的下限将随着经济发展的进程不断延伸。它所研究的正是历史与现实的接合部。我们这部中华人民共和国经济史以中国改革开放以来的高速发展转为以经济结构调整、提高经济发展质量为主要任务，经济发展转向中高速发展的节点 2008 年为下限。

(二)指导思想。科学研究中的任何一种系统的方法,本身就是一种理论。马克思、恩格斯多次说过,他们的理论不是教条,而是一种研究方法。

我们这个课题组——中华人民共和国经济史课题组成立之初,在讨论研究方法时,一致同意以马克思主义、毛泽东思想作指导,即以马克思主义、毛泽东思想的立场、方法、观点分析中华人民共和国成立以来的经济发展过程。为什么要采用这种理论和方法,在我们看来,是一个不需多加说明的问题。马克思、恩格斯在 19 世纪 40 年代创立历史唯物主义,与他们在这个时期用求实的态度研究人类经济发展历史有重要关系。没有后面这种研究,不可能知道经济形态是变化的、不断交替的;不可能知道经济在社会发展中的正确地位,不可能把社会关系归之于生产关系,把生产关系归之于生产力,即归之于物;不可能把人类社会的历史看作一个自然历史过程,有其自身的即客观的发展规律。一句话,没有这种研究,便不可能创立历史唯物主义。当马克思、恩格斯创立了历史唯物主义,并将它运用于研究经济学、历史学、经济史学、法学等社会学科时,便使这些社会学科发生了一场革命:从传统的历史唯心主义的体系中解放出来,建立在历史唯物主义的基础之上,变成了科学。在此以后,研究经济史的学者,一部分人以马克思主义为指导,另一部分人则不是。百余年来,这两部分人都取得了成果。至于成果的性质和大小,则不可同日而语。马克思主义学者认为是这样的,严肃的非马克思主义学者也认为是这样的。英国著名经济学家、新剑桥派的主要代表人物琼·罗宾逊夫人 1980 年访问中国时说:新剑桥学派和近来的学院派都遵循着自己的道路,到了与马克思体系相似的境地,两派都认为资本主义蕴含着它自身崩溃的种子。她还说,马克思的研究是从长远看问题的,这同长期动态的分析有关,而现代经济学理论中,还没有超出短期分析的局限。另一位英国学者,已故的著名经济史学家 T. S. 阿什顿在一篇题为《历史学家对资本主义的处理》的文章中,也是在这个意义上,认为马克思是 19 世纪中叶以来最重要的经济史学家之一。可见,以马克思主义指导我们的研究工作,自然是一种正确的选择。

以马克思主义指导我们的研究工作,是运用马克思主义分析经济现象的方法,而不是搬用马克思、恩格斯的现成结论。当中华人民共和国经济在地平线上出现时,马克思、恩格斯早已作古,他们未曾见到这种经济,未曾对它作过分析或发表过意见。因此,不可能搬用他们的现成结论——根本不存在这种结论——作我们的结论。以毛泽东为主要代表的中国马克思主义者,运用马克思主义的普遍原理,结合中国的实际,解决了中国革命和建设中的一系列问题,领导中国人民创建了中华人民共和国,把半殖民地半封建经济形态改造成新民主主义经济形态,又从新民主主义经济形态过渡到社会主义经济形态。同时进行社会主义建设,使社会生产力得到中国历史上未曾有过的迅速发展。

一部中华人民共和国经济史,是中国马克思主义者创造性运用马克思主义解决中国经济问题的历史,是马克思主义、毛泽东思想和中国特色社会主义理论胜利的历史。我们今后的经济工作仍要以马克思主义、毛泽东思想和中国特色社会主义理论作指导。现在回过头去研究中华人民共和国成立以来的经济历程,也必须用马克思主义的立场、观点和方法,才能正确总结经验教训,评价其得失,为今后的经济建设提供有益的借鉴,并抽象出适合中国国情、对中国经济建设实践起指导作用的中国特色社会主义经济理论。马克思主义、毛泽东思想和中国特色社会主义理论是一个不可分割的理论体系。基于上述情况,对于研究中华人民共和国经济史来说,马克思主义基本原理与中国实际相结合的毛泽东思想和中国特色社会主义理论具有更直接的关系。

毛泽东思想是中国的马克思主义者集体智慧的结晶。在中国的马克思主义者中间,以毛泽东为主要代表的中国共产党党员占多数,在运用马克思主义解决中国经济问题方面作出的贡献最多,其中最突出的是中国共产党的领袖们,这是明显的事实。同时,不应忽视的是,一些并非共产党员的经济学家,也在运用马克思主义解决中国经济问题方面作出了可贵的贡献。在研究中华人民共和国经济史时,要根据经济发展的实际,亦即人们的实践,检验各种各样的经济理论、主张、意见,而不应以人的政治面貌、政治地位定是非。

中国共产党从十一届三中全会起,倡导准确地、完整地理解马克思主义、毛泽东思想,坚持马克思主义,发展马克思主义。在这次全会精神的指导下,全党解放思想,实事求是,总结了中华人民共和国成立以来的经验教训,在1981年6月27日中共十一届六中全会上通过了《中国共产党中央委员会关于建国以来党的若干历史问题的决议》。这篇重要的历史文献,标志着中国共产党的指导思想胜利完成了拨乱反正的历史任务,是用马克思主义、毛泽东思想作指导分析中华人民共和国成立以来的若干重要问题作出的结论,即对这些问题的马克思主义的观点。在此之后,随着改革开放的不断深入和中国经济的发展,在总结历史和现实问题经验的基础上,中国共产党与时俱进,不断发展着马克思主义,形成了一系列重要思想和理论,包括邓小平理论、"三个代表"重要思想、科学发展观、习近平新时代中国特色社会主义思想。其中主要是对许多新问题的马克思主义的分析,也包括对过去一些问题的新的分析。我们在研究中华人民共和国成立以来的经济发展过程时,是用党的十一届三中全会以来中国共产党不断发展了的马克思主义,去分析经济现象,衡量得失,判断是非。是在党的十一届三中全会以后,我们才明确,马克思主义的核心是发展社会生产力。革命的目的是解放生产力,改革开放、经济建设就是发展生产力。中华人民共和国成立以后,重要的失误之一是未能及时将党的工作重心转移到发展生产力上面来。一切经济工作,一切经济变革,是否必要,是否成功,要从对社会生产力起何种作用来判定。发展社会生产力,是贯彻本书始终的基本观点。书中的各章各节,或是直接分析生产力问题,或是围绕社会生产力发展问题展开。主要是基于对现实生产力的性质、水平与发展速度的分析,我们认为中国目前处在并将长期处在社会主义初级阶段。所谓社会阶段,当然不是指几年或十几年的社会性质。这是我们认识中国过去 70 多年、当前以及今后若干年经济问题与社会问题的立足点。也是在党的十一届三中全会以后,经过不断的探索,我们才明确,中国经济体制改革的方向是社会主义市场经济。获得并深化这些认识,经历了 70 多年的经济工作实践过程。我们不能要求任何人一开始就有这种认识,分析经济史的任何一个问题,都必须置于当时的历史环境之下。但在获得新的认识之后,就必须站在今天的认识水准之上,去考察过去的事物。这是历史问题被不断重新研究、评价的原因,也是历史学既最为古老而又永远年轻的原因。在今天,写一部中华人民共和国经济史论著,不写 1979 年以后经济体制改革和开放的进程、成果与经验教训,是难以令人满意的,但仅仅反映这个阶段的改革与开放,仍然是不够的。我们要以改革和开放的精神,改革和开放的眼光,去分析中华人民共和国成立以后的经济历史。

(三)研究方法。经济史学有不同于其他学科的独特的研究对象和任务,有适应于这种对象与任务的研究方法。在经济史学分类中,中华人民共和国经济史学属于国民经济史学。研究国民经济史学的一般方法,也适用于研究中华人民共和国经济史学。

国民经济史学的一般研究方法,就是历史唯物主义方法,即运用历史唯物主义观点,分析一国的社会经济生活演变过程,从中揭示该国经济发展的特点与规律。

　　国民经济史学的研究对象是社会经济生活演变过程，这决定了它的研究方法必须是经济学的方法。国民经济史学是以一国的国民经济整体发展过程为研究对象的，适宜于用宏观经济的分析方法。国民经济史学与以经济为研究对象的其他经济学科的区别之一，在于它研究经济的具体发展过程，即按照历史发展的顺序，从长期动态中去研究以往的经济运动的轨迹。这决定了它又具有历史科学的特性，它的研究方法必须具有历史学方法的特点，首先是动态分析方法的特点。经济史学的研究对象三要素中，除了经济和时间，还有空间。它研究经济的空间布局以及若干地区间的互动、互补与比例关系，所以必须使用地理学方法。社会经济生活是社会生活的一部分，它受社会生活的影响，所以必然要用上社会学的方法。社会经济生活受到自然环境与生态的制约，所以必须借助自然科学的方法。如此等等，不可尽述。国民经济史学的研究方法是将所有这些方法融为一体，从而成立一种独特的经济史学研究方法。

　　历史比较研究法是经济史学研究中的一种重要方法。有比较才能看到同与异，才能有鉴别，才能找出变化和特点。与旧中国的经济对比，可以看出社会主义经济制度的优越性，得到只有社会主义才能救中国的认识。与其他国家比，可以看出中国经济发展的特点，有时比某些国家快，有时比某些国家慢，便于分析原因，总结经验教训。在中华人民共和国 70 多年的经济发展过程中，各个时期对比，特别是党的十一届三中全会前后对比，可以看出，在此之前的某些时期，基于指导思想上出了偏差与经济体制等方面的原因，未能使社会主义经济制度的优越性充分发挥。通过对比，可以加深对党的十一届三中全会以后中国共产党的路线的正确性与经济体制改革的必要性的认识。

　　如何正确处理经济和政治的关系，是研究经济史，当然也是研究中华人民共和国经济史必然遇到的问题。为了准确地说明国民经济在某个时期为什么发生这样或那样的变化，从中总结可资借鉴的经验教训，必须分析该时期的国际国内形势、人们对形势的认识、经济理论与经济政策等等。与以往各种社会相比较，社会主义社会的上层建筑对经济的作用要强得多，这与社会主义社会属于生产资料公有制有密切的关系。中华人民共和国成立以后的一个较长的时期里，政治事件、政治运动频繁，它们对经济发展的影响很大。研究这个阶段的经济史，不涉及这些政治运动，经济发展过程是说不明白的，重大的经验教训也就总结不出来。问题在于研究的方法。用经济决定政治、政治反作用于经济的观点,还是用政治决定经济、经济反作用于政治的观点研究经济史,从来就是两种根本对立的经济史研究方法的主要区别之一。前一种方法从经济出发,从生产力与生产关系的矛盾统一运动出发,揭示某些政治运动、政治事件发生的必然性、合理性,某些政治运动、政治事件是偶然的、人为的、可以避免的,不是经济发展要求的,它们对经济发展起着根本不同的作用,或促进,或障碍。后一种方法从政治出发,先认定政治事件、政治运动都是必然的、合理的,对经济总是起着推动作用,把经济史作为政治史的后果。我们的研究将表明,那些违反经济发展要求的政治运动,是如何破坏了经济发展所必须的条件。通过研究中华人民共和国经济史,会使人们得到结论:要记住这类政治运动干扰、冲击经济建设的教训,想要国家富强、人民富裕,就要珍惜安定团结的局面。

在本书的编写过程中,我们很重视资料工作。其所以要这样,是从经济史学研究方法的特殊性出发的。经济史学研究的是以往的经济运动的轨迹。以往的经济运动的轨迹是客观存在的,确切地说,是已经过去的存在。它既不会重演,人们也无法重演,更不能通过实验去观察,只能借助于反映经济运动轨迹的各种现象的资料,即史料,通过研究近似复原它的本来面貌。这些资料从不同的侧面,在不同的程度上,正确地或歪曲地反映过去存在的事实。它们一经产生,就具有相对的独立性。人们通过对它们的分析,可以得出不同的结论。我们这些经济史研究工作者是认识的主体,以往的经济运动的轨迹及相关的经济现象是认识的客体。由主体到客体,必须经过经济史料这个中介。就思维活动及研究方法的特点而言,这个过程中存在着主体、中介、客体这三极。没有丰富的经济史料,或对经济史料不做认真的整理工作,所谓研究工作及其结论,只能是无本之木。资料是研究工作的基础。资料工作是研究工作的一部分。基于这种认识,本书的编写过程是分成五步进行的。第一步是广泛搜集资料。在此基础上整理出了《中华人民共和国经济史文献索引》(由中南财经政法大学印发)。第二步是找出每个经济发展阶段中的重要问题,作为专题,按专题编写大事记。第三步是根据资料中反映的经济现象演变的内在联系,整理出专题资料长编提纲。第四步是根据前段工作中发现的需要研究的问题,作专题研究,写出专题论文。最后,根据搜集的资料与研究的结果,编写成这部史稿。我们认为,在论文和书稿中的观点可能有不正确之处,一定会被新的著作代替,但文献索引、大事记和资料长编则是长期有用的,可以为本学科以及众多相关学科的建设提供方便。

在经济史研究工作中,数量的概念表明经济现象的或增或减,或升或降,或快或慢,或发展或萎缩,等等。本书用的数据,凡国家统计局历年编的各种统计年鉴中有的,均以它们为据。其他数据,都是来自公开发行的报刊、著作,限于篇幅,未在书中一一注明。还有一些数据,来源于可信的或官方的网站等。

三、中华人民共和国经济史的分期

在编写《中华人民共和国经济史》一书时,需要考虑分期问题,即对中华人民共和国成立后经济发展过程阶段性的认识与划分。正确地分期,有利于科学地说明经济变化、各阶段的特点及其发展规律。

要正确地分期,首先要有正确的分期标准。经济史的分期标准是由经济史的研究对象决定的。中华人民共和国经济史属于国民经济史学。国民经济史学的研究对象是社会经济生活演变过程。中华人民共和国经济史学的分期标准是中华人民共和国成立后社会经济生活演变过程的阶段性特征,即国民经济变化的阶段性特征。若要准确地把握阶段性特征,首先要了解中华人民共和国经济史的若干重要特征。

(一)从中华人民共和国成立以后整个时期来说,中国历史进入了社会主义革命和建设的时期,社会主义经济居主导地位,从中华人民共和国成立到1956年三大改造基本完成,是过渡时期,过渡时期的经济是新民主主义经济形态。中国过渡时期是从新民主主义过渡到社会主义。这样,中华人民共和国成立以来,经历过改造半殖民地半封建经济形态为新民主主义经济形态,从新民主主义经济形态过渡到社会主义经济形态这样两次经济形态的转变。我们在分期时必须考虑到这两个转变。

(二)中华人民共和国成立以后,整个说来,是社会主义革命和社会主义建设并进的时期。生产关系和生产力都处于变化过程之中,但不同阶段变化的侧重点是不同的。在社会主义改造基本完成之前,主要是变革生产关系。社会主义改造基本完成以后,主要是发展生产力。因此,在分期时,要考虑这两大阶段各自的特点。

(三)中华人民共和国成立以后,整个说来,是探索的时期。探索的总题目是中国特色社会主义道路。在探索中免不了成功与失误、前进与倒退。革命时期必然的生产关系的变革与探索过程中的成功与失误结合在一起,使国民经济的发展变化激烈:有前进有倒退,陡上陡下。分期时,必须考虑这些现象,要注意因探索引起的经济结构变化与经济发展起伏所呈现出来的阶段性。

(四)从 1949 年 10 月 1 日中华人民共和国成立到 1978 年,中国的经济,从整体上说是实行集中管理体制和计划经济的时期。在这样的体制下,领导机关,首先是主要领导人物的经济思想、战略决策、计划安排,在一定时期内对经济发展的影响很大。从 1953 年起,到 2008 年止,先后制定并执行过 11 个五年计划(规划)。是不是可以按五年计划来分期呢? 我们认为,如果写的是中华人民共和国计划工作史,是可以按"一五计划""二五计划"等来分期的,因为分期的对象是计划工作。国民经济史学分期的对象是国民经济发展过程,它所呈现的阶段,不一定与五年计划(规划)相吻合。经济发展战略和五年计划(规划)虽对经济发展起重要作用,但它们是由人们制定的,属于主观范畴。国民经济发展过程是客观范畴,一个国家经济发展的阶段,很难每次都与人们的计划相符,如每个阶段恰恰是五年等等。这同样适用于 1978 年之后的情况。

根据上述分期标准和经济特征,我们认为可以将中华人民共和国成立以后到 2008 年的国民经济发展过程,分为 7 个时期。

(一)1949 年 10 月至 1956 年。这是经济形态转变和生产由恢复走向发展的时期。可以简称为过渡时期。其特征是经济形态的转变。这个时期包括两个阶段:1. 1949 年 10 月至 1952 年,继续改造半殖民地半封建经济形态为新民主主义经济形态和国民经济恢复阶段。2. 1953 年至 1956 年,新民主主义经济形态转化为社会主义经济形态和开始有计划的大规模经济建设的阶段。从革命到建设的转折发生于 1956 年。

(二)1957 年至 1966 年。这是全面进行经济建设的时期,也是第一次探索中国社会主义经济建设应该走什么道路,在探索中发生严重失误,引起生产大上大下,进行大调整的时期。其特征是探索与大起大落。这个时期包括两个阶段。1. 1957 年至 1960 年,一次不成功的改革尝试阶段。以总路线、"大跃进"、人民公社"三面红旗"的提出与实践为基本内容,想把从苏联学来的模式加以改革。因为"左"的指导思想、主观主义和没有经验,这次试验失败了。2. 1961年至 1966 年,总结经验教训,摸索新方法阶段。以"调整、巩固、充实、提高"方针的提出与贯彻为基本内容。在总结经验教训和调整经济的过程中，在理论上对中国社会主义建设道路有新的认识；在实践上，出现了农村三级所有、队为基础所有制等许多新的形式，并着手试行按照经济规律管理经济的体制改革。

（三）1967年至1978年。这是经济曲折、畸形发展的时期，其特征是大批判带来大损失和"洋跃进"导致国民经济再次陷入困顿。"文化大革命"中批判"修正主义路线"，是对前一时期所取得的进步的否定，经济发展几上几下。由于不适当地贯彻"备战"方针，产业结构与生产力布局畸形发展。如果以中共中央发出"五一六通知"作为"文革"发动的标志，那么"文革"初期受运动影响的主要还是文化、教育领域，到年底运动逐步向工矿、农村蔓延，对国民经济全局的影响在1967年凸显出来，故将本时期的上限定为1967年。"文革"时期的中国经济历程可分为两个阶段。1. 1967年至1971年。"文革"造成的内乱，林彪、江青集团的破坏，"左"的指导思想，使经济从大下降到新的冒进，带来"三个突破"。2. 1972年至1976年。其间1974年"批林批孔"和1976年"反击右倾翻案风"给经济带来挫折，但在周恩来、邓小平主持下的经济调整与全面整顿，使中国经济发展在曲折中取得局部进展。

"文革"结束初期，由于"左"的指导思想仍在延续，经济工作中出现急于求成的"洋跃进"，国民经济再次陷入困顿，原有的发展模式难以为继。在思想理论上开始拨乱反正，提出并讨论了一些重大经济理论问题，为中共十一届三中全会的召开准备了条件。在思想理论拨乱反正的同时，在实践中，部分经济领域的改革开放也开始了初期的探索。在落实农村经济政策的过程中，包产到组、包产到户、大包干等经营管理形式再次出现。因1977年至1978年中国经济发展模式与方针、经济体制所展现出的历史延续性显著多于历史转折性，故将这两年与"文革"时期并为一个阶段。1978年底召开的中共十一届三中全会标志中国经济发展道路出现伟大历史性转折，进入一个崭新的阶段，因此把1978年作为本时期的下限。

（四）1979年至1984年。这是经济建设开始走上新道路的时期，其特征是改革的起步。这个时期分为两个小阶段：1. 1979年至1982年，以调整为主的阶段。中共十一届三中全会开始全面纠正"左"倾错误，拨乱反正，确定了解放思想、开动脑筋、实事求是、团结一致向前看的指导方针，解决了工作重点转移问题。1979年4月，中共中央提出"调整、改革、整顿、提高"的方针，即新的"八字方针",标志着经济建设指导思想的根本转折。贯彻新的"八字方针",首先和主要的是调整,对国民经济管理体制的改革是局部的、探索性的。在这个阶段,经济体制改革首先在农村启动,即农村实行多种形式的生产责任制,国民经济摆脱了困境,开始走上了稳步发展的轨道。2.1983年至1984年,进入了以改革试点为主的阶段。全面贯彻中国共产党的十二大制定的"走自己的道路,建设有中国特色的社会主义"的根本战略方针和经济建设的战略目标、战略重点和战略部署。在这个阶段,以包产到户为主要特点的农村第一步改革全面展开,以放权让利为主要特点的城市经济体制改革也开始试验和探索,并且初见成效。国民经济得到迅速发展。1984年10月,中共十二届三中全会提出了以城市为重点全面开展经济体制改革的任务与有计划的商品经济理论,中国的经济体制改革从此全面展开。因此,1984年是本时期的下限。

(五)1985年至1991年。这是经济体制改革的全面探索和展开的时期。1979年至1984年,中国经济体制改革的重点在农村,从1985年起,中国开始了以城市为重点的全面的经济体制改革,因此,1985年是这一时期的上限。这一时期可分为两个小阶段。1.1984年10月,中共十二届三中全会通过的《中共中央关于经济体制改革的决定》,确定社会主义经济是"公有制基础上的有计划的商品经济",并决定将改革的重点从农村转向城市,即全面开展经济体制改革。这一阶段,改革实践以搞活国有企业为中心环节,工资、价格、财政、金融、流通体制改革同步推进,对外开放也加快了步伐。全面经济体制改革的展开,激发了中国经济的活力,从1985年开始中国经济连续4年高速增长。这个阶段中国经济体制改革取得了初步进展,新的经济体制在成长,旧的经济体制在削弱,但依然存在,国民经济中出现了新旧体制并存的"双轨"局面,导致社会和经济生活中的摩擦与冲突,影响了国家对宏观经济的调控能力,在经济生活中出现的投资与需求双膨胀的势头未能得到有效抑制,最终在1988年引发了严重的通货膨胀,随后进入国民经济的治理整顿时期。2.1989年至1991年是治理整顿的阶段。经过3年的治理整顿,通货膨胀得到遏制,经济秩序有所好转,居民消费心态趋向正常。但在治理整顿中,虽然中国政府也在一定程度上注意到运用经济手段,但主要是通过恢复旧体制的行政手段解决问题,经济体制改革停顿,经济增长速度陡然下降,企业经济效益低下,经济结构没有通过调整有所改善,经济发展中浅层次问题得到缓解,但深层次矛盾没有也不可能得到解决。历史的经验证明,倒退是没有出路的。形势的发展需要我们进一步解放思想,总结已有改革经验,提出新经济体制改革模式,把改革推向一个新的阶段。

1992 年,以邓小平南方谈话和党的十四大为契机,中国政府在计划与市场关系问题的认识上有了新的重大突破,中共十四大确立了建立社会主义市场经济体制的改革目标,标志着中国经济体制改革进入以制度创新为主要内容的新阶段。因此,1991 年是这一研究阶段的下限。

(六)1992 年至 2001 年。这是从计划和市场的"双轨制"向社会主义市场经济体制转轨的时期,其特征是摩擦和转轨。1992 年春,邓小平发表南方谈话。10 月,中共十四大正式把中国经济体制改革的目标确定为社会主义市场经济体制,标志着中国经济体制改革经过十多年的探索,要最终完成向社会主义市场经济体制的转变,实现市场在资源配置中发挥基础性作用。这一时期,经济发展划分为两个小阶段。1. 1992 年至 1997 年。1993 年,中共十四届三中全会通过了《中共中央关于建立社会主义市场经济体制若干问题的决定》,要求在 20 世纪末期初步建立起社会主义市场经济体制,并对如何建立社会主义市场经济体制,提出了比较完整的总体设想和具体规划。根据此决定的部署,一方面,围绕构建社会主义市场经济体制基本框架的目标,开展建立现代企业制度,培育市场体系,推进计划、财政、金融等宏观经济管理体制改革,进行完善宏观经济调控等方面的探索;另一方面,成功运用宏观调控手段实现经济的"软着陆"。2.1998年至 2001 年。一方面,围绕推进经济持续、健康、稳定发展,在规避国际金融风险、启动内需、实施西部大开发等方面采取一系列宏观经济措施,促使经济发展摆脱内需不足的制约,进入新一轮发展期。另一方面,围绕加入世界贸易组织(WTO)进一步深化经济体制和开放体制改革,积极推进政府管理体制改革,为初步构建社会主义市场经济体制基本框架创造有利的外部条件。2000 年底中国政府宣布已初步建立起社会主义市场经济体制的基本框架,居民生活水平总体达到小康水平,2001 年 12 月中国正式加入世界贸易组织,这标志着中国的改革开放进入在国际贸易规则约束下完善社会主义市场经济体制的阶段。因此,2001 年是本时期的下限。

(七)2002 年至 2008 年,是初步完善社会主义市场经济体制的时期,其特征是摩擦与完善。这是中国改革与发展进入完善社会主义市场经济体制阶段后的一个重要历史阶段。在这个时期里,对外开放不断扩大,经济体制改革随着对外开放的加速不断深入,中国经济出现了一波高速增长。这一时期,可分为两个小阶段。1.2002 年至 2005 年。2001 年底中国加入世界贸易组织,中国经济体系转向全面开放型经济体系。一方面,社会主义市场经济体制为经济加速发展提供了基础性条件;另一方面,加入世界贸易组织加速了中国对外贸易的发展,也成为中国加快完善社会主义市场经济体制和加大改革开放力度的外部动力。从此中国改革开放与经济发展进入新的历史时期。2002 年党的十六大正式宣布,中国已初步建立社会主义市场经济体制,市场开始在资源配置中发挥基础性作用。2003 年,中共十六届三中全会通过《中共中央关于完善社会主义市场经济体制的决定》。在多重因素的共同作用下,国民经济快速增长。2.2006 年至 2008 年。2006 年下半年,经济在高速发展中失衡现象加剧,国家开始实行紧缩性宏观调控政策。尽管到 2007 年中国经济增长速度仍然较高,但疲态日显。中国经济近 30 年的高速增长所积累和掩盖的诸多问题日益暴露,转变经济发展方式的要求日益迫切。由此,中共十七大提出了转变经济发展方式的要求并将其作为贯彻科学发展观的重要途径,同时提出了破除深层次体制机制障碍的改革攻坚要求。2008 年爆发的美国次贷危机使中国经济发展中存在的问题充分暴露,中国经济的下行趋势日益明显,中国经济从高速增长转入中高速增长。转变经济发展方式和进一步深化经济体制改革成为迫切的现实要求。

2008 年是这一阶段的下限,也是本书的下限。主要基于以下的理由:经过近 30 年的改革开放,中国经济长期保持高速增长态势,但同时也积累和掩盖了很多问题,尤其是日益迫切的转变经济发展方式的问题。具体表现为:一是中国经济经过改革开放以来的持续高速增长逐渐转入中高速增长,持续高速增长过程中累积的经济结构调整的艰巨任务正在到来,经济结构的调整优化升级是继续保持中国经济健康发展的必然要求。二是中国经济持续增长的动能转换正在到来。在新的历史条件下,经济结构的调整优化升级需要新的动能,过去依靠粗放型投入实现就业和产值增长的机制越来越不适应经济持续、健康发展的要求。中国经济增长迫切需要注入新动能,进行动能转换。三是优化拉动中国经济增长的投入结构、贸易结构和需求结构的要求正在到来。改革开放以来,中国经济高速增长主要依靠投入和出口这"两驾马车"。尽管 1998 年以来大力开拓国内消费市场,但需求对经济增长的贡献仍然不足。随着国际经济环境的变化和国际金融危机的冲击,国际上贸易保护主义日益抬头,出口拉动经济增长的动力明显不足。同时,随着中国居民收入的不断增长,需求对经济增长的拉动力不断增强。中国需求的多样化、高级化应成为与投资和出口一起拉动经济增长的"三驾马车"。中国经济增长需要新思路、新动力和新结构。对于经济发展的以上问题,中国政府已有认识,采取了措施,取得一定成效,但问题还没有得到根本性的解决。以上长期积累和掩盖的问题,加上 2008 年爆发的美国次贷危机和国际金融危机的冲击,导致中国经济增长速度陡降。虽然中国政府通过"四万亿"一揽子计划进行强刺激,但经济增长在短期回升后又回降。中国经济运行的客观状况已表明,以往的粗放式高速增长已不可持续,要想使中国经济健康持续发展,需要有新的思路。所以,2008 年是一个重要的节点。它是中国经济高速增长的止点,是过渡到中高速增长的"新常态"的起点,同时也是中国经济转入新阶段的起点。

根据以上分期,本套《中华人民共和国经济史》和《中华人民共和国经济专题大事记》各分成 7 卷编写。

四、关于中华人民共和国经济史课题组

国家社科基金重大项目"中华人民共和国经济史"研究课题组,是在原中南财经政法大学(原湖北财经学院)中华人民共和国经济史课题组的基础上组建而成的。

为了总结中华人民共和国经济发展的历史经验,更好地发挥经济史学为现实服务的功能,在学校领导的支持下,赵德馨领衔的中南财经政法大学中华人民共和国经济史课题组于 1983 年 10 月成立,成员 18 人。半年之后,增至20 余人。一年之后,已有 30 余人。到 1985 年下半年,近 50 人。课题组由老、中、青相结合,其中教授 7 人、副教授 12 人、讲师与馆员 18 人、助教 7 人、研究生 4 人。主力军是一批 40 多岁、50 多岁的教授、副教授与讲师。这种职称与年龄结构,既保证了课题组的研究水准,也便于以老带青,培养新人。

中华人民共和国经济史属于国民经济史,它包括农业、工业、商业、交通、邮电、投资、金融、财政、对外经济贸易关系、产业结构、地区经济结构、少数民族地区经济、特区经济、经济效益、经济波动、人民生活等国民经济的各个方面。对于国民经济史,我又主张作全要素的分析。所谓全要素的分析,就是除了要分析国民经济内含的各个因素,还应分析影响国民经济发展的外在因素,诸如人口、教育、科学、技术、意识形态(特别是经济工作指导思想)、经济政策、

政治环境、生态环境的变化等等。因此,要完成这样的课题,需要有国民经济史内含及主要涉及领域的各个方面的具有专门知识的人才参加合作。为此,我们利用了财经院校学科比较齐全的优势,组织了跨系科的多种专业相结合的课题组。课题组成员有研究经济理论(政治经济学、西方经济学等)的,有研究历史(中国经济史、世界经济史、中国革命史、中共党史、中国农业史、中国商业史、中国财政史等)的;有研究中国的,有研究外国的;有研究国民经济的,有研究工业、农业、商业、金融、财政等部门经济的,有研究地区经济的。在课题组负责人的统一组织与领导下,成员发挥各自的专业特长,分工合作,团结一致,共同完成课题的研究任务。

多年来,此课题组虽然在人员上进行了新老交替,但主持人和学术主旨(基本观点)不变,核心成员一直相对稳定,研究工作持续推进。

经过课题组成员的多年努力,到20世纪末,已取得了丰硕的成果。其"主体工程"是5卷本《中华人民共和国经济史》(河南人民出版社出版)和《中华人民共和国经济专题大事记》(河南人民出版社出版)。为了完成这两项"主体工程",我们还做了一系列的工作:编辑了100余万字的《新中国经济文献索引(1949—1984年)》;拟订了资料整理性质的《中华人民共和国经济专题资料长编提纲》;撰写了有关中华人民共和国经济史的专题论文多篇;编写了具有普及知识和征求意见性质的《中华人民共和国经济史纲要》(湖北人民出版社出版)。课题组为中华人民共和国经济史这门新学科的建立,做了些打基础的工作,为经济学、历史学、经济史学开拓了一个新的研究领域。

在课题组研究的基础上,中南财经政法大学从1985年起开始招收经济史专业中华人民共和国经济史方向的硕士研究生,从1999年起招收经济史专业中华人民共和国经济史方向的博士研究生。到目前为止已有毕业生100多人。他们通过严格的专业训练,取得了丰富的研究成果,深化和拓展了中华人民共和国经济史研究。他们毕业后,少数留校任教,逐渐成长为中南财经政法大学中华人民共和国经济史研究团队的核心骨干力量;多数进入其他大专院校、党校、研究机构,仍从事中华人民共和国经济史的研究,成为本研究团队的重要校外成员。

2010年,以苏少之为首席专家的国家社科基金重大项目"中华人民共和国经济史"获准立项。我们以原课题组为基础,以中南财经政法大学经济史研究中心的教师为核心骨干,组建了跨系、院、校的研究团队。成员单位,校内有中南财经政法大学经济学院经济学系和国际经济学系、金融学院、工商管理学院、公共管理学院、马克思主义学院,校外有中国社会科学院经济研究所、清华大学、华中师范大学、湖北大学、江汉大学、武汉理工大学、湖北经济学院、湖北省委党校、湖北省社科院、武汉市社科院、中国农业银行武汉管理干部学院、中国科学院武汉文献情报中心、山西大学、扬州大学、聊城大学、广州大学、信阳师范学院、西安工程大学、河南理工大学、河南师范大学、南京审计学院、长江师范学院、河南工业大学。课题组正式成员42人。其中,校内16人、校外26人;教授(研究员)18人、副教授(副研究员)19人、讲师3人、馆员1人、在站博士后1人。校外成员大部分是中南财经政法大学经济史专业中华人民共和国经济史方向毕业的博士,他们是本课题研究团队的重要骨干。另外,在校的经济史专业博士研究生和硕士研究生也为课题研究做了大量辅助工作。

新组成的课题组在研究过程中,仍然秉持我提出的"跟随论与沉淀论相统一"和"求真、求解、求用"等理念,充分借鉴和吸收原课题组的研究成果、近20年来相关研究的最新成果和课题组成员的研究心得,在修订、补充和完善主编的5卷本《中华人民共和国经济史》和《中华人民共和国经济专题大事记》的同时,新撰第6卷(1992—2001年)与第7卷(2002—2008年)《中华人民共和国经济史》和《中华人民共和国经济专题大事记》。经过课题组成员的共同努力,国家社科基金重大项目"中华人民共和国经济史"已于2018年顺利结项。其最终成果就是呈现在读者面前的7卷本《中华人民共和国经济史》(1949—2008年)和《中华人民共和国经济专题大事记》(1949—2008年)。

本书付梓出版,令我们无比欣慰。但对我们而言,这只是阶段性成果。本书的下限是2008年,距今已有16个年头。当下,我们正密切观察2008年以来的中国改革开放与经济发展的轨迹,分析改革与发展的阶段性特征,随时准备启动《中华人民共和国经济史》第8卷的研撰工作。我相信,我们的中华人民共和国经济史学研究,必能继往开来,跟随中华人民共和国经济发展的步伐不断前进,不断取得新的成就。

《中华人民共和国经济史学旨要》前言

一

　　近年来，习近平总书记反复强调思想建党、理论强党的重要性，指出只有坚持思想建党、理论强党，不忘初心才能更加自觉，担当使命才能更加坚定，要把学习贯彻党的创新理论作为思想武装的重中之重，并同学习党史、新中国史、改革开放史、社会主义发展史（下称"四史"）结合起来。2020 年年中，中央明确提出开展"四史"学习教育。"四史"将在今后很长一段时间里成为我们学习的中心内容，而中华人民共和国经济史在"四史"中占有重要的地位。中华人民共和国经济史学研究的对象是 1949 年中华人民共和国成立之后社会经济生活演变的过程。为了说明中华人民共和国经济的源头与特色，首先要追溯中国共产党从成立时就开始的对改革中国经济的设想、主张和理论，从 1927 年开始的在解放区独立领导的经济领域的革命与建设工作。解放区的经济是中华人民共和国经济的前身。中华人民共和国经济史是一部中国特色社会主义社会经济形态的形成和发展史，包括通过中国特色的革命建立中国特色的社会主义社会经济形态（通过新民主主义革命将半殖民地半封建社会经济形态改造为新民主主义社会经济形态，而后通过社会主义革命将新民主主义社会经济形态过渡到社会主义社会经济形态），和通过中国特色的经济发展道路建设中国特色社会主义社会经济形态（通过提高生产力发展社会主义社会经济形态，通过改革完善社会主义社会经济形态）。这种成就是在中国共产党领导下取得的。在 1949 年之后，发展生产力搞好经济是中国共产党的中心工作，也是中华人民共和国政府的中心工作。1979 年开始的改革开放，是从经济领域起步的，又始终以经济为重心。改革开放史是 1979 年后中华人民共和国经济史中最为重要的部分。500 年的社会主义史中，前 400 年是社会主义思想与理论发展史,后 100 年是实践史。最先实践的是苏联,随后是东欧的一些国家,接着是中国等国家。苏东国家的社会主义实践以失败告终,主要原因是经济没有搞好。一部中华人民共和国经济史,是社会主义的成功史,是马克思主义的胜利史,是社会主义史上瑰丽的篇章。这样,在党史、新中国史、改革开放史、社会主义发展史中,中华人民共和国经济史或是其重要部分,或是其中心内容。学习"四史"中的任何一史,中华人民共和国经济史都是不可或缺的。

二

我从 1958 年开始研究中华人民共和国经济史,1959 年开始讲授中华人民共和国经济史课,同时开始写作中华人民共和国经济史教材与论著,至今 60 多年。在这个过程中,经常想到的一个问题是,怎样才能研究好和讲授好中华人民共和国经济史这门学问,怎样才能写好中华人民共和国经济史这门课程的教材和著作;也经常被同学、同事、同行和关心者问到怎样才能学好、掌握好中华人民共和国经济史这门学问。我将工作经验概括为三句话:抓住旨要,理清时期,别类分层。此中,抓住旨要尤为重要。只有抓住了旨要,才能正确地理清时期和别类分层。

主旨,即无论是在总体上,还是各个时期或各个门类里,都要抓住其中占主要地位的、属于根本性的东西。例如,在总体上,要抓住繁复内容中的主题,多条发展线索中的主线,前进过程中的主流和支流中的主流,经济活动的主体,无数矛盾中的主要矛盾。抓住了这些占主要地位的东西,就掌握了中华人民共和国经济史的本质,也抓住了学习中华人民共和国经济史学的纲,纲举而后目张,入门的路径也就清晰宽阔。习近平号召:"各级领导干部还要认真学习党史、国史,知史爱党,知史爱国。要了解我们党和国家事业的来龙去脉,汲取我们党和国家的历史经验,正确了解党和国家历史上的重大事件和重要人物。这对正确认识党情、国情十分必要,对开创未来也十分必要,因为历史是最好的教科书。"他强调学习党史、国史时,要"正确了解党和国家历史上的重大事件和重要人物",这是一种极为重要的学习方法。

理清时期,即正确认识中华人民共和国经济史发展过程的阶段性。国民经济在演变进程中,在不同的阶段,因为主要矛盾的变化而有不同的特征,这使中华人民共和国经济史呈现出不同的历史时期。理清了时期,就掌握了中华人民共和国经济史发展的过程,认识了中华人民共和国经济史发展过程中各个阶段的同与异,以及变化的原由,具体地理解中华人民共和国经济工作的经验与教训,以及从经验教训中抽象出来的经济理论。中国特色社会主义政治经济学的全部理论寓于中华人民共和国经济史发展过程中各个历史时期的特征与经济工作的经验教训之中。

别类分层,即将国民经济的整体分解为各个组成部类,在同一部类中又区分出不同的层次。这是因为国民经济的整体是由多个部类组成的,每一个部类里包含多个层次。别类分层,认识了国民经济的所有部类以及部类中包含的所有层次,就掌握了中华人民共和国经济的结构及国民经济在演进过程中结构的变化。

三

从 1983 年起,我参与的研究中华人民共和国经济史团队有三项主要成果。一是《中华人民共和国经济史》(七卷本)。二是《中华人民共和国经济专题大事记》(七卷本)。三是《中国经济史大辞典》下卷(专记中华人民共和国经济史事件)。我个人的研究成果,属于中华人民共和国经济史的,除了一本专著性教科书《中国近现代经济史 1949—1991》,还有几十篇专题论文。这本《中华人民共和国经济史旨要》中的资料和观点,是从这些书中提炼出来的(因而包含研究集体的成果),是对中华人民共和国经济发展全过程、全方位研究的理论概要,也是我对中华人民共和国经济史认识的一次升华。

为了便于读者学习与查阅,本书秉承上述认识,在内容上抓纲,抓要点,抓大事,力图做到大事不遗漏,小事不入列。在结构上,仿会要体,事以类聚,事类的安排以理论逻辑为经,历史逻辑为纬。具体而言,按理论逻辑分门类设层次,门类下的子目按历史逻辑即按时序排先后,以此达到理论逻辑与历史逻辑相结合。在文字上,力求简明扼要。读者如若想深入了解中华人民共和国经济演变的详细过程,可以阅读七卷本《中华人民共和国经济史》(200 多万字)或《中国近现代经济史 1949—1991》(45 万字);如若想详细了解中华人民共和国经济演变的某件事实或事项,可以查阅七卷本《中华人民共和国经济专题大事记》(200 多万字)和《中国经济史大辞典》下卷(140 万字)。如若只是想知道中华人民共和国经济史的概要,则浏览这本小册子也就可以了。

　　本书是为纪念和学习中华人民共和国经济 70 年而编写的,具有记事的性质。工作始于 2020 年,条目的设置以 1949 年为上限,2019 年为下限。这与史论性质的中华人民共和国经济史著作的断限有所不同。条目的释文写于 2020 年至 2022 年,对事物的分析和评价,采用了最新的观点。书中所有条目的释文,以马克思列宁主义、毛泽东思想、邓小平理论、"三个代表"重要思想、科学发展观、习近平新时代中国特色社会主义思想为指导,以 1981 年中共十一届六中全会通过的《关于建国以来党的若干历史问题的决议》和 2021 年中共十九届六中全会通过的《中共中央关于党的百年奋斗重大成就和历史经验的决议》为立论依据,资料和数据来源于党和政府发布的文献,尽可能地汲取经济学界、中华人民共和国史学界、中华人民共和国经济史学界学者们的研究成果。

好字当先，快速发展

——当前阶段 GDP 年均增长率以 7% 左右为宜

武汉城市圈两型社会综合配套改革试验的目标，应该是探索出一条中国社会经济发展又好又快的新路子。在这项试验起步之时，我拟就好与快的关系，介绍一点历史经验，冀尽刍荛。

需要快又能够快

中国过去长期经济落后，人民生活因而贫苦，国家因而受富国的欺侮。一百多年来，中国人一直想快点改变这种状况，个人早日过上富裕生活，国家早日富强。从国家领导人到普通老百姓，人同此心，心同此理。全国上上下下都有一种希望社会经济快速发展的冲动。

我们需要社会经济的快速发展，也能够快速发展。改革开放 30 年的事实已经证明了这一点。其所以如此，除了人心思快，还有国内国际的条件。国内，有社会主义制度的优越性，有改革开放和市场经济体制激活的积极性。国际上，有一个和平发展的环境和后发优势。中国现在有了一个百年难遇的能够快速发展的历史机遇，我们一定要牢牢把握。

在说及后发优势时，有必要顺便指出，正是由于后发优势，中国周围国家，如日本、韩国等，都曾快速发展过，印度、越南等国现在也都在高速发展。其中有些国家和地区的某些时期，速度比我国还高。在这些快速发展的国家中，除中国和越南外，其余都是实行资本主义制度。可见，在某个期间内经济发展快，是社会主义国家和资本主义国家都可以做到的事。社会主义制度的优越性应该表现在不仅快，而且好。好在哪里？如果用一句话来说，就是以人为本。这表现在发展的方方面面，其中重要的有三：一是在发展的目标和动机上,是为了人民的福利,不是为了少数人的福利,是普世性的、全民性的福利,即不是带来贫富严重分化的发展;不是只顾当代人眼前的短暂福利,而且是要为人民的长远福利、为后代人福利着想的发展。二是在发展的安排上,要节约能源资源,而不是浪费资源;要有利于生态环境的改善,而不是污染环境。三是在发展的过程上,是稳定的、持续的快速,而不是一会儿很高一会儿很低,大起大落,即不发生泡沫经济,不发生危机,不在快速发展一段后要作长期调整(日本泡沫经济破灭后,接着是 11 年的停滞;东南亚一些快速发展过的国家,都有过 5 到 10 年的低迷)。总之,能够长期的快。

不是越快越好

我们需要经济发展快,也能够快,但是,怎样的快,快到什么程度,才能带来长期的快? 经济发展史上的经验证明,经济发展有它的内在规律,不能随心所欲,既不是想多快就多快,也不是越快越好,有些种类的快要不得,不能要。下面仅举两种为例。

远的不说,就以我们亲身经历过的事为例。中国 1978 年以前的经验证明,即使在计划经济体制下,即使没有改革开放动力,要经济短期内发展得快,并不难。但快得超过了国家的承受力,经济就会出现难以为继的局面,就要实行调整,放慢速度。1953 年至 1978 年的 26 年间,这样的情况发生过 5 次(1953 年的小冒进,1956 年的冒进,1958 年至 1960 年的"大跃进",1964 年的大增长,1969 年至 1970 年的"三突破")。其中突出的是三年"大跃进"和由此引起的两年大调整,形成一次大上大下的周期。在此期间,几亿人受饿,非正常死亡的人口有 2000 万人以上。直到 1964 年,国民收入的绝对量才恢复到 1957 年的水平,经济发展耽误七八年时间。算算 1957 年至 1964 年的总账,发展速度很慢很慢。1978 年以后也有过 5 次高速增长(1978 年、1984 年、1987 年、1992 年、2003 年)和随后的调整。如:1978 年的"大上快干",GDP 比上年增长 11.7%,1979 年开始调整,下降至 7.6%,但仍然引起通货膨胀,1980 年 CPI(消费价格指数)上涨 6%,这是 1953 年以来从未有过的,1981 年就开始调整,GDP 下降至 5.2%。1984 年的"翻两番",GDP 比上年增长 15.2%,CPI 随着从 1984 年的 2.8% 上窜至 1985 年的 9.3%。1985 年中央采取"软着陆"亦即调整的措施。1987 年至 1988 年"加快步伐",GDP 分别上升 11.6%、11.3%。1988 年至 1989 年 CPI 分别上升 18.8%、18.0%,打破了 1961 年

16.2%的纪录。1989年春夏之交的政治风波后开始认真调整,1989年至1990年的GDP下降至4.1%和3.8%。1992年的GDP比上年增长14.2%,1993年下半年开始"软着陆",1992年至1996年CPI分别上涨6.4%、14.7%、24.1%、17.1%、8.3%,连续5年的严重通货膨胀。其中1994年的24.1%,又超越1988年的纪录,人民手中的通货因此大缩水。2003年GDP比上年增长10%,煤、电、油、运紧张,生产资料价格上涨,经济过热,2004年4月,政府开始实行调控措施。由于中央政府措施缓和,地方政府扩张冲动强烈,调控未能到位,2004年至2007年GDP增长率仍在9%至10%的高位盘旋,至2007年,CPI快速上升;2007年4.8%,2008年4月同比上升8.5%。历史事实反复证明,经济增长快到一定程度后,就一定会出现通货膨胀等问题,快速增长就持续不下去了,必然要采取调整的措施。这是一种不能持久的快,仅仅从经济上算投入产出的账是一种低效益的快。1958年至1960年的那种快,得不偿失,是负效益的快。这种快是快而不好。这是一种情况。

如若从历史的角度算长期的账和从社会的角度全面算账,还有一种得不偿失的快。这就是一些发达国家走过的,我国1958年至1980年和近30年来部分地区重蹈覆辙的,以能源资源高消耗和环境严重污染为代价的快。在这种快的过程中,人们对自然毫无敬畏之心,对环境不予理睬,肆意妄为,破坏环境,破坏资源。因为资源的稀缺性和许多资源难于再生或不可再生,所以这是一种"吃祖宗饭,断子孙粮"的快,一种当代人求短期快使后代人不得不长期慢的"快"。因为空气、水等是人类的基本生存条件,它们一旦被污染,恢复起来很难很难,治理的时间很长很长,费用很大很大。这是一种危及人类生存与健康的快,一种破坏性的快,一种不好的快。

这两种快要不得,我们不能要。我们要的只能是稳定的、能长期持续的,从而真正高速的快,要的是有益于人的健康和全面发展、经济发展快速但自然不受破坏的快,总之是一种好字当先的又好又快。

中国当前阶段以多快为宜?

按照好字当先、又好又快的要求,根据中国当前阶段国内与国际的条件,经济发展速度以多快为宜? 这是一个可以由已知推测未知,只能由实践经验来回答的问题,一个只能由经济史来回答的问题。1990年,我在《经济的稳定发展与增长速度》(《中南财经大学学报》1990年第4期)一文中,根据1953年至1989年

37 年间经济发展速度及其所体现出的国力,提出当前阶段 GDP 的年平均增长速度以 6% 到 7% 为宜。经济总是在波动中发展的,所谓年平均增长速度,也就是波动的中轴线。稳定的发展就是波幅小,例如 3 个百分点之内。中轴线为 6%,波幅从 5% 到 7%。中轴线为 7%,波幅从 6% 到 8%。中轴线为 6% 到 7%,即经济在 5% 到 8% 区间波动。6% 到 7% 是个什么概念?(一)在当今世界经济中,GDP 年增长率 1% 以下是停滞,1% 到 2% 是低速,3% 到 4% 是中速,5% 到 6% 是高速,7% 以上是超高速度。(二)年平均增长率 6%,经济总量 12 年翻一番(201.22%);年平均增长率 7%,10 年翻一番(196.72%)。(三)国民经济若能以国内生产总值年增长率 6% 到 7% 的速度前进,可以保证分三步走的战略目标的实现;可以避免大上大下,会在宏观经济上产生巨大的效益;可以使国民经济的发展避免能源和资源的高消耗和生态环境的严重污染,处于良性循环的环境中。这样,就有可能持续稳定协调发展,实现科学的又好又快的发展。(四)1995 年,中共中央在《中共中央关于制定国民经济和社会发展“九五”计划和 2010 年远景目标的建议》中提出 GDP 年平均增长率是 6%。2005 年制定的“十一五”规划,中共中央提出的是 7%(后来全国人大通过的是 7.5%)。中共中央的规划与计划中规定的速度与我此前提的意见一致,这使我得到鼓舞。

　　由于有中华人民共和国成立以来社会经济发展的历史事实与中共中央的几个规划作依据,从 1991 年以来,我一直坚持这个观点。在 2003 年出版的《中国近现代经济史 1949—1991》一书中,我把这列为中华人民共和国成立以来经济建设四条基本经验之一(确定经济发展速度要从国力出发)。2006 年春,湖北省“十一五”规划提出 GDP 年平均增长率 10% 以上,当征求我的意见时,我建议改为 9% 以下。

将指导思想转到好字当先、快速发展上来

　　1991 年以后,实际的发展速度超过了 6% 至 7%,达到 9% 以上(其中可能有点水分①)。这种速度与下列现象相伴而来。(一)国民收入中积累比例高而

---

　　①本文所用的发展速度数据,皆为国家统计局公布的。据孟连、王小鲁事后的研究,国家统计局公布的 1953—1977、1978—1994 年间的 GDP 增长率,可能分别虚增长 2.2% 和 1%(《对中国经济增长统计数据可信度的估计》,《经济研究》2000 年第 10 期)。这就是说,本文赖以得出结论的数据有些水分,实际的增长率比国家统计局公布的要低 1.6 个百分点。本文所预测的是实际增长率,而不是含水分的数据。

消费比例低。这是由于经济增长主要靠投资和出口拉动而不是消费。这导致居民收入低,国内市场不大;对外依存度增大;发生输入型通货膨胀;利润大量外流。(二)能源资源高消耗。(三)高排放与生态环境的严重污染。(四)贫富差别迅速扩大。这就是说,这种发展中有一些方面不是以人为本,有不科学的因素,不完全符合科学发展的要求。这些问题的产生,究其根本原因,在于发展超过了国力与国际条件所许可的正常速度。如若不以 GDP 增长为中心而以人为本,排除上述各种不科学因素,将更多的钱用于增加人民收入,用于治理环境,用于节约资源,用于扶贫,经济发展的质量将更好一些,GDP 的增长速度会低于 9%。

根据以上情况,衷心希望武汉城市圈建设从制定规划开始,就注意速度与质量的关系,要将指导思想从以前的快字当先、快中求好,转向好字当先、好中求快的轨道上来,宁可慢一点,但一定要好一些。具体而言,好一些的标准或要求是"四要四不要":一是要能够带来幸福指数的增长,而不是带来生活环境污染的增长。城市圈建设试验的目标之一便是环境合理型,若仍然走以污染环境为代价的老路,便是与中共中央的初衷背道而驰了。二是要能带来共享的增长,而不要导致贫富分化甚至两极分化的增长。共享有利于社会和谐,贫富分化会影响社会和谐。三是要带来城乡互助的增长,而不是导致城乡对立的增长。核心是有利于"三农"问题的解决而不是加重。城市圈建设最大的问题可能是在土地问题上损害农民、农业和农村的利益。在这一点上要千万注意。四是要能够带来持续的增长而非昙花一现的增长,要功在当代、惠及子孙,而不是功在一时、祸留后代的增长。要实现这种增长,关键是建立节约型与环境合理型社会的运行机制。

原载《武汉城市圈两型社会创新与建设》,湖北人民出版社 2008 年版。

谈劳动互助组与供销合作社

一、劳动互助组与供销合作社的关系

目前在农村的群众性的经济组织中,存在比较多的是农业生产合作社的前期形式——劳动互助组织和供销合作社;其次才是信用合作社和手工业生产合作社。其中组织得最广泛,同时又是引导农民走上集体化最基本的直接的组织,则是劳动互助组及目前互助合作运动中的高级形式——农业生产合作社。

供销合作社与劳动互助组虽是两种不同业务内容的经济组织,而其同一目的,就是要引导农民走上集体化,使农民过着幸福的生活。"无产阶级专政手中的合作社,是改变小农经济和改造基本农民群众使灌输以社会主义精神的最有力的手段"(列宁)。斯大林同志说过:"列宁的合作社计划是农村中社会主义发展的不加引号的大道,这个计划包括农业合作社的一切形式,从低级形式(供销合作社)到高级形式(生产合作社—集体农庄)。"[①]

一方面,由于我国的具体情况不同——生产力落后,土地改革后土地所有权仍然私有;工业生产不发达,不能供给充分的农业机器,不能立即完全集体化——组织集体农庄。另一方面,我国仍有资产阶级存在,并将得到一定程度的发展,必须防止从农民中"每时每刻大批的产生资本主义及资产阶级"和跟着资产阶级走入资本主义社会,并且必须提高农业生产力。在这种具体情况下,毛主席总结了群众的创造,发展了列宁、斯大林的合作社学说,制定了逐步集体化的"组织起来"的方针。

因此,在我国目前正在同时发展着供销和生产、低级形式和高级形式的两

---

①斯大林:《列宁主义问题》,人民出版社1964年版,第335页。

种合作社。这是党引导农民走上集体化的两种不同的形式。而给予农民集体主义教育最深刻、最实际，农民受到物质实惠最多的，必然是集体农业的合作社——劳动互助组和农业生产合作社。

因此，供销合作社与劳动互助组是从不同的两方面来完成同一任务。二者有明确的分工，问题在于如何密切结合起来。在这两种不同性质的合作社之间，当然没有什么领导关系（在行政上前者受合作部门领导，后者受农业部门领导）。但在组织上和业务上二者是可以而且必须结合起来的。

二、供销合作社与劳动互助组密切结合起来

由于农村党的组织贯彻了毛主席"组织起来"的指示，劳动互助组日益增多与巩固，在大多数地区，基本上已成为农村中农业生产的劳作单位。因而它也就自然地成为农民生产竞赛单位，党的宣传组织的组织单位，文化学习小组，供销合作社的社员小组或已成为供销的基本单位。

领导农民"组织起来"，走向集体化，发展生产，是党在农村工作的基本任务，是土地改革后人民政府在农村唯一的中心工作。"我们农村经济发展的方向，是使绝大多数农民上升为丰衣足食的农民"。农民也只有组织起来才能克服生产中的困难，节省劳力，从事副业生产，增加收入以改善生活。

因此，扶植农民发展生产，减除农民的中间剥削，改善农民的生活，从而在集体供销的物质利益中引导农民走上集体化的道路，同样是供销合作社的基本任务。

劳动互助组与供销合作社只有在发展农业生产这一唯一原则下才能得到密切的结合。二者结合的实质就是供销合作社如何扶植农业生产的问题；而扶植生产——必须帮助劳动互助组——正是供销合作社的基本任务。

供销合作社如何与劳动互助组密切结合呢？首先，供销合作社必须通过优良农具、肥料、种籽、耕畜和资金的供给或贷给、农副产品的推销、剩余劳力及资金的组织等方面，贯彻党和政府扶植互助组的政策，优先或优待互助组于个体农民。这样才能巩固已有的互助组，树立个体农民前进的榜样，以物资实惠引导农民组织起来，促进互助组普遍迅速的发展与巩固。

其次，密切结合的基本方法是供销合作社与互助组订立"结合合同"。按照合同的规定办事，互助组需要的由合作社供给，互助组要推销的由供销

合作社推销。这样,供销合作社就可以指导互助组的生产方向,互助组就能大胆生产而不顾虑产品有无销路。这样使农副产品的生产消费和工业品的分配有组织性与计划化,把国家的经济计划与农民的个体经济结合起来,减少生产与供销上的盲目性,并相对地缩小自由市场,减少奸商投机倒把的可能,使农民的收入增加,供销合作社的业务稳步发展。因此,"这无疑地是进一步实现互助组和供销合作社的社会分工的最有力的形式之一,是巩固合作社同时又巩固互助组的重要步骤之一,是在新的情况下加强城乡物资交流的最有力的形式之一,是加强工农联盟、巩固城市对农村的领导、巩固工人对农民的领导的最有力的形式之一"(《人民日报》1952 年 4 月 10 日社论)。为此,供销合作社的社员小组与互助组最好能在组织上统一起来,互助组中选出专人与供销合作社联系、统计社员需要,制订供销计划,参加供销合作社有关生产的会议。

再次,供销合作社必须善于组织农闲时互助组的剩余劳力及资金从事副业生产(包括加工、运输等),帮助解决困难及推销产品,使互助组农副业得到结合,农闲时不解散,促使季节性的互助组变成常年的互助组。这样做的必然结果是农业、副业、手工业得到发展,农民收入增加,供销合作社的业务扩大。

各地事实证明了这一点:扶植劳动互助组是发展供销业务的关键,二者结合不好,不仅互助组会流于形式或得不到发展,供销合作社也无法做到经营的计划化及满足社员的需要。东北吉林省永吉县二道沟村就是一个例子,这个村在供销合作社未建立以前,互助组有名无实,政府虽贷出了粮食和资金,由于缺乏有计划、有组织的使用,生产中的困难仍得不到解决。二者结合以后,互助组由 13 个(1950 年)发展到 57 个(1951 年),组员占全村劳动力的三分之二。供销合作社的业务也随着扩大了:1951 年的供给总额是78.151 万元,比 1950 年增加 57%;推销总额是 88.22 万元,比 1950 年增加41%。另外还积累了利润 2000 余万元。社员反映:"咱们互助组有合作社的扶助,年年扩大,多咱也垮不了。"

目前,摆在供销合作社面前的紧急任务首先是立即收购土特产、活跃城乡物资交流,提高农民的购买力。其次是充分准备各种适用于当地的肥料、农具及杀虫药械,保证及时供应,并且可以通过这些物品的供给与贷给,组织农副产品的预购或订购业务;推广新式改良农具及使用化学肥料等科学技术知识。

同时也必须着重供给各种文化用品,介绍各地劳模的经验及挑战竞赛情况,使组员学习文化和先进经验,提高爱国热情,掀起爱国生产竞赛的高潮,保证1952年农业生产任务胜利完成。

原载《经济周报》1952年第20期。

扩大内需关键在开拓农村市场

经济增长迫切需要开拓农村市场

中国经济运行的特征发生了显著变化,工业产品的相对过剩代替了广泛的产品短缺,主要农产品供给也由长期短缺变成总量大体平衡,丰年有余。经济的增长因此受到需求不足的约束。要实现经济的快速增长必须有效地开拓国际国内市场。亚洲和俄国的金融危机,使国际市场需求,尤其是东南亚各国和俄国对我国产品的需求大幅度衰退。东南亚国家货币贬值导致我国产品国际竞争力下降,世界贸易保护主义猖獗,使我国开拓国际市场困难加大。1998年我国外贸进出口总额比上年下降 0.4%,是自 1983 年以来首次出现的负增长,其中出口仅比上年增长 0.5%。1999 年世界经济增长率预计比 1998 年低。在这种情况下,必须把扩大市场重点放到国内需求上来。

就国内市场而言,开拓城市市场困难相对较多。一方面,城市市场已渐趋饱和,城市居民尚未形成新的消费热点。另一方面,由于城镇职工失业下岗增多,预期收入下降,而住房制度、医疗制度、教育制度改革的开展使预期支出增加,城镇居民对消费持谨慎态度。1998 年同 1997 年相比,消费增长下降超过三分之一。可见,扩大内需的重点,在于千方百计开拓农村市场。

从总体上看,全国农村市场的消费仍处于较低水平。1997 年,全国农村居民人均消费 1930 元,仅是城镇居民人均消费水平的 31.9%。从耐用消费品拥有量看,农村居民仅相当于城镇居民 20 世纪 80 年代后期水平。如果全国农村家庭的家电拥有率达到 1996 年的城市普及水平,按 1996 年的产量看,相当于 10 年的彩电产量,14 年的电冰箱产量,16 年的洗衣机产量。同时,随着农村产业化进程的加快,一些科技含量较高的农业生产机械,现代农产品加工和种植栽培设施等,将逐步成为一些地区农民的消费重点。农村小城镇建设,也将使建筑材料的需求不断扩大。所以,农村市场是一个广阔的、潜力巨大的市场。

制约农村市场开拓的若干因素

(一)农民收入水平低,购买力分流严重。改革开放以来,农民收入增长较快。但相对城市而言,整体水平偏低。1997 年全国农民人均纯收入 2090 元,而同期城市人均可支配收入为 5160 元。较低的收入水平使得农民不得不把收入的绝大部分用于基本生活消费支出。这就直接制约了农村市场的扩大。最近几年出现的一些情况(如农产品价格下跌等)对农民收入影响甚大,使农民手中实际可支配现金远比纯收入少。城市失业人数的增加,使得农民到城市就业的门路逐渐关闭。同时,乡镇企业发展速度下降,吸纳农村剩余劳动力速度明显减缓。这些情况一方面直接影响了农民收入的增加,另一方面影响着农民的即期消费和心理预期,使其未来不确定感增强,一些潜在的购买力难以转化为现实的购买力。另外,农民的非商品支出迅速增加,有限的购买力不断发生分流。例如,人情往来、子女教育、养老保险等方面的支出大幅度增长。农民购买力的分流,影响商品旺盛购买力的形成,阻碍农村市场潜在需求向现实需求的转化。

(二)农村基础设施薄弱,消费环境较差。农民消费水平的高低,不仅取决于其收入水平,还取决于其消费环境。农村市场建设、生产生活设施建设虽有较大进步,但存在较多问题。一是农村市场建设滞后,市场数量不足。就是建立了各类市场的地方,大都规模小,配套设施跟不上。有的市场在建设时就没有充分考虑到市场布局、交通、购买力、商流物流、市场辐射半径等因素,造成"有场无市"。二是农村市场体系不健全。农村专业市场滞后于农村集贸市场,生产要素市场滞后于商品市场,生产资料市场滞后于消费品市场,市场"软件"滞后于"硬件"。三是农村生产生活设施落后。比如,供电系统不完善,电价过高,影响了农民购买电器的热情。

(三)商品供给结构不合理,销售服务不完善。农民消费有其自身特点。一是对购买的商品一般要求经济实惠,经久耐用,价格便宜,使用方便。二是积累型消费居多。三是季节性强。四是农民消费具有较强的趋同性和从众心理。目前,我国大多数工商企业忽视了对农村居民消费心理、消费结构和消费特征的研究。不少企业甚至把农村市场作为城市滞销、过时商品的"倾销地"。所以,一方面许多工业产品相对过剩,企业库存增加;而另一方面符合农村消费水平的工业品,如宽型鞋、中式服装等却供不应求。另外,免费安装、上门维修等服务很不完善,在一定程度上限制了农村销售市场的扩大。

（四）流通网络不健全,流通秩序不规范。长期以来,供销社系统一直是组织农村商品流通的主渠道。随着农村流通体制改革,农村私营、个体商业蓬勃发展,农村市场竞争加剧,供销社占有份额逐步下降,国有商业已基本退出县以下的农村市场。在湖北省农村市场的销售额中,国有商业仅占 10%,供销社约占 20%。个体、私营商业虽然可满足农民的一般消费需求,但由于其规模小,资金少,经营品种雷同,商业档次低,业态单一,难以在现代流通中起主导作用。"买大件到城里,油盐酱醋找个体,日用百货赶大集"的民谣就是证明。同时基于多种原因,农村流通市场秩序混乱,假冒伪劣商品时常出现。一些地方的农村市场,欺行霸市、地区封锁、行业垄断、乱收费问题突出。这些问题的存在,不仅影响农村商品市场的健康发展,而且严重损害了农村消费者的利益。

开拓农村市场的主要措施

继续大力加强农村工作,切实调动和保护农民生产经营积极性,千方百计提高农民收入和购买力。开拓农村市场的根本措施是增加农民收入。据测算,农村消费品零售额与农民收入的相关系数高达 0.998,全国农民人均纯收入每增加 1 元,农村消费品零售额将增加 5.63 亿元。为了提高农民收入,增加农民的实际购买力,要做好下列工作。一是以市场为导向,积极引导农民调整产业结构和产品结构,在稳定粮食生产的同时,大力发展林牧渔业和以农副产品加工为主的乡镇企业,改善农民的收入来源结构,提高农副产品的商品率和附加值。二是要加强农副产品市场的宏观调控,保持农副产品价格稳定提高,真正帮助农民解决各种"卖难"问题。三是增加对农村科教和基础设施的投入,要建立农业教育、科技推广体系,加强国土治理、水土资源和生态环境保护,加强农田水利等基础设施建设,进一步改善农业生产条件。四是控制农业生产资料的价格上涨,彻底禁止"三乱",切实减轻农民负担。

鼓励企业面向农村市场,设计开发适合农村消费环境的消费品。企业要转变过去过分地把注意力放在满足城市居民消费需要的观念,改变到农村去处理积压过时商品的做法,研究农民的消费心理、消费水平、需求特点,生产出适合农村市场需要的产品。可以家电为突破口,设计开发功能简单、价格便宜、质量过硬的家电产品,努力开拓农村耐用消费品市场。农村家电普及率每提高一个百分点,可增加 200 万台销量。与此同时,以农业生产与经营的专业化、规模化为契机,大力开拓农副产品加工机械市场和以收割机、农用运输车为代表的大型农机具市场,满足农民对新型农业生产资料的需求。

构架适合农村市场特点的新型流通网络体系,充分调动各类流通企业的积极性,大力加强农村市场的销售工作。一是要加快农村市场体系建设,鼓励国有、私营、个体、合作、合资等各种企业进行竞争,逐步在农村建立规范的批发市场、零售市场和各种专业市场。二是在农村采用新型营销方式,将连锁经营、物流配送、租赁、公司加农户等现代流通形式引入农村,将城市名店向农村延伸。三是加大供销社体制改革力度,把其真正办成农民自己的经济合作组织,做好农副产品的收购、调运和日用工业品的送货下乡工作。四是抓好商品的售后服务,建立完善的产品售后服务体系,使农民对商品买得放心,用得称心。

发挥各方面积极性,加强农村基础设施建设,改善农村消费环境。加大农村基础设施投资力度,大力发展农村新电网,加强用电和电费管理,加强农村道路建设,从而为开拓农村市场创造条件。

此文与刘永进合作,原载《理论周刊》第 640 期。

"三农"：构建和谐社会的关键环节

解决好"三农"问题是全党工作的"重中之重"，也是建设和谐社会各项工作的"重中之重"。抓住它，可以带动促进和谐社会建设的其他各项工作，使之较为容易地取得成效。

中央在"十一五"规划建议中提出的六项主要任务中，把建设社会主义新农村放在首位，就是抓住了"重中之重"。这是科学发展观的具体体现。有什么样的发展观作指导，便会出现什么样的发展模式。从这个规划的内涵来看，与以往的几个五年计划相比，在指导思想与导向上发生了许多变化。诸如：在速度与效益的关系上，由强调速度到强调效益。在效率与公平的关系上，由强调效率优先到强调公平。在贫富关系上，从倡导先富后富到强调共同富裕。在引进与创新关系上，从强调引进到强调自主创新能力。在农业与工业关系上，由以农业养工业到以工哺农。在城市与农村的关系上，由农村支持城市到城市支持农村。如此等等。这预示着发展模式的一次转换。在这次转换中，核心是"工业反哺农业，城市支持农业"。

"三农"问题成为重中之重，这是中国共产党工作重心的又一次转移。省市等各级政府要在工作中实现这些转换，必须首先转换思想认识，并必须围绕新的重心大胆创新。在这次发展模式转换阶段中，湖北省有条件抓住此机遇，在将经济发展转移到科学发展观轨道上的工作中有所创新，在促进和谐社会建设的工作中有所创新。

调整结构打造一流设计制造中心

建设"资源节约型"和"环境友好型"社会是和谐社会的要求。其核心发展理念是要摒弃资源消耗的外延型发展，依靠科技创新走内涵式发展道路，在提高资源使用效率和保护自然环境的前提下加快工业化进程。那么，作为中部地区的传统老工业基地,湖北省如何实施新型工业化战略呢? 制造业是现代工业的基础部门和"首席产业"。从这个角度来说,要走新型工业化道路,首先是要以科技为先导,发展和振兴现代制造业。作为传统的老工业基地,湖北曾是我国近现代制造业重要聚集区。中华人民共和国成立初期,武钢、武重、武锅、武船等一批大型企业在全国制造业中居于举足轻重地位。近年来,湖北逐步形成了以机电、信息、环保、钢铁、食品等产业为支柱的主导产业群,以及以武钢、神龙等企业为支撑的核心企业群,发展势力强劲。但是,如果以研发人员比例、研发经费支出、新产品产值率等指标来衡量,湖北制造业的科技竞争能力依然不高。基于此,我们可以将湖北制造业的现实基础界定为中部地区最大的制造设计中心。

确立"三圈三带"经济战略

按照湖北经济发展的地理特征,建议形成"三圈三带"的经济发展格局,最大限度地发挥经济潜力。

建立"三圈三带"这样一个多平台、多层面、点线结合的经济发展格局,即以武汉大都市经济圈为主,辅之以宜昌、襄樊两个都市经济圈,打造长江、汉江、清江经济带。长江经济带连接武汉、宜昌两个经济圈,以沿江大中城市经济体系为主;汉江经济带为楚文化带,连接襄樊、武汉两个经济圈,以水电、汽车、纺织为主;清江经济带为土家文化带,连接山区经济和平原经济,以水电、旅游、特色农业为主。三个经济圈可能形成湖北经济发展的"金三角"。规划经济圈或经济带的目的在于为经济发展搭建一个更牢固、更全面的资源配置的平台和信息交流的平台,反映了经济发展的态势和信心。点和线结合,才能带动湖北全省经济的全面发展。过去湖北省重视汉江经济带的建设,现在应该点线结合。

加快民主法制建设

我国人均 GDP 已超过 1000 美元,发展中国家由 1000 美元到 3000 美元,是发展的关键时期。历史经验表明,这一时期既是发展机遇期,又是矛盾凸显期。中国作为一个社会主义的发展中大国,作为一个选择了改革开放的大国,不仅会遇到一般发展中国家在这一发展阶段会遇到的矛盾,而且还会遇到许多特殊的矛盾,因为中国同时还处在社会转型期,经济转轨期,经济结构调整期。中国在经历了持续 25 年快速发展之后,中国经济结束了短缺,持续出现了低品质产品过剩,低水平生产能力过剩,低素质劳力过剩。发展解决了许多老矛盾,发展必将制造许多新矛盾。随着我国市场化、工业化、城市化进程加快,社会组织形式,就业结构、社会结构的变革也必然加快,这使我国面临一系列突出的矛盾和问题。

　解决这些矛盾和问题,不能回到过去计划经济的老路上去,过去的一些行之有效的传统方法用来解决现在的矛盾不能奏效。解决这些矛盾和问题,一靠继续发展,二靠深入改革,三靠加快民主法制建设,而加快民主法制建设又是持续健康发展和改革有序的保障。民主法制建设是规范市场秩序、保护生态环境、化解社会矛盾、维护群众利益、促进社会公平和正义的最重要的制度保证。

　原载《湖北日报》2006 年 1 月 31 日,后收入《2005 湖北发展论坛　构建和谐湖北发展与动力》,湖北人民出版社 2006 年版。

转换思路是关键

——降低增长速度是当前阶段实现抓住"三农"这个重点的条件之一

要做好湖北新农村建设这篇大文章，可以就"新农村建设"这个命题内涵中的问题谈"新农村建设"。这有许多问题要研究（其中重要的是目标问题、机制问题和资金问题）。这种研究很重要，很有意义。但也要研究内涵外的问题，如前提问题、条件问题、环境问题等等。在当前，即建设新农村工作的起步阶段，后一类问题，如转换整个经济工作的思路，可能比内涵中的问题更重要。这是因为：

一、从科学发展观内涵看，思路转换了，新农村建设的重点地位也就落实了

转换思路是指对整个经济社会发展工作思路的转换，即从原来的发展观转到科学发展观上来。十六大提出的科学发展观，通过"十一五"规划进一步具体化了。只要将"十一五"规划与"八五""九五""十五"等规划作比较，便能发现转变的内容包括经济社会发展的各个方面。诸如：在经济增长拉动力"三驾马车"（外贸、投资与消费）的关系上，由以外贸、投资为主导的增长，转向以消费为主导的增长。在国内与国外两个市场的关系上，由主要依赖出口带动转向立足扩大国内需求。在引进与创新的关系上，从强调引进到强调自主创新能力。在经济增长的速度与效益的关系上，从强调速度到强调效益，要求以又快又好为目标。在经济增长与资源的关系上，由主要依靠增加资源投入带动，转向主要依靠资源利用效率带动；在资源利用与资源节约上，要更加注重节约。在经济增长与环境保护的关系上，从重经济增长、轻环境保护，先污染、后治理，转向保护环境与发展经济并重，环境保护和经济发展同步推进，在保

护环境中求发展。在增加物质财富与人的发展关系上，从偏重于增加物质财富，转向以人为本，把提高人民生活水平作为根本出发点和落脚点，更加注重促进人的全面发展。在效率优先、兼顾公平的关系上，从强调效率优先到更加注重社会公平，把效率与公平放在同等的位置上。在贫富关系上，从强调先富到强调共同富裕。在地区之间、城乡之间、产业之间的关系上，由不平衡发展转向协调发展。在三次产业的关系上，从经济增长主要依靠工业带动和数量扩张带动，转向三次产业协同带动和结构优化带动。如此等等，说明这次转换是一次全面的转换，一次经济发展模式的转轨。

在这次转换中，有没有重点？有。没有重点就没有战略。没有重点也没有策略。对于这个重点，中共中央规定得很具体，先是提出"三农"工作是各项工作中的"重中之重"。接着，在"十一五"规划中，将建设新农村放在六大任务的首位；制定"工业反哺农业，城市支持农村"的方针。这些提法与安排，已经非常明确地表示了中共中央将工作重点放在"三农"上，放在新农村建设上。这是中国共产党工作重心的又一次转移。所以，只要思路转换过来了，新农村建设就成了重点，摆在各级政府各项工作首位的位置上，地市、县市一级的一把手把主要力量放到"三农"工作上，新农村建设工作就好做了。因为重点确定以后，其他工作都要围着重点转。这就是转换思路是关键的原因。

正因为如此，转换思路首先要从抓住重点入手，从抓"三农"工作入手。

二、从"三农"问题形成的过程看，如果不转换思路，新农村建设工作一定做不好

农业、农民、农村在历史中已存在几千年。但"三农"作为一个反映特定历史时期社会问题和政策问题的新概念，是 1985 年以后出现的，以后逐渐突出。它是一种发展观所导致的经济发展的产物。这种发展观的特点，如果用一句话概括，就是片面追求 GDP 增长速度，以 GDP 增长速度衡量经济发展和政府、官员政绩的唯一指标。这种发展观以为 GDP 增长速度快，就是经济发展得好，就是经济工作做得好。在理论上，在认识上，这是对"经济发展"与"GDP"内涵了解不全面，把"经济发展"与"经济增长"等同，与"GDP"增长速度混同的表现。其结果是：只要有利于当年或任期内几年 GDP 增长的事就做，不利的就不办。何种方法能快，便用，否则弃之。哪个产业、哪个行业能更快

地增加 GDP 的数量,便重视它;哪个产业、哪个行业对 GDP 数量增加慢,便被忽视。工业产值比农业产值增长的速度快,便重视工业,忽视农业,长期以农业的积累来发展工业。这使工农业之间发展不协调,导致农业落后,农村落后,农民收入低下,造成了"三农"问题。因此,如果不转换思路,仍按老路子走下去,"工业反哺农业,城市支持农村"等方针落实不了,新农村建设难以达到目的。

因为传统发展观以片面追求 GDP 高速增长为目标,因为以往的超高速度是以损害农村、农业发展与农民收入为条件的,损害"三农"与超高速度成了一个事物的两个方面。所以在当前阶段,转换发展思路必须降低速度,将超高速降为高速。中共中央为此下了大决心。这表现在制定"十一五"规划时,主动地大幅度地降低 GDP 增长速度。自 1978 年改革开放以来,到 2005 年为止,中国 GDP 年均增长率高达 9.6%,最近 3 年更是运行在 10%(10%,10.1%,9.9%)的平台上。经济发展速度之快,被称为奇迹。中国受到世界舆论的广泛赞扬。可是,全国人大通过的"十一五"规划纲要中提出的年增长率为7.5%,比 1979 年至 2005 年低 2.1 个百分点,比近 3 年的增长率低 2.5 个百分点。为什么中央要主动地、如此大幅度地降低速度,这值得各级地方政府官员认真思考。我以为其原因除了上面说到的,还有两个。

(一)今年的高速度是在经济紧运行中实现的

经济增长有周期,有高峰期,有调整期。这是客观规律。波动是正常的。这就是说,经济运行应该有张有弛。只张不弛,弦绷得太紧是要断的。产能全面过剩、结构性过热等各种数据表明,现在的经济是紧运行,能源、资源、环境的压力大。若仍坚持 10% 左右的增长率,运行将进一步紧张,压力将更大。这就是说,10% 左右的增速难以再持续下去,本轮周期的高峰即将结束,经济运行进入调整期。在此形势下,宏观经济调控政策应该顺应经济周期规律,主动地适度降低增长速度,以避免大的波动,实现稳定增长的目标。对此,中央早已有明确的态度。2004 年 5 月 31 日,温家宝总理在各省、自治区、直辖市政府主要负责同志会议上发表的《当前经济形势和宏观调控问题》的讲话中,提出加强宏观调控的任务,指出其目的和指导思想是要真正贯彻落实科学发展观,把各方面加快发展的积极性保护好、引导好,保持经济平稳较快发展。随后,胡锦涛总书记又就加强宏观调控作了一次讲话。"十一五"规划纲要提出的年均增长率 7.5%，是进一步贯彻他们讲话的精神，是综合考虑当前各阶段各方面的因素，根据经济周期规律，根据需要与可能提出的，是为了防止大上大下的波动。

(二)过去的几年，经济增长的速度很快，但不是很好，适度降低速度是为了提高经济增长的质量，以实现又快又好的目标

之所以说前一段经济增长不是很好，原因之一在于成本太高，代价太大，绩效较差。例如，经济快速增长是与内外债(含企业的、地方政府的)的快速增加同步，是与对外依存度的快速提高同步，是与城乡差距、贫富差距的快速扩大同步，是与资源高投入、产出低效益同步，是与污染物的快速增长同步，是与产业间不协调的增长同步，如此等等。这里仅以本次研讨会的议题"新农村建设"为例，举 3 个数字。

1. 农业生产方面。主要农产品粮食，1999 年至 2003 年连续 5 年大幅度下降，从 1998 年的 5123 亿斤，降至 2003 年的 4307 亿斤。同期，人均粮食从 411 公斤降至 333 公斤，跌到了危险水平。

2. 农民收入方面。农户纯收入年均增长速度：1978 年至 1984 年，16.46%；1985 年至 1990 年，2.96%；1991 年至 1996 年，5.67%；1997 年至 2002 年，3.84%。农村居民人均纯收入，1997 年至 2003 年连续 7 年低速徘徊。

3. 农业资源方面。以耕地为例，在质量下降的同时，数量急剧减少。我看到两组数据。(1)1996 年至 2004 年减少 12825 万亩，平均每年减少 1425 万亩。(2)由 2000 年 10 月底的 19.24 亿亩减至 2005 年 10 月底的 18.31 亿亩，净减少 9240 万亩，年均减少 1848 万亩。这两组数字表明，耕地净减的趋势加速了。如果都像"十五"期间这样，每年净减耕地 1848 万亩，现有的 18.31 亿亩耕地，只要 10 年就会全部用完。

"十一五"以前的那种快，是靠农业、农村、农民的贡献取得的。如果不转换思路，仍按老路走，仍要原来的那么快，必以乡养城，以农补工，新农村建设一定是搞不好的。

正是针对经济增长很快却不是很好的状况，2005 年 10 月 11 日，在中共十六届五中全会第二次全体会议上，胡锦涛总书记代表中央政治局就推动我国"十一五"时期经济社会发展提出了几点意见，讲话的标题就是"努力实现'十

一五'时期发展目标,推动经济社会又快又好发展",提出要实现又快又好的发展目标。为了推动经济社会又快又好的发展,胡锦涛在讲话中突出强调了十个方面的重大问题。其中第一条是坚持做好"三农"工作,建设社会主义新农村。可见建设新农村是经济发展好的第一位的内容。

我想强调的是,关于快,中央的提法是"较快",是指国际标准中的高速度,即 GDP 年增长 6% 以上,而不是比"十五"时期更快。相反,与"十五"时期相比,要放慢 GDP 增长速度,这在"十一五"规划中已写得很明白。这个"好",是在"十五"好的基础上进一步"提高经济增长的质量",即比"十五"时期搞得更好一些。超高速不是很好与高速更好是两种绩效不同的发展模式。

"十一五"规划中规定的经济增长目标是:质量要比"十五"好一些,速度要比"十五"慢一点。"好一些"和"慢一点"是互为条件的。这个道理很简单。以资金为例。治理环境,减少污染,节约能源,建设新农村,提高生产安全度,为了提高自主创新能力而发展科教事业,为建立和谐社会而建立社会保障体系等等,都是要钱的。钱用到这些方面的多,用到追求 GDP 增长速度方面的就相对减少了。中共中央在将建设新农村摆在各项工作任务第一位的同时,主动地大幅度地降低 GDP 增长速度,是因为它们是紧密相关的。后者是前者的条件之一。故转换思路,抓住重点,要以降低 GDP 增长速度为条件。

三、从当前经济运行状况与地方政府官员认识的状况看,转换思路是个首要问题

当前经济工作中最突出的问题是不少地方政府官员跟不上中央的认识,发展思路没有转过来。这突出表现在没有理解建设新农村为首要任务与降低 GDP 增长速度的相关关系上。各省、区、市公布的"十一五"规划中,字面上建设新农村是第一位任务,在资金投放等实际措施中,仍在追求超高速,仍然是以工业为重中之重,财政资金的流向没有体现国家"十一五"规划的政策取向,所以经济仍在原轨道上运行,没有转轨。

全国人大通过的国家"十一五"规划纲要中,GDP 年均增长率预期目标为7.5%。可是,在各省、区、市公布的"十一五"规划中,最高的达 13%,最低的为8.5%,比中央提出的目标要求高 1 至 5.5 个百分点。综合各省、区、市的"十一五"规划,预计平均 GDP 增速是 10.1%。这比 7.5% 高 2.6 个百分点,即高

出 34.7％。这种超高增长速度预期又是以高投入和重化工为支撑的,其单位产值耗能降低指标则达不到国家"十一五"规划纲要提出的要求,有的甚至没有明确提出指标。为此,国家发改委于 4 月发出《关于请各地区科学确定本地区"十一五"时期经济发展速度的通知》,要求各地制定"十一五"规划的发展速度目标时,必须在指导思想上全面贯彻落实十六届五中全会关于"立足科学发展"的总体要求,必须符合"保持经济平稳较快"的指导原则。要求各地区发展改革委员会要知道各地市州、县市科学合理地确定"十一五"规划和年度计划的速度目标,省级"十一五"规划中的增长速度指标不得层层分解,避免层层加码,并严肃地指出,如果各地市州、县市在省级基础上再层层加码,并据此实施、考核,后果十分严重。可见,多数省、区、市的经济社会发展思路仍停留在传统发展观层次上。这是思想惯力的表现,不足为怪。"科学发展观是指导发展的世界观和方法论的集中体现。"(胡锦涛在十六届五中全会二次会议上的讲话)要从原来的发展观转到科学发展观,不是一件易事,不是一蹴而就可以完成的。这需要经过学习、实践、总结经验教训的"转"弯(转轨)过程。在这个转弯过程中,哪个省、区、市转得快,得益就会多。这次转弯将主要体现在对待"重中之重"和发展速度的态度上。

四、从湖北省改革开放 28 年的历史经验与现实的状况来看,迅速转换思路尤为重要,尤为迫切

1978 年实行改革开放以来,湖北省经济社会发展速度之快,是湖北历史上未曾有过的。这是纵向的比较,自己与自己比。若进行横向比,与一些省、区、市比,却有差距。2006 年 3 月,国家统计局公布经济普查的结果,2004 年的 GDP 数,全国总额大幅度增加,但各省、区、市的情况不一样,18 个增,12 个减,其中湖北减少 677.92 亿元,是各省中减得最多的,占 12 个省缩水总量 2473 亿元的 27.41％,GDP 从排名第 10 位降至第 13 位。此中有许多经验值得总结。紧跟中央,及时转换思路,是其中最重要的一条。当中央实行新征程、发展思路发生转折时,凡是紧跟的,湖北的经济便发展得又快又好,人民收益大;凡是转变慢时,结果便相反。这 28 年中,从农村包产到户,到发展乡镇企业,到发展民营经济、私营经济,到引进外资,多次发生慢半拍的情况,于是落在紧跟地区之后,只好虚心向外地学习。在当前的这次思路转换中,在紧跟中央方

面,广东等省已走在前列。它在 2004 年就提出不以 GDP 增长速度为主要目标,在"十一五"规划中将 GDP 增速压至年均 9%;再将"三农"放在"重中之重"地位方面,采取了许多措施,并在逐步落实。希望在这次发展思路转换中,湖北省能紧跟中央的精神,快速转换思路,将中央精神与湖北情况结合起来,抓住机遇,有所创新,创造出新农村建设的湖北经验与模式,在新农村建设方面走在中部地区各省或全国的前列。

原载《湖北新农村建设的思路与对策——2006 湖北发展论坛论文集》。

"重中之重"是建设和谐社会的关键环节

历史经验

1956 年,国务院领导人根据新中国成立后 7 年的事实,总结出来一条经验:哪一年农业丰收了,农民生活好过一些,第二年的国民经济就发展快,全国人民生活就好过一些,经济工作就好做一些;农村稳定,全国社会就稳定。相反亦然。新中国 50 多年的事实反复证实了这一点。

1950 年至 1952 年的土地改革消灭了地主土地所有制,也就是消灭了以剥削为基础的贫富差别,消灭了极贫与大富的差距,同时保存富农,保留富裕中农,保存和保护了以劳动为基础的贫富差别。在土地改革之后,鼓励劳动致富,一批贫农、雇农上升为中农,中农上升为富裕中农或富农。于是,新旧富农、新旧富裕中农、新旧中农与贫农并存,亦即小贫小富并存。1950 年以后,农业生产迅速恢复和发展,农民生活状况迅速改善,为城市困难的工商业创造了市场,带动了城乡各类经济,中国国民经济恢复的速度成为世界经济史上的一个奇迹。此时物资并不丰富,但人们心情舒畅,社会出现生机盎然、欣欣向荣的比较和谐的局面。

1958 年农村人民公社化过程中掀起了"共产风",它是一种绝对平均主义的做法,既消除了队(生产队)与队之间的贫富差别,也消除了队内户(农户)与户之间的贫富差别。这也就消除了农民劳动的积极性。于是,农业生产急剧下降,国民经济陷入深刻的危机。农民缺粮少油,城市居民也少粮缺油,全国人民皆面有菜色。1959 年至 1960 年非正常死亡的人数在一千万以上。1961年提出以农业为基础,把农业放到经济工作首位的方针,实行允许农户收入与生活有差别的政策。一年之后即 1962 年,农业生产恢复到 1957 年的水平。此后的几年,农村与城市居民生活好转,社会秩序趋向稳定。但是,直到 1978

年,以平均主义为特征的经济体制没有根本改变。这导致 1958 年至 1978 年农业基本停滞,国民经济也基本停滞,人民生活改善甚微,农业产品和以农产品为原材料的工业产品普遍短缺,凭票证供应的日常生活用品达 40 多种。城乡居民普遍不满。对此,以"阶级斗争为纲"之策压制之。先是抓右派,接着批右倾机会主义分子,接着斗党内走资本主义道路的当权派和"全面内战"。此时此景,谈何和谐。

1978 年 12 月,中共十一届三中全会在作出思想路线、政治路线、组织路线根本转变与实行经济体制改革等决策的同时,通过了以调动农民生产积极性、改善农民生活为目的的有关农业农村的决定。会后,提高农产品价格,农村体制改革先行,实行包产到户,取消农村人民公社,从根本上打破了农业生产中的平均主义。结果是,在农民生活普遍改善的基础上,出现了先富后富的局面。农民说这是土地改革以后的又一次解放。他们欢欣鼓舞。农产品一下子像泉水一样从地下涌出。这是农业生产与农村生活的又一个黄金时期。国民经济因此有了扎实的基础,走上了健康发展的轨道,城市居民物资供应迅速改善。"小平,您好!"这是发自群众心底的呼声!社会生活比较和谐。

历史在前进。不同历史时期对和谐有不同的要求。中国共产党十六大提出的,也是我们今天追求的和谐社会,与历史上有过的和谐景象相比,具有新的基础和新的内涵,是一个全新的目标。但历史上何时较为和谐、何以较为和谐,何时不甚和谐、何以不甚和谐的经验教训,值得总结和借鉴。因为历史上反复出现的、正反两面证实过的经验教训,反映出基本的国情,蕴藏着规律,包含真理因素。

主要源头

自 1985 年进入全面改革以来,经济高速发展,人民群众在吃、穿、住、行、用、医诸方面,享受越来越多的人类文明新成果,取消了"路线斗争为纲"、"阶级斗争一抓就灵"、政治运动不断等一套做法,推行依法治国、民主协商、百家争鸣等方针,为社会的和谐发展奠定了日益坚实的经济、政治、文化基础,和谐的因素大量生长并与日俱增。这是一方面。另一方面,下岗人员和失业者增多,就业困难,生产与交通事故中死伤人数增多,离婚率提高,新中国成立初期禁绝的卖淫、吸毒现象死灰复燃,艾滋病扩散,偷盗、抢劫、绑架等案件时有所闻,城镇居民住宅上防盗网之多,机关、企业、事业单位围墙、保安员之多,为历史上及国外所未有。凡此等等,表明不和谐因素也大量存在,某些因素有与日俱增之势。和谐因素与不和谐因素同时大量存在和增加,这是中国当前阶段一种特殊的矛盾现象。在这对矛盾中,和谐因素占主导地位,所以中国社会是比较安定的。不和谐因素大量存在并在增长,则是提出促进和谐社会建设任务的现实背景。

促进和谐社会建设,从途径上说,一是推动和谐因素的壮大,二是弱化或消除不和谐因素。无论是前者还是后者,为了取得成效,都必须找准源头,从根本处下功夫。在当前阶段,城乡都有和谐因素和不和谐因素。许多表露在城市的不和谐现象,其源头则在农村。人们只要到农村走走看看,到城市建筑工地、农民工住地走走看看,看看报纸上登载的偷盗者、抢劫者、三陪女、贩卖妇女儿童者等等的身份,便能感知到这一点。

农村成为不和谐因素增长主要源头这种情况是多种因素造成的,与我国当前所处的历史方位、承担的历史任务以及认识水平,关系尤为密切。

中国当前承担现代化与改革的双重任务。现代化即由传统社会向现代社会的转换过程。改革的内涵是用新的体制代替旧的体制。在这个转换与代替的时期,传统与现代、新体制与旧体制并存。现代代替传统,新体制代替旧体制,一长一消,这就是摩擦。摩擦就是不和谐,摩擦带来不和谐。在经济领域内,改革的体制目标是用市场经济代替计划经济。市场经济是把双刃剑,它既带来资源配置的优化和致富的激励,也伴随着竞争与无序。无序是和谐的对立面。因此,在这个历史时期,不和谐因素的出现是不可避免的,不必大惊小怪。问题在于,在这个代替和竞争的过程中,"三农"的地位使它容易受到损害。

再如,在生产领域里,经济现代化就是从传统产业到现代产业的过程。传统产业的主体是以手工劳动为基础的农业。在现代化过程中,传统农业将被现代农业代替。换句话说,传统农业(请注意:不是农业)将被淘汰,它是"夕阳产业"。在我国改革开始之时,中国农民从事的正是这种传统农业。这种农业是落后产业,也是弱势产业。

再如,在流通领域里,在以市场为导向的经济体制改革中,市场与竞争同步发展。在竞争中,以手工劳动和家庭经营为特征、信息闭塞、资金薄弱、分散而没有组织的农民,面对着高度组织的、资金雄厚、信息灵通的大企业,处于不利的地位。他们是一个弱势群体。

又如,在分配领域里,改革的目标之一是打破平均主义的"大锅饭"体制,以调动人们的积极性。为此,实行先富后富政策是理所当然的。其后果必然是拉开贫富差距。在新的分配体制中,生产要素参加分配。基于历史的原因,农民掌握的资金、知识、技术、机器等现代生产设备是最少的,因而在分配中得到的份额很小。他们是低收入阶层。

农村落后于城市,农业是传统产业,农民是弱势群体,这种客观情况本应使他们受到照顾。可是传统的发展观(非科学发展观)却认为,在工业化时期,农业应为工业化提供资金、物资和劳力。受这种发展观的影响,一些人有意无意地用农民劳动创造的价值、农民所有的物资、农民的劳动力支持工业与城市的发展。这使"三农"的处境雪上加霜,造成"农村真穷,农民真苦,农业真危险"的局势,造成城乡收入差距和贫富差距扩大,基尼系数超过警戒线的局面。收入差距过大导致收入少者心理不平衡,导致人际关系不和谐因素增长。在这个意义上,基尼系数警戒线是社会稳定度的警戒线,也是社会和谐度的警戒线。它提醒我们要抓紧做好增强和谐因素、弱化不和谐因素的工作。

关键环节

建设和谐社会是一个长期的过程、一项系统的工程,有许多工作要做。在当前阶段要做的事,其重要者就有数十项。例如:扩大就业;完善社会保障体系;改善医疗卫生服务;做好扶贫工作;提高低收入者的收入水平;丰富群众的精神文化生活;提倡和为贵的哲学观与社会伦理观;健全有利社会和谐的体制与工作机制;等等。这些工作都要做。在我们做工作时,必须分析出它们中的难点与重点,在全部工作链条上找出关键的一环,以便事半功倍,使问题迎刃而解。

什么是当前阶段的难点与工作重点?历史的经验与现实生活中不和谐因素产生主要源头的事实启示我们,难点和工作重点是"三农"。解决好"三农"问题是全党工作的"重中之重",也是建设和谐社会各项工作中的"重中之重"。它是所有工作中的关键环节。抓住它,可以带动促进和谐社会建设的其他各项工作,使之较为容易地取得成效。以就业问题而言,农民中很多人是潜在的失业者。正因为如此,他们才辛辛苦苦地跑到城镇去找一份事做。因为他们做了城镇居民可就之业,使城镇居民就业岗位减少,失业者增多。若对农村和农业多予、少取、放活,增加投资,想方设法使农民有事可做,做这些事的收益大于、等于或略少于到城市打工所得,大批农民便会留在农村里,而不愿去过离家别子的民工生活。减免农民负担的政策仅仅实行一年,就出现农民工回流的现象,已经证明了这一点。部分农民工回到农村,就空出了一些城镇职业岗位,城镇居民的就业机会增多,失业者便可以减少了。可见,抓住了"重中之重",其他问题就势如破竹。解决就业问题是如此,解决其他问题亦如此。

中共中央在"十一五"规划建议的六项主要任务中,把建设社会主义新农村放在首位,就是抓住了"重中之重"。这是科学发展观的具体体现。有什么样的发展观作指导,便会出现什么样的发展模式。从这个规划的内涵来看,与以往的几个五年计划相比,在指导思想与导向上发生了许多变化。诸如:在速度与效益的关系上,由强调速度到强调效益。在效率与公平的关系上,由强调效率优先到强调公平。在贫富关系上,由倡导先富后富到强调共同富裕。在引进与创新的关系上,从强调引进到强调自主创新能力。在农业与工业的关系上,由强调以农业养工业到强调以工哺农。在城市与农村的关系上,由强调农村支持城市到强调城市支持农村。如此等等。这预示着发展模式的一次转换。在这次转换中,核心是"工业反哺农业,城市支持农业"。

"三农"问题成为重中之重。这是中国共产党工作重心的又一次转移。省市等各级政府要在工作中实现这些转换,必须首先转换思想认识,围绕新的重心大胆创新。在这次发展模式转换中,湖北省有条件抓住这个机遇,在将经济发展转移到科学发展轨道上的工作中有所创新,在促进和谐社会建设的工作中有所创新,创造出一个"湖北模式"来。

原载《经济与管理论丛》2006年第1期。

解决结构性短缺是保障
中国粮食安全的当务之急

摘要：粮食安全是一个政治和经济的双重问题，因此，保障粮食安全不能纯粹从粮食的商品性质出发，更要从经济安全与国家安全的战略高度进行把握。本文介绍了中国大豆贸易与生产的发展演变，说明中国大豆生产的国际地位持续下降，经济高速发展又推动大豆的需求急剧扩张，是20世纪90年代后期以来中国大豆国际贸易形势被逆转的根本原因，中国巨大的大豆供给缺口使中国粮食安全形势从基本口粮的总量短缺转变为基本口粮供求基本平衡而大豆供给严重不足的结构性短缺，解决这一结构性短缺是保障当前中国粮食安全的当务之急。本文最后提出了解决中国大豆供给严重短缺的相关对策和措施。

关键词：粮食安全；结构性短缺；大豆

一、中国出现结构性粮食安全的新形势

粮食是一种商品，更是一种战略资源。因此，粮食安全不仅仅是一个经济问题，更是一个重大的政治问题与战略问题；粮食经济既是国民经济的重要组成部分，更是一个事关国计民生与社会和政治稳定的问题。因此，中国政府历来非常重视粮食安全。把解决人口吃饭问题当作头等大事。改革以来，尤其是2004年到2009年已经连续6年在中央一号文件中把支农惠农放在了首位，通过严格保护耕地、粮食最低收购价等政策措施，在不断加强粮食生产的基础上，促进粮食生产，增加粮食有效供给，粮食综合生产能力不断提高，基本上保障了人民的基本口粮消费，实现了中国粮食安全形势从长期以来基本口粮的总量短缺到基本平衡的历史性转变。但随着中国经济的高速增长，人民

生活水平不断提高,膳食结构逐渐高蛋白化,植物油的消费量稳步增长,又形成了食用植物油严重短缺的局面,每年需要进口 600 多万吨食用植物油,而大豆是食用植物油的最基本的原料。同时,饲料业迅速发展也使大豆副产品豆粕的需求异常强劲,国内大豆原料的产需缺口不断扩大,不得不以进口来平衡油脂加工对大豆原料的需求。在短短 10 多年的时间里,中国大豆进口量连续跨越了 3 个台阶:从 1995 年不足 100 万吨到 2000 年突破 1000 万吨,2003 年突破 2000 万吨,2007 年则突破 3000 万吨,成为进口量最多的粮食产品。中国每年大豆进口量占世界大豆贸易量的 1/3,位居各进口国之首。进口大豆占国内油脂加工业原料消费的比例上升到 70% 以上,这表明进口大豆已经成为国内大豆消费的主流。

大豆进口量急剧增加,成为中国农产品进出口贸易变化的一个显著特点,也是当前保障中国粮食安全形势的主要特点——结构性短缺:基本口粮供给基本平衡,食用油原料大豆供给严重不足。中国粮食安全保障出现了以大豆供给严重不足为特点的结构性短缺的新形势。

二、中国大豆生产与贸易的发展演变

(一)中国大豆的国际贸易形势被逆转

考察中国大豆生产和贸易的历史演变,可以说明和理解中国大豆供给严重短缺的原因,进而找到解决问题的对策。从中国大豆国际贸易的发展来看,1996 年中国调整大豆贸易政策,大豆进口实行配额管理,其普通关税税率为 180%,优惠税率为 40%,配额内税率是 3%。由于国内一些合资企业拥有独立进出口专营权,一直执行 3% 的税率,配额管理没有起到应有的作用。1996 年中国开始由大豆净出口国转变为净进口国,净进口 92 万吨。其后逐年呈现跨越式增长。2000 年中国大豆进口量第一次超过 1000 万吨,成为世界上最大的大豆进口国。加入 WTO 后,中国取消对大豆的进口关税配额。2003 年中国大豆进口量达 2074 万吨,而国内产量约 1620 万吨,进口量首次超过国内产量。2006 年中国大豆进口量为 2827 万吨,是国内产量的 1.77 倍,进口依存度高达 64%。同时,2006 年中国大豆进口来源地发生根本性变化,从巴西进口 1164.3 万吨,占全部大豆进口量的 41.2%,首次超过了从美国进口的数量,从美国和阿根廷进口量分别为 988.4 万吨和 622.7 万吨。2007 年中国大豆进口量达到 3082 万吨,是 1996 年的 27 倍多,是 2000 年的近 3 倍。2008 年 6 月中国大豆采购团协议显示,中国采购美国大豆价值高达 30 亿美元。2008 年 9 月底,中国大豆进口量达到 2870 万吨,全年大豆进口量增加到 3400 万吨,国内大豆需求量高达 4704 万吨,进口依存度高达 71%。

(二)中国大豆生产的退化

从中国大豆生产来看,1949 年至 2007 年,中国大豆播种面积基本维持在 800 万公顷(最高年份 1265 万公顷),占中国农作物种植面积的 6% 左右(最高年份 8.6%)。大豆总产量从 1949 年的 504 万吨增加到 2007 年的 1400 万吨(最高年份 1635 万吨),多数年份大豆产量占粮食总产量的 3.5% 左右(最高年份 6%)。

20 世纪 90 年代后期以来,在保障了基本口粮安全的前提下,中国政府在一段时间里并没有关注到大豆迅速发展的需求形势,比如,2008 年 10 月以前,粮食最低收购价政策并没有把大豆包括在内。进口大豆具有价格和质量上的优势。从价格上来说,进口转基因大豆的到岸价基本与国内大豆产区的非转基因大豆收购价持平;从质量上来说,进口转基因大豆的出油率要比国产非转基因大豆的出油率高 5 个百分点左右。此外,国内大豆油压榨企业大多分布在东南沿海地区,如果使用国产大豆,不考虑收购过程中的成本以及到货时间上的迟缓,仅长途运费就很高,因此,沿海企业更愿意使用进口转基因大豆做原料,每吨所获利润比国产非转基因大豆高将近 200 元。比如,黑龙江省北安农垦分局下属的九三油脂有限责任公司每年使用约 200 万吨国产大豆,利润上就要损失 3.4 亿元。

受到进口转基因大豆价格与质量上的优势冲击,中国大豆收购价急剧下跌,种大豆比种玉米、水稻、土豆的效益要差得多。2005 年黑龙江大豆收购价格为每斤 1.1 元左右,接近种植成本。农民即使不计算劳动投入报酬,种大豆也不赚钱,种植大豆的积极性受到伤害。很多农民不得不放弃种植大豆,大多改种玉米,甚至全部"旱改水"种植水稻。因此,中国大豆种植面积不断萎缩,产量停滞不前甚至逐年下降。2006 年中国大豆产量为 1597 万吨,较 2005 年降低 85 万吨,较 2004 年降低 190 万吨,2007 年大豆产量进一步下降到 1400 万吨,中国大豆生产走上了退化的道路。

(三)中国大豆产量的国际位次持续下降

从大豆生产和贸易的国际视角来看,第二次世界大战及战后,美国经济迅速发展,美国政府非常注重对农业集团的扶持,不仅使美国谷物产量大幅提高,成为世界粮仓,而且,美国政府也非常重视扶持大豆生产,产量迅速上升。中国大豆产量的国际位次从 20 世纪 20 年代至 30 年代世界第一跌落到 1949 年的第二。此后,美国大豆产量和出口量一直保持着世界第一,每年出口大约 2000 万吨,占世界大豆贸易总量的 66%。1983 年以前美国占世界大豆出口量的 90% 左右,几乎垄断了世界大豆出口市场。1999 年以来美国大豆种植面积基本保持在 2900 多万公顷以上,2005 年美国大豆产量达到 8750 多万吨,是同年中国大豆产量的 5 倍多,是 2007 年中国大豆产量的 6 倍多。

20 世纪 80 年代以后,美国跨国粮商积极向南美推广种植转基因大豆,拥有广袤土地资源的巴西和阿根廷逐渐成为世界最重要的大豆生产与出口国之一。巴西大豆产量连续越过 2000 万吨、3000 万吨和 4000 万吨大关,2004 年产量达到 5150 万吨。阿根廷大豆产量也连续越过 1000 万吨、2000 万吨和 3000 万吨大关。中国大豆产量在世界的位次 1975 年被巴西超过,2002 年又被阿根廷超过,退居世界第四。2005 年世界前四位的大豆生产国占世界大豆总产量的 90.3%,其中,美国、巴西、阿根廷、中国分别占 42.4%、23.84%、15.5%、8.6%。中国从近代占世界大豆总产量的近 80% 下降到不足 10%。

三、解决结构性短缺是保障中国粮食安全的当务之急

(一)解决结构性短缺是保障中国粮食安全的当务之急

大豆的主要用途是榨油,副产品豆粕可做饲料等。目前,中国大豆产业链条延伸到饲料加工、畜禽、水产养殖、营养保健、包装、化工、环保、军事、医药、纺织服装、航空、航天等领域,已经形成了比较完整的大豆循环经济,成为中国国民经济的重要组成部分。

跨国粮商先通过大豆的低价优势占领中国市场,将他们控制的南美大豆源源不断地送到中国,形成对中国大豆生产的排挤,使中国在国际大豆产业中

处于边缘化趋势,然后操纵国际大豆期货市场。2003 年、2004 年中国大豆采购代表团高价采购美国 150 多万吨大豆,一个多月后,国际大豆期货价格每吨猛跌 1000 多元,国内大豆行业总共损失 80 多亿元,70％的中小大豆加工企业停产倒闭,国产大豆的收购价大幅度下滑。此时,美国大型跨国粮商看准机会,大举进军中国市场,他们通过投资建厂、收购等方式,控制了中国大约 80％的大豆油压榨企业和 80％的大豆进口原料采购权。跨国粮商通过垄断国内大豆加工企业的大豆进口采购权,抬高国际市场大豆价格,获取垄断利润。更重要的是,跨国粮商从上游控制中国大豆原料的采购权到控制中下游的大豆加工产业,实际上间接控制着中国相关产品价格。因为大豆原料价格的升高,势必推动中国豆油价格的上升,使用豆粕做原料的中下游企业的产品价格也势必上涨。比如,2008 年中国赴美大豆采购团协议显示,大豆采购量同比增长32.3％,均价同比上涨 79.4％,为 609 美元/吨。当中国大豆产业衰退并完全依赖进口大豆时,国际市场大豆价格可能更高,跨国粮商甚至还会限制向中国出口大豆。大豆产业被跨国粮商双重控制,严重弱化了中国政府对大豆产业和宏观经济的调控能力,对中国粮食安全和国民经济安全构成重大威胁,这不啻一颗悬在中国人民头上的"大豆炸弹"。

综合上述,当前保障中国粮食安全的主要任务已经不是保障基本口粮的供给,而是保障满足人民生活水平提高要求的食用油供给与食用油主要原料大豆的供给,解决这一结构性短缺是保障中国粮食安全的当务之急。

(二)解决结构性短缺的对策与建议

中国政府已经采取了相关的对策。其中最主要的是两个方面:一是严格控制大豆食用油压榨企业的产能扩张。2007 年 12 月 1 日开始施行《外商投资产业指导目录》,明确限制外商投资大豆、油菜籽食用油脂加工企业等项目,也是对国内食用油加工企业的一种有力支持。国家发改委也对包括中粮、九三等国内油脂加工企业予以补贴。二是从 2008 年 10 月起对东北大豆主产区实行良种补贴和提高大豆最低收购价,进一步调整和优化粮食生产结构,增加大豆生产者的收益,通过利益导向,调动农民大豆生产的积极性,彰显了国家对大豆生产退化的关注与重视。2009 年的中央一号文件再次强调要千方百计保证国家粮食安全和主要农产品有效供给。只有从根本上解决这一结构性短缺,才能全面有效地保障中国粮食安全。

此外,中国还应该在以下几个方面采取有效措施:

第一,抓住非转基因大豆的商品特色,积极进行市场开拓,改进管理机制。鉴于转基因大豆食用安全的不确定性,世界各国普遍规定,转基因大豆只能用来榨油,不能直接食用。转基因大豆和非转基因大豆已经变成了两种不同的商品,东京期货交易所的价格比对,非转基因大豆要比转基因大豆价格高出 15%。这正是中国非转基因大豆的最大优势。中国要抓住人们对食品安全的迫切要求,利用非转基因大豆的商品特色,积极开拓市场,加强对转基因和非转基因大豆加工产品的识别,严格实行转基因产品标识管理,加强消费者知情权意识。要加快非转基因大豆技术开发,改善管理机制,利用发放转基因安全证书和进口检疫证书来调控大豆进口,对进口大豆采取技术性限制政策。

第二,积极进行技术开发,实现大豆生产的规模化与标准化、区域化、良种化,提高竞争力。中国大豆基本形成了优质、非转基因、绿色三大品牌。但长期以来生产者仍处于传统小农业的分散化状态,并没有以市场为导向,调整种植结构;同时,大豆良种开发滞后,优良品种率低,产量低,品质比进口大豆差。因此,亟需通过技术开发,对大豆生产进行统一供种、统一种植、统一收购,实现大豆生产的规模化与标准化、区域化、良种化,在提高产量的同时,进一步提高质量,增加市场竞争力。

第三,禁止种植转基因大豆。因为转基因大豆具有生物破坏性,对生物多样性、生态环境构成的潜在威胁和风险正在增加。2001 年科学家发现墨西哥300 多种玉米资源受到进口转基因玉米的污染。根据印度的记录,转基因棉花歉收高达 100%。中国是世界大豆原产地和多样性集中地,一旦种植转基因大豆,中国野生大豆的原始性状可能受到破坏,意味其遗传多样性受到破坏,也将严重威胁中国粮食安全。同时,转基因产品还可能通过改变遗传性状对人类健康产生影响,这种影响可能需要经过几十年、上百年甚至更长时间之后才能显现。

第四,谨慎预防粮食危机,立足国内生产,实行灵活的大豆适度进口政策。美国农业部报告显示,2007 财年美国农产品出口收入约 820 亿美元,比上年增长 70 亿美元。2008 年美国粮食出口额达 1010 亿美元。这些都是在出口量没有大幅增加的情况下实现的。美国通过出口粮食的收入,大大抵消了进口石油所需付出的成本,成功实现了以"粮食换石油"的梦想,并用粮食出口这一战略工具控制他国的经济命脉。前美国国务卿基辛格说过:如果你控制了石油,你就控制了世界,如果你控制了粮食,你就控制了世界的人民。从国际经验看,阿根廷农业经过改造后形成了以大豆为主的单一作物农作方式,2002 年阿根廷经济萧条时,饥荒遍布,人民生活水平大大下降,居民普遍食用大豆或豆制品,国民经济发展显得异常脆弱。2007 年国际粮价迅猛上涨,引起了一些国家的政治动荡,埃及宣布禁止大米出口以维持国内供应,印尼人民上街抗议大豆价格暴涨,而 21 个非洲国家也宣布发生粮食危机。因此,中国应该谨慎预防粮食危机,把大豆有效供给的立足点放在国内生产上,实行灵活的大豆适度进口政策。

此文与瞿商合作,原载《经济与管理论丛》2009 年第 4 期。

中国大豆进出口形势的逆转与粮食安全

——百年间中国大豆国际贸易地位的逆转及其历史启示

摘要： 从百年间中国大豆进出口形势逆转的形势可看出中国存在粮食安全、经济安全与国家安全的三重困境。因此，从考虑中国自身安全的角度出发，在认识上要消除比较优势理论、粮食安全与经济安全的三个误区，从而为中国的平稳改革和发展提供物质上的保证，切实保障中国的粮食安全与经济安全。

关键词： 中国；大豆；进出口；粮食安全

一、近代中国是世界上大豆出口量最多的国家

中国大豆栽培有 5000 多年的历史，素有"大豆故乡"之称，世界上的大豆几乎都是直接或间接从中国引种的。东北是大豆种植的黄金地带，产量占全国大豆总产量的 40%。1873 年维也纳万国博览会第一次展出中国大豆，从此大豆走向世界。近代以来，大豆是支撑中国农业经济命脉的主要产业之一，中国也是世界上大豆产量和出口量最多的国家。新中国建立后，常年种植大豆的农户约 5000 万户，涉及约 1.5 亿的农业人口，约占农业人口的 16%。在近现代相当长的时期内，中国大豆是国际市场上最具竞争力的农产品之一。

（一）近代中国是世界上大豆生产量最多的国家

近代中国是世界的大豆主产国，年产量为 1 亿担（1 担＝133.3 磅）左右，占世界总产量的 80% 以上，1929—1938 年占世界总产量的 89.4%。1914—

1947 年中国大豆生产如表 1 和表 2 所示。

表 1　1914—1947 年中国大豆生产情况

年份	种植面积(千亩)				产量(千担)				平均产量(斤/亩)
	数量	指数	其中东北	占比%	数量	指数	其中东北	占比%	
1914—1918	74922	100	31021	41.4	86431	100	31591	36.55	115
1924—1929	162224	217	50461	31.1	275259	318	102045	37.07	170
1931—1937	132715	177	55485	41.8	204041	236	83914	41.12	154
1938—1947	116505	156	60195	51.67	166450	193	80470	48.34	143

资料来源:许道夫编《中国近代农业生产及贸易统计资料》,上海人民出版社 1983 年版,第 181—182 页。

表 2　1929—1936 年中国大豆产量与世界大豆产量的比较

年份	世界大豆总产量(千担)	中国大豆产量(千担)	中国占世界总产量%
1929—1938	127427	113959	89.4
1934	107145	90647	84.6
1935	112689	88987	79.0
1936	120910	100750	83.3

资料来源:许道夫编《中国近代农业生产及贸易统计资料》,上海人民出版社 1983 年版,第 182 页。

(二)近代中国是世界上大豆及豆制品出口量最多的国家

19 世纪 90 年代以前,茶叶一直是中国最重要的出口农产品。此后,丝的出口值超过了茶叶,大豆、植物籽和植物油的出口地位并不重要。1870—1891 年中国年均向国际市场出口豆类数量和价值分别为 141.64 千关担(1 公担＝1.65344 关担)和 162.27 千关两(1 关两＝583.3 英厘纯银,或 100 关两＝111 两)[①]。1892 年后,豆类出口数量和出口价值开始突破百万关担和百万关两。1894 年中国首次向国际市场出口豆饼。1911 年中国开始向国际市场出口豆

---

①根据许道夫编《中国近代农业生产及贸易统计资料》(上海人民出版社 1983 年版)第 186 页表格计算。

油。20 世纪初以来,随着东北地区对外贸易开放及铁路的广泛修建,大豆和豆饼开始大量出口,并开始占据中国出口的重要地位。1913 年大豆和豆饼两项占出口总值 5500 万关两的 14%[①]。19 世纪 80 年代后,中国大量进口煤油用于照明,取代了此前的豆油、茶油等照明材料,东北地区豆油出口量不断扩大。

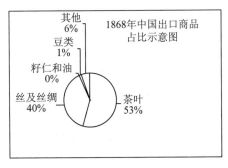 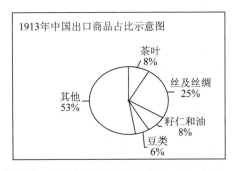

资料来源:郑友揆《中国的对外贸易和工业发展》,上海社会科学院出版社 1984 年版,第 23 页。

图1　1868 年和 1913 年中国出口商品占比

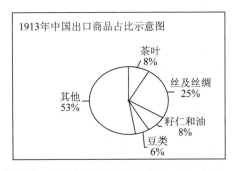

单位:千关担

资料来源:许道夫编《中国近代农业生产及贸易统计资料》,上海人民出版社 1983 年版,第 187 页。

图2　1892—1911 年中国大豆出口量

第一次世界大战期间,由于海洋运费飞涨,出口产品成本提高,因此,农产品的加工制成品出口量大增,并延续到战后很长时间,中国豆油出口额大幅增加,中国榨油业也迅速扩大。东北地区豆类和豆饼在出口额比例中不断上升,1931 年占出口额的 21.4%,成为中国首要的出口农产品。1912—1928 年中国年均大豆三品合计向国际市场出口数量和价值分别为 39905 关担和 96001 千

[①]郑友揆:《中国的对外贸易和工业发展》,上海社会科学院出版社 1984 年版,第 20 页。

关两。大豆原料主要出口到苏联、日本、土耳其、波兰、埃及、荷兰、英国等,豆油制成品主要出口到英国、苏联、荷兰、美国、土耳其、波兰、埃及等国,豆饼主要出口到日本、苏联、美国、朝鲜等国。①

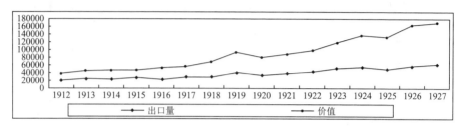

单位:千关担、千关两

资料来源:许道夫编《中国近代农业生产及贸易统计资料》,上海人民出版社 1983 年版,第 188 页。

图 3 1912—1928 年中国大豆商品的出口数量及价值

1932 年东北地区沦陷后,不再计入中国进出口贸易的海关统计中,大豆在中国出口贸易中的地位突然下降,1936 年大豆及豆制品仅占中国出口贸易额的 1.3%。②

二、1949—1995 年中国大豆产量在世界地位的持续下降

(一)中国大豆产量在世界地位的持续下降

中国大豆产量与出口量在世界上的地位从 20 世纪 30 年代至 40 年代的世界第一,跌落到 1949 年的第二位,被美国超过。此后,美国大豆产量一直保持着世界第一的地位。中国大豆产量在 1975 年被巴西超过,2002 年又被阿根廷超过,位居世界第四。2005 年世界前四位的大豆生产国占世界大豆总产量的 90.3%,其中,美国、巴西、阿根廷、中国分别占 42.4%、23.84%、15.5%、8.6%。中国从近代占世界大豆总产量的 80% 下降到不足 10%。

1949—2007 年,中国大豆播种面积基本维持在 800 万公顷(最高年份1265 万公顷),占中国农作物种植面积的 6% 左右(最高年份 8.6%)。大豆

---

①许道夫编:《中国近代农业生产及贸易统计资料》,上海人民出版社 1983 年版,第 189—190 页。
②郑友揆:《中国的对外贸易和工业发展》,上海社会科学院出版社 1984 年版,第 43—44 页。

总产量从 1949 年的 504 万吨增加到 2007 年的 1400 万吨（最高年份 1635 万吨），多数年份大豆产量占粮食总产量的 3.5％左右（最高年份 6％）[1]。从大豆播种面积与大豆产量来看，前者总趋势是下降的，后者是持续上升的，其原因在于中国大豆的单产提高幅度较大，从 1949 年的 611 千克/公顷提高到 2007 年的 1721 千克/公顷，几乎翻了两番。最高年份的大豆单产达到 1893 千克/公顷。

（二）美国占据世界大豆产量和出口量的主导地位

1765 年美国首次种植大豆。第二次世界大战期间及战后，世界市场对烹饪油、沙拉油及肉类的需求持续增长，促使美国大豆生产迅速扩大。美国成为世界最大的大豆生产、消费和出口国。20 世纪 50 年代初，美国大豆种植面积不足 560 万公顷，1971—1972 年增至 1700 万公顷，1979—1980 年达到 2950 万公顷，1999 年以来美国大豆种植面积基本保持在 2900 多万公顷以上。1973 年大豆成为美国农业收入的最大来源，1983 年以前，美国几乎垄断了世界大豆出口市场近 90％的份额。美国每年出口大豆约 2000 万吨，占世界贸易总量的 66％。

（三）巴西和阿根廷在世界上大豆产量和出口量中地位的上升

20 世纪 70 年代以来，转基因大豆得到了大型农业综合种子公司的推广，成为全世界动物饲料的主要来源。其中，美国的孟山都公司的转基因大豆在南美的巴西和阿根廷都得到了政府与农场主的大力支持，巴西和阿根廷迅速崛起为世界大豆的主要生产国和出口国。20 世纪 60 年代末 70 年代初，世界市场大豆价格上扬，再加上政府采取低息贷款等一些优惠政策，促进了巴西大豆生产的发展。1980 年巴西大豆种植面积为 877.4 万公顷，出口量为 1520 万吨（包括豆粕和豆油）。南美广袤的地区很多大农场主缺乏发展资金。20 世纪 90 年代以来，美国跨国粮商打着"帮助穷国发展农业"的旗号，在巴西、阿根廷等国大力推广转基因大豆，推动了巴西和阿根廷农业转向以大豆产业为主。巴西大豆产量连续越过 2000 万吨、3000 万吨和 4000 万吨大关，2004 年产量

---

[1]国家统计局农村社会经济调查总队编：《新中国五十年农业统计资料》，中国统计出版社 2000 年版。

其至达到 5150 万吨。巴西成为世界第二大豆生产国和出口国。20 世纪 70 年代后期,阿根廷大豆种植面积迅速扩大,产量迅速上升。1990 年大豆产量超过 1000 万吨,2001 年产量超过 2000 万吨,成为世界第三大豆生产国。2003 年产量超过 3000 万吨。2004 年阿根廷 48％的土地被用来种植大豆,产量达到 3482 万吨。

表3 2004—2006 年美洲三强大豆出口额的比较

单位:亿美元

年份	美国	巴西	阿根廷
2004	66.92	53.95	17.40
2005	63.24	53.45	22.96
2006	69.23	56.63	17.73

资料来源:蓝昊、宣亚南《世界大豆贸易格局的演变及对我国的启示》,《国际贸易问题》2008 年第 6 期。

1983 年以来,世界大豆出口市场逐渐由美国独霸转变为美洲三强并立,但美国仍然是世界大豆市场的主导者。1996—2006 年,美洲三强年均大豆出口额分别占中国进口大豆市场份额的 44％、31％和 25％。2006 年美洲三强占据了世界大豆产量的 81％,巴西占据着中国进口大豆市场份额的 40.32％。

三、1995 年以来中国逐渐成为世界上大豆进口量最多的国家

(一)中国成为世界上大豆进口量最多的国家

1994 年以前,中国在国际大豆贸易中一直是净出口国,常年大豆出口量为几十万吨,最高年份超过 100 万吨。1988 年后中国大豆出口量持续下滑。1996 年为了弥补大豆产量的不足,中国调整了大豆贸易政策。调整后的政策规定,中国对大豆进口实行配额管理。普通关税税率为 180％,优惠税率为 40％,配额内税率是 3％。但由于国内一些合资企业拥有独立进出口专营权,一直执行 3％的税率,配额管理没有起到应有的作用。1996 年中国开始由大豆净出口国转变为净进口国,大豆净进口 92 万吨。1998 年仅出口 10 多万吨。2005—2007 年中国大豆出口量分别为 39.6 万吨、37.6 万吨和 45.5 万吨。

　　1997 年中国进口大豆 298 万吨,进口豆粕 347 万吨。其后逐年呈现跨越
式增长。2000 年中国成为世界上最大的大豆进口国,进口大豆第一次超过
1000 万吨。加入 WTO 后,中国取消对大豆的进口关税配额,大豆进口迅速增
长,成为中国农产品进出口贸易变化的最显著特点。近年来,中国每年大豆进
口量占世界大豆贸易量的 1/3。大豆进口在短短时间里跨越了三个大台阶:从
1995 年不足 100 万吨到 2000 年的 1042 万吨经过了 6 年时间,到 2003 年的
2074 万吨经过了 4 年时间,到 2007 年的 3082 万吨经过了 5 年时间。进口大
豆占国内油脂加工业原料消费的比例上升到 70.7%,进口大豆已经成为国内
大豆消费的主流。以 2001 年进口 1400 万吨大豆计算,则 2001 年进口大豆比
1997 年增长 38.6%。2003 年中国进口大豆首次超过 2000 万吨,首次超过国
内产量。2005 年中国大豆贸易逆差超过 76 亿美元,成为中国农产品逆差的最
大来源。2006 年大豆进口量为 2827 万吨,是国内产量的 1.77 倍,大豆进口依
存度高达 64%,2007 年中国大豆进口量达到 3082 万吨,是 1996 年进口量的
27 倍多,是 2000 年的近 3 倍。[①] 2008 年 6 月 16 日中国大豆采购团协议显示,
中国采购美国大豆价值高达 30 亿美元,进口大豆依存度高达 71%。

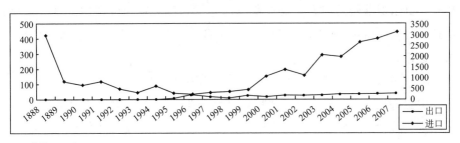

单位:万吨

资料来源:《中国对外经济统计年鉴》。

图 4　1988—2007 年中国大豆进出口数量

(二)中国大豆进出口贸易形势被逆转的原因

　　从有记载的 19 世纪 60 年代开始,中国向国际市场出口大豆,在 20 世纪
20 年代迅速增大出口量,超越了传统的丝绸、茶叶等农产品的出口量,成为近
代中国最主要的出口农产品,在整个近代历史上占据着世界大豆生产量和出

---

① 王磊:《谁在暗算中国大豆》,《中国青年报》2008 年 3 月 27 日。

口量最多国家的地位,到 20 世纪 90 年代后期中国被逆转成为世界上大豆进口量最多的国家。其中主要的原因有以下三个方面:

1. 中国未能抓住非转基因大豆的商品特色

转基因大豆食用安全的不确定性历来为欧洲、日本、韩国等国家所抵制。世界各国普遍规定,转基因大豆只能用来榨油,不能直接食用。目前,依靠国家对转基因食品的限制,中国非转基因大豆还拥有国内豆制品加工行业,但豆油加工领域 80% 的市场份额已让位于进口转基因大豆。实际上,中国大豆也并非完全是在"物美价廉"上输给了进口转基因大豆。转基因大豆和非转基因大豆已经变成了两种不同的商品,根据东京期货交易所的价格比对,非转基因大豆要比转基因大豆价格高出 15%。这是中国非转基因大豆的最大优势,但中国未能抓住非转基因大豆的商品特色和人们对食品安全的要求,开拓这个很有前景的市场的力度远远不够。中国如果发挥非转基因大豆的品质优势,积极开拓非转基因大豆的国内需求和国际市场,就必须加强对转基因和非转基因大豆加工产品的识别,严格实行转基因产品标识管理,加强消费者知情权意识。否则,进口转基因大豆加工产品出油率高、价格相对便宜的优势便体现出来,因此,对非转基因大豆要加快技术开发和改善管理机制,对进口大豆采取技术性限制政策,利用发放转基因安全证书和进口检疫证书来调控转基因大豆进口。

2. 中国未能及时启动大豆最低收购价政策

中国大豆产业是国民经济发展的基础产业。20 世纪 90 年代中期以来,在比较优势理论的影响下,对大豆产业的发展放任自流,没有实行价格管制,进行有效保护,保护价政策和最低收购价政策最初仅限于谷物类产品,导致大豆收购价格持续走低,影响农民收入增长,中国大豆种植面积逐年萎缩,大豆产量逐年减少。与 2005 年比,2006 年黑龙江省大豆价格每吨下降了 550 元,这个价格接近种植成本。2006 年黑龙江省非转基因大豆播种总面积由原来的400 多万公顷下降到 330 万公顷,比 2005 年减少 20% 左右。其中,占全国大豆产量 1/2 的主产区黑龙江省种植面积减少 25%。2007 年黑龙江省大豆种植面积比 2006 年减少 610 万亩,减少了 12%。相反,发达国家却对大豆实行了很高的农业补贴,导致进口大豆具有很大的价格优势。2008 年 10 月,中国才决定对东北大豆实行良种补贴,同时,提高大豆的最低收购价,彰显了国家对大豆生产萎缩的关注与重视,但教训仍然是深刻的。

3.大豆产业技术开发落后,种植模式缺乏国际竞争力

尽管目前中国大豆的良种实验进展很快,大豆原料的内在质量和外观质量均有所提升,百粒重 50 克的大粒和 15 克的小粒特用豆已大批量推向市场。单产有的达 200～300 公斤/亩。中国大豆基本形成了优质、非转基因、绿色三大特色。但由于长期以来没有引导生产者以市场为导向,调整种植结构;同时,大豆良种开发滞后,指导农民采用优良品种及现代农业耕作方式力度不够,品质比进口大豆差,大豆产量低。1990 年中国大豆单产为 1455 千克/公顷,1999 年为 1693 千克/公顷,但世界大豆单产却从 1898 千克/公顷增加到 2148 千克/公顷。美国的单产更是高达 2452 千克/公顷[①]。在种植模式上,大豆种植仍处于传统小农业的分散化状态,没有实现大豆生产的规模化与标准化、区域化。而国际上大豆的大规模种植模式,大大降低了生产成本,没有对大豆生产进行统一供种、统一种植、统一收购,高油大豆和高蛋白大豆混合收购,影响了中国大豆品质均匀性与出油率。这些都影响了中国大豆在国内外市场中的综合竞争力。

4.中国经济发展形成了巨大的大豆供求缺口

随着中国经济的高速增长,人民生活水平不断提高,膳食结构逐渐高蛋白化,植物油的消费量稳步增长,食用植物油严重短缺。大豆人均消费水平逐年提升,每年消费量约 3000 万吨。同时,中国饲料业的迅速发展也加剧了对大豆副产品豆粕的需求。因此,国内大豆原料的产需缺口不断扩大,销区不得不把目光投向国际市场,以进口来平衡油脂加工对大豆原料的需求。这也是国家在 1996 年调整大豆贸易政策的原因。

从中国大豆供求平衡的历史变化来看,2002 年以前,中国大豆总需求与总供给一直是平衡的。2003 年以来中国大豆进口急剧增加,导致大豆总供给超过了总需求。

四、历史启示:三个误区

近年来中国大豆产业的衰退对解决中国"三农"问题和保障中国粮食安全有着深刻的历史启示。归纳起来,主要是在认识和实践上存在以下三个误区:

---

①参见《国际统计年鉴》(1995—2001)。

(一)比较优势理论误区

20世纪90年代以前,中国大豆贸易政策制约了大豆的进口,实际上形成了对中国大豆产业的有效保护。1996年国家调整大豆贸易政策的出发点,是通过进口大豆来满足国内日益增加的消费需求,尤其是食用豆油与饲料豆粕的强劲需求。中国大豆除保持着非转基因与绿色农产品之外,与进口大豆在价格、质量(出油率、均匀度)上存在着较大的区别,基本上失去了比较优势,这也正是中国大豆无法在沿海地区与进口大豆竞争的主要原因,而沿海地区正是中国大豆进口和就地消费量最大和最主要地区。中国大豆失去了沿海地区的市场就意味着失去了中国的市场。

通过国际贸易获取比较利益,这是国际贸易理论的经典定律。但中国的教训是,尽管中国大豆生产不具有比较优势,但是,对于一个拥有13亿人口的发展中大国来说,简单地放弃不具有比较优势的人民生活必须消费的产品的生产,把获取的希望寄托于国际市场,将带来严重的后果,那就是当中国真正完全放弃生产时,国际市场,尤其是当今控制着国际大豆贸易量3/4的跨国粮商通过提高大豆价格或控制中国大豆进口量的办法,夺取中国人民的财富。这已为近年来的历史事实所证明。跨国粮商鼓吹自由竞争,通过低价大豆的比较优势占领中国市场,造成中国大豆产业的退化,然后通过垄断的方式获取垄断利润。

(二)粮食安全误区

美国政府大力发展生物能源,大量玉米被用于制造乙醇汽油,玉米价格暴涨,推高国际粮价,造成"发达国家的汽车与贫穷国家的人民争夺口粮"。玉米种植面积相应扩大,压缩了大豆种植面积,大豆产量减少,价格同样暴涨,间接形成对中国粮食安全的威胁。同时,跨国粮商等国际炒家看准了中国粮食安全的软肋就在大豆上,运用期货杠杆抬高大豆价格。2003—2004年中国向美国派出农产品采购团,采购了150万吨大豆,当时美国大豆期货价已达4300元/吨,一个月后,大豆价格跌至3100吨。中国科学院的一份相关报告称,中国在这次采购中多支付了15亿美元。中国大豆加工行业全面亏损达80亿元以上。70%的中小大豆加工企业停产倒闭,国产大豆收购价大幅度下滑。

2004 年中国农产品贸易从延续 20 年的顺差,突转为 46.4 亿美元的逆差。[①]粮食价格上涨,已对中国粮食安全形成巨大的威胁。根据美国农业部报告显示,2007 财年美国农产品出口收入约 820 亿美元,比上年增长 70 亿美元。2008 年美国预计粮食出口额将达 1010 亿美元。这些都是在出口量没有大幅增加的情况下实现的。美国通过出口粮食的收入,大大抵消了进口石油所需付出的成本,成功实现了以"粮食换石油"的梦想,并用粮食出口这一战略工具控制他国的经济命脉。

此外,转基因大豆具有生物破坏性,对中国生物多样性、生态环境和人类健康构成的潜在威胁和风险正在增加。2001 年科学家发现墨西哥 300 多种玉米资源受到进口转基因玉米的污染。中国是大豆原产地和多样性集中地,一旦种植转基因大豆,中国野生大豆的原始性状可能受到破坏,意味其遗传多样性受到破坏,也将严重威胁中国粮食安全。并且,1999 年至 2007 年的研究显示,转基因大豆的产量比非转基因大豆低 4%～12%,转基因玉米与传统玉米的产量相比,大抵相同或低 12%。而根据印度的记录,转基因棉花歉收高达 100%。

从国际经验看,世界大国无不重视粮食安全。阿根廷农业经过改造后普遍形成了以大豆为主的单一作物农作方式。这使阿根廷在 2002 年全国性经济萧条时,饥荒遍布国内,人民生活水平大大下降,由于没有替代农产品度过饥荒,居民普遍食用大豆或豆制品,国民经济发展显得异常脆弱。对于有 13 亿人口的中国来说,一旦粮食安全出现问题,后果将难以承受。就中国大豆产业而言,大豆是中国的重要粮食品种,关系着人民的食用消费与豆油消费,也是任何时候都不能放松警惕的。尽管黑龙江省大豆对中国大豆市场价格没有决定性,但是仍起着四两拨千斤的作用。一旦黑龙江省大豆严重减产,美国可以通过提高价格,引起中国恐慌。当中国大豆产业衰退并完全依赖进口大豆时,国际市场大豆价格绝不会这么便宜,甚至跨国公司将会限制对中国出售大豆。这对中国粮食安全的威胁是不可估量的。

(三)经济安全误区

从 20 世纪 90 年代后期开始,由于食用油需求的迅速增长,大豆进口量不

[①]滕晓萌:《大豆沦陷》,《21 世纪经济报道》2006 年 12 月 14 日。

断扩大,沿海地区兴起了一批大豆加工企业,有外资参与的合资加工企业也开始出现。由于进口大豆价格低,加工企业通过进口大豆,保障了加工原料,降低了企业生产成本,增加了企业利润,生产规模不断扩大,企业劳动力资源和设备潜能均得到有效发挥,取得了很客观的社会效益,为沿海销区的油脂加工业发展提供了有利的机遇。但被称为"ABCD"的四大跨国粮商,ADM(Archer Daniels Midland)、邦吉(Bunge)、嘉吉(Cargill)和路易达孚(Louis Dreyfus)通过参股把中国大豆加工业作为变现其国际贸易利润的一个环节,并使中国近年来的大豆加工能力迅速增长。由于大豆产业涉及国民经济的基础产业,关系人民的生活质量,并已形成比较完整的产业链条,延伸到饲料加工、畜禽、水产养殖、营养保健、包装、化工、环保、军事、医药、纺织服装、航空、航天等领域,成为中国国民经济的重要组成部分。在经济全球化的时代里,如果中国不掌控大豆加工原料,不能形成自己的产业优势,使大豆加工产业链条也受控于跨国粮商,不仅中国食品营养所需植物蛋白和动物蛋白来源与各相关产业的发展将受制于人,危及粮食安全,而且还会带动下游养殖业成本上涨,推动城乡农副产品价格上升,损害中国民众的生活,弱化政府对大豆产业的调控能力,并对中国汇率、经济增长速度等宏观经济层面造成难以估量的影响。对政府实现宏观经济政策目标之一的控制通货膨胀起着严重的制约作用,危及国民经济安全。这不啻一个悬在中国人民头上的"大豆炸弹"。

此文与瞿商合作,原载《贵州财经学院学报》2011年第2期。

辉煌的 60 年:新中国的经济成就

中华人民共和国成立以来的 60 年间,中国共产党的经济工作和中国的经济发展经历了曲折的路程,取得了辉煌的成就,积累了宝贵的经验。

一、曲折的路径

在这 60 年里,中国的经济发展经历了三个阶段,呈现出一条"之"字形路径。

(一)1949 年 10 月至 1957 年:凯歌行进的 8 年

这是胜利连着胜利的阶段。主要的胜利有两个。一是通过土地改革和接收国民政府的财产,变旧中国的经济形态为新民主主义经济形态,接着通过三大改造,变新民主主义经济形态为社会主义初级阶段经济形态,使社会形态发生翻天覆地的变化。二是采取一系列措施使国民经济迅速恢复,到 1952 年,一些主要工农业产品的产量已超过历史的最好水平。接着有计划地开展大规模经济建设。到 1956 年,以 4 年时间完成第一个五年计划。按当年价格计算的 GDP,1952 年为 679 亿元,1956 年为 1029 亿元,4 年间增长 51.54%,平均每年增长 10.9%。[①] 这是奇迹般的成就。由于经济快速增长,加上分配制度的改变,大多数人的生活状况得到改善。1956 年全民所有制单位职工平均工资由 1952 年的 446 元增加到 610 元,提高 36.8%(按当年价格计算,下同)。城镇等非农业居民的消费水平由 1952 年的 148 元增加到 1956 年的 197 元,提高 23.7%。农民人均消费水平由 1952 年的 62 元增加到 1956 年的 78 元,

---

①本文所用国内统计数据,除注明者外,皆来自中国国家统计局编、中国统计出版社历年出版的《中国统计年鉴》及《中国国内生产总值核算历史资料(1952—2004)》。

提高 25.8%。在这个阶段,劳动人民生活水平提高较快。

经济的高速增长,使中国缩小了与发达国家的差距。根据经济史计量分析与国际比较专家安格斯·麦迪森(Angus Maddison)的估算,中国 GDP 在世界 GDP 中占的比重,1950 年为 4.6%,1952 年升至 5.2%,1956 年升至 5.4%。按人均计算,1950 年中国人均 GDP 为世界平均数的 21.2%,1952 年升至 23.8%,1956 年升至 24.3%。[①]

但是,胜利中潜伏着失败的因素。在将新民主主义经济形态改造为社会主义初级阶段经济形态的同时,也将市场经济体制改造为计划经济体制,高度集中统一的计划经济体制不利于经济发展。同时,经济建设的巨大成就也让中国共产党的主要领导人产生了骄傲情绪。这些均为接下来的挫折埋下了伏笔。

(二)1957 年至 1978 年:基本停滞的 22 年

这是挫折连着挫折的阶段。1957 年冬开始"大跃进",由此引起大调整,直到 1964 年,国民收入的绝对量才恢复到 1957 年的水平。紧接着,1966 年又开始了"文化大革命"。这两次运动对国民经济造成巨大破坏。

就经济增长的速度而言,这一时期 GDP 年平均增长 6.1%,似乎不慢。但是,比社会制度相同的苏东各国的平均数慢,比发展中国家的平均数也慢,比亚洲"四小龙"更是慢得多。据麦迪森的计算,1956 年至 1978 年,中国 GDP 年均增长 4%。同期,世界 GDP 年均增长 4.5%。中国经济增长速度比世界平均水平慢 12.5%。这使中国 GDP 在世界 GDP 中占的比重由 5.4% 下降到 4.9%。中国人均 GDP 由占世界平均水平的 24.3% 降至 22.1%。中国经济的发展没有显示出社会主义制度的优越性。

由于实行重工业优先发展战略,国家实行以牺牲当前消费为手段的高积累政策。再加上"大跃进"和"文化大革命"的破坏,部分人生活有所提高,但很

---

①安格斯·麦迪森:《世界经济千年统计》(Angus Maddison:*The World Economy: Historical Statistics*),巴黎:OECD,2003 年;《中国经济的长期表现:公元 960—2030 年》,上海人民出版社 2008 年第 2 版;《世界经济轮廓:公元 1—2030 年》(*Contours of the World Economy*,1-2030AD),伦敦:牛津大学出版社,2007 年。本文国际比较的统计数据,凡未注明出处的,均来自这三本书或根据书中数据计算。关于麦迪森所用统计方法,参见安格斯·麦迪森、程淑英《1700—1980 年发达国家和发展中国家人均国内生产总值水平比较》,《世界经济与政治论坛》1984 年第 2 期。

缓慢,大部分人生活有所下降。1957 年至 1978 年,全民所有制单位职工名义工资由 637 元增加到 644 元,仅增加 7 元,实际工资则减少了 14.8％。农民家庭平均每年纯收入由 72.95 元增加到 133.57 元,年均增加 2.9％。从总体上说,这一时期居民物质文化生活水平处于徘徊、停滞状态,经济增长给社会带来的福利水平很低。邓小平说:"中国社会从一九五八年到一九七八年二十年时间,实际上处于停滞和徘徊的状态,国家的经济和人民的生活没有得到多大的发展和提高。这种情况不改革行吗?"①

(三)1979 年至今:高速发展的 30 年

从 1979 年起,中国开始市场取向的经济体制改革。通过改革,使计划经济体制转向市场与计划共同发挥作用、以市场为主的经济体制。在改革经济体制的同时实行对外开放。改革和开放使中国经济快速增长。1978 年,中国 GDP 只有 3645 亿元,2008 年上升至 30.07 万亿元②,年均增速超过 9.5％。同期,世界经济平均增速为 3.0％。中国这一时期的增速不仅明显高于 1953 年至 1978 年平均 6.1％的速度,而且比日本、韩国经济起飞阶段平均增速(分别为 9.2％和 8.5％)还高一些。人均 GDP 由 1978 年的 381 元上升到 2008 年的 22698 元,扣除价格因素,增长近 10 倍。人均国民收入由 1978 年的 190 元升至 2007 年的 2360 元。按照世界银行标准,中国已由低收入国家跃升至世界中等偏下收入国家行列。人民生活水平发生巨大变化。1978 年至 2008 年,城镇居民家庭人均可支配收入,由 1978 年的 343.4 元增加到 15781 元,扣除物价因素,实际增长了 6 倍多。农村居民家庭人均纯收入由 134 元增加到 4760 元,扣除物价因素,实际也增长了 6 倍多。根据麦迪森的估算,中国的人均 GDP 年均增长速度,1952 年至 1978 年为 2.3％,1978 年至 2003 年为 6.6％。中国 GDP 在世界 GDP 中占的比重,1978 年仅为 4.9％,中国人均 GDP 仅占世界平均人均 GDP 的 22.1％。1978 年以后,这两个比重均在上升,到 2003 年分别为 15.1％和 73.7％。中国经济与世界经济的差距迅速缩小。中国经济在世界经济中的地位发生转折性变化。

---

①《邓小平文选》第 3 卷,人民出版社 1993 年版,第 237 页。
②2008 年的数据均来自中国经济信息网中国经济统计数据库。

二、辉煌的成就

60 年来,中国经济的发展虽然经历了曲折的路径,但从总体上看,成就仍然是辉煌的。这仅从 GDP 总量和人民生活两个方面的纵向(与中国历史上的其他时期)与横向(与同时期的其他国家)的比较中,便能得到说明。

1952 年至 2007 年,中国 GDP 的年均增长率高达 8.1%[①]。在这么长的历史时期中,达到这样高的增长率,在全世界范围内十分罕见。2008 年,中国 GDP 总量达到 30.07 万亿元,升至世界第三(2009 年 4 月,国内也有学者认为,中国 GDP 总量已超过日本,成为世界第二大经济体。但这还需要进一步的论证)。而麦迪森则认为,2003 年,中国 GDP 已位居世界第二。根据他的研究,"采用购买力进行货币转换,中国 2003 年 GDP 水平相当于美国的 74%或日本的两倍以上"。

新中国 60 年的经济增长,一改自近代以来中国经济增长落后于世界的面貌。据麦迪森估算,1952 年至 2003 年,中国 GDP 年均增长率为 6.1%,其中,1952 年至 1978 年为 4.4%,1978 年至 2003 年为 7.9%,远远高于 1820 年至 1952 年的年均增长率(0.22%)。自 1952 年起,中国 GDP 以高于同期世界 GDP 近两个百分点的年均增长率(6.1%)迅速增长,使中国 GDP 在世界 GDP 中占的份额开始回升,到 2003 年,这一份额已升至 15.1%,比 1950 年提高了 10.5 个百分点。中国的人均 GDP 也在迅速提高。1950 年,中国人均 GDP 仅为 448 元,2003 年增至 4803 元,比 1950 年提高近 10 倍。中国人均 GDP 与世界平均人均 GDP 的差距迅速缩小。1950 年,中国人均 GDP 仅占世界平均水平的 21.2%,2003 年升至 73.7%。

在 GDP 总量快速增长的同时,中国完成了由农业国向工业国的转变。1952 年,在国内生产总值中,第一、第二、第三产业所占比重分别为 51.0%、20.8%和 28.2%,1978 年分别为 28.2%、47.9%和 23.9%,2008 年分别为 11.3%、48.6%和 40.1%。根据麦迪森的数据,以不变价计算的第一、第二、第三产业在 GDP 总额中所占的比重,1952 年分别为 59.7%、10.0%和 30.3%,1978 年分别为 34.4%、36.7%和 28.8%,2003 年分别为 15.7%、57.1%和

---

①许宪春:《深入贯彻落实科学发展观　努力保持经济平稳较快增长》,《中国信息报》2008 年 12 月 3 日。

27.1％。两组数据虽有差别,但均反映出中国已从农业国转变为工业国。

目前,中国是世界上综合实力最强的发展中国家,在世界经济舞台的地位日益提高。在当前的国际金融危机中,各国政要纷纷表示希望与中国加强合作,共同应对危机。这从一个侧面反映出中国国际经济地位的提升。

三、宝贵的经验

1949年以来,中国发生了两次社会经济形态变革,取得了举世瞩目的经济建设成就,积累了丰硕的正面的和反面的经验。其中,以下几条甚为重要。

(一)指导思想是第一重要的

60年经济发展的事实是:中国共产党的经济工作指导思想正确,经济发展速度就快,质量就好,反之亦然。对于经济的发展来说,经济工作的指导思想是第一重要的。

执政党的经济工作指导思想决定经济发展,这是中国的特色。新中国成立之初,指导中国经济建设的是新民主主义经济理论。这是中国共产党人在20多年革命与解放区建设的实践中,不断总结经验教训而形成的,是中国共产党在新民主主义经济工作过程中最重要的理论创造。它产生于中国,适合中国国情,因而促进了新中国成立初期经济的迅速恢复与发展。1957年至1978年用以指导中国经济工作的理论,就基本框架而言,是从苏联搬来的。实践证明,它不符合中国的国情,使中国出现了22年的经济停滞。1978年以后,在总结1949年至1978年正反两方面经验的基础上,形成了中国特色社会主义理论。它是中国共产党在50多年领导社会主义建设过程中最重要的理论创造,并使中国经济重新快速发展。在这三个阶段的指导思想中,前后两个阶段的指导思想是正确的,它们在本质上是一个统一的科学体系。中国特色社会主义理论是对新民主主义经济理论的继承和发展,是中国共产党人对新中国成立以来正反两个方面经验的总结与升华,是中国共产党领导中国革命与建设80多年来实践的理论结晶。这种理论的获得,标志着我们对在中国建设现代化事业的规律已经了解得比较多了。如果说过去,我们是处在孙中山先生所说"不知也要去行,当中必走许多之字路"的阶段,那么,今后,我们已开始迈入"知道了以后才去行,是很容易的"的阶段了。

(二)从国情出发选择发展模式,走自己的路

60 年经济发展的事实证明,经济发展模式是可以选择的,中国人能够创造符合国情的最佳模式,走自己的路。

前述当代中国 60 年每个阶段发展的史实表明,人们虽然可以选择模式,但所选的模式是否具有生命力,能否给人们带来经济实惠,从而为人们所接受并长期存在下去,在于它是否合乎国情。在这里,体现了经济发展规律的客观性,以及经济规律客观要求和亿万人民切身物质利益主观要求的一致性和不可违抗性。

60 年经济发展的事实和中国人民的实践证明,在中国土地上创造的新民主主义经济模式和中国特色社会主义经济模式,均是符合国情的,反映了 20 世纪下半叶中国经济的发展规律。而从苏联学来的传统社会主义模式则导致了 1957 年至 1978 年的长期停滞。基于这一事实以及中国革命中的其他事实,邓小平指出:"我们的现代化建设,必须从中国的实际出发。……照抄照搬别国经验、别国模式,从来不能得到成功。……走自己的道路,建设有中国特色的社会主义,这就是我们总结长期历史经验得出的基本结论。"①这也是 60 年新中国经济工作的基本经验。

(三)从国力出发确定经济发展速度,好中求快

近代以来,中国经济落后于世界,在很长一个时期内受人欺侮。因此,从国家领导人到一般民众,均希望经济快速发展。但是,发展速度受物质条件即国力的制约,并非想快便能快。60 年的经济发展事实证明,超越国力高速发展,经济就会出现难以为继的局面,必须进行调整,放慢速度,从而造成经济大起大落。1953 年至 1978 年的 26 年间,这样的情况发生过 5 次(1953 年的"小冒进",1956 年的"冒进",1958 年至 1960 年的"大跃进",1964 年的"大增长",1969 年至 1970 年的"三突破")。其中,最突出的是 1957 年冬开始的"大跃进"和由此引起的大调整,形成一次大上大下的周期。直到 1964 年,国民收入的绝对量才恢复到 1957 年的水平。算算 1957 年至 1964 年的总账,发展速度非常慢。这次超越国力的"大跃进",极大地破坏了生产力,消耗了大量资源,对

---

①《邓小平文选》第 3 卷,人民出版社 1993 年版,第 2—3 页。

生态造成巨大破坏,导致大量人口非正常死亡。"大跃进"给人们一个最深刻的教训是:经济规律是无情的,谁无视它,谁就要受到惩罚。这次企图超越国力的高速发展,导致经济出现近10年的停滞。

1990年,本文作者在对1949年至1989年中国经济40年增长的速度、波动状况等方面的实际情况作了一番考察后提出:"今后,国民经济若能以国民生产总值年增长率6%～7%之间的速度前进(即中速增长),就有可能持续稳定协调发展;可以保证我们分三步走的战略目标的实现;可以因为避免了大上大下,会在宏观经济上产生巨大的效益,使国民经济的发展处于良性循环的环境中。"①1995年,中共中央在《中共中央关于制定国民经济和社会发展"九五"计划和2010年远景目标的建议》中提出GDP年平均增长率是6%。2005年制定的"十一五"规划,中共中央提出的是7%(后来全国人大通过的是7.5%)。这是以中国50余年经济发展实际为依据,经过计算与论证的科学决策。搞经济工作,既要注重经济增长的速度,更要注重经济增长的质量。我们需要的是稳定的、可持续的经济增长,是有益于人民的健康和全面发展的经济增长。只有这样的经济增长才能给人民带来实惠。只有这样的增长才是经济发展的目的。只有带来这样增长的经济工作才是真正为人民服务。

原载《史学月刊》2009年第10期。

---

① 赵德馨:《经济的稳定发展与增长速度》,《中南财经大学学报》1990年第4期。

翻天覆地的变化

2021 年是中国共产党成立 100 周年。在这 100 年间,由于中国共产党领导的革命、建设和改革,中国社会发生了翻天覆地的变化。这些变化涉及社会生活的所有方面,很多很多,说不尽,道不完。今年,我进入了 90 岁。中国共产党成立以后引起的社会变化,绝大部分是我经历过的,有切身的体会。作为一个经济史学的研究者,我习惯用历史观来认识这些变化的历史意义。今天谈谈亲身体验的诸多变化中的三大变化。一是社会制度变革。中国共产党领导的新民主主义革命推翻帝国主义、封建主义和官僚资本主义的统治,建立了中华人民共和国和新民主主义社会制度;中国共产党领导的社会主义革命消灭延续几千年的私有制主导的社会制度,建立了公有制主导的社会主义社会制度。社会制度变革是几千年或几百年才发生一次的。二是产业制度变革。中国共产党领导的经济建设,使中国形成独立的、比较完整的工业体系,实现了从农业社会到工业社会的转变。这是工业革命的成果。在中国,这是 5000 年来的一次产业大变革。三是社会秩序变革,从 110 年的战乱社会到近 70 年的太平社会。这是中国共产党领导的社会结构革命的成果,是中国近两百年间社会秩序的大变化。

一、中国共产党领导的革命导致的社会制度变革,在性质上、深度上和速度上,都是中国历史上没有过的

中国共产党成立以来的 100 年间,中国的社会制度发生两次变革。第一次,中国共产党领导的新民主主义革命的成功,使半封建半殖民地社会制度变为新民主主义社会制度。第二次,中国共产党领导的社会主义革命的成功,使新民主主义社会制度变为社会主义(初级阶段)社会制度。关于这两次社会制度变化,有 3 点是历史上没有过的。

（一）变化的性质。以往的社会制度变化是由一种私有制变为另一种私有制，中国共产党领导的这两次社会制度变化是由私有制主导的社会制度变为公有制主导的社会制度，变化的性质根本不同。我国当前的社会主义社会制度是历史上未曾有过的。我们从事的是前人未曾见过的事业。

（二）变化的深度。这体现在人的社会地位与社会关系的改变。以往的社会制度变化是由一种剥削者与一种劳动者的关系，变为另一种剥削者与另一种劳动者的关系，国家仍是由剥削者当家做主。中国共产党领导的社会制度变化带来的是由劳动人民当家做主，工农等劳动人民大翻身。现在，人们在政治身份上、社会地位上人人平等，相互之间没有人身依附关系，这在历史上是空前未有的现象。

（三）变化的速度。以往的每一次社会制度变化都用了很长的时间，且与大的战乱相伴随。中国 5000 年历史上存在过的社会制度，有的说是 5 种，有的说是 4 种，我认为是 6 种。无论是哪一种说法，社会制度的种类和变革的次数都很少。每一种社会制度存在的时间都很长，平均 800 年至 1200 年。社会制度变革是千年一次。中国由奴隶制社会变为封建制社会用了多长的时间，由于学者对古代史分期观点不一致，说法大不相同。但有一点是近似的，即由奴隶制社会变为封建制社会的转变时间长达几百年。由封建社会变为半封建半殖民地社会，是一次不完全的社会制度变化（半封建半殖民地社会中的"半"字是过渡的意思。半封建半殖民地社会是一种过渡形态，而不是一种独立的社会制度或社会形态。半封建半殖民地社会是封建社会的瓦解阶段），其转变的时间如若认定是从中英鸦片战争到中日甲午战争，也是 50 多年。中国共产党领导的两次社会制度变化，第一次用了 28 年的时间，第二次只用了 7 年的时间。这种速度在中国历史上是没有过的。且第二次是用和平手段实现的，更是史无前例的。

二、中国共产党领导的中华人民共和国，在生产力发展速度和由此带来的人民生活水平提高速度上，是历史上没有过的

欧洲经济学家计算过，在农业社会里，GDP 年均增长速度是 0.1%，他们认为世界各国都一样。我的估算，中国在 0.1%～0.2%，接近 0.2%。这是古代的情况。中国的近代，1820 年至 1952 年 GDP 年均增长率是 2.2%，比古代

高了 10 倍。中华人民共和国时期,1952 年到 1978 年真实经济增长速度大约是 4%。1979 年到 2012 年,经济保持了 30 多年的高速增长,GDP 年均增长速度接近 10%,这是任何一个国家都不曾有过的伟大奇迹,也是我国国力持续增强,人民生活水平不断提高和国际地位日益上升的根本保证。2012 年 12 月 15 日,中国社会科学院副院长李扬在出席"中国循环经济与绿色发展论坛"时说:"如果在 GDP 中扣除生态退化与环境污染造成的经济损失,我国的真实经济增长速度仅有 5% 左右。"2013 年至今,大概也是这种速度。在 70 多年的时间里算总账,能有上述这样的增长速度,是一件了不起的事,是中国历史上没有过的情况,是几千年 0.2% 的 20 多倍,是中华人民共和国成立前 100 多年的 2 倍多。也比这 70 多年间世界经济年平均增长速度快 50% 左右。正因为如此,中国在经济总量上能先后超过俄国等大批国家,在 21 世纪进入跨越时期,超过发达的大国,2005 年超过法国,2006 年超过英国,2007 年超过德国,2010 年超过日本,从而上升到第二大经济体。

生产力快速增长的结果是人民生活水平的快速提高。"经济的发展"是指生活水平提高了。或者说,人民生活水平是衡量经济增长速度的最终标准。对人民生活水平的提高,我重视 3 个数据。第一个是全国居民消费水平。中华人民共和国成立后,1950 年至 1957 年人民生活水平提高的速度快;1958 年至 1977 年,人民生活水平提高的速度慢;1978 年之后则很快。全国居民消费水平,按当年价格计算,1978 年是 183 元,2019 年是 27663 元。后者是前者的 151.16 倍。据可比价格计算,后者是前者的 16.82 倍。第二个是脱贫攻坚战的成就,现行标准下 9899 万农村贫困人口全部脱贫,832 个贫困县全部摘帽,12.8 万个贫困村全部出列,区域性整体贫困得到解决,完成了消除绝对贫困的艰巨任务,达到了两不愁(即不愁吃、不愁穿)三保障(即义务教育有保障、基本医疗有保障、住房安全有保障)的境地。这是 3000 多年来广大贫困人民与圣贤们梦寐以求的事,创造了又一个彪炳史册的人间奇迹!第三个是居民人均预期寿命,1949 年前是 35 岁,2019 年达到 77.3 岁。2019 年比 1949 年前人均预期寿命延长了 42 岁,提高了 1.21 倍。一个人活着的时间比过去两个人活着的时间还长。70 年间有这样的变化,是一件了不起的事。在中华人民共和国成立后 70 多年间人民生活水平提高的速度远远快于历史上的任何时期。

三、中国共产党使中国由战乱世变成太平世。中国社会的统一和稳定状态，是历史上未曾有过的

先说 1839 年到 1949 年，中国是战乱频繁的社会。

1839 年到 1842 年是中英鸦片战争。

1850 年到 1873 年有三场战争。第一场是 1850 年到 1864 年清政府与太平天国的国内战争。第二场是 1856 年到 1873 年清政府和西北、西南少数民族（主要是回族）之间的国内战争。第三场是从 1856 年 10 月到 1860 年 11 月的中国与英法的第二次鸦片战争。

1883 年 12 月至 1885 年 4 月中国与法国的战争。

1894 年 7 月到 1895 年 4 月中日之间的甲午战争。

五年之后有清政府与八国联军战争。

1911 年到 1912 年又有辛亥起义者与清军之战。

1916 年到 1926 年有地方军阀之间的战争。1926 年到 1927 年是北伐战争。1927 年到 1931 年，有地方军阀之间的战争，有国民政府和地方军阀之间的战争，有国民党和共产党的战争。1931 年之后，又加上日本侵华战争。1937 年开始全面抗日战争。1945 年抗日战争结束，1946 年又开始了国共之间的战争，直到 1949 年中华人民共和国成立。

除了这些战争，还有土匪和黑社会性质组织制造的混乱，给人民生活带来的不安更经常，更难受。

所以中华人民共和国成立之前的 110 年是战乱的 110 年，我称之为战乱世。

我出生之后，中国就处在一个动乱的社会环境中，在旧中国生活的 17 年中，就感觉这个世界是一个很乱的世界，动荡不安。切身感受深刻的有两件事。

一是因战争两次辍学。1944 年日本侵华军占领了我的家乡湘潭县和我上学所在地衡山县，学校不能开学，我辍学一年。1949 年 5 月，湖南和平解放的前夕，学校解散，停止活动，我又辍学了，到 9 月，还看不到复课的希望，我就到中原大学来了。

一是两次遭日本侵华军的射击。第一次，1944 年 7 月，我 12 岁，在田间扯草，一架日本飞机无缘无故地俯冲下来，发射了一梭机关枪子弹，落在我前面

100 米左右的田里,水溅起一二尺高。后来听说,在我的前后五六里远的地方,也发生了类似的情况,估计是日本占领军向新占领区中国人的示威。第二次,1944 年 12 月,日本军队下乡抢夺老百姓的物资(名叫打掳),在我家里住了一个晚上。家里能带走的东西全被抢了。日军在做饭时,把家具当柴火烧。我们全家逃兵荒在外,我和大弟弟在逃走的过程中,碰到了几个日本兵,要我们过去,我们向相反的方向跑,他们对我们开了一枪。(他们要我们小孩过去的目的是要我们帮他们牵抢来的牛)。这两次都感到死亡的威胁。我常有劫后余生之感。

中华人民共和国成立以后,国内战争于 1950 年结束。此后,国内,只有1959 年镇压西藏的叛乱(拉萨市内平叛战斗从 3 月 20 日至 22 日,历时 23 个小时。整个事件到 3 月底就完成了)。对外,有中美之间的朝鲜战争,中印、中苏和中越之间边境冲突。其中的第一次是在国外打,后三次在边境的局部地区,时间很短,没有影响国内的和平安定局面。

我的一生,1949 年之前过的是一种战乱生活,1949 年之后享受着和平安定的生活。过去,人们常说,宁做太平狗,不当乱世人。只有经历过乱世的人,经过比较,才能深刻体会到和平安定生活的可贵。

我国是一个地域广大,人口众多,有 50 多个民族的大国,近代又经过 110年的长期战乱,1949 年之后能在短时期内实现历史上未曾有过的真正的统一,社会长期稳定,人民长期过着和平安定的生活,这是一个奇迹。(十九届四中全会讲了中国的"两个奇迹",第一个奇迹是经济快速发展的奇迹,第二个奇迹是社会长期稳定的奇迹。)这个奇迹的出现,是中国共产党领导的社会结构革命的产物。这个社会结构革命,在纵向上涉及国家的顶层结构(中国共产党一党执政,高度集中统一,领导一切,等等)与基层结构(农村的村委会、城里的居委会、军中的连等基层组织都设共产党的支部,劳动人民当家等);在横向上涉及民族关系、地区关系、城乡关系等等,消灭了动乱的根源。这是中国共产党的伟大之所在。

上面的这三大变化都是中国共产党带来的,是她领导的生产关系、生产力和社会结构三大领域革命的成果。一个"变"字体现了中国共产党成立以来这100 年的时代特征,体现了中国共产党带来的社会进步和她的伟大。

原载《中南财经政法大学报》2022 年 4 月 10 日。

第 九 部 分
湖北省经济史

　　赵德馨教授对湖北省经济史的研究体现在六个方面。(一)1956 年欲从研究汉阳铁厂入手,研究武汉经济发展,由此开始关注张之洞史料。(二)1957—1962 年,武汉市工商事业管理局负责武汉资本主义工商业史资料的收集、整理和编写工作,邀请赵德馨以经济史专业人士参与其事。赵德馨提供了典型行业和典型企业项目目录、工作方法、编写体例,审读行业史和企业史书稿十九部,并提出修改意见。其中的《武汉机器面粉工业史》,由赵德馨、周秀鸾、谭佩玉与武汉市粮食局合作撰写。1960 年,湖北人民出版社拟将该书稿作为样本出版,因纸张短缺而作罢。(三)1982—2006 年参加湖北省地方志编纂工作。(四)1984 年之后,与研究生一起研究湖北经济史中的重大问题。如,与两位1984 级研究生研究世界经济大危机对湖北农业和武汉工业的影响。这两篇论文在 1987 年召开的中国近代化国际学术研讨会上均获好评。(五)1998 年受聘湖北省文史馆馆员。受文史馆之命,数次出席省委书记或省长召开的会议,从经济史学角度为湖北经济发展建言献策。(六)作为第三届湖北省经济团体联合会顾问,受邀参加该会主办的关于湖北经济问题的学术研讨会,也从经济史学角度陈述过自己的见解。上述(一)和(三)的有关情况,见本书的张之洞研究和方志学研究部分。(二)的成果有待出版。(四)的成果已发表。此处收录的是(五)和(六)的部分成果。

李先念与湖北经济的恢复

湖北既是李先念的故乡，也是他长期战斗、立下赫赫战功的地方。他终身关心湖北经济的发展，给了多方面的指示与支持。本文仅叙述他担任湖北省人民政府第一任主席期间，直接领导湖北经济恢复所作出的巨大贡献。

结合湖北省情，创造性地执行中央指示

（一）实事求是分析湖北的情况，制定"以农村为工作重心同时兼顾城市的方针"

1949 年 5 月，湖北省人民政府宣告成立，李先念为主席。他同时又担任中共湖北省委书记和湖北军区司令员兼政治委员，全面领导湖北的党、政、军工作。湖北省人民政府和李先念面临的主要任务是经济的恢复。

在此之前，1949 年 3 月中国共产党召开七届二中全会，确定把工作重心由乡村转移到城市，开始由城市领导乡村的时期。对于全国范围来说，这是正确的。但湖北省有自己的特殊情况。第一，它正处在全境解放过程之中（直到 1949 年 11 月 18 日，湖北全境才解放）。第二，湖北这个新解放区与东北、华北等老解放区情况不同。国民党的散兵游勇、特务，与当地的土匪、恶霸相勾结，在湖北的山区进行反革命破坏活动，使湖北境内很不稳定。第三，湖北长期饱受战争的蹂躏，加上国民党的大肆搜刮和溃逃前的猖獗破坏，城市大批工厂倒闭，大量工人失业；农村贫困，封建土地所有制仍处于统治地位。1949 年，湖北省工农业总产值仅 21.46 亿元（1957 年不变价，人民币，下同）。其中工业总产值 47 亿元，占 22%。全省工厂职工人数 7.2 万人，占人口总数的 2.8%。[1] 湖

---

[1] 湖北省地方志编纂委员会编：《湖北省志·工业（上）》，湖北人民出版社 1995 年版，第 40—41 页。

北是个贫穷的农业大省。在一次报告中,李先念对湖北的城乡政治经济情况进行了全面的分析。他说:"目前湖北的城市一般是商业性和消费性的城市,它在经济上是脆弱的,而仅有的一点工业也要依赖于农村供给原料、粮食,并且工业产品的广大市场也在农村,也靠农民购买力的提高。因此,要发展和繁荣湖北的城市,变消费的城市为生产的城市,也必须首先搞好农村工作。"[1]在另一次报告中,他对湖北城乡经济关系作了进一步的分析。他认为,湖北的城市经济因受战争的破坏,很脆弱。工业主要是以农副产品为主要原料的加工工业,对农村的依赖性很大。农村经济非常落后,农民贫困,既不能为工业提供较多的原料,也因购买力不足,使城市工业品销售有限。因此,首先要通过剿匪反霸,土地改革,大力发展农村经济,解放农村生产力。"有了农村生产的配合,原料才能有保障,工业才能生产。""工业品生产出来了,光靠城市的购买力不行,必须依靠广大农村,只有农村经济恢复和发展了,城市经济才能恢复和发展,整个国民经济才能繁荣起来。"[2]基于对城乡关系的这种分析,李先念与中共中央华中局、中共湖北省委的其他成员一起,讨论湖北等地的特殊情况,认为在新解放区,应实行"以农村为重点同时兼顾城市的方针"。中共中央批准了这项决策。

1949年8月13日至27日,中共湖北省第一次代表会议在武昌举行。省委书记李先念作《剿匪反霸是当前的中心任务》的报告。他根据以农村为重点兼顾城市的方针,提出湖北的中心任务是剿匪反霸,即发动群众,从军事上清剿残敌,政治上彻底消灭封建恶霸势力,为湖北的经济恢复创造安定的环境。同时兼顾城市,确定城市工作以恢复生产,沟通城乡关系为重点。

1950年8月,在中共湖北省第二次代表会议上,李先念在报告中传达中共七届三中全会决议,说明今后湖北工作方针。他说:"根据毛主席在三中全会所指示的,为争取国家财政经济状况的基本好转而奋斗的总任务,以及湖北省的具体情况,我们今后的工作任务,首先大力进行农村改革。凡在条件已经成熟地区,今年的秋后即应开始实行土地改革,并争取在两年内基本完成全省的土地改革(原文少'革'字)工作。同时我们必须巩固在财经工作的统一管理和统一领导,巩固财政收支平衡和物价稳定的方针下,继续调整工商业,调整公

---

①《李先念同志报告》,《长江日报》1949年8月18日。
②《李先念文选(一九三五——一九八八年)》,人民出版社1989年版,第120页。

私、劳资关系,使城市工商业有所发展,日趋繁荣。"①

当中共中央已决定将工作重心从乡村转移到城市之后,李先念等人根据湖北的具体情况,制定以农村为工作重心同时兼顾城市的工作方针,在报请中共中央批准后坚决贯彻执行。这是将中央决定与地方具体情况相结合,创造性地执行中央精神的一个范例。这是李先念在经济工作中贯彻实事求是思想路线——马克思主义的灵魂——的表现。它对当时湖北的工作具有重大的现实意义,也对后人如何正确贯彻中央的指示,具有巨大的历史借鉴作用。在贯彻执行扩大内需战略方针以促进经济持续增长,稳定迅速发展的今天,李先念关于农村和城市经济关系的分析,仍然有着重要指导意义。

(二)从政治的高度看待财政工作

1950 年 3 月,政务院作出《关于统一国家财政经济工作的决定》。4 月 3 日,湖北省召开财经工作会议,李先念在会上发表讲话。他说:"对政务院的这个决定,我们党政军各级领导必须保证坚决贯彻执行","今天的情况变了,全国实现了统一的胜利的局面,反映到财经问题上就特别敏感、特别需要统一。为了实现财政经济工作的统一管理和统一领导,必须去掉各自为政的思想,坚决克服地方主义","否则,我们在财经方面就要失败","这不只是财经问题,而且是政治问题。如果我们不坚决贯彻执行统一的财政经济制度,人民政权就不能巩固"。② 他从以下三个方面深刻地阐明地方政府为什么要坚决执行统一财政经济工作决定的道理:第一,统一的条件已具备;同时全国统一,任何一个地方出现漏洞,便能马上波动到全国。第二,由于刚解放,要管饭的人太多。支出大都由中央负责,公粮和税收归地方管理,"收"和"支"脱节,光靠多发钞票,会引起通货膨胀。第三,我国经济本来非常困难,分散经营管理,浪费大。以上三点都会导致革命政权失败。所以必须从大局看问题,从全国出发,坚决贯彻执行政务院的这个决定。

李先念在贯彻政务院的这个决定时,不仅态度坚决,而且提出要站在政治的高度看待财政经济问题,从全国利益的大局出发正确处理地方与中央的关

---

① 《中共湖北省第二次代表大会》,《湖北日报》1950 年 8 月 20 日。

② 李先念:《李先念论财政金融贸易(一九五〇——一九九一年)》上卷,中国财政经济出版社 1992 年版,第 1—2 页。

系,克服地方主义,这也是一种创造性的态度。这种态度,既是他的无产阶级革命家品德的生动体现,也是他留给后人的一笔重要财富。

采取有效措施,为湖北经济的恢复创造条件

在这方面,李先念着重抓了五项工作:

(一)清匪反霸

1949年7月初,中共湖北省委决定用半年至一年的时间深入农村,剿匪反霸,建立区、乡人民政权。7月11日,武汉市军事管理委员会颁布《武汉市国民党特务人员申请悔过登记实施办法》,市公安局逮捕和罚处了一批怙恶不悛分子。1950年1月,李先念在湖北省第二次各界代表座谈会上的报告中指出:"凡组织土匪,率领匪众,杀人放火,破坏国家事业与人民事业,进行武装暴乱的匪首,必须严办;一般匪众则采取宽大政策,立功受奖,坦白悔过投诚,仍可减刑或免刑。"[①]经过一年的清剿,消除全省的匪霸,为农村和城市生产建设创造了安定的政治环境。

(二)生产救灾

1949年的夏天和秋天,湖北省发生两次大水灾。进入冬季,全省有240万人断粮。12月,省人民政府颁布生产救灾公告,在发动群众生产自救的方针指导下,全省开展生产救灾运动。在1950年1月的全省专员、市、县长联席会议上,省人民政府决定:"农业生产方针是在保持去年生产水平的基础上,克服与减少水旱灾荒,争取粮食增产。"[②]各级政府组织群众解决生产中的困难,力求做到"不荒一亩田"。随后,省人民政府拨出1000万公斤粮食,贷给农民生产救灾。这不仅帮助贫苦农民渡过严重的春荒,稳定了民心,还使他们顺利地进行了春耕,为1950年农业增产创造了物质条件。

(三)减租减息

1949年12月24日,李先念以湖北省人民政府主席名义颁布《减租实施细

---

①湖北省地方志编纂委员会编:《湖北省志·大事记》,湖北人民出版社1990年版,第568页。
②湖北省地方志编纂委员会编:《湖北省志·农业(上)》,湖北人民出版社1994年版,第53页。

则》(简称《细则》)。《细则》规定:减租减息的目的是,"适应目前的农民要求,改善农民生活,恢复和发展生产";所有的地主、旧式富农及学校、祠堂、庙宇、教会等出租的土地,一律按原定实际交租额的25％实行减租;解放以前,农民向地主、旧式富农所借旧债,一律按月利一分半计算;对于战争罪犯、反革命首犯、恶霸分子,除没收其拥有的土地外,债权也一律废除。[①] 减租减息不仅有利于立即改善农民的生活,还因为在减租减息运动的开展过程中,组织了村农协会,提了农民的觉悟,初步树立了农民的政治优势,为土地改革作了准备。

(四)改革土地制度

刚解放的湖北,绝大多数地区没有进行土地改革。仅占农业人口3.5％的地主,占有35％的耕地;而占农业人口55％的贫农和雇农,自有耕地不到全省耕地的20％。全省处在租佃关系中的耕地,占全省耕地总面积的40％至50％。封建剥削非常严重。李先念在湖北省第二次党代表会上的总结报告中,安排了改革土地制度工作:"农村土改分两批进行。第一批从1950年11月开始,到1951年4月底结束。第二批从1951年11月开始,到1952年底,全省土改结束。"经过土地改革,消灭了封建土地所有制和封建剥削制度,建立了农民土地所有制。这极大地鼓舞了农民的生产积极性,解放了农村生产力。这种制度的创新,极大地促进了湖北农村的经济发展。在土改时期,湖北农业总产值年平均递增率达到10.6％。[②]

(五)修建荆江分洪工程

李先念根据湖北省的特殊情况,特别重视水利建设,其中又特别重视长江的防洪设施。1951年1月14日,李先念在湖北省干部会议上作《目前湖北财经形势和工作任务》报告。他在报告中说:"加强兴修水利是关系到广大人民生命财产的一件大事。重点是防洪排水,加强荆江大堤瑶堤的修护工作。荆江大堤的兴修工程,在特定意义上讲,它的重要性是超过土改的。"[③]土地改革是当时全省的中心任务。李先念认为加强荆江大堤的重要性超过土地改革,

---

①湖北省地方志编纂委员会编:《湖北省志·大事记》,湖北人民出版社1990年版,第568页。
②湖北省地方志编纂委员会编:《湖北省志·经济综述》,湖北人民出版社1992年版,第118页。
③李先念:《李先念论财政金融贸易(一九五○——一九九一年)》上卷,中国财政经济出版社1992年版,第18—19页。

这是一种了不起的认识。在这种认识的基础上,李先念决定将荆江大堤由临时性的工程转变为永久性的,由局部性的规划转向流域的规划,由消极的抗洪除害转向积极的兴利。1952年4月5日,荆江分洪第一期工程全面开工,李先念任工程委员会主任兼总指挥部总指挥长、总政委。参加工程建设的达30万人。第一期工程主要是修筑黄天湖北大堤、修建进洪闸和节制闸,建成蓄洪量62亿立方米的荆江分洪区。6月7日第一期工程完工。第二期工程是加固堤防,整理分洪区渠道,于1953年4月25日完成。至此,荆江分洪工程全面竣工。分洪工程共投资5579.6万元,费时1年零20天,完成土石和混凝土6000万立方米,为增强荆江大堤的防洪能力创造了重要条件。① 这是新中国建立后,全国建设的第一座最大的防洪工程。它起到了抵御特大洪水灾害,保卫湖北人民生命财产安全和农业生产的目的。1954年,湖北遭到百年未有的洪水,荆江分洪工程先后3次开闸泄洪,为战胜这次特大洪灾起了重大的作用。荆江分洪工程是李先念留给湖北人民的永久的丰碑。

经济恢复,成就辉煌

在抗日战争和解放战争时期,湖北一直是两军对峙之区,受到的战争破坏特别严重。湖北解放之初,与抗日战争前比较,工农业生产下降的幅度很大。其具体情况如下表所示。

湖北省1949年、1936年工农业主要产品产量对比②

名称	单位	1949	1936	1949年比1936年增长(＋)下降(－),%
生铁	万吨	0.3	1.4	－78.58
原煤	万吨	23.5	49.02	－52.06
棉纱	万吨	0.95	1.57	－39.49
棉布	万吨	1886	4493	－58.02
粮食	万吨	578.15	846.78	－31.72
棉花	万吨	5.74	15.68	－63.39
油料	万吨	13.38	32.87	－59.29

①湖北省地方志编纂委员会编:《湖北省志·大事记》,湖北人民出版社1990年版,第600页。
②湖北省地方志编纂委员会编:《湖北省志·经济综述》,湖北人民出版社1992年版,第125页。

就全国而言,1949 年与 1936 年相比,重工业生产大约下降 70％,轻工业生产大约下降 30％,农业生产大约下降 25％。① 从上表所列数据与全国情况的比较中可以看出,湖北省农业生产下降的幅度比全国总水平大得多,其中尤以农业生产为甚。这就是说,湖北省经济恢复,特别是农业生产恢复的任务很重。实际情况是,比其他各省都重。

在严重困难面前,在李先念的领导下,中共湖北省委和湖北省人民政府在制定上述方针和采取上述一系列措施的同时,还在城市有秩序地接收国民党政府的财产,实行民主改革,调整工商业,贯彻执行在国营经济领导下,国营经济、公私合营经济、集体经济、合作社经济、个体经济、资本主义经济共同发展的政策,发挥人民中各阶级、各阶层群众的积极性,共同为湖北经济的恢复而努力。

到了 1952 年,湖北省工农业主要产品的数量及其与 1949 年的比较情况是:生铁 2.61 万吨,比 1949 年增长 7.7 倍;原煤 41.47 万吨,比 1949 年增长 76.46％;棉纱 2.28 万吨,比 1949 年增长 138.59％;棉布 5328 万米,比 1949 年增长 182.50％;粮食 747.6 万吨,比 1949 年增长 29.31％;棉花 12.17 万吨,比 1949 年增长 112.12％;油料 22.34 万吨,比 1949 年增长 67.02％。湖北省工农业总产值达到 32.36 亿元,比 1949 年增长 50.79％。其中,工业总产值达到 9.73 亿元,增长 105.71％;农业总产值达到 22.63 亿元,增长 35.27％;社会商品零售总额达到 11.89 亿元,比 1949 年增长 60.89％;全省财政收入,1952 年为 3.8 亿元,比 1950 年底增长 102.65％,同期实现了财政收支的平衡②。这标志湖北省的财政经济状况根本好转,经济恢复的任务基本完成。这为开展大规模的经济建设准备了条件。也是在 1952 年,中共武汉市委和武汉市人民政府改组,由中共湖北省委书记、省政府主席李先念兼市委书记和市长。从 1953 年起,湖北省和武汉市,在李先念领导下进入经济建设和经济发展的新时期。

此文与廖晓红合作,原载《荆楚赤子》,中央文献出版社 1999 年版。

---

①赵德馨主编:《中华人民共和国经济史 1949—1966》,河南人民出版社 1989 年版,第 178 页。
②湖北省地方志编纂委员会编:《湖北省志·经济综述》,湖北人民出版社 1992 年版,第 124—125 页。

创造性地执行中央决定的范例

——体现李先念同志领导水平的一件事

作为一个地区的领导人,把上级的决定、指示照本宣科地在本地区执行,并非难事。而要把上级的决定、指示与本地区的具体情况结合起来,对上级的决定、指示作出适合本地区情况的补充或修正,却非易事。因为这需要领导者具备马克思主义实事求是的精神,革命者的气魄,灵活的工作艺术与创造性才干。李先念同志在作为地方领导人时,显出了他具有这样的勇气与才干。本文所记之事,是他当湖北省人民政府第一任主席工作期间的第一项重大决策。仅此一例,已足以垂范后世。

1949 年 5 月湖北省人民政府宣告成立,李先念为主席。他又担任同时成立的中共湖北省委书记和湖北省军区司令员、政治委员,全面领导湖北的党、政、军工作。在此之前,1949 年 3 月 5 日至 13 日,李先念出席了中共七届二中全会。这次会议着重讨论新形势下党的工作重心由乡村转移到城市的问题。七届二中全会确定把党的工作重心由乡村转移到城市,开始由城市领导乡村的时期,从全国范围来说,是正确的,及时的。但湖北省有自己的特殊情况。第一,它正处在全境解放过程之中(直到 1949 年 11 月 18 日,湖北才全境解放)。第二,湖北这个新解放区与东北、华北等老解放区情况不同。国民党的散兵游勇、特务,与当地的土匪、恶霸相勾结,在湖北的山区进行反革命"游击战",使湖北境内很不稳定。第三,湖北长期饱受战争的蹂躏,加上国民党的大肆搜刮和溃逃前的猖獗破坏,城市大批工厂倒闭,大量工人失业;农村贫困,土地改革尚未开展,封建土地所有制仍处于统治地位。作为中共中央华中局的成员和中共湖北省委书记的李先念,与中共中央华中局、中共湖北省委的其他成员一起,在七届二中全会之后,慎重地研究了包括湖北在内的华中解放区的特殊情况,讨论如何结合本地实际,认真贯彻七届二中全会的决定。经过研究讨论,认为在湖北等新解放区,应实行"以农村为重点同时兼顾城市的方针"。中央中共批准了这项方针。

1949年8月13日至27日,中共湖北省第一次党代会在武昌举行。省委书记李先念在会议开始时作的报告中说:"华中局先以农村为重点同时又兼顾城市的方针,完全符合湖北地区的情况,这个方针是完全正确的。目前已经解放的农村,封建势力的上层组织虽然是垮了,表面上地主阶级像失了势,但实际上封建阶级在政治上、军事上、经济上、思想上统治着大部分农村。恶霸、土匪、特务三位一体或明或暗地掌握着乡保,有计划地进行着武装抵抗和暗中破坏、散布谣言、抗交公粮等活动,以造成社会秩序的混乱,继续剥削与压迫群众。我们必须清醒地认识到目前农村还存在着这样雄厚的反动社会基础这一事实的严重性。"接着,他又分析了城市的情形。"目前湖北的城市一般是商业性和消费性的城市,它在经济上是脆弱的,而仅有的一点工业也要依赖于农村供给原料、粮食,并且工业产品的广大市场也在农村,也靠农民购买力的提高。因此,要发展和繁荣湖北的城市,变消费的城市为生产的城市,也必须首先搞好农村工作。"基于对城乡关系的这种分析,他说:"贯彻华中局的方针,目前的中心任务是剿匪、反霸、发动群众。"从军事上清剿残敌,政治上彻底消灭封建恶霸势力,为湖北的经济恢复创造安定的环境。同时兼顾城市,确定城市工作以恢复生产,沟通城乡关系为重点。这样,李先念就在理论与实际的结合上,说明了在湖北,在当前阶段,应先以农村为重点同时兼顾城市的道理。

1950年6月,中国共产党召开七届三中全会。这是中华人民共和国成立后中国共产党第一次中央全会。会议着重讨论了争取国家财政经济状况基本好转的条件与任务,进一步落实七届二中全会关于党的工作重心由乡村转移到城市的方针。李先念参加了这次全会。会后,他领导中共湖北省委的同志讨论了在湖北怎样结合省情认真贯彻落实这次中央全会决定,并取得一致意见。1950年8月,在中共湖北省第二次党代会上,李先念作《传达三中全会工作决议与今后湖北工作方针》的报告。他说:"根据毛主席在三中全会所指示的,为争取国家财政经济状况的基本好转而奋斗的总任务,以及湖北省的具体情况,我们今后的工作任务,首先大力进行农村改革。凡是条件已经成熟地区,今年的秋后即应开始实行土地改革,并争取在两年内基本完成全省的土地改革工作。同时我们必须巩固在财经工作的统一管理和统一领导,巩固财政收支平衡和物价稳定的方针下,继续调整工商业,调整公私、劳资关系,使城市工商业有所发展,日趋繁荣。"他在会议总结中强调:"目前贯彻一切的中心工作仍是农村社会改革,其他如党、政、军、宣传、文教、财经等工作都要围绕这个工作进行。否则就是形式主义。"李先念在报告中强调的是,中共湖北省委对工作任务的确定,其根据一是三中全会的精神,二是湖北省的具体情况,并将二者妥善地、密切地结合起来。这种结合就是一种创造,就是实事求是精神的体现。

在工作方针确定后,李先念狠抓落实工作。所有工作都围绕农村社会改革这个中心,同时兼顾城市工商业等各方面。在这些工作中,他特别注重以下五个方面。(一)清匪反霸。1949 年 7 月初,中共湖北省委决定用半年至一年的时间深入农村,剿匪反霸,建立区、乡人民政权。经过一年的清剿,消灭土匪6 万多人,同时惩治了恶霸,清除了全省的匪霸,稳定了农村的秩序,为农村和城市生产建设创造了安定的政治环境。(二)生产救灾。1949 年的夏天和秋天,湖北省发生两次大水灾。进入冬季,全省有 240 万人断粮。12 月,省人民政府主席李先念颁布生产救灾公告,在发动群众生产自救的方针指导下,全省开展生产救灾运动。1950 年省人民政府拨出 1000 万公斤的粮食,贷给农民生产救灾。这不仅帮助贫苦农民渡过严重的春荒,稳定了民心,还使他们顺利地进行了春耕,为 1950 年农业增产创造了物质条件。(三)减租减息。1949 年12 月 24 日,李先念以湖北省人民政府主席名义颁布《减租实施细则》。其中规定,减租减息的目的是"适应目前的农民要求,改善农民生活,恢复和发展生产";所有的地主、旧式富农及学校、祠堂、庙宇、教会等出租的土地,一律按原定实际交租额的 25% 实行减租;解放以前,农民向地主、旧式富农所借旧债,一律按月利一分半计算;对于战争罪犯、反革命首犯、恶霸分子,除没收其拥有的土地外,债权也一律废除。减租减息不仅有利于改善农民的生活,还因为在减租减息运动的开展过程中,组织了村农协会,提高了农民的觉悟,初步树立了农民的政治优势,为土地改革作了准备。(四)改革土地制度。刚解放的湖北,绝大多数地区没有进行土地改革。仅占农业人口 3.5% 的地主,占有 35% 的耕地;而占农业人口 55% 的贫农和雇农,自有耕地不到全省耕地的 20%。全省处在租佣关系中的耕地,占全省耕地总面积的 40% 至 50%。封建剥削非常严重。李先念在湖北省第二次党代表会上的报告中强调:"土地改革是我们全部工作中最重要的一个环节。""农村土改分两批进行。第一批从 1950 年 11

月开始,到 1951 年 4 月底结束。第二批从 1951 年 11 月开始,到 1952 年底,全省土改结束。"经过土地改革,消灭了封建土地所有制和封建剥削制度,建立了农民土地所有制。这极大地鼓舞了农民的生产积极性,解放了农村生产力。这种制度的创新,促进了湖北农村的经济发展。在土改时期,湖北农业总产值平均增长率达到 10.6%。(五)在城市有秩序地接收国民政府的财产,实行民主改革,调整工商业,贯彻执行在国营经济领导下,国营经济、公私合营经济、合作社经济、个体经济、资本主义经济共同发展的政策。1950 年 6 月,在全省城镇采取了以工代赈等办法,普遍开展救济失业工人的工作。

经过上述这些工作,消灭了封建制度和封建势力,消灭了旧政权的经济基础和残余势力,有效缓解了自然灾害带来的一系列问题,稳定了社会秩序,发挥了人民中各阶级、各阶层群众的积极性,共同为湖北经济的恢复而努力。1952 年的工农业总产值达 32.36 亿元(1957 年人民币币值,下同),比 1949 年的 21.46 亿元增长 50.7%,速度很快。根据国民经济基本恢复的新情况,1953 年春,以李先念为首的中共湖北省委和省人民政府确定全省工作重点由社会改革转入经济建设,也就是从以农村土地改革为中心工作转入以城市工业建设为中心工作。

当中共中央已决定将工作重心从乡村转移到城市之后,李先念等人根据湖北的具体情况,制定以农村为工作重点同时兼顾城市的工作方针,在报请中共中央批准后坚决贯彻执行。这是将中央决定与地方具体情况相结合,创造性地执行中央精神的一个范例。这是李先念在经济工作中实事求是(马克思主义的灵魂)的表现。它对当时湖北的工作起了关键作用,也对后人如何正确贯彻中央的决定,具有重要的历史借鉴作用。

原载《湖北方志》2000 年第 1 期。

坚定信心　跨越发展

有关湖北要实现跨越式发展的文献,我读得不多,理解不深。我又是学经济史的,对现实经济问题缺乏深入的研究。下面讲的,可能不切实际,不合时宜,仅供参考。

一、首先要做好宣传工作

2011 年 1 月,听说李鸿忠书记在省委全会上提出跨越式发展,随即成为省委的决策。2 月,我应邀给省政府工作报告稿提意见。报告中写道:"把跨越式发展写在'十二五'发展的旗帜上。"这是报告里最耀眼的一句话,使我感到新鲜,思想为之一震,印象深刻。在随后的一个月里,与接触到的许多老人(包括省文史馆馆员、老教授协会的教授等)和一些年轻人(包括研究生和大学教师)议论过这个问题。3 月,列席省政协、省人大会,在小组会讨论这个报告时,不少人就此提出问题。自 3 月中旬以来,看了报上多篇李鸿忠书记对这个提法的论述(如 3 月 22 日《人民日报》,4 月 20 日《楚天都市报》,等等)。在与人议论的过程中,我的一个突出的感觉是:很多人不知道这个提法;知道有这个提法的,了解它的内涵的人不多;了解其内涵的,有人对此不感兴趣。为什么呢?湖北过去提过多个发展战略,有的没有兑现,有的提出之后就没下文了。这次会不会还和以前一样? 这里有一个信心问题。

湖北省提出的跨越式发展目标之一,是在速度上比中部(各省)平均速度要高,比全国平均速度也要高。加上有人把跨越式发展解释为超常规的发展,要采用超常规的措施来实现这种超常规的发展。这使人联想起两件事。一件是当前的情况,现在不仅西部各省提出跨越式发展,中部各省全都提出跨越式发展,就是沿海省份也提出跨越式发展。如果中部各省都要在速度上比中部(各省)平均速度高,全国各省都要在速度上比全国平均速度高,这将会出现怎样的一场局面?另一件是历史上的情况。人们记忆犹新的是:1958 年,中部地区的湖北和河南两省,在全国率先搞小麦高产田,比增产高速度。后来其他省加入,搞成"大跃进"。基于这些情况,有人担心这次会不会和过去一样。这里有个疑虑问题。

因为有上述的信心和疑虑问题,所以我以为,当前要做的第一步工作是搞好宣传工作:要宣传什么是跨越式发展,湖北为什么要提出跨越式发展,能不能实现跨越式发展,怎样才能实现跨越式发展,这次跨越式发展与以前的"大跃进""洋跃进"有什么不同,与湖北以前的发展战略有何联系与区别,跨越式发展在实现过程中有哪些理论问题和实践问题要研究,等等。只有做好了这项工作,才能解决广大干部和群众的认识问题。做好这项工作,既是统一全省人民思想的过程,也是解放思想、发动群众和鼓劲的过程,以此凝聚全省人民的力量,把湖北推上新的发展平台。

二、研究与上下左右前后的关系

为了做好宣传工作,必须作些理论研究。值得理论界研究的问题很多,下面提出的三个,是较为重要而又较为迫切的。

(一)与中央的战略部署和具体措施的关系

所谓上下关系,对湖北省委、省政府来说,"上"是中央,"下"是市县。要实现跨越式发展,对上要紧跟,对下要宽松。宽松给下级党委、政府发挥创新力留下空间,有利于调动他们的主动性。在上下关系中,相对而言,重要的是对上。

在中央确定中部崛起战略后,胡锦涛总书记于 2005 年 8 月视察湖北,提出希望湖北加快构建促进中部地区崛起的重要战略支点。2010 年,他就西部的发展提出"跨越性发展"。3 月 22 日,李鸿忠同志在《人民日报》发表《在跨越式发展中攀登"战略支点"》一文,文章的题目将胡锦涛总书记的上述两个提法结合为一,可见跟随中央部署之紧。我认为这样做是对的。跨越式发展是湖北省委紧跟中央部署、结合湖北省情而提出的。湖北省过去提过中部崛起战略,其时因全国实行"两个大局"部署中的第一个大局,未能得到实际的支持。现在中央提出中部崛起战略,全国进入"两个大局"部署由第一大局转向第二大局的历史时期,胡锦涛总书记又提出希望湖北成为构建中部崛起重要战略支点,这就给湖北省确定了总目标和总任务,也给了湖北已渴望多年的机遇。湖北省要充分用好这次历史机遇,一切工作都必须围绕这个总目标和总任务来开展。这就是说,在整体上紧跟中央战略部署的同时,还必须在发展主题、发展主线、预期目标、发展速度、转变经济发展方式、调整结构、降低能耗、治理污染、控制通胀、压抑房价、缩小贫富差距等各个方面,紧跟中央的部署,与中央保持一致。在这方面,值得研究的问题,特别是那些中央提出的措施与地方利益处于博弈关系的问题甚多。

(二)与其他各省,首先是中部各省发展战略的关系

所谓左右,就是左邻右舍的周围各省,首先是与中部各省的关系。现在的问题是,湖北提出跨越式发展目标,中部其他各省和中国其他各省也提出跨越式发展。这样,对于湖北有无可能以速度高于全国、高于中部平均的业绩超过它们,要作深入的调查研究和精确计算。要估计到实现这个目标的难度。凡事预则立。

20 世纪 80 年代以来,湖北有一个好传统,即虚心向外省学习。省委书记、省长有时自己率团,有时组织各专业、各地区的团队,向广东、江苏、浙江、湖南等省学习,效果良好。发扬这个好传统,对其他各省采取谦虚态度,将其长处学过来,对实现湖北跨越式发展有利。在与其他各省的比较中,凡涉及硬指标的,以留有余地为宜。因为,这样做能使自己处于可进可退的主动地位。

在中部地区,湖北能不能比湘、赣、皖先实现快速发展?这涉及一个理论问题,即中国现代化演进过程中的梯度论与跨越论。前些年,在一些人中流行一种先进产业生产力水平、发展速度由东(沿海)向西(内地)梯度推进论(或称产业梯度转移论)。他们认为,先进产业、资本、技术、人才、素养高的劳动力,都是由沿海向内地梯度推进的,中西部地区发展滞后是合乎规律的。假若这真是一种规律,那么,湖北就难以超越湘、赣、皖的发展,跨越式发展就没有可能性。这个问题值得研究。我在 1950 年代讲"中国近代经济史"课时,就说过中国自 1842 年被动开放后,经济现代化进入起步阶段,现代化演进的总体态势是,随着开放口岸的设置,轮船运输的开展,从南到北,从东向西,沿海(岸线)、沿路(航路)逐步推进,由点到线。到了 19 世纪 90 年代以后,随着铁路的修建和电报、电话的使用,情况起了变化,以至在上述总体演进态势的延续中,

在内地出现空间跨越式发展的地区,典型的事例就是张之洞督鄂的十七八年间,使湖北跨过了湖南、江西、安徽这三个从沿海到湖北的中间省份,追赶广东、福建、江苏、山东、河北等沿海省份,并最终达到与它们处于同一水平或站到同一起点线上的目标。在湖北之后,又出现四川和山西。到了1980—1990年代,我将这种历史事实与认识写进了国家级教材和相关论文中。到了21世纪,技术进步到信息主导的时代,航空、高铁、电子技术等等的发达,使信息的传递,物资、资金的运送,人才的流动,在时间上对各地已无差别,或差异极小,空间距离的影响已缩小到无关紧要的地位。在这个意义上,世界已是平的,而非梯形的。梯度推进的历史已成过去。这种变化对湖北实现跨越式发展是很有利的。

说到张之洞,我想顺便说说,在历史上,湖北有过几次崛起的时期,比如楚庄王时期、张之洞督鄂时期。楚庄王时期湖北地区社会经济之所以发展快,是因为那时正处于从石铜器时代转入铜铁器时代。在当时的技术条件下,湖北铜铁矿资源被发现得早,比其他地区丰富。楚庄王抓住了这个机遇,把大量人力、物力、财力用于铜铁的开采与制造,大力提高铜铁开采冶炼技术,由此掌握了这个在当时是最先进的产业,因而国力大增,扩地五千里,称霸中原。张之洞时期之所以能跨越,是因为那时候正是中国从手工业生产向机器大生产转变的时期。他抓住了这个转变的机遇,大力引进机器,发展现代工业和交通事业,同时大力发展现代科教事业,使湖北地区的现代经济"驾乎津门,直逼沪上",武汉成为全国第二大城市。楚庄王和张之洞的共同经验是:抓住了当时最先进的产业,实现了发展方式的转变。他们的经验对湖北现在要实现超越式发展有借鉴意义。这是说说这些历史故事的意义之一。之二是,历史上湖北人民的这些成功的事例,对今天湖北人民要实现跨越式发展,是一种鼓舞。湖北人民,在古代,早在楚庄王时就崛起过;在近代,在张之洞督鄂时崛起过;在当代,在中国共产党领导下,一定也能崛起!事在人为呀!

(三)与湖北省委原有战略的关系

所谓前后关系,是指与湖北省委以前提出的战略之关系。对此,李鸿忠同志在3月22日文章中的提法是:"两圈一带"是总体战略,"跨越式发展"是发展目标。我认为这个提法是妥当的。问题在于,有人以他在4月20日文章中对跨越式发展内涵的五点阐释,以及强调"要把跨越式发展写在'十二五'发展的旗帜上"为依据,认为"跨越式发展"是总揽湖北今后发展的纲,是一个新的总体战略。果若如此,有必要对二者的关系给予准确的定位和理论的阐释,以便前后衔接。

在历届湖北省委提出的发展战略中,我对"两圈一带"战略最为赞赏。理由甚多,突出的是两点:一是在空间上全覆盖。这是一看便知,不用多说。二是巧取。所谓巧取,是指它从湖北省情出发,具体地说是从湖北资源的长短处出发,扬其长避其短,创新了发展路径。湖北资源的长处,在先天方面主要是山好水多;在后天方面,主要是历史胜迹多,教育发达,培育的人才多。在中央的决策与支持下,湖北在山水方面做了许多大文章,如葛洲坝水电、三峡工程、丹江水库、南水北调中线工程、长江航运等等。"两圈一带"战略是做活山水和历史胜迹长处的好文章。天赋湖北如此美的山水,旅游业还大有文章可做。"两圈一带"作为总体战略,具有主导发展、引领跨越的功能。近几年,在"两圈一带"战略的推动下,湖北发展很快。实践已证明这个战略是合乎省情的。

概括上面说的,如果考虑到上下左右前后的关系,在湖北省,在发展战略方面,便有三个层次。第一个是中央提出的中部崛起战略,这涉及中部五个省。在这个战略中,胡锦涛总书记给湖北定位为:构建促进中部地区崛起战略的支点。这是中央从国家战略层面对湖北的要求。第二个是湖北省委的以构建促进中部地区崛起重要战略支点为目标而提出的"两圈一带"总体战略。第三个是现在提出的跨越式发展目标。湖北省的"十二五"规划是贯彻这些战略的具体方案。因此,在"十二五"规划旗帜上写的,应该以这三个层次为序,特别是要突出第一个层次,高举战略支点旗帜。

三、跨越式发展正逢其时

跨越式发展是湖北进一步发展的需要,也有此可能。对此,李鸿忠接见几家报社记者时已作了全面的阐述。我赞赏他的阐述,并想从国家"两个大局"转移的角度作点补充。

湖北经济总量在全国的地位,1966年是第8位,1982年是第10位,1984年是第9位,1987年是第10位(该年湖北省提出中部崛起战略),1988—1990年是第11位,2005—2007年是第14位,2008年是第12位,2009年是第13位,2010年上升到第10位。对湖北和中部地区而言,2008—2009年可能是个拐点。促成拐点的主要因素是国内"两个大局"的转移和世界性经济危机两个方面。第一,据我的分析,2008—2009 年是"两个大局"从第一个开始向第二个转移之时。这个转移是一个长过程。它对属于中部地区又地处承东启西的湖北有利。第二,世界经济危机促进了这个转移。沿海地区外贸依存度比较高,受世界经济危机的影响也就比较大,对湖北等中部省份争取"弯道超越"有利。在这个大局转移过程中,近几年来,特别是 2008、2009 年至今的两三年中,中西部呈现出强劲的发展势头,主要经济指标增速已接近甚至快于东部地区。从生产总值、投资、消费和进出口贸易增速看,中西部地区与东部地区的差距在逐步缩小。1999—2008 年,中部地区 GDP 平均增长 11.2%,西部地区增长 11.4%,比东部地区的 12.3%差 1.1 和 0.9 个百分点。但全社会固定资产投资年均增速,中部地区为 22.5%,西部地区为 21.7%,分别比东部地区增速 17.6%高 4.9、4.1 个百分点。[①] 这些数据说明,到 2008 年,中部地区已蓄势待发。2009—2010 年以后就开始发势了。其中,湖北尤为明显。这个"势",就是李鸿忠同志说的"天与弗取,反受其咎"中的"天"。

在此,我要介绍研究中华人民共和国经济史获得的一点心得,即在现行体制下,决定各地发展速度的因素主要有三个:中央的决策;地区领导人的思想水平、能力与群众的努力;地区的资源条件。其中中央的决策这一条最为重要。过去的 60 年是投资型增长模式,而且是政府主导投资。我国是中央集权体制。中央决定对哪个地方多投资,政策向哪个地方倾斜,哪个地方就会发展得快。20 世纪 80 年代,中央决策实施特区和沿海开放政策,广东省、福建省及深圳市、厦门市等经济特区就发展快。十多年间,深圳从一个几万人的渔村发展为几百万人的现代化城市,其速度,作为全国经济中心的上海市也赶不上。到了 90 年代初,中央决定上海开放和发展浦东地区,十多年间,上海的发展速度与规模跃居各省市前列。这个城市很快又成了全国的第一。正是基于这种情况,我对湖北省委提出中部崛起战略以后,中部不仅没有崛起,反而塌陷,不仅不指责,反而深表理解。因为这不是湖北省委、省政府和人民之错。第一,湖北省委领导人在提出这个战略时,心中就很明白,中央对东部有战略,让它先富起来,对西部也有政策,对少数民族地区要多照顾,唯独对中部地区没有明确的战略和政策,所以提出中部崛起,用于鼓劲。第二,在提出这个战略后,

---

①参见国家统计局编《新中国 60 年》,中国统计出版社 2009 年版,第 39 页。

湖北省的领导人和广大干部群众工作很努力,GDP 总量和人均 GDP 年年有增长,而且增长的绝对数量大、速度快,其所以相对于东部某些省市慢一点,乃是中央实行"两个大局"中的第一个大局,"让一部分地区、一部分人先富起来"战略的结果。所以不仅湖北,整个中部地区各省在全国占的比重下降,这主要表现在东、中、西地区工业总产值结构上,具体见下表。

我国东、中、西部地区工业总产值占全国的比重(%)

年份	1987 年	2000 年	2008 年
东部	59.2	69.7(↑10.5)	68.9(↓0.8)
中部	25.1	18.8(↓6.3)	19.0(↑0.2)
西部	15.7	11.5(↓4.2)	12.1(↑0.6)
合计	100.0	100.0	100.0

现在的环境变了,主要是中央提出中部崛起战略,且要湖北构建成中部崛起的战略支点。又逢从第一个大局向第二个大局转移之时。在此形势下,湖北的地理位置适中,处于承东启西之关键区域。湖北跨越式发展的时空条件已经成熟。湖北正处于大有可为的战略机遇期。跨越式发展是湖北贯彻中央部署的一种回应与安排。有此机遇,加上此种安排,荆楚儿女一定会意气风发,谱写出科学发展、跨越发展的辉煌篇章。

四、转变思路以实现跨越式发展

跨越式发展是一种新的发展目标。要实现这种新的发展目标,需要新的思路。所谓新的思路,即合乎科学的思路,合乎科学发展观的思路。科学的即常规的。因此,新思路并非如某些人倡导的非常规的思路,恰恰相反,它是常规的思路。应该承认,在前些年的工作中,还有一些不符合科学发展观的东西。正是这些不符合或不完全符合科学发展观的东西,导致环境污染严重,导致资源消耗大,导致经济结构不合理,导致通货膨胀,导致基尼系数特高,导致维稳成本昂贵,如此等等,使国民经济处于不平衡、不协调和不可持续发展状态。将带有不科学的部分转换为科学的,即转换思路的内涵。

近些年,我在这个论坛发过三次言,三次为省政府年度工作报告稿提意见,先后为湖北"十一五"和"十二五"规划提建议。每次讲的内容、角度不同,但都是围绕转变思路展开的。诸如:更加注重发展方式的转变,更加注重"三农",更加注重民生,更加注重缩小贫富差距,把降低基尼系数列入工作目标,等等。为了实现这些转变,条件之一是转换对 GDP 增长率的认识,从追求 GDP 平均增长两位数的超高速为目标,转到以民生为本,侧重提高发展质量、符合本省发展潜力,从而可以保持长期持续的高速度:中轴线(中点,平均数)7%,波幅上下两个百分点。

为了说明这个问题,我多次介绍过自己对 GDP 增长率一点粗浅的认识和试探性的判断。中国经济落后,导致国力弱,人民生活水平低。因为国力弱,生活水平低,并在很长一个时期受人欺侮,所以中国人,无论是国家领导人,还是一般群众,都希望经济快速发展。我也是这样。我衷心希望中国经济发展快,因为只有这样,国家才能快点强起来,人民才能富起来。这对我,我的家庭,我的子孙,只有好处,没有坏处。我为这 30 年来经济发展快,中国成为世界第二大经济体,感到自豪。正因为上上下下都想快,快速发展的计划与实绩总是受到欢迎和赞扬,高速情绪成为时代特征。正像中共中央政治局委员,原湖北省委书记,上海市委书记俞正声在上海交通大学上党课时说的:"我们建国以来的教训是什么,是急于求成,以前是跑步进入共产主义,现在是 GDP 赛跑,所以才有那么大的投资,那么大的货币量。"其所以出现这种情况,是人们想快,却忽视了发展速度受物质条件即国力和国际环境的制约,不是想快就能快的。1990 年,我在对 1949—1989 年中国 GDP 增长的速度、波动状况等方面的实际情况作了一番考察后,认识到:第一,40 年间,总的倾向是急于求成。第二,要快容易要好难。第三,有不同性质的高速度。以效益即以是否给人民带来福利和带来福利多少为区分的标准,有真的,也有假的。有建设性的,也有破坏性的。低效益的或无效益的高速度是虚假的高速度。1957—1978 年的经济增长,就速度而言达到 6%。6% 已是高速度。可是,因为投入大,效益低,人民付出了艰苦的劳动,所得却甚少。就整体而言,这 22 年是国民经济停滞时期。1957—1978 年的高速度是假高速度。在这 22 年中,1958 年 GDP 增长21.3%,是中国历史上最高的。1959 年是 8.8%,也是高速度。这两年高速的结果是从 1959 年开始的大饥荒和非正常死亡。GDP 绝对值,1960 年 1458 亿元,1961—1963 年连年下降,1963 年降到 1236 亿元。1964 年才恢复到 1456 亿元。人均 GDP,1960 年 218 元,1961—1963 年连年下降,1963 年降到 118 元,1964 年才恢复到 208 元。1958—1959 年的高速度是破坏性高速度。第四,中国和其他国家的经济史实都证明,超越潜力的超高速度,其基本标志是出现泡沫,结果是不可持续的。这种超高速的时期有长有短(短则几年,长则二三十年),最后或陷入长期停滞,或陷入突发性危机,带来大上大下。这种大上大下给经济和人民生活带来很大的损害。故高速度要力求平稳,可持续。根据这些认识,我提出:"今后,国民经济若能以国民生产总值年增长率6%～7%之间的速度前进(即中速增长),就有可能持续稳定协调发展;可以保证我们分三步走的战略目标的实现;可以因为避免了大上大下,会在宏观经济上产生巨大的效益,使国民经济的发展处于良性循环的环境中。"①

此文发表后,1991—1992年GDP增长率分别为9.2%和14.2%。我的观点受到质疑,有朋友戏称之为右倾。我答以物价必上涨,速度必下降。1993年,居民消费价格指数上涨14.7%,1994年上涨24.1%,创改革开放以来的新高,居民的生活受到严重损害。1993年中央实行宏观调控,1993—1995年GDP增长率逐年下降,分别为14%、13.1%、10.9%。1995年9月28日中共十四届五中全会通过的《中共中央关于制定国民经济和社会发展"九五"计划和2010年远景目标的建议》中,提出发展速度为6%。我读了这个建议以后,很高兴,因为6%是我提出的6%～7%的下限。我认为中共中央提出的指标,是一项以中国45年经济发展实际为依据,经过计算与论证的科学决策。1995年之后,从1996年直到1999年,GDP增长率进一步下降,分别是10%、9.3%、7.8%和7.6%。这几年的经济增长的特征,既是高速度,又是向质量好的方向演进,即效率与效益相统一。这几年的事实说明,只有这样的增长,才能给人民带来实惠,才是经济发展的目的。只有带来这样增长的经济工作,才代表多数人的利益,才是真正为人民服务。②

到了2000年,我对1949年至1999年经济发展,从速度、波动、质量与绩效(人民生活)等四个方面考察了增长的路径,从所有制、体制和产业三个方面考察了经济结构,又考察了与之相关的经济政策与经济工作指导思想,发现都经历了呈"之"字形的三个阶段:1949—1956年,1957—1978年,1979年以后。其中的最后一个阶段,在各个方面都优于前两个阶段。根据这种分析,我认为,到了这个时期,"我们对在搞中国现代化事业,已经知道得较多了。如果说

---

①赵德馨:《经济的稳定发展与增长速度》,《中南财经大学学报》1990年第4期。

②赵德馨:《坚持速度与效益的统一至关重要——谈改革开放20年来我国经济运行的轨迹》,《湖北日报》1998年11月12日。

过去的50年,我们是处在孙中山所说'不知也要去行,当中必走许多之字路'的阶段,那么,今后,我们已开始迈入'知道了以后才去行,是很容易的'阶段了"①。在这篇文章中,我没有对今后的增长率作出直接的预测,但已明确指出:第一,前50年的平均数是7.7%,其中有无效的和破坏性的高速度,除去这类高速度,有效的速度要比7.7%低得多。第二,由于有了正面的和反面的经验,今后可能"容易"些,也就是有效的高速度肯定会比前50年高。2001年加入WTO以后,中国经济增长的条件更好了,有利于GDP增长率的提高。所以从2002年以后,我在发言和文章中经常用6%~7%这个估计数中的上限,即7%,有时写成或说成7%左右。2005年中共中央关于"十一五"计划的建议中,GDP增长率为7%。2006年全国人大通过的"十一五"计划提高为7.5%。2011年中共中央关于"十二五"规划的建议和全国人大通过的"十二五"规划,GDP增长率都是7%。这使我很高兴,因为它们与我1990年提出的6%~7%中的上限,以及2002年以后常说的7%或7%左右相一致。

现在的问题是:

1991—1994年的GDP年增长率在9.2%~14.1%,平均超过10%,为什么1995年中共中央对"九五"计划和1996—2010年的远景规划提出的却是6%?

1995—2004年的GDP年增长率在7.8%~10.9%,平均超过9%,为什么2005年中共中央对"十一五"计划仍建议为7%?

2005—2010年GDP年增长率在9%~13%,平均超过10%,1979—2010年的30年间年均增长率是9.9%,为什么2011年中共中央对"十二五"规划还是建议7%?

对于这些问题有多种回答,归纳起来是两种。

一些人认为,事实证明中国现阶段经济增长潜力是年均增长9%以上,这说明今后还可以到9%以上。有这种认识的人自然会提出:为什么可以年均增长9%以上,中共中央却长期主张7%,这是不是太保守了一点?

另一些人认为,中共中央的决策是正确的,GDP年均增长7%是对中国当前经济增长潜力的科学估算。这种7%是科学发展的7%,即是均衡的,协调的,可持续的。具体而言,在时限上,它不只是顾及眼前(如自己任内)的高增

---

①赵德馨:《中国经济50年发展的路径、阶段与基本经验》,《中国经济史研究》2000年第1期。

长率,还为长期的持续发展打基础;在环境上,它不仅不带来进一步污染,且有所改善;在资源上,它力求节约,不仅使用而且培养能再生产的,而不是高消耗,"断子孙粮";在财政上,它量入定出,收支平衡,而不是靠借债支撑,寅吃卯粮,要后人还债;在物价上,它是长期稳定,而不搞通货膨胀,把人民荷包里的钱转到政府控制的银行里;在效益上,它是低投入,高产出,效益大,人民生活改善快,而不是为了提高 GDP 增长率,大搞高投入,低效益,甚至乱投入,无效益;在收入分配上,它抑富助贫,有益于效率与公平的统一,使基尼系数处于合理范围内(0.3 左右),而不是助富抑贫,使基尼系数超过警示线(0.4 以上),不利于和谐社会的建设;如此等等。众所周知,1992 年以来中国经济发展的成就辉煌,但也有一些方面与科学发展观的要求不符。换句话说,这期间的高速度中,有一部分是因违背科学发展要求造成的,如果除掉这个部分(有人计算过,仅仅环境这一条,便要减去 1.5 个百分点),符合科学的部分也就是 7% 左右。至于在中共中央一再坚持 6%~7.5% 增速和倡导科学发展观的情况下,为什么各省市的计划、规划中 GDP 增长率都比中央规定高,其中的大多数年均增速在 10% 以上? 这涉及体制和机制中的许多方面,是一下子说不清楚的,今天也就不说了。最后想说的一句话是:治经济学的人,应该懂得科学发展的高速度与非科学发展的高速度之间的区别;在中共中央大力倡导科学发展观之后,若是知道这种区别,而仍将采取非科学发展措施导致的高速度说成应该继续的好事,这样做,如果不是曲学阿世,也是不合时宜。

原载《2011 湖北发展论坛"十二五" 湖北跨越式发展》,湖北人民出版社 2011 年版。

两点建议：规划与速度

——在"中共湖北省人民政府党组为制定'十一五'
计划主要目标的报告"征求意见的会议上的发言

（2005 年 11 月 13 日）

我提两点建议。第一点是文件的名称问题，建议将"十一五"计划改为"十一五"规划。即改一个字，改"计"字为"规"字。因为，在 10 月 11 日结束的中共中央十六届五中全会通过的《中共中央关于制定国民经济和社会发展的第十一个五年规划的建议》中，使用的是"规划"这个概念。

过去都称五年计划，现在，中央的这个建议中改称五年规划，对这个改动，我的认识是：意义重大。中华人民共和国成立以来，中国的经济发展，就经济体制而言经历了两个阶段：第一个阶段是计划经济时期；第二个阶段是市场经济时期。计划经济时期可以从第一个五年计划开始的时间算起，到第十个五年计划时期结束。2000 年，我们已经宣布社会主义市场经济体制已经初步建立，开始进入完善的阶段。我们可以将 2000 年到 2005 年看成是由计划经济到市场经济过渡的最后阶段。两个不同的时期应该有不同的名称，第一个时期称为"五年计划"，第二个时期应该称为"五年规划"。

中国过去是计划经济体制，那时称为"五年计划"，反映了实际情况。现在，中国已是市场经济体制，市场在资源配置中起基础性作用，政府在经济运行中起的作用与计划经济体制时期相比，已不相同。省人民政府党组的这个文件，可否改"十一五"计划为"十一五"规划，请省人民政府党组考虑。省政府党组的这个报告，是根据国家"十一五"计划纲要拟订的。请省委、省政府向中央转达，我建议将"十一五"计划纲要改为"十一五"规划纲要。

在我国经济工作的历史中间，曾经在"计划"这个词之外，还用过"规划"这个词。那时是长规划、短计划。1950 年提的"三年准备，十年建设"，"三年准备"就是短计划，"十年建设"就是长规划。后来又提出十五年的过渡时期，就成了"三年准备，十五年过渡"，"三年准备"是短计划，"十五年过渡"就是长规划。到了 1960 年代，中央又提出长规划、短计划。这个短计划就包括五年计划和年度计划，长规划就是十五年以上的计划。毛主席提议计委可以称为大计委，管计划，另外设立一个小计委，管规划。计划的指标是具体的，要分解到各个部门，直到各个国有工厂，它具有法令性。规划是个大概预测，事关长期的发展方向，这种预测是发展战略的具体体现，它是指导性的。这是那个时期计划和规划的区别。

在世界上，在实行市场经济的国家，政府通常都能够通过宏观调控来引导市场经济具体的经济活动，这种起引导作用的就是规划体系。各国的规划体系不尽相同，但是基本的作用是一样的。"规划"这个词我们过去用过，世界上的其他国家也用过。所以，"规划"这个词也能够与世界接轨。但是我们今后"五年规划"中的"规划"这个词比较适用于现在这个社会主义市场经济下政府管理经济的情况。从"一五"计划到"十五"计划代表中国的计划经济体制时期，"十五"计划标志中国计划经济的结束，"十一五"规划代表中国市场经济时期的开始，也就是社会主义市场经济时期的开始。

这里需要说明的是，以后五年规划中"规划"一词，它的内涵与过去十个五年计划时期所使用的"规划"一词在内涵上有区别。十个五年计划期间的规划仍然是计划经济的计划，它与五年计划和年度计划的区别，主要是时间的长短不同。所以毛泽东在提出长规划、短计划的安排时，又强调规划也是计划。今后的"五年规划"中的"规划"是对市场经济的管理方法，是宏观控制的一种表现形式。

我国今后"五年规划"中的"规划"一词，与外国所使用的"规划"或者"计划"一词在内涵上也会有重要的区别，我们是社会主义市场经济体制下的宏观管理的表现，他们是资本主义市场经济宏观管理的表现。

第二点建议是速度问题。我建议将湖北省"十一五"计划时期的 GDP 增长速度由 12％以上改为 9％左右。我提出这个建议的根据是：

第一，根据我的研究，我国当前 GDP 潜在增长率是 7％左右，它的波动幅度是上下浮动 2 个百分点，可以是上浮 2 个百分点，即 9％，也可以是下浮 2 个百分点，即 5％，在 5％～9％都是正常情况。这是我对中国经验和国际经验进行分析得出的结论。

1983 年,我们的课题组开始对中华人民共和国建立以后的经济发展过程作系统的研究,已经出版了《中华人民共和国经济史》第一卷至第四卷,对 1950—1984 年中国经济增长的实际情况作过详细的考察。1990 年,我个人又对 1950—1989 年中国经济发展情况和各个年份的波动作了研究,写了《经济的稳定发展与增长速度》一文,得出的结论是:经济增长的潜在速度(潜在增长率)是 6%~7%,波动幅度是上下 2 个百分点。2001 年,中国加入了 WTO,这有利于中国经济发展增长速度的提高,我将潜在增长率修改为 7%左右。7% 是中速的上限,高速的下限。我是主张中速或中高速前进的。GDP 年均增长率 7%,符合中国现阶段的国力,是中国现阶段的规律之一,是中国现阶段的常态。

我们过去的几十年里,在经济增长速度问题上经验很多,但也有教训,最主要的一个教训就是"大起大落"。出现了四次负增长,对经济发展的绩效影响很大,所以如何稳定发展成了当前中国经济的一个重大问题。所谓"稳定发展"是相对于"大起大落"而言的,不是要求年年增长率没有波动,而是其波动要在合理区间内。当然是波幅越小越好。过去的几次负增长都是由于超高速度。所谓超高速度就是超过 9%的增长速度,这突出表现在 1958 年、1959 年的超高速度,它们带来了随后的大幅度负增长。所以超过国力承受程度的超高速度并不是一件好事,它会导致各种比例关系失调,造成经济出现大起大落,经济效益低下等负面影响。超高速度最大的危害就是不能实现稳定增长,所以我的那篇文章标题就是《经济的稳定发展与增长速度》,我在该文中采用经验分析的方法探究了怎样的增长速度才能使中国沿着持续稳定协调发展的轨道前进的问题。只有实现稳定增长,哪怕速度低一点,效果都比大起大落要好得多。

第二,名义增长率和实际增长率。名义增长率可以很高,但有时候并不一定是实际增长率。这里有两个原因:首先,各省之间互相竞争 GDP 的增长速度,彼此进行虚报,所以含的水分很多,这是有水分的、虚假的 GDP。在过去的几年里,湖北省报的 GDP 数据中所含水分在全国非常突出,这不是实事求是的态度。其次,GDP 的高速增长损害了资源和环境,这个是要今后补偿的,是透支性质的 GDP。如果在 10%的名义增长率中扣除生态退化与环境污染造成的经济损失,我国的实际增长率可能是 7%,也可能仅有 5%、6%。

在我看来,GDP 是含有不同颜色的:黑色的,因追求超高速的 GDP,忽视生态保护而造成大气中黑色的雾霾,河流中黑色的臭水。黄色的,因追求超高速的 GDP,忽视生态保护而造成的沙漠化,沙尘暴。红色的(血色的),因追求超高速的 GDP,忽视安全生产而造成伤亡事故;因追求超高速的 GDP 而忽视收支平衡,造成财政赤字。绿色的,是我们现在提倡的,它有利于经济的良性循环和可持续发展,是既有高质量又有高效益的、最具幸福含金量的 GDP。

第三,在国际上,7%已经是高速度或者说是超高速度。我们现在所处的阶段,国际上 GDP 平均增长率也就是 3%、4%。一些发展中国家因为有后发优势,发展速度高一些,但多年平均下来也不过就是 6%、7%。一旦 GDP 增长率连续超过 7%,特别是超过 9%时,会给中国未来经济造成严重的"后遗症"。超高速度的运行机制会造成高污染和高资源消耗。所以,12%以上的 GDP 增长速度是有破坏性的、得不偿失的高速度,是不可持久的。这对今后的发展是有损害的,对提高人民的生活水平是无益的。只有效率高、效益好的经济增长才能给人民带来实惠;只有这样的增长才是经济发展的目的;只有带来这样增长的经济工作才代表多数人的利益,才是真正为人民服务的增长,符合科学发展观的增长。

第 十 部 分
方志学研究

赵德馨教授于1982年受邀参与编纂湖北省地方志的筹备工作,1986年被聘为湖北省地方志编纂委员会学术顾问、《湖北省志》副总纂和《湖北省志·工业志稿》主编。1990年湖北省方志学会成立时,他被推选为常务理事。《湖北省志》实行副总纂负责制。赵德馨担任其中《经济综述》《经济综合管理》《工业》3卷的责任副总纂。《湖北省志·工业志稿》共10卷,800余万字(军事工业志未公开发行)。在方志学上,他提出"史志同源,史志有异,以史入志"的修志理念和"以纵领横"的志书体裁,为主事者所接受;创造性地提出并实践以"三大块"(即概述、行业、管理)编写工业志的体例,为多省方志所仿效。此届所修《湖北省志》以1840年为起点,1985年为下限。其《经济综述》卷实为湖北1840—1985年的经济史,《经济综合管理》卷实为湖北1840—1985年的经济综合管理史,《工业》卷和《工业志稿》实为湖北1840—1985年的工业及其10个重要工业行业史。

简论史志异同

对史书和志书两者的关系意见纷呈。我从 50 多年研究史学和 20 多年参与编修志书实践中获得的认识①,可以用两句话来概括:史志异体,史志相通。本文简论史志的异同。

一、史志异体

说史、志异体是因为志书是经过科学整理的系统的资料书,它的任务和内涵是记载某地当代存在什么;而史书则是经过科学研究的论著,它的任务和内涵是论述某地某时之前发生了什么,论述客观世界运动发展的过程。可见两者一个是科学整理,一个是科学研究;一个是资料书,一个是论著;一个是记载,一个是论述;一个是当代,一个是某时之前。它们无论是形式,还是内容,都有所不同。它们的差异主要表现在以下 6 个方面。

(一)时间不同:现实与历史

志书记载的是某地某一时间存在什么。这个某一时间,一般说来,就是当代。它是现在时。所谓"志修当代",就是这个意思。在大多数时候,是一代人修一届志。所谓一代人,大约二三十年。在这个意义上,志书记载的是现实。当然也有例外,如 20 世纪 80 年代开始的这次修志,上限定在 1840 年,这是因为它是新中国成立之后的第一次修志,也是第一次用马列主义、毛泽东思想来指导修志,需要对中国 1840 年以来的社会变迁作一次全面的系统的记载,所以时间就定得长了一点。但一般说来,它还是重在当代。现在开始的第二届

---

① 从 1951 年学习经济史并以此为业,至今 50 余年。1981 年开始参与湖北省地方志的编修工作。后被聘为湖北省地方志编纂委员会学术顾问兼《湖北省志》副总纂,这项工作截至 2003 年,历时 20 余年。

修志,上限与下限间的时间差距也就是二三十年。

史书则不同。它论述的是某地某时之前发生了什么。它强调的是某一时刻之前,是过去时。所谓"史论前期",就是这个意思。史书所论的是现实以前的历史,它不涉及现实生活中的事实。这就有一个历史与现实的关系问题,存在着一个如何断限的问题。这个限如何断,由于历史的差异和研究对象的不同(如有的研究社会史,有的研究思想史,有的研究经济史,如此等等),情况比较复杂。但就方法而言,一个是"跟随",一个是"沉淀"。所谓"跟随",是说研究历史不能脱离现实。科学发展了,出现了新的研究方法。时代前进了,出现了新的应被关注的问题。史学工作者要从历史渊源的角度展示这些问题的由来及演变过程。所谓"沉淀",是指客观事物的产生、发展和终结以及它对后来的影响,它的本质的显示,人们对它的认识,都需要有个时间过程。虽说在绝对的时间意义上,凡是过去的,昨天的活动,都已成为不可改变的历史(所谓"转过身来即历史"),但史学工作者研究的应该是研究对象已经结束的过程或是已经结束的阶段。这就是说,只有当事物的发展过程或某一过程的某一阶段已经结束,只有当事物的本质在某一过程某一阶段已经暴露或基本暴露,这一过程或这一过程的某一阶段才进入历史学的范畴。正如马克思在《1848年至1850年的法兰西阶级斗争》一书的《导言》中所指出的那样:"对于某一个时期的经济史的明确观念,决不能和事件本身同时得到,而只有在事后,即在搜集和鉴别了材料之后才能得到。"人们对事物的认识总有一个过程。这个认识的过程,从时间概念讲,也是一个"沉淀"的过程。史学工作者对事物的认识需要"冷处理"。只有当人们占据了足够说明问题的材料,有了正确的理论和冷静成熟的思维,人们才能对某一过程或某一阶段进行探索和总结。

(二)地域不同:国与国之一方

宋代郑兴裔说:"郡之有志,犹国之有史。"志记地方,史重一国。史、志在地域概念上也是有差异的。

志书记载的地域(空间),可以是古代的州(郡、府)、县,也可以是现在的省(市)、县、乡。无论怎样,它们都是"国之一方"。志书即"地方志",顾名思义,是记国之一方之事。显然它的地域范围比较窄。当然,有时我们也会看到,诸如《美洲志》《德国志》《中华文化志》这样一些"志",但它们都不是严格意义上的"志书"。"志"字有多义,这些书名中的"志",其义为"文字记录",与本文讨论的史书、志书体例无关。

史书论述的地域(空间)是一国及其下属之各地。史书中最重要的是一国之史,当然也有一国之内的区域史,也有超国家的,如亨利·皮朗的《中世纪欧洲经济社会史》就包括了整个欧洲。

就地域而言,无疑"史"大于"志"。

(三)体裁不同:论与述

就写作方式而论,志书和史书也存在明显的差异。

志书是记载。志书是一种科学的资料整理,是对事物系统的、全面的、真实的记录。对一件事,不论过去是否已记载过,只要在修志时仍然存在,这一届志书就照录不误。它只记载存在,并不论述它为什么存在,也不探讨它的内在联系及发展规律。就其体裁而言,志书常常采用记述性的文体,述而不论。

史书是既述且论。这个述是系统的、全面的、真实的史实叙述。史实是史学研究的基础。但史书不限于记录史实,而且主要不是记录史实。史书的特点是要说明事物是怎样发生的,它的发展过程是怎样的,并力图通过对史实的深入分析、论证,找出事物发展的客观规律。清代著名学者章学诚说:"整辑排比谓之史纂,参互搜讨谓之史考,皆非史学。"只有史料,不具备理论,这样的史书只能是史料的堆积,看不出历史的内在联系,当然不是史书。只有所谓理论,不以历史事实为依据,不具有丰富的史料,这样的理论只是空洞的教条,这样的"史书"同样也不可能是历史科学。因此,史书既要述,又要论,只述不论或只论不述都不算史书。史书的体裁可以形式多样。唐代历史学家刘知幾说:"诸史之作,不恒厥体。"但大多数史学家采用夹叙夹议的论述体。

(四)受认识上的局限性不同

志书是经过科学整理的资料书。只要修志者深入调查,全面、系统、准确地收集资料,科学地整理资料,如实地记载某地当代存在什么,就可以完成任务。志书既不探讨事物的内在联系,也不寻求事物的发展规律。由于只述不论,因而在成书时,受认识上的局限性较小。

史书则不同,它是经过科学研究的论著。它需要对收集的史料进行科学的分析、论说、论辩、论断和论证:分析事物发展的阶段与表现形态,论说事物发展过程的成败、是非,论辩已经存在的各种史学观点,论断经验、教训和结论,论证事物发展的规律。而人们对客观世界的认识,既受时间的影响,也受知识面的影响,更受世界观、认识论、方法论的影响。因而人们在认识客观世界时,不可避免地会有局限性。史学工作者的责任就在于尽可能地收集详尽的史料,尽可能掌握先进的方法论,尽可能形成正确的世界观,使自己在编纂时的局限性减少到最小的限度,使自己编纂的史书更符合历史的本来面目,结论对后人更富有借鉴和启发意义。

(五)体例不同:横排与纵述

志书内容广泛。凡一地的疆域、山川、建制、沿革、寺观、古迹、名胜、金石、物产、商业、田赋、气象、灾害、风俗、语言、人物等等,均按事分类,横向排列,无不囊括其中。一部志书简直就是一部"地方百科全书"。无怪乎宋代司马光称地方志为"博物之书",清代章学诚称地方志为"一方之全史"。志书记载的上述内容,大多是相互独立的、静止的、非连续的,不强调、不看重揭示它们之间的相互关系和内在联系,更看不出其发展规律。

史书则不同。它的内容也很广泛,如政治史、经济史、伦理史、宗教史、文学史、哲学史、美术史、教育史、社会团体史、民族史、科学技术史、气象史等等。但它们均按时间顺序纵向排列,自成一体。它们论述的是动态的、连续的、与周围事物有联系的事物。对事物的发生,它主要研究事物为什么会发生。对事物的发展,它要研究事物如何发展。对事物发展的过程,它要研究其内在规律,最终还要总结可资借鉴的经验、教训。

(六)社会功能和价值不同

任何一门科学都具有其功能和价值。这是它产生、存在和发展的必要条件。由于志书、史书以上的不同,它们的功能与价值的侧重面有所不同。

史书的功能在于:

1. 深刻认识事物发展的过程,探索事物发展的规律,为确立和判断事物发展的方向提供可靠的依据。毛泽东指出:"指导一个伟大的革命运动的政党,如果没有革命理论,没有历史知识,没有对于实际运动的深刻的了解,要取得胜利是不可能的。"[①]他说的就是这个意思。

---

①《毛泽东选集》第2卷,人民出版社1991年版,第533页。

2. 史书有资治、借鉴的功能，古往今来凡是有作为、有成就的政治家，无不通今达古，自觉不自觉地运用其历史才智。唐太宗李世民说："以古为镜，可以知兴替。"说的就是这个意思。

3. 史书能帮助人们正确认识人与社会的关系，为人们的社会实践活动提供宝贵的经验，让人们少走弯路。所谓"前事不忘，后事之师"，就是这个意思。

对志书的社会功能，人们也早有认识，即存史、资治、教化。宋代郑兴裔就指出，志书可以"察民风，验土俗，使前有所稽，后有所鉴"。明代杨宗气说："治天下者以史为鉴，治郡国者以志为鉴。"以史治天下，以志治郡国。史书和志书的社会功能，孰大孰小，可见一斑。

二、史志相通

史、志既有差异，又有相同之处。我认为，它们相同之处的根源在于史、志同源。史志相通主要表现在以下几个方面。

(一)指导思想相同

无论是修志还是编史，都必须有一个正确的指导思想。我们今天修志、编史所必须遵循的指导思想就是辩证唯物主义和历史唯物主义。恩格斯说，马克思有两大贡献，一个就是发现了唯物史观，阐明了人类历史发展的规律。列宁也说过，唯物史观是"唯一科学的历史观"和"唯一科学的说明历史的方法"。辩证唯物主义和历史唯物主义不仅是方法论，更是世界观与认识论。史学工作和志书工作都应该且必须以辩证唯物主义和历史唯物主义为指导。

(二)研究态度相同

修志编史都需要收集大量的资料，并对其进行整理，这就有个去伪存真、去粗取精的取舍问题。史志工作者的工作态度都应该是实事求是。修志不能移他乡之花接本土之木，牵强附会，浮夸溢美。编史则不能因人编史或因人废史，更不能歪曲事实，颠倒黑白，篡改历史。

(三)都存在时间概念

前面已经提到，志书、史书时间概念不同。但问题的另一面则是，它们都有时间概念,都有时限问题,只不过是志修当代,史论前朝罢了。

(四)都存在地域限制

志书记载的是某地当代存在的事物,史书论述的是某地某时之前所发生的事物。这个某地虽有地域大小之分,但它们都是写的某一特定地域的事物,可见志书和史书都有地域限制,在这一点上它们也是相通的。

原载武建国等编《永久的思念——李埏教授逝世周年纪念文集》,云南大学出版社2011年版。

断限、分期记述与史志关系

——读新编《监利县志》札记

读新编《监利县志》，有一种快感。产生这种心情的原因之一，是它有许多明显的特点，而这些特点的产生，是由于编者在相关的问题上，有与拙见相同或相似的观点，从而感到自己的观点又得到了一批同志的支持，岂不乐哉。

我不拟在这篇札记中全面分析这本书的特点，仅择其中的两条，谈一点认识。

断限与反映时代特点

新编《监利县志》的《凡例》中写道："本志上接清同治《监利县志》（1872 年版），为完整反映县境太平天国事，上限一般断至 1840 年，《大事记》《建置》《人物》等卷突破此限；下限截止于 1991 年。"此中的上限，与这次修的省志、县志中的绝大多数相同，体现了这次新修志书的时代特色。至于下限，已出版的省志、县志，绝大多数止于 1985 年，《监利县志》止于 1991 年，是它的一个特色。

从《附录·本志编修始末》中得知，《监利县志》的编修工作起步于 1982 年，志书进入总纂阶段时，"鉴于县志原下限断限时间已间隔较远，……决定将县志下限从 1985 年下延至 1991 年，一方面以便比较完整地反映改革开放实绩，加大志书容量，另则，日后可免编 6 年间的《监利年鉴》，节省人力、财力、物力"。这两方面的理由使断限于 1991 年的做法令人信服。我以为，其中的第一方面更为重要，因为它涉及志书必须反映时代特点的原则，当然也反映了编纂者对志书这个原则的深刻理解。

这次新编志书，绝大多数同《监利县志》一样，上限至下限一百四五十年，反映了晚清、民国与新中国三个时期，近代与现（当）代两个历史时代，封建社会、半殖民地半封建社会、新民主主义社会、社会主义初级阶段社会四种社会形态及其间三次转变的时代变迁。这是就志书对象一百四十年的长时期的或历史时代而言。若就编纂者所处的当代的特点而言,我们现在是一个改革的年代。改革已进行了十六七年,它还远未结束。在改革的年代里,社会生活的各个领域变化很快,从反映地情的角度看,与今天(现实)相距的时间愈短,志书所记的情况与使用者所处的现实情况的差异愈少;从资治的角度看,愈是近期经验,其直接的借鉴作用愈大。因此,《监利县志》在1992年编纂时,将下限延至1991年,充分反映了到成书时为止当代的时代特点,这使该书的用处更大。无疑这是一种正确做法。

在参加修志工作的实践中,我感觉到把志书的下限延到成书的前夕,乃是修志单位的要求。受省志编委会及韩宁夫、密加凡同志之托,主编《湖北省志·工业志稿》。在1986年该书的篇目设计讨论会上,按省志体例,下限定在1985年。后来在成书过程中,电力工业局等几个编志单位提出延长下限的要求。我拘泥于省志体例的统一性,未予同意。以至1992年成书(1993年出版)的电力工业卷,下限止于1985年,成书时间与下限年份相隔7年。该局1994年又出版《湖北省电力工业志》,将下限延长到1990年。很显然,后一本更能反映时代的特点,其社会效益也更大。

需要顺便提及的是,《监利县志》的这种做法,与湖北省地方志编纂委员会80年代中期关于确定志书下限的原则是一致的。据我的记忆,早在1982年的一次修志研讨会上,就提出了上限下限问题。大概是在1984年(至迟是1985年),就确定了上限起自1840年,下限止于1985年。其所以要将下限定在1985年,主要的理由是一定要反映1979年开始的改革进程及其成就。从几次讨论会上的发言及会后形成的计划来看,当时对修志工作的复杂性与艰苦性估计不足,以为两三年或四五年即可完成。按此计算,成志的时间与志书的下限相隔也不过一二年或三四年。由此看来,成书于1993年,1994年出版的《监利县志》,下限断在1991年,不仅与湖北省地方志编纂委员会当初确定下限的原则相符合,而且是这种原则的灵活运用。

这次修志积累了丰富经验。中国很大,各地经济、文化发展水平参差不齐,领导人对修志的认识也很不一样,即以这次修志而言,县级志最早完成的与最晚完成的,在时间上可能相距20余年,即"一代"之久。如果1986年完成的县志以1985年为下限,是合理的,那么,到2005年才完成的县志,也以1985

年为下限,那就不是当代人记述当代事的志书,而是后代人写隔代的事了,显然不合适。有鉴于此,又鉴于这次修志的下限实际上并不一致,下次修志就不必对上限下限作出绝对年代的具体规定,而可以借鉴《监利县志》的做法,上限紧接本次志书的下限,下限止于总纂成书的前一年(要做到这一点,很不容易,需要高工作效率),以充分显示志书反映当代情况的特点和充分发挥志书的社会动能。

史志关系与篇目设计中的纵横关系

新编《监利县志》下限断在总纂工作开始的前一年,即使它更有用(充分发挥社会功能),在理论上也是有根据的。

在志书的下限应断在何年的讨论中,涉及史志关系的理论问题。有人认为"志亦史也",而史学研究对象的时间下限,与研究者开始研究它的时间之间,应该有一个时间间距,以便将历史与现实区分开来,并使研究者对历史现象的本质认识得更清楚。既然"志亦史也",志书的时间下限也应该与修志的时间保持一个时间间距,譬如若干年之上。我一贯认为,这种观点值得讨论。在我看来,史志异体,只有从一个特殊的角度才能说"志亦史也",因而不能将"志亦史也"变成一般命题。这是因史与志的对象不同,性质因而也不同。

史学要求揭示研究对象的本质和运行规律,因而要求研究对象必须是一个完整的过程。换言之,只有一件事物的过程完结之后,研究者才有可能将它作为一个完整的事物研究它。因此,在研究对象全过程完结之时(即对象存在的时间下限),与研究者将它作一个完整事物而开始研究之时,两者之间,必须有一个研究者据以判断该过程是否已经完结的时间。这个时间就是研究客体的历史沉淀时间与研究主体的历史反思时间。这个时间在量上并不是固定的,它因对象的不同而不同。只要研究者判断研究对象的全过程已经结束,就可以立即开始它作为史事(而不是现实的事)来研究它。史学研究也应该跟随历史前进的步伐,而将研究的领域不断地向前推进,但比历史的步伐至少要"慢半拍"①。就史的研究对象是过程已经完结的事物而言,它的特点是现代人描述过去的事,并力图揭示其中的规律。

---

①关于这个问题,赵德馨在《跟随历史前进——再论经济史学的研究对象》一文中作了专门论述。该文载于《中南财经大学学报》1995 年第 6 期。

志书则不同。它虽然也可以记述过去的事,但其特点是当代人记述当代的事。这些事是已经发生,其全过程可能完结,也可能未完结,因而不可能都能,也不要求一定要揭示全过程的规律。在志书写作时间和所写事物发生时间之间,不必存在一个历史沉淀时间和历史反思时间。志书的下限不仅可以,而且应该紧跟历史前进的步伐,应该同步,而不必"慢半拍"。所以《监利县志》下限的断法,反映了志书的特点与要求。

志与史既相区别,又相通。志书记述了当代的事,就为事物过程完结以后研究该事物的史学家,或"后代"史学家研究这个时代的历史提供了资料和这个时代人们的认识。正是在这个意义上,即从"后代"人看来,志是史的基础,志书是一种特殊的(不是一般意义上的)史书。从当代人及一般意义上,编志与修史不同,志书不是史书,史志异体。

史志异体的这个"体",是指体裁的"体"。至于体例的"体",史志也各有自己的特殊性,但也有相通之处,史书中可以有志,志书中也可以有史。特别是这次新修方志,上限至下限长达 150 年左右,包括几代人的事,其中,既有当代人记述的当代的事,也有后代人记述的前代的事。就时间上,后者占绝大部分。这些前代的事本身已是历史。因此,在体例上,我主张以史入志,在湖北省志中设经济综述志,在工业志及工业志稿的各卷中设实体性质的综述(或称概述),运用史体,顺时序叙述事物的发展过程,并将我们已经认识到的历史经验与历史规律寓于叙述之中;篇目设置纵横结合,以纵领横。在湖北省志中,先设大事记,顺时记事,是纵;后面分列政治、经济、文化、人物等类的志,是横。在经济类中,首设经济综述志,按时代顺序叙事,是纵;然后分列工业、农业、贸易、金融、财政等志是横。我对志史关系的上述认识可以概括为两句话:在体裁上,史志异体;在体例上,可以引史入志。《监利县志》在志首设《总述》,虽非按时序记事,但属实体。《总述》之后《大事记》,《大事记》顺时序记大事。然后是按事类分为 31 卷。在篇目的第一层次是先纵后横。在 31 卷中,凡记述对象在记述时间内有显著变化的,均先分期(晚清时期,民国时期,中华人民共和国建立后;少数分为后两个时期)记事,在分期中重点记中华人民共和国建立后的事。全书 31 卷中,按此处理的有 22 卷,占总卷数的 71%。余下的 9 卷为自然环境、乡镇企业、综合经济管理、综合政务、科技、文物名胜、民俗宗教、方言、人物。它们或在记述时间内变动不大(如自然环境);或变动过程渐进,分不清也不宜分历史时期叙述(如方言、民俗);或只是中华人民共和国建立后才有的事(如乡镇企业);个别的,如综合经济管理,只在无题序言中极为简略地叙述了晚清、民国时期的物价、商人组织、户口统计、计量制度,而"关于计划、审计、统计、物资、土地管理,晚清、民国时期,本县或无此事项,或无史料可稽,故阙如"。实际上,主要是受"无史料可稽"的限制,可分、应分而未分历史时期。从全书来看,《监利县志》基本上做到了凡应按晚清、民国、新中国三个历史时期分期记事的,都是分期记述的。我曾在一篇志书评论文章中指出,衡量这次新编志书是否属于佳志,在资料方面,只要看看在该分期记述的各卷(或篇,或章)中,能否分晚清、民国、新中国三个时期(其中,又特别是能否分出晚清时期)记事。凡能如此分期记事的,都是在资料搜集上下了大功夫的。而方志,在本质上是一种经过科学整理的、系统反映地情的资料书。资料是志书的基础。据此,可以说在资料方面,《监利县志》达到了佳志的水平。

原载《湖北方志》1996 年第 6 期。

关于省志工交诸志篇目的几个问题

一、对工交志篇目的认识

在奴隶社会和封建社会里,社会生产以手工劳动为基础。最基本的生产事业是农业。手工业的大部分是家庭手工业形式,依附于农业,家庭手工业与家庭农业相结合,独立的手工业甚少。自然经济占主要地位,商业和交通运输在国民经济中不占重要地位。那时修方志,除手工业发达的个别地区外,鲜有记载。偶有著名制品或技艺高超者,或在"物产"卷,或在"风俗"卷,或在"方技"卷,或在"杂记"卷中列上一二条。关于交通运输,除驿道、桥津外,没有其他内容可记。不必要设专门的工业、交通卷。十九世纪六十年代以后,国内有了机器、工矿业、轮船、铁路。进入二十世纪,近代工业、交通业有了发展。一则由于旧中国的工业、交通不发达,再则由于修志的指导思想受到唯心史观的束缚,对经济重视不够,那时修的几部省志,仅设了实业卷、篇。将工厂、铁路罗列其中,没有按工业、交通中的各个行业分别设志,自然也没有考虑工交各专志如何设立篇目的问题。新中国成立以后,工业、交通有了长足的发展,部门增多;公有制建立后,国家经济职能大大加强了,各省管理经济的机构,也不只是一个实业厅或建设厅;经济建设是当代中国人民的中心任务,是中国共产党和各级政府的工作重心;以马克思主义作指导思想的新省志,把经济部分摆到了最重要的地位。一省省志中经济部分占的卷次最多,在经济部分中,又以工业、交通部分占的数量最多。这样,产生了按工业、交通中各行业设专志的问题,也就产生了各专志如何设篇目的问题。这就是说,省志中工交专志的篇目设置没有先例可循,应以创新的精神,认真地予以探索。对于这个问题同志们已经作了认真探索。提交会议的十一部专志的篇目,是这种探索的丰硕成果。我省修志工作已历五年,从现有的篇目以及修志工作的进展情况来看,对设计篇目,仍然存在一些认识问题。

有人说,篇目是形式,它由内容来决定。只要有了内容,篇目问题好解决;相对于内容来说,篇目设计是件次要的事情。这种看法可能不全面、不辩证。所谓篇目问题,包括:(1)该志书应设多少篇、章、节、目;应设哪些篇、章、节、目;哪些应设篇或应设章,哪些应设节或应设目;该写什么,不写什么。这是一部志书基本的内容和范围问题。(2)该志书应设之篇、章、节、目如何分类归属,哪个目应属哪一节,哪一节应属哪一章,哪一章应属哪一篇。这是一部志书的层次安排和内容的结构问题。(3)该志书的各篇、章、节、目的编列顺序,如:哪一篇在先,哪一篇在后;在同一篇内,哪一章在先,哪一章在后。这是一部志书的内容的逻辑关系。(4)该志书各部分,即各篇、章、节、目在篇幅上的比例关系,哪一部分要多写,哪一部分要少写,如此等等。这是一部志书内容之重点应放在何处,主体是什么的问题。(5)该志书各部分设不设篇,是部分设一篇,还是一部分可设几篇,篇以下是否分章、节、目,或采取其他形式;哪些宜纵放,哪些宜横排,纵横如何结合。这是一部志书的体例问题,即如何写的问题。可见,篇目设计首先是体现内容,同时也体现形式。篇目是一部志书的总体结构。通过篇目,反映出一部志书的实际内容和逻辑顺序,把志书的体例、结构和章法具体化、科学化。有了篇目,修志人员知道该写什么,不该写什么,对搜集资料的范围和重点会心中有数,不致无的放矢;有了篇目,志书的结构、层次一目了然,先写什么,后写什么,胸中有本,落笔有序;有了篇目,便于统一修志人员的思想,组织力量,安排进度。

篇目工作贯穿整个编志过程的始终。篇目有四种类型:(1)供收集资料用的篇目。这种篇目只大致确定各篇的内容范围,是一个比较粗略的提纲。(2)整理资料的篇目。对收集到的资料予以整理、归类,将篇目具体化,形成初步的逻辑体系。(3)写作篇目。一直落实到篇、章、节、目,志书的体例、内容范围、总的结构、排列顺序均已基本确定,作为执笔编写的依据。(4)成书目录。全书初稿完成后,删重复,补遗漏,调整交叉,改正归属排列不当之处,对篇目标题加工、润色,定型成为志书的正式目录。以上四种类型的篇目,具体体现了篇目工作的四个发展阶段,反映篇目的四个不同的层次和不断完善的过程。篇目工作不能毕其功于一役,要来个三番四次的修改、补充。那种认为拟了一个篇目便大功告成的想法是不现实的。

设计篇目,在专业志编写过程的每个工作阶段中,是决定方向、影响质量的关键性一步,是需要早一点开步走的一步。对于主编来说,是要紧紧抓住的第一件大事。没有篇目,一切规划便无从制订。篇目定得早、定得好,可以少走或不走弯路,有利于早日完成任务。工交各志开始工作到现在,或五年,或四年,有的已进入撰写书稿阶段,有的今年要成书,是将编写篇目定下来的时候了。看来这次会议开得颇为及时。

二、省志工交志设立篇目的主要原则

(一)明确省志工交志的性质和地位。工交志,属于省志中的专业志。相对于省志这个总志来说,也可称为分志。整个省志是一个整体。写省志中的各个分志,必须站在省志的立场,省一级宏观经济的立场,而不能站在部门(行业)经济或行政部门的立场上。这就是说,要跳出部门的狭隘境界来谋篇设目。专业志的篇目是省志第二层的篇目(第一层是省志分志或分卷)。站在部门(行业)经济的立场或行政部门的立场,写一部独立的部门经济志,如湖北省机械工业志,与站在省一级的立场或省志的立场,写省志中的专业志,如湖北省志机械工业志,两者的性质不同,其要求、内容、篇目也不同。现有的某些专业志篇目中的一个主要问题,大都是由于对省志工交志的这种性质不明确所造成的。

明确了专业志的性质,也就明确了它在省志中的地位,以及它和省志的关系。专业志与省志是局部与整体的关系。专业志的篇目必须服从省志整体结构:第一,在体例上、结构上同省志保持一致。如果各专志在体例和结构上各行其事,便不能汇各专志为一有机联系的省志。因此,各专志必须与省志的结构在层次上相适应。否则,省志的结构会显得杂乱无章。各专志的篇目,应经省志办审查同意后方可定稿。第二,各专志的内容应服从省志的要求。有关的内容到底放到哪里去写,同样要服从省志的总体安排。否则,会使省志内容造成重复或遗漏。例如:科技是生产力,生产力是工交志的基本内容,写工交志不可能不涉及本行业的科技状况。省志中有科学技术志,专写科学技术。据此,各工交志不宜再设独立的科技篇。本行业中的科技可结合生产的发展、新产品的开发、新技术的应用、技术改造、生产结构的变化去写。教育也是这样,不宜单独设专篇,以免与省志的教育志重复,可结合职工文化素质、技术素质的提高去写。同样,不能设人物篇章,为人立传,需要提及的人物,可结合具体的事件写,由事及人。编写大事记是修志过程中一个必不可少的步骤。省志中已有一卷大事记,专业志中不宜再附上一个大事记。各卷工作过程中所作的大事记,可作为本部门编修独立的部门经济志的一个部分,也可作为资料保存。

(二)从本行业的特点出发,反映出行业的特色。省志中工交各志记述的对象是本行业,在这个意义上,它们是行业志;也是在这个意义上,它们是专业志。所谓行业专业,是社会分工中的一个特定的领域。各工交志要详记那些富于本行业特点的事物,写出来要像个行业志。如果说第一条原则强调的是统一性、共性的话,那么,这里要求的是特殊性、多样性和灵活性。统一性和多样性是一对矛盾的两个方面。有了各专业志的多样性和灵活性,省志的内容才会有丰富性。各个行业是如此的不同,不应该,也不可能用一个模式去反映它们,弄成千人一面。大异是客观存在的,大异也要存着。在省志中的工交各志的篇目设置上,我们主张求大同,存大异,不只是求同存异,或求大同,存小异。我们只要求最低限度的统一,而给各专业志留下发挥灵活性、创造性的最大限度的活动余地,以便充分把本行业的特点反映出来。没有了灵活性,要写出富有独创性和特色的专志来,是难以想象的。专业志宜专不宜泛。从篇目来说,大家都认为,一部专业志的内容,分为概述、行业、管理这三大部分比较合适。会后,如果个别专志的编委会认为这不能反映它那个行业的特点,拟减为二大部分或增为四大部分,也是允许的。形式上,概述篇,下分章、节,可以;不分章、节,一口气写下来,也可以;不分章、节,但列标题,也可以。至于附录,可有,可无。这些,根据各专业的特点,灵活掌握。在遵守第一条原则的前提下,怎样能充分反映出本行业的特点,便怎样去设置篇目。

(三)明确本专业志的对象,符合科学分类的原则。工交专业志的对象是特定的行业。具体地说,即本行业中的生产力、生产关系与行政管理。分篇设目必须从这一特定对象出发。行业是国民经济中客观存在的事物。它的产生是社会分工的结果。随着生产力的发展,社会分工愈来愈细,原来的一个行业分为若干个小行业,或原来的一个小行业又分为若干个更小的行业。各个行业间彼此本有密切联系和交叉关系,加上行政管理部门的隶属关系,情况更复杂。这样,产生了国民经济行业分类的问题。经济专志设立篇目的实质即科学分类。一部工交专业志书科学性的表现之一,在于篇目的分类是否体现了科学分类的原则。为了提高工交专业志的科学性,在设置篇目时要考虑到下列几个问题:

第一,行业分类的标准。这涉及怎样的分类才是科学的这样一个问题。

行业分类的客观依据是社会分工。1984 年发布的国家标准《国民经济行业分类与代码》,是主要依据社会分工,结合经济学原理,同时考虑了我国现在经济管理部门的设置,经过几次反复、广泛征求意见后制定的。它是从我国实际情况出发对经济行业的科学分类,是经济行业分类科学原理的具体化。在现阶段,这是一个最佳分类方案,可以作为工交各专志在进行篇目分类时的依据。

第二,分类的层次。在《国民经济行业分类与代码》中,将国民经济的行业分为部门、大类、中类、小类。省志体例中的分卷,经济各志(卷)大体上是按"大类"设志。多数是一个大类设一志,即一志(卷)包括一个大类,也有一志(卷)包括几个大类的。即"志""类"不完全一致。例如:有轻工业志而无相对应的重工业志;重工业分成了几个志;轻工业志包括了几个"大类"。这样设志,是照顾了行政管理部门设立情况和不同行业产值大小等实际。从省志这个整体来说,分志(卷)是第一层次的分类;各志设篇是第二层次的分类。各专志设篇目,即第二个层次的分类,不能不受第一个层次分类情况的制约,或者说,要从第一个层次的分类的情况出发。具体地说,工交各志的篇,比省志的卷,在国民经济行业分类标准中,要相应地降低一个层次。若志在部门或几个大类一级,篇在大类一级;若志在大类一级,篇在中类一级;若志在中类一级,篇在小类一级。从湖北省志经济各志分卷情况来看,多数是一个大类为一卷(志)。据此,一般的是按"中类"设篇;少数含几个大类为一志的,按"大类"设篇;个别情况与需要"破格提拔"以突出重点的事物,可按"小类"设篇。

第三,社会分工与行政管理部门分工的关系。许多企业,从经济行业分类来说,性质相同,本属一类,但分属不同部门管理。这样造成了按经济行业部门归类与按管理部门归类的不一致,形成了交叉问题。如何解决这种交叉?解决问题的立足点是根据社会分工。因为,省志中的工交各志是介绍社会分工中的某个行业的状况,而不是介绍某个行政管理部门的全面工作;选择的分类标准是《国民经济行业分类与代码》,如前所述,它已照顾到我国当前经济管理部门分工的现状。照此办理,企业、产品归类从属于社会分工,从属于经济行业分类。

(四)突出重点或典型。客观的经济实体,其规模,其地位,其作用,其发展,从来是有差别的,不平衡的,有主要的,有次要的,有一般的,有特殊的。"物之不齐,物之情也"。方志设篇目,要反映这种客观情况。一部专业志,篇幅有限,不可能,也没有必要面面俱到,把本行业所有企业、产品的历史与现状记载得巨细无遗。要在本行业所需要记载的范围内，撷取若干重点或典型的事物，加以突出详写，解剖个体，以窥一般。突出重点和典型，是写出行业特色和个性的一种好办法。重点或典型，选择的角度多种多样。可以是大行业中的一个小行业，可以是企业，也可以是产品。重点，大都是本行业中举足轻重的行业、企业与产品。平日大家都明白，往往不会有分歧。

说到典型，要注意有两种意义上的典型。习惯上说的典型，指的是极端性或特殊性的事物，如：最好的与最坏的，最大的与最小的……典型的科学涵义则是指有代表性，或代表事物本质的东西。方志上的典型，可以两者兼而有之，以后一种为主。对某个行业来说，如果只写极端性的事物，虽鲜明、生动，但不能反映事物全貌，容易产生假象。若光写本行业最好的企业，不能反映本行业的真实水平。这不符合志书的科学性原则。若在本行业众多的企业中，撷取几个最能反映本行业生产力真实水平的企业（大、中、小俱备），加以详写，便具有典型意义。

前面说的第一条原则与第二条原则是一个矛盾的两个方面，第三条原则和第四条原则也是一个矛盾的两个方面。工作就在于正确处理矛盾着的两个方面的关系。在分篇设目上，要给重点或典型开绿灯，允许"破格提拔"。在科学分类中本属较低层次的事物，为了突出其地位，可适当提高它在篇、章、节、目上的层次，或一级，或二级。如按分类的标准，本只应立目的，可立节，也可成章；本只应立节的，可立章，可成篇。

（五）遵循志体。体例是形式，形式受内容决定；形式又制约着内容。志体与史体不同。史体一般是以时系事，大多以年代为经，以事件为纬。在设篇目时，一般是先分期，后列事或问题，著述往事，侧重从纵的方面反映历史的连续性。志体是以类系事，要求分门别类记述一方之历史和现状，事以类从，类为一志。它的特点是注意横排，纵横结合，以横为主。横分即条理分明地记载一个地方复杂纷繁的众多事物；纵述则记载事业发展的兴衰起伏过程及其因果关系。以横为主是方志体例的特点，但不能过分拘泥。其原因，一是事物的性质不同，有的可以横分，有的却不能横分，要因事、因势制宜，依据不同的情况采取不同的形式。不能横分的要按时间顺序去纵写。二是不同篇章要达到的目的和效用不同。有的部分，如概述，是为了说明本行业的大势大略，即整体动态而设立的，其内容要求纵述。因此，应该是宜横则横，宜纵则纵；纵中有横，横排竖写。不必强求一律。我们省志的体例，据我看来，贯彻了纵横结合，以横为主,宜横则横,宜纵则纵的原则。在顺序上,每一个层次似乎都是先纵后横。在第一层次上,第一卷大事记是纵;以后从自然到社会,社会部分中又从经济到政治、文化,横排了三十五专志。在第二层次上,以经济门类来说,先是经济综述,其中必先从纵写开始;以后横排了农业、林业、水利、水产、纺织、轻工、冶金、机械等专志。在第三层次上,以纺织志为例,第一篇是概述,也是先从纵写开始,随后横排棉纺、麻纺、丝纺、毛纺、化纤诸篇。

在体例方面,工交各专志在具体安排篇目时,要注意防止三种倾向:第一,在总体上,先分期,后分类。如把一部省志中的专业志,先分为新中国成立前、新中国成立后两部分,然后将每一部分再分为若干时期,或横排。这成了史体,而不像志书了。志书的特点是事以类从,先分门别类,然后才是按时顺叙,贯通古今,通过资料显示每一事物的变化、发展规律,供人们查考、借鉴。如果先分期,后分类,那么,同一事物就被斩为数段,分置于不同时期之中,从而割断同一事物发展的内在联系,导致脉络不清,因果不明。第二,防止横排到底。横分到哪一层次为止,要根据具体情况而定,不能无限制地横分下去,以免将一个完整的事物分解成一个个最小的单元,将事物发展的过程割裂得支离破碎,孤立地罗列一个个的资料。分得太细,写起来会感到处处掣肘。分得太细,一目下罗列一个个资料,便削弱了志书的可读性。第三,防止横排不讲逻辑。横排要体现逻辑,即事物发展的理论逻辑或历史逻辑。事物发展有先后顺序。各事物之间,或有因果关系,或有并列关系,或有主次关系。篇、章、节、目的排列,要体现客观事物的这些关系。

设篇目处处要遵循志体,连篇、章、节、目的标题也不例外。

(六)把社会效益放在首位。编志的宗旨在于资治、教育、存史。其中最重要的是资治。通过对历史与现状的描述,反映事业的兴衰起伏过程,从中总结出规律性的东西。离开了这一点,编志工作会成为无目的、无意义的了。编志工作的每一步骤都要贯彻这一点,首先在设计篇目时要予以充分注意:怎样的篇目有用,好用?怎样把用处大的部分突出起来?哪些篇、章、节、目无用,或在别志中已有了,在本志中再设,显得无用,可以不设?如此等等。前面说的五条原则,都是从实用出发的。大家同意设概述、行业、管理三个大部分,也是从实用出发的。志书的生命力在于致用。为了致用,篇目的安排要方便读者,翻开一部志书目录,对其基本内容一目了然;对只想用较少时间了解本行业大势大略者,可以开卷得之;对欲究详情者,亦可满足要求。为此,必须克服旧方志篇目设置上的缺点,如只讲以事分类,以类横排,结果是不读完全志,不知一方之整体概貌;即或读完了全志,也不知诸事之间的联系。设置一个概述部分,是从这种考虑出发的。正是从把社会效益放在首位的原则出发,新的省志,首先是工交志,对旧志篇目及设篇目的理论,要采取批判、继承的态度,要敢于创新,不受其束缚。也是从这个原则出发,同时考虑到在新时代编修新方志,是件正在探索中的事,怎样的篇目最有用,最便于用,尚未经过实践的检验,因而允许存大异。

三、省志工交志的篇目框架

省志工交志的篇目,一般来说,包括五个部分:编辑说明、概述、行业、管理、附录。主体是中间的三大部分。

(一)编辑说明。省志已经有凡例,各专志没有设凡例的必要。省志凡例不可能将所有专志的特殊问题一一缕述。因此,各专志对省志凡例中没有谈到,而在阅读本专志时必须明白的特殊问题,例如从本行业角度出发的编辑指导思想,有关年代上限、资料来源、数据的统计方法和口径等等,应在卷首予以说明。为此而设编辑说明。编辑说明的文字力求简约、准确。它在目录上虽为一大部分,在字数上占的比例却极小。

(二)概述。概述的任务在于从宏观动态的角度概述本地区本行业的全貌,包括本行业生产力与生产关系的继承与变革、经验教训、发展规律。浏览概述,即可窥其全貌,收到节时捷取的效果。概述中的大部分是其他篇章未涉及的;另一部分是源于其他篇章的内容而又高于其他篇章,即高一个层次的宏观的、动态的概括,而不是志书后面诸部分的缩写。概述的基本内容包括:

1. 沿革。概述的主体部分。记述本行业起源、发展,在历史上的盛衰起伏,反映出本行业生产力的发展与生产关系的变革。要求把发展过程摆清楚,寓经验教训于历史叙述之中,切忌写成流水账。沿革的主体是生产,要反映生产发展的连续性与阶段性。这个阶段性,是本行业历史发展的特有阶段性,可以参考但不要去套用中国近代史、现代史的分期或中国近代经济史、中国现代经济史的分期。

2. 现状。这里特指志书断限的下限,即一九八五年本行业各方面的情况的横断面(新中国成立后至一九八四年的内容纳入沿革中写),本行业中的各种结构、比例关系。侧重写体制改革的进展与成就,使读者可以从中看出一个新时期已经开始,预示着今后的发展方向。但不要对未来作预测,也不必要写尚未实践的计划。

3.地位。主要写本行业在全省的经济、工业中所占的地位,或在全国同行业中所占的地位,它的特点(行业特点,地区特点,时代特点),它的优势与短处。有的行业的地位十分突出,还可写本行业在世界同行业中所占的地位。

纵叙沿革,横陈现状,指明地位,三部分有机结合,构成一幅立体的动态的图画,反映出本行业整体的运动、规律。

概述部分也是纵横结合,与行业、管理部分不同之处在于:先纵后横,纵长横短。换言之,以纵为主。由于各专志的内容各异,体例上不搞一个模式。或一气呵成,或分章立节,或列出标题,形式多样,不拘一格。

概述部分的字数,应少于行业部分和管理部分,以不超过全志的百分之二十为宜。

(三)行业。此部分的重点是写本行业生产力的状况,包括劳动对象,生产工具,劳动力;劳动生产率;企业的建立、扩大;产品的产、供、销;主要产品,新产品,名优产品;资金,积累,效益;等等。管理是工交志的一个大部分。关于管理的事,一般应放在管理部分写,但不绝对化。因为管理有两重性,属于管理的生产力属性的某些管理必须结合生产力状况或生产过程才能写清楚的,或者在管理部分不拟专门记述的,也可以放在行业部分写。明确了行业部分的重点,谋篇设目就会心中有数。本部分的篇目设置是否科学,是决定各专志质量的关键。

行业部分的分篇立目,应注意如下几点:

1.篇(或章)与篇(或章)之间一般是并列关系。不并列的只允许一种情况:为突出重点或典型而"越级提拔"的事物。

2.除个别特别重要的企业(如二汽、武钢)外,不设企业篇。某些需要介绍的企业的情况,可结合行业的有关内容去写;对这些企业作介绍时,无需面面俱到,主要写它特殊的、独到的地方。

3.篇(或章)以下分章(或节)的标准应一致。标准有多个:或按厂,或按产品,或按再生产过程,或按生产流程……在同一篇(或章)下分章(或节),只能择其中的一个作标准。否则,便无所谓标准了。篇与章、章与节之间,要具有逻辑关系。章以下的节与目的设置,不搞统一标准,视具体情况而定。

在写法上,这一部分主要是横排竖写,但也不能绝对化,注意宜横则横,纵横结合。至于横分到什么层次,各专志视其需要而定。

行业部分是各专志的主体,字数宜占全书的百分之五十以上。

(四)管理。管理部分要探讨的主要问题有以下几个:

第一,重点放在哪里,或者说,主要写哪个层次的管理。工业经济的管理有三个层次。第一个层次是国家对工业经济的宏观管理。第二个层次是行业管理。第三个层次是企业管理。省志中的工交志是以行业为对象的行业志,它的重点理应放在行业管理这个层次上。第一个层次的管理由《当代中国》丛书中的《当代中国的经济管理》去写。第三个层次的管理由企业志或厂史去写。省志中的工交志以写第二个层次的管理,即介于国民经济(宏观)管理和企业(微观)管理之间的行业(中观)管理为主。强调这一点,并非弃宏观和微观于不顾。问题是,无论是写国家对本行业的宏观指导,还是写本行业的微观的企业搞活,都是站在行业管理这个角度去写的。例如,写前几年的行业管理,主要写本行业是怎样从全国着眼,以大中城市为依托,按照专业化协作的原则,对现有企业进行改组、联合,逐步使企业结构合理化。以写行业管理为主,可以突出各志的特点。如二轻系统的民主管理,"五定二奖"管理;化工行业的节能管理、环境保护管理;电力行业的安全管理;等等。站在行业管理的角度去写企业管理,可以有很大的灵活性,避免将所有企业都有的几大管理一齐写上,造成千篇一律的局面。哪个企业的某种管理有好的经验,在写这种管理时,即可以该企业为典型;另一个企业在另一种管理方面有成功之处,在写另一种管理时即可以它为典型。

第二,出发点。从党的十一届三中全会起,总结我国经济建设的历史经验,分析我国经济的现状,认识到社会主义经济是有计划的商品经济,考虑一切经济问题必须把根本出发点放在提高经济效益上。为了提高经济效益,工业经济管理工作,要围绕增强企业的活力,特别是增强全民所有制大中型企业的活力来进行。工业经济管理工作的出发点,也是省志工交志写管理部分的出发点。在写管理部分时,不能只看到有哪些管理和是如何管理的,更重要的是,要着眼于这些管理是否有利于有计划的商品经济的发展,是否有利于经济效益的提高。要特别注意管理的改革引起的主要经济效益指标的变化。

第三,具体写哪几个管理。各志可以不同。因为各行业的生产不同,铁路不同于电力,电力不同于纺织,如此等等。由于生产情况不同,国家实行统一领导,行业归口,分级管理的情况也不同。有些行业内的所有企业或绝大多数企业归国务院有关部、局、公司直接管理,有些行业中的部分重点企业,或由有关部、局、公司直接管理;或由有关部、局、公司与地方共同管理;有的行业,其企业不由有关部、局、公司直接管理,而由省(或市,或地,或县)的有关厅、局、公司管理。省级工交管理机构对企业的管理,也有多种情况。志书的管理部分,便不应强求一律。专志贵专。写管理要体现行业特色。这一点对工交各专志尤为重要。因为有许多管理制度各行业基本一致,搞不好会出现各志一个面孔的情况。如何避免千篇一律?关键在于写出各行业的特色、个性来。为此,在内容上可考虑下述五个方面:

(1)本行业、本地区管理上的特点。如二轻行业的民主管理等。

(2)本行业诸管理中最成功的管理。如二轻行业的"五定二奖"等。

(3)行业管理中矛盾最突出的部分,即行业管理中的难题。如果解决了,是怎么改革的,经验何在;如果尚未解决,写出来说明改革的必要性。

(4)管理体制的改革。新中国成立以后,管理体制多次变动,有过几次改革,只不过规模、深度不及现阶段。因此,写体制改革要写改革的连续性即历史过程,体现历次改革的经验教训。当然,重点是近几年的改革。

(5)本行业最重要的管理制度。

以上五个方面,各专志可根据本行业的实际情况,选择几种管理重点描述;如有必要,也可全面反映。总之,各专志要各有千秋,争芳斗艳。

管理部分的写法,与行业部分基本相同,横排竖写。在字数上,以不超过全书的百分之三十为宜。

概述、行业、管理三部分只是工交各专志的主体框架,并不是要求以此为准分为三篇。一般来说,概述作为专志的有机组成部分,应进入篇目序列,可列为第一篇;行业部分、管理部分,视其需要,可为一篇,也可分为数篇。

(五)附录。各志视情况而定,可有可无,不求一致。若设附录,其内容是有些不便归类而又不能不反映的事物。如:党和政府的重要文件、法令,重要统计表等。附录部分的内容要精,字数要少,要严加限制。否则,会形成尾大不掉或画蛇添足的局面。如遇特殊需要,有些篇章亦可设附录。

原载《湖北方志通讯》1986 年第 3 期。

新编方志的生命力及编纂的志风问题

——在湖北省地方志学术讨论会上的发言(摘要)

这次会议提出方志编纂在新的时代("信息时代""计算机时代")是否还能发挥重要作用、是否还有生命力的问题,我认为,提出这个问题很有积极意义,它关系方志的发展前途,也关系当前方志编纂的有关方法问题。

一、关于生命力问题

对于新编方志在新时代有无生命力的问题,我赞同密加凡同志的意见,即关键在于志书能否满足当代社会的需要。社会的需要是多方面、多层次的。社会在哪些方面需要方志,方志又在哪些方面能够发挥社会作用,要回答这些问题不是那么简单,不仅需要作理论上的研究,在新方志编纂尚处于探索阶段的今天,这类问题最终需要长期的实践来作回答。当然,从方志编纂几年来的实践和当代社会对各类知识的需要着眼,我们也是可以作出一些判断的。

(一)这次修方志是应时而起,它的发展趋势说明:新的时代需要新修方志,而方志本身的功能也能够适应新的时代。

地方志是中国的传统文化。新中国成立三十多年来,无论是在旧志研究,或是在新志编修方面,可以说我们没有做过多少事情,现代中国社会对"地方志"这个名称很陌生。1980 年,在我国经济、文化等各项事业都尚处于百废争兴的时刻,地方志的编纂事业异军突起,几年时间中,发展成为在二十几个省市、上千个县市建立机构,全国有十万名以上专职修志工作人员的庞大队伍,并且国务院为这项事业专发了文件,胡耀邦同志也作了批示,等等。方志编纂事业的这种发展速度与国家对它的重视程度,都远远超出了人们的估计。它的这种迅速发展的状况突出地说明,方志编纂事业的兴起,绝不是出于某些个人的愿望与推动,而是一种社会需要的产物。要问:在当代,社会对于地方志的需要是什么? 社会希望通过方志编纂达到什么目的? 答案是清楚的:党、国家和人民希望通过编修方志来总结中国百余年来,尤其是近三十多年来奋斗和发展的历史经验教训,而为我国现代化建设提供"认识自己"的基础。我国人民回顾三十多年来的发展道路,深感主观主义危害不浅,由于对国情、省情、县情缺乏全面、系统、真实的了解,我国"两个文明"建设的发展远远落后于人民的期望与实际可能,在某些阶段(如"大跃进""文化大革命")甚至是背道而驰。新方志的编纂事业正是在全国上下一致的"要总结历史经验"的呼声中兴起的。紧接着地方志,《当代中国》的编写工作也迅速自上而下全面展开。中央与地方这两种大书的编修,与我国经济、政治的紧张剧烈的改革同时进行,这说明社会对于"总结经验"和"了解自己"的要求是多么迫切,也说明社会寄托于方志编纂的希望是多么重大。在这种要求与希望中,就包含着地方志的作用与价值。也因此,方志的作用与价值不应当仅仅就编印出版的志书本身而论,而应将修志的全部过程计算在内。目前,通过修志活动(及《当代中国》的编写),全国有千万名干部和群众在考察、研究、总结国家和地方发展的经验教训,形成一种大规模的总结经验的活动,这有利于提高思想水平、认识水平和工作能力。这批干部素质的提高和各类资料的发掘及系统化,正是现代化建设最为需要的。这种成绩即应属于志书编纂不可忽视的价值之一。认识国情、地情,总结经验教训的工作,在我国将是一项长期而繁重的任务。那么,方志编纂的作用至少在相当一个时期是不可替代的,它是时代、社会的需要所致。

利用方志编纂这一传统文化形式来达到解决当代中国的紧迫问题("认识自我"),可以说这是当代社会对旧形式的妙用,是对传统文化的一种批判继承。反过来说,方志这一旧形式在新的时代能够起死回生,真正发挥其"资治、教育、存史"的功用,也证明它有其内在的生命力。从方志的发展史看,方志成型于宋代以后,由市、镇到县、州、府、省志,原因在于社会生产力的发展。随着生产力的发展,社会分工发展,商品经济和科学技术发展,地区之间的联系日益密切,日益扩大,需要了解各地的物产、销售与风俗习惯,也为大分量的志书的印刷与销售准备了技术、物质、资金等方面的条件。方志是社会生产力和商品经济发展的产物,伴随着社会生产力和商品经济的发展而发展,它应当能为商品经济活跃的社会服务。方志的发展史还告诉我们,凡属社会发生重大事件、事变之后,志书编修就有一个兴旺的时期。以清代而言,康熙时志书多,是改朝换代,总结前朝灭亡教训的需要。乾隆中后期志书多,是记载所谓"十大武功"和总结全国大统一经验的需要。嘉庆时期发生白莲教大起义,涉及的地区事后都修志。同治、光绪两朝普遍修志,是因刚刚经历过以太平天国为主的全国农民与少数民族反清起义,实行"同光新政"。显然,这一情况意味着方志承担了记载与总结时代巨变和改革的任务。百余年来,中国一直进行着深刻的历史性变革,尤其在当代,这种变革的意义是前无古人的。方志在此变革时期应时而起,从方志发展史来看,也可以说是应有之事。这是方志内在的生命力和它本身的功能在起作用。

(二)方志编纂包含分析与综合两种方法,符合当代科学发展的趋势。

当代是科学发展极为迅速的时代。科学的发展日益带有一种两极化倾向,即分与合的趋向。以经济史研究为例,过去主要是国民经济史。现在,一方面是向下延伸,各国都在研究地区经济史、公司经济史、企业经济史、资本家集团或家族经济史、人口经济史、利率史等,研究方向越来越细,越具体。另一方面向上延伸,综合程度更高,超出国界,各国都在研究世界经济史、世界商业史、世界人口经济史等。其他学科也是如此。一方面,社会分工、科学研究、学科设置日渐细密。另一方面,社会各部门、各学科又互相渗透,其中属于最高层次的是自然科学与社会科学两大类学科的互相渗透。科学整体化发展趋势也越来越明显。《大趋势》等著作是这方面的代表作。值得注意的是,《大趋势》这类著作是以企业史、地区经济史、地区性信息等等为基础的,可见地方性历史信息与现实信息研究工作的重要意义。地方志以一地为范围,分类叙事,但更注重综合,注重完整地反映地方自然与社会的全貌。这种体裁与编纂方法符合科学发展的大趋势。无论在体裁上,或是在方法上,方志并非陈腐之物。今天我们编修新志,要发扬方志分类细而综合程度又高的优势,不能简单地罗列各部门的各类数据。在计算机日益普及的时代,方志不应再将储存资料视为自己的重要职责,而应有更高的标准,而这个高标准在方法上所应强调的,即是发挥志书整体性、综合性的能力,使方志越来越成为研究性的著述。

总之,从时代需要和编纂方法上看,在当代,方志在生命力问题上尚不存在实际的危机,所存在的是如何提高和如何完善的问题。

二、关于志风问题

从宏观角度看,地方志能够适应新时代的需要,而其编纂方法和内在的功能也使方志能够跟上时代的步伐。因此,在飞速发展的现代社会,地方志仍然有其生命力。但是,谈到当前编纂的志书,我认为还存在另一种"生命力"问题,即我们现在编写的志书是否符合社会和人民的需要和愿望,是否能真正地、切实地帮助人们认识地情、总结经验。这是一个对于方志来说性命攸关的问题。

从目前编出的一些志稿、志书资料及大家反映的情况来看,新编志稿主要存在下列问题:

(一)讳。对新中国、共产党,写成绩不写(或少写)过失;对旧社会、国民党,则写腐败、反动,不写(或少写)它也做过的一些事情。对革命者,写优点不写缺点;对经历复杂并最终成为反动派的人物,不写其早期的贡献。对一些应当记述的重大事件不予记载。对某些运动明知得不偿失,却只记得不记失。对地方情况,只写优势,不写劣势。一句话,孔夫子"为尊者讳,为亲者讳,为大人讳"那一套理论,在我们的志稿中仍然有市场。

(二)假。对所搜材料不加鉴别,拿来就用。甚至对某些明知是虚假的记载、数据,也编入志书。

(三)避。对某些事件、问题,修志者完全有能力作出正确的结论,却尽可能回避,生怕造成矛盾,承担责任,又为此叫困难,发牢骚,上交问题,力请有关上级规定出条条,以脱干系。

(四)拔。把一般事实过程拔高成规律,把某些人偶然为之的事情拔高为品德作风,等等。

志稿、材料中存在的上列问题(当然还有别的),并非偶见,也不须我们探幽发微地去寻求。这些缺陷是常见的,甚至是公然不讳的,即编写者是在明知故犯。因此,我认为有必要重新强调实事求是的原则。有必要把"实事求是"作为修志工作者理当格守的"志风"。否则,我们编的志书不须待人家来推倒,自己先就站立不起来;也不须时代来淘汰,它本身就不具备被人信任和使用的价值。一部书的价值,在于它的质量。决定一部志书质量的因素很多,而其关键因素在于它的科学性,即它是否做到了实事求是。实事求是与否,是志书的生命之所系。

应当说，现在越来越宽松的政治、学术气氛，为志书做到实事求是提供了非常好的社会条件。有很多重大历史问题都是由中央率先为我们作出了实事求是的榜样。如对毛泽东同志晚年过失的评价，对"大跃进"的评价，等等。现在，在党的一大纪念馆中，关于参加会议代表的照片，由原来的七张增补为完整的十三张，包括后来成为大汉奸的陈公博、周佛海和大叛徒张国焘。在中国革命军事博物馆中，关于平型关大捷的一段，也展出了当时的主要指挥者林彪的照片。此外，纪念抗战胜利四十周年，也展出了蒋介石等国民党将领的照片，并肯定了国民党军队抗战时期在正面战场的作用。这些都是我们党尊重历史，讲究实事求是的较为突出，也较为典型的例证。中央的榜样摆得明明白白，我们可以依照这些榜样所显示的精神办事。现在，新志书的编纂有了一个很好的政治、学术环境，我们要争取编出使社会、人民信任的新志书。具体地说，实事求是的、具有科学性的志书应当有哪些基本内容？我认为：第一，它要能反映出到成书之年的有关科研成果。党的十一届六中全会的《决议》及《决议》发表以后党的一系列重要文件，包括十二大文件与十二届三中全会的《决定》，十亿人民改革的实践和经济学研究的成果，对新中国成立初期"三大改造"的成功与不足之处，对那时建立起的经济体制的历史作用与弊病，已经有了很清楚的论证。我们有些志稿却只陈述"三大改造"如何成功，集体劳动如何很好，而不涉及要求过急，工作过粗，改变过快，形式也过于简单划一等缺点，不涉及集体劳动与集体分配中的问题，这就是认识上的落后。在政治学、法学等方面，新的研究成果也有很多。这也就对我们方志工作者提出了很严肃的学习任务，我们应当多注意对各重要专业学科研究的成果的学习。第二，要从我国八十年代三大任务来考虑志书的时代性、科学性，如评价历史人物要注意祖国统一问题，要注意反映个体专业户、中外合资企业的存在和作用，等等。

要做到实事求是，就要破除一些似是而非的思想观点，如认为写过失会有损党和国家的形象，写过失会不利于志书的"教育"作用等。实际上，新中国和党的工作的成绩是主要的，不会因为有过失、有错误而被抹杀。我们党不正是通过否定"文革"，否定"大跃进"，而在大动乱之后重新获得了人民的信赖吗？这是一个最好的例子。关于教育作用，从我们国家"开放""搞活"的方针看，显然更是从三十多年建设工作中的教训而不是经验中吸取养分的。教训往往比经验更有利于人们认识真理。只有否定了那些应当否定的东西，党和国家的形象才更显光辉，才能真正鼓励人们去发现、认识正确的东西，才能鼓舞人们前进。特别是"文化大革命"等一系列虚伪的政治斗争记忆犹新的今天，人们对于"真实"的问题尤其敏感。他们需要了解实情。我们有责任告诉人民实情。地方志以"地近则易核，时近则迹真"为自己的特点，并以此广为宣传。如果在实践中又不能做到实事求是，那就真叫"自绝于人民"了。

实事求是的志风，还应当有组织上的保证，这种保证，我认为就是实行总纂（主编）负责制。各级志书的主编要敢于负责任。要有"志德"，而这个"德"的核心，我认为是胆识。这个胆识，也就是胡耀邦同志在批示中所说的"敢抓敢闯"，敢于做到全面公正。另外，总纂（主编）还要有识见，即有调查，能判断。主编还要有才能，对复杂棘手的内容，要能表达得体，讲究方式。

新方志的编纂工作在今天，尚处于初期阶段，在理论探讨、体例完备、机构建设、人员训练、手段更新等各个方面，都有很多开拓性的工作要做，需要大家努力。对学术问题的讨论更需要有"百家争鸣"的场面。在志书体例上，我认为也宜不拘一格、多所创建，搞一点"百花齐放"，这样才有利于新方志的发展，才有利于方志事业的兴旺发达。

原载《湖北方志通讯》1986 年第 5 期。

以生产为主线,编写《湖北省志·工业志稿》

——在《湖北省志·工业志稿》编写研讨会上的讲话

作者说明:《湖北方志》编辑部嘱我将 1 月 12 日在《湖北省志·工业志稿》编写研讨会上的发言整理成文。我发言的基本内容已反映在会议纪要中。为了避免重复,在整理发言稿时,将纪要中已有了的,或删或略,留下如下部分刊载出来,以求指正。

一

从 1986 年 4 月省志工交各志篇目研讨会以后,工业各志的编纂工作有了较快的进展,取得了重要的成果。纺织、冶金、化工、石油等 4 部志已写成初稿。前 3 部的打印稿是这次会议研讨的对象。有了这 3 部初稿,我们的讨论可以具体些、深入些、全面些。除最近决定加入工业志稿的军工志外,工业的其他各志全都向会议提交了供研讨的篇或章。这使本次会议的材料极为丰富,彼此可以取长补短,交换意见不会"空对空"。这也标志着《湖北省志·工业志稿》(以下简称《志稿》)已进入了成书阶段。这次会议便是为了解决成书过程中的具体问题而召开的。

经过近两年来的编写实践,又经过这 8 天会议深入地交换意见,大家一致认为,1986 年 3 月工交各志篇目研讨会纪要是可行的,对它没有不同的意见。因此,对于那个纪要,今后要继续执行,但要根据新的情况与这两年编写实践的经验,予以补充。

我这里说的新情况,主要是指 1986 年 4 月以后,《湖北省志》总纂篇目中有关工业的部分,作了一个大的调整。开工交各志篇目研讨会时,《湖北省志》总纂篇目中,工业各部门,即纺织、冶金、电力、轻工、石油、煤炭、化工、机械、建材等,各成一志,而无工业志。在 1987 年新设计的《湖北省志》总纂篇目中,设工业志综合工业各部门,不再设独立的纺织、冶金等志。考虑到工业各志已编写 7 年,多数已进入成书阶段,考虑到要编好工业志,必须先完成各个部门志,为工业志打下牢实的基础,决定工业各志的编纂工作按原计划进行,并仍按省志的统一体例,成书之后,以《湖北省志·工业志稿》名义出版;以《志稿》为基础,编写工业志。所以,《志稿》是在湖北省地方志编纂委员会领导下,编纂《湖北省志》工作过程中的阶段性的成果。

省志总纂篇目中增加工业志,工业志的编纂工作分两步做,首先编好并出版《志稿》,这样安排,有多方面好处:有利于加强省志的综合性和整体性,有利于反映湖北省工业的全貌与内部结构,有利于工业志的编纂和质量提高,有利于肯定工业各志编写者 7 年来辛勤劳动的成果,有利于适应当前改革的形势,有利于尽快地发挥方志为现实服务的功能,有利于探索新方志的各种体裁,也有利于满足工业各志编纂部门的特殊要求。

当工业各志是省志总纂篇目中直接组成部分时,它们的内容必须严格地服从省志总纂篇目的需要。各编纂单位实际上包括的部门与实际上做的工作,如基本建设、科研、教育等等,得不到反映。反映各编纂单位历年所做工作的大事记,也不能附于志末。这种矛盾,使很多编纂单位决定,在编成了省志中的该志之后,再编一本部门志。现在,我们编写《志稿》,有可能比较妥善地解决这个矛盾,即除概述、行业、管理这"三大块"共性的东西,各志都要写以外,各编纂单位还想增加哪些部分(我们已经取得一致的认识:《志稿》中不设人物传记),可以由各志编委会决定。从这个角度上说,《志稿》中的各志又带有部门志的性质。

由省志中的工业各志到《志稿》中各志,书的性质基本未变,但又有所变化。这部分的变化,带来了内容的扩展,体裁的多样,编纂单位自主权扩大,责任随之加强了。这样,《志稿》的质量一定会更高一些。

二

对《志稿》质量的高低,有无衡量的标准? 我认为,在现阶段及今后,生产力标准同样适用于方志,至少适用于《志稿》。因为,《志稿》是经济部类的志,是反映生产的志。

编写志书的出发点是致用。志书的社会效益，它的价值，取决于致用的程度。致用的程度高，会自然地受到社会各界的欢迎与重视。

方志的作用是多方面的。它的任务是为现实服务。各个时代各个时期的社会需要是不同的。方志的任务、它致用的方面也因此而不同。在现阶段，中国社会的主要需要是发展生产力。中国共产党、人民政府、全国人民的中心任务是发展生产力。改革的目的是解放生产力。方志特别是工业各志，应该满足发展社会生产力的要求，服务于这个任务。存史，必须存生产力"是如何发展的"之史。教育，必须使读者知道生产力发展与否与社会兴衰、国家存亡、人民苦乐的关系。资治，必须使人看了方志后，懂得如何去促进生产力的发展。今天的决策，不由少数人决定，必须科学化和民主化，因而资治的功能，已不仅限于供少数几个执政人使用了。据此，《志稿》各志各个部分，均应以社会生产力的发展为主线。以社会生产力为主线，不等于说只写生产力。写生产力，也不能只写生产力的自然属性，而是要同时写生产力的社会属性，并着力于写后一方面。在以社会生产力为主线时，要写出生产力发展与社会各个方面的关系，首先是与社会生产关系的关系，要以辩证的观点写生产力与生产关系之间的关系，从事实过程中看出生产力是怎样决定生产关系的，生产关系的变化是怎样对社会生产力发展发生影响的，什么样的生产关系变化促进生产力的发展，什么样的生产关系变化阻碍生产力的发展或破坏现有的生产力。除了反映生产力与生产关系之间的关系，还应该反映生产力发展与社会其他各个方面，如上层建筑之间的关系。不写出这些关系，没有生产力以外的其他方面，也就不存在主线问题。

我们强调《志稿》各志的各个部分均应以社会生产力的发展为主线。在行业部分，这是不成问题的。在省志工交志篇目研讨会上，我们一致认为，行业部分是志的主体部分，占志书篇幅的一半以上；行业部分的基本内容或主题是反映生产力的发展与状况。管理部分的基本内容是写管理。管理的本身具有两层属性。管理的生产力属性部分可以放到行业部分去写，也可以放到管理部分写。省志工交各志的管理部分，应该写省政府是如何管理工交的。限于过去行业管理与部门管理的实际状况，管理部分的写法，虽从行业管理着眼，实际内容却主要是部门管理。管理部分要写出哪些管理是适应生产力发展的，哪些是不适应的；管理体制方面的哪些改革促进了生产力的发展，哪些改革是不成功的；如此等等。从总体上说，管理部分较多地反映生产力与上层建筑的关系,概述部分则较多地反映生产力与生产关系的关系。二者的共同之处在于都是以生产力为主线。

能否贯彻以生产力为主线,是新志工业各志能否反映时代性与科学性的关键,是提高质量的关键。

三

提交会议讨论的有 8 部志的"概述"。通过互相观摩与切磋,我们对《志稿》各志的概述部分应该写些什么和如何写法,有了具体的认识。

省志工交各志篇目研讨会设计的概述部分,是从概述应是实体而不是虚体这种想法出发的。如果写出的概述,只是和只能引起需要读下去的"悬念",只是以后部分的提要或浓缩,如果在志书中它没有实在的、独立的内容,这样的概述,在体裁上只能被认为是虚体。我们设计的概述,是志书部分内容的载体,回答志书其他部分不能回答或没有回答的 3 个问题:第一,一个工业行业(或工业部门)发展的大势大略,兴衰起伏。在叙述这种发展的过程中,总结基本的经验教训,反映出发展的规律性。第二,1985 年时(志书的下限)该行业或部门的全貌。第三,这个行业或部门的长短优劣、地位与作用。概述部分写了这些内容,它具有独立存在的价值,便不是可有可无的了。

需要强调的是,概述的对象是一个工业行业或部门的整体,属于宏观(也有人称之为中观)经济的范畴。属于微观经济的企业史,应调整到行业部分去。正是从宏观经济的这个角度写概述,可以避免或妥善处理概述与以后部分可能出现的重复。

提交会议的 8 篇概述,共同的优点是沿革部分写得较好,共同的不足之处是现状部分显得有些薄弱或不够全面。这种现象的发生,责任在我。我在1986 年 4 月的篇目研讨会上,在讲现状部分内容时,说得不够具体。在这次会议期间,请张凡同志拟了一个初步意见,经与会同志的补充,大家认为,现状部分应尽可能包括以下 9 个方面的内容:

(一)行业(或产业)的地位。即本行业在全省经济中、全省工业中和全国同行业中的位置、位次,如总产值、利税总额、出口产品换汇总额、主要产品产量及人均占有量、主要资源的人均占有水平、劳动生产率等的绝对量与比率。

(二)地区布局或本行业生产力在省内各经济区划的地区配置,以及基本建设投资、技术改造投资的地区分布等。

（三）投资结构或所有制结构。包括资金来源中中央、省、地、市、县的比例，公与私的比例，中资与外资的比例等结构关系。

（四）企业结构。这包括按生产规模划分的大、中、小，按设备技术基础划分的先进、一般、落后，或 50 年代水平、80 年代水平的企业构成状况。

（五）产品结构。这可以从产品类别、数量、质量档次、加工程度、技术水平高低、盈利水平等方面分析其构成状况。

（六）本行业（或产业）内各个小一类行业（或部门）生产力的结构状况。如设计能力、施工能力、生产能力之间的比例关系，冶金业中采掘能力、冶炼能力、轧制能力之间的比例关系，棉纺织业中纺与织、织与染生产能力的比例关系，等等。在分析这种结构状况时，也可以与相关的产业、行业、产品的生产能力相比较，如本省棉纺能力与本省棉花生产能力的比例关系，等等。

（七）职工结构。即本行业劳动者（领导人员、技术人员、行政人员、工人）的文化水平、知识、专业、年龄、性别，以及主要产品从业人员等方面的构成状况。

（八）供求关系。主要反映社会需求与本行业供给能力之间的关系，以及由此而来的设备利用率，等等。

（九）体制改革方面当年的措施与进展程度。如实行承包经营责任制企业占企业总数的比例，各种承包形式的比例，等等。

在横陈现状时，力求摆脱部门观念，从全行业的角度出发；可以运用图表语言；可以将 1985 年与过去（如 1949 年、1978 年、1980 年……）对比，可以与外国对比；要注意从本行业（或部门）出发，可以多于或少于上述 9 个方面；在叙述了上述几方面之后，可对本行业 1985 年的变化作简略的概括。

四

进入成书阶段后，要特别注意叙述方式与"方志语言"。

在叙述方式问题上，我认为，在符合篇目要求与省志体例的前提下，要鼓励创造，要允许多种形式，不要限制太死或搞"一刀切"。以马克思主义作指导编纂省志，这是第一次，是没有前例可循的；即或有了前例，也是可以突破的。我不敢说，只有我主张的某种叙述方式是唯一正确的。大家都可以创造。譬如概述部分,大家都同意应写沿革、现状、特点(地位、作用等)三个方面的内容。但是,写三个方面的内容,不等于一定要分成三个部分写。可以分成三个部分写;也可以把特点糅合到沿革与现状中去写,即写成两个部分。无论是分三个部分写,还是分两个部分写,既可分章设节,也可只用标题的形式。譬如,在行业部分,同志们已创造了两种(如若细分,则是三种)形式。这两种形式都是符合各自行业的实际情况与特色的,都是有理论依据的,因而都是科学的,可以成立的。

在这次会议上,我们花了一个下午的时间座谈"方志语言"的问题。我之所以提出这个问题,是在读了多种新出版的志书以及多种志稿以后,总感到在文字上不像志体。有没有一种"方志语言"或"方志体",是语言文字专家研究的问题。我在这里只是想提请大家注意,写方志,在文字上,与写学术论文不同,与写总结不同,与写宣传文章不同,与写报告不同,与写讲义、教科书不同,因为志书是科学的资料性著作,它不是工作总结,不是宣传性文章或教科书等等。因此,不宜过多讲述背景(形势),少用没有确定内容的形容词、副词,避免一般性的理论分析或鼓动宣传口号,少下定义;应该提倡直陈其事、实而不虚的"方志体"文风。我认为提倡这种文风,与保持文字上的个人风格,是不矛盾的。

好的叙述方式,好的文字,是保证志书质量的重要环节。

原载《湖北方志》1988 年第 2 期。

方志语言疵瑕举例

——读稿札记

最近，读了几部送审志稿，这些志稿经过多次精心修改，指导思想正确，框架合理，内容各具特色，读后学到不少知识。志稿中也存在一些不足之处，其中一个主要方面，是语言文字还要作进一步的锤炼。其所以存在这个问题，是与我没有做好工作有关。本文是从自我批评、总结工作的角度出发，探讨新编志书的语言，以求进一步提高志书的质量。

文中所列各条，是读稿时顺手记下后略加归类的。这些现象，对所读各志稿而言，属美玉中的微瑕。它们在出版前都会改正的，现在提出来，引起大家注意与讨论，对正在完稿中的各部志稿，也许有参考价值。

一、叙时

1.叙事时序颠倒，违背历史逻辑。如叙一事物的发展过程，先写在明代时如何，后说宋代时怎样；先叙清代光绪年间的状况，后述咸丰年间情形。这类错误多半出现在民国以前（即1912年以前）的部分里。其原因是执笔人对朝代和年号的顺序不熟悉。克服的办法，是查阅工具书（如《辞海》的附录等），以求准确。

2.纪年不合《湖北省志编纂体例及实施方案》的要求。如写成"光绪二十年（1894）"，应改为"1894年（光绪二十年）"，又如写成"民国二十年（1931）"，应改为"1931年"，不再加括号注明"民国二十年"。这类问题的产生，是由于没有认真阅读《湖北省志编纂体例及实施方案》。在一般历史著作和相关的工具书中，是先写年号纪年，再在括号中注明公元纪年，《湖北省志编纂体例及实施方案》中的规定则相反。如不明确此种区别，按原有资料或习惯写来，则会出现上述问题。另外,该体例规定,民国以后,只用公元纪年,不注民国年号亦需遵循。需要指出的是,该体例在一处举例时,有"1912 年(民国元年)"字样,与上述规定相抵牾,显系笔误。对此,使用者不可不察。

3. 年号纪时与公元纪时不符。亦即农历(阴历)纪时与公历(阳历)纪时不符。如"1895 年 1 月初(光绪二十年十二月初)",实际上,光绪二十年十二月初应是 1894 年 12 月底(27 日至 31 日)。又如,"1895 年 12 月下旬(光绪二十一年十一月下旬)",实际上,光绪二十一年十一月下旬应是 1896 年 1 月上、中旬(5 日至 14 日)。这类错误大多发生在岁末年初的纪时上。原因在于执笔人在换算时按习惯"阴历阳历差一个月"推测。克服的办法只有查《中国史历日和中西历日对照表》《近世中西史日对照表》等一类的工具书。

4. 叙事忘记交代时限。如在一段文字中,先叙述某行业有工厂多少,固定资产多少,产值多少,等等,然后说到 1985 年,这个行业的工厂、固定资产、产值各有多少。读者并不知道前一部分写的情况是什么时期的,这种比较就毫无意义了。需要强调的是,这类情况颇是不少。克服的办法,是要确立"写志者时刻不可忘记时间、空间、事实诸因素"的观念。

5. 所用时间概念不明确、不准确或不便于读者掌握。如在叙事时用"现在""目前""近几年"等相对时间概念,读者难以判断"目前"是指志书下限之年(如 1985 年),抑或指写作之年(1989 年)。又如某些志稿叙沿革,以 1966—1976 年为一个阶段,行文时称之为"文革十年"或"动乱十年"。实际上,1966—1976 年为 11 年,而不是 10 年。笼统称之为 10 年,就导致分期年限之和,比客观历史少了 1 年。再如,在没有必要或未加注明的情况下,用"三五时期"代替"1966—1970 年","四五时期"代替"1971—1975 年"。很多读者并不熟悉"三五时期"或"四五时期"是指哪些年份,他们为了弄清楚其实在的时间,还要去查阅工具书。克服这类毛病的办法很简单:使用绝对时间概念,即写成某年、某年某月某日或某年至某年等等,既明确又简练。

二、叙地

6. 用当前建置的县、市名称或行政隶属关系去记该地历史上发生的事或行政隶属关系。如,"清朝末年至民国初年期间,武汉市黄陂县的棉布生产……"其实,当时并没有武汉市的建制,黄陂县在行政关系上也不隶属于武昌或汉口。上面的记载,会给读者以错误信息。改正方法是,直书黄陂县,将"武汉市"3 字删去即可。在这方面,较常见的错误是发生在记叙县改市的地名(特别是 1985 年后改的)时,误用成书时(即 1988 年或 1989 年)的称谓。如,"1970 年仙桃市毛嘴区禁止农民喂养母猪"。其实,1970 年没有仙桃市建制。此句中"仙桃市"应改为"沔阳县"。总之,地名应用当时的称谓。一部志书如果以 1985 年为下限,一般情况下不要出现 1985 年以后才有的地名称谓;如果出现了,应予以说明或注释。

三、叙数

7. 统计表不规范。使用统计表、统计图等图表语言,是志书语言现代化或现代志书语言的特征之一。现代人编撰的志书,特别是经济类志书,应该使用统计表、统计图。因为,在某些情况下,"一表(图)胜千言"。所读的几部志稿中,统计表的标题、表格形式、单位、项目设计、数字、资料来源说明等都合乎规范的,不多。特别是统计表标题内涵不明确、不全面、与表的内容不符的现象,颇为严重。其原因可能是不明白统计表规范化的依据,即不明白志书这类官书应以国家统计局编制的统计表的格式为准绳,以求得规范化。所以,找一本国家统计局编的《中国统计年鉴》(自 1981 年以来,每年出一本),认真地学习一番,就可以解决这个问题。

8. 绝对数与相对数不符。这种情况,统计表中有,行文中也屡次出现。如,统计表中 3 个工厂某年的产值,绝对数:甲厂 100 元,乙厂 70 元,丙厂 30 元,合计 200 元;相对数:甲厂为 45％,乙厂为 35％,丙厂为 20％,合计 100％。这类错误的发生,可能是计算百分比时出现舛误,也可能是绝对数不对,更可能是绝对数与相对数本系这 3 个厂不同年度的数字,或为同一年度不同的 3 个厂的数字。因此,改正错误的办法,绝不可采取根据绝对数重新计算一下百分比了事,而是要重新核实和查对绝对数与相对数。

9. 局部数字与整体数字不符,或分项数字与合计数字不符。如,统计表中,分项的绝对数为 4、2、3,合计却为 10;或相对数为 40％、20％、30％,合计却为 100％。解决的办法与上项相同。因为,可能是在誊抄数字时漏抄一项,故绝不可据现有数字重新加一遍了事。

10. 行文中的数字与统计表中的同类数字不符,或前文的数字与后文的数字不符。如,记同一行业同一年度的产值,前文说是 2.8 亿元,后文说是 2.5 亿元。出现这种情况的原因,可能是笔误或打印错了,也可能是因为统计口径不同,等等。因此,不要简单地根据前一数字去改后一数字,或根据后一数字去改前一数字,而应查明原因,然后决定是改正,或予以说明。又如,前文说某年该行业甲厂的产值是 10 万元,乙厂是 20 万元,后文说同年该行业的总产值是 5 万元,前文的局部数字大于后文的整体数字,显然有误。改正的办法是查资料来源。

11. 对不属于保密的数字,不说绝对数,只说相对数。只写某时比某时增长了多少倍或百分之几十,而不交代基期的绝对数。如写某个行业"1956 年职工工资按人平均,比 1949 年增加了 50%",前后文都未提及 1949 年的工资是多少。读者不可能从这段叙述中知道该行业 1956 年职工的人均工资是多少,从而也无法与相关行业对比,从中看出是高或是低。这样表述数字,起不到应有的作用。又如一个小行业,本来只有 2 个工厂,前后文均不交代,却说某年该行业"有 50%的工厂盈利",实际上就是 1 个工厂盈利。这已近似故弄玄虚了。

12. 计量单位不统一。如,"1307 年(元代大德十一年)铸造的武当山上的铜殿,重××市斤,高×米,宽×米,深×米"。记同一物,衡制用市制,度制用国际制(公制)。解决的办法是严格按照《湖北省志编纂体例及实施方案》的规定,除特殊情况外,一律采用 1984 年 2 月国务院颁布的中华人民共和国法定计量单位。至于货币单位,人民币应以 1955 年 2 月新人民币元(的币值)为单位,在此日之前的旧人民币,按 1 万元等于 1 元折合;否则,必须注明。新中国成立以前,银两应折合为银元,即以"元"为单位,制钱应统一以"文"为单位。常见货币单位与度、量、衡、地积的折合比例,可参阅《湖北方志》1989 年第 2 期第 66 至 67 页之表。

13. 数量词运用不当。如,"1984 年生产某产品的成本比 1983 年减少了 1倍"。倍数只能用于数量的增加,不可表示数量的减少。此句应改为"1984年……比 1983 年减少 50%"。又如,"1983 年获利 200 元,1984 年获利 800元,1984 年比 1983 年增加了 4 倍"。此处的"4 倍"应改为"3 倍",或改后半句为"1984 年为 1983 年的 4 倍",因为"增加了×倍""增加×倍"与"增加到×倍""增加为×倍"不同。前者指净增数,不包括底数(原数)在内;后者指包括底数(原数)在内增加以后的数字。再如,"某产品的成本,1980 年为 3 万元,1985

年降至 2 万元,即降低到 1980 年成本的 1/3"。此句中的"1/3"应改为"2/3",亦可将最后的半个句子改为"与 1980 年比,降低了 1/3",或"5 年间降低了 1/3"。因为,"降低到"应是减少后的余数,"降低了"是减少的净数。在使用"提高""上升""增长""扩大"和"下降""降低""缩小"等词时,也应注意词后这个"到(至、为)"和"了"的区别。大量运用数量词是经济类志书行文的语言特点之一,不可不慎。

14. 数字的写法不统一、不规范。不统一,即对同一数字,或用汉字(如"十三"),或用阿拉伯字(如"13")。不规范,如 30%～50% 写成 30～50%,等等。解决的办法是按照国家公布的《关于出版物上数字用法的试行规定》来写。这个规定是国家语言文字工作委员会,国家出版局,国家标准局,国家计量局,国务院办公厅秘书局,中宣部新闻局、出版局等 7 个部门会同部分新闻出版单位制定的。总的原则是:"凡是可以使用阿拉伯数字而且又很得体的地方,均应使用阿拉伯数字。"《湖北省志编纂体例及实施方案》中全文印发这个规定。因此,各志应严格遵循。

四、资料

15. 送审稿中,有些资料没有注明资料来源,或资料来源不具体。在工作过程中,我一再建议,写志稿时必须逐条注明资料来源;在送审稿上必须有资料来源。只有到终审完毕,送交付印时,才删去此类资料来源。有的志稿如《湖北省志·工业志稿·二轻》等,遵此规定做得很好;有的志稿在一、二稿时有资料来源,到终审时却删去了,造成审稿人对资料进行核对、抽查、甄别时的困难。这对保证志书的质量不利。

16. 以第二手资料作根据,导致舛错。我们曾反复强调,凡转引第二手资料,必须定稿前与第一手资料核对。上述《二轻志》在这方面做得很认真。他们请武汉图书馆咨询室对送审稿中所引史料逐条查对,结果有 1/3 的史料有错字或漏字。他们的工作再次证明核对工作的必要性。

17. 无资料作内容的议论,即"资料不足空话补"。解决的办法有两个。(1)若这种段落在志书中本是可有可无的,以删掉为宜。(2)若是非写不可的,则只有老老实实地去收集资料。我读了《湖北省志·工业志稿》中的纺织、二轻、冶金、机械诸卷之后,深受教益,也为编者的辛勤劳动与严谨态度所感动。

他们收集并整理好的资料,有几千万字,故处处可用资料(即事实)说话,无需空发议论。

18. 没有资料作依据而下结论。如,没有找到"折实工分制"的有关资料时,便说"折实工分制"是"发实物作工资",取消"折实工分制"后才实行货币工资制。又如,在没有收集清政府管理某个经济部门的机构与制度的有关资料时,便说清政府未曾管理过该部门;在未查实中华民国政府管理工业的机构与制度时,便说它沿袭清政府的机构与制度。克服这种状况的办法是:多方搜集所需的资料,"言必有据"。实在搜集不到资料,可以回避,这比轻易下结论好。

19. 复述(或概括)资料不准确。如,写某地某同业公会成立于 1906 年。而所据资料是说 1906 年成立该行业的行会,1929 年在行会的基础上成立同业公会。在对原有的大量资料作简练的概括时,如何准确地表述,是值得注意的一个问题。

五、文字

20. 章、节、目的标题欠推敲。标题的内涵与实际内容不符,或太窄,或太宽。如章(或节)的标题与该章(或节)之下的某一节(或目)的标题雷同,则章(或节)的标题,不能涵盖此章(节)内其他各节(目)的内容,显然太窄。再如,在一个以小概念为节的标题下,用"大跃进时期""文化大革命时期"等大概念作为目的标题。解决这类问题的办法是按内容拟标题,使标题起到应有的作用。

21. 定义性语言。如写行会一目时,先写"行会亦称行帮,是封建社会中的行业组织。分手工业行会、商人行会。手工业行会是在商品经济相当发展的条件下,同行业的手工业者,为限制彼此间的竞争,规定生产范围,解决业主困难和保护同业利益组成的"。这种定义性语言,往往来自辞书或教科书,缺乏省志所要求的地方特色与特点。因此,除特殊的例外,志书没有必要对所记的事或物下定义,这类字句应予删掉。

22. 广告性语言。这种情况大多出现在有关产品的部分。如"×市××厂生产的××牌××产品,为国内首创。其品种繁多,颜色美丽,经济实用。具有隔音、防潮等多种性能,价格只有手工产品的 1/10。适用于宾馆、会场、舞台、客厅、卧室、火车、汽车、飞机、轮船等各种场所。产品行销日本、美国、意大利、菲律宾和香港等 13 个国家和地区"。经主编复查,这段文字是来自广告性手册。志书的产品部分,应该介绍产品的特点,但着眼点是要从工艺方面作说明,至于价格、用途,一般是不宜入志的。

23. 报导性语言。如,写会议时,最后附上一句,"某某、某某出席了会议"或"某某出席会议并讲了话"。负责人在会议讲话,如果其内容是指导性的,则不仅要记他出席了会议,还应将其讲话的要点写上;如果只是一般地说了几句话,无补于会议的内容,没有必要记上一笔。至于"由某某亲自作出安排"一类语句中的"亲自"二字可以删掉。志书语言,力求朴实,寓褒贬于事实之中,忌用奉承语言。

24. 反复出现志书既定前提的"开场白"。如,新中国成立后的部分,每叙一事,先从"在中共湖北省委和湖北人民政府的正确领导下"一句开始。新中国成立以后,湖北省的各项工作,都是在中国共产党湖北省委员会和湖北省政府的领导下进行的。这是写《湖北省志》的既定前提。对于这个前提,在《湖北省志》中应有明确的交代,但不必每叙一事,都从这句话开头。

25. 反复使用相同的"结束语"。如,在写每一项新的管理措施或新的经济政策时,都在结尾部分加上"调动了群众的积极性,促进了生产的发展"一类句子,却没有群众积极性的具体表现和生产发展的具体情况,既空洞,又重复。解决的办法,或是分项具体地写,如实行某措施或政策后,群众积极性是怎样的,生产增长了多少;或是在叙述一个时期实行的多项措施与政策后,综合地叙述其后果。生产和经济的增长或下降,往往是多种因素起作用的结果。要从中分析出某一项因素起了多大作用(在综合效果中占多大比重),是一件既细致又很难准确的事。因此,后一种方法比较科学。

26. 用词不讲究而导致的不科学的语言。如,"走内涵发展再生产的道路"。此句中的"发展"应改为"扩大"。又如,"职工人数发展到 1531 人"。此句中的"发展"应为"增加"。再如,设计的新柴油机,"将马力扩大到 12 匹"。此句应改为"将功率增大到 12 匹马力"。对"发展""增长""扩大"等词,稍不注意,便易用错。在经济学上,"经济发展"与"经济增长"是两个内涵不同的概念,人们却很少予以区分。

27. 口语化语言。如"人革制品",书面语言应作"人造革制品"。又如"鉴定优质产品",应改成"评定优质产品"。口语化语言入志,常带来多余的字,如"了""已""已经""曾""曾经""还""就""当时""不断",等等,志书所记,都是过去的事,不必用"了""曾"等字眼来说明是已完成的事。这些字均属可有可无的,删掉它们,并不损害文章。

28.应予删削的预见未来的语言。志稿中预见未来的语言有两类情况。一类是反映某个计划、规划、设想的内容。如:"×年至×年的5年计划中,拟建设10个小型水电站。"如果后文交代了这项实行的后果或没有实行,则此句应予保存;否则,可以删去。另一类是预见志书断限以后的年份里可能要发生的事或远景,一般地说,均应删掉。因为志书是记既成事实,不应描述未来。顺带提及,每一部志书都有特定的对象,其中包括时间与空间的限制,凡不属于本志书对象的人与事,除特殊情况者外,均不入志。

29.习惯性的却不规范的语言。如,"1982年实现利润800万元"。此句中的"实现利润",应改为"获得利润""利润额为"或"盈利"。又如"实现基本建设投资450万元""完成工业总产值500万元""用先进技术武装了15个厂",等等,均属这类情况。

30.夸张性语言。如"十分重视""充分调动了群众的积极性""质量极好"等字眼,不留余地。由此容易造成对同一事物评价前后抵牾的现象。如,前文说,本地区本行业的优势之一是科技队伍人数很多、素质很高,等等,后文却又将科技力量薄弱视为该地区该行业存在的问题。

31.行业(或地区)外的读者与后人不易懂得的行业(或地区)性语言或简称。如"开展小指标竞赛""网长厂""网长单位""组长厂""组长单位""机器带病生产""剥离欠账""胡子工程"等。解决办法是在脚注或夹注中予以说明。

我在前年的一次会议上提出方志语言问题,请大家讨论(发言稿载于《湖北方志》1988年第2期)。两年来,同志们在编纂实践中积累了丰富的新鲜经验,需要共同来总结,并上升为理论。这对后来的修志者,将有很大的好处。

原载《湖北方志》1990年第1期。

不可或缺　力争写好

——对《湖北省志·工业志稿》记载政治思想工作的意见

编者按:《工业志稿》在总结纺织、二轻、冶金、化工、机械、建材等志记载思想政治工作经验的基础上,于 1989 年 10 月和 1990 年 5 月,两次召开工作会议,专题研究怎样写好思想政治工作部分。他们在探索这个问题方面带了个好头。其认识对其他各志可能会有所启示。现将省志副总纂、《工业志稿》主编赵德馨教授的讲话刊出,供编志者参考。

关于《湖北省志·工业志稿》记载思想政治工作问题,我谈几点认识,供参考。

为什么一定要写这个部分

在 1989 年 10 月 4 日的工作会议上,我们取得了"思想政治教育的内容不可或缺"的共识。根据会后 8 个月的情况看,我认为有必要对这个问题展开深入一步的讨论。因为,对此若认识不足,就不会肯花力量,下功夫,以致拿出"急就篇"销差,应付了事。这样做,这个部分将来起不了它应有的作用。思想政治工作部分能否写好,关键在于认识问题。

为什么工业志中一定要记述思想政治工作? 可以举出的理由有以下几项:

(一)思想政治工作是各工业厅、局、总公司工作的重要部分。它们都有相关的机构、人员、制度,做过大量的工作。在省志体例中,没有记述思想政治工作的专志。如果工业、农业、商业等志也不写它,就会造成这部分工作被遗漏的后果。至于《工业志稿》之所以非写思想政治工作不可,还因为它既是《湖北省志》纂修过程中阶段性成果,又具有部门志的性质,理应反映本部门的这项重要工作。上次会议后,各单位的领导人都同意要写这个部分,电力、化工等厅、局、总公司的负责同志,亲自布置,参与讨论写作提纲,作出明确的指示。我们的意见得到他们的一致支持,原因在于这个部分确实重要,不能空缺。

(二)工业战线 36 年的思想政治工作,积累了丰富的经验,其中有许多是湖北省各工业部门及其所属企业首创的。这些经验得之不易,是一笔宝贵的精神财富。当前及今后一个很长的时期内,我们面临的一个重要任务,是加强职工的思想政治工作,建设企业文化。系统地总结过去 36 年的经验,有助于这些工作的开展。

(三)中国式社会主义的特色之一,是两个文明建设一起抓。新中国成立后 40 多年来,特别是近 10 年的经验证明,不仅两个文明建设都要抓,而且不能重视一项,轻视一项。一个时期内资产阶级自由化思潮之所以泛滥,重要原因之一是放松了思想政治工作。离开了思想政治工作,精神文明建设就要落空,物质文明也难搞上去。在这次编志书过程中,许多同志有一种共同的感觉,过去不少文件上写了“思想政治工作是生命线”等强调其重要性的字句,几乎所有领导人都讲过这样的话,这次要系统记述思想政治工作时,有关的资料却最难找,远不如生产经营方面的资料那样多。我们是在认识到重视精神文明建设是中国特色社会主义内容之一,抓两个文明建设不能一手硬、一手软的时期写地方志的,不能使读者从书中看出,我们这些编志者对待生产经营和思想政治工作,仍然是一手硬、一手软。记述思想政治工作是中国社会主义时期新志书内容方面的基本特征之一。缺了这个部分,便不符合新志书的要求。

(四)思想政治工作是社会主义工业管理内容的组成部分。工业管理的对象,人们概括为“人、财、物”,实际上是“人”与“物”两大类。因为相对于人而言,“财”亦“物”也。在“人”“物”两项中,“人”是主体。人的因素在发展生产中起决定性作用。工业自进入协作劳动特别是大生产阶段后,工业管理者便要做人的工作,以发挥生产者(包括技术人员等)的潜能。资本主义国家的工业管理学中有做人的工作这部分内容。18 世纪 70 年代至 80 年代,亚当·斯密提出“经济人”观点,对工业管理的理论和实践产生过重要的影响。19 世纪中下期,空想社会主义者罗伯待·欧文管理工厂时,重视工人的作用与地位,1838 年他还在苏格兰纽拉纳克的一家大纺织厂进行过实验,获得优厚的利润。他因此被称为“人事管理之父”。20 世纪中叶,行为科学管理理论兴起。这门学科研究的主要内容是人们的各种需要、欲望、情绪、思想、动机、目的、人与人的关系以及个人与集体的关系,据以改进管理方法、生产环境等,以达到从精神上、物质上引导职工发挥主观能动性,提高效率的目的。社会主义工业生产的目的与资本主义有本质的不同。社会主义企业与资本主义企业的性质不同。思想政治工作是社会主义企业的内在要求。从精神上引导职工充分发挥主人翁的积极性,属于思想政治工作的任务。思想政治工作是协调人际关系的基本方法。但思想政治工作的任务不限于此。它要保证贯彻中国共产党和人民政府的政策,使企业沿着社会主义方向发展,培育有理想、有道德、有纪律、有文化的职工队伍。所以,缺了这个部分,管理的内容就失去了两个大的方面之一。中国社会主义工业管理学著作,没有一本缺此内容的。我想,工业志也应该这样。

(五)有利于调动思想政治工作者和广大职工的积极性。对于前者,是因为记载了他们的工作情况、成就、创造的经验。对于后者,是因为志书"生不立传"的原则,对于活着的人,限于"以事系人"。我赞同志书"以事系人"的原则,但认为实践这个原则的记载方法,要适应新中国的具体情况。要对旧志的相关做法作些改革。这涉及两个方面。第一,在旧社会,办事是个人负责制,"以事系人"可以记成某事是某人(或)倡议、(或)批准、(或)操办的。在新中国,实行集体领导原则,事由集体决定,集体负责。在这种新情况下,仍采取旧方志"以事系人"的记载方法,必引起种种争议。一些志书出版后的风波,证明了这一点。《工业志稿》为谨慎起见,在管理机构部分列有领导干部及其任职时间,读者可以查找某个时期的事是哪些人负责办的。这是一种适应集体领导制情况下"以事系人"的记述方式。第二,采用传统的"以事系人"的记载方法,其实际结果是,"以事系人"中的"人",几乎都是领导人。在漫长的旧社会,劳动者无主人翁地位,修志者又以英雄史观作指导,这种情况的出现乃是必然。在新中国,职工是国家、企业的主人,指导我们修志的唯物史观认为,历史是群众创造的。无论是干部,还是技术人员,或是工人,凡是对社会主义做出过突出贡献的人,都应该载入志书,名垂青史。先进人物的言行反映了社会主义的时代精神。我们在管理机构部分记载了领导者,又在思想政治工作部分记载了劳动模范等先进人物和先进单位,这在鼓励多做贡献、争当先进方面,无疑会起重要的作用。

记载的范围与重点

《工业志稿》中的思想政治工作部分应当写些什么？我的意见是：这个部分的基本内容应包括谁在做思想政治工作，做谁的工作，工作的主体内容，怎样做的，效果如何。具体地说，要写思想政治工作的机构、组织、队伍、领导体制，各个时期工作的内容，工作方法，成绩与经验教训。

思想政治工作涉及的范围很广，包括各种各样的思想工作和政治工作。在工业战线上，其主体部分是对职工的思想工作。这些思想工作的实质，是中国共产党向职工群众灌输马克思列宁主义、毛泽东思想，即用马克思列宁主义、毛泽东思想这种科学的世界观和方法论教育职工，启发职工，使之具有或不断提高社会主义觉悟或共产主义觉悟，摆脱旧的观念的束缚，提高认识，理顺情绪，把建设社会主义的潜能充分发挥出来，完成生产经营任务，保证企业能顺利地贯彻中国共产党和人民政府的政策，沿着社会主义的道路发展。这种思想工作是具有政治性质的。《工业志稿》中的思想政治工作，重点写这种思想工作。

在写思想政治工作时，写不写历次政治运动，如何处理与历次政治运动的关系？如果上述对思想政治工作本质的认识以及志书中思想政治工作部分应写重点的处理是正确的，这个问题也就容易处理了。历次政治运动就其本身的性质而言，不属于思想政治工作的范畴，如：镇压反革命运动，是对敌对分子的斗争；抗美援朝，是对帝国主义的斗争；1959年的"反右倾"，是中国共产党内部的"路线斗争"；"文化大革命"，"是一个阶级推翻一个阶级"的夺权斗争，是一场"政治大革命"。如此等等。省志中有专记其事的志。《工业志稿》中关于思想政治工作部分，不应叙述这些政治运动的本身，而只记载运动期间的思想政治工作。这些时期的思想政治工作，必然与运动的内容有关。换言之，志书有关思想政治工作的章节，是把政治运动作为历史背景，重点写与之有关的思想政治工作。例如，写抗美援朝时期的爱国主义教育、国际主义教育，认识帝国主义本质的教育及其效果；写"文化大革命"时期——"文化大革命"与"'文化大革命'时期"这两个概念的内容不同——职工中学习马克思、恩格斯、列宁、斯大林、毛泽东著作的情况。至于某些政治运动结束后，帮助职工解决运动中留下思想政治方面的后遗症，协调人际关系和理顺思想情绪，化消极因素为积极因素等工作,是思想政治工作题中应有之义,当然是应当写的。按照以上的范围与方法写,有关政治运动正效应与负效应关系的问题,在思想政治工作这个部分,也就好解决了。

一方面,思想政治工作的内涵,既不可能包括、也不可能等同于党(中国共产党)、团(青年团)、工(工会)、妇(妇联)的全部工作。此中道理甚为明显。例如,一些组织建设工作,是不能概括在思想政治工作范畴之内的。另一方面,思想政治工作是在中国共产党领导下,通过党、团、工、妇等组织和政治工作人员进行的。所以,在写由谁做思想政治工作即思想政治工作的机构(组织)与队伍时,对这些组织,特别是中国共产党基层组织的建立情况,必须提及。

《工业志稿》各卷写思想政治工作,其对象包括多大的范围,是只限于本厅、局、总公司的直属企业,抑或是整个部门的? 对于这个问题,可按我们在1986年篇目会议上已取得的如下两点共识来处理。第一,我们写省志,是站在省政府的立场修志。各厅、局、总公司是省政府的职能部门。第二,按实事求是的原则,管到哪一级,写到哪一级;管了多少,写多少。根据前者,不可能不顾及整个部门、行业。根据我了解的情况(可能不全面、不准确),当工厂的党组织关系隶属地方党委,其日常的思想政治工作由地方党委管时,有关厅、局、总公司在布置工作时,几乎总是同时布置生产经营和思想政治工作这两个方面的任务。当中央、省委部署某些思想政治工作时,厅、局、总公司或转发文件,或发出通知。这当然也是一种管。因此,应如实地予以反映。根据后者,重点一定在直属的单位,对于哪类或哪些企业的思想政治工作是由厅、局、总公司直接管的,哪类或哪些企业是由地方党委管的,可以通过写思想政治工作体制及其演变来交代。有了这个交代,其他部分就有了前提。随着管理体制的变动,某些企业下放给地(市)、县(市)管,后又收回由厅、局、总公司管,下放、收回,反复几次。对于这个过程,概述部分已有记载,在思想政治工作体制部分,简略地提及即可。由于隶属关系多次变动,记事具体到企业时,着笔时感到难选择对象。建议采取下述两种办法:一、选择一直归厅、局、总公司直接管的企业;二、如果没有这种企业,可以以1979—1985年期间归厅、局、总公司直接管理的企业为对象。

写出特色来

怎样将湖北省工业战线的思想政治工作特色写出来? 写哪些特色?

这可以从三个层次来分析。

第一，工业战线思想政治工作有它自身的特点。这种特色主要是由工业战线思想政治工作的对象与农业、文教等其他战线的对象不同所决定的。也就是说，思想政治工作对象的特色，决定了思想政治工作内容与方法的特色。工业战线思想政治工作的对象是职工，其主体部分是产业工人。产业工人是工人阶级的基本部分。它最能代表工人阶级的本质特征。工业战线思想政治工作的对象是这样的职工。《工业志稿》中写思想政治工作时的着眼点放在人即职工队伍上。主要是写本部门、本行业这支社会主义产业军是怎样培育起来的。工人阶级是执政的中国共产党的阶级基础，是国家和企业的主人翁，是有觉悟的，是"自为的"，不是"自发的"。换言之，它是中国共产党用马列主义、毛泽东思想教育出来的，即经过思想政治工作，使之受到启发，接受科学的理论与世界观，摆脱原有的偏见，在改造客观世界的同时改造主观世界，成为社会主义产业军（或成员）。基于教育者和被教育者的这种特殊关系，在思想政治工作部分要写出是中国共产党与其阶级基础之间、工人阶级先锋队与阶级成员（群众）之间的关系（党群关系在工业战线的具体化，即特点）。在这方面，在历史悠久的行业中，首先要写出中国共产党和工人阶级的历史联系，用历史事实证明，中国共产党是工人阶级的先锋队；它自成立之日起，就在工人中活动，依靠工人阶级，领导工人进行革命斗争，保护工人的利益。纺织、冶金、建材等志在这个方面都做得很好。其次，要写出思想政治工作是在中国共产党领导下，依靠工人阶级进行自我教育，概括工人群众中的先进人物的思想与经验，使之系统化、科学化，又宣传到工人中去。所以始终坚持自我教育、正面教育的方法，尊重职工，理解职工，关心职工。把解决实际问题与解决思想问题，即把热情服务与耐心教育结合起来。

第二，工业战线各个部门、行业的思想政治工作，有其自身的特点。这是由各个部门、行业的历史，职工的来源，企业所有制性质，生产任务等不同所决定的。例如，在轻工业中，"一轻"就与"二轻"不同。"二轻"系统的最初一批职工，其前身是分散生产的、私有的、使用手工工具的个体劳动者。"二轻"系统的企业，基本上是集体所有制，企业管理的民主形式与全民所有制不同。"二轻"系统的企业，在大、中、小城市中都有，大量的在县镇一级。它们接近农村，许多产品是为农业生产服务的。"二轻"部门的这些特点，决定了思想政治工作的主线，是怎样把私有的、分散生产的、与落后生产方式相联系的手工业者，培育成一支在公有制企业中使用机器生产、集体劳动的社会主义产业军。在思想政治工作的内容与方法上，它经常采用整合的方法以巩固集体所有制，不断进行关于支农的教育。"二轻"的这些特点，使它有别于"一轻"。一轻工业、二轻工业、纺织工业在管理上都自成部门，在经济学分类上，却都属轻工业。纺织工业系统职工的特点又与"一轻""二轻"不同。在湖北，到新中国成立时，纺织工业系统的产业工人，人数多，女工多，资历老——已有 60 年的历史，其中有一批血统工人。在旧社会，他们长期受资本家的直接剥削。在这个行业的思想政治工作中，发挥老工人，特别是其中的先进人物的作用显得很重要；老工人对新旧社会的不同有亲身的体会。《纺织志》通过写他们的回忆对比，可以记载在同一工厂中，同一批工人在新旧社会的生活、地位、思想境界的不同。各个部门、行业的思想政治工作，都有自身的特点。问题在于要细致分析，进行比较，从中发现特点。例如，有些行业是新兴产业，入厂的工人多是知识青年，生活与思想活跃。有些行业技术性强。有些行业，生产基地流动性大，环境艰苦。职工的地位、生活与思想自有其特色。如此等等。军事工业系统思想政治工作与一般工业不同之处，甚为明显。至于各部门在思想政治工作方面创造的工作方法等新鲜经验，例如，湖北省冶金工业系统对职工思想政治工作理论的研究很深入，屡受表扬，涌现出来的有时代特色的先进人物等等，都属部门特点，应当载入志书之中。

第三，在同一工业部门内，不同时期的思想政治工作有不同的特点。这是由各个时期历史任务和环境不同，思想政治工作者和工作对象不同，工作内容和工作方法不同所决定的。即使是同一种方法，在不同时期也会有不同的特点。我们要将这些特点写出来。例如，同是学习毛泽东著作，新中国成立初期，1958 年（工人农民学哲学，解放思想），"学大庆"（"两论"起家）阶段，"文化大革命"年代，当前阶段等几个时期，学习的内容、侧重点、方法、效果都不同。又例如，忆苦思甜这种方法，新中国成立初期，1960 年至 1964 年，"文化大革命"年代等几个时期，目的与效果都不同。在这里，我想顺带提及，在工业各志中，最好能有关于今昔对比的资料。"昔"即旧中国，"今"即新中国。记载的方法可以多样，放在哪个部分也可不拘一格，但如有可能，最好能有。如果关于职工新中国成立前生活状况、受剥削程度（裕华纱厂的剩余价值率等）、受压迫状况的文献记载较多，可据以写出详尽的今昔对比。这种记载，放在概述部分或职工思想政治工作部分，均可。若找不到这类文献记载，可在思想政治工作部分,在写忆苦思甜时,将今昔对比表达出来。在新中国成立后修的第一批志书中,一定要留下让后人可以看出旧社会劳动者之苦和阶级、阶级压迫、阶级斗争的资料。这是历史赋予这批志书及修纂者的责任。《纺织志》《二轻志》都有这个方面的内容。要知道,贯穿于 40 年思想政治工作的主线,就是反复宣传新中国好,社会主义好,中国共产党领导得好。不写新旧社会对比,这条红线便难以突出来。

几个具体问题

(一)思想政治工作部分的上限,一般部门是新中国成立之时。有些部门、行业,或因中国共产党在新中国成立前在该部门有活动,或因在解放区、解放军中有此类企业,也可以先简略地追述新中国成立前的情况。

(二)考虑到思想政治工作的重要性,在篇目中必须有相应的地位;这部分该记的内容多,也需要有一定的篇幅才能容纳。1990 年 10 月 4 日会议上商定的意见是:"在篇幅上,或设章,或设节。"现在看来,这个意见比较妥当。如果某些志因以取消篇这个层次,将思想政治工作列为大目,下设子目,亦可。总之,篇幅要能将思想政治工作的基本内容写清楚。

(三)思想政治工作这个部分,在篇目中,可以放在管理部分,也可以放在教育部分,还可以放在职工部分。从工业战线思想政治工作的性质、任务、工作方法的特点、社会主义工业管理学与《工业志稿》体例来看,以放在管理部分最为适宜。

(四)思想政治工作部分的表述形式,一般应先有纵写各个历史时期思想政治工作发展过程的部分(或节,或目,或子目),然后按节(或目,或子目)分陈,最后附先进人物与单位表。

(五)工业战线思想政治工作,是为生产经营服务的,以生产经营为中心,结合生产经营一道进行的。实践证明,离开生产经营这个中心,思想政治工作的效果往往不好。我们要据此写出工业战线思想政治工作方法的特色与经验教训。

(六)在文字上,采用写实的手法。思想政治工作曾被称之为"虚"。对此"虚"的部分采取写实的方法,即"虚事实写"。在叙事中寓观点,少发或不发评论。

（七）要尽可能地写出思想政治工作内容与形式的丰富多彩。工作方法现代化进程，寓思想政治教育于谈心、家访、交朋友等，寓思想政治教育的内容于教育与文化娱乐活动，如扫盲班、夜校、职工学校、知识竞赛、体育比赛、俱乐部活动，等等。最好能做到使读者看到，思想政治教育并非板着面孔说教。

（八）所列省、部级以上表扬的先进人物、先进单位名单，应以省总工会和省人事部门审核和批准的为依据。对此事要采取严谨的态度。

原载《湖北方志》1991年第1期。

江河水利的演变与社会经济的发展

在学习经济史的过程中,我翻阅过一些志书,算是志书的读者。诸位正在编纂的江河志、水利志,我是一定要拜读的。作为一个未来的读者,谈点要求——我希望读到什么样的江河志和水利志。我的要求,用一句话来表达,就是希望江河志、水利志能将江河、水利演变与社会经济发展的客观关系反映出来。为什么提这个要求呢? 理由有三:

一

首先,从研究经济史的人来看,社会经济的各个方面都与江河、水利有密切的关系。

我们可以从人类的起源和人类经济生活的开始说起。人的生活离不开水,也就离不开江河湖泊。原始人群制造的工具很原始,征服自然的能力低下。动物有利爪尖齿,人与兽斗,常受其害。水中的鱼贝则不同。故从水中谋取食物较易或较安全。到目前为止,在我国境内,已发现 50 万年前至 170 万年前的猿人遗址三处(云南元谋、陕西蓝田、北京周口店),30 万年前至 50 万年前古人遗址三处(广东韶关马坝、湖北长阳、山西汾阳丁村),新人遗址五处(广西柳江与来宾、四川资阳、内蒙古河套、北京周口店山顶洞)。这十一处遗址的共同特点是,当时附近都有江河。一些旧石器遗址中有鱼骨、鱼钩、鱼叉、网坠,有的附近发现几尺厚的贝丘,即大量的贝壳、螺壳的堆存,是当时人吃贝、螺后的遗物。可见水产物在当时人生活中的重要性。在那时,对于人们获取动物蛋白来说,渔业比狩猎可能更为重要,恩格斯曾经指出动物蛋白对人类大脑发展的作用。从上述情况看,可以说,没有江河就不会有人类。随着生产的发展,江河中的水产品在人们经济生活中的地位,似乎是逐步下降的。在石器时代与青铜时代,人们用贝壳、蚌壳、龟甲、鱼骨制成生产工具、生活用品和装饰品,如蚌刀、蚌镰、蚌铲、贝颈饰、龟甲盛针器、鱼骨针、鱼骨饰等等。由于人少水面广阔,水产品多,又较易获取,在食物中,水产品占的比重大。后来随着水利的发展,大量泽地变为耕地,鱼贝等水产品的产量随之减少。与此同时,人口增长,对鱼贝的需求增加,鱼由自由繁殖到人工投放。鱼与粮食、肉类的比价逐步提高。从经济史的角度看,开发水利、治理江河的同时,如何增加水产品的产量,是长期以来就存在的一个值得研究的问题。

农业的产生是人类经济生活中的一件大事。根据考古发掘,原始农业发源于江河旁的小丘陵地带。农作物生长需要水。水利起源于农业生产的需要。随着农业在人类经济生活中的地位上升,水利的地位亦随之上升。从原始社会的中后期起,整个奴隶社会,整个封建社会,农业是最基本的生产事业。水利是农业的命脉,于是,在几千年的历史中,我们看到了如下现象:江河两岸种植业发展早而快。浙江河姆渡遗址说明六千年前我国已有水稻种植;黄河、长江流域长期是农业生产发达、生产技术先进的地区,成为我国文明的摇篮与中心;一个地区的江河得到治理,那里的农业就发展得快;一个地区的农业发展起来了,该地区的水利建设随之兴旺起来。江南地区的土壤、气候、雨量等并不比黄河流域差,魏晋以前,人口却比黄河流域稀少得多,经济发展水平落后一些,关键在于农业生产不如黄河流域发达。农业后进的根本因素又在于水利开发较差。魏晋以后,人口南迁,江南水利得到开发,农业发展了,全国经济重心南移,赋税重心南移。由于成了重要的财赋之区,那里的江河治理就受到统治者的特别重视。江南的江河与海塘主要在唐代以后得到治理,原因在此。农业生产的发展与江河治理的这种关系,是有条件的。换言之,并非在任何情况下的农业生产都会有利于江河。在某些条件下,农业生产给江河带来严重问题。譬如,在好几个王朝时期,统治者从筹集军粮与移民屯兵出发,在人口稀少的西北地区开荒屯田。从短期的利益来看,收到了相当数量的粮食。由于屯垦的方法不对,单纯谋求粮食产量,不是全面发展;由于盖房、烧柴、开荒而砍伐森林,破坏植被;由于在河流上游屯田,兴修沟渠,改变河水流向,农业用水与生活用水量大,也会使下游枯竭,变成废河。由于森林减少和植被破坏,影响地区农业小气候,造成土地沙化,江河水中含沙量增加,河床抬高,河水泛滥,五代以后,黄河多次决溢,几次变道。明代后期起,长江中下游一带人口密度增大,按人平均耕地面积减少,租额上升,贫苦农民在平原、丘陵地区谋生不易。加以在高山地区也能种植的玉米、甘薯、向日葵、烟草、马铃薯等作物相继传入我国,丰富了山区作物品种。商品经济的发展,扩大了山区产品的市场。农民从平原、丘陵地区移至山区,刀耕火种、毁林垦荒,这些情况又影响了一些江河的流量、含沙量、流速以及下游蓄水湖泊的水面,江河与林业、畜牧业、农作物有互相影响的关系。在发展农业的同时如何有利于江河的治理,这是我国经济史上又一个值得总结经验教训的重要问题。

手工业以及近代工业与水利、江河的关系至为密切。兴修水利、疏浚江河都必须借助于手工业或近代工业所制造的各种工具和器械。从这个意义上讲,水利建设和江河治理的规模与程度,在很大程度上直接取决于手工业或近代工业的发展水平,取决于它们制造的工具器械,取决于社会生产力的发展水平。在石器时代以及青铜时代,石制和青铜的生产工具决定了无法兴修大型水利。铁工具产生以后,局面就改变了。到目前为止,考古发掘发现的铁器最早是春秋末期的。我国兴修水利的历史,司马迁在《史记·河渠书》中记录的具体实例,首述"荥阳下引河东南为鸿沟,以通宋、郑、陈、蔡、曹、卫与济、汝、淮、泗会";提及具体人名的,首列"蜀守冰,凿离碓",都是春秋末年的事和人。可见,有了手工铁制品才出现春秋战国以来的水利建设。但单靠手工业提供的工具是无法在黄河、长江上修起大坝的,也无法把长江水调到黄河。只有近代工业,才能使长江上"高峡出平湖"。工业的发展也会使一些江河变得不那么重要了。自从十九世纪下半叶轮船在沿海航行,以及京沪、沪杭甬铁路修筑以后,运河在运输上的地位下降,统治者长期不予治理,终于破败淤废。当然,手工业和机器工业的发展也依赖江河。近代工业生产更离不开水。古代手工业城镇以及近代工业城市总是傍于江河或修建人工河,原因在此。当然,工业发展有时也给江河治理带来问题。例如,在发展工业的同时如何不给江河造成污染,是近代经济史上的又一个问题。

江河与交通运输的关系是人所共知的。在古代,没有空中运输工具,陆上只有兽驮牛(马)车,负载能力有限,笨重货物和大量货物要靠江河水运,那时的都城,一是要从各地运来贡物,二是要运漕粮,三是要运军队和军需,四是要运进运出商品,五是来往人员。总之,运输量是很大的。从楚怀王六年(前323)的《鄂君启节》铭文中可以看出,当时商货的运输是尽量利用江河水运,在不可能水运的地方才使车运。正因此,从春秋战国时期起,都城所在之地都修治江河。楚都郢,修运河"扬水",沟通江汉,"于楚,西方则通渠汉水、云梦之野,东方则通鸿沟江淮之间"。吴都吴(今苏州),修胥溪,东通太湖,联络浙西,疏通从苏州至芜湖的水路。"于吴,则通渠三江五湖"。都城设在何地,该地的江河水利首先得到治理。战国以后莫不如此,汉、唐都长安,在长安西边修渠引水,东边修渠运粮。直至明初都南京,疏浚胥河,又修天生桥河,通浙江至南京水路;后都北京,修引水之渠,浚漕粮之道。江河又是交通运输的重要渠道。自古治理江河不仅要考虑到农田水利,而且还考虑到如何进一步有利于交通运输。

　　农业生产、工业生产和交通运输与江河的关系,决定了江河对商业的影响。较之其他地区,江河两岸的农业生产发达些,工业生产发达些,社会分工程度高一些,交换也必然发达些。在中国古代,最初的城(城堡)或依山,或傍水,而市(市场)则多兴于江河两岸;特别是江河水相汇处所。故有城有市的城市多沿江河。翻开历史地图,看看城市分布状况,此种情形便一目了然。近代城市的发展亦如此。江河与城市的关系之密切,还可以从经济历史上的下述现象中得到充分的证实:某些城市的衰败是由于江河的淤废,某些城位置的变迁是由于河道位置的变迁。例如,陕西榆林东北古城滩,是汉代龟兹县城遗址。考古工作者在这个地区的无定河畔已发现有旧石器时代遗址、遗物,说明当时是渔猎经济;有新石器时代遗址、遗物说明当时是农牧经济。从远古时代起,这里就有人居住,经济在发展。秦始皇时,蒙恬屯兵三十万于上郡(陕北及内蒙古鄂尔多斯一带)。选择此地屯兵,又屯兵如此之多,当是生产发达地区。司马迁在《史记·货殖列传》中记载,上郡等地"畜牧为天下饶"。西汉政府六大养马场之一——天封苑,在今神木市境内。龟兹县以"水草丰美,土宜农牧"闻名当世。可见,这个城市兴起的原因,在于它处于无定河畔,四周经济繁荣,这个城市后来被废弃了。今日只能觅得遗址,废弃的根本原因在于无定河河道变动与水流枯竭。城市的变迁引起城市位置的迁移,可以湖北省纪南城(郢)—江陵城—沙市为例。郢城是楚国所建,在春秋战国时期,郢城是很繁荣的。《北堂书钞》卷一二九引桓谭《新论》:"楚之郢都,车毂击、民肩摩、市路相排突,号为朝衣鲜而暮衣弊。"从《鄂君启节·舟节》铭文看,船可抵郢。综合文献、出土文物及地层等各方面的情况看,初建的郢城是临江的。后来河道南移,船不能抵郢城下,新的市集兴于郢城之南新的江岸,后来建新城于斯地,于是在郢城南十余里而有江陵城。新城兴起,旧城衰废。后来,江陵城南之河道集沙,船不能抵江陵城下而泊于今沙市一带。于是在江陵城东十余里又兴起了一个城市。今江陵城仍存,但商业交易的重心早就转移到了沙市,沙市的工商业超过了江陵，代替江陵成为地区的经济中心。我们现在开会所在地汉口，也是江河改道后兴起的。明成化初年(1465—1470)，汉水入长江线路突变，从排沙口直通郭司口，原汉水道淤塞，渐渐有人居住，长江、汉江水流的关系，商船泊于汉口，商市兴起。在行政上，汉口虽长期归汉阳管辖(直到1912年设夏口县，才与汉阳分治)，但汉口的工商业早已超过了汉阳。仅此数例，足以证明江河与城市的关系是多么的密切。

江河、水利与经济的各个方面有密切的关系，与财政也有密切的关系，与财政的收与支两个方面都有密切的关系。江河水利从多方面与财政收入发生关系。首先，江河流经之处，生产较他处发达，商业较他处繁荣，人口较他处众多，因而往往为财政收入的主要来源地。其次，财政收入的一部分或大部分，是以实物形态(包括粮食在内)运交中央政府所在地(都城)，或由中央政府调拨到其他地区。有时征收的是实物，调拨外运的也是实物；有时征收的是货币，在该地购买实物调拨外运。这些实物数量大，要靠江河运输，历代统治者之所以重视修治运河，其主要动机在此。水利不修，或涝或旱，农业减产，财政收入就要下降。严重时成为灾难，政府还必预赈济，不仅没有收入，反要增加支出，稍有疏忽，农民流亡，社会秩序大乱，更是危及政权的稳定。历代统治者中有为者，无不重视江河治理与水利建设。汉武帝元光年间黄河决口于瓠子，后来堵决口时，汉武帝"自临决河，沉白马玉璧于河，令群臣从官自将军已下皆负薪窴决河"。清朝康熙帝几次亲临黄河视察，并参与治河方案决策。乾隆南巡，询问江浙海塘治理，细到具体技术问题，其目的大都是从财政与统治秩序出发。然而，治理江河、兴修水利需要钱物，所以水利支出成了历朝财政支出经常项目之一。兴修水利，整治江河，必然受国家财力物力的制约。一些江河——主要是运河——废弃，直接的原委往往是政府财力不足。以湖北境内沙市至沙洋的"扬水"来说，民国时期淤塞，1946年曾计划疏浚，因国民党将财力物力用于内战，无钱用于修水利，"扬水"于是废弃。

我在上面说了这么多，从远古说到当前，从农业、工业、交通、商业、城市等说到财政，无非是想说一个事实：人类的全部历史证实，江河、水利是与财政经济的各个方面都有密切关系的。这是一个客观的事实。修江河志、水利志，自然应当将这种客观事实反映出来。

二

我们今天修江河志、水利志，当然是要为建设社会主义物质文明和精神文明服务，最主要的和最直接的是为经济建设服务。如果写江河志时写出了江河与经济的关系，写水利志时写出了水利和财政经济其他各个方面的关系，它们的现实意义就更大些。反之，其现实意义就要小一些。

要有效地治理江河，搞好水利建设，第一，要了解每一条江河演变的规律，摸清它们的性格；第二，要了解几千年来防水害、兴水利、治理江河的经验教训。编纂江河志、水利志，是为了认识这些规律，总结这些经验教训。江河本身是一种自然现象。但是它们与矿藏等自然现象不同。矿藏也有其形成、发展过程，但形成之后，变化缓慢，表述其发展变化的时间单位常用地质史上的"纪"来计算。江河则不同，它有流水，因而是"活"的，不时地在变化着，"三十年河东，四十年河西"。引起江河变化的因素，有自然界的因素，如培养或砍伐森林，农牧业生产，开河与治河，等等。说到这里，我向同志们介绍恩格斯的一段深刻而生动的论述：

"一句话，动物仅仅利用外部自然界，单纯地以自己的存在来使自然界改变；而人则通过他所作出的改变来使自然界为自己的目的服务，来支配自然界。这便是人同其他动物的最后的本质的区别，而造成这一区别的还是劳动。

"但是我们不要过分陶醉于我们对自然界的胜利。对于每一次这样的胜利，自然界都报复了我们。每一次胜利，在第一步都确实取得了我们预期的结果，但是在第二步和第三步却有了完全不同的、出乎预料的影响，常常把第一个结果又取消了。美索不达米亚、希腊、小亚细亚以及其他各地的居民，为了想得到耕地，把森林都砍完了，但是他们梦想不到，这些地方今天竟因此成为荒芜不毛之地，因为他们使这些地方失去了森林，也失去了积聚和贮存水分的中心。阿尔卑斯山的意大利人，在山南坡砍光了在北坡被十分细心地保护的松林，他们没有预料到，这样一来，他们把他们区域里的高山畜牧业的基础给摧毁了；他们更没有预料到，他们这样做，竟使山泉在一年中的大部分时间内枯竭了，而在雨季又使更加凶猛的洪水倾泻到平原上。……

"事实上，我们一天天地学会更加正确地理解自然规律，学会认识我们对自然界的惯常行程的干涉所引起的比较近或比较远的影响。特别从本世纪自然科学大踏步前进以来，我们就愈来愈能够认识到，因而也学会支配至少是我们最普通的生产行为所引起的比较远的自然影响。但是这种事情发生得愈多，人们愈会重新地不仅感觉到，而且也认识到自身和自然界的一致，而那种把精神和物质、人类和自然、灵魂和肉体对立起来的荒谬的、反自然的观点，也就愈不可能存在了，这种现点是从古典古代崩溃以后在欧洲发生并在基督教中得到最大发展的。"①

我是无法用自己的语言来准确表达如此深刻的辩证法思想的，所以引用这么一大段原文。从恩格斯的论述中，可以得出几点启示。

第一，人类的活动与自然界的变化是相互联系的。人类的经济活动，"最普遍的生产行为"，会引起"比较远的自然影响"。我认为水利史和江河演变史特别能证明这一点。人类的经济活动，既然影响自然界、影响江河的变化，所以无论写水利史还是写江河志，都不应该，也不可能不写人类经济活动对它的影响。

在这里，我想顺便提出个极不成熟的看法，请诸位批评。我认为水利志和江河志都应该写成自然科学与经济科学互相渗透的著作。当然，二者也有所不同。兴修水利的本身是人们经济活动的一个部分，也是经济史学科中的一门专史。我读过的水利史学著作中，如《长江水利史略》，就是此类著作。经济史学科的研究对象是生产方式，即生产力与生产关系的辩证统一。水利史或水利志应该既写有关水利的生产力，又写有关水利的生产关系。生产力中包括技术。水利科学技术有其发展过程和规律，是必须研究的。有关这方面的专著，属于自然科学，如果名之曰水利史，倒不如称之为水利科学技术史更为妥当。江河与水利不同。江河的本身，包括它的演变，是一种自然现象。但是它的演变既受人类经济活动的影响，又影响于人类的经济活动。正如我在前面的叙述所证明的：离开了江河，一部人类经济生活史是无法说清楚的。同样，离开了人类的经济活动，一部江河史也是难以说清楚的。因此，无论江河志还是水利志，都应写成自然科学与经济科学相结合的综合性著作。虽然两者的侧重面可以有所不同。

第二，要认识清楚人类经济活动对自然界的影响，必须有一种历史观点，用一种长远的眼光看问题。因为人类的经济活动，对于自然界，有近期的影

---

① 恩格斯：《自然辩证法》，人民出版社1971年版，第158—159页。

响,还有远期的影响,许多事情,不从长期的影响看,就认识不清真正的效果。这是由于近期效果与长期效果有一致的,也有不一致的。而且往往不一致。恩格斯在《自然辩证法》中指出:"在今天的生产方式(引者按:指资本主义生产方式)中,对自然界和社会,主要只注意到最初的最显著的结果,然后人们又感到惊奇的是:为达到上述结果而采取的行为所产生的比较远的影响,却完全是另外一回事。"①在中国经济史上有许多这样的事例。过去的生产方式都是私有制。生产又是各行其是,科学技术又不昌明,出现近期结果及远期结果不一致和人们的认识注重近期结果的这些现象,是必然的,不可避免的。今天,在社会主义公有制,科学技术发达,有马克思列宁主义、毛泽东思想为指导等条件下,人们更加自觉地注意近期结果与远期结果的一致,但上述情况仍难完全避免。所以用历史的眼光总结人们经济活动对江河的长期影响,得出经验教训,不仅对今天的经济建设有重要的借鉴作用,而且能在今昔对比中,证明社会主义的优越性。

说到此,我想提出一个问题,建议同志们讨论,即鉴于江河演变的特点和要用长期历史观点才能看清人们经济活动对江河的全部影响,江河志、水利志的起讫时间,特别是起的时间,是否可以和别的志不一致? 是否可以把起的时间放远一点? 这并不会与过去修的江河志、水利志一类书重复,因为过去修的那些江河志、水利志并没有从这样的高度、用这样的观点来叙述事情。

写江河志、水利志,可以从不同的角度,用不同的方法。譬如,可以就事论事,就江河写江河,就水利写水利;也可以把自然界与社会作为互相联系的整体,从这种联系的角度写出江河水利与财政经济的互相影响。过去修的江河志、水利志多取前一种角度与方法,今天修江河志、水利志似乎应取后一种角度和方法。若此,我们就比前人站得高一些,眼光更远大一些,在方法论上就比他们高出一筹了。

三

从继承和发扬编纂江河志、水利志的优良传统,克服其弱点的角度说,也应该将江河、水利与财政经济的全面关系写出来。

---

①恩格斯:《自然辩证法》,人民出版社 1971 年版,第 161 页。

联系财政经济编写江河志、水利志，是我国的一个优良传统。《禹贡》是比较全面地记载江河的我国最早的一部经济地理著作。《史记·河渠书》则是第一部现存的水利志。下面就谈谈这两篇著作。《禹贡》的成书年代，多数学者认为是战国时期。何以名之曰《禹贡》？因为它记载着禹时期（假托的）九州的贡物与运至帝城（在冀州）的贡道。因为当时运输物资主要靠水运，因此记述江河。可见，它是从财政角度出发写江河的。

司马迁的《河渠书》是写得很出色的一部水利志佳作。直到今天，仍有许多值得借鉴之处，我想就它多说几句话，介绍它的几个特点：

（一）它写过去，又写当前，详今略古，重在当前。它从传说中的大禹治水写起，对实际上有水利建设的春秋战国期间到他生活的年代之重大工程，都逐一记载，而着力于自己生活年代的事件。这样既写了长期的水利史，以观变化；又重点描述了汉武帝时期的水利工程，衬托出今胜于昔。

（二）它既写了成功的事例及其经验，也写了失败的事例及其教训。特别难得的是，它如实地反映了汉武帝时期水利建设的成败。大家知道，司马迁写《史记》的时候，正值汉武帝威望权力和对他的歌功颂德达到顶点之时，司马迁受过他的打击，被处以腐刑，却仍然如实地写出武帝统治时期水利上失败的三件典型事例。一件是河东太守番系建议穿渠引汾溉皮氏、汾阳下，引河溉汾阴、蒲坂下，度可得田五千顷，得谷二百万石以上，"而砥柱之东可无复漕。天子以为然，发卒数万人作渠、田，数岁，河移徙，渠不利，则田者不能偿种。久之，河东渠，田废"。二是有人上书通褒斜道，御史大夫（副丞相）张汤赞成，说好处很多，主要是运粮食，"便于砥柱之漕，且褒斜材木竹箭之饶拟于巴蜀。天子以为然，拜汤子印为汉中守，发数万人作褒斜道五百余里，道果便近，而水湍石不可漕"。三是庄熊罴说临晋地方穿洛以溉重泉以东万余顷故卤地，诚得水，可令亩十石，于是发卒万余人穿渠，"作之十余岁，渠颇通，犹未得其饶"。三个工程，其中两个是作渠以得粮，结果是或"不能偿种"，或"未得其饶"。一个是作渠以运粮，结果是"不可漕"。司马迁写明这些失败的大工程都是汉武帝同意搞的。他不仅批评了御史大夫张汤父子修褒斜道计划不周，还揭露丞相武安侯田蚡为了使自己的奉邑多得收入，竟阻挠堵塞黄河瓠子决口，致使梁楚等地二十余年中多年无收。敢于如实记载当时皇帝、丞相的错误，这是需要勇气的。

在这里，需要提及总结经验与教训的问题。数万年来，特别是春秋战国以后的两千多年里，人们为了改善经济生活，兴修水利，开发江河，一代又一代地辛勤劳动，艰苦奋斗，不知有多少人流血流汗，多少人牺牲生命，多少人竭才尽智，积累了丰富的经验，也积累了无数的教训。我认为，总结成功的经验是十分重要的，总结失败的教训更为重要。我曾读过一本书，读后的印象是，全部水利事业，都是成功的，没有失败。据我看来，第一，这不符合历史事实；第二，不太辩证。只有既总结经验，又总结教训，才有利于全面认识事物，有利于认识江河演变的规律，有利于发展水利科学，从而有利于两个文明的建设。为了说明这个道理，我想介绍著名的历史地理学家谭其骧教授最近发表的一篇文章中的一段话：

"（有人）讲到黄河的历史，就说黄河在解放以前几千年历史时期如何年年决溢，常常改道，黄河流域的人民如何长期经受灾难，只是到了解放以后，人民掌握了政权，黄河才被驯服安流，黄河两岸人民才能安居乐业。这是一种把解放以前几千年说成是一贯糟糕，糟透糟透，解放以后一下子就彻底变好了的公式。实际情形果真是如此吗？绝对不是。黄河要是在上古时候就是一条经常给两岸人民带来灾难的害河，黄河流域怎么能成为中国古代文明的发祥地？要是汉唐时代的黄河跟五代以后一样经常闹决溢改道，那时的黄河流域怎么会一直是全国经济、文化最发达的地区？历史文献上记载得很明确，从东汉到隋唐，黄河有上千年之久的安流时期，基本上不闹决溢，不能说在旧社会时期黄河一贯闹灾。解放以后三十多年黄河虽然没有决口，但单纯靠筑堤防洪，堤越筑越高，河流夹带泥沙有增无减，河床高出两岸平地好多米，这样下去终有一天要出事，太危险了。推翻了反动政权，建立起人民政权，只是为我们解决黄河问题提供了可能，要把这种可能变为现实，还是要取决于我们的具体工作的。但是许多讲黄河史的专著、论文，硬是还要按公式办事，不肯讲历史上的具体、真实情况，也不肯讲当前的具体、真实情况。这对于治理黄河是有害无益的。"[1]

我认为对社会主义事业最有利的，莫过于实事求是。

（三）它既写了水利，也写了与水利有关的人文社会，每写一项水利工程，必写它的社会经济效果。司马迁记载李冰凿离碓时写道："蜀守冰凿离碓，辟沫水之害，穿二江成都之中。此渠皆可行舟，有余则用溉浸，百姓飨其利。至

---

[1] 谭其骧：《对今后历史研究工作的四点意见》，《社会科学》1983 年第 5 期。

于所过往往引其水益用溉田畴之渠以万亿计,然莫足数也。"写有些水利工程,不仅写其经济效果,还写其经济起因。武帝元光年间,河决于瓠子,水注于东南,丞相田蚡因其奉邑在河北,乃假托天意劝武帝勿塞决口,以后"二十余岁,岁因以数不登,而梁楚之地尤甚"。堵决口河复旧道之后,"梁楚之地复宁,无水灾"。司马迁写某些水利工程,不仅写经济起因与经济后果,还追及政治起因与政治后果。关于郑国渠,他是这样写的:"韩闻秦之好兴事,欲罢之,毋令东伐,乃使水工郑国间说秦,令凿泾水自中山西邸瓠口为渠,并北山,东注洛三百余里,欲以溉田。中作而觉,秦欲杀郑国。郑国曰:'始臣为间,然渠成亦秦之利也。'秦以为然,卒使就渠。渠就,用注填淤之水溉泽卤之地四万余顷,收皆亩一钟。于是关中为沃野,无凶年,秦以富强,卒并诸侯。因命曰郑国渠。"写得多么全面、曲折、生动! 真不愧为大手笔。

(四)写水利志的方法,即使是从《河渠书》写的水利工程实例算起,写了四百来年的水利史,只用了一千六百一十个字,是《史记》八书中篇幅最小的。读之再三,无一废字。如前所述,上溯大禹治水,下迄动笔之时,既记成功之例,又述失败之情,兼及政治经济,且录帝亲关于堵瓠子口的诗歌,可谓情文并茂。《河渠书》是一部水利志佳作,又是一篇好文学作品。司马迁为什么会写得这么好呢? 除了他的文学修养,成功的主要因素有两个。第一,他是太史令,占有丰富的资料。第二,他亲自作调查,掌握第一手资料。司马迁在写完《河渠书》正文后写了一段"太史公曰",类似今日的跋。其文曰:"余南登庐山,观禹疏九江,遂至于会稽太湟,上姑苏,望五湖;东窥洛汭、大邳,迎河,行淮、泗、济、漯洛渠;西瞻蜀之岷山及离碓;北自龙门至于朔方。曰:甚哉,水之为利害也! 余从负薪塞宣房,悲瓠子之诗而作河渠书。"既掌握到大量的文献资料,又有如此丰富的生动阅历,写成绝作,就非偶然的了。

《禹贡》和《河渠书》以后的江河志、水利志一类的著作,有写得好的,也有写得不好的。一般来说,写得好的,大都是继承和发扬了《河渠书》的优良传统;写得不好的,大都是丢掉了这种优良传统,特别是与财政经济结合和全面写当今经验教训的传统。在地方志中的江河水利部分,这种情况尤为突出。过去修省志由巡抚任总纂,修府志由知府任总纂,修县志由知县任总纂。这些巡抚、知府、知县们千方百计地想在地方志中记下他们的功德。那些具体写志的人,出于私心,仰承其鼻息,对于他们的成绩夸大其词,对于他们在水利方面干的蠢事与失败的教训讳莫如深,不置一字。今天读来,连资料价值也不大。

我们今天编纂江河志、水利志，一定会超过以往水平。这是毫无疑问的。因为，第一，自然科学，测量工具与技术，均非昔日可比。过去同类的著作，多数只记江河名称、位置、来源、流向，少数记有洪水和干旱的水到哪里、河面宽度。今天，凭借先进的工具与技术，可以说明河源、长度、水位、流量、流速、含沙量、河岸地貌等等。内容比过去要丰富得多，准确得多。第二，我们三十多年水利建设的成就辉煌，做了前人不可能做到的事情。第三，我们有共产党的领导，有马列主义、毛泽东思想作指导，有一支高水平的修志队伍。所有这些，都是前人不可能有的。因此，一定会超越前人同类著作的水平。如果能注意继承以往江河志、水利志的优良传统，特别是与社会经济相结合的传统，那么水平就一定会更高一些。

我提出的希望和要求是很高的。但是，我相信，我一定会读到超出我的希望与要求的江河志和水利志。

原载水电部办公厅宣传处编《修志报告选辑》，1983 年 6 月。

《湖北省志·经济综述》前言

　　《湖北省志》设"经济综述",以 1840 年至 1985 年湖北境内经济的发展过程为对象,以社会生产力与生产关系及其相互关系的变化为主线,综述全省经济整体及其结构演进的大势大略。编修这种从宏观角度记述一个地区经济发展的志书,是由时代的需要所决定的。

　　在历史的长河中,经济总是处在不断发展的状态。在古代,社会分工不发达,生产以手工劳动进行,生产过程处于封闭的环境与系统之中,经济的发展极为缓慢。自进入封建社会以后,直至 19 世纪中叶,我国社会生产与消费的基本单位,主要还是男耕女织的小农家庭,犁耙之类的基本农业生产工具,一直未有重大改进。湖北城镇手工业和商业虽有相当规模的发展,汉口更早有"九省通衢"之称,但具有统一市场的国民经济亦未形成。当然也就不可能产生以经济整体运行过程为对象的志书。

　　19 世纪中叶,外国资本主义开始侵入,中国经济随之发生剧烈变化。近代工业、航运、铁路、电信、银行等相继兴起,商品经济得到较快的发展。城乡之间,地区之间,各产业部门之间,联系日益密切。与此同时,中国也逐步沦为半殖民地,并导致经济发展的极不平衡。这种半殖民地化的过程,在地处长江中游、南北交汇之冲的湖北,表现尤为显著。其境内经济发展的不平衡程度,与全国相似。加上长期处于战乱状态和自然灾害频繁,经济的发展困难重重。1949 年新中国成立时,湖北经济的底子很薄弱。

　　新中国成立四十多年来,随着我国社会经济制度的深刻变革,走上独立自主的社会主义发展道路。湖北在国家经济建设的全面布局和大量投入之下,经全省人民四十多年来的艰苦奋斗,工业已在多门类打下较好的基础,农业有了很大发展,成为全国重要的工农业生产基地之一。在逐渐形成的中国近代经济从东南沿海向西向北波浪式发展的态势下,湖北地处临江通海、承东联西、南北交汇的接合部经济区位,又拥有较好的资源优势和科技智力优势,发展潜力很大。但约占全省总面积一半的山区,其经济文化还相当落后。江汉平原的洪涝灾害,仍为我省的心腹之患。诸如此类的不利条件,也制约着湖北经济和社会发展的进程。

为了从时代的广阔背景认识湖北的省情,吸取历史的经验教训,在改革开放中顺利地进行社会主义现代化建设,本志对湖北经济发展的记述,着重于各个时期的历史背景,当局者的经济思想和重大经济决策,产业结构和布局,各种经济比例关系和发展态势,等等,为部门经济志所无法包容的宏观资料。同时,力求集中揭示帝国主义、封建主义和官僚资本主义掠夺压榨中国人民,阻碍湖北经济发展的实情,系统反映湖北人民在中国共产党的领导下,探索有中国特色的社会主义道路的伟大实践和艰苦历程。这种对一个半世纪以来几种不同社会经济形态在湖北演进过程的记述,也许有助于读者从中得出某些规律性的认识。为便于读者了解湖北近现代经济发展的渊源,本志对湖北经济地区古代经济的发展作了简要追溯。

本志采取以时为序,以标志湖北经济发展进程的大事为经,以各个历史时期阶段性的宏观概貌为纬,亦即分期综述、以纵领横的记述方法。这种记述方法,既是本志特定内容的要求,也是《湖北省志》纪纲志类体例的具体实施。对省志全书来说,大事记是纪纲,经济综述是志类之一;而对经济部类各志来说,经济综述又有纪纲意义,居经济各志之首。其与各志交叉之处,则详其所略,略其所详。

由于地方史志编修事业中断多年,经济史料,尤其是各个历史时期的经济史料多有缺佚,本志同仁对这些宏观史料的研究又方在开始,缺点错误之处在所难免,切盼读者批评指正,并寄厚望于来者。

《湖北省志·工业》前言

　　湖北的工业包括手工生产与机器生产两个部分。由前者向后者的过渡，是湖北经济近一个半世纪以来最重要的变化。这种变化是引起经济其他部门与整个社会变动最深层的原因。

　　湖北的手工业历史悠久。大冶章山石龙头洞穴遗址中留存了 30 万年前手工打制的石器。宜都红花套、枝江关庙山、江陵毛家山等地的出土物，说明距今约 6400 年至 5300 年，石器制造、制陶和纺织已相当发达，手工业逐渐从农业中分离出来，成为一个独立的产业。从现存的武汉市盘龙城、江陵万城等地出土的商周时代的铜器，大冶铜绿山的矿井与炼炉，随州曾侯乙墓、江陵楚墓中的编钟、丝织品和竹木漆器，云梦秦墓中的铁鼎，江陵汉墓中的木船模型，到宋嘉祐六年(1061)铸的当阳玉泉寺铁塔，元大德十一年(1307)铸的武当山铜殿等实物，从唐代白居易赞蕲州竹席所写的"卷作筒中信，舒为席上珍。滑如铺莲叶，冷似卧龙鳞"的诗篇，到清代记载武昌一带棉布"细密白软"的志书等文献，以及现在市场琳琅满目的手工制造的日用品与工艺品，人们可以看到湖北人民心灵手巧，在手工业领域做出了卓越的贡献。

　　在湖北，工业生产由手工到机器的过渡，始于 19 世纪 60 年代以后，晚于沿海的一些省份。张之洞任湖广总督期间(1889—1907)，主持建立了一批由政府出资的现代工厂，同时鼓励私人办工业，招揽华侨、江浙、广东等地商人的资本，掀起了湖北工业建设的第一次高潮，冶金、纺织、建材、军工、电力、轻工、化工等工业门类次第兴起。此时政府办的企业占主要地位。其中，汉阳铁厂的规模为东半球第一大企业；大冶出现中国第一个大型的采用现代技术开采与运输的铁矿；布、纱、丝、麻四局的成立使湖北的纺织业自成体系，武昌成为全国第二大纺织基地；汉阳枪炮厂的设备在全国所有兵工厂中最为先进。这批国有国营的工矿企业政企不分，管理人员将衙门作风带入企业，经营不善，政府不堪亏损之累,终于将大多数工厂出租给私人经营。

辛亥武昌首义的成功,京广铁路的通车,银行的兴办,第一次世界大战时期的市场机遇,人民反帝斗争取得的收回汉口英租界、废除协定关税的胜利,使湖北工业发展的局部条件有所改善。私人办的工厂增多,设置地区从武汉沿长江、汉水、京广铁路扩展。手工工场同时发展。然而,半殖民地半封建社会的总体格局未变。军阀统治及内战频仍,给湖北工业造成重重困难,以致举步维艰,发展缓慢。1938—1945 年,日本侵略军给湖北工业以毁灭性的破坏。1946—1949 年,国民党发动的内战又使工业难以恢复。

中华人民共和国建立以后,中国共产党以实现社会主义工业化为经济建设的目标,高度重视工业的发展,并把湖北列为发展工业的基地之一,拨给大量的资金。中共湖北省委、湖北省人民政府始终把发展工业作为大事来抓。在将私营工业改造为社会主义工业以后,工业中全民所有制占主导地位。1949—1985 年,湖北省国民经济各部门(行业)全民所有制单位固定资产投资(包括中央和地方)共计 617 亿余元,其中工业部门为 396 亿余元,占 64.18%。建成了武汉钢铁公司、第二汽车厂、葛洲坝水利枢纽工程等 470 多个大中型企业,形成了以机械、纺织、冶金、化工、建材为主体的工业体系。黄石、襄樊、宜昌、沙市、十堰、荆门等成了新的工业基地。机器工业遍及各县,深入到乡镇。但是,由于"左"的思想影响而带来的工作失误,湖北工业在迅猛发展过程中也出现过起伏,体制不甚合理,效率不高。自 1978 年实行改革开放以来,湖北工业逐步转入市场经济体制的轨道,展露出新的勃勃生机。

湖北工业发展的结果是,在工业中,机器生产占的比重超过手工生产;在工农业产值中,工业的产值超过农业,湖北由一个农业省变成了工业—农业省。随着机器工业的产生与发展,现代科学技术、现代教育、产业工人阶级、新型知识分子、以工业为基础的现代城市,也同步兴起与发展。工业的发展带动着经济结构、社会结构与人们意识、心理的变动。在这个意义上,一个多世纪湖北经济的变化,如果用一句话来概括,那就是工业化的过程,也就是现代化的过程。这个过程至今仍在继续。

《湖北省志·工业》系统全面记述 1840 年至 1985 年湖北工业发展的历史和现状,由综述、行业和管理三部分组成。综述从整体上记述湖北工业发展的脉络。行业展示湖北工业门类的基本状况。管理记述湖北工业管理体制、内容与方法的变革。这样谋篇立目,是根据工业的特点,具体运用《湖北省志》

"纪纲志类"的体例,以便贯彻生产力为主线,较好地展现湖北人民,首先是工人阶级,包括广大科技工作者,为推动工业发展的艰苦创业精神及其成果;展现在不同社会制度下工业的不同命运与状况;展现湖北工业的优势、资源配置、产业结构和产品结构的特点,发展的基本规律与工业管理中的经验教训,为当前和今后的工业建设提供较为全面和便于使用的借鉴。

将一省的工业汇集于一部工业志之中,对我们来说,尚属一种尝试。鉴于工业本身结构复杂,管理工业的部门众多,资料分散;此志期限长达一个半世纪,跨越晚清、民国、中华人民共和国三个历史时期;内容涵盖全省所有工业类型,综合程度高,第一次采用综述、行业、管理三大部分的结构,成书难度较大,故采取分两步走的方法,先由 9 个管理工业的厅局负责撰写《湖北省志·工业志稿》。在此基础上,由湖北省经济委员会负责编成此志。前后历时 14 年。参与成书者百余人,心存出本好志书之愿,然限于主客观条件,疏漏谬误难免,恳请读者指正。

《湖北省志·经济综合管理》前言

省级政府的经济综合管理,是地方政府经济行为的一部分。湖北省一级政府对经济的管理,就其对象而言,分为两类。一类是对特定产业的专业管理(专业经济管理),如农业管理,工业管理,贸易管理,交通管理,等等。这一类管理已分别写入《湖北省志》的农业、工业、贸易、交通等志中。另一类是与各种产业或经济整体有关的综合管理(综合经济管理),如国民经济计划管理,计量管理,标准管理,工商行政管理,物资管理,价格管理,统计管理,环境管理,人口管理和劳动人事管理,等等。这一类经济综合管理是本志编修的范畴。

湖北省一级政府的经济综合管理,是中央政府经济综合管理职能在湖北省这个地域内的实施。与这种职能相对应,湖北省级政府建立职能机构和事业单位,以及名为社会团体实质上也是政府职能机构的组织,以实现湖北省级政府经济综合管理职能。这些机构为实现自身职能,都有相应的特定的管理方法。据此,本志的中心内容是湖北省级政府进行经济综合管理的机构,及其职能内涵和进行管理的方法。

湖北自设省以后,湖北省级政府就有经济综合管理的职能。这种经济综合管理职能的内涵及相应的管理机构与管理方法,随着生产力的发展与经济制度、经济体制的变化而变化。在本志的上限时期,湖北省的经济是以自然经济为特征的封建经济,两湖总督衙门和湖北巡抚衙门对湖北省经济的综合管理,因须管的事情不多,机构少,方法简单。1842 年中国被迫向西方国家开放之后特别是 1862 年汉口设为通商口岸之后,湖北的对外贸易和国内商业发展甚快,外国资本家来此地设立工厂,开辟轮船航运,中国政府在此地修铁路,开矿山,办工厂,设电报、电话、银行,私人也投资现代工业、交通运输业、商业、金融业。湖北省的经济由传统的手工小生产经济向现代机器大生产经济转化,由封建经济向资本主义经济转化(即半封建经济),由权自我操的经济向外国人享有特权的经济转化（即半殖民地经济），由自然经济向商品经济——市场经济转化（即半市场经济）。由于经济现代化进程的开始和社会化、市场化程度的提高，经济结构日趋复杂，省一级政府经济综合管理随之由自然经济型向市场经济型过渡，管理的职能亦逐步加强，管理的内涵与方法逐渐丰富，相关的机构及层次亦逐步增多。及至1949年湖北省人民政府成立，特别是1953年开始大规模经济建设和实行计划经济，1956年对生产资料私有制的社会主义改造基本完成之后，经济制度与经济体制发生了根本性改变，湖北省政府的经济综合管理进入了计划经济型阶段。1979年开始市场导向的经济体制改革，计划直接管理的领域显著缩小，市场作用的范围和市场对经济活动调节的作用逐步扩大，经济综合管理由计划经济型逐步向市场经济型转轨。到本志的下限时期，这个过程仍在继续。从总体上看，本志所叙述的一个半世纪的湖北省经济综合管理的演变历程，是一个曲折的现代化过程。

湖北省的经济综合管理受政体与政策的制约。中国长期实行中央集权制。在中央与地方两级的权力分配上，中央一级掌握经济管理权力的主要部分或决定权，相对于中央政府而言，地方一级的权力是有限的。在地方一级中，省一级是地方经济的本位。中央和地方的权力分配主要表现为权力在中央政府和省一级政府之间的分配。经济管理的整体情况是如此，经济管理中的综合管理尤其是如此。湖北省的经济综合管理受中央政府和省政府两级决策的制约，其中，首先是受中央政府决策的制约。故本志在记湖北省经济综合管理的变迁时，往往是先述中央政府有关决策的变化，然后着重记载湖北省一级政府结合湖北实际情况采取的贯彻措施。也有少数措施，是出自湖北省政府的主动或首创。这后一类情况的出现，或是中央政府势力衰微，集权较少，地方政府权重，分权较多的时期；或是主政湖北的官员为中央政府所倚重，手握大权，且思有所作为的时期。湖北省由于地理位置与经济的重要性，中央政府常常委派这样的官员主政湖北，这使湖北在经济综合管理方面产生过一些为全国先的措施。

在经济综合管理方面，中央政府和省一级地方政府的权力分配不是固定不变的。权力分配的变化，或出于中央政府自觉的调整，或由于地方政府官员权力的扩张。在本志所述时限的初期，中央政府高度集中管理权力，湖北省政府"奉旨"照办而已。在清廷与太平天国交战的过程中，两湖总督及湖北巡抚权力逐步加重，中央政府经济综合管理的权力下移。战后，特别是张之洞任两湖总督(其后期且兼任湖北巡抚)的十七八年间,湖北省经济综合管理权力大增。民国前期,全国处于军阀割据时期,湖北地处要冲,经常为势力大的军阀所据,在经济综合管理上多自行其是。南京国民政府成立后,加强中央政府经济管理的权力。从1938年至1949年的战争时期,湖北省政府因地制宜采取措施的权限扩大。新中国建立前后,因各地解放时间不同,情况复杂,在中南地区设立中共中央中南局和中南军政(后改为行政)委员会,下辖湖北等6个省;湖北省的经济由中共湖北省委和湖北省人民政府管理。从1953年开展有计划的经济建设以后,撤销了中南地区一级的党政机构,它们的经济管理职权大部分收归中央,少部分移交湖北省,中央的经济管理权限加强,到1956年形成了中央集权的计划经济管理体制。从1956年起,中共中央开始注意中央集中管理权限太多而地方太少的问题。毛泽东在《论十大关系》中提出中央、地方两条腿走路的方针。1957年10月,中央制定扩大地方管理工业、商业、财政权限的规定。1958年大幅度地下放计划、投资、财政、税收、劳动、工资等方面的管理权限和一批工矿企业给地方管理。1961年1月,中共中央发出《关于调整管理体制的若干暂行规定》,提出将经济管理权集中到中央、中央局和省三级,特别强调两三年内主要将权力集中到中央和中央局。1964年,又开始放权,中央把19个非工业部门,如农业、商业、城市建设、卫生等基本建设投资划交地方安排;计划管理权也适当下放。1970年前后,在"打倒条条专政"的口号下,将商业、计划、投资、财政、物资等方面的许多权力和多个中央直属企事业统统下放给湖北省政府管理。1977—1978年上收了部分财政、税收、物资等方面的管理权限和一些工业企业。1979年以后,为了调动地方的积极性,采取了许多扩大地方经济管理权限的措施。在1949—1985年的30多年时间里,经济综合管理的集权(上收)与分权(下放)变换频繁,几年就变化一次。此中原因甚多,除了调整利益主体的矛盾和对经济体制改革的探索,还有经济状况的不同。大体说来,经济景气时,中央下放经济管理权限给省,如1957—1958年,1964—1966年,1969—1970年;经济困难时,中央从省一级上收经济管理权限,如1960—1961年,1976—1977年。因而,管理权限下放与上收的时间,与经济上升与下降的时间基本相吻合。

经济综合管理执行的是宏观调控职能。在省一级政府的经济管理中,它处于主导地位。从改革过程中探索的实践经验与改革发展的目标模式看,省政府的经济综合管理职能将比以往更加重要,因此也必将进一步加强。在政府机构改革中,专业经济管理部门将逐步改组为不具有政府职能的经济实体,或改为国家授权经营国有资产的单位和自律性行业管理组织,而执行经济综合管理职能的综合经济部门,将逐步调整和建设成为职能统一,具有权威的宏观调控部门。经济综合管理的这种地位与前途,决定了本志出版的重要意义。

经济部类突出，本县特色鲜明

——读新编《宜都县志》《枝江县志》《远安县志》

《宜都县志》117.7 万字，《枝江县志》135.0 万字，《远安县志》105.3 万字，均洋洋百余万言，合计 358 万字。我没有都看，不能作全面的评价。对三部志中的经济部分，我翻阅过，说三点读后感。

一、这三部县志的共同特点之一，是把经济部分摆在突出的位置上

《宜都县志》除概述、大事记、附录外，共设 21 篇，其中经济类 7 篇，占总篇数的 1/3。包括概述、大事记在内的正文，共 705 页，经济部分的 7 篇计 247 页，占正文总页数的 35.04%。全书 16 页照片中，经济类的 10 页，占 62.5%。《枝江县志》除概述、大事记、人物、附录外，共设 23 篇。其中经济类 10 篇，占总篇数的 43.48%。包括概述、大事记、人物在内的正文，共 884 页，经济部分的 10 篇合计 389 页，占正文总页数的 44.01%。全书 16 页照片中，经济类的 12 页，占 75%。《远安县志》除概述、大事记、附录外，设 29 卷，经济部分的共 13 卷，占总卷数的 44.83%。包括概述、大事记在内的正文，共 722 页，经济类 13 卷共 320 页，占总页数的 44.32%。全志 17 页照片中，经济类的 11 页，占总数的 64.71%。无论是从篇目上，抑或从文字篇幅和照片篇幅上分析，可以看出，这三部志的编修者，都把经济部分放在最显著的地位，所占篇幅是其他任何一个部分不可比拟的。

这样安排对吗？

我认为这种做法很好。因为：

第一，只有这样做，才能体现中国共产党关于社会主义初级阶段基本路线

675

的精神。这种基本路线的内容是"一个中心,两个基本点"。一个中心就是经济建设,两个基本点是为了保证经济建设的正确方向和搞得好而快的。现阶段修志,在指导思想上必须坚决贯彻这条基本路线的精神。是否贯彻了这种精神,应是评价志书质量的第一位的标准。上述情况表明,我们正在评论的这三部县志的编修者,在这个方面是明确的,自觉的,做得令人满意。

第二,只有这样做,才能体现出时代的要求。关于这一点,因为史志学界有分歧,须多说几句。这三部县志的上限,都是 19 世纪 60 年代中期,下限是 1985 年。在这 120 年左右的时间里,前 80 多年中国是受帝国主义欺侮的半殖民地国家。其所以会受欺侮,根本的原因是,长期的封建统治使中国经济落后。落后便要挨打。后 30 多年里,中国进入了一个新时代,人民的主要要求是把经济搞上去。有人说,1978 年以前,长时期里实际上是搞阶级斗争。志书反映真实情况,就应主要写阶级斗争。我们认为,只有正确的工作方针才反映人民的要求、时代的精神,错误的工作方针则相反。中国共产党 1949 年 3 月七届二中全会,1956 年 9 月八大,1978 年 12 月十一届三中全会,三次提出工作重心转移,是正确的方针。在 1957—1978 年,实行"以阶级斗争为纲"的工作方针,是事实,却是一种错误,它干扰了党的工作重心的转移。所以无论就志书反映的主要对象(1949 年以后)来说,还是就写作的时代(20 世纪 80 年代)来说,都应反映发展经济的时代要求。

第三,只有这样做,才能充分发挥志书的社会功能。修志原为有利于天下。志书记载过去的事,着眼点是为了现在与将来,即积累资料,研究地情,探寻规律或趋势,使我们的各项决策能顺应潮流,少走弯路,为民谋利。我们今后的中心任务是经济建设,人们最关心的是过去有关经济发展的资料,经济工作的经验教训。志书对以往事实的记载,不能不全面,也不能没有重点,即必须有选择。选择重点的标准,就是当前和未来人民关注的焦点。选准了重点,人民就会关心志书,需要志书,志书的作用就更大。

第四,只有这样做,才能体现出以历史唯物论为指导。马克思主义的历史唯物论认为,经济状况决定阶级状况,经济决定上层建筑,经济是基础。县情的核心部分,是经济情况。不将经济发展的情况写清楚,便使读者无法了解一县情况的底蕴。新修志书,以马克思主义为指导,必然着力写好经济部分。正是在这一点上,新修志书与以历史唯心观指导编的旧志书有鲜明的区别,从而显示了自己的时代特色。

总之,新修县志和省志,只有把经济部分放在突出的(或主要的,或中心的)位置上,才能体现出是以马克思主义为指导思想,才能体现出自觉地贯彻党的基本路线,才能反映出时代的精神,也才能充分发挥志书的社会功能。《枝江县志》《宜都县志》《远安县志》都这么做了,说明编者的思想素质高。这是三部志的共同优点。

二、抓住了本县的特色,基本上做到了实事求是

县志的经济部分怎样才能写好? 关键在于实事求是和抓住本县的特色。我们评论的这三部县志,正是在这两点上提供了可资借鉴的地方。

对于一部县志质量的优劣,可以从多个方面进行评估,如篇目、文字、装帧等等。其中最重要的一条,是看它的内容是否合乎该县断限内的实际,即是否真的反映了本县的县情。反映县情的根本点,是抓住本县的特色,揭示了各类矛盾与矛盾各个方面的特殊性。只有实事求是,从本县的实际出发,才能反映本县的特色。只有实事求是,才有科学性,才能令亲历其事的人感到它是一方的信史,才能起令人信服的教育作用,才有存史的价值,才可凭它作出正确的决策。实事求是是志书的生命线。

实事求是,就是按历史的本来面目加以记述,不溢美,不文过。在这方面,一般认为有两个时期不好处理,即 1958—1962 年和 1966—1976 年。这两个阶段是怎样写的,恰恰又是读者最为关注的。一部志书是否坚持实事求是,看看这两个时期便知其大概。以工业为例,《远安县志》在第 224、233 等页谈到了 1958—1960 年"大跃进"对该县工业经济的破坏。第 225 页的全民所有制工业企业产值表中的数据,又清楚地表明了 1957 年、1960 年、1962 年的大起大落。《宜都县志》在第 202、204 等页写了 1958—1960 年该县工农业遭受的挫折。《枝江县志》在第 218 页工业发展情况的综述中,对 1958—1962 年采取了"跳过去"的办法。紧接着,在第 218—219 页的工业基本情况统计表中,则显示出了 1957—1961 年全民所有制企业数逐步增加,1962 年减少一家,1963年又增加一家,可知起落不大。集体所有制企业数在 1957—1960 年有较大增减,在 1961—1966 年间却基本上是稳定的。显示了该县"大跃进"时期与调整时期经济工作的特色。同是写 1958—1966 年的工业,三部县志反映的情况不同,这就是实事求是的表现。

《远安县志》在谈到 1966—1976 年"文化大革命"对经济破坏的同时,肯定了该县在这 11 年中经济的发展。这主要是"三线建设"带来的。《宜都县志》肯定了这段时期"五小工业"的成就。这样三部志书彻底否定"文化大革命"却没有否定 1966—1976 年这 11 年的经济成就。这是因为他们将"文化大革命"这场"政治大革命",和"文化大革命"所经历的时期区分开了,所以才敢于实事求是地肯定这些年份中的成就。

只要浏览一下这三部志,很容易看出每一个县有不同于他县的自然环境、自然资源与历史;每个县的经济工作与他县不同的特色;每部县志与其他县志有不同的独特之处。我认为,这三方面反映了三个性质不同、层次不同的地方特色。对于修志工作者来说,前两项属于客观,后一项属于主观,即编志者在收集和分析大量资料的基础上,抓住了本县的特色,并设计出相应的篇目去突出这些特色,此事显示出主编观察事物的眼光与水平。这三部县志都写了工业,篇目设计与内容却各不相同。《远安县志》是"卷七　工业""卷八　乡镇企业""卷九　在县部属企业"。在卷九中,对 9 个大中型国营工厂、1 个国营建筑公司共 10 个企业作了简介。这种设计,便突出了本县工业与"三线建设"关系的特色。《宜都县志》的第五篇工业,分为八章,"工业体制"为首章,"乡镇企业"为第七章,"企业管理"为末章,第二至第六章分别叙述本县的五个工业部门。这种写法突出了本县的重点工业部门和管理工作,很有特色。《枝江县志》第六篇工业,分为九章,首章为"工业综述",二至八章分别记载主要工业行业,末章为"其他工业"。这样,工业的各个部门都在篇目上有所反映,又有综述,便具有全面性的特色。该志"乡镇企业"篇分成所有制形式、行业产品、企业管理三章的篇目设计,值得后之修县志者参考。《枝江县志》紧紧抓住了本县经济与水的关系密切的特点,在"自然环境"章中设"陆地水"节,在"自然资源"中设"水力资源"节,在"自然灾害"中有"水灾"节,在经济类 10 篇中有"水利"篇,在"农业"篇中有"渔业"专章,水利、水产的彩照在照片总数中占的比重大,即使是封面设计,也注意到采用水纹图案。如此突出水的位置,颇具匠心。

三、怎样写好经济综合管理,是当前修志工作中存在的一个普遍性问题

我们现在议论的这三部志,都对经济管理给予很大的关注。《远安县志》

经济部类 13 卷中,多数设了管理目,如农业卷、乡镇企业卷、商业卷中都设有"经济管理"目,水利卷有"工程管理"目,交通卷中有"交通管理"目,如此等等。《枝江县志》的特点是对某些管理写得细致,如第十一篇"工商管理"分成四章,在"工商行政管理""物价管理""计量、标准化管理"章下,又各设若干节。以"工商行政管理"章为例,下设"市场管理""企业登记管理""经济合同管理""商标、广告管理""个体工商户管理"。给人的印象是,既细致,又全面。管理部分占的篇幅大,处处留意到管理,是《宜都县志》的一大长处。农业篇中,有"管理"章,工业篇中有"企业管理"章,交通章中有"交通监理"节,环境保护章中有"环境管理"节,财政章中有"财政管理"节。在综合经济管理方面,该志为统计设了专章,这在县志中是少有的。

　　由于工作关系,我接触到一些新修的省志、地区志、县志,感到普遍存在一个问题,想借此机会提出来,与大家商榷。我认为,一部志书,仅有部门(包括设有机构的经济综合管理部门)管理是不够的。因为,从这些管理的记载以及概述、大事记等部分的记载中,从一部省志、地区志、县志中,看不出省政府、专员公署、县政府管理经济的全貌。现在,个别县志设了"综合管理"章,其中有"计划管理"节(或目),但这仍然看不出省委、地委、县委怎样将上级的指示与本省、本地区、本县的实际情况结合起来,作出决策,制订经济发展的规划与计划,组织实施,总结经验,在实践中充实、修改、完善政策、计划,一步一步地达到目标的过程。缺了这种记载,便削弱了志书存史与资治的功能。旧志书只见树木,不见森林,那是形而上学指导思想造成的后果。我们是以辩证唯物主义为指导,强调写联系,写发展,写事物整体的演变。有鉴于此,我认为无论是省志,还是地区志或县志,都应该设置"经济综合管理"志(篇、章、节)。它的内容,除了包括经济综合管理部门工作的内容,还应当记载省委、省政府、地委、专员公署、县委、县政府对一个省、一个地区、一个县经济是如何领导的。就一部县志来说,应该记述县委书记们和县长们是怎样领导本县各经济管理部门及相关部门,将它们形成一个整体,互相配合,去管理一个县的经济。只有把这个问题写清楚了,县委对经济工作的领导才能体现出来。只有这样,一部志书的作用才会更大,才会让更多的使用者更加满意。

　　原载《湖北方志》1991 年第 4 期。

开拓者智慧与汗水的结晶

——读《洛阳市涧西区志》

一

涧西这块地方,解放前颇为荒凉。到了 1985 年,工厂林立,产品远销世界各地,街道整齐,商业繁荣,各类学校众多,人才济济,已经城市化了。这些业绩,是涧西人民在中国共产党的领导下,在全国和河南省人民的支持下,艰苦奋斗的成果,是 32 年涧西业绩开拓者智慧与汗水的结晶,应该载入史册。《洛阳市涧西区志》承担了这项任务,全面系统地记录了这些成果。

关于志书,我们的知识不多,信息有限。据了解,《洛阳市涧西区志》,在涧西区来说,是第一部志书;从全国来说,又是第一部公开出版的城市区志。编纂这样一种志书,没有蓝本可资借鉴。在中国方志编纂史上,《洛阳市涧西区志》的全体工作人员,5 年间,做了一项全新的开拓性的工作。在这个意义上,这本志书又是他们这批开拓者 5 年间智慧与汗水的结晶。

从志书记载的内容与志书编纂这两重意义上,《洛阳市涧西区志》都是开拓者心血的结晶。

二

因为《洛阳市涧西区志》是第一部城市区志,我们想就其内容,谈谈修城市区志的意义,亦即这本志书的编纂者开拓性工作的意义。

像涧西这样的近 23 万人口的县级市辖区,有部属工厂、省属工厂、市属工厂和区属工厂 103 个,11 万余职工,产品行销 29 个省市自治区和 36 个国家与地区,年工业总产值 17 亿余元;有包括 4 所大专院校在内的各类教育与科研机构;有近 500 名有高级职称的人才;有 5 个民主党派的成员或基层组织……其经济、政治与文化在社会生活中所起作用的重要性,其社会结构与活动的复杂性,远远超过一般的县。为了调查、分析与认识县情,需要编修县志,基于相同的目的,撰写县级、地级城市区志,更有必要。毛泽东在 50 年前解释"实事求是"态度时,讲过一段话,至今仍有现实意义。他说:"'实事'就是客观存在着的一切事物,'是'就是客观事物的内部联系,即规律性,'求'就是我们去研究。我们要从国内外、省内外、县内外、区内外的实际情况出发,从其中引出其固有的而不是臆造的规律性,即找出周围事变的内部联系,作为我们行动的向导。"①我们现在评论的这本区志,为该区各级干部和群众提供了用科学方法整理的、包括动态与静态两个方面的、如实反映客观情况的资料,有助于他们找到走向未来的正确向导。或问:"有了市志,何必再修区志?"这与问"修了省志何须编县志"一样,原是无须予以详尽回答的。在一部市志或省志里,包括该市或该省所有的区或县的情况。可是,在市志或省志里,主体是市或省,而不是区或县。因此,在市志或省志里,区或县的情况只是作为市或省的有机部分而存在,从而既不可能详尽,也难以看出其各个方向的"内部联系,即规律性"。由于业务的需要,我们翻阅过大量的地方志。发现上级行政单位编的志书,无论多么详尽,都不能代替下一级行政单位修的志。从我们的研究工作来说,正是一些基层单位修的志书,因其层次低、概括的层次少,是以提供的情况更为具体,更为生动,更能确切地反映其原貌,从而具有特殊的存史价值。近年来,我们在多次会议上向修志工作者推荐《乌青镇志》等几部县级以下的志书。在我们读了《洛阳市涧西区志》之后,又立即向我们的攻读中国社会主义经济历史与理论方向的研究生推荐它,建议他们读一读。因为这是一部反映某种农业区城市化的典型资料。所以,在洛阳市志出版之后,这部志书仍有其独立存在的特殊价值。

在涧西区从农村向城市转化的前期,河南省人民政府为了培养急需的经济管理人才,邀请我们学校(中南财经学院,后改名湖北大学,现称中南财经大学)在洛阳设立大学本科函授站。从 1958 年到 1961 年,为了教学的需要,我们每年要到洛阳四五次,由于学员大多数是几大工厂与各级机关的干部,我们每次都在涧西下榻,上课。课余,学员还常常带我们参观,介绍情况。30 年过

①毛泽东:《改造我们的学习》,《毛泽东选集》第 3 卷,人民出版社 1991 年版,第 801 页。

去了。这次收到《洛阳市涧西区志》，翻开后，首先映入眼帘的是那一帧帧绚丽多彩的图片汇集成的一幅新兴工业城的景象，真是"旧貌换新颜"。就我们来说，比较的起点是 1958 年至 1961 年。如果是一个 50 年代初就来过此地的人，他的认识肯定是"翻天覆地的变化"。每一个读了《洛阳市涧西区志》的人，在确切的事实面前，能不信服中国共产党的领导能力？能否认社会主义初级阶段经济形态为生产力开辟广阔发展余地的优越性吗？……这本志书，对当地人，是进行四项基本原则教育的好乡土教材。对于我们这样的外地人，也会起可贵的教化作用。

从《洛阳市涧西区志》的实例，我们看到修城市区志的必要性。《洛阳市涧西区志》的社会效益之一，是它为后来者提供了一个蓝本，积累了工作经验，使再修区志者可以少走弯路，从而可以节约人力和财力。这种效益是长期的，并能转化为经济的，从而也是巨大的效益。

三

在指导思想、篇目设置（框架）和编写技巧方面，《洛阳市涧西区志》有许多值得称道之处，也提出了一些值得探讨的问题。

方志属于资料书。资料若不反映真实情况，不仅无益，而且害国害人，欺人欺己，遗患无穷。实事求是的志书才能流传久远。志书记的是当世之事，又为当世人首先读到。它若不真实，便会引起读者对其可靠性的怀疑，而丧失其功能。因此，实事求是乃志书的价值所在。我们的成绩是主流，总结经验教训有益于更快地前进。我们无需溢美饰过，因而可以将科学性和革命性统一起来。《洛阳市涧西区志》在这个方面做得比较好。例如：在"工业篇·综述"中，在叙述第二个五年计划时期，既讲了成绩，也说到工作中的失误等原因，使1960 年至 1961 年的涧西区工业，"被迫撤、停、并、转，所剩无几"。"文化大革命"时期，"整个国民经济虽然损失较大，但涧西工业仍有一定的发展"。这种实事求是的精神，贯穿全志，难能可贵。

城市区志有其特殊性。城市区志如何写法，是个新问题。《洛阳市涧西区志》的编纂者提出："志书以区属事项为主体，同时概括记述辖区各类事物，反映涧西全貌，构成一方之志。"他们提出了这个原则并付诸实践，为探索这个问题提供了讨论的对象。因为像涧西这样的城区，部属、省属、市属的工厂、公司、银行、科研机构和学校等,是经济、科研、教育等领域的骨干。《洛阳市涧西区志》里,最引人注目的是它们;给予这个地域建制、人口等各个方面以主要影响的是它们;从而,不仅在某些局部(如工业篇、科学技术篇、人物篇等),而且就全志的实际内容而言,在篇幅上,它们也占多数。这样,"以区属事项为主体",似乎未能落实。窃以为,城市区志应"以区为主体"或"以区为本位"记述辖区内的各类事物,反映全区的面貌,成为一方之志。妥否,需要在实践中予以探索。此中的一个重要问题,是怎样才便于将区政府及区属企事业单位的活动与辖区内部属、省属、市属单位的活动之间的关系反映出来,并记述明白。

《洛阳市涧西区志》在各篇之先设"概述",在重点篇(如工业)设"综述"章,与某些章设"发展概况"节,均用以记述对象发展的大势大略,这有利于读者了解事物的动态。这样,全志便有纵有横,动静结合。这种安排,颇具匠心。全书资料翔实,行文流畅、简明,善于利用图表。一张"涧西工业产品远销世界各地示意图",占用两页篇幅,极为醒目,使每一个涧西人、洛阳人、河南人、中国人,在看到它之后,自豪之感——一种爱国爱乡的真挚感情——便会油然而生。类似这种突出本地特点与优点,取得特殊效果的手段,是值得称道与推广的。

此文与周秀鸾合作,原载刘进廷、谢建民主编《洛阳市涧西区志评论集》,中州古籍出版社 1991 年版。

《阳新县志》的两大优点

1993 年 8 月出版的《阳新县志》有许多优点，突出的是两条：一是编纂体例合理，有所创新；二是地方特色鲜明。

首先谈谈对这本志书体例的看法

20 世纪末，在社会主义制度下，编写以 1840 年为上限，1985 年为下限的县志，应该采取一种怎样的体例，才能反映时代的特色，全面地记载跨越 3 个"朝代"（清代，中华民国，中华人民共和国），4 种社会形态（封建社会，半殖民地半封建社会，新民主主义社会，社会主义社会），长达 146 年的自然、社会的状况及其变迁，是十余年来广大方志工作者和方志学家在实践中和理论上探索的问题。《阳新县志》的编修工作始于 1983 年 1 月。1988 年被列为湖北省第二批修志试点之一。试点的主要内容是采用密加凡同志倡议的"纪纲志类，详近略远，综述历史，分陈现状（分陈事项）"的新体例。《阳新县志》的篇目安排，在总体上符合新体例的精神。从成书的实际效果看，这种体例是合理的，《阳新县志》的试验是成功的，艰辛的探索取得了可喜的成果。

《阳新县志》体例的长处主要是 3 条。

第一，综合程度高。全志在"总述""大事记"之后，设地理、经济、政治、文化、人物等 5 编。就一部县志篇目的第一层次来看，这种综合程度是很高的。编者又在地理等 5 编中均设"综述"。就笔者视野之所及，在原有和新编的县志中，这种全志设"总述"，各编都设"综述"的体例，尚未见过。

全书的"总述"和各编的"综述"，既起到了"纵述历史"的作用，又将志书的综合性提到了可能的高度，对展示事物的整体状况、兴衰起伏的大势大略与发展规律，很有好处，增强了志书存史、资治、教化的功能。

在谈及综合程度时，有必要提到，本志书在经济编中，与"农业""水利""城乡建设""财政"等并列,设立了"经济管理"门类。在"经济管理"下设"计划""统计""物资""工商行政""审计""土地管理""物价""计量"等8目,以及与"经济管理"同属一个层次的"农业""水利""城乡建设""财政"等门类下,设有"生产管理""水利管理""房产管理""财政管理""管理机构"等子目。记载部门管理来看,《阳新县志》中"经济管理"的内容实为经济综合管理,似应称"经济综合管理"为宜,以区别于部门经济管理或一般经济管理。本志经济综合管理下列有8目,在已出版的县(市)志和省(市)志中,也属内容最齐全的。

经济综合管理的大部分内容以及相应的机构,是1840—1985年期间新出现的。作为政府中一种具有独立意义的经济综合管理职能,是这个时期的新事物。以这个时期的事物为对象的新编省(市)志与县(市)志,理应有所反映。从趋势而言,经济越发展,经济综合管理越要加强。因此,志书中经济综合管理部分的资治作用越大。在这两重意义上,新编省(市)志与县(市)志设不设经济综合管理志或编(或卷,或门类,或目),是判断一部志书的质量,特别是志书综合程度的标准之一。可喜的是,《湖北省志》设《经济综合管理志》,湖北省不少县、市志中都设有记述经济综合管理的专编(卷、类、章、目),这体现了时代的进步,符合当今及今后社会的需要。

第二,全面、简明。《阳新县志》在上述地理等5编之下设35个门类,在门类下设目,在目下设子目。全书共4个层次,简明醒目,便于查阅。细检35个门类、目及子目标题,便能看出全书反映了阳新县自然与社会的各个领域,没有重要的遗漏,甚为全面。

在篇目安排方面,《阳新县志》也存在一些值得进一步推敲的地方。其中主要是编、类、目的内涵、归属与表述问题。以文化编为例,它包括教育、科技、卫生、体育、新闻、文艺、民俗、宗教、方言等9个门类。此中的"文艺"门类包括群众文化、文艺形式、文艺创作、电影、图书、文物、档案、史志等8目。"文艺"一词是文学与艺术的统称,无论怎样广义的解释,大概也难以包括所属的档案、文物等等。

新中国成立以后的一个时期里,政治运动频繁,对政治、经济、文化、人物等各个方面影响巨大。作为反映这个时期社会状况的志书,不能不记。但如何记载,归属到什么地方,方志界在理论上意见分歧,在实践中百花齐放,或避而不提,或列入大事记等而不见诸篇目。《阳新县志》将政治运动归入政治编,可谓理所当然,归属适当,但将历次政治运动作为"重大政治活动纪略"子目,放在"政党社团"门类"新中国成立后的政党社团"目,则有可议之处。首先,政治运动与政党社团是两类事,两者之间无归属关系。在政治编中,政治运动以单列一个门类为宜。其次,在概念的内涵上,"重大政治活动"比"政治运动"广泛得多。阳新县人民政府的建立,县人民代表大会的举行等等,都是一县的重大政治活动。此目标题中的"政治活动"若改为"政治运动",当更为贴切。最后,此目所列16项"政治活动"中,"大跃进"和人民公社化虽是以运动形式进行的,因而也称为运动,可其实质是经济活动,似不宜列入"政治活动"或"政治运动"之目中。

第三,历史时期分明。这次修的志书,纵跨晚清、中华民国、中华人民共和国三个历史时期。对三个历史时期该怎样处理,已出各志方式多种多样。从《阳新县志》的内容看,他们的做法是:

1.门类记述对象贯穿8个历史时期,并在不同历史时期情况不同,又有这8个历史时期资料的,皆予区分。例如"农业"门类下设"晚清时期的农业""民国时期的农业""新中国成立后的农业"3目。其他如"矿业""交通""邮政""财政""政权""民政""司法""军事""教育""卫生""文艺"等皆如此,即区分为3个历史时期的共12个门类。《大事记》分为"汉初至清末""民国时期"和"中华人民共和国成立后",也属于这类情况。

2.门类记述的对象贯穿3个历史时期,并在不同时期情况不同,或由于晚清时期可记之事不多,或由于有关资料甚少,则分为"晚清民国时期"和"新中国成立以后"2目。如"水利""工业""城乡建设""贸易""金融""人事""科技""体育"等8个门类皆如此。

3.门类记述的对象是民国时期才正式产生的,清代尚无,或处于萌芽状态,则分为民国和新中国成立后这两个时期,如"政党社团""新闻"2个门类,即如此。

4.门类记述的对象是或基本上是新中国成立后才产生的,如"乡镇企业",则不分历史时期。

5.门类记述的对象贯穿了3个历史时期,但或者在3个历史时期的变化不明显,或者其变化与政权("朝代")更换不同步,不需要或不能够按3个历史时期断限分期,也就没有区分历史时期,如"地理环境""自然资源""民俗""方言"及人物编下诸门类。

6.有的门类,如地理编中的"建置",虽然在目与子目中未分3个历史时期,但在"建置沿革""历代境域""行政区划"诸子目下的细目或记述中,仍分 3 个历史时期。

从上述情况看,《阳新县志》根据门类记述对象的实际情况,基本上做到按历史时期叙述,历史时期分明。

社会现象复杂,各类事物繁简情况不同,地位有轻有重,加上资料有多有少,这给志书篇目的设计和贯彻统一的体例带来很大的困难,以至在有的类、目上不得不作些变通。例如"人口"门类下应按上述 3 个历史时期分别叙述。《阳新县志》未能如此,而在"人口变化"目下分列"历代人口"和"新中国成立后人口"两个子目(此目中的"人口变化",按其基本内容,准确的表述应是"户口数量变化"。第 151 页统计表中关于性别与职业的部分,应另立表,放到"人口构成"目下"性别构成"与"职业构成"子目之中),显然是由于资料不齐。在新中国成立之前和之后,宗教的变化是很大的,理应分历史时期叙述。《阳新县志》在"宗教"类下按"佛教""道教""天主教""基督教"设目,大概也是由于资料难找。从体例的角度考察,这类情况的出现,使人留下不统一的印象。笔者之所以要说这些,是想说明,采用这种分历史时期记述的体例和方法,是以有丰富的资料为前提条件的。没有收集到足够的晚清与民国时期的有关资料,这两个时期的情况是写不出来的,也就无法立这两个时期的目(或子目)。《阳新县志》之所以能在大多数需要分历史时期的门类(或目)下按历史时期立目(或子目),是因为在资料上下了苦功夫。据统计,全书所用资料中,1949 年以前的约占 30%,以后的约占 70%。这既体现了"详近略远",又使晚清时期和民国时期不显得残缺。这次编志时间跨 146 年,1949 年以后的资料比较易得,以前的则难寻。从资料的角度看,见功夫的恰恰是 1949 年前的部分。一些志书之所以不能分历史时期写,原因往往在此。

《阳新县志》体例的第一层次中,"总述"与"大事记"均按历史时期分先后,为竖(纵)写,随后横排地理、经济、政治、文化、人物等 5 编,这是先竖后横,以竖领横。在第二层次中,在地理等 5 编之下,均先设"综述",按历史顺序写,然后横排门类,这又是先竖后横,以竖领横。在第三层次中,在门类之下,凡属有需要和有可能的,先分历史时期,然后横排事项(子目),这又是先竖后横。在事项下,除少数设细目者外,均为竖写,其设细目者,细目下亦为竖写。从落脚于横排竖写来说,从占篇幅的绝大部分为横排竖写来说,这种体例是对传统志体的继承。从第一、第二、第三层次中均先竖后横,先综述整体面貌及其全过程,然后分陈事项,以竖(纵)领横、先合(整体)后分(局部)来说,这种体例又吸取了史体的优点。《阳新县志》的体例可谓史志结合体。笔者认为,以史入志,加强综合性,是志书体例发展的趋势。按这种体例修撰的志书,有合有分,有横有竖,立体感强,容纳的信息量大,有利于体现事物之间的相互联系及发展规律,使用价值高,且便于使用,符合时代的需要。以史入志,是志书体例现代化的表现。故笔者设计的《湖北省志·工业志稿》和《湖北省志·经济综述》的体例,都是以史入志的史志结合体。笔者的这种主张,已见于《关于省志工交诸志篇目的几个问题》(《湖北方志通讯》1986 年第 3 期)及有关各志的体例之中。今见《阳新县志》的体例与鄙见相同,自然是很高兴的。

现在再来谈谈《阳新县志》对地方特色的反映

一部县志,只要实事求是地记载该县的情况,该县的特色就会大体上反映出来。如果编修者对一县的特色掌握得准,则会在体例、篇目、文字、图片等各个方面有计划地表现出来,给读者以鲜明的印象。《阳新县志》就是这样做的。

阳新有金、银、铜、铁、锡、锰、钼、钨、铅、锌等 15 种金属矿和煤炭、硫磺、石灰石、硅灰石、方解石、大理石、石英石、黄沙、膨润土等 14 种非金属矿,素以"矿乡"著称。从唐代起设炉铸铁,历经宋、元、明、清、民国,没有间断开采。目前,资源丰富,矿产资源开发仍是阳新县经济发展的支柱,地位重要。县管(属)有欧阳山、大林山、李家山、牛头山等铜矿。省管企业有鸡笼山金铜矿(国家"八五"计划中三个重点金矿之一),中央管企业有丰山铜矿、赤马山铜矿。一般县志中矿业放在工业之中,《阳新县志》在篇目中设"矿业"门类,与工业、农业等并列,写了 29000 字,给读者以深刻的印象。

阳新是全国闻名的"麻乡"。早在宋代就产"贡纻"。20 世纪 20 年代至 30 年代,上海麻行有"无阳不开秤"之说,意谓没有阳新的苎麻便做不成麻生意。为突出"麻乡"特色,《阳新县志》的编修人,除在"总述""大事记""经济编综述"中多处提及苎麻外,在"农业"门类中着重记述苎麻生产,在民国时期和新中国时期下都设有"苎麻生产"子目,与"其他经济作物"并列,照片中又有苎麻大幅彩照。

阳新在近代史上两次大规模农民战争中占有特殊地位。第一次是 1850—1864 年的太平天国农民战争。在这次农民战争中,阳新是太平军西征大本营。

《阳新县志》在"大事记"中记述 13 条太平天国活动，在"政权"中设"太平天国地方政权"，在"军事"中设有"太平天国兴国军"和"太平天国战争"。照片有半壁山太平军炮台、三教山太平军城垒、半壁山与摩崖等 5 幅，使人反复接触，难以忘却。

在这里有必要提及，《阳新县志》第 504 页，"太平天国地方政权"子目下第二、第三两段讲乡官制度的文字，来源于太平天国文献《天朝田亩制度》，这种从两司马到军帅的乡官制度，在阳新县——当时称为兴国州——实行了没有，至今未见史料记载。从现在的实行过乡官制度的州县的资料看，实践中实行的与文献中规定的差距甚大。在这种情况下，《阳新县志》将太平天国文献中的一般规定移作在阳新县的史实，这种做法与志书存史的功能相悖，乃志家之所忌，它会使后来的史家误以为是阳新的史实，据以作为根据，得出错误的结论。

第二次是从 1927 年中国共产党领导的秋收暴动开始的农民战争。阳新县是举行暴动的地区之一，后来是湘鄂赣边区鄂东南革命根据地的中心。《阳新县志》在工业、交通、财政、金融、政党社团、政权、民政、司法、军事、教育、卫生、体育、文艺、人物等 14 个门类中设有革命根据地专目，又专门配有革命根据地示意图，土地革命示意图，和鄂东南烈士陵园、龙港土地革命一条街、中共鄂东南特委遗址 3 幅彩照。扉页的 4 则手迹，其人其事都与革命根据地有关。这突出表达了编撰者一种心愿，即通过自己十多年艰辛劳动的成果——《阳新县志》，使全县人民牢牢记住：

阳新人民是有革命传统的；

革命传统是阳新县主要的特点与宝贵的精神财富；

继承和发扬这种传统，是阳新县早日实现现代化蓝图的强大动力！

原载《湖北方志》1994 年第 3 期。

《利川市志》的特色与利川人的精神

利川市志办公室的张兴文同志赠给我他所主编的《来凤县志》《利川市志》各一册。初步翻阅,觉得有不少优点。特别是《利川市志》,在《来凤县志》的基础上又有所创新。现就《利川市志》的长处谈谈个人见解。

资料翔实 叙事简明

一部志书的价值,在于资料的准确、丰富。当今修志,一般都要纵跨晚清、中华民国和中华人民共和国三个历史时期,时间断限长达 140 多年。1949 年以后的资料一般比较丰富易得,而以前的资料则很难搜集。不少志书因晚清民国资料欠缺而失色,实为憾事。鄂西是抗战后方,旧政权档案资料损失较少,对于历史资料的搜集利用具有得天独厚的条件。《利川市志》的编纂人员充分利用这一优势,在志书中收录了大量晚清、民国史料。资料翔实丰富,叙事简明是《利川市志》的第一个特色。

该志 28 卷,在第一层次上按中华人民共和国成立前、中华人民共和国成立后两段或按晚清、民国、中华人民共和国三段分期记述的有 10 卷,中华人民共和国成立前资料比重最大的是"军事",占一半以上,为 51.7%;其次是"税务",占 42%;"交通"占 30%;"教育"占 29.6%;"财政"占 28.6%。其他在第二或第三层次上才分期记述的各卷,也都辑录了大量晚清、民国时期的珍贵史料。如"工业经济综述"章中,专述中华人民共和国成立前工业,用 3000 多字的篇幅记述中华人民共和国成立前工业发展概况。在"物价管理"中,辑录了"抗日战争前七年主要农副产品价格表"、"1937 年城关市场农产品同工业品比价"、1937 到 1943 年"利川县零售物价指数"等,都是极为珍贵的史料。

从资料角度看,各卷、章的情况不完全相同。有少数部门的资料欠缺,以致内容显得单薄,如"城乡建设"中缺了环境保护的内容,"教育"中缺乏历年教育基本情况的资料。然而,从整体上看,《利川市志》的资料宏富,是许多县市志所不及的。

有丰富的史料,只是具备了一定的基础,而要融资料性、科学性于一体的志书,还必须精心编纂,合理剪裁。这需要有一种合乎资料情况、地方特色与时代要求的体裁与体例。《利川市志》篇目设置层次清楚,结构严密,系统性强;文字洗练,叙事明晰,概括性强,可以说没有套话、空话、废话,无重复累赘之感。能用较小的篇幅容纳较大的信息量是该志的一大优点。如"概述"仅用七千余字的篇幅,就精炼地勾画出了利川的大势大略及发展远景。"大事记"中不少条目仅一句话,就包容了丰富的内涵。根据利川市志办同志的介绍,《利川市志》经历了"四稿三审",即部门提供初稿,市志办编纂评议稿、修订稿、送审稿和部门初审,市志办复审,市委、市政府组织通审,最后才送州地方志编纂委员会终审。它是在 2100 多万字资料的基础上,编写成 300 多万字的部门志稿,再浓缩成 130 多万字的评议稿,经修订审改,才形成 100 万字的审定稿。这期间,层层筛选把关,逐步加工精炼,堪称厚积薄发,文约事丰。

经济占首位 综合程度高

在篇目设置和资料取舍上,《利川市志》注重对经济方面资料的记述,特别注重对宏观经济资料的记述。这是该志的又一个特色。

过去不少志书,一是重政治人文,轻地理经济;二是微观记述有余,宏观记述不足,只见树木,不见森林,难窥事物的全貌。《利川市志》重视经济,特别是在宏观经济的记述方面下了很大功夫,综合程度高。全志 28 卷 78 章 268 节,100 万字,其中,经济部类有 15 卷 30 章 122 节 40 万字,占总字数 40%。在各个部类中,它占的比重最大。这从篇幅上保证了经济占首要的和中心的地位。(其他几个部类的情况如下:政治部类 5 卷 16 章 56 节 18 万字,占总字数的18%;教科文部类 4 卷 13 章 61 节 12 万字,占 12%;其他 4 卷 9 章 29 节 30 万字,占 30%。)在经济部类篇目中,与"种植业""林业""畜牧业"及"工业""交通"等卷并列,设立了"农业经济综述"卷、"经济综合管理"卷;在"工业"卷中,与"轻工业""重工业"章并列,设立了"工业经济综述"章;在"贸易"卷中,与"行业经营"章并列,设立了"商业综述"章。财经 3 卷 6 章 23 节 12.48 万字,占31.2%;以经济综合管理卷而言,它包括 3 章 9 节 4.8 万字,占经济部类字数的 12％。在农业类 6 卷 18 章 50 节 12.38 万字中，"农业经济综述"为 1 卷 3 章 12 节 2.27 万字，占农业部类字数的 18％。在"工业"卷中"工业经济综述"1 章 2 节 1.28 万字，占工业卷字数的 33.33％。在"贸易"卷中，"商业综述"3 节 1.76 万字，占贸易卷字数的 34.37％。加上其他较低层次的综述内容（如有些卷、章前的无名小序），属于经济综述性质的文字约占经济部类总字数的 27％。通过这些综述文字，概括地勾勒出各行业、各部门的整体面貌、特点、发展演变的阶段性，借以反映出事物的发展规律。这充分表明《利川市志》的编纂者们注意综合性的记述，其中又特别是经济综合管理的记述，有效地展示了经济综合管理在国民经济中的重要职能和地位，为研究利川的经济结构、发展、管理提供了系统的整体资料。

他们在注意志书资料综合性的同时，在运用系统工程的原理以加强志书的整体性上，也进行了有益的探索，在志书中力求表现多门类之间的相互影响和逻辑联系，使之成为一个有机的整体。如对于经济方面的内容，他们除在经济部类集中记述外，在其他部类也从不同角度有所反映。在"政党群团"中，记述历届党的代表大会与代表会议时，反映了各届县（市）委对国民经济和社会发展的决策情况；在"政权机构"中，记述历届人代会时，反映了各届政府对党委经济决策的实施和效果，体现出政治与经济的相互关系和影响。

鲜明的山区特色　浓郁的民族风情

利川是湖北西部一个山区市，境内山地、峡谷、丘陵、山间盆地和河谷平川相互交错，中部突起而平坦，是一个如桌状隆起的大山区。境内资源丰富，万山叠峰，连绵逶迤，形成奇山竞秀的独特景观。利川又是少数民族聚居区，宋、元以后，境内先后建立支罗峒、龙阳峒、施南、忠路、忠孝、建南、沙溪诸土司，民族风情多姿多彩。《利川市志》以浓墨重彩，有效地突出了地方特色和民族特色。这是该志的第三个特色。

翻开《利川市志》，首先映入眼帘的是一幅幅表现山区风貌的彩色照片，有群山，有盆地，有梯田，有飞瀑，有溶洞，还有利川的特产坝漆、黄连、水杉等，山区风貌跃然纸上。位居山区的州县编志时写山，理所当然。要把"山"写好，特别是要把因山而形成的山经济、山文化、山风习写好，确非易事。《利川市志》在"自然环境"中，首先以山脉为纲，以山体为目，将整个利川复杂的地形地貌的大势大略勾画出来,让人一目了然。接着又对蜚声中外的利川喀斯特地貌——溶洞进行记述。在"气候"中,对气候各要素除写平面分布外,重点写好"山下桃李花,山上飘雪花"的气候立体分布特征。在"土壤资源""农技农艺""森林分布""草场饲料"等章节中,都按高山(海拔 1200 米以上)、二高山(800～1200 米)、低山(800 米以下)等三种情况进行立体交叉记述,这是与平原地区县志的写法截然不同的。其他如"工业""交通""科技""文化""卫生""风俗"等卷章,均从不同角度体现山区的特色,使山区特色贯通全志。

从资源的角度讲,与经济资源相对应,民族也是一种丰富多彩的社会资源。这是一个"富矿",具有极大的开发利用价值,其经济效益和社会效益是不可低估的。《利川市志》在将利川生物、能源、矿产三大资源优势充分展示的同时,注意发掘民族资源,使民族风情阿娜多姿,民族风物大放异彩。该志在"政务"卷中,列了"民族工作"章,专门记述中华人民共和国成立以来党和政府关心少数民族,通过民族成分普查鉴定,恢复少数民族成员的民族成分;实行民族优惠政策,利川每年获得数百万元民族照顾款;大力培养和使用少数民族干部,使少数民族充分享受当家做主的权利。在"教育""文化""体育"等卷章中,都对少数民族的教育、文化、文物、工艺、体育等进行了形象而生动的记述。为集中展示少数民族的风情风物,还专列了"民族社会"卷,对境内的土司制度及土家族、苗族、侗族的族源历史,对少数民族的宗教信仰、风俗民情作了系统介绍,为旅游、科研开发利用民族、民俗资源,提供了丰富多彩的生动资料。利川那山、那水、那歌、那舞、那古朴淳厚的乡风民俗,令人向往,令人陶醉,令人流连忘返。

据实记失误　方法独到

志书是一种兼备"资治、存史、教化"功能的一方信史。若编纂者不能实事求是,据实直书,虽洋洋百万言,则不仅不能起到应有的作用,反而遗祸无穷。新中国各族人民在社会主义革命和建设中取得了令世人瞩目的成就,但确也出现过这样那样的失误。对于这些失误敢不敢写,如何写,长期以来一直是修志工作者感到为难的一件事。《利川市志》的做法是在据实直书的前提下,采取"事以类从"的方法,在有关卷章分别进行记述。这是该志的第四个特色。

对 1958—1963 年这段时间经济发展与人民生活状况,凡 30 岁以上的人几乎都记忆犹新,造成这种状况的原因也众所周知。但在志书中如何反映?《利川市志》的具体做法是:在"国民经济发展综述"中,全面记述了1958年"在'大跃进'的影响下,高指标、高征购、浮夸风随之而来,计划层层加码,脱离全县工农业生产实际,已编制的计划失去指导生产的作用,工农业生产和其他建设事业比例失调。……物资短缺,人民群众的生活发生困难。……大办钢铁、大办食堂,林业资源受到严重破坏,自然生态失去平衡"。1961年以后,全面贯彻中共中央"调整、巩固、充实、提高"的八字方针,解决各项工作中存在的实际问题,形势逐渐好转。

在"农业经济综述"中,专门记载了1958年后"经几个'大办',自然生态遭到破坏……农业生产严重受挫。1960年农业产值锐减到5091.9万元,比1958年减少27.11%。1961年开始纠正'左'的错误,对国民经济实行'调整、巩固、充实、提高'的八字方针,农业生产逐步好转"。

在"政党群团"记述第一届、第二届县委工作时,既记述了党领导下的"反右""大跃进""反右倾"等一系列行为,又记述了1961年为"反右倾"和部分右派分子平反;既记述了人民群众生活困难、工农业生产下降的一般情况,也记述了县委、县人委率领全县党员和各族人民同甘共苦,共渡难关,在极端艰苦的条件下,兴建了一批工业项目,并形成一定生产能力的情况。

在"民政救济"中,则具体记述"大跃进"和三年严重困难给人民群众造成生活困难、营养不良的严重情况及党和政府采取的救济措施:"……持续三年大旱,给农业生产带来严重损失,造成群众生活困难和营养不良。全县发生四病(干、肿、子宫脱垂、妇女闭经)人甚多。县委、县人委组织各级医疗队,建立临时医院,采取'以防为主,防治结合,集中与分散治疗相结合'的办法进行医治。三年共治愈肿病6594人,干瘦病6610人,子宫脱垂8331人,妇女闭经1.25万人。给病人照顾大米5万公斤,黄豆0.74万公斤,菜油2500公斤,猪油2085公斤,猪肉4829公斤,白糖1618公斤。政府拨疾病治疗费13.35万元。"这里没记载因灾死亡人数,是因为死亡原因认定难度大,但如果读者细心,从"人口变化"中1960年的人口死亡率和负增长情况,就不难推算出来了。

以上这些记述都是实事求是、据实直书的。这种记述方法既如实记述在"左"的影响下,工作严重困难,又如实记述党和政府同人民群众一道勒紧裤带,共渡难关,并在某些方面取得一定的成绩。这样处理,既如实地反映了当时的历史情况,又不因过于"集中""突出"而影响党和政府的形象。

从《利川市志》的内容可以看出一般性资料多,典型性资料少,有时甚至出现点到为止或淡化的现象。这大概是编者还有所顾忌的表现。

奉读其书　敬佩其人

在读了《利川市志》之后,一种特殊的情绪萦绕心头,久久不能平静。细细品味,这种特殊情绪中有多种内涵,其中占主要地位的是一种敬仰之情。具体地说是对《利川市志》中所反映的利川人精神的敬仰之情。

首先,这是对利川市各民族人民的敬仰之情。在那样的高山峻岭之中,在那样复杂多变的气候之下,他们每向现代化迈进一步(例如把汽车运输引进到本市来,多一个人上小学,多产一斤粮食,等等),都要比那些地理环境优越、自然条件好的地区多费几倍的劳动。我从《利川市志》里看到了利川人在 140 多年里,艰难地然而又是坚定地将经济、政治、文化、社会生活一步一步地推向现代化所取得的巨大进步,以及该市各族人民特别能耐劳吃苦,特别踏实,特别顽强的精神面貌。他们在现代化道路上的每一项进步,都是发扬艰苦劳动、战天斗地、不畏险阻、不怕挫折、敢于克服困难的精神的结果。对于山区人民的这种精神,我敬仰于心,并相信,凭着这种精神,他们一定可以早日到达现代化的"仙"境。那里的落后只是暂时的。

利川市暂时还相对落后。财政上不得不接受补贴。干部人数也较大多数县市少。在这种状况下,该市却能动员那么多人力,精心编修百余万字的质量上乘的市志,比一些经济文化状况强得多的县市好而早。这说明该市党政领导人重视精神文明的建设,眼光远大,遇事不甘落后,在修志上表现出了一种利川人精神。作为一个从事社会科学工作的人,我对他们的这种眼光与精神,不能不产生敬佩之情。

从《利川市志》的内容来说,它是全市人民的集体创作。其成书,也是提供资料者、编写初稿者、最终审定者的集体创作。其中,起关键作用的是编辑室这个集体。他们的工作条件比起某些县市来差得多,但他们顽强奋斗,严谨踏实,勇于探索,以至成果出得早,社会效益好。他们的这种作风,也是利川人精神的表现。作为一个方志工作者,我对他们不计名利,以修志为荣的精神,表示由衷的敬佩。

这里我要专门提及在编辑室集体中起核心作用的张兴文同志。在短短的十来年的时间里,他一人主编一部县志和一部市志,两者都洋洋百万言,且在县市志体裁体例上作了可喜的探索,有所创新。这实非易事。近读《湖北方志》1994年第2期的《方志园地中的默默耕耘者》一文所介绍的事迹,钦佩之情油然而生。像张兴文同志这样的具有高度敬业精神的方志工作者多一些,方志的成就会快一些,好一些,精神文明建设和地情研究就会早见成果。

《利川市志》反映了利川人的精神,它本身就是这种精神的体现与结晶。

读了《利川市志》使我产生了对该市人民、领导人、修志工作者的敬仰之情,增强了山区一定会早日实现现代化的信心。这是我读这部书的收获之一。一部县市志,能在具体记事的过程中,把该县市人民特有的精神在字里行间体现出来,并使读者感受到,领悟到,受到激励和鼓舞,这正是《利川市志》的第五个特色,是一个了不起的优点。

原载《湖北方志》1994年第5期。

第 十 一 部 分
张之洞研究

　　张之洞是湖北现代化,特别是经济现代化的奠基者。赵德馨教授从 20 世纪 50 年代开始搜集张之洞的生平史料,并逐渐萌生编一套真正的张之洞"全"集的念头。2004年,他主持申报立项国家清史修纂工程文献整理项目《张之洞全集》。2008 年,《张之洞全集》由武汉出版社出版,共1275 万字。该书被国家清史编纂委员会鉴定为"内容优等,形式上品",清史专家则称其为"上乘精品""完备精谨""文献典范""大益学界"。2010 年,该书荣获湖北省人民政府社会科学优秀成果一等奖。2011 年,《光明日报》发表的教育部专文《立足创新,提高质量,继往开来——高校哲学社会科学繁荣计划"十一五"成就巡礼》提到:"基础研究和应用研究协调发展,推出了一批有重要价值的学术精品,北京师范大学的中国民族民间文艺十大集成志书数字化系统工程、四川大学的《中国道教思想史》、中南财经政法大学的《张之洞全集》、内蒙古大学的《内蒙古通史》、中山大学的《全粤诗》等成果的相继推出,产生了重要的学术影响。"该书出版以来,湖北省委、省政府和武汉市委、市政府多次将其作为礼品馈赠嘉宾。

忠臣·学者·改革家

——在"张之洞与中国近代化"国际学术研讨会上的发言稿

百年褒贬无定论

张之洞去世已百年,对他的评价仍是褒贬相伴,誉毁交加,尚无定论。对此,《张之洞大传》的著者马东玉作过如下描述:"从张之洞办企业、办学堂开始,在当时、在后世,中国人、外国人,评论者不绝于言论、不绝于笔章。仅就其'中学为体,西学为用'(或称'旧学为体,新学为用')的洋务思想和教育思想而论,批'旧学'者斥其封建、顽固,批'西学'者骂其买办、卖国。说他有功者有之,咒其有罪者更多,真是笔口喙置,不一而足;人虽盖棺,其论难定。"①这种概括符合实际情况。值得补充的是,在清末人物中,张之洞大概还是争议最多的一个。

之所以这样,据我的分析,重要的原因有两个:一是评价的主体不同,他们的需求不同;二是评价的时期不同,历史的主题不同。基于这些原因,以致同一时期不同主体的评价不同,同一主体在不同时期的评价截然相反。② 对张之洞评价的演变过程,是一个有意义的研究课题。

评价主体大体可以分为三类。第一类是政界(包括政府和政界人物,以及被他们操纵、控制的舆论)。第二类是学界。第三类是群众。

群众的评价是自发的,也比较稳定。看群众的评价,主要看张之洞任职地区,即北京、四川、山西、两广、两湖、两江老百姓的反映。他任学政六年,督抚

---

① 马东玉:《张之洞大传》,辽宁人民出版社 1989 年版,第 303 页。
② 还有一些次要原因,如评价主体所在地区不同等等。张之洞去世时,南皮与天津,天津与武汉,舆论评价显著不同。此中有地缘因素,有利益关系因素,也有地方官员观点的因素。

二十五六年,在地方上当官总共 32 年。其中时间最长的要数湖北,在武汉达 20 年(任湖北学政三年,湖广总督十七年)。所以看群众的评价,既要看京、川、晋、两广、两江的,更要看湖北的,首先是武汉的。张之洞主持修成汉口的长堤后,堤下住户把该堤称为张公堤,一些农民在家中设张之洞牌位,逢年过节焚香祭祀。武昌西湖闹匪患,张之洞派兵弹压,居民得以安宁,该地群众把自己住的地方改称张公寨,近年又立雕像纪念之。1907 年,张之洞调任军机大臣,湖北省学界筹款建奥略楼,以表怀念之情。1909 年,张之洞去世,湖北省军界中张的学生建抱冰堂,以纪念他。20 世纪 80 年代,湖北省中国经济史学会下设张之洞研究会,以研究他。近年,华中农业大学一个班的同学将自己的班级命名为张之洞班,以示对他的尊敬。如此等等,皆群众自发之行为。武汉大学尹进教授生前在一次讨论张之洞评价的学术会议上说,"文化大革命"中,他奉命发动工农参与批判张之洞,到汉口张公堤走访贫下中农,被访者说:过去,这一带的一些农民在家中神龛里设神位祭祀他,向他叩头跪拜,有的神龛现在还在;没有他修堤,我们没有这里的田可以耕种,批他干什么! 又到武昌访问张之洞办的纱厂、布厂的老工人,被访者说,他办了工厂,使许多人有事做,批他做什么! 这样,发动工农群众批张之洞的事一直没有搞起来。①

关于政界的评价,先说清朝廷。清朝廷认为他是功臣,予以重用和奖赏。远的不说,只说张之洞生前的最后十年。1901 年授予他太子少保衔。1907 年晋大学士,旋充体仁阁大学士,又授军机大臣兼监管学部大臣。1908 年,兼督办粤汉铁路大臣,授太子太保衔。1909 年,又任修德宗实录总裁官。张之洞病重,上谕中谓其"公忠体国,夙著勤劳"。监国摄政王载沣亲临寓所看望,又当面誉其"公忠体国"。他去世后,在谕祭文中称他"学问博通,经济宏远,持公廉政,体国公忠。……文章独出于词林,奏议尽关于实务。武昌作镇,江表宣勤,大局危而恃以安,国是纷资以定"。又谥文襄公,评价很高。

清朝廷的对立面是反清志士,如自立军和同盟会成员等等。他们奋不顾身要推翻清朝廷。张之洞作为清朝廷的大臣,则竭力维护它的统治。二者势不两立,处于敌对位置。张之洞残暴地镇压反清志士,对唐才常予以杀害,把孙文等人的名字加个"犭"旁。这些革命者则认为张之洞是刽子手、罪人,理所

---

①我没有把"文化大革命"中的某些造反派纳入"群众"之中,他们在南皮掘张之洞墓,暴其尸;在武汉将张之洞路改为紫阳路。

当然地把他妖魔化。翻开 1903 年至 1905 年期间革命党人在日本办的刊物上,张之洞是一个附鳞攀翼的汉奸形象。1906 年,革命党人发动萍浏醴起义,张之洞派湖广新军第八镇第二十九、第三十二标等部前往剿办。1907 年,革命党人徐锡麟在安庆发动起义,刺杀了安徽巡抚恩铭,张之洞派张彪率两营、二炮队以及兵轮二艘去安庆弹压。张之洞的这些行为受到革命党人的强烈谴责。1907 年出版的《汉帜》第一号所刊《驱满酋必先杀汉奸论》一文写道:"杀汉奸,必杀张之洞。庚子之变之屠戮,今岁长江之饬拿,湘中之进剿,之洞之残汉媚胡,可谓不遗余力。……盖之洞者,满族之功臣,而杀同胞之上手也。吾辈不杀此老贼,终无以寒汉奸界之胆耳。"革命党人所作漫画,将张之洞的头置于胯下,侮辱之,以宣泄其愤恨。

辛亥革命以后,上述两种政治势力对张之洞的评价发生颠倒性变化。代表清朝廷观点的逊清遗老,转而指责张之洞为亡清的罪人。恽毓鼎认为,清王朝是因为派东洋留学生、编练新军、推行立宪等新政改革而灭亡的,"罪魁祸首则在张之洞"。王先谦说:"张南皮主办学堂、新军二事,遂为乱天下之具。"刘体仁称:"文襄练兵廿载,至是成为戎首。"

辛亥革命之后,清朝廷已被推翻,张之洞已经去世。革命党人在回顾和总结取得胜利的原因时,想到了张之洞,转而赞扬他。1912 年 4 月,孙中山到武汉,在游览纪念张之洞的奥略楼时说:"以南皮造成楚材,颠覆满祚,可谓不言革命之大革命家。"后来孙中山和日本友人讨论建都时,提出设"一京四都","一京"即指武昌。孙中山这么看重武昌,是对张之洞经营武汉十多年,使之现代化和地位提高的肯定。张继煦认为,张之洞在湖北的活动,使湖北精神上、物质上皆比较他省为优,以是之故,辛亥革命能成大功。此虽为张之洞"所不及料,而事机凑泊,种豆得瓜"。国民党(由同盟会改组而成)执政后,把武昌的一条街命名为张之洞路,把汉口的一条街命名为南皮路,又在汉口的中山公园修建张公亭以纪念张之洞。这些均是政府行为。

中国共产党在夺取政权以前,其成员作论,多贬洋务运动,将张之洞称为反动派。执政后,面临工业化任务,想起了为中国工业化做过贡献的先驱,对张之洞的评价就变了。毛泽东说:"讲到重工业,不能忘记张之洞。"后来中国共产党提出在中国实现现代化任务,实行改革开放的政策,于是又从现代化和改革开放的角度审视张之洞。湖北省的领导人说张之洞是湖北现代化的奠基者。武汉市的领导人称赞张之洞在武汉所办事业是"用世界眼光谋划发展的壮举,并且取得令人注目的成就"。在湖北,多处设他的雕像,出版了他的全集,召开过多次以张之洞为主题的国际国内学术讨论会,并建立一个张之洞与汉阳铁厂博物馆。

在学界,不同的时期,不同的人,从不同角度,给张之洞以不同的评价,真可谓人言言殊,百家争鸣。大体来说,国外的"旁观者清";国内的独立学者明,受阶级斗争学说支配者贬,取现代化和改革开放视角者褒。他们加在张之洞身上的头衔形形色色:从反动官僚,官僚资本主义的代表,买办,刽子手,到洋务运动后期的主帅,新政的旗手,再到思想家,学者,实业家,教育家,儒臣,清官,中国现代钢铁工业的奠基人,新军制的拟订者,司法、监狱、警察制度的改革者,湖北现代化的奠基者,近代武汉之父,现代武汉的缔造者,如此等等,不一而足。

张之洞是一个多面孔的人。人们可以从不同的方面给他定位。站在今天的认识高度,从张之洞这个人的主流而言(不是全面的),他的主要身份应该是:忠臣、学者、改革家。

清朝廷的忠臣

张之洞是清政府的重臣,早在19世纪90年代中期即被视为"朝廷柱石",后又参与枢密。从张之洞一生的思想、言论和行动来看,他用"持危扶颠之心",以"保国、保种、保教"为圭臬。他所作所为的出发点,都是为了巩固清朝廷的统治地位。他的一生忠于清朝。忠臣是他的第一身份。

所谓忠臣,是谋事为国不为私的人。在清代后期的特定环境下,这突出地表现在三个方面。第一,在经济上,为国谋利,而不是为私谋利,也就是当清官,不做贪官。第二,在军事上,为国练军,而不是为私练军,也就是把自己练的军队视为国有,不是当作私产。第三,在人事上,为国造才、用才,而不是为己造才、用才,也就是把所造之才为国行政,不是作为自己的党羽,结党营私。

张之洞在经济上是清廉的。百余年来,对张之洞的评价各种各样,说他清廉却是众口一词。晚清的世道,正如张之洞在《遗折》中向皇帝呈述的:"方今世道陵夷,人心放恣,奔竞贿赂,相习成风。"在此情况下,张之洞坚守清廉,对清朝廷来说,是一件很有政治意义的事。第一,他用自己的清廉带动了所主持的政权机构及官吏的清廉。对此,张之洞的幕僚辜鸿铭在《张文襄幕府纪闻》

中有过具体的记载和与盛宣怀衙门生动的对比。① 第二,这种清廉带来政权机构的节约。张之洞到湖广总督任上,即减总督府经费 2000 两。为官者清廉,政府机构节约,这两条便为清政府树立了一个好的形象。这是清朝廷为执政合法化和巩固统治求之不得的。

张之洞为办企业、教育等事业,设过新捐税项目,也在旧捐税项目上增加过金额,使湖北财政收入大增。对此,讥之者称为"屠财"②,他临终前建议皇帝"理财以养民为本,恪守祖宗永不加赋之规"。实际上,这也是他"膺疆寄几三十年"的理财原则。他主要是通过培育工商业发展和在此基础上增加工商业税捐收入来解决财政困难。他将所得收入用于公而不入私囊。更有甚者,他还将个人的合法收入捐给教育、慈善事业。一个在张之洞治区生活了十几年,对张之洞政绩有过近距离观察,并与之有过直接接触的英国传教士写道:"他不爱财,在这个帝国他很可能成为一个大富翁,但事实上他却是个穷人。财富进了他的衙门,都用在公共事业和公共福利上。"③张之洞死后,"家无一钱,惟图书数万卷"④。据辜鸿铭记载:"他任两广和湖广总督期间,用公款引进了外国方法,同时慷慨捐献了几乎全部私人财产,用以创立高等院校,以便加强儒家学说的学习。"⑤张之洞用自己的所得,不仅给高等学堂捐献,也创办南皮慈恩学堂和向多所小学捐款。清廉,这是忠臣的题中应有之义,也有利于他做学者和改革家。

不谋私利在军事上的表现是军队不私有。从咸同时期曾国藩、李鸿章等人组织团练时起,编练军队者都将所练之军视为己产,于是有"湘军""淮军"。与张之洞同时练新军的袁世凯也与曾、李一样,北洋军成了他手中夺取权力的工具。张之洞重视编练军队,但他没有像曾国藩、李鸿章、袁世凯那样,把所编练的军队看成是私有财产。1895 年,他在署两江总督任上编练了自强军。1896 年回湖广总督任时,将这支军队交给返任两江总督的刘坤一。随后,张之洞编练湖北新军,其质量与势力在南方地区居首位。1903 年,他把该军洋操队

---

①见《张文襄幕府纪闻》卷上《理财》。

②张之洞在湖北举办新政,规模宏大,为筹集巨额经费,他整顿税收,铸造银元、铜元,发行纸币,开辟财源。人称"庚子以后,湖北筹款之多,甲于天下"。有人将张之洞的这种行为称为"屠财",将岑春煊弹劾大批官员称为"屠官",将袁世凯杀人多称为"屠民",他们被称为清末督抚中的"三屠"。

③杨子名:《英传教士对张之洞的印象》,《武汉春秋》1987 年第 3 期。

④徐世昌:《大清畿辅先哲传》,北京古籍出版社 1993 年版,第 248 页。

⑤辜鸿铭:《清流传》,江苏文艺出版社 2008 年版,第 35 页。

八营调到广西去,交给岑春煊。同年末,为加强京师防务,他又把湖北新军协调给了直隶。1907 年,他到北京任军机大臣,彻底地交出对所练军队的指挥权。在清代后期练军诸人中,像张之洞这样处理的,未见第二人。

不谋私利在人事关系上(实为政治上)的表现是造才不为己用,用人不结党派。清朝从立国时起,王子大臣各树党援。主持学政与考试者,通过师生关系,建立门派。至太平天国之后,政坛上更有湘、淮等派系。张之洞两任考官,两任学政,简授山西巡抚,总督两广、湖广,再权两江,近 30 年里,门生故吏众多,培养重用不少的人,然不与之结党,故世无"张(之洞)系"。张之洞去世时,他在《遗折》中以此自豪:"臣平生不树党援,不殖生产自励。"据吴庆坻《蕉廊脞录》卷二记载,张之洞去世的前一天,朝廷已拟定特谥"文忠"或"文正",但因他的这种表白,触及亲贵之忌,改谥"文襄"。(清谥制,公以成、正、忠、襄为序;文襄授予武功卓著者。张之洞以文治著称,未临前线带兵,少有武功。)从这件事上可以看出,做一个不树党援的人是多么的稀少,又是多么的不容易。

张之洞一生以做清朝廷的忠臣为奋斗目标,这与他的出身和所受的教育密不可分。张之洞的高祖父、曾祖父、祖父、父亲四代人中,都是府县官员,都以清朝忠臣自居。张之洞所受家庭教育以"忠君"为基本出发点。张之洞的老师也都向他宣传"忠君"的思想。张之洞的文章,从十一二岁的课业到临终的《遗折》,从论著到诗词,从公牍到家书,一条贯彻始终的主线就是一个"忠"字。《劝学篇》内编分为九篇,首为"同心",次即"教忠"。《同心篇》中提出救今日之世变的三大目标:保国家,保圣教,保华种。这三者关系的先后顺序是:保华种必先保圣教,保圣教必先保国家,保国家成为救世的首要前提。他阐述的保国思想是为了反驳康有为、梁启超的思想。在康有为的思想中,"国"指的是包括中国版图内全体人民的共同体。在梁启超的著作中,"国"是在一个有明确界限的地理区域中全体人民的集合体。张之洞则把"中国"完全等同于清王朝,他要保的"国",其具体内涵是清王朝。保国,就是保清朝。

张之洞是清政府的忠臣,是清政府的一部分。对他的评价,与清政府分不开。在对外关系上,当俄国侵略新疆,欲将伊犁等地划归俄国时,张之洞反对。这时,他维护清政府的利益,也就是维护中国的利益。当大清与法国交战时,这场战争便是中法战争。当大清与日本交战时,这场战争便是中日战争。在这些战争中,张之洞主战并积极行动,这是反抗外国对大清的侵略,也就是反抗外国对中国的侵略。从他的这些行为来看,说张之洞是个爱国者,理所当然。在对内关系上,当时的清政府,在其历史地位与作用上,是阻碍历史前进的,具有反动性。当时的孙中山等革命者是进步势力。张之洞忠于清王朝,站到革命者的对立面,血腥镇压反清志士,阻碍了中国政治的进步。从他的这些行为来看,说张之洞是个反动派,合乎逻辑。

对于张之洞是不是忠臣,也有不同意见。有人说八国联军占领北京期间,张之洞想当皇帝,这是清朝廷忠臣不应有的想法。对这个问题,可以根据史料作进一步研究。但从张之洞整体思想来看,可能性极小。还有人说,八国联军侵入北京,张之洞与两江总督刘坤一倡导东南互保,这是对慈禧"犯颜抗命",是清朝廷忠臣不应有的行为。1901 年,慈禧因张之洞倡导"东南互保"而赏予太子少保衔一事,便足以说明事实不是这样的。

经世致用的学者

与一般晚清忠臣比较,张之洞的特点是以学识尽忠,他是一位学者型忠臣。

要成为学者型官员必须具备三个条件。第一,有真知灼见的纯学术论著。第二,能将仕途中遇到的实际问题学理化。第三,有学者的素质与风范。这三个条件也是学者型官员的三个标志。它们是张之洞所具备的。

在张之洞的众多作品中,有《读经札记》二卷,《论金石札》二卷。它们是纯学术著作。在《读经札记》以及其他著作、书信中,张之洞对公羊、穀梁,对汉学、宋学,表述了他的独立见解。在清代后期,注重学术的大臣为数不少,其中成就突出的有两个人:曾国藩和张之洞。他们是清代后期 50 多年间两大经学家。张之洞学宗汉学,恪守古文经学立场,反对今文经学,驳斥公羊,却不排斥宋学。他是汉宋兼采,新旧杂糅。曾国藩也主张汉宋兼采,但与张的见地不尽相同并曾以宋学为本,而张是以汉学为本。

关于张之洞将工作中遇到的事情学理化,这里可以举两个例证。

例一,1873 年至 1875 年任四川学政时,针对学生学习中存在的问题,作《輶轩语》与《书目答问》。前者分列"语行"(为士之道)、"语学"(为学之道)、"语文"(为文之道),教士人怎样修德、治学、作文。后者回答士子"应读何书,书以何本为善"问题。这两本书因切中时弊,且操作性强,有多种刻本,流传甚广,影响甚大,至今仍有意义。哈佛大学燕京图书馆的早期藏书即是依据张之洞的《书目答问》及其《补正》所载的经、史、子、集书目分类收集的。

　　例二，1898年，在康有为、梁启超学说盛行，维新变法运动迅猛推进之际，为了驳斥康、梁的政治理论，与之划清界限，预为自保，张之洞写《劝学篇》。这里可以将上文提及的曾国藩与张之洞做一对比。二人治学都主张经世致用。他们在当官时都遇到了一个中国历史上未曾有过的新问题：在国门被西方强国撞开之后，中国人在坚持中学的同时，如何对待西方国家的文化。这是一个使中国人倍感困惑的重大实际问题，也是一个重大理论问题。他们二人都主张"师夷长技以制夷"，但在"师"的广度与深度上，张比曾走得更远。在实践上，曾限于器用层面，张则进入制度层次。此其一。其二，曾限于政策层面，张则进入理论层次。张著《劝学篇》对"中学为体，西学为用"予以系统地阐述，其中心思想是：在坚持本民族文化传统的前提下，既要学习西方，又不能西化。这是对曾国藩活动的年代至张之洞活动的年代，中国被迫对世界开放与改革进程经验教训的理论升华，又为下一步的现代化提出了指导理论。书中，在"中学"与"西学"的关系上，提出"体"与"用"的命题；在"内学"与"外学"，"旧学"与"新学"的关系上提出了"本"与"通"的命题；在器与道的关系上提出了"变"与"常"的命题；在政与学的关系上，提出了"表"与"里"的命题。这就把为官实践中的问题提高到了学术的层次。所以《劝学篇》既是一本讨论和解决现实问题的著作，又是一本学术著作。张之洞一方面强调"通经为世用"，将所治之学用于实践；与此同时，又将所办之事学理化。这样，他就把从学理到应用、应用到学理的过程统一起来了。

　　张之洞自幼爱读书、善读书。12岁即将课业刊刻，以应需求者的索取。由此养成书生型的生活方式和思维方式。后来，通过科举之途，由探花进入翰苑，跻身士林，出任学政、督抚，成为封疆大臣，展示他的治国平天下的儒生气度。在仕途中一生不忘文事。时人说他"性好学，至老不倦。听政之暇，率危坐读书终日"。做到了读书以备佐政，主政不忘读书，不忘著文，是以著述甚丰。除上文提及者外，还有大量的古文和骈体文，文辞瑰丽，为人称道，他是清末公认的文章家之一。他写诗，徐世昌在《晚清簃诗汇》中誉其诗"瑰章大句，魄力浑厚"。他作的联语，工雅博大，名于当世。他的书法，大字小字被制成帖，老幼临摹。他的奏议，有理有据，说服力强。张之洞身上散发着书卷味。他是一个地道的以文人治政的文官，其政风也受到文的熏染，形成有浓厚文化氛围的政风。辜鸿铭说他是个儒臣，是合适的。

对于张之洞的学术,张自己认为:"吾生平学术、政术,所行只十之四五,心术则大中至正。"①别人的评价则各种各样。在政界,与之交恶或政见不同的,如李鸿章,说"张之洞为官数十年,犹不免书生之见"。又如翁同龢,将张之洞归入以"学术杀天下后世之人"②之列。在学界,中外学者较为客观。2009 年 7 月 5 日,《楚天都市报》记者访问我时,说梁启超对张之洞持"贬"的态度,斥他"浮华"。我的回答是,若从梁启超的全部著作来看,他对张之洞是有褒有贬:对其作风颇有微词,对其学问则深表敬佩。例如,梁启超在 1897 年的《上南皮张尚书》中写道:"今海内大吏,求其通达西学深见本原者,莫吾师若;求其博综中学精研体要者,尤莫吾师若。"另一位国学大师陈寅恪称自己的学问"在湘乡、南皮之间"(曾国藩是湘乡人,张之洞是南皮人),对张之洞的"中体西用"说尤为服膺。他写道:"窃疑中国自今日以后,即使能忠实输入北美或东欧之思想,其结局当亦等于玄奘唯识之学,在吾国思想史上,既不能居最高之地位,且亦终归于歇绝者。其真能于思想上自成系统,有所创获者,必须一方面吸收输入外来之学说,一方面不忘本来民族之地位。此二种相反而适相成之态度,乃道教之真精神,新儒家之旧途径,而二千年吾民族与他民族思想接触史之所昭示者也。"③也有赞中有贬者。辜鸿铭认为张之洞是一名肤浅的学者,而不是一名深沉的学者,更不是思想家。④ 美国人费正清称"张之洞是一个精明的学者,孔孟之道的巨子",又说他以推广"中学为体,西学为用"这一口号而著名,并以此哄骗本人和他人相信"旧瓶能装新酒";在旧基础上现代化,恢复孔孟之道以到达现代生活,站立不动可以前进。⑤ 另一个美国人吉尔伯特·罗兹曼称张之洞是"出色的儒家学者兼作家",又说他的"体用"公式虽然是相当肤浅的,但它在论证西学应理所当然地为中国政治家所关注的方面是有功劳的。⑥ 无论评价怎样不同,但都说他是个学者。

---

① 许同莘编:《张文襄公年谱》,商务印书馆 1945 年版,第 223 页。

② 杨立强、沈渭滨等编:《张謇存稿》,上海人民出版社 1987 年版,第 8 页。

③ 陈寅恪:《冯友兰中国哲学史下册审查报告》,《金明馆丛稿二编》,生活·读书·新知三联书店 2009 年版,第 284 页。

④ 辜鸿铭:《清流传》,江苏文艺出版社 2008 年版,第 34 页。

⑤ [美]费正清著,刘尊棋译:《伟大的中国革命》,国际文化出版公司 1989 年版,第 28 页。

⑥ [美]吉尔伯特·罗兹曼主编,国家社会科学基金"比较现代化"课题组译,沈宗美校:《中国的现代化》,江苏人民出版社 1995 年版,第 25 页。

稳健的改革家

张之洞采取许多措施对原有的制度进行改革,这是历史的事实和学者的共识,无须多议。值得讨论的是他作为改革家的特色。

张之洞所行改革的主要特色是稳健。这表现在改革的内容和方法上。在内容上,其广度,涉及政治、军事、经济、文化、教育、司法等社会生活的各个领域。其深度,政治领域里不废除君主制,经济领域里不涉及地主土地所有制,文化领域里坚持儒家学说的指导地位,除此之外,其他方面均已涉及。这就是说,他的改革不触及经济、政治、思想的本质方面,不触及社会的根本制度。在方法上,是在保持中国传统的根本制度和价值观的同时,引进并运用西方的技术和部分体制,在步骤上是渐进的,手段是温和的,这是为了达到通过对清朝体制的自身改革,来使清朝廷的统治得以维系和巩固的目的。在清朝廷面临统治危机和反清革命高潮正在形成的形势下,他一方面残酷镇压唐才常、孙中山等革命者的起义活动和康有为、梁启超式的激进的改革活动,另一方面企图以改革来防范革命和消弭激进式的改革。他把一切改革活动置于清朝廷的控制之下,并使之有利于清朝廷,以此来向清王室尽忠。

在清末几十年的改革活动中,张之洞长期处于前沿地位。19 世纪 80 年代至 1894 年,他积极参与洋务活动,在修铁路和炼钢铁方面尤为出色。甲午战争后,李鸿章威信扫地,张之洞与刘坤一取代其位,成为旗手。张之洞和刘坤一的《江楚会奏变法三折》(《变通政治,人才为先,遵旨筹议折》《遵旨筹议变法,拟整顿中法十二条折》《遵旨筹议变法,拟采用西法十一条折》),是清政府 20 世纪初实行新政的纲领。1902 年刘坤一去世后,张之洞成了实施新政的领军人物。费正清认为张之洞是清末改革活动的主要倡导者。[①] 辜鸿铭指出,外国人所知道的中国改革运动,其真正的发起人是张之洞。[②] 这种定位是准确的、公正的。

对张之洞改革活动的成效,台湾学者苏云峰认为,张之洞在湖北主持的内容广泛的改革,实际上改变了该地社会生活的每一个方面。实际情况并非如

---

①[美]费正清等著,陈仲丹等译,吴世民等校:《中国:传统与变革》,江苏人民出版社 1992 年版,第 21 页。

②辜鸿铭译:《清流传》,江苏文艺出版社 2008 年版,第 35 页。

此。细加剖析，改革在各个领域发展很不平衡：在有的领域尚未提及（如地主土地制度），在有的领域是刚刚起步，在有的领域则取得阶段性成果；有的改革失败了，有的成效不大，有的颇为成功，其中又以教育制度的改革成效最为彰显。1904 年 1 月 13 日，张之洞与张百熙、荣庆制定的学堂章程（《癸卯学制》），是中国正式颁布且在全国范围内实际推行了的第一个系统学制。清末民初的学校教育制度主要是以这个学制为依据。1905 年 9 月 2 日，张之洞与直隶总督袁世凯、盛京将军赵尔巽，两江总督周馥，两广总督岑春煊及湖南巡抚端方等六位大员上奏立废科举制度，朝廷从其议。从公元 606 年开始的、实行了 1300 年的科举制度至此寿终正寝。它标志着以科举制度为中心内容的传统旧教育制度就此结束，现代的教育制度正式确立。这是中国教育史上的一件大事。张之洞这个出身科举、并在科举体制中受惠的既得利益者，最终成了埋葬这种制度的掘墓人。

在评价历史人物时，一条基本标准是看他对历史前进时起的是推动作用还是阻碍作用。而若要推动历史前进，则必须识时务，顺应时代潮流。张之洞的改革措施正是顺应了世界现代化的潮流，其后果是推动了中国现代化事业向前迈进。现代化有其内在规律，一般来说，总是经济和文化先变，政治随之变化。张之洞的改革使经济变了，文化也变了，动机是想以此救清政府，导演一场喜剧。改革的结果是政治也随之变化。这就是这些改革在客观上为推翻清政府的武昌起义，在军事、财政、交通、通信、阶层方面准备了物质和人才条件。这场起义导致了清政府的垮台。历史就这样和张之洞开了一个玩笑，使他成了一个认真的悲剧演员。

原载冯天瑜、陈锋主编《张之洞与中国近代化》，中国社会科学出版社 2010 年版。

张之洞：一个认真的悲剧演员

时间：7月2日

人物：赵德馨

采写：记者　周洁

摄影：记者　尚炜

对话背景

今年是张之洞逝世100周年。日前，由赵德馨主编的1275万字的《张之洞全集》出版，该书先后被列为国家"九五""十五"出版计划重点图书，国家清史文献工程，史家赞曰：全真巨撰、上乘精品、文献典范。

张之洞历道、咸、同、光、宣五朝，曾任山西巡抚、两广总督、湖广总督、两江总督、军机大臣等，官至体仁阁大学士，几乎涉及晚清所有重大历史事件。尤其是督鄂17年，修铁路，办汉阳铁厂、湖北枪炮厂等，奠基湖北工业现代化，可圈可点。然而，对于张之洞的评价，无论《清史稿》，还是民间记述，100年来，皆言其为官圆滑、见风使舵；满腹经纶，骄蹇无礼；性情乖僻、生活怪异……毁多誉少，倒是慈禧说了句"张之洞是个实心的人"。

赵德馨教授关注张之洞几十年，编书20余年，搜集稀见史料9000多件，辑佚求真，他眼里的张之洞"廉洁勤政、博学大度、爱国爱民"。

人物介绍

赵德馨，生于1932年，著名经济史学家，中南财经政法大学教授。中国经济史学会名誉会长、湖北省文史馆馆员。

著作（含主编与合著）有：《中国近代国民经济史讲义》，《中华人民共和国经济史纲要》，《中国近代国民经济史教程》，《中华人民共和国经济史1949—

1991》5 卷,《中华人民共和国经济专题大事记 1949—1991》5 卷,《中国经济史辞典》,《财经大辞典·经济史编》,《湖北省志·工业志稿》9 卷,《近代中西关系与中国社会》,《毛泽东的经济思想》,《楚国的货币》,《中国近现代经济史》,《中国经济通史》10 卷,《张之洞全集》12 册等。获第二届全国普通高等学校优秀教材一等奖、国家图书奖一等奖等。

朋友义献史料近万件

问:史家称您主编的《张之洞全集》为"文献典范"。您一个词"兢兢业业"说得简单,毕竟与张之洞相伴 20 年,是怎样的一段时光,经历了怎样的故事?

赵德馨(以下称"赵"):故事多多。我关注张之洞,受中学老师薛祚奎的影响。抗战时期,我在衡山读书,薛老师教历史、地理,讲课不用教材。讲到湖北的地理与历史,重点就讲汉阳兵工厂、汉阳铁厂,他说为中国干了点大事情的,只有张之洞。湖北的"汉阳造",是先进的武器。日本侵华军占领武汉后,汉阳铁厂就毁了,讲得很动情。我 1949 年到武汉,第一件事就是看汉阳铁厂,只见一片废墟,残留许多水泥墩,没有搬走的大铁轴承。时值冬天,在呼啸北风中,我是流着眼泪离开的。后来我搞经济史,看的书多了,发现很多史料《张文襄公全集》里没有,于是想补全,20 年的经历,细说起来,可以成为一本书,简单地说,就是四个字:"艰苦备尝。"

问:能说具体点吗?

赵:第一个困难是没有经费。当初约我主编此书的出版社,要我自筹启动费。像我这样的穷教师,要筹集编这么一本大书的钱,真是天大的难事。第二个困难是资料。存有张之洞文献的单位,有的做了 10 年的工作才同意给,有的始终不给。第三个困难是我们工作已完成并交了三分之一书稿时,有个出版社组织了百多人,"群策群力",在很短的时间里编成并出版了一套《张之洞全集》,先期占领此书的市场。在此情况下,约我主编《张之洞全集》的那个出版社,被迫宣布不出该书了。我面对已成之稿,欲哭无泪。

问:这些困难怎么解决的?

赵:真是天无绝人之路。每遇困难,都有好人相助,逢凶化吉,柳暗花明。譬如经费,我做《湖北省志》副总纂时,认识湖北省副省长、原计委主任陈明,他特批了 4 万元(当年,一个省重点课题才 3 千元),项目得以启动。譬如资料,经济学界和历史学界的很多朋友给予大力相助。中国社会科学院经济研究所免费提供所藏抄本 300 多万字，厦门大学提供独家藏有的影印本。

问："全集"难在收全史料。张之洞足迹遍贵州、山东、广东、江苏等 10 多个省区，收集资料是个艰苦的工作。

赵：是的。吴剑杰教授去经研所复印 300 万字资料，住在黑暗潮湿的地下防空洞旅社里。周秀鸾和我利用暑假到厦大找资料，住在鼓浪屿，每天搭轮渡过海，然后步行到厦门大学。藏书的地方是一个小房间，不通风，没空调，没电扇，闷在房子里，搞个把钟头就汗流浃背。就这样搞了一个暑假，"减肥"了 2 公斤。

问：搜集的史料，有哪些新的发现给您惊喜？

赵："全集"搜补稀见 9000 多件，许多电报稿、诗稿是抄本、孤本，一些函牍是过去未见过的。从中可以看出一个真实的张之洞。非常宝贵。公牍里反映他处理教案，主张要重人命，少杀人。

问：史称张之洞是"清末三屠"之一，说他重人命，让人意外。

赵：张之洞下令杀过人，如唐才常等，如武穴教案中打死两名英国传教士的中国人。清朝的官最难处理的就是涉及洋人的事。曾国藩一辈子感到惭愧的就是处理天津教案杀了一些人。张之洞处理教案，体现出自主持平办理的精神和重人命、少杀人的原则。在这方面，他比曾国藩处理得好。

恶评多因官绅操纵

问：历史上，朝野对张之洞似乎"毁多誉少"？

赵：这要分"朝""野"。在"朝"的一方，说"毁多誉少"，恐怕与事实不符。他提升得很快。山西巡抚当了 2 年多，就出任两广总督，且在湖广这个中心位置上任总督，一干 17 年。如果朝廷认为他不好，不会让他入阁拜相，做太子太保，更不会在他死后谥文襄。

问：可张之洞去世之际，天津《大公报》评论说：观其一生，"张相国毫无宗旨，毫无政见，随波逐流，媚主以求荣之人也"。评价极低。

赵：这是"野"的方面。张之洞不是完人，有许多缺点，做错的事不少。何况当官的都有政敌。张之洞之所以起来，慈禧太后是用他来抑制湘军和淮军势力的。张之洞很聪明，做山西巡抚，那里原是湘军的势力，他就整顿吏治，排斥湘军的势力。后来任两广、两湖、两江总督,凡事牵制李鸿章。辜鸿铭讲,在张之洞的幕府里,对李鸿章的议论很多。相反,在李鸿章的势力范围内,对张之洞的议论也很多。地方官员之间的互相攻击,不奇怪。地方官操纵民间舆论,一些地方报纸受当地官绅操纵,不是罕见的事。

问:您认为对张之洞的恶评是被某些官绅操纵的结果?

赵:张之洞经历中的大部分时间是在地方上当官,就此而言,他是一个地方官员。对他评价的好坏主要看他当官的地方。他在山西、两广、两江时间不长,在湖北有 17 年,所以对张之洞的评价,主要看湖北人的评价。

张之洞在湖北搞市政建设,搞工业,修马路,设电报、电灯,搞学校……使武汉由传统市镇转化为现代化城市,是湖北现代化开拓者、奠基者。"文革"时要批判张之洞,武汉大学尹进教授到老百姓中间去调查,张公堤一带的农民说,张之洞修建了这条堤,至今没垮,它防了水患,保汉口安全,还让湖滩成良田。纺纱厂的工人说,他办了纱厂,大家可以就业。张之洞做的是好事,批他干什么。几百年来,在湖北当官的有很多,老百姓有说坏的,有说好的。对后者,多为之留名纪念。其中,张之洞的为数最多:张之洞路、张公堤、张公寨……没人超过他。他调到北京时,文官搞了奥略楼,武官搞了抱冰堂,给他雕了石像、铜像。人没死就立"生祠",在湖北是少有的。

问:张之洞在湖北经营,如创汉阳铁厂、汉阳枪炮厂、布纱丝麻四局等,处处是实业,梁启超怎么称"张之洞浮华之人也"?

赵:看看梁启超的论著,他评价张之洞,有褒有贬。说"浮华",是指张之洞爱说大话的作风。张之洞办工厂,追求世界上一流技术,办成的工厂,后来管理不好,失败的多,说他"浮华"未尝不可。

在我看来,当地方官员,只怕不干事。张之洞最使我钦佩的是他想做事,想干大事,他自己找困难的事做。他整顿吏治、禁鸦片,干的都是困难事;办铁厂、枪炮厂,都是大事,铁厂亚洲第一。因为官僚体制,除了汉阳枪炮厂等军工不能民营,其他的都改成了商办。管不好是另外的问题,那些官员在思想、能力、意识上赶不上时代。

一生清廉成当铺常客

问:有句名言叫"三年清知府,十万雪花银"。我看到晚清第一名士辜鸿铭一段话,说张之洞"殁后,债累累不能偿,一家八十余口几无以为生!"可信吗?

赵:在晚清地方官员中,张之洞经手的钱是非常多的,仅次于李鸿章。办一个汉阳铁厂就是 560 多万,其他还有铁路、枪炮厂等等,要经手多少钱? 即使是李鸿章等攻击他的人,也没有一个人讲他中饱私囊。

张之洞一辈子是清廉的,事例很多。早年在北京当官,过生日没钱,妻子把衣服当了。他到四川当学政三年,离开时没有盘缠,把书拿到当铺抵押。在湖北,腊月三十没钱过年,把自己的皮袍拿到当铺抵押。他从武汉到北京去,入阁拜相,要自己买房子住,没钱,向汉冶萍借了银子,打了借条(尹进教授整理汉冶萍公司资料时发现的),辜鸿铭说他"债累累不能偿",大概是指这笔钱。

问:一个总督,成了当铺常客?

赵:张之洞收入并不低,总督每年的薪俸一万多两银子,还有些其他收入,在当时,这是高收入。但他的开支也大。上周我去贵州,他没在贵州当官,却捐款在安龙(他的出生地)办了个小学,还出钱买书送给该校。慈禧赏他 5 千两银子,他自己加 1.2 万两银子,在老家南皮办了个小学。各地发生灾荒,他也捐钱。他的幕僚是自己出钱养。张之洞有个理论,讲公利不讲私利,他是为国为民,还真是不为自己。他当官以后,没有给老家祖产添过一间房,添过一亩地。

问:他是真的公而忘私。

赵:张之洞这个人很大度的。张之洞能容人,门下有持各种学派观点的人。如辜鸿铭,慈禧太后 60 岁全国庆贺,辜写诗歌"天子万年,百姓花钱。万寿无疆,百姓遭殃"。这是要杀头的。张之洞也兼容,把他包庇下来,这是了不得的。张之洞个子矮,两个主要助手也矮。有个画家画了一张画,题为《三个矮子》,画得很像,挂到离总督府很近的水陆街的一个字画店里。这是一张"人身攻击"的漫画。张之洞知道后,叫人把画买回来,还说画得不错。他能容人能容事,宰相肚里能撑船。

问:如您所言,张之洞宽博大度,励精图治。结果呢,推翻清朝廷的第一枪却是在他经营的地盘上打响的。

赵:我就分析过,孙中山为什么领导 10 次起义不成功,在武昌却可以成功? 得益于张之洞为其做了全面的准备。他办学堂,派人留学(总督中他的学生出国最多,湖北学生留洋全国第一);他把外国人请进来(湖北是请外国人最多的),这些人带来西方的新思想;他办的学堂培养了一批革命者(黄兴、吴禄贞都是他的学生），准备了人才；练新军，准备了军队；搞了个枪炮厂，准备了武器；搞制币厂，准备了钱财；还搞电报、修铁路，准备了交通通信工具。武昌居全国之中，交通通信很发达。武昌起义枪声一响，很快传开，各省纷纷响应。

张之洞忠于清朝，改革的目的是巩固清朝廷的统治，结果做的事情为推翻清朝廷做了全面的准备。张之洞演出的是一场悲剧，他在认真地演着悲剧角色。这是因为历史有自己的规律，现代化有自己的规律。你搞了经济、教育、文化的现代化，最后政治必然现代化。哪怕你自己不愿意走进这个门去，历史也必然拖你进这个门。好在辛亥革命时张之洞离开了武昌，并已经辞世，不然他的学生们也要把他拖进这个门去的。

原载《楚天都市报》2009 年 7 月 5 日。

论张之洞的湖北模式

在中国早期现代化的过程中,中央政府在外国侵略者和本国农民的打击下,焦头烂额,权力日益削弱,没有财力和精力去实现全国范围通盘的现代化,而现代化又是一股难以阻挡的趋势。在这种形势下,一些地方政府长官为了追求国家富强和发展地方经济,一些绅士、实业家与华侨出于振兴民族与家乡的愿望,对某个地区的现代化事业提出一些设想。这些设想在付诸实践后,或多或少有所成就。这样,就出现了若干个带有个人色彩与地区特色的经济现代化模式。在张之洞决策思想影响与直接组织下形成的以武汉为中心的湖北模式,是这些现代化地方模式中的第一个。

一、第一个地区现代化模式

第一个地区现代化模式之所以在 19 世纪末 20 世纪初出现在湖北,是多种历史条件在此地此时交会的产物,与中国早期现代化进程的社会环境、洋务运动的特点以及张之洞个人经历、思想、抱负有关。

中国最早的地区现代化模式,不可能由民间私人首创。中国早期私人资本家势单力薄,在 19 世纪 80 年代还谈不上进行地区现代化的试验。从私人投资于第一家现代工厂算起,到 1890 年,28 年间全国民办工厂 50 家,分散在上海、广东、天津、南昌、宁波、烟台等地。其中,比较集中的是上海和广东顺德。上海的 14 家企业,分属不同的资本家所有。顺德的 23 家工厂,清一色的缫丝厂,资本最多的也只有 6 万元①。资力如此薄弱的资本家,哪里有力量考虑和经营一个地区的现代化建设。

---

①陈真、姚洛编:《中国近代工业史资料》第 1 辑,生活·读书·新知三联书店 1957 年版,第 38—39 页。

中国早期大型的现代化事业,主要是由可以动用、借用国有资金的人创办的。在晚清,地区现代化模式只能出自督抚中热心洋务的官员或由他们支持的官绅之手。至于由何人首先担当此任,则是多种机遇汇合的结果。

在 1889 年 12 月 17 日张之洞到达湖北省城武昌任湖广总督之前,洋务活动已经历了近 30 年,却没有出现可以称之为地区现代化模式的现象。这有以下两个基本原因:

1. 现代化事业处于起步阶段。这时举办的现代化事业项目还很少。由于缺乏经验,决策者对现代化进程中各个领域的配合关系不甚了解。

2. 进行洋务活动的大官僚,一种人是中央大员。他们做出决策时必须通盘筹划,不可能专为一个地区设想。他们要考虑到对外与对内、沿海与内地、军事与民用、满族与汉族、中央与地方、地方与地方等各种复杂的关系,在决策时,不得不把这为数很少的建设项目分散在多个省区。另一种人是地方督抚。他们或在开展洋务活动后不久即去世,留下的现代化业绩不多;或对任所地区的现代化事业缺乏通盘考虑;或在一个地区办成一两个或几个项目即被调至他处;或同时具有以上一两个或多个因素。结果是:至 19 世纪 80 年代,在几个地区内,都是仅有一个或少数几个起火种作用的现代企业,不成其为一种模式。

19 世纪 80 年代,清政府修筑卢汉(卢沟桥至汉口)铁路的决策,成为张之洞得以施展抱负的绝好机遇。修筑铁路干线,是清政府的一项大举措,必须发动群臣参与讨论。从 1874 年起,大臣们提出多种方案,在十多年里,争论不休。1889 年,时任两广总督的张之洞,提出缓建津通铁路,改建腹地干线卢汉铁路的与众不同的建议。清政府采纳这个建议,并调他到湖北武昌任湖广总督,主持路务。这个决策,对清政府来说,标志着关于现代化决策的着眼点从单纯的沿海地区的海防建设转向兼顾开发腹地,投资将向中部地区倾斜。这是一次重大决策思想的转变。另外,清政府对湘系和淮系这两股掌握军队的地方势力的日益膨胀感到惴惴不安,急于觅求一种力量来加以牵制。张之洞没有掌握军队,又未拉帮结派,受到慈禧和奕譞的大力支持,得以在湖北掌权达十七八年之久,从而能有时间和条件,在一个地区按照自己的思路,全盘开展洋务活动。

张之洞的追求、学识、洋务思想与气魄,是湖北成为第一个地方现代化模式的重要因素。

张之洞是通过科举成绩优秀而进入仕途的。从 1867 年至 1877 年，历任浙江、湖北、四川等地的学政。1877 年到北京任京官，加入清流，议论国家大政。1880 年，李鸿章祖护崇厚在《中俄条约》中丧权辱国，张之洞上折抨击，深得慈禧和奕䜣的欣赏。1882 年张之洞授山西巡抚。在任期间，遇到一位英国浸礼会派来的传教士李提摩太(Timothy Richard)。这个来自世界上资本主义最发达、工业革命已完成的国家的人士，给张之洞带来了"西风"。张之洞聘他为顾问。李提摩太向张之洞讲授物理、天文、历史、地理、机械、医学等常识和"别西墨(贝色麻)炼钢法"。这使张之洞受到西学的启蒙。1884 年中法战争爆发，张之洞力主御敌，他被调任两广总督。两广是远比山西开放的省份，受西方的影响也大。张之洞在任五年，特别是中法战争后的三年，受中法战争的刺激，他主张"挽利权"，"塞漏卮"，引进人才，筹办洋务。张之洞是清末官员中罕见的有抱负、有魄力的政治家。他认为办小工厂是小修小补，要办就要办大、办好，"免制于人，庶为自强持久之计"。在广州办了机器铸钱局、银元局、枪弹厂，试造浅水轮，大治水师，编练用洋械洋操的广胜军，开设水陆师学堂等，并筹办织布官局和炼铁厂。1889 年冬，他调离两广总督任，接任的李瀚章对办现代企业不感兴趣，有些项目就夭折了。在封建官僚体制下，地方长官个人的见识和抱负，关系该地区的兴衰。张之洞在两广的洋务实践为日后在湖北开展洋务活动准备了某些条件。诸如积累了办洋务的初步经验(联系购置机器设备、延聘洋技师、筹集资金等)，罗致了办洋务的人才(蔡锡勇、吴良儒、熊铁生等)，在两广总督任上向外国订购了一些机器设备，随着他的调任，转运湖北，成为湖北最早的大型现代工业成套装备(向英国订购的全套织布机和炼钢炉等、向德国订购的制造连珠毛瑟枪及克虏伯过山炮等机器设备)。这些人才和机器都随张之洞到了湖北①。

19 世纪 80 年代的湖北，特别是武汉地区，在现代化的浪潮冲击下，已具备了可以开展大规模现代化建设的条件。中国现代化的扩展进程，在空间上，是从沿边沿海到腹地，从南到北，从东到西，逆长江而上。在头半个世纪，现代化潮流的第一个波峰出现在广东、上海等沿海地区。接着就要波及武汉了。汉口是在 1862 年 1 月 1 日开埠的。到了 80 年代，由于地理条件的优越，汉口很快成为华中地区经济辐射中心、国内商业和对外贸易的集散地之一。从 1863

---

①孙毓棠编：《中国近代工业史资料》第 1 辑，科学出版社 1957 年版，第 524、751、909 页。

年起,外国资本就在湖北投资开办工厂,到 80 年代已达 12 家。这些工厂的设立,带来新的生产设备和一批使用机器的雇佣工人。19 世纪 70 年代盛宣怀先后在湖北开办广济兴国煤矿和荆门煤矿,这两个矿都不成功,但是在办矿过程中,盛宣怀聘请外国矿师对湖北的矿产进行了勘察,发现了蕴藏丰富的大冶铁矿。这为张之洞的大办钢铁提供了有利条件。江汉平原盛产棉、麻,可以为纺织工业发展提供原料。湖北有便利的轮船运输。1858 年,外国轮船出现在汉口,1861 年,有了汉口与上海之间的长江航运业。1869—1870 年间,汉口已可与远洋通航①。1875 年,轮船招商局在汉口设立分局,有四艘江轮投入长江航线运行。长江边已建有新式码头。所以,在张之洞来到湖北莅任时,湖北,主要是武汉,已成为可以让他一施抱负、大展宏图的舞台。

二、湖北模式的特点

在中国现代经济发展过程中,继湖北之后,在一些地区也先后出现现代化模式。如张謇以南通为中心的通海模式,周学熙以天津为中心的津唐(山)模式,黄奕住以厦门为中心的闽南模式,阎锡山以太原为中心的山西模式,张作霖、张学良父子以沈阳为中心的奉天模式,等等。张之洞以武汉为中心的湖北模式,具有与众不同的特色而极具研究和借鉴价值。

(一)从交通、通信入手,以修铁路作为启动湖北经济现代化的阀门

张之洞很重视发展湖北的交通事业,尤其重视铁路建设。他认为铁路是可以启动全社会士、农、工、商、兵五学进步的阀门。他是因为主张修筑卢汉铁路得到清廷赞同而调任湖广总督的。为修铁路,需要钢轨,就要建汉阳铁厂。汉阳铁厂需炼铁的原料,要开发大冶铁矿。运大冶铁矿的矿石,要修轻便铁路。1891—1892 年,张之洞在大冶铁山修至石灰窑码头运矿石的铁路,全程35 公里,这是湖北第一条铁路,也是中国在内地省份修的第一条铁路。卢汉铁路南段由他主持修筑,1904 年通车(1906 年全线通车)。1901 年粤汉铁路开始分段施工。川汉铁路于 1903 年开始列入清朝廷的议事日程。1907 年设湖北铁路总局,兼管两路修筑事宜。该年 4 月,粤汉铁路鄂段动工。11 月川汉铁路

---

①转引自江天凤主编《长江航运史(近代部分)》,人民交通出版社 1992 年版,第 89 页。

鄂段动工。那时张之洞已离湖广总督任调京,而清政府仍任命他为粤汉铁路督办大臣兼督川汉铁路鄂境一段。

除铁路外,张之洞对长江的航运也很关注。在张之洞任两湖总督期间,长江的轮船运输线路从宜昌延伸到重庆,沿支流扩展到蔡甸、仙桃、岳口、咸宁,以及湖南的长沙、常德、湘潭等地。20 世纪初,湖北是轮船运输最发达的内地省份。

在通信方面,在张之洞出任湖广总督之前,湖北只有一条武汉通南京的电报线。到张之洞离任时,湖北已形成汉沪、汉京、汉川、汉粤、汉湘 5 条有线电报干线,可以与 17 个省市通电报。1897 年汉口设邮政总局,办理邮件传递。1900 年,汉口、武昌设立电话官局,1904 年成立电话公司,极大地便利了省内外的通信。

湖北本有地位居中及水运的优势,张之洞任湖广总督之后,轮船航运与邮电的迅猛发展、卢汉铁路的通车,使湖北的交通、通信事业进入了帆、轮、轨、电并行的阶段,武汉成了华中地区现代水陆运输、通信的交汇枢纽。到张之洞离任时,汉口港跃居全国五大港口的第二位,仅次于上海。张之洞从交通、通信入手推进一个地区的现代化事业是湖北地区现代化模式有异于其他地区模式的一个显著特征。

包括日本在内的现代化后发国家,从交通、通信入手是一条比较成功的经验[①]。这是因为,交通、通信既是制造业发展所必需的基础设施,又能诱发相关制造业、矿业的产生和发展,促进经济的繁荣。首先,它们可以诱发修筑、运行铁路和开发航线所需要的钢铁、煤炭、机车、轮船等的开掘或制造。因修卢汉铁路而办汉阳铁厂,而办大冶铁矿,使武汉成为中国最早的大型钢铁工业基地,湖北首兴大型现代化铁矿采掘业。到张之洞离湖广总督任时,武汉已有修造铁路机车的工厂和制造小型轮船的能力。其次,它们能降低运输成本,增强本地产品在国内外市场上的竞争力。湖北的出口基本上是土货。"土货率多质粗价廉,非多不利,非速不多。"铁路运载土货,可以多装快跑,运费便宜,"才能本轻费省,土货旺销"。张之洞在那时就能认识到这一点,实在难能可贵。第三,它们能加速市场信息的传递,扩大本地产品市场和本地市场的货源。卢

---

①邓小平在谈投资方向时说:"要研究投资方向问题。日本人说搞现代化要从交通、通信上入手,我看有道理。我们在这方面老是舍不得花钱。"《邓小平文选》第 3 卷,人民出版社 1993 年版,第 165 页。

汉铁路的通车及其他现代交通事业的开展,使武汉与国内河南、河北等北方地区,江苏、浙江等沿海地区,以及日本等海外地区相通。汉口成为"东方的芝加哥"。在卢汉铁路南段通车前的 1904 年,至该铁路全线通车后的 4 年即 1910 年,汉口输出商品价值总额由 740 万两,增至 1790 万两,6 年间增加了 141.9%①。输出的商品大部分是农副产品。交通条件和运输条件的改善,对于自然经济下处于停滞状态的农业走向活跃的商品性农业具有决定性的意义。交通、通信事业的改善,也迅速引起工业的变化。1904 年前,武汉仅有 1 家面粉厂,而在 1904 年至 1910 年,中国资本家新办面粉厂 5 家。短短几年间面粉厂在武汉突然兴起,主要是由于电报等通信方式的便捷,武汉资本家很快得到日俄战争爆发、东北地区急需面粉供应的信息;铁路运输的方便,又使他们能迅速将汉口生产的面粉北运。电报和铁路拓宽了面粉销售市场②。交通、通信的现代化带动国民经济其他部门的发展。交通、通信系统的强化,是以武汉为中心的湖北地区经济在 1890 年后 40 余年间增长的一个极为有利的因素。

(二)全面推进,自成体系

张之洞在两广任上已经考虑并酝酿在广州进行一些庞大建设的计划,其中的一些项目已经推行。到 1889 年提出缓造津通铁路改建腹省干路的主张时,可以看出张之洞已引用世界经济建设的经验来为中国的建设服务。他向朝廷建议,应从沿海与内地的关系看内地建设的重要性,修筑铁路是关系经济全局发展的重大举措。他是封疆大吏中少有的具有全局性眼光的大员,不仅不是那些固步自封的保守官员所能相比,就是在洋务派中也是一个杰出人物。到两湖任上时,他的抱负与计划逐步得到实现。湖北模式最主要的特点就是全面推进现代化。它不限于建设军事工业以"求强";也不单为了"求富",开办几个纺织工厂,而是力求在军事、经济、文化教育等各个方面展开现代化的建设。在军事方面,不仅办兵器工厂,而且操练新式军队,包括陆军和水师。在经济领域,不仅抓工业的现代化,而且考虑到交通、通信、金融、商业、外贸,以及早期洋务派根本不涉及的领域——农业。他为了使棉纺织业得到优质原

---

① 《上海总商会月报》1921 年 1 卷 5 号。

② 周秀鸾:《研究早期民族工业的三个问题(武汉面粉工业调查札记)》,《江汉论坛》1982 年第 5 期。

料,引进和试种美棉。为了提高茶叶的质量,以增加出口,他要求有关人员研究茶叶的种植与制造。为了培养更多的现代农业技术人员,他设立农业学堂,并派人出国学习农务。他认为劝农主要在于讲求化学、植物学等科学知识和精造农具等等,一改旧式地方长官修水利、劝农植桑等主张,而是提出了一系列农业现代化问题。这在洋务派中是绝无仅有的。在文化教育方面,他大办新式学堂,改革教育制度,从办全国第一家蒙养院(幼儿园)到各类高级学堂,湖北的教育从幼儿园到高等教育成为完整的系列。两湖师范教育的开办居各省之先,普通教育、实业教育和师范教育齐全。教育制度的革新,不仅仅是发生在省城,而且府、州、县都先后进行,做到上下配套,这使湖北教育现代化的速度居全国的前列。

张之洞力图使他办的各个领域的现代化事业成龙配套,自成体系。

首先是各个部门之间。他主持交通部门的卢汉铁路的修筑,于是在工业部门倡办汉阳铁厂以生产铁轨和机车修理厂以修理铁路机车。因汉阳铁厂需铁矿和焦煤,而在矿业部门开发大冶铁矿及王三石等处煤矿。因为铁厂需资金,便想办纺织工业以赚钱,使铁厂与纺织厂自相挹注。因纺织厂需棉花,便引进棉种,改进棉业生产。因各项新兴事业需要现代型人才,便在教育部门提倡办学堂。张之洞所办学校及学校所设专业,无一不是与他主持的现代化事业有直接关系的。

其次,在各个部门内部也是如此。在教育部门,从幼儿园直到高等教育是配套的;专业学堂有工、矿、商、农和军事等。在工业部门尤其如此,以至工业内各个行业和一个工厂的内部也是自成体系。张之洞在工业部门花的精力最多。他以"塞漏卮""挽利权""免受制于人"为目的,对各个行业力求自成体系。在纺织行业内部,棉、丝、麻、毛齐全,棉纺与棉织俱有,是国内第一个现代纺织工业体系。在汉阳铁厂内部,从铁矿石开采、挖煤、运矿石与煤的铁道以及轮船、码头、烧制耐火砖、炼铁、炼钢、轧钢轨到制铁钉铁针等等,自成体系。湖北兵工厂内有枪厂、枪弹厂、炮厂、炮弹厂、炮架厂、炼钢厂、火药厂、硫酸厂、硝酸厂、锅炉厂等分厂,达到"维子、药、钢料贵能自制,无一外购"的目标,也是自成体系。在全国现代化水平不高、交通不便,以及没有一个全国性的现代化通盘安排,没有合理的地区间、行业间分工的情况下,为了保证产品的质量与出产的时间,自成体系未必不是一种好的办法。

(三)在设备上求精求新,力图达到世界先进水平

在 19 世纪末,中国不能生产先进的技术装备。各地洋务活动中举办的现代企业,其机器设备都是来自国外。张之洞主办的工厂,也是从国外引进设备。他的特点是目标明确。第一,向生产该种设备最先进的国家引进。如织布纺纱机器引自英国,枪炮厂机器引自德国,炼钢铁厂引自英国。第二,"精益求精",引进该种工厂最新式最精良的设备,力求缩小中国与发达国家在工业技术水平方面的差距,使产品能"与之抗衡"。第三,全套设备引进,而不是东拼西凑。所以他办成的工厂,不仅在全国是先进的,在世界上也是有地位的。汉阳铁厂的设备,距世界先进水平不过 10 年左右,在亚洲是最先进的。规模上,不仅是全国最大的钢铁联合企业,在远东也首屈一指,比日本 1901 年兴办的八幡制铁所规模大得多。湖北枪炮厂的设备,张之洞更是不怕花大价钱,务求买到最先进的设备。他考虑到"外洋枪炮造法日变月新",在与德国订购机器的过程中,几度改订最新型号的机器。1890 年建成后的湖北枪炮厂,就制造枪炮的设备而言,与世界先进水平相差不过两三年。该厂生产的改进型德国 1888 年口径 7.9 厘米步枪,为全国最优良的步枪,以"汉阳造"闻名全国。该厂生产的军火,无论数量和质量都大大超过江南制造局,名列清政府现代军事工业的前茅。

(四)重视流通领域,推进商业与金融现代化

在洋务派官员中,张之洞大概算得上是最重视商业与金融的总督。他采取种种措施,推动商业发展,把工业现代化与商业现代化紧密联系起来。他到武昌上任伊始,即仿照西欧各国的办法,设立劝工劝商公所,陈列湖北的工农业产品,供客商选购。1898 年,他指示各府州县设立通商公所,并将汉口的劝工劝商公所改为商务公所(1900 年改组为商务局),使全省商政管理机构形成体系。汉口商务局设立的时间仅迟于上海,比中央政府设立专管商业的部门早 8 年。1900 年汉口商务局办《湖北商务报》,沟通商业信息和宣传商务政策。1901 年,该局拟定《关于汉口商务情形条议》,对政府与企业的关系、行业管理、市场管理等做了详细规定。它是中国第一部具有现代性质的省一级商业法规。1904 年设两湖劝业场,推动贸易交流。同年设传审公廨,以解决商务纠纷。他筹建商务学堂,派遣留学生出国学习商务,培养新型商务管理人才。在

这一系列措施推动下,湖北国内外贸易量增长很快。反映湖北商品流转量的江汉关、沙市关、宜昌关的进出口正税,1889 年为 177 万余两,1907 年为 238 万两,在张之洞任内,增加了约 35％。

现代商业和现代工业的发展,需要有现代的货币制度和金融机构为之服务。张之洞在湖北采取一系列措施推进货币与金融机构现代化。他购置机器,铸造铜元;设银元局,铸造银元。所铸银元质量优良,通行沿江沿海各省。中国自铸银元的出现,是湖北、广东及全国白银货币制度从称量货币向铸币、从传统货币向现代货币迈进的一个标志。张之洞还于 1896 年在武昌开办湖北官钱局,这是湖北第一家本国的带有现代特征的金融机构。它为张之洞主办的工矿企业融通、管理、调拨资金起了很好的作用。湖北地区现代化进程之所以快,原因之一是流通领域的现代化与工业、交通运输业现代化同步发展。

(五)多方设法筹集资金,努力动员地方财力

在 19 世纪末至 20 世纪初的中国,资金短缺是现代化的第一瓶颈。不少督抚想在任地兴办现代事业,往往因弄不到钱而使愿望落空。

张之洞在湖北创办了 10 多个企业,其中 11 个大企业创办经费 1400 余万两。在当时,这是一笔巨大的金额。为了筹集这笔巨款,张之洞采取多渠道的办法。

第一,向中央政府申请拨款。中日甲午战争前,中央政府还有财力可以用来投向地方企业。汉阳铁厂共用去资金 5 829 629 两,中央政府拨款 200 万两,占创办经费的 34.3％,其余经费是张之洞自筹的。甲午战争后,因要支付巨额赔款,中央政府已无钱拨给湖北办工矿事业了。

第二,争取商人的投资。19 世纪 70 年代至 80 年代,洋务派用官督商办的名义在上海发行股票,招集游资。这种现代集资手段,张之洞也想利用。他兴办的好几个企业,最初都想以官督商办或官商合办的形式,吸引商人投资。由于受 1883 年上海金融危机、股票暴跌的影响,由于受早期官督商办或官商合办企业成效不佳,商人无权状况的影响,商人对投资政府倡办的企业,顾虑重重。张之洞主持的 11 个大型企业中,只有湖北毡呢厂采取官商合办形式。该厂创办资本 60 万两,官商各半,商股只有 30 万两,为数甚少。

第三,向外国银行、洋行借款。张之洞在购置机器、建厂施工及建成投产过程中都曾向汇丰银行或瑞记洋行借款。就现有资料看,大约 150 万两,年息

5 厘、7 厘。这些借款或是随借随还,或是偿还有着落,没有附加丧失利权的条件。

第四,省际借款。张之洞利用他曾在山西、两广任职的关系,向山西、广东借款。1890 年,他为建纺织厂向广东借闾姓捐款 16 万两,认息 6 厘。接着,又从广东拨借山西善后局借款 20 万两,年息 9 厘。利息太高,成为纺纱局、织布局的沉重包袱。

以上四条渠道,加在一起,仅占开办资本的三分之一,另一大半则靠从本地筹集。眼睛向内,尽力发掘地方财源,动员本地财力,以兴办现代化事业,是张之洞解决资金困难的一大特色。

张之洞动员本地财力的手段,主要有三种。

1. 行政手段。如整顿旧税,增征新税,扩大湖北地方财政财源;向地方官绅商人募捐或摊派。这些依靠行使政治权力获得的资金,是带有原始积累性质的,超经济的力量只能夺取已经铸造出来的金钱,故所得有限。

2. 经济手段。铸造货币,经营金融业,融通资金。湖北官钱局成为融通资金的有力机构。制麻局、纺纱局购置机器的部分经费就是由银元局的赢利拨充的①。

3. 轻重工业之间资金"自相挹注"。张之洞先办的汉阳铁厂,规模大、花费多,又是亏损单位。他后来办的织布局,是赢利单位。所以他设计一个铁厂、枪炮厂、织布局三者联成一气,自相挹注的资金体系。所谓三者联成一气,其实是布局和铁厂联成一气,就是用布局的利润拨充铁厂使用。这种举措,说明张之洞的筹资思路已开始从旧的、依靠行政力量的方式走了出来,改为利用企业内部的积累、企业的利润、资本积累来调剂,用发展轻工业来促进重工业。这种筹款新思路是现代的。尽管为时太晚,工业格局已定(重工业大,轻工业小;先办大厂,再办小厂),调剂乏力;加上布、纱二局在后来因外资纱厂的竞争和经营不善,也出现亏损,自身不保,无从挹注,但这种思路是对传统筹款思路的突破,值得肯定。

(六)敢于制度创新,采取多种经济形式

张之洞是一个比较能接受新事物的人物。在他的宦海生涯中,不断改变

---

①周秀鸾:《张之洞办企业是怎样筹集资金的》,《江汉论坛》1987 年第 5 期。

某些旧的制度和做法。这主要体现在他所办企业的所有权、收益权、经营权等方面对商人的让步，改善政府（官）与商人（商）的关系，也就是他提出的"官为商倡"的原则。他不像李鸿章办上海机器织布局时申请"专利"，"十年以内，只准华商附股搭办，不准另行设局"，而是在筹创湖北纺纱局时，一开始就想利用商人资本，后因"商股未集"，只能仍归官办。随着官办（国有）企业种种弊端的日渐暴露和国家财力的日益困顿，张之洞逐步放权改制。一是以官商合办形式来实现他的"招商助官"的思想。1894 年夏，从织布局经费 150 万两中，拨出 50 万两招商入股，许以保利一分五厘的优惠条件。股票发行比较顺利。二是采取官督商办的形式。汉阳铁厂原本是官办，全部资金国有。由于经费奇缺，难以为继，1896 年改为官督商办，由盛宣怀接办。将国家原有的投资 580 余万两作为借贷资本，由商人逐步归还。办法是每出 1 吨生铁，抽银 1 两。盛宣怀接办后，靠集股招募到的 100 万两资本，代表股东，以优惠的条件，取得已投资 580 多万两的汉阳铁厂的经营管理权。而萍乡煤矿此前国家已投资 100 多万两，盛宣怀又集股 100 万两开采萍乡煤矿，以后又添招 200 万两。到 1907 年，私人股本 430 万两左右，汉阳铁厂由国有转为国家与私人共有的企业了。三是租赁制。如果说官商合办、官督商办，是在张之洞督鄂之前，一些洋务派已在上海等地采取过的形式的话，租赁制则可能是湖北出现的新形式。1902 年湖北的布、纱、丝、麻四局，以租赁的形式，出租与广东应昌公司。与该公司总理韦应南签订租赁合同，租期 20 年，年租金 10 万两。无论盈亏，与政府无关。企业是国家所有，而经营权全归承租的商人，所有权与经营权分开。四是鼓励商办。为了满足汉阳铁厂用煤的需要，张之洞在湖南、湖北广贴告示，用优惠条件劝诱商人投资兴办煤矿。1905 年，张之洞决定兴办织呢、制水泥、造纸、制革四厂时，明确提出凡愿承办的，"均准其专利十五年"。五是官为商助。有些商人办的企业与他所办的企业没有什么直接的关系，他也尽力为之奏准，给予专利，甚至出资。如 1897 年燮昌火柴厂办成，他批准给予专利 10 年。1907 年，商人出资 300 万元办既济水电公司，他拨官股 30 万元，以示"由官提倡"。

　　张之洞所办企业，在 10 多年里，通过多种形式，大部分由官办国有到商办私有。其原因，表面上看是短缺经费，出于无奈，实质上体现了现代化过程中不可避免的趋势。即在后进国家现代化过程中，由政府发挥"积累"的功能聚集资金。然后，依靠政府的权力和财力，由国家付出垫支资本，在短期内办起大型企业，再交给私人去经营，启动经济"起飞"。事实证明，张之洞的这些措施,吸引了本省、外省的商人及华侨的资本和管理力量,投到湖北的工业企业中,改善了企业的经营管理,解放了生产力,获得较好的效果。

三、成效与意义

以武汉为主体的湖北现代化历程,从张之洞出任两湖总督起,进入地方政府主导的大规模开展阶段。

张之洞按照自己的见解和湖北的特点,在湖北地区进行洋务活动、主持湖北现代化事业十七八年,创造了中国早期现代化地区模式之一——湖北模式。在这期间,湖北地区新事物纷呈,湖北的经济、教育、军队、文化、思想诸领域发生了重大变化,特别是在市场化、工业化方面登上了第一个台阶。它是湖北现代化的一个新阶段。在 1889 年以前,为数不多的湖北现代化事业,是由外国势力、上级政府、外地商人推动的,其中,外国势力占主要地位。1890 年以后,推动湖北现代化的主力是湖北的官民。他们的努力打破了外资在工业中的独占局面,而且在工业领域中取得优势。所以确切地说,这是湖北人自己推动的现代化的起步阶段。

在这十七八年间,张之洞举办的事业,涉及的领域广泛,进展迅猛,使湖北成为 19—20 世纪之交现代化事业成就最突出的省份,在工、交、教育、练兵等方面,或居各省之先,或上升为全国的第二、三位。这是湖北历史上罕见的崛起年代[1]。

在这十七八年间,湖北枪炮厂产品的精良受到李鸿章的称道,张之洞的气魄使李鸿章折服,东邻日本派人参观汉阳铁厂,汉口工商业的发展速度为欧美舆论所关注。湖北洋务活动的影响已超出了本省。湖北成为现代化事业特色鲜明、影响巨大的省份。张之洞因此成为洋务运动后期的领袖。

19—20 世纪之交,清廷与张之洞在湖北现代化事业的决策上,与前几次比较,在认识上有所提高:考虑御外侮时,不再单纯限于军事,而是从"军战"扩及"商战""工战"和"学战";在这场全面斗争中,将经济放在关键地位;考虑工业建设时,不再限于军火、军需工业,而是把工业作为一个有机的整体,安排基础工业、原材料工业,轻工业与重工业,民用工业与军事工业;注意到工业与商

---

[1] 赵德馨、周秀鸾:《张之洞与湖北经济的崛起》,《江汉论坛》1998 年第 1 期。

业、农业及教育、社会风气、沿海与腹地等多方面的关系。这些因素构成洋务运动进入新阶段的标志。

在张之洞关于湖北模式的决策过程中,清楚地反映了张之洞及其幕僚们与湖北人民(包括在湖北活动的外省籍人)对西方国家侵略中国的强烈反应:抵抗,学习,谋求振兴的愿望;清楚地反映了中华民族长期发展过程中所形成的物质的、精神的基础和历史机制的作用;清楚地反映了上述二者的矛盾、冲突、消长或结合。张之洞离湖广总督任后的第四年,武昌城头响起了辛亥革命首义的枪声,取得成功,并迅速传播到海内外。张之洞从事洋务活动的目的是巩固清王朝的统治,可结果却为埋葬清王朝的民主革命准备了物质技术和阶级等客观条件。这是可以理解的,合乎规律的:经济、教育、文化、军队、思想的现代化的花必然结出政治现代化之果①。

张之洞在湖北的洋务活动,1895 年之前来势迅猛,1895 年之后则困难重重。张之洞的湖北模式,一半是喜剧,一半是悲剧。此中原因,一是中国在中日甲午战争中失败,巨额的对日赔款使清政府无力拨出巨款支持工业化计划。二是模式的个人色彩太浓。它无处不带有张之洞的痕迹(在这个意义上,湖北模式也可称之为张之洞模式)。人在政存,人走政废。张之洞离开湖北后,这个模式也就难以运行和发展。三是经济、教育的现代化与政治的现代化不同步,君主专制的政治体制成了现代化最主要的障碍。没有国家独立与相应的政治制度的保障,经济、文化的现代化难以成功。正因为如此,争取国家独立和推翻与现代化进程不相适应的政治制度的辛亥革命,终于紧随其后就在此地发生。这是张之洞湖北模式历史意义的一个重要方面。

原载陈锋、张笃勤主编《张之洞与武汉早期现代化》,中国社会科学出版社 2003 年版。

---

①赵德馨、周秀鸾:《湖北经济近代化进程与武昌首义》,《中南财经大学学报》1991 年第 6 期。

张之洞"中体西用"论评议

摘要: "中体西用"是张之洞文化观的纲要,也是他主持变法、推行新政的纲领。学界对"中体西用"论的评议,通常局限于张之洞的《劝学篇》等论学文字,而忽略了他在事功方面的成就。张之洞在推动清末新政和立宪运动中,表现出的对西洋民主宪政的部分认同,实际上已修正了其早前不重"西体"的观念。同时,"中体西用"蕴含常与变的文化结构,其宗旨是在坚持本民族文化传统的前提下,既要学习西方,又不能完全西化。这种文化模式是立体、多维的,而非片面、单一的。这对于我们思考中西文化的关系问题,仍有一定的启发意义。

关键词: 张之洞;中体西用;西体;文化保守主义

"中体西用"是张之洞文化观的纲要,也是其主持变法、推行新政的纲领。学界通常围绕张之洞的《劝学篇》,据此阐释其"中体西用"论的内涵,认为"中体"指称儒家的纲常伦理之学,"西用"是指西洋的科技器物之学。由此,人们或批评张之洞背反"体用不二"的原理,将体与用割裂为两截,令"中体"成了无"用"之学,"西用"则成了无"体"之术①;或批评张之洞保守而不通世变,既固守传统的伦常名教,且未明达"西用"之"体",完全拒斥西方的民主宪政,其以学习西洋器技之学为主的洋务实践,自然无法从本质意义上推动中国的现代化进程。

这些说法虽不无道理,却亦未免偏颇。因其未能同情地理解张之洞的处境,而以后见之明苛责古人。陈寅恪自述其"议论近乎湘乡、南皮之间",是谓

---

① 王尔敏指出:"就窄狭的定义而言,体用一源,本极浅显,实不可以假定清季学人,原不知晓。"王氏因而认为,从体用一源的思维来否定"中体西用"论,这是"漠视此一观念应有之地位,对于成就的估计,似乎太轻率了"。参见王尔敏《晚清政治思想史论》,广西师范大学出版社2005年版,第32—43页。

中学之体,未可偏废。同时,学者往往局限于《劝学篇》一书,或稍涉张之洞的《輶轩语》《书目答问》等论学文字,而忽略了张之洞在事功方面的成就。他在湖广总督任上创办新式学堂所厘定的西学课程,以及他在推动清末新政和立宪运动中,表现出的对西洋民主思想与宪政的部分认同,实际上已经修正了其早前不重"西体"的观念。因此,张之洞的"中体西用"论究竟有哪些主要内容,在其晚年思想中是否发生变化,应该如何评价,这些问题还有重新探讨的必要。

一、体用论及其内涵

近代以前,"体用"作为中国哲学的基本范畴,主要是呈现形上之思的本体论,强调本体与现象的相即相因与圆融不二。而在近代,"体用"则与古今、中西的文化之争等问题相结合,向文化观、知识论的领域扩展。早期的经典表述是"中体西用"论,学界通常将张之洞的《劝学篇》作为典型代表。这种文化观虽然遭受诸多非议,但近现代中国学者在批评之余,又沿袭"体用"概念来表述其文化观念,只是"体用"分别对应的知识对象发生了变化,或以西学、马学为体,而以中学为用,乃至取消中学,纯粹以西学为体用。

无论何种体用论,其宗旨均在于探索中国向现代转型的方案。张之洞也是如此。笔者曾指出,张之洞"中体西用"的中心思想是:在坚持本民族文化传统的前提下,既要学习西方,又不能完全西化。这种文化模式是立体、多维的,而非片面、单一的。在《劝学篇》中,张之洞在"中学"与"西学"的关系上,提出"体"与"用"的命题;在"内学"与"外学"、"旧学"与"新学"的关系上,提出"本"与"通"的命题;在器与道德的关系上,提出变与常(不变)的命题;在政与学的关系上,提出"表"与"里"的命题①。由此,张之洞尝试沟通内外、新旧、本末、道器、表里之学,以达其经世致用、保教强国的目的。这是传统士人群体自鸦片战争以来的共同信念,而张之洞以"中体西用"一词来概括,并在《劝学篇》中将这种信念及文化观阐述得更加理论化和系统化了。

同时,笔者曾细致地辨析"中体西用"论的内涵,并指出其中的要义是,文化具有连续性的常道,也有阶段性的权变,文化的发展应在常中求变,在变中

---

①赵德馨:《张之洞:忠臣、学者、改革家》,《百年潮》2011 年第 4 期。

守常。"中体西用"的"体"即是恒常之道,在张之洞而言,它是指儒家内圣的道德伦理学,属观念上的价值体系;"用"则是变化的器物,指西方现代的科学技术知识,属物质上的工具层面。作为"体"的中学是形而上之道,作为"用"的西学则是形而下之器,"中体"与"西用"的结合,就是道与器的统一,道不变而器日新,故"中体西用"论蕴含常与变的文化观,是要谨守常道而求其变通。"中体西用"论所蕴含的文化发展之常与变的关系,是以普遍的、确定的恒常之道为主导,而以特殊的、不确定的变化之器为辅助,前者保证文化发展的连续性,后者实现文化发展的创新性。这与孔子所谓"因与损益"的文化观相一致[1]。

张之洞强调"中体"之学的优先性,因在他看来,儒家名教的"三纲五常"是永恒不变的常道。他说:"五伦之要,百行之原,相传数千年更无异义。圣人所以为圣人,中国所以为中国,实在于此。故知君臣之纲,则民权之说不可行也;知父子之纲,则父子同罪、免丧废祀之说不可行也;知夫妇之纲,则男女平权之说不可行也。"[2]在《劝学篇》中,张之洞把西方的民权思想视为"召乱之言",也就是异端邪说,而"辟邪说"是其著述的一大宗旨。这种坚守纲常、严拒民权的说法,从现代视域看是保守的,但也值得同情与理解。因为,西学东渐之初,国人对西方的民主政治理论与制度的了解甚少,简单的以为民权之说必与纲常之教相对立。如张之洞所言,中国传统社会的政治、伦常、价值等秩序皆依儒教而立,儒教的瓦解则意味着固有秩序的颠覆,在尚未明了如何建构新秩序之前,国家、民族恐有动荡和败亡之忧。这种忧患在积贫积弱的晚清中国,是比较普遍的,也是可以理解的,因时至今日,这样的担心依然存在。而且,张之洞与时人一样,对民权政治的认识有一个渐进的过程,随着了解的深入,他后来参与清末新政与立宪运动时,已不再完全排拒民权政治思想(详见下文)。

需要进而辨析的问题是,儒家思想及其道德学说是否完全背离现代性,而不具有存在的价值。张之洞以中学为"体"的说法,乃赓续传统经学家的"经为常道"的理念,相信儒家思想及其道德学说仍然具有普遍性与恒常性。然而,近现代的文化激进主义者引入"优胜劣汰"的进化法则来衡论中西文化,他们将儒家思想与传统社会形态进行绑定,在他们看来,现代社会所对应的是以西学为代表的现代文化,中国的现代化进程不仅是物质层面上的现代化,更重要

---

[1]黄燕强:《近代中国的知识进化论及其反思》,《武汉大学学报(人文科学版)》,2016年第3期。
[2]张之洞:《劝学篇》,赵德馨主编《张之洞全集》(第十二册),武汉出版社2008年版,第163页。

的是思想、道德层面的现代化，而传统道德礼教呈现的是"丑恶病态的东方文明"（吴稚晖语），因而不具有普遍性和确定性，是毫无价值的封建文化。如陈序经说："中国固有的道德，是一般人所称道为国魂所在。他们忘记了道德上的信条，并非施诸万世而皆准，放诸四海而可用。他们忘了道德也不外是文化的一面。旧的道德只能适用于旧时境。时境变了，道德的标准也随之而变。"①如前所述，张之洞的"中体西用"论蕴含一种常变统一的文化观，他主张在常中求变，而陈序经所代表的文化激进主义者认为，文化时刻处于日新月异的动态发展之中，这是一种只见文化之变而不见文化之常的单线直进式的思维。如今，我们已不再片面地根据社会形态来定义文化的性质，亦不再将儒家思想及其道德学说简单地宣判为封建文化。当重新体认儒学的现代性及其普遍性时，我们对张之洞持守的"中体"说，大概也就能给予适当的同情与理解了。

以张之洞持守的"三纲五常"为例。近百年来，人们将"三纲五常"视为儒家名教的奠基石，不只是文化激进主义者，乃至部分文化保守主义者，都将其与现代性对立起来，称其为钳制天下、禁锢思想的工具，必须禁止而废绝之。人们的批判并非没有道理，但也值得商议。陈寅恪说："吾中国文化之定义，具于《白虎通》三纲六纪之说。"②他称此为中国文化精神的核心要义。贺麟在1940 年发表的《五伦观念的新检讨》一文中指出："不能以经济状况、生产方式的改变，作为推翻五伦说的根据。因为即使在产业革命、近代工业化的社会里，臣更忠，子更孝，妻更贞，理论上、事实上都是很可能的。"③他进而阐发"五伦"的现实意义："五伦又是五常的意思。五伦观念认为人伦乃是常道，人与人之间这五种关系，乃是人生正常永久的关系（按：五常有两种意义，一指仁义礼智信之五常德，一指君臣、父子、夫妇、兄弟、朋友之五常伦，此处系取第二种意义）。换言之，以五伦观念为中心的礼教，认为这种人与人的关系，是人所不能逃避、不应逃避的关系，而且规定出种种道德信条教人积极去履践、去调整这种关系，使人'彝伦攸叙'，而不许人消极的无故规避。……总而言之，五伦说

①陈序经：《东西文化观》，田彤编《中国近代思想史文库·陈序经卷》，中国人民大学出版社 2015 年版，第 87 页。

②陈寅恪：《王观堂先生挽词并序》，《陈寅恪集诗集》，生活·读书·新知三联书店 2001 年版，第 12 页。

③贺麟：《五伦观念的新检讨》，《文化与人生》，商务印书馆 1988 年版，第 52 页。

反对人脱离家庭、社会、国家的生活，反对人出世。"①因此，贺麟赞成对五伦观念的批评，但他反对完全否定五伦观念，而主张对五伦观念进行"修正与发挥"。冯友兰、韦政通等所持见解亦大致如是。在政治层面，孙中山提出忠、孝、仁爱、信、义、和平作为"中华民国"的道德准则，这是对五伦的修正与继承。现代学者和政治家对五伦观念的重新诠释，提示我们应该思考的是传统道德伦理的价值及其在现代社会的创造性转化，而非片面地予以全盘否定。那么，张之洞对儒家纲常伦理的持守，其中自然有可以非议者，但传统伦理体系所透显的道义与人性等内涵，其实是和现代性相契的。

如果说张之洞维护"中体"是对文化之常的体认，那么他对西方器技之学的提倡，就是对文化之变的深切体察。晚清中国处于三千年未有之大变局，作为封疆大吏的张之洞既亲历其中，亦忧患其事。他说："今日之世变，岂特春秋所未有，抑秦、汉以至元、明所未有也。"②至于如何挽救变局，时人或言新学，或守旧学，在张之洞看来，守旧者是不知通变，故将"无应敌制变之术"，而趋新者是不知本原，则将"有菲薄名教之心"。新旧之间的对立及其相互论争，不仅将令名实淆乱，且将鼓荡人心，而祸害中国，以致败亡。因而，张之洞突破中学的局限，转向西洋学术中寻求强国之术，这体现的是比较文化的视角。张之洞从中西文化的比较中认识到，无论是中学抑或是西学，其中既有优点，也存在盲点。中学之所长在纲常伦理之道，所短在科技器用之学，西学的长短正好与中学相反。张之洞以"中体西用"来表述其文化观，其目的正如汤震所言，"求形下之器，以卫形上之道"③，而使中学与西学在体用模式中互补互通，以实现"会通中西，权衡新旧"，进而以缓进维新的方式达致保教强国的理想。

诚如批评者所说，西学亦有体有用，完全拒斥西方的本体之道，单纯的学习西方的器技之学，是将体与用分为两截，无体之用必不能发生实际功效，洋务运动及清末新政等未能实现强国的目的，就是最好的证明。从历史发展的理与势而言，民权自然是现代社会的必由之路，张之洞的《劝学篇》将民权论判定为邪说，显然是背离现代化的救亡之法。需要我们同情和理解的是，张之洞等说中学以道胜而西学以器胜，这种明显带有中学本位主义的立场，是尊经时

---

① 贺麟：《五伦观念的新检讨》，《文化与人生》，商务印书馆1988年版，第53页。

② 张之洞：《劝学篇》，赵德馨主编《张之洞全集》（第十二册），武汉出版社2008年版，第157页。

③ 汤震：《危言》卷一《中学》，郑观应、汤震、邵作舟撰，邹振环整理《危言三种》，上海古籍出版社2013年版，第273页。

代所必不可免的,是传统士大夫受儒经信仰之心灵积习的影响所使然,反映了士人群体的精神信仰。但与民国西化论者彻底、全盘的否定性思维相比,"中体西用"论者是较为理性和包容的,并表现出自觉的文化反思意识,也体现了中国文化的自我更新能力。①

如果说,在文化激进主义盛行的年代,张之洞的"中体西用"论所持守的文化保守立场,的确与西化思潮相左,那么在提倡国学和肯定儒家思想及其伦理道德蕴含普遍性与确定性常道的当代,当我们以客观的学术立场来重新解读"中体西用"时,对张之洞的"中体西用"论就应该"一分为二"地辨析。申言之,他持守的"中体"虽然存在所谓的"糟粕",但也具有合理性的"精华",不可一概而论,全盘否定。而他对西学的采纳虽然是有选择性的,但表明他深明变通之义,因而对中西文化的认识表现出理性主义的态度。这种理性自觉后来促使他有限度地接纳民主宪政。

二、从"西用"到"西体"

晚清中国的现代化探索经历了从学习西方技艺之学,到效法西方立宪政体的过程。张之洞的西学观念也是如此。一方面随着对西学的了解日益深入,另一方面技艺之学也未能实现保教强国的目标,故在维新变法失败之后,张之洞逐渐摆脱"中体西用"论的局限,他在上奏朝廷的《吁请修备储才折》等奏折中,提出诸多新观念和新举措,并在湖广地区大力兴办新式学堂、派遣学生出洋留学,在教育内容上逐渐引进西体之学。庚子事变后,张之洞联合刘坤一进呈《江楚会奏变法三折》,主张改革现行官制,渐进废除科举制度,并建立现代学制,推行君主立宪政体,凡此表明张之洞基本突破了"中体西用"的文化观念,承认西学自有其体与用。

人们常以"中体西用"论批评张之洞守旧,此非公允之言,因《劝学篇》并不完全排拒西洋的制度之学。书中所谓"西学",包括"艺"与"政"两类。其中,"学校、地理、度支、赋税、武备、律例、劝工、通商,西政也。算、绘、矿、医、声、光、化、电,西艺也。(西政之刑狱立法最善)"②。这里提到的"西政"就不仅包括物质器用层面的制度,还包括学校、律例等涉及文化教育与政治法律层面的

①黄燕强:《近代中国的知识进化论及其反思》,《武汉大学学报(人文科学版)》2016年第3期。
②张之洞:《劝学篇》,赵德馨主编《张之洞全集》(第十二册),武汉出版社2008年版,第176页。

制度。而且,张之洞特别强调"西艺非要,西政为要"。他还根据自身对西学的有限了解,介绍了西洋的议院、立法等政治制度,尽管只是零散的描述,且以批评、非议为主调,但这毕竟表明他对西洋政体的关注。由此可见,"他不仅认识到仿效'西政'、进行政制改革的重要性和迫切性,而且从较深层次上看到了政制与文化的相互依存制约关系"①。他只是不赞成康有为等维新派的速开议院说,而非从根本上反对开设议院。这种认识透露出的信息是,张之洞的文化观开始从提倡"西用"转向接纳"西体"。

所谓"西政为要",在维新派那里是理论和口号,在封疆大吏张之洞那里则得到了切实的推行。张之洞在湖广总督任上,以造就新式人才为目的,积极推广新式学堂,如在当时及后来颇有影响的自强学堂、两湖书院,还有农务、工艺、军事、师范等各种专科学堂。在《奏定学堂章程》《学务纲要》等奏折中,他建议仿效西法,建立小学堂、中学堂、高等学堂相结合的、一体化的教育制度。尽管在教学内容上,他主张以中学为主,以儒家纲常伦理为要,但他也非常重视"西政、西艺、西文"等新学,设计了诸多相关的课程内容。在维新变法时期,学堂的"中学"课业比较繁重,分散了学生的精力,影响了他们对"西学"课程的掌握。庚子事变后,教育强国的愿望并未实现,有鉴于此,张之洞调整了学堂的课程制度,重点开设和讲授"西学",而将"中学"课程安排在学生和洋教习的休课时间,形成了"西学为主,中学为辅"的格局。

除了开办新式学堂,张之洞的教育改革还表现在办报纸、译西书、变科举、派遣留学生等开风气的实践中。如果说,报纸、西书的内容是可以选择和控制的,可能将西方的民主、宪政等思想排除在外;那么,留学的举措是把学生派遣至日本及欧美等民主共和国家,其所亲见、亲历和亲学者,自然包括属于"西体"的民主宪政思想。新式教育不仅改变了教学内容,也颠覆了传统的人才选拔制度及科举制度。维新变法前,张之洞就联同陈宝箴呈奏《妥议科举章程并酌改考试诗赋小楷之法折》(1898 年 7 月),提出"合科举、经济、学堂为一事",把新式教育成果纳入人才选拔标准中。其后,从《江楚会奏变法三折》《奏定学堂章程》到由张之洞"笔削定稿"的《请立停科举推广学校并妥筹办法折》,反映了他从力主改革科举制度到停废科举、广设学堂的教育思想之转变。《奏定学堂章程》旨在确立晚清全国性教育制度,张之洞在其中贯彻了其"中体西用"的

---

① 参见谢放《张之洞与戊戌政制改革》,《历史研究》1997 年第 6 期。

思想,但也提倡"西体"之学而设立相关课程。如"参考西国政治法律宜看全文"条,就极力为西国政法辩护说:"固绝无破坏纲纪,教人犯上作乱之事。"其中更以君主立宪之日本和民主共和之美国为例,说明民主政体及其法律之与自由的关系,得出自由"不过使安分守法之人,得享其应有之乐利而已"的结论,这表明张之洞对西方民主、自由等所谓本体之学的认识,已然发生极大转变。

张之洞的文化观从"西用"转向"西体",是在参与清末新政与立宪运动中完成的。《奏定学堂章程》对"西体"的接纳表现在思想、理论之教育层面,立宪运动则是从实践层面变革传统的政治制度。庚子事变促使清廷发布改革上谕,张之洞在内忧外患下倡言"必政事改用西法",切实推行政治体制的改革。他在写给各督抚大臣的电文中表示:"其实变法有一紧要事,实为诸法之根,言之骇人耳。西法最善者,上下议院互相维持之法也。"[1]他认为,下议院暂不可开,但上议院则须仿效而行。张之洞还在电文中建议,除军机大臣与武将外,政府各级官员由其下属官员推举,经过公选后,由皇帝"钦定"、确认。在今天看来,这样的选举制度并非完全的民主,但就那个时代而言,诚如学者所评价:"张之洞主张先仿行英国国会之上议院制度的精神,其实,他的构思比英国上议院更具民主性。目的是欲使中国之官僚体制民主化。"[2]故在立宪运动之初,张之洞联合周馥、岑春煊等"又以立宪为言"[3],他起初虽反对官制改革、司法独立,但他表示立宪是"良法",是符合海内臣民之所愿的,"深盼立宪之局之必成"。预备立宪开始后,他又表示:"立宪本意在于补救专制之偏……果能事事虚衷咨访,好恶同民,虽官制仍旧,无害其为立宪政体。"[4]可见,张之洞反对改革官制并不等于反对立宪,他是将二者区别处理的。

当然,不变革中央与地方官制,不实行司法独立,那么,立宪是否能够有效

①张之洞:《致江宁刘制台,广州陶制台、德抚台,济南袁抚台、安庆王抚台、苏州聂抚台、杭州余抚台、上海盛大臣》(光绪二十七年二月十六日午刻发),赵德馨主编《张之洞全集》(第十册),武汉出版社2008年版,第270页。

②苏云峰:《张之洞的中国官僚系统民主化构思——对张之洞的再认识》,《近代中国史研究通讯》1989年第8期。

③佚名:《中国立宪之起原》,《东方杂志》增刊《宪政初纲·立宪纪闻》,1906年9月6日,第1页。

④张之洞:《致军机处、厘定官制大臣》(光绪三十二年十一月十八日子刻发),赵德馨主编《张之洞全集》(第十一册),武汉出版社2008年版,第313页。有关张之洞与晚清新政及立宪运动的关系,参见李细珠《张之洞与清末新政研究》(上海书店出版社2009年版)一书中的《预备立宪与体制变革》章。

推行？即便可以，相对西方民主立宪国而言，那也是打了折扣的宪政，既没有满足国人对宪政的期待，也不能真正地革故鼎新，实现保教强国的目的，似乎还加速了清廷的衰亡。张之洞在立宪问题上的主张，的确略嫌保守，不如康梁那般进步，但他这时对民主宪政的认识已有所深入。他说："考各国立宪本指，不外乎达民情、采公论两议。""民情"就是民众的意愿，"公议"指多数人的意见，他理解的"立宪"就是体现多数民意的政体，这是符合西方民主政治思想与制度的。在不动摇君主制的前提下，张之洞对此民主政体是赞成的，所以他主张仿行英国、日本的君主立宪制。这种改革是不彻底的，却并非完全如批评者所谓之封建、顽固的①。同时，"中学"与"西学"的概念是以地域来描述文化形态，张之洞对"西体"的部分认同，表明他的文化观在一定程度上突破了地域的局限，而从新与旧的视角来审视中西文化，中学虽未必完全就是旧学，但西学的确代表了新的、现代的思想。

笔者曾指出，张之洞是一位温和的改革家，他的改革措施涉及政治、军事、经济、文化、教育、司法等社会生活的各个方面，由于长期位居枢要，他的改革主张基本得到切实推行，而非停留于纸上而已。总体而言，张之洞的改革方法是在不断致力于保持中国传统文化和价值观的同时，引进并运用西方的技术和部分制度，为保教、强国的目标服务②。所以，"中体西用"论是张之洞毕生持守的文化观念。需要注意的是，他对西学的认识由浅而深，他后来讲求的"西用"之学，已不限于声光化电等科技领域，还包括西方的自由、民主、宪政等本体之道，这是张之洞顺应世界现代化潮流的表现。

三、"中体"的内涵及其演变

如前所述，张之洞的"西学"观是发展变化的，即从最初提倡"西用"，到后期转向采纳"西体"。他的"中学"观也不是一成不变的，如他借用西学与西国政俗来论证儒家纲常伦理的现代性，他还表彰传统的史学和诸子学，又主张调和汉学与宋学，其思想的演变是与晚清学术思想变迁之大势相应的。

---

①关于张之洞对于立宪运动的态度与作用，学界有过争议。参见孔祥吉《张之洞与清末立宪别论》，《历史研究》1993年第1期；侯宜杰《张之洞对立宪的态度——与孔祥吉先生商榷》，《近代史研究》2016年第6期；彭剑《也谈张之洞对立宪的态度》，《华东师范大学学报（人文社会科学版）》2019年第4期。笔者赞同彭剑，称张之洞为"立宪的稳健积极派"。
②赵德馨：《张之洞：忠臣、学者、改革家》，《百年潮》2011年第4期。

从《劝学篇》强调儒家的三纲五常，到立宪运动时维护儒家礼教，张之洞始终是儒家纲常伦理的卫道者，他也以自身的道德操守来践行之。同时，为了论证儒家纲常伦理的普遍性，他还比较了中西文化精神的异同。如对于政治制度，张之洞说："尝考西国之制，上、下议院各有议事之权，而国君、总统亦有散议院之权。若国君、总统不以议院为然，则罢散之，更举议员再议。君主、民主之国略同。"他认为，这是"西国固有君臣之伦也"。对于家庭伦理问题，张之洞指出："'摩醯十戒'，敬天之外，以孝父母为先。……是西国固有父子之伦也。"对于婚姻风俗，张之洞说西国"女自择配，男不纳妾"，这是大异于中国的，但西国的女子不参预国家政事、议院、军旅、商之公司、工之厂局等，这是与中国相近的，"是西国固有夫妇之伦也"①。可见，张之洞旨在借用西洋国家的政治制度、家庭伦理和婚姻风俗等，论证"三纲"的普遍性。这样牵强附会的比附，既扭曲了西学，也在一定程度上歪曲了中学，而且违逆了现代化的潮流；然张之洞的本意是在说明"西学之精意通于中学"②，甚至说西学乃源于中学，故中西之学是体用互补的。这种比附的另一目的是说明儒家纲常的现代性，前文述及的贺麟等也是如此，贺氏的诠解自然是更具理论性的。

值得注意的是，张之洞作为忠实的儒学门生，他终生无法也无意背离儒家的纲常名教，但他又深通世变，随着对西国政俗的了解愈多，且随着传统纲常伦理因晚清中国之衰败而备受批判，张之洞对传统礼教的认识，似乎发生着某种变化。尽管我们很难从张之洞的文字中看到他对礼教的反思，但他在事功方面的成就，透露出其礼教观念的转变，这就是中国第一所女子师范学堂的设立。1907 年 3 月 8 日，张之洞主持的学部颁布了《奏定女子小学堂章程》和《奏定女子师范学堂章程》，此前一年则在天津成立了女子师范学堂。同是 1906年，张之洞将李文藻创办的湖北女子师范学堂改为官办学校。这是他支持女子教育的例证。《章程》仍注重妇德，强调人伦道德教育的重要性，但也明确"以养成高等小学、初等小学女教员，期于女子普及（教育）为宗旨"，为中国现代女子教育开创了先河。张之洞支持女子教育的普及，大概是受当时的女性解放运动所启发。他可能没有发表过颠覆"夫为妻纲"的话语，但他在行动上

---

①张之洞：《劝学篇》，赵德馨主编《张之洞全集》（第十二册），武汉出版社 2008 年版，第 163—164页。

②张之洞：《劝学篇》，赵德馨主编《张之洞全集》（第十二册），武汉出版社 2008 年版，第 158 页。

助推了女性的解放。

作为儒家传统中培养出来的士大夫,张之洞对社会与人伦秩序的理解,自然是以纲常名教为核心,因而他特别关心儒家思想的现代命运。面对西学的冲击,他几乎是本能地起来卫道保教。不过,相对于宣称"舍经无所谓道"的卫道士而言,奉守"中体西用"论的张之洞,在文化观上表现为于常中求变和于变中守常,以会通中西新旧之学为宗旨。如前所述,这种变通观念促成他由博采"西用"到有限度地接纳"西体",也促使他以较为开放、包容的态度来对待传统的史部、子部和集部之学。他说:"今日学者必先通经,以明我中国先圣先师立教之旨;考史,以识我中国历代之治乱、九州之风土;涉猎子、集,以通我中国之学术文章,然后择西学之可以补吾阙者用之,西政之可以起吾疾者取之,斯有其益而无其害。"①经史子集和西学构成了一个庞杂的学术体系,儒经及其经学代表的是本体之道,其余则为致用之学。虽有体用本末之别,但张之洞认为"读书期于明理,明理归于致用"②,这种经世致用的工具理性,使张之洞突破了"唯有儒经"的思维,不再将儒经义理作为建构世界秩序所唯一合适的精神要义。变通的观念还使张之洞打破了门户之见,他说:"学术有门径,学人无党援。汉学,学也;宋学,亦学也。经济辞章以下,皆学也。不必嗜甘而忌辛也。大要读书宗汉学,制行宗宋学。……学人贵通,其论事理也,贵心安。"③汉学与宋学互有短长,如中学与西学各有优劣,张之洞反对偏执一隅,而以融会贯通诸家之学为旨趣。

张之洞对先秦诸子学的评议,亦体现了其介于新旧之间的文化观。正统经学家通常称"道"在儒经之中,诸子则为异端邪说,经与子是对立的关系。清代考据学以实事求是的方法研究经书,为考究儒经字词的义理,学者博采诸子典籍以证经、释经。这在某种程度上改变了诸子为异端的观念,如章学诚称诸子"有得于六经道体之一端",经与子是同质的关系。晚清学者为接引西方的格致之学,乃以诸子学与之相格义,甚至称先秦子学为西学之本源。这种思想观念的变化,同样体现在张之洞的"中学"观中。他说:"子有益于经者三,一证佐事实,一证补诸经伪文、佚文,一兼通古训、古音韵。……至其义理虽不免偏

---

① 张之洞:《劝学篇》,赵德馨主编《张之洞全集》(第十二册),武汉出版社 2008 年版,第 168 页。

② 张之洞:《辅轩语》,赵德馨主编《张之洞全集》(第十二册),武汉出版社 2008 年版,第 208 页。

③ 张之洞:《创建尊经书院记》,赵德馨主编《张之洞全集》(第十二册),武汉出版社 2008 年版,第 370 页。

驳，亦多有合于经义，可相发明者。""以经学家'实事求是'之法读子，其益无限。大抵天地间人情物理，下至猥琐纤末之事，经史所不能尽者，子部无不有之。其趣妙处，较之经史，尤易引人入胜。故不读子，不知瓦砾糠秕无非至道；不读子，不知文章之面目变化百出，莫可端倪也。(今人学古文，以为古文。唐宋巨公学诸子，以为古文，此古文家秘奥。)此其益人，又有在于表里经史之外者矣。"①张之洞认为，诸子学多合于儒经义理，但他并未明确地说诸子是六经的"支与流裔"，而是认为先秦诸子与经史相表里。他进而指出，子部所囊括的学问，其广博乃超越经史之学，而诸子文章之妙趣，也远胜于经史之书，唐宋的散文运动便是宗师诸子之文的结果。所以，张之洞倡导研读诸子典籍，称其中包含经史之外的至道。那么，"道"不仅在六经之内，也在六经之外，尤其是在诸子书中。但在如何研读子书的问题上，张之洞仍然局限于考据学方法，他主持编定的"癸卯学制"，将"哲学"学科排除在外。王国维撰写《哲学辨惑》与之商榷，因王氏与同时代的梁启超、章太炎等提出"子学即哲学"的命题，尝试以西洋哲学诠释先秦诸子的思想，从而开启了以诸子学为主的中国哲学之研究。相对而言，张之洞对"哲学"的排斥及对诸子学研究方法的认识，就显得有些保守了。

　　保守与激进是相对之词，但保守不等于落后和退化，只是采用较为稳健的变革方式而已。作为晚清文化保守主义的典型代表，张之洞始终立足中国文化本位，褒扬儒家经学及史部、子部和集部之学，主张以渐进的方式变革传统政制与文化。然而，20世纪初的中国，激进主义在社会变革问题上演变成革命思潮，而在文化转型问题上发展为欧化思潮。欧化论者引入"优胜劣汰"的进化法则来评判中国传统文化。在他们看来，相比于进步的、现代的西学而言，"中学"已不具有现代性价值。这激起了张之洞和近代中国文化保守主义者对文化主体意识的坚守。张之洞告诫国人，文化之亡即是国家之亡，假如欧化流行，"三十年以后则宿儒已尽，后学茫然，必致无人能解，从此经书废绝，古史亦随之，中国之理既亡，中国岂能自存乎"。况且，"地球万国，未有自忘其语言文字而能自立自强者。中文未通，专习洋文，则不能读中国之书，明尧舜周孔圣教之理，不能知中国古今事，不能办公牍，不能与平人通书札。即使谨厚无他，

①张之洞：《輶轩语》，赵德馨主编《张之洞全集》(第十二册)，武汉出版社2008年版，第202页。

亦终不堪大用,况浮薄忘本,势所必至乎"①。民族国家的认同并非完全依赖于有形的地理疆界,而且寄存于无形的文化意识之中,故文化主体意识的自觉关乎民族国家之存亡。章太炎说:"国粹尽亡,不知百年以前事,人与犬马当何异哉? 人无自觉,即为他人陵轹,无以自存。"②国粹学派主将如邓实、黄节等,均表达过学术亡而国家随之以亡的忧患。张之洞始终持守"中体",即便是对"西用"的接纳,也要以"中体"为主,即如陈寅恪所言:"一方面吸收输入外来之学说,一方面不忘本来民族之地位。"③张氏的文化主体意识是与民族国家之认同息息相关的,他创建新式学堂以输入西学,又筹办存古学堂以护持中学,其宗旨即如陈寅恪所言。可见,相对于整体性的肯定或否定中国传统文化,张之洞的文化观蕴含某种中道理念,而致力于调和折衷汉学与宋学、中学与西学。

"中体"的核心是儒家经学,在传承与研读经书的问题上,张之洞的主张与20世纪初的国粹学派之宗旨是相近的。在《奏定学堂章程》中,张之洞重申了读经的重要性:"今学堂奏定章程,首以经学根柢为重。小学、中学均限定读经、讲经、温经,暑刻不减少。计中学毕业,共需读过十经,并通大义。而大学通儒院,更设有经学专科,余如史学、文学、理学诸门,凡旧学所有者皆包括无遗,且较为详备。盖于保存国粹,尤为兢兢。"经学是"中学"的根柢,在学校教育中以经学为核心,兼及史、子、集等部类的学问。这是张之洞保存国粹的设想,他还建议创立存古学堂,并就学制、师资、经费等方面提出切实可行的方案。及至民国成立,教育部一度废除读经,曾经的国粹学派领袖如章太炎,依然强调读经的重要性,呼吁重开经学一科,而熊十力的《读经示要》一书亦反复申论"经为常道,不可不读"的理念。时至当代,李学勤表示:"国学的主流是儒学,儒学的核心是经学。"④近年来,国内高校重新设立经学学科,培养研究经学的读书种子,冀以保存国粹,如张之洞厘定学堂章程之宗旨。

最后,张之洞身后百余年,学者或毁之或誉之,至今尚无定论。其"中体西用"论也是如此,时至今日,无论赞成或反对,人们在讨论中西文化关系时,依

---

①张之洞:《筹定学堂规模次第兴办折》(光绪二十八年十月初一日),赵德馨主编《张之洞全集》(第四册),武汉出版社 2008 年版,第 94 页。

②章太炎:《印度人之论国粹》,《章太炎全集》(八),上海人民出版社 2014 年版,第 384 页。

③陈寅恪:《冯友兰中国哲学史下册审查报告》,《金明馆丛稿二编》,生活·读书·新知三联书店2009 年版,第 284 页。

④李学勤:《国学的主流是儒学,儒学的核心是经学》,《中华读书报》2010 年 8 月 4 日。

然要面对中学与西学孰为体、孰为用，或孰为本末、主辅的问题。时人曾说："自张南皮薨逝，吾国文化前途成一莫大之问题。"①这并非说张之洞为中国文化前途之所系的关键人物，而是说他提出了如何处理中西文化问题的方案，在中国日益融入世界的新世纪里，这是关心中国文化前途命运的人，所必须思考的紧要问题。20世纪伊始，梁启超在《中国史叙论》中把中国历史分为"中国之中国""亚洲之中国"和"世界之中国"三个阶段，中国文化因而与亚洲及世界的其他文明发生联系。至于如何调和中西文化，梁启超开示的方法是"勿为中国旧学之奴隶"和"勿为西人新学之奴隶"。前者是要完成中国旧学的现代化，后者是要促成西方新学的中国化。这是萧萐父所谓的"两化"，即中国传统文化的现代化和西方先进文化的中国化，探寻传统与现代、中学与西学之间的历史接合点②。

客观地说，张之洞的"中体西用"论并未能解决"两化"的问题。因而在激进主义流行的时代，"中体西用"论受到诸多的批评，而在复兴传统文化、回归国学与经学的当代，我们自然不能将西学理解为致用的技艺之学，也不能毫无保留地继承"三纲五常"的伦理教条，但是"中体西用"概念提示我们，"中学"蕴含确定性与普遍性的常道，如何在继承"中学"时，坚守中国文化的主体性意识，又如何摆脱文化本位、全盘西化的思维，创造性地完成"中学"的现代转型，从而融会贯通古今中西，在世界文化结构中凸显中国文化的角色和因子，这仍然需要我们共同努力。

此文与黄燕强合作，原载《学习与实践》2020年第12期。

---

①佚名：《论文化之前途》，《时报》，宣统元年八月二十八日。
②萧萐父：《中国传统文化的现代化与西方先进文化的中国化》，《吹沙二集》，巴蜀书社2007年版，第46—47页。

求全·求真·求准

——编辑《张之洞全集》的做法与体会

1989年4月《张之洞全集》编辑组成立时，确定以北平文华斋1928年刊刻的由王树枏编《张文襄公全集》为底本，做如下三项工作：一、辑佚；二、求真；三、断句。努力的目标是：文献求完备，编次求有序，版本求真实，校勘求精审，断句求准确，出注求简约，便于使用，有裨研究工作。

在此书编辑整理工作已进行四年并被列入国家第九个五年出版计划的重点图书之后，1993年，河北人民出版社组织编辑《张之洞全集》，并于1998年出版（下文简称河北版）。该书收录丰富，使我们受益匪浅。但觉得仍有继续工作的必要，并力求做到比该书在各方面都有所进步，文献更多一点，真一点；断句准一点；错漏少一点；编排更合理一点。我们的书后出，理应如此。

1. 求全。20世纪50年代，我在收集中国近代经济史资料的过程中，发现一些张之洞文献未收入《张文襄公全集》，遂萌生辑佚补充之念，留心遗漏之篇，经二十余年，小有积累。此书编辑组成立后，搜集工作的足迹遍及可能藏有张之洞文献之所。多年的搜寻，得新文献9000余件。在编辑整理中，除去重复者、经考证实非张之洞所作者、有疑待考证者以及不符合此书收录原则（反映张之洞的生平、思想、行动和他生活的环境）者，余下的补入底本。此书收录文献共13600余件，比底本多6900余件，比河北版多2600余件。在当前阶段，它应当算是一种比较完备的本子。

此处计件的标准是标题，一个标题为一件。为了与底本编辑体例一致，此书有某一标题包含多件文献者，如"致李兰荪宫保"标题下含95首，均为底本及河北版所未录。按照河北版的做法，这可以列为95个标题，算成95件。依此种口径统计，仅书札类便比原统计数多193件。因此，实际字数的增加幅度大于件数的增加幅度：与底本比，件数增加 1 倍有余，字数则增加 2 倍多；与河北版比，件数增加约 1/4，字数则增加约 1/2。

此书中的一些文献，标题与底本、河北版同但内容不同。完全不同的，新旧文本在同一标题下并存。部分不同的，依《凡例》版本互校所定的格式处理。这样做，既保存文献原貌，又便于读者辨析。事实上，这是或增添新文献，或用新文献置换旧文献。在统计件数时，这些新文献应归入新增数列。出于对底本的尊重，仍将它们纳入底本原有数中。若改放在新增文献类，则新增部分比上文所说的数量更多，增加的比例更大。以奏议为例，底本 732 件，此书 3108 件，比底本多 2376 件，约是底本的 4.3 倍。且底本的 732 件中，有 163 件奏折已被《光绪朝朱批奏折》《宫中档光绪朝奏折》《京报》中的版本所置换，保留在此书的为 568 件，仅占此书奏议的 18.3％。其余 81.7％是新增的。就此而言，此书的奏议部分大概可以称之为《新编张之洞奏议》。就全书而言，按文献件数计是底本的 2 倍多，按字数计则是 3 倍多，若将此书称之为《新编张之洞全集》，似乎也是可以的。

需要强调的是，此书虽称"全集"，实则难全。这是因为：张之洞的部分文献已经失落，存世者已经不全；可能存世的某些文献，无人知其藏处；知道藏处的，个别藏者出于种种原因不让我们使用；在我们得到的文献中，有的真伪待考，不便收入；有些真文献，因与此书收录原则不符，没有收入；张之洞的文献仍在不断被发现或披露中。看来，将来编辑《张之洞全集补遗》，势在必然。于1987 年 6 月开始此书的筹划工作，至今已逾 20 年，交给读者的却是一个仍然不全的本子，留在心中的是无法驱散的无奈与遗憾。

2. 求真。编辑整理前人的文集，第一要紧的事是收录的文献是集主的。这就要做求真工作。对于以《张文襄公全集》为底本编辑《张之洞全集》来说，要做求真工作还有特殊的原因。我们在编辑整理过程中发现，底本所录与清代档案中所藏或《京报》所载的同一件奏折，在内容上往往有出入，有的且立意相反。其原因在于王树枏编辑《张文襄公全集》所据的主要是张之洞的"遗草"，即奏折的草稿。

在张之洞文献中，最重要的当数奏议。王树枏在刊本《张文襄公全集·凡例》中写道："文襄公久历疆圻，晚登枢府，平生勋业，每多见诸奏议。无锡许君同莘辑公遗集，搜罗甚富。兹集复就当时朝章邸报及京外官署档案中勤加补辑，硕画吁谟，粲然大备。"而许同莘在《编辑张文襄公全书叙例》中，对奏议部分的依据有如下说明："公扬历中外,垂四十年,前席陈言,封章论事,枢机慎密,不得备闻。而遗草满簏,犹数百册。兹辑为五十卷。遗簏无存稿者,就史馆月折、总署档案及邸钞官报之属检钞增补。"于此可见底本中奏议的基本来源是张之洞的"遗草"。只是"遗簏无存稿者",才"就史馆月折、总署档案及邸钞官报之属检钞增补"。问题就出在基本来源是遗草而不是定本。我们将底本与清代档案、《京报》中的张之洞奏折加以比对,发现两类情况。一类是所言之事相同但文字不同,其中又有完全不同与部分不同两种情况。另一类是有无之别,其中又分底本有而档案和《京报》无、底本无而档案和《京报》有这两种情况。这最后一种情况,可能是许同莘所说的"遗簏无存稿者",又未及"检钞增补",也可能是由于底本编者认为那些奏折不甚重要,弃而不录,今人无从揣断。

为什么会出现底本有而档案、《京报》无这种情况?可能性之一是未奏呈。这种奏折现存 3 件,均属张之洞去世前夕之事。对张之洞文献而言,这是一种例外。可能性之二是这些遗草未成定稿,也未奏呈,故档案中不可能有,《京报》也不可能刊载。可能性之三是档案遗失,《京报》恰巧也未刊载。《京报》漏刊某一件奏折,这有可能。档案保存过程中遗失某一件奏折,也有可能。这两种情况发生在同一件奏折上,只能是一种巧合,可能性极小。现在的事实是底本中这种情况的奏折多达 568 件,它们是不同年份的,内容又并非不可保存和不能公开的。据此推测,其中一部分很可能是具草未奏之折。底本中的这类奏折约占底本奏折总数的 77.6%。因对它们的性质不能作出准确判断,故此书仍保留之,请读者使用时多加留意。

从所言之事相同而内容完全不同这种情况的出现,可以推断档案所藏或《京报》所载是定本,底本所录是废稿。这类废稿的产生,大概是由于张之洞认为僚属所拟之稿没有修改的基础,弃之不用,重新另拟。从所言之事相同而部分文字不同的情况的出现,可以推断档案所藏或《京报》所载的,是由僚属草拟经张之洞修改定稿之后的奏本,底本所录则是修改之前的草稿,自然也属废稿。上述两种情况下出现的废稿与其他奏稿一起被保留下来,存于"遗簏",成为"遗草",后被收入底本。底本未收录定本却收录这些废稿,造成以废稿代奏本,以伪乱真。这些废稿属于僚属的作品,不应收入张之洞奏议之中。问题在于,这种情况并非一篇两篇,而是为数不少。这是许同莘、王树枏等人的一个疏忽。前人疏忽给后人留下去伪求真的任务。

　　求真的主要手段，一是厘清文献来源，二是考订文献真伪，三是版本互校。

　　在知道底本部分文献失真的原因后，我们特别注重文献来源的可靠性。采取的相应措施是，收集资料从档案、碑刻、张之洞手迹、当年的报纸和张之洞审定的初刻本或他在世时的精刻足本入手。版本互校严守以下准则：凡有档案本者，以档案本为准；未见档案而刊于《京报》者，以《京报》为准；凡有碑刻者，以铭文为准；凡有张之洞手迹者，以手迹为准；凡有经张之洞审定的版本，不用其他版本。为了便于读者查核，此书在增补文献下注明出处。文献数量不能尽全令我们不安，而件件有据使我们聊以自慰。

　　考订贯穿工作的全过程。收集资料时，对出处不明者考证之。整理文献时，对有疑者研究之。能得出结论的，或录或弃。不能得出结论的，暂不收入。如一个省级图书馆藏有张之洞函札稿一本，馆中人不能言其来历，细审其内容，疑窦丛生，遂弃而不录。又如张之洞以善对闻名于世，社会上流传他的联语甚多，我们收集的亦不少。河北版设有联语专目，经过考证，有的是他人作品。由于真伪一时难以逐项考明，故暂付阙如，俟他日补上。

　　许同莘在编张之洞奏议时，"其数衔会奏而确知非公主稿者，虽结衔在前，概不入集，意在征实，匪有町畦"，此种用意极好。许同莘习闻张之洞居官治事之要，能确知哪些会奏非张之洞主稿。我们离张之洞辞世已近一个世纪，无法确认会衔奏折由谁主稿。但从现存文献的对照中，可以知道有些张之洞结衔在前的会奏，是经他修改后定稿的。一般说来，凡经他同意署名的，代表他的主张，理应收入他的奏议之内。

　　在逐字比对中发现，同一件奏折，底本所录的遗草与档案所藏和《京报》所载奏折的文句不同，有占绝大部分者，有超过半数者，从中可知张之洞修改之多；也有仅数句或一二字不同者，有的改一字而意境全非，从中体会到什么叫"一字之师"。这种情况不仅奏折中有，电牍等部分中亦有。正是由于一二字的不同事关一篇奏折或一件电牍版本之真实性，故此书不仅求一篇之真，而且求一字之真。

　　依据标准文献逐字校勘，是既细致又繁重的劳动。有一些字句，不是校勘所能判断的，还要进行考证、研究。有时为了一个字，查阅资料竟日，仍有不能作出判断的，只好出注存疑。

　　通过求真过程，发现根据张之洞遗稿编辑的《张文襄公全集》中有一些不代表张之洞思想的文献，是我的收获之一。有了这种经验，再去阅读同类性质的文集,便有了新的审视目光。这种发现与经验,对后来的文献整理者与使用者,或许会有某种借鉴意义。

3.求准。此书是点校本。鲁迅说:"标点古文,确是一种小小的难事。"即使名家高手,错误也难免。就张之洞文献而言,对已经出版的点校整理本中标点的当否,多有商榷,使用标点符号的种类也各不相同。之所以出现这种情况,除张之洞文献的特殊性外,还在于古代汉语与现代汉语存在差异,适用现代汉语的标点符号并不完全适用于古代汉语。

鉴于用现代标点符号标点古文之难,我们将断句准确放在首要地位。句子是语言运用的基本单位,断句准确就是要断在该断之处,使每一句都能表达一个完整的意思。或者说,当断即断,不要因漏断而出现让人费解的长句;不该断不断,不要因错断而出现乖离文献原意的破句。相对于断句的准确而言,用多少种标点符号便是第二位的。在常用的 16 种标点符号中,与断句有关的是逗号、顿号、分号、冒号、句号、问号、感叹号、引号。张之洞文献的性质,适宜用问号、感叹号之处极少,故略而不用,在一个完整句子结束之处,一律使用句号。由于此书标点符号的使用专注于断句,所以只用那些功能与断句直接相关的标点符号,如逗号、句号、顿号以及冒号、引号,其他如着重号、专名号、书名号等注释性标点符号,均不在使用之列。

断句准确度是点校者学养的体现。有鉴于此,秉少而精原则慎邀同事。此书编辑组由 9 位专业人士组成。其中 7 位教授、2 位副教授;7 位研究中国近代史(或政治史,或经济史,或文化史,或思想史),2 位研究文献学;每人有15 年以上研读古文献的经历,其中多数是《张文襄公全集》的使用者,深知它的长处与不足。我们相约,文责自负,不假手他人。在此基础上,组内互相审阅,发挥集体优势;聘请组外专家审阅;拜托出版社编审在三校中严加挑剔,以求尽可能减少不准之处。

因断句与校勘导致此书与河北版文献同而文字和句读不同的,诸如或此或彼,或有或无,或前或后,差异之处多多,难以胜计。至于孰对孰错,谁衍谁漏,读者自有斟酌。

此书的编辑出版历经 20 载,我和我的编辑同仁虽不敢不力求精审、准确,然疏漏错失仍恐难免,敬祈读者、方家批评指正,匡我不逮。

原载《中南财经政法大学学报》2008 年第 4 期。

寻真记

——收集张之洞文献故事四则

1955 年，我在中国人民大学读研究生时，开始接触张之洞文献。在多次使用王树枏编写的《张文襄公全集》过程中发现有些错漏，产生补遗想法。我的目标是编一本比它更齐、更便于使用的全集。经过多年酝酿，将这个目标具体为六句话：文献求完备、编次求有序、版本求真实、校勘求精审、断句求准确、校注求简约。对于这六句话的内涵，我又设置了具体目标。以版本求真实而言，规定版本互校严守以下准则：凡有档案本者，以档案本为准；未见档案而刊于《京报》者，以《京报》为准；凡有碑刻者，以铭文为准；凡有张之洞手迹者，以手迹为准；凡有经张之洞审定的版本，不用其他版本。

为了求真，我费了不少精力。举如下四事为例。

四次入川得一拓片

1983 年 5 月 4 日至 6 日，我受邀参加四川省经济史学会在成都举行的成立大会。会后，与西南财经学院（今西南财经大学）李运元教授在茶馆"摆龙门阵"。他说，张之洞在四川任过学政，留下《创建尊经书院记》。1902 年，清廷下诏"废科举，兴学堂"，川督奎俊奉旨将四川中西学堂和尊经书院、锦江书院合并，组建四川大学堂，此即今日四川大学。此碑当在川大校内。我知道此碑文已载入《张文襄公全集》，今知此碑仍在，便想与现存碑文校对。

1985 年，因编写《中国近代国民经济史教程》，我再次到成都。此行，拜托西南财经大学经济学院教授刘方健和四川大学历史系教授谢忠樑找《创建尊经书院记》碑。他们告知石碑已经找不到，但有拓片。我便退而求其碑文拓片。1987 年，为上书定稿，我第三次来到成都。刘方健教授送了我一本书，里面收录《创建尊经书院记》一文。他说，此文根据拓片整理而成。我未亲眼看到拓片，仍不放心。2004年第四次入川，到成都参加中国经济史学会年会。动身之前，给四川大学历史系教授谢放（他是张之洞的研究者）写信，希望他帮我查找《创建尊经书院记》碑文拓片。会议期间，谢教授将碑文拓片送给我。经过比对，发现此拓片与王树枏《张文襄公全集》所载有一字不同。我将拓本交给编者鲁毅教授，请他再作校对，他也确定了这个字的不同。王本"诸生问曰：此可以祛不学之病矣"中的"病"字，拓本作"弊"。

三次入晋得题画真迹

2001年6月22日，作为首届中国先秦货币学术研讨会的与会者，我在参观山西省博物馆时，看到展品中有张之洞题字的《董研樵玉泉院听泉图》。我知道此题词已载入《张文襄公全集》。根据"凡有张之洞手迹者，以手迹为准"的原则，今见此手迹，当然不想放过，立刻请求陪同参观的该馆馆长助理刘军提供照片。他告诉我馆内共有3件与张之洞相关的文物。由于管理人外出，这幅画挂在玻璃框里，取不出来，不便摄影，日后定将照片给我。会后，可能是他太忙，没有给我回音。

2002年，中国经济史学会在太原召开年会，我再次访博物馆求拓片。由于刘军不在馆里，这次又是无功而返。

第三次是2005年初，我请山西大学林柏博士与刘军联系此事。经她的努力，刘军请博物馆技术人员用数码相机拍成照片发给我，此事才算完成。经过校对，《题董研樵玉泉院听泉图》中有四处与《张文襄公全集》不同，不同之处现收在由我主编的《张之洞全集》中，并一一注明。

三次入黔找一书

1907年，湖广总督张之洞被召入京，授体仁阁大学士，任军机大臣。湖北的僚属为了纪念他，1909年夏集资在武昌蛇山南麓建成抱冰堂。后人于抱冰堂设茶馆，在回廊内置藤椅，很适合饮茶聊天。1956年9月和1957年夏初，我与同教研室的吴澄华、彭瑞夫、秦佩珩等人常于晚饭后到此乘凉，每人租张藤椅躺下，买杯茶边喝边聊，甚为惬意。在此纪念张之洞之地，免不了常聊起这位才华横溢的官员兼学者的掌故。一日，秦佩珩先生说起张之洞12岁便出版了一本书，但他未能说出书名。后来发现有些书籍中也提到此事，书名或为《天香阁诗文集》《天香阁十三龄文集》《天香阁文存》。

1985 年，复旦大学叶世昌教授和贵州省人民银行金融研究室合作著述了《中国货币理论史（上册）》一书，邀请云南大学李埏教授和我一起赴贵阳审查书稿。借此机会，我抽时间调查张之洞 12 岁写的著述，然而无果。

1989 年，我开始编辑《张之洞全集》，到全国各省市收集相关资料时留意查问此书，依然没有线索。1991 年暑假，趁贵州籍研究生贾忠文回家度假，拜托他便道去贵阳、安龙查找张之洞论著，重点仍是这本书。此次，他带回 4 篇张之洞的文章，分别是《半山亭记》《十八先生祠堂记》《吊十八先生文》和《知足斋记》（它们已被收入《张之洞全集》）。至于张之洞 12 岁时出版的书，一点信息也没有得到。

2009 年，我再次来到贵阳，参加中国经济史学会年会。会后，对张之洞少年时期作品进行了再调查。我的研究生、在贵州财经大学兼职的蔡福顺教授为此请了 12 位专家开座谈会。会上，贵阳师范大学历史研究所原所长何长凤说，他在贵州省博物馆特藏室发现《天香阁十二龄课草》一书，是张之洞 12 岁在贵州读书时写的课堂作业，道光十二年由贵阳兴隆街北天成斋刻字铺刻字印行。书中有文章 8 篇、诗词赋 49 篇。这是我第一次得知此书的全称和收藏地方，非常高兴。会后，我建议由我校和武汉大学联合召开张之洞国际学术研讨会，邀请何教授参会，著文介绍该书。何教授很负责，请人点校并注释后寄给我。因《张之洞全集》项目已经结项，没有课题经费可用，我从自己的退休金中寄给他 1000 元，钱少，至今抱憾。由于收到复印件是在《张之洞全集》出版之后，只有留待以后补遗。

所谓善本非张之洞遗墨

1988 年 8 月，中山大学为纪念梁方仲教授八十诞辰，召开学术讨论会，我应邀参加。会议结束时抽空去中山图书馆收集有关张之洞的资料。副馆长王洁玉介绍，该馆南馆古籍文献部善本室藏有张之洞手迹。她带我到该室看了原件，上署"张之洞手迹"，字为行草，很难辨认。因行程安排，可以用于阅读的时间极短。从翻阅的各页中，可以确定它是某山东巡抚的幕僚为巡抚起草文件的初稿。张之洞在咸丰十年秋冬为山东巡抚文煜幕僚，帮他拟过文稿。它有可能是张之洞手迹。如若真是,则是至今未见的文献。我与王馆长商量,能否复印。她说,按规定,善本不能拿出室外,不能复印,不能拍照。她提出可以请人到馆里来抄。鉴于该稿字迹潦草难认,需要请懂书法的人才能胜任,由我付费。3个月后,她将抄好的稿本寄来。为了得到这份善本,我支出了自己5个月工资。事后,经过我和谷远峰教授的考辨,认定它不是张之洞的手迹。不过,辨认该"善本"非张之洞的遗墨,也是一个收获。

类似费力收集的资料,经考证后存疑,而没有编入《张之洞全集》的,为数不少。张之洞是有名的联语作者,社会上流传的作品很多。以黄鹤楼联语为例,有的书说三副,有的说四副,也有的说两副,经我考证,实只一副。鉴于流传的张之洞联语多为伪作,我又未能一一考证清楚,所以,在编《张之洞全集》时,本着宁缺勿滥的原则,一副也没收录。此事已作专文(《为何独缺联语?——编纂〈张之洞全集〉札记之一》),兹不赘言。

《张之洞全集》2008年出版后,我们继续收集张之洞的文献,对得到的文献做考证工作。新的成果,包括上文提到的《天香阁十二龄课草》与张之洞的联语等,计划收入即将出版的《张之洞选集》中。

原载《中国社会科学报》2016年10月27日。

为何独缺联语？

——编纂《张之洞全集》札记之一

"我于一九八七年六月开始本书的筹划工作，至今已逾二十年，交给读者的，却是一个仍然不全的本子，留在心中的，是无法驱散的无奈与遗憾。"这是我在《张之洞全集》的前言中写的一段话。这里所说的"不全"，在文体方面，指的是缺少联语一目，没有将张之洞写的联语收入其中。

我非常清楚，不将联语收录其中，是犯了两个大忌的。第一，张之洞不仅在近代政治、经济舞台上叱咤一时，在文化舞台上亦属风流人物。他的对联不仅闻名当时，而且著称后世，在民间流传甚广。不收其联语，就没有将他的联语大家的特色反映出来，会使想从全集中查找他的联语的读者失望。第二，1919 年至 1921 年出版的许同莘编《张文襄公四稿》或《张文襄公全书》，将联语作为附录。1998 年出版的苑书义等主编的《张之洞全集》也有联语一目。前人编的张之洞全集中有联语，我在他们之后编的张之洞全集却无联语，这是有违学术规范的。且我对联语虽没有深入研究，但颇有爱好，很想将张之洞的联语收入全集。那么，是什么原因使我冒着文体不全和违背学术规范的指责而不设联语之目呢？

在主编《张之洞全集》时，我坚持的一条原则是"求真"，收入的每一件文献必须注明来源，且来源必须可靠。可是，流传的张之洞联语，很少有说明出处的，真伪难辨。笔者住在武昌黄鹤楼下，现以张之洞写的黄鹤楼联语为例。

有收录四联的。如苑书义等人主编的《张之洞全集》（河北人民出版社1998 年版）。其文如下。

（一）

江汉美中兴，愿诸君努力匡时，莫但赏楼头风月；

辒轩访文献,记早发(引者按:"发"为"岁"之误)放怀游览,曾饱看春暮烟花。

(二)

爽气西来,云雾扫开天地憾;

大江东去,波涛洗尽古今愁。

(三)

对江楼阁参天立,

全楚湖山缩地来。

(四)

昔贤整顿乾坤,缔造先从江汉始;

今日交通文轨,登临不觉亚欧遥。

有收录三联的。笔者手边有两本书一篇文章。

皮明庥教授著《一位总督·一座城市·一场革命》(武汉出版社 2001 年出版),收录了上文第(一)(三)(四)首,没有收录第(二)首。

王佩元、李建良著《张之洞全传》(长春出版社 1997 年出版),收录了上文(一)(二)(四),并称(一)是张之洞任湖北学政时所作,(二)是从贵州赴京会试途经武昌时所作,(四)是 1907 年 5 月朝廷授张之洞协办大学士、仍留湖广总督任时所作。

《长江日报》2009 年 9 月 3 日第 3 版报道,张之洞与汉阳铁厂博物馆馆长顾必阶称,张之洞分别在青年、中年及老年时期在武汉三次登楼为黄鹤楼题联。其中,"第一次是 1863 年,26 岁的张之洞由贵州赴京参加会试,途经武昌,特意游览黄鹤楼。其时战乱稍有平定,张之洞登楼远眺,顿觉心旷神怡,挥笔题写一联:爽气西来,云雾扫开天地撼(笔者按:应为'憾');大江东去,波涛洗尽古今愁。第二次是其出任湖北学政(1867—1870)时,张之洞捐俸修成经心书院,率书院得意弟子游览黄鹤楼,题写一联:江汉美中兴,愿诸君努力匡时,莫但赏楼头风月;辒轩访文献,忆早岁放怀游览,曾饱看春暮烟花。第三次是 1907 年,张之洞奉调入京任军机大臣,离任前与梁鼎芬、辜鸿铭等人到黄鹤楼饮酒。其时黄鹤楼乃为警钟楼。张一行登上楼顶,凭栏远眺,武汉三镇尽收眼底:大江对岸,汉阳铁厂、枪炮厂烟囱高耸,生产热气腾腾。再看汉口,高楼林立,帆樯十里,一派生机。俯看武昌城内车水马龙,市井兴旺,城外布纱丝麻四局已成规模。回想督鄂以来历尽艰辛,换来今日繁荣景象,张之洞不禁心潮澎湃、感慨万千,这幅至今脍炙人口的黄鹤楼联也由此一气呵成:昔贤整顿乾坤,缔造先从江汉起;今日交通文轨,登临不觉亚欧遥。"顾馆长谈的,时间、地点、人物、情节、情感都活龙活现,让人不得不信。

有收录一联的,即上文(一)。如冯天瑜主编的《黄鹤楼志》(武汉大学出版社 1999 年出版)。该志对上文中(二)(三)的作者有介绍。(二)由符秉忠撰。初悬于同治年间所建黄鹤楼上。光绪十年(1884),此联与楼同遭焚毁。光绪三十四年(1908),奥略楼建成,时人重写此联挂于楼前。1985 年 6 月,新建黄鹤楼落成,吴作人书写此联,挂在大厅前面正中的两根柱上。游人登黄鹤楼时,首先映入眼帘的便是此联。将此联说成张之洞撰,可谓"符联张戴"。(三)为方维新撰。由荆沙人郭方颐书写,挂在同治年间修建的黄鹤楼正门之上。该联随楼焚而毁,后由当代书画家张仃书写,挂在 1985 年修成的黄鹤楼五楼的西面。把此联归于张之洞名下,是"方联张戴"。(四)的名实皆误。光绪三十三年(1907),张之洞奉调入京任体仁阁大学士,授军机大臣,其门生僚属集资在蛇山临长江处建楼纪念其功德,原拟名风度楼,张之洞建议改为奥略楼,亲书"奥略楼"三字,并撰一联:"昔贤整顿乾坤,缔造多从江汉起;今日交通文轨,登临不觉亚欧遥。"(河北版《张之洞全集》将其中的"多"误为"先","起"误为"始")。像我们这些如今 70 岁以上的奥略楼游客(包括笔者在内),都亲眼看到过奥略楼上挂的这副对联。将其视为张之洞为黄鹤楼所作联语,可谓"奥"联"黄"挂。

以上所引四书一文对张之洞写的黄鹤楼联语有四种说法。

我在主编《张之洞全集》之初,提出"求真,求全,求准"的目标。在这"三求"中,求真是第一位的。为了做到真,立下了一条规则,凡是入书的文献,一律注明出处。以上所引四书一文中,除《黄鹤楼志》是记载与黄鹤楼有关的史实,可以视为一手资料,无需另注出处以外,其他三书一文本应注明资料来源,却付阙如。在此情况下,我们若收录这三书一文中所载联语,并如实注明其出处(如照录苑书义等人主编的《张之洞全集》中的四首,并注明出自该书),这样做,表面上似乎合乎学术规范,实际上提供的是不准确的信息(其中有三首不是张之洞的作品),这是一种对读者不负责任的做法。

整理前人的文集,最可怕的是失真。去伪存真乃编纂文献资料的第一要事,然求真绝非易事。我现在才明白,何以对张之洞甚为了解的许同莘和王树枬,在编张之洞文集时,前者将联语作为附录,后者更是一字不提,很可能是因张之洞联语甚多,其中有的真假难辨。我在主编《张之洞全集》时,对收不收他的联语这个难题,考虑再三。最终的决定是,为慎重起见,在没有对张之洞联语作逐一考证的情况下,宁缺毋滥,对张之洞的联语暂付阙如,留待将来弥补。

原载冯天瑜、陈锋主编《张之洞与中国近代化》,中国社会科学出版社 2010 年版。

《张文襄公全集》奏折部分的几个问题

——兼与《张之洞全集》的编者商榷

摘要:文章将王树枏编《张文襄公全集》中的奏折(文中简称"甲")与《光绪朝朱批奏折》《宫中档光绪朝奏折》所载张之洞奏折及邸报、《申报》上所刊张之洞奏折(文中简称"乙")进行对照,发现有甲有乙有,内容完全不同;甲有乙有,内容部分不同;乙有甲无,遗漏甚多三种情况。并对以《张文襄公全集》为底本的《张之洞全集》中出现的诸多漏失进行了指摘。

关键词:《张文襄公全集》奏折;《张之洞全集》;古籍整理

在使用王树枏编《张文襄公全集》中的奏折(下文简称"甲")时,我们将它与《光绪朝朱批奏折》[1]《宫中档光绪朝奏折》[2]所载张之洞奏折,邸报、《申报》上所刊张之洞奏折(下文将后四项简称"乙")进行对照,发现有以下三种情况。现各举例说明。

一、甲有乙有,内容完全不同

这类情况,选一文字少者为例。甲卷七十一有一份《谢赐福字折》,《张之洞全集》[第1845—1856页。下文()内数字皆是此书的页次][3]照录过来,加上标点,全文如下:

　　谢赐福字折

　　光绪二十年正月初十日

---

① 中国第一历史档案馆编,中华书局1995—1996年版。
② 台湾"故宫博物院"故宫文献编辑委员会编辑,台湾"故宫博物院"1973年印行。
③ 苑书义等主编,河北人民出版社1998年版。

光绪二十年正月初九日折弁回鄂，赍到御赐福字一方，当即恭设香案，望阙叩头谢恩祗领。钦惟我皇上治集蕃厘，德符嘉瑞，万邦受祉，爰歌《鲁颂》之篇；五福开祥，遂衍洛书之秘。欣兹岁首，宠以宸题，况逢文母万寿之年，豫效尧世三多之祝。金天鸾凤，翔紫气于云霄；玉篆龙鱼，灿乾文于绮绣。臣久承恩遇，未答涓埃，荷一字之遥颁，祗庶民之同锡。穰穰有颁，终惭文武之非才；户户皆春，原共江湘而拜赐①。

《光绪朝朱批奏折》中有一份同名同事的奏折，其全文如下：

谢赐福字折

光绪二十年正月初九日折弁自京回鄂，恭赍到御赐福字一方。当即恭设香案，望阙叩头谢恩祗领。钦惟我皇上握符行健，抱式含和。诚祈而雪兆丰，候应而云干吕。祥开洛范，翔鸾凤于珊柯；画演羲图，耀龙鱼于玉版。虞廷星日，合为倬汉之天章；粉冒山林，齐得向阳之春气。睹万福攸同之圣藻，见庶民敷锡之天心。臣藿悃怀诚，栎材愧朽，渥承帱覆，未答涓埃。占晋爻介福之鸿釐，值泰运大来之嘉会。北云南梦，知九天雨露之深恩；东作西成，卜五报籥车之上瑞。所有微臣感激荣幸下忱，理合恭折具奏，叩谢天恩，伏祈圣鉴。

光绪二十年正月十二日

朱批：知道了。

这两个奏折是为同一件事写的。除程式语外，二者的正文完全不同。

在这两个奏折中，后一个藏于宫中档案，且有朱批，是张之洞的奏折。由此可以断定，前一个不是宫中档案里存的奏折，也不是张之洞私人档案中奏折的底稿，而是此奏折之前拟的、没有被张之洞采用的废稿。它未被张之洞认可，不反映张之洞的认识与态度，不应归入张之洞的奏折。

二、甲有乙有，内容部分不同

这类情况，举卷七十一《谢京察议叙折》(第 1843 页)、卷三十三《会奏兴办蚕桑事宜折》(第 878—879 页)与卷四十七《湖北试办工艺附蚕桑局折》(第 1297—1298 页)为例。这三个折子较长，为了节省篇幅，仅录其中不同处较多

---

① 文中的标点与简化字均依《张之洞全集》。

的一段。()内的字是甲及《张之洞全集》有而乙无的，[]内的字是乙有而甲与《张之洞全集》无的。

谢京察议叙折

光绪十七年二月二十五日

……志迁效缓，疚重惭深，岂意鸿施，俯矜驽钝。（青琐萦沧江之梦，微物自荷夫天慈；黄州瞻玉宇之高，圣知不在于人后）。十年守士，（愧曾无仰报之涓埃），三考承恩，（乃叠荷褒荣之华衮）。[窃惟实事是求，汉代经生之本分；先劳无倦，孔门政事之恒言。在臣职曾何足称，而圣恩有加无已。]感伜高厚，惕等冰渊。臣惟（有益殚藿悃，不惮薪劳）[藿向依光，木雕忘朽，以至诚无欺率僚吏，以在勤不匮儆军民。]江流奠宗海之澜，篑土[积]（励）为山之（志）[址]。窃幸夔龙谬附，邀虞廷车服之辉；终期蓝筚宏开，壮楚国山林之色。

[朱批：知道了。]

乙之此折是张之洞的奏折。甲之此折是张之洞认可或修改之前的稿子，属于张之洞幕僚的作品，不应收入张之洞奏折之中。

甲（《张之洞全集》同）中这部分 127 个字（不含标点符号，下同），被删、被改 55 个字（占 127 个字的 44.1%），余下 72 个字。添加 64 个字（"朱批：知道了"5 个字不计算在内），为 72 个字的 90%。可见改动幅度之大。

会奏兴办蚕桑事宜折

光绪十九年三月[二十七]日

……湖北向称泽国，农民终岁勤动田畴，所入为利甚微，一遇偏灾，立形匮乏，欲为代谋生业，广辟利源，酌地土之宜，筹经久之策，计惟有兴办蚕桑，藉以阜物丰财，补农功所不逮。[况中国出洋之货，以丝茶为大宗。比来西人究心蚕事，未尝不欲逐渐扩充，自收其利。为今之计，尤必各省兴办蚕桑，俾出丝多而运销广，不能夺我利权]考之《禹贡》，荆州厥筐缥组。近时江陵、天门、谷城各（县）[有]缎绢，黄州、（沔）[沔]阳、当阳、南漳等处亦各有丝，特以树艺、饲养之法不逮浙人，多自诿于丝劣利薄，臣等体察情形，非极力振兴，无以广风气而（溶）[浚]利源。……拟[饬]司道会议劝课勤惰奖罚章程……

[朱批：户部知道。]

这份奏折是张之洞与湖北巡抚谭继洵会衔具奏的。读者可以看出，这个奏折如果没有[]内的这段文字,是就湖北论湖北一省之事。加上这段文字,所论是从"中国""各省"出发。两者境界全然不同。从全国之大局谈湖北之事,从湖北一省为朝廷考虑全国之事,正是张之洞的特点,也是他比谭继洵及其幕僚高明之处。缺了这一段,也就淹没了张之洞奏议的这个特色,使读者不能了解张之洞的见识水平。

上文所引,甲(《张之洞全集》同)为 156 个字(全折 655 个字),乙为 215 个字,比甲多 59 个字(若加上具奏日期中的"二十七",折后的"朱批:户部知道",共计 68 个字)。59 个字为 156 个字的 37.82%。

顺便说一句:《张之洞全集》所录此段中,"县"字为"有"字之误,"绳"字为"沔"字之误,"溶"字为"浚"字之误。3 个错字占 156 个字的 1.92%。

湖北试办工艺附蚕桑局折

光绪二十四年闰三月(十三)[二十二]日

窃惟周《礼》六职饬其材,《月令》五库审其(益)[量]。[是]万物有曲成不遗之妙,百工为自古政令所关。光绪十六年,臣继洵到任后,即经会同(督)臣之洞(督饬司道筹办农桑),曾于十九年(筹款兴办蚕桑,会奏)[三月将办理情形会衔具奏。旋因办有效,臣继洵又于二十二年兼护总督任内奏明各]在案。近年广招学徒……销路(宽)[益]广,经费足资周转。(即)[现]拟扩充规模,(饬令)[就局中委员司事兼管,新募]工匠学徒,讲求工艺……粗细式样[约]二百余种,……多以中国[委弃之]布缕、毛骨镕炼而成。我材彼有,偿我(祇此)[仅止]纤微。彼货我销,益彼每逾(旧物)[蓰倍]。更互交易,盈绌悬殊。慨自关市交通,外洋以机器代人工,[而华人之辍业者多,又能化朽腐为菁华,而]中土[之]财力(遂尔)交困。[计]惟有因利推行,以浚其来源,多方效法,以敌其销路。……令其[尽心]指授,由粗及精……逐渐仿制洋[蜡]烛、压油等物,俟[办]有效验……

上文所引,甲(《张之洞全集》同)216 个字(全折 503 个字)。在乙中,被修改 7 个字,被删掉 20 个字,增加 78 个字,三者合计 105 个字,占 216 个字的 48.6%。此折,甲乙不同之字为 114 个字,为 503 个字的 22.7%。

从奏折会奏程序及甲乙差异中可以看出,后面两个奏折是湖北巡抚谭继洵(或其幕僚)拟的,然后送交张之洞,张之洞修改或认可后会衔上奏。甲以及《张之洞全集》所录为谭继洵送交的稿本,而非张之洞修改或认可后的定本。前者可收入谭继洵的文集,录入张之洞全集则不可。

三、乙有甲无,遗漏甚多

乙有甲无的为数甚多。下面以年份为单位与以卷次为单位各举一例。

（一）按年份,以光绪十二年为例,甲收 37 篇,乙有 138 篇,乙比甲多 101 篇,为甲的 373%。如果以乙的篇数为准,甲遗漏了 73.19%,也就是泰半之数。

从以下三个时段中可以看出这一年被甲遗漏奏折的部分情况。

正月二十日至二月二十四日,甲没有一篇奏折。实际上,在此期间,张之洞上了 13 篇奏折。它们是:《特参各员革追折》《请准建坊片》《特参各厅州县择尤惩限通缉折》《奏参武职员弁分别示惩折》《特参革降知县片》《拣员补授知州片》《饬部查核施行片》《特参疏防典史革拿折》《药厂失事人员请赐恤片》《请将知县开缺片》《请开复知县折》《调署知县片》《调署知县片》。

二月二十六日到三月二十日,甲没有一份奏折。这 24 天里,张之洞上的奏折有 10 篇。它们是:《派营会缉盗匪片》《筹解第一批盈课京饷等款银两折》《大员之母年未百龄五世同堂请旌表折》《调补知府片》《特参贪劣不职各员片》《查阅旗绿各营附省各营阵式技艺折》《委员被掳起回获犯并专派营将会缉片》《奏参知县片》《裁减各衙门公费片》《旧案盗犯悉照新例取决片》。

五月二十七日至六月二十日,甲录奏折两篇。实际上,在此期间张之洞上的奏折有 19 篇。它们是:《试造浅水兵轮工竣折》《筹解第二批京饷片》《委署代理州县各缺折》《遵章汇奏片》《广西省委署代理各缺片》《筹解第二批地丁京饷片》《查明欠解银米各员勒限严追折》《欠解银米参后全完各员请旨开复折》《保员盐大使以知县留原省补用片》《暂缓道员引见片》《甄别知县片》《革员欠解银米勒限严追折》《拣员调补知县折》《提督丁忧请暂留署任折》《知县应行回避拣员对调折》《委署总兵片》《革员被参藉案诈赃勒索审明定拟折》《委署总兵片》《剿办九头山洋匪折》。

（二）按卷次,以卷二十九为例,甲收奏议 12 篇。首篇是《到湖广任谢恩折》,末篇是《枪炮厂造厂经费借拨粮道库款以济要需片》。在此时间内,乙有203 篇,比甲多 191 篇,为甲的 16.9 倍。若以乙的篇数为准,甲遗漏了 94.1%。

若将该卷被遗漏的 191 篇题目一一列出,因数量太多,将占去很大的篇幅。同时,在本文中也无全部列出的必要。作为例证,现仅列出该卷第三篇

《借拨粤省枪炮片》与第四篇《粤省订购织布机器移鄂筹办折》之间遗漏的 36篇的篇目如下:《湖北各营损失军械尚未补足请展缓题报折》《筹解淮军月饷片》《筹解光绪十六年第二批甘肃新饷片》《奏陈湖北防营驻扎处所官弁兵勇数目折》《拣员分别升补长江水师员弁折》《知县短交参后缴解请开复折》《湖南巡抚丁忧开缺请旨哲护扶箓折》《奏委兼署臬篆片》《总兵丁忧开缺请旨简放折》《湖北光绪十三年正月至十二月善后收支款目造册报销折》《广东筹垫赈鄂银两由粤代募赈捐项下扣还片》《江汉关筹解第五年第二期洋款利银及第一期应补镪价银两片》《筹解本年第二批甘肃新饷银两片》《调任两湖未及三月例不出考片》《同知捐修堤工循例建坊片》《总兵因病出缺请旨简放折》《湖北查无应劾千总缘由片》《江汉关第一百十三结至一百十六结收支款项数目开单具陈折》《谢赐福字折》《遴员递署司道员缺折》《请将广东武员武永泰张彪改留湖广归标片》《守备久病不愈勒令休致片》《宜昌关第一百十三结至一百十六结收支款项数目开单具陈折》《湖北省光绪十四年地丁各项征信册籍遵办折》《江汉关筹解第六年第一期洋款利银》《请调陶定升熊铁生赴鄂差委片》《筹解协滇饷银片》《动拨司库银两凑解协滇饷银片》《筹拨本年第一批北洋海军经费片》《江汉关第一百十七结收支款项数目开单具陈折》《宜昌关第一百十七结收支各款税银数目开单具陈折》《筹解出使经费片》《拣补省会首邑要缺折》《道府等饬赴新任并知府饬回本任片》《奏奖征收钱漕扫数全完人员折》《知县繁简各缺互相调补折》。

四、关于《张之洞全集》中的奏折部分

《张之洞全集》以甲为底本。在本文第一、二部分举例时已顺便证明,内容完全不同与内容部分不同问题被沿袭下来。看来,《张之洞全集》的编者在以甲为底本时,没有对它进行审核,没有与近年出版的宫中档和早已存在的邸报、《申报》等进行核对。这是《张之洞全集》奏折部分存在的主要问题。下文谈的,相对而言,均属次要的。

《张之洞全集》的编者在整理奏折部分时,做了增补、订正、标点与改繁体字为简体字等项工作。

(一)关于增补

《张之洞全集》中的奏折共 893 篇,比甲多 161 篇,这是一大贡献。但是,

所增为数甚少。以本文第三部分所举光绪十二年为例,乙有 138 篇,甲为 37 篇,《张之洞全集》为 44 篇。如以乙的篇数为标准,甲遗漏了 73.19％,《张之洞全集》遗漏了 68.1％。再以卷二十九为例,在该卷所含时间段内,乙有 203 篇,甲录 12 篇,《张之洞全集》收 20 篇。如以乙的篇数为准,甲遗漏了 94.1％,《张之洞全集》遗漏了 90.15％。

《张之洞全集》主编苑书义教授在《序言》中说,王树枏编的《张文襄公全集》,"名曰《全集》,实系'选本'"。编者在《编校说明》中写道:"我们本着全面收集,系统整理张之洞文献,为学术研究提供资料的精神";"我们从文献史料、档案资料中,搜集到一些《张文襄公全集》所未收录的材料及重复材料。凡属原书中阙如的资料,全文收入"。又在《后记》中强调此书"给中国史学界提供完备而系统的原始资料"。这些话的意思很明显,编者们追求全,他们编的这本《张之洞全集》是真正的全集。根据上述事实,《张之洞全集》遗漏如此之多,按照它的编者们的前述见解,是否也是"名曰《全集》,实系'选本'"呢? 从前文的比较中可以看出,《张之洞全集》的编者在增补奏折时,既未动用宫中档案所存张之洞奏折,也未动用当时报纸刊载的张之洞奏折,不知"全面收集""原始资料"何所指。

(二)关于标点断句

标点断句是整理古籍工作的内容之一。古汉语与现代汉语有些区别,要把适用于现代汉语的标点符号准确地用于古汉语,颇不容易。但是,有一条底线或最低要求是不能逾越的,这就是不能在不该断句的地方点断,即不能出现破句。可是,《张之洞全集》中破句却真不少。对此,已有几篇评论文章。其中,武雷先生的《〈张之洞全集〉卷五十一至卷七十二校点疑误百例》①,是针对奏折中后一部分的。这一部分 22 卷,武雷先生指出错误百例,平均每卷 4.55 处,已足以说明错断的普遍性。卷五十一至卷七十二如此,卷五十之前的各卷也是如此。因卷五十之前的卷数是 22 卷的 1.72 倍,若详细列出其中点校之误,其篇幅将超出武雷先生的大作,非本文所能容纳。这里仅补充二例,以见一斑。

第 785 页。1."嗣因购造枪弹、炮弹、机器及添购卷铜等机器一切杂

---

① 《书品》2001 年第 3、4、5 期。

费,……均经奏明"。"购造枪弹、炮弹、机器"几字令人难以理解。因为,若说买的是造枪弹、炮弹、机器三样东西,则"造枪弹"为何物? 若指购的是枪弹、炮弹、机器三样东西,则多一"造"字。实际上,此句中说的是购买制造枪弹、炮弹的机器和卷铜等机器,并不是买枪弹、炮弹。2."机器现已运到闲阁,必致锈坏"。如此断句,"闲阁"似是一个地名或阁名。遍查各种工具书,无此地或阁名。此句似应是"机器现已运到,闲搁必致锈坏"。

第 794 页。"……其帮殴及殴伤洋妇攫取零物从犯八名,当饬委员知府裕庚会督该府县覆讯确供,将英领先后所指要证,民人陶春灿及弓兵、田德等三名,教民范修兴等四名,柯扦手厨役王七贤一名,一共九名,一律传到质讯明确,按照律例拟议罪名核办去后"。这里将"弓兵"算成一人,且不说有无姓弓的,仅从文字上看,若弓兵是一人,何来"一共九名"? 显然编者不知"弓兵"(负责地方巡逻、缉捕之事的兵士)二字之义。

(三)关于订正字句

《张之洞全集》编者根据《〈张文襄公全集〉校勘记》校正了甲中的一些错字,这是一项方便读者的事。如前所述,甲中的主要问题是将不属于张之洞的奏折充作张之洞的奏折。不将这些奏折改正,即使更正其中个别错字,它们仍然不是张之洞的奏折。此其一。

其二,要改正甲的错误,关键是要用原始资料作为标准。《张之洞全集》的编者不仅未用宫中档案作标准,也未用当时报纸作标准,因而发现不了甲中的错误(如本文第二部分所列奏折中的错误就未被发现与改正);即或发现了错误,想订正,也无从订正。在这方面,仅奏折具奏时间一项,便有以下几类情况。

一是应该并且可以改正的,没有改正。如《粤省仍请专认宝源洋款其补解畿饷应听户部酌核折》,甲署"光绪十三年九月初九日"。《张之洞全集》沿用(第 605 页)。宫中档案所藏此折上写的是"光绪十三年八月十四日"。又如《奏报铁厂开炉煅炼日期折》,甲署"光绪二十年二月初四日"。《张之洞全集》沿用(第 910 页)。宫中档案所藏此折上写的是"光绪二十年正月十三日"。这两份奏折所署时间相差 20 多天。卷二十九(第 765—767 页)《会奏委员代防堤工折》和《会奏请移驻同知折》,分别署"光绪十六年六月日"和"光绪十六年六月日"。实际上,它们是五月十六日和三月十六日具奏的。在月份上,前者差一个月,后者相差三个月。

　　二是应该和可以补上的,没有补上。卷三十四光绪十九年《奏明楚省兵马战船数目折》(第906—907页)和《奏恳汇案作正开销造报折》(第908—910页)具奏的月、日皆空缺。乙写明它们具奏的时间是十二月二十四日和五月十四日。按照《张之洞全集》奏折分卷时限,后面一篇应收入卷三十三,而不是卷三十四。

　　三是甲中有些奏折本有日期,如卷三十七的《会奏江南河运难复铁路利济无多折》,卷三十八《江苏捐输请留专济北军饷需南饷不分用折》,在甲总目录中分别署光绪二十一年闰五月二十日、光绪二十一年七月初六日。《张之洞全集》却将日期空缺起来(第987、1019页)。甲中有些奏折所署年份本是正确的,如卷三十六《布置海、赣、清江一带防务折》,下署光绪二十一年四月初四日。《张之洞全集》将其改为光绪二十年四月初四日,在目录(目录第10页)和正文(第961页)中都如此。这种改正为误,令人费解。这可能是因为编者的疏忽,也可能是因为校对者的粗心。

(四)关于将繁体字改为简体字

　　这也是一项有益的工作。做这项工作的一个前提条件,是整理者认识繁体字(这包括懂得一个字的多义),能准确改为相应的简体字。在这方面,《张之洞全集》中有一些错误。

　　本文第一部分《谢赐福字折》中"钦惟我皇上治集蕃釐"句中的"釐",《张之洞全集》简化为"厘",当系误读。它应简化为"禧"。釐,一读 li,简化字为"厘",其义为计量单位名称;某些计量单位的百分之一;整理,治理。一读 xi,简化字为"禧",其义为幸福,吉祥,同"禧"。"蕃釐"一词出自《汉书·礼乐志》:"惟泰元尊,媪神蕃釐。"颜师古注:"蕃,多也;釐,福也。"蕃釐,义为多福,洪福。《张之洞全集》的编者在将"蕃釐"简化为"蕃厘"时,不知如何解释"钦惟我皇上治集蕃厘"之句。像这种不知一字有多义,因而用错了简化字的,在《张之洞全集》中有多处。在《查明茶商捐助书院学堂经费商情乐从折》中便有二例。例一:"湖南红茶每百斤……青茶每百斤……米斤茶每百斤……"(第791页)其中"米斤茶"原文作"米觔茶"。"觔"字因其义不同,简化为"筋"或"斤"。其义为重量单位或古代砍伐树木的工具,简化为"斤"。其义为肌肉,肌腱,可以看见的皮下静脉管,或像筋的东西(如叶筋),简化为"筋"。"米觔茶"是一种茶叶的名称。以茶叶的叶筋(叶脉)似米而得名。因此,"米觔茶"中之"觔"字,应简化为"筋",而不能简化为"斤"。例二:"讲求振兴茶業之法"(第 790 页)中的"業",被简化为"叶"①。

如果说上面的"蓥""觔""業"为难认之字,那么,第 527 页将"然非于下手试瓣"句中的瓣(办)简化为"瓣",令人难以理解。

以上错误,究其原因,皆出在对字义的了解,也就是识字问题上。陈寅恪先生说:"读书须先识字。"现在看来,编书(特别是整理古籍)也是须先识字。

鲁迅尝言,校点古籍至难,即令名人名学者,错误也所不免。笔者秉《春秋》责备贤者之义,谨将愚者一得之见陈之。如有不妥,希编者指正。

五、建议

(一)《张文襄公全集》中的奏折,有的与宫中档案所存张之洞奏折和当时报纸上发表的张之洞奏折内容完全不同,有的部分不同。这些奏折不代表张之洞的观点与行为。这使读者在使用《张文襄公全集》中的奏折时,必须先找档案本与当时的报纸进行核对。否则,就可能把张之洞的幕僚、下属或同事的观点误以为是张之洞的。

(二)张之洞的一部分奏折未收入《张文襄公全集》,未被收入的奏折中,关于地方经济、地方政府财政收支、吏治、社会秩序等方面的甚多;有的涉及张之洞对重大事件的态度。有鉴于此,在研究张之洞时,从《张文襄公全集》奏折之外找张之洞的奏折,甚为重要。

(三)《张之洞全集》以《张文襄公全集》为底本,因此,《张文襄公全集》奏折中存在的上述问题,《张之洞全集》奏折部分依然存在。除此之外,又增加了改繁体字为简体字出现的错误,标点断句的错误,以及校对的错误。这使研究者在使用它时须小心谨慎:既要核查所用之篇的真伪,又要核对篇中字句的正误。

原载《江汉论坛》2003 年第 2 期。

---

①顺便指出,在这个奏折中,还有将"寨"改成"查","既"改成"即"(第 789 页)等错误,就不一一列举了。

论学术著作的生命力

——《张之洞散论》序

学术论著是有生命的。有的命短，从印刷厂出来后，没人看，没人引用，或独处冷宫，或很快就到了纸浆厂。有的命长，问世后，被转载，被评论，被征引，被译成外国文字，被重印，数十年后，人们研究同一问题时还要读它。更有数百年以至数千年后还要从中寻求智慧、思想和史实的，这就是经典了。学术论著的生命力为什么有如此的不同，是我思考过的问题。得出的结论是，论著的时效取决于它的价值；它的价值源于是否达到了求真、求解、求用的目标；能否达到这个目标关键在于是否遵循社会科学研究工作的程序与规范。程序包括选择课题，研究已有成果，学习理论，搜集资料，整理资料，分析综合，对研究成果的表述。此中的每一步都是有规范的。这些程序与规范是每一个治学者都知道的。问题在于能否遵循。要遵循，就要花时间，费精力。时间和精力就是生命。一个人写的学术论著是他生命的结晶。作者投入的生命越多，论著的生命力越强。

在上述程序中，搜集资料和整理资料是最细致、用力最多、最花时间的一项工作。资料是分析综合的基础。我曾写过一篇小文，说的是，愿不愿意自己动手搜集和整理资料，是区分真假科研的试金石。一些"聪明人"，用别人搜集和整理的资料写书著文，常常出错。诸如，书中有一段引文，页脚注明它的出处是某人的某奏折，载某书第几卷，俨然合乎学术规范，且非常严谨。但查该书第几卷，却无这个奏折。有的书中，这种伪引竟有多起。关于张之洞的研究成果中，这样的论著还真不少。

吴剑杰教授研究张之洞，是很重视资料工作的。我于 20 世纪 50 年代后期开始搜集张之洞的资料。到 1989 年，一批资料已在手里，另一些，或已联系妥当,或已知其存所。遂决心主编《张之洞全集》,请吴剑杰和冯天瑜两位教授为副主编,承蒙俯允。剑杰教授参与主持工作后,对资料搜集一事付出了大量的精力。当时,尚未到手的批量张之洞文献资料,存于中国社会科学院的近代史所和经济所。与近代史所的合作事宜,主要由剑杰联系,专程赴京,书信往返,谈判条件,商讨协议,历经数月。事虽未成,但他的辛劳,铭刻在我的心头。与经济所的联系工作,由我担任。由于经济史研究室负责人江太新研究员和张卓元所长的大公无私,经济所将该所收藏的张之洞文献资料,免费供我们使用。我请剑杰教授带着我的研究生黎浩前去复印。时值盛夏,他们为节约经费,在用防空洞改建的,阴暗、潮湿、空气不流通的地下室里住了十多天。对他在搜集张之洞资料过程中的艰苦奋发的精神,我至今为之感动。

剑杰教授不仅在搜集资料时付出艰辛劳动,在整理资料时更是细致周到。他曾经写过一篇题为《近代史籍史料的整理应当务求准确》的文章,其中提到河北版《张之洞全集》第 11 册约 60 万字的正文中出现的标题错误、断句错误以及错判、擅改、脱漏等至少 120 处,据此认为史料的整理应当精益求精,"多一些察考,少一些猜揣,不要有臆断",反映了他对史料整理的认真态度。这篇文章发表在 2000 年《近代史研究》第 4 期,当时反映很好,本书未予收录,当出于他自己的考虑。收入本书的同样发表于《近代史研究》的关于文华斋版全集中家谱真伪的讨论文章,则反映了他对待史籍、史料本身的审慎态度。

剑杰教授编著的《张之洞年谱长编》,在许同莘所编的《张文襄公年谱》(约 20 万字)的基础上增补了近百万字。一是增添了许多事实,使年谱更加缜密;二是不仅记录了某年某月某日做了什么事,且录入事的内涵。它既是一个人的年谱,又是谱主生平的资料长编。这是一种新型的年谱体裁。他用编年谱的形式顺时序梳理张之洞一生的言行,又著《张之洞的升迁之路》,叙说张之洞一生的经历,在《中国近代思想家文库·张之洞卷》的《导言》中,对张之洞生平和主要思想做了综合性的述评。还对已往研究者较少关注或尚未关注的有关张之洞的一些问题做专题研究而收入本书的各篇,则拓展了研究张之洞生平的领域,深化了对有争议问题的认识。在我的视野内,对张之洞生平做了如此系统工作的,还没有第二人。

在我们编纂的《张之洞全集》(武汉出版社 2008 年出版,共 12 册,1250 万字)中,剑杰教授负责公牍、电牍、书札和家书等类文献的标点校注,这几类文字在全集中占十分之六(第五至十一册和第十二册中的前一部分),700 多万字。他编《张之洞年谱长编》时,又将汉版《张之洞全集》中的全部奏折(第一至四册)看了一遍。后来,他编《中国近代思想家文库·张之洞卷》,又收录汉版《张之洞全集》著作部分(第十二册中的后一部分)中三本书。当然,它们是他仔细看过的。这样,汉版《张之洞全集》中的文献,他点校、整理过和看过的在95％以上,也就是 1100 万字至 1200 万字。我在汉版《张之洞全集》的前言中说明,此书虽称全集,实则不全,但当时可以收集到的,已在其中了。将可以收集到的张之洞本人的文献资料基本看完,从《张之洞的升迁之路》和《张之洞散论》两书可以看出,除张之洞本人的文献资料外,剑杰教授还阅读了大量与张之洞有关的其他文献,而后对张之洞的言行作叙说,就此而言,在研究张之洞的诸学人中,剑杰教授大概是第一人。

研究一个人,将可以得到的他本人的文献基本上读完,又掌握与他有关的大量文献,对他的一生进行过整体的分析,在此条件下,对与他有关的专题作研究。这样,研究的专题无论是大是小,自然是论据翔实,视野全面,结论可信。这是剑杰教授研究张之洞的路径,是他治学论人的特色,也是本书各篇文章长寿的基因。

赵德馨
2017 年 5 月 1 日

原载吴剑杰《张之洞散论》,湖北人民出版社 2017 年版。

致　谢

　　本书的编选工作是在中南财经政法大学经济史学研究中心张连辉教授协助下完成的。中南财经政法大学经济史专业研究生于增洋,本科生李雨锡、贾桐、王天宇、王艺霏、韦尚贝、吴敏、谢一鸣和许晶晶,做了大量文献核校工作。中南财经政法大学提供了出版经费。在此,一并致以诚挚的谢意!